Informativos do TST e Enunciados das Jornadas
Organizados por Temas

Leone Pereira

Advogado Trabalhista e Consultor Jurídico Trabalhista do Escritório PMR Advogados, Professor, Autor e Palestrante. Pós-Doutorando pela Faculdade de Direito da Universidade de Coimbra. Doutor e Mestre em Direito do Trabalho e Processo do Trabalho pela Pontifícia Universidade Católica de São Paulo (PUC/SP). Especialista em Direito do Trabalho e Direito Processual do Trabalho, com capacitação para o ensino no magistério superior. Atualmente, é Coordenador da Área Trabalhista e Professor de Direito do Trabalho, Direito Processual do Trabalho e Prática Trabalhista do Damásio Educacional e da Faculdade Damásio. Professor e Palestrante de Direito do Trabalho e Direito Processual do Trabalho na Escola Superior de Advocacia — ESA/SP. Membro Efetivo da Comissão de Direito Material do Trabalho e de Direito Processual do Trabalho da OAB/SP. Sua experiência profissional inclui a Coordenação e a Docência em diversos cursos de Graduação, Pós-Graduação e preparatórios para concursos públicos e exames de ordem, Palestras em diversos eventos jurídicos por todo o país e Entrevistas para jornais, revistas e programas de televisão. Autor de diversos livros e artigos jurídicos.

Bianca Caruso Fortunato Freire

Advogada Trabalhista. Formada pela Pontifícia Universidade Católica de São Paulo — PUC/SP.

LEONE PEREIRA
BIANCA CARUSO FORTUNATO FREIRE

Informativos do TST e Enunciados das Jornadas

Organizados por Temas

LTr

LTr

EDITORA LTDA.

© Todos os direitos reservados

Rua Jaguaribe, 571
CEP 01224-003
São Paulo, SP — Brasil
Fone (11) 2167-1101
www.ltr.com.br
Janeiro, 2017

versão impressa — LTr 5661.1 — ISBN 978-85-361-9143-0
versão digital   — LTr 9091.6 — ISBN 978-85-361-9133-1

Dados Internacionais de Catalogação na Publicação (CIP)
(Câmara Brasileira do Livro, SP, Brasil)

Pereira, Leone

Informativos do TST e Enunciados da jornadas : organizados por temas / Leone Pereira, Bianca Caruso Fortunato Freire. — São Paulo : LTr, 2017.

Bibliografia.

1. Brasil. Tribunal Superior do Trabalho — Jurisprudência 2. Direito processual do trabalho — Jurisprudência — Brasil I. Pereira, Leone. II. Freire, Bianca Caruso Fortunato. III. Título.

16-07613   CDU-347.998:331(81)(094.9)

Índices para catálogo sistemático:

1. Brasil : Enunciados : Tribunal Superior do
    Trabalho : Direito   347.998:331(81)(094.9)
2. Brasil : Tribunal Superior do Trabalho :
    Enunciados : Direito   347.998:331(81)(094.9)

Sumário

INFORMATIVOS DO TST

Direito Individual do Trabalho

ACÚMULO DE FUNÇÃO

2016

Informativo n. 132, TST — Motorista e cobrador. Acúmulo de funções. Possibilidade. Atividades compatíveis com a condição pessoal do empregado. Art. 456, parágrafo único, da CLT 41

ADICIONAIS

2016

Informativo n. 149, TST — Adicional de periculosidade. Vigilante. Aplicação do art. 193, II, da CLT. Necessidade de regulamentação. Portaria n. 1.885/13 do MTE 41

Informativo n. 149, TST — Adicional de insalubridade. Pagamento indevido. Uso de equipamento de proteção individual (EPI). Neutralização do agente ruído. Súmula n. 80 do TST e art. 191, II, da CLT 41

Informativo n. 147, TST — Adicional de insalubridade e de periculosidade. Fatos geradores distintos. Cumulação. Impossibilidade 41

Informativo n. 147, TST — Adicional de insalubridade. Trabalho em locais destinados a atendimento socioeducativo de menores infratores. Indevido. Orientação Jurisprudencial n. 4, I, da SBDI-I. Rol taxativo da Portaria n. 3.214/78, NR 15, Anexo 14, do MTE 41

Informativo n. 134, TST — Adicional de insalubridade e de periculosidade. Cumulação. Impossibilidade. Prevalência do art. 193, § 2º, da CLT ante as Convenções ns. 148 e 155 da OIT 41

Informativo n. 131, TST — Trabalhador portuário. Adicional noturno. Integração na base de cálculo das horas extras. Aplicação da Orientação Jurisprudencial n. 97 da SBDI-I 41

Informativo n. 129, TST — Agente comunitário de saúde. Adicional de insalubridade. Indevido. Não enquadramento da atividade no rol previsto no Anexo 14 da NR-15 do MTE. Súmula n. 448, I, do TST 42

2015

Informativo n. 123, TST — Adicional de periculosidade. Armazenamento de líquido inflamável em estrutura independente do local da prestação de serviços. Inaplicabilidade da Orientação Jurisprudencial n. 385 da SBDI-I 42

Informativo n. 118, TST — Adicional de transferência. Orientação Jurisprudencial n. 113 da SBDI-I do Tribunal Superior do Trabalho. Controvérsia quanto ao lapso temporal da última transferência. Incidência da Súmula n. 126 do TST 42

Informativo n. 113, TST — Bancário. Transporte de valores. Desvio de função. Adicional de risco indevido. Ausência de previsão na Lei n. 7.102/83 42

Informativo n. 113, TST — Adicional de periculosidade. Transporte de combustível inflamável. Tanque reserva para consumo próprio. Armazenamento superior ao limite mínimo estabelecido na NR-16 da Portaria n. 3.214/1978 do Ministério do Trabalho. Adicional devido 42

Informativo n. 108, TST — Adicional de insalubridade. Fundação Casa. Atendimento de adolescentes infratores isolados por motivo de saúde. Contato com pessoas portadoras de doenças infectocontagiosas. Anexo n. 14 da NR-15 da Portaria 3.214/78 do MTE. Adicional devido 42

Informativo n. 105, TST — Adicional noturno. Percentual superior ao legal para as horas trabalhadas de 22 h às 5 h. Incidência sobre as horas prorrogadas no horário diurno 42

2014

Informativo n. 91, TST — Dissídio coletivo. CPTM. Adicional de risco. Bilheteiros, agentes operacional I e II, encarregados de estação e chefes geral de estação. Concessão mediante sentença normativa. Impossibilidade 43

Informativo n. 90, TST — Adicional de insalubridade. Limpeza de quartos e coleta de lixo. Hotel. Súmula n. 448, item II, do TST. Incidência 43

Informativo n. 89, TST — Adicional de insalubridade. Base de cálculo. Piso salarial estabelecido em convenção coletiva. Impossibilidade. Ausência de norma expressa especificando a base de cálculo 43

Informativo n. 79, TST — Adicional de insalubridade. Indevido. Trabalho em locais destinados ao atendimento socioeducativo do menor infrator. Fundação Casa. Não enquadramento da atividade no rol previsto no Anexo 14 da NR-15 do MTE. Orientação Jurisprudencial n. 4, I, da SBDI-I 43

Informativo n. 78, TST — Adicional de periculosidade. Lei Complementar n. 315/83 do Estado de São Paulo. Concessão aos servidores da administração pública centralizada. Impossibilidade de extensão aos empregados da Funap. Fundação pública estadual dotada de personalidade jurídica própria. Administração indireta 43

2013

Informativo n. 68, TST — Técnico Judiciário — Área Administrativa — Especialidade Segurança. Curso de pós-graduação em Direito Judiciário. Adicional de Qualificação. Devido. Correlação indireta entre os conhecimentos adquiridos e as atividades desempenhadas pelo servidor 43

Informativo n. 60, TST — Petrobras S/A. Norma coletiva. Complemento da Remuneração Mínima por Nível e Regime — RMNR. Base de cálculo. Adicionais de periculosidade, de insalubridade e noturno e acréscimos referentes às horas extras. Não inclusão 43

Informativo n. 55, TST — Adicional de insalubridade. Devido. Limpeza, higienização e recolhimento de lixo de banheiros de universidade. Item II da Orientação Jurisprudencial n. 4 da SBDI-I. Não enquadramento 44

Informativo n. 55, TST — Deslocamentos sucessivos. Transferências provisórias. Caracterização. Adicional de transferência. Devido 44

Informativo n. 53, TST — Adicional por tempo de serviço. Art. 129 da Constituição do Estado de São Paulo. Base de cálculo. Pagamento sobre a remuneração e não sobre o vencimento base. Violação do art. 37, XIV, da CF. Configuração 44

Informativo n. 51, TST — Transferências sucessivas. Provisoriedade. Configuração. Adicional de transferência. Devido 44

Informativo n. 48, TST — Hora noturna reduzida. Art. 73, § 1º da CLT. Substituição pelo adicional noturno de 37,14%. Acordo coletivo. Possibilidade 44

Informativo n. 47, TST — Adicional noturno. Majoração por meio de norma coletiva. Substituição do adicional de 20% e da hora noturna reduzida. Ausência de disciplinamento quanto às horas em prorrogação da jornada noturna. Incidência do adicional convencionado. Súmula n. 60, II, do TST 44

Informativo n. 39, TST — Limpeza e coleta de lixo em banheiros de hotel e do respectivo centro de eventos. Grande fluxo de pessoas. Adicional de insalubridade. Devido. Inaplicabilidade da Orientação Jurisprudencial n. 4, II, da SBDI-I 44

Informativo n. 38, TST — CEF. Supressão de gratificação de função. Adicional compensatório. Nova gratificação. Cumulação. Impossibilidade 44

2012

Informativo n. 27, TST — Adicional de transferência. Indevido. Mudança única que perdurou por quase dois anos até a data da rescisão contratual. Caráter definitivo 44

Informativo n. 27, TST — Adicional de periculosidade. Motorista. Abastecimento do veículo e acompanhamento do abastecimento realizado por outrem. Exposição a inflamáveis 45

Informativo n. 24, TST — Jornada mista. Trabalho prestado majoritariamente à noite. Adicional noturno. Súmula n. 60, II, do TST 45

Informativo n. 22, TST — Adicional de periculosidade. Motorista. Abastecimento do veículo. Regularidade do contato 45

Informativo n. 19, TST — Adicional de periculosidade. Motorista que acompanha abastecimento de caminhão dentro da área de risco. Indevido. Atividade não considerada perigosa pela NR-16 do MTE 45

Informativo n. 18, TST — Adicional de transferência. Indevido. Provisoriedade. Não configuração. Permanência superior a dois anos em cada localidade 45

Informativo n. 15, TST — Adicional de insalubridade. Devido. Exposição ao calor do sol. Inaplicabilidade da Orientação Jurisprudencial n. 173 da SBDI-1 45

Informativo n. 5, TST — Adicional de transferência. Devido. Transferências sucessivas e de curta duração 45

Informativo n. 2, TST — Adicional de transferência. Indevido. Ânimo definitivo. Período imprescrito. Contrariedade à Orientação Jurisprudencial n. 113 da SBDI-I 45

ADMINISTRAÇÃO PÚBLICA

2016

Informativo n. 136, TST — Ocupante de cargo em comissão de livre nomeação e exoneração regido pela CLT. Exoneração. Pagamento das verbas rescisórias. Impossibilidade. Devidos apenas os depósitos do FGTS 46

2015

Informativo n. 119, TST — Matéria afetada ao Tribunal Pleno. Servidor público celetista. Administração pública direta, autárquica e fundacional. Concurso público. Contrato de experiência. Dispensa imotivada. Impossibilidade. Observância dos princípios constitucionais da impessoalidade e da motivação 46

2014

Informativo n. 91, TST — Administração Pública. Contratação pelo regime trabalhista. Cargo em comissão de livre nomeação e exoneração. Art. 37, II, da CF. Depósitos do FGTS. Devidos 46

2013

Informativo n. 68, TST — Empregado público admitido antes da Constituição Federal de 1988. Ausência de submissão a concurso público. Lei municipal instituidora de Regime Jurídico Único. Impossibilidade de alteração automática do regime celetista para o estatutário. Art. 37, II, da CF. Violação. Competência material da Justiça do Trabalho 46

Informativo n. 63, TST — Ação rescisória. Sociedade de economia mista. Demissão imotivada. Impossibilidade. Reintegração do empregado. Submissão aos princípios previstos no art. 37, *caput*, da CF. Regulamento interno. Necessidade de motivação. Adesão ao contrato de trabalho. Súmula n. 51 do TST 46

Informativo n. 48, TST — Empresa pública e sociedade de economia mista. Admissão sem prévia aprovação em concurso público após a promulgação da Constituição Federal de 1988. Decisão do STF no MS n. 21322/DF. Marco para declaração de nulidade da contratação. Inaplicabilidade da Súmula n. 363 do TST 46

2012

Informativo n. 34, TST — Instituto Candango de Solidariedade — ICS. Contrato de gestão. Governo do Distrito Federal. Contratação fraudulenta de servidores sem concurso público. Súmula n. 363 do TST. Aplicação 46

Informativo n. 3, TST — Desvio de função. Regimes jurídicos distintos. Diferenças salariais. Indevidas 47

ALTERAÇÃO NO CONTRATO DE TRABALHO

2015

Informativo n. 121, TST — Empresa Brasileira de Correios e Telégrafos — ECT. Progressões por antiguidade. Compensação das progressões previstas no Plano de Cargos, Carreiras e Salários (PCCS) com as oriundas de norma coletiva. Possibilidade 47

Informativo n. 121, TST — BESC — Banco do Estado de Santa Catarina S.A. Promoção horizontal por antiguidade. Critérios previstos em norma interna. Necessidade de deliberação da diretoria. Condição puramente potestativa. Implemento das condições para concessão. Ônus da prova do reclamado 47

Informativo n. 102, TST — Empresa Brasileira de Correios e Telégrafos — ECT. Automação de serviços. Aproveitamento do empregado em função diversa, com acréscimo da jornada de trabalho. Licitude. Pagamento do período acrescido de forma simples, sem o adicional 47

Informativo n. 99, TST — Servidor público submetido ao regime da CLT. Empregado que nunca foi submetido à jornada de trabalho inicialmente contratada. Determinação de retorno à jornada original. Alteração lícita. Orientação Jurisprudencial n. 308 da SBDI-I 47

2014

Informativo n. 87, TST — Ação rescisória. CEDAE. Substituição do RPC pelo PCCS. Novo enquadramento da empregada. Violação do art. 37, II, da CF. Não configuração. Súmula n. 410 do TST 47

Informativo n. 83, TST — Metrô/DF. PES/94. Promoção por antiguidade atrelada à promoção por merecimento. Ausência de regulamentação. Condição puramente potestativa. Arts. 122 e 129 do CC 48

Informativo n. 72, TST — Empresa Brasileira de Correios e Telégrafos — ECT. Automação de serviços. Aproveitamento do empregado em função diversa, com acréscimo da jornada de trabalho. Licitude. Pagamento do período acrescido de forma simples, sem o adicional 48

2013

Informativo n. 66, TST — Gratificação de função percebida por 9 anos e 6 meses. Supressão. Natureza obstativa do direito do empregado. Princípio da boa-fé objetiva. Ônus probatório do empregador. Incidência da Súmula n. 372, I, do TST 48

Informativo n. 63, TST — Desvio de função. Caracterização. Pessoal escalonado em funções específicas em organograma de cargos e salários. Ausência de detalhamento das atribuições de cada cargo. Comprovação da modificação das atividades do empregado sem o respectivo aumento salarial. Princípios da igualdade e da primazia da realidade. Prevalência 48

Informativo n. 59, TST — Metrô/DF. PES/94. Promoção por antiguidade atrelada à promoção por merecimento. Ausência de regulamentação. Omissão injustificada do empregador. Condição puramente potestativa. Art. 129 do CC 48

Informativo n. 57, TST — Turno ininterrupto de revezamento. Alteração para turno fixo. Retaliação por negociação coletiva frustrada. Abuso do *jus variandi* do empregador 48

Informativo n. 47, TST — Empresa Brasileira de Correios e Telégrafos — ECT. Automação de serviços. Extinção do cargo de Operador Telegráfico I. Aproveitamento do empregado em outra função com jornada de trabalho maior e sem acréscimo na remuneração. Compromisso firmado em instrumento coletivo para a preservação dos empregos. Horas extras. Devidas 48

2012

Informativo n. 29, TST — ECT. Plano de Cargos e Salários. Progressão horizontal por merecimento. Deliberação da diretoria. Requisito essencial. Não caracterização de condição puramente potestativa 49

AVISO PRÉVIO

2016

Informativo n. 144, TST — Controvérsia sobre vínculo de emprego. Prescrição. Termo inicial. Projeção do aviso-prévio. Incidência da Orientação Jurisprudencial n. 83 da SBDI-I 49

APRENDIZ

2016

Informativo n. 143, TST — Aprendiz. Cota mínima para contratação. Base de cálculo. Inclusão de motoristas e cobradores de ônibus. Art. 10, § 2º, do Decreto n. 5.598/2005 49

CESSAÇÃO DO CONTRATO DE TRABALHO

2016

Informativo n. 140, TST — Mandado de segurança. Despedida por justa causa de grupo de empregados. Alegação de desídia e mau procedimento. Ausência de provas pré-constituídas. Deferimento da tutela antecipada. Reintegração. Manutenção 49

Informativo n. 134, TST — Mandado de segurança. Demissão apresentada por trabalhador dependente químico. Recusa do sindicato à homologação do pedido de desligamento. Antecipação de tutela para reintegração ao emprego. Ausência de ilegalidade ou arbitrariedade. 49

2015

Informativo n. 124, TST — Empregado com mais de um ano de serviço. Assistência sindical e homologação da rescisão do contrato de trabalho. Ausência. Nulidade do pedido de demissão. Art. 477, § 1º, da CLT. Presunção de demissão sem justa causa. Irrelevância da confissão de rescisão a pedido pelo empregado 50

Informativo n. 116, TST — Multa do § 8º do art. 477 da CLT. Atraso no pagamento das verbas rescisórias. Falecimento do Empregado. Não aplicação 50

Informativo n. 115, TST — Dispensa imotivada. Decreto estadual n. 21.325/91. Sucessão do BEC — Banco do Estado do Ceará S/A pelo Banco Bradesco S/A. Dever de motivação. Ilegalidade. Reintegração indevida 50

Informativo n. 112, TST — Dispensa discriminatória. Portador do vírus HIV. Estigma ou preconceito. Presunção relativa. Súmula n. 443 do TST 50

Informativo n. 105, TST — Contrato temporário. Lei n. 6.019/74. Rescisão antecipada. Indenização prevista no art. 479 da CLT. Inaplicabilidade 50

Informativo n. 101, TST — Aviso-prévio indenizado. Superveniência de auxílio-doença. Estabilidade provisória. Previsão em instrumento coletivo. Efeitos exclusivamente financeiros. Inviável a reintegração. Súmula n. 371 do TST 51

2014

Informativo n. 94, TST — Sentença criminal condenatória. Apropriação indébita. Efeitos no juízo trabalhista. Dispensa por justa causa. Art. 935 do CC 51

Informativo n. 81, TST — Ação rescisória. Professor universitário. Rescisão do contrato, sem justa causa, ao completar 70 anos de idade. Previsão em cláusula de acordo coletivo. Despedida não discriminatória 51

Informativo n. 79, TST — Dispensa por justa causa. Desídia. Art. 482, "e", da CLT. Princípios da proporcionalidade e da gradação da pena. Inobservância. Falta grave afastada 51

2013

Informativo n. 60, TST — FGTS. Alvará judicial. Autorização para o levantamento dos depósitos do FGTS e da multa de 20% estabelecida em convenção coletiva que previu a rescisão contratual por culpa recíproca 51

Informativo n. 55, TST — Justa causa desconstituída em juízo. Indenização substitutiva pela não liberação das guias do seguro-desemprego. Devida. Súmula n. 389, II, do TST 51

Informativo n. 42, TST — Dissídio coletivo de natureza jurídica. Demissão coletiva. Não configuração. Ausência de fato único alheio à pessoa do empregado 51

2012

Informativo n. 33, TST — Sociedade de economia mista. Privatização. Demissão por justa causa. Necessidade de motivação do ato demissional. Previsão em norma interna. Descumprimento. Nulidade da despedida. Reintegração. Art. 182 do CC 51

Informativo n. 30, TST — Recurso em Matéria Administrativa. Aposentadoria. Apresentação de documento falso. Prática de ato de improbidade. Arts. 10 e 11 da Lei n. 8.429/92. Aplicação da pena de demissão. Arts. 128 e 132 da Lei n. 8.112/90 52

Informativo n. 4, TST — Dispensa decorrente do ajuizamento de reclamação trabalhista. Caráter retaliativo e discriminatório. Abuso de direito. Obstáculo à garantia de acesso à justiça. Reintegração. Devida 52

COMPLEMENTAÇÃO DE APOSENTADORIA

2015

Informativo n. 122, TST — Complementação de aposentadoria. Artigo 21, § 3º, do regulamento básico da fundação Vale do Rio Doce de seguridade social — VALIA.

Reajuste pelos índices adotados pelo INSS. Aumento real 52

Informativo n. 119, TST — Matéria afetada ao Tribunal Pleno. Complementação de aposentadoria. Opção pelo novo plano CEEEPREV. Efeitos. Validade da adesão às novas regras. Súmula n. 51 do Tribunal Superior do Trabalho. Alcance. Manutenção da base de cálculo. Impossibilidade de renúncia de direitos adquiridos. Integração de parcelas deferidas em ação trabalhista anteriormente ajuizada 52

Informativo n. 99, TST — Complementação de aposentadoria. Reajuste pelo IGP-DI conforme previsto no Plano Pré-75 do Banesprev. Impossibilidade. Ausência de adesão. Permanência no plano de complementação de aposentadoria do Regulamento do Pessoal do Banespa. Violação do art. 5º, XXXVI, da CF. Configuração 52

2014

Informativo n. 86, TST — Petrobras S/A. Complementação de aposentadoria. Manutenção do vínculo empregatício após a aposentadoria pelo INSS. Desligamento definitivo. Condição para o recebimento da complementação. Súmulas ns. 51, I e 288, I, do TST. Matéria suspensa para apreciação do Tribunal Pleno 53

2013

Informativo n. 70, TST — Complementação de aposentadoria. Piso salarial em múltiplos de salário mínimo estabelecido em norma coletiva. Previsão em lei estadual. Impossibilidade de vinculação. Art. 7º, IV, da CF e Súmula Vinculante 4 53

Informativo n. 36, TST — Previdência privada. Complementação de aposentadoria. Reajuste salarial reconhecido judicialmente. Contribuição para a fonte de custeio. Indevida. Ausência de previsão contratual 53

2012

Informativo n. 19, TST — CEF. Complementação de aposentadoria. CTVA. Integração. Natureza salarial .. 53

CONCURSO PÚBLICO

2016

Informativo n. 143, TST — Mandado de segurança. Concurso público. Candidata inscrita como portadora de necessidades especiais (PNE). Esclerose múltipla. Incapacitação não aferida no momento da avaliação médica. Enquadramento. Impossibilidade 53

2015

Informativo n. 123, TST — Metrô/DF. Liminar em mandado de segurança mantendo a antecipação de tutela em ação civil pública. Nomeação compulsória de candidatos aprovados em concurso público. Identidade de atribuições entre terceirizados e concursados não comprovada. Limitação orçamentária. Suspensão deferida 53

Informativo n. 104, TST — Concurso público para formação de cadastro reserva. Advogado. Contratação de advogados terceirizados. Preterição de candidatos aprovados. Direito à nomeação imediata 54

2014

Informativo n. 95, TST — Contrato nulo. Empregado contratado sem concurso público. Súmula n. 363 do TST. Horas extras. Base de cálculo 54

2012

Informativo n. 23, TST — Concurso público. Pessoa portadora de necessidades especiais. Deficiência auditiva. Caracterização 54

Informativo n. 20, TST — Concurso público. Candidato aprovado em posição superior ao número de vagas disponíveis no edital. Criação de cargos durante o prazo de validade do certame. Direito subjetivo à nomeação. Caracterização 54

DANO MORAL

2016

Informativo n. 146 TST — Dano moral. Configuração. Uso de imagem. Ausência de autorização do empregado 54

Informativo n. 139, TST — Dano moral. Transporte de valores por empregado não habilitado. Exposição do trabalhador a risco excessivo. Indenização devida. Dano *in re ipsa* 54

Informativo n. 138 TST — Anotação do vínculo de emprego na CTPS. Ausência. Inexistência de prejuízo. Dano moral não caracterizado 54

Informativo n. 137, TST — Matéria afetada ao Tribunal Pleno. Concessionária de serviço público. Terceirização ilícita. Dano moral coletivo. Configuração 54

Informativo n. 136, TST — Indenização por dano moral. Dano sofrido pelo empregado. Ação proposta pelo espólio. Legitimidade ativa 55

Informativo n. 136, TST — Ação civil pública. Art. 93 da Lei n. 8.213/91. Vagas destinadas a trabalhadores reabilitados ou portadores de deficiência. Não preenchimento. Ausência de culpa da empresa. Dano moral coletivo. Não configuração 55

Informativo n. 130, TST — Danos morais. Ausência ou atraso na quitação das verbas rescisórias. Indenização indevida 55

2015

Informativo n. 126, TST — Danos morais e materiais. Concausa entre as atividades exercidas e a doença desenvolvida. Responsabilidade da empregadora. Indenização devida 55

Informativo n. 121, TST — Dano moral. Indenização. Revista pessoal de controle. Apalpamento de partes do corpo do empregado. Toques na cintura 55

Informativo n. 120, TST — Dano moral. Princípio da dignidade humana. Limitação ao uso do banheiro. Empregada que labora na "linha de produção" de empresa de processamento de carnes e derivados. Ininterruptividade de atividade laboral. NR-36 da Portaria MTE n. 555/2013..55

Informativo n. 117, TST — Indenização por danos morais. Despedida por justa causa. Imputação de ato de improbidade. Desconstituição em juízo 55

Informativo n. 117, TST — Dano moral. Indenização. Fixação do "quantum" indenizatório............................56

Informativo n. 112, TST — Revista em pertences de empregados. Esvaziamento de bolsas e sacolas. Impessoalidade. Ausência de contato físico. Empresa do ramo de comercialização de medicamentos (drogaria). Interesse público envolvido. Potencialidade de grave risco decorrente de desvio dos produtos comercializados. Poder de fiscalização do empregador. Dano moral. Não caracterizado..56

Informativo n. 111, TST — Dano moral. Configuração. Retificação de registro na Carteira de Trabalho e Previdência Social. Inclusão da informação de que se trata de cumprimento de decisão judicial................................56

Informativo n. 109, TST — Dano moral. Empregado bancário. Monitoramento de conta corrente. Procedimento indiscriminado em relação aos outros correntistas. Possibilidade. Cumprimento do artigo 11, inciso II e § 2º, da Lei n. 9.613/98..56

2014

Informativo n. 95, TST — Dano moral. Configuração. Atribuição de apelidos pejorativos. Indenização. Devida 56

Informativo n. 93, TST — Dano moral. Não configuração. Apresentação de certidão de antecedentes criminais. Condição para admissão no emprego........................56

Informativo n. 91, TST — Dano moral. Atraso reiterado no pagamento de salários. Indenização devida. Dano *in re ipsa*..56

2013

Informativo n. 70, TST — Dano moral. Caracterização. Dispensa por justa causa fundada em ato de improbidade. Desconstituição em juízo. Dano presumível. Indenização devida 57

Informativo n. 62, TST — Dano moral. Configuração. Violação do direito de imagem. Veiculação de propagandas comerciais de fornecedores da empresa nos uniformes. Ausência de autorização dos empregados...........57

Informativo n. 60, TST — Ação rescisória. Dano moral. Indenização em valor idêntico ao fixado para recompor o dano material. Ausência de razoabilidade e proporcionalidade. Afronta o art. 5º, X, da CF. Configuração.....57

Informativo n. 43, TST — Dano moral. Indenização. Bancário. Assalto a instituição bancária. Responsabilidade objetiva. Atividade de risco. Art. 927, parágrafo único, do CC 57

Informativo n. 42, TST — Indenização por danos morais. Devida. Amputação do dedo indicador. Torneiro mecânico. Atividade de risco. Culpa presumida..........57

Informativo n. 40, TST — Dano moral. Divulgação da lista nominal dos servidores públicos e da correspondente remuneração mensal na internet. Prevalência do princípio da publicidade dos atos administrativos em detrimento do direito à intimidade, à privacidade e à segurança do empregado público 57

Informativo n. 37, TST — Ação civil pública. Condenação a não utilizar-se de trabalhadores em testes de cigarro no "Painel de Avaliação Sensorial". Impossibilidade. Atividade lícita e regulamentada, mas de risco. Indenização. Dano moral coletivo..57

Informativo n. 35, TST — Dano moral. Não configuração. Empregado de instituição bancária. Quebra de sigilo bancário. Procedimento indistinto adotado para todos os correntistas de instituição financeira. Determinação do Banco Central..58

2012

Informativo n. 34, TST — Dano moral. Configuração. Uso indevido da imagem. Uniforme com propagandas comerciais. Ausência de autorização..............................58

Informativo n. 31, TST — Acidente de trabalho. Danos morais e materiais. Razoabilidade e proporcionalidade do valor da indenização. Conhecimento de recurso de revista por violação do art. 944, "caput", do CC. Possibilidade 58

Informativo n. 24, TST — Justa causa. Ato de improbidade. Descaracterização em juízo. Dano moral. Não configuração 58

Informativo n. 19, TST — Dano moral. Revisão do *quantum* indenizatório em sede de embargos. Limitação a casos teratológicos 58

Informativo n. 17, TST — Imposto de Renda. Indenização por danos morais. Não incidência. Art. 46, § 1º, I, da Lei n. 8.541/92. Má aplicação da Súmula n. 368, II, do TST..58

Informativo n. 17, TST — Revista impessoal e indiscriminada de bolsas dos empregados. Dano moral. Não configuração. Indenização indevida 58

Informativo n. 11, TST — Dano moral. Quebra de sigilo bancário de empregado de banco sem prévia autorização judicial. Auditoria interna. Violação do direito à privacidade e à intimidade 59

Informativo n. 10, TST — Danos morais e materiais decorrentes da relação de emprego não oriundos de acidente de trabalho. Indenização. Lesão anterior à vigência da EC n. 45/2004. Prescrição cível 59

Informativo n. 9, TST — Embargos regidos pela Lei n. 11.496/2007. Indenização por danos morais. Quantificação. Conhecimento por divergência jurisprudencial. Necessidade de identidade estrita de premissas fáticas. Incidência da Súmula n. 296, I, do TST..........................59

Informativo n. 7, TST — Dano moral. Configuração. Imputação de ato de improbidade. Descaracterização da justa causa em juízo 59

Informativo n. 3, TST — Dano moral. Indenização indevida. Revista visual de bolsas, sacolas ou mochilas. Inexistência de ofensa à honra e à dignidade do empregado. Poder diretivo e de fiscalização do empregador 59

DISCRIMINAÇÃO

2016

Informativo n. 130, TST — Banco do Estado do Espírito Santo — Banestes. Plano Antecipado de Afastamento Voluntário. Discriminação em razão da idade. Configuração 59

DOENÇA OCUPACIONAL

2016

Informativo n. 134, TST — Doença ocupacional. Indenização. Pensão mensal vitalícia. Pagamento em parcela única. Art. 950 do CC 59

DURAÇÃO DO TRABALHO

2016

Informativo n. 149, TST — Cargo de confiança. Art. 62, II, da CLT. Repouso semanal remunerado e feriados. Não concessão. Pagamento em dobro. Incidência da Súmula n. 146 do TST 59

Informativo n. 145, TST — Regime de trabalho 5X1. Descanso semanal remunerado. Coincidência com o domingo a cada sete semanas. Impossibilidade. Art. 6º, parágrafo único, da Lei n. 10.101/2000. Pagamento em dobro do domingo trabalho. Incidência da Súmula n. 146 do TST 60

2015

Informativo n. 126, TST — Intervalo intrajornada. Supressão parcial. Pedido que se refere ao "pagamento das horas laboradas nos períodos para descanso e alimentação intrajornada". Pagamento de todo o período correspondente ao intervalo. Súmula n. 437, I, do TST. Julgamento *ultra petita*. Não configuração. Invocação do art. 71, § 4º, da CLT 60

Informativo n. 117, TST — Intervalo intrajornada. Redução por acordo ou convenção coletiva. Portaria n. 42/2007 do MTE. Autorização genérica. Invalidade. Necessidade de autorização específica (art. 71, § 3º, da CLT) 60

Informativo n. 100, TST — Turnos ininterruptos de revezamento. Regime de 4 x 2. Norma coletiva. Fixação de jornada superior a oito horas. Invalidade 60

Informativo n. 100, TST — Mandado de segurança. Servidor público federal. Filho portador de deficiência. Jornada especial sem compensação de horário. Ausência de direito líquido e certo. Ato vinculado. Limites estabelecidos nos arts. 44, II, e 98, § 3º, da Lei n. 8.112/90 60

2014

Informativo n. 92, TST — Cartões de ponto sem assinatura. Validade 60

Informativo n. 90, TST — Regime 12 x 36 e turnos ininterruptos de revezamento. Alternância. Invalidade da norma coletiva. Contrariedade à Súmula n. 423 do TST. Horas extras. Devidas 60

Informativo n. 88, TST — Professor. Intervalo para recreio. Tempo à disposição do empregador 61

Informativo n. 80, TST — Transporte fornecido pela empresa. Espera. Tempo à disposição do empregador. Configuração 61

2013

Informativo n. 69, TST — Empregado rural. Atividade de corte de cana-de-açúcar. Pausa para descanso. Obrigatoriedade. Norma Regulamentar n. 31 do Ministério do Trabalho e Emprego. Aplicação analógica do art. 72 da CLT. Possibilidade 61

Informativo n. 55, TST — Turnos ininterruptos de revezamento. Instrumento coletivo. Fixação de jornada diária superior a oito horas em razão da compensação de jornada. Invalidade. Art. 7º, XIV, da CF e Súmula n. 423 do TST 61

Informativo n. 54, TST — Horas in itinere. Limitação do valor pago. Desproporção com o tempo despendido. Norma coletiva. Invalidade 61

Informativo n. 42, TST — Turnos ininterruptos de revezamento. Norma coletiva. Extensão da jornada para além da oitava hora. Adoção de regime de compensação semanal. Invalidade. Art. 7º, XIV, da CF e Súmula n. 423 do TST 61

2012

Informativo n. 10, TST — Horas *in itinere*. Norma coletiva que fixa o número de horas a serem pagas em quantidade muito inferior ao tempo gasto no trajeto. Invalidade 61

Informativo n. 2, TST — Horas "in itinere". Limitação por norma coletiva. Possibilidade 61

EMPREGADOR

2016

Informativo n. 136, TST — Grupo econômico. Não configuração. Mera ocupação do mesmo espaço físico. Prestação concomitante de serviço a mais de uma empresa.. 62

2014

Informativo n. 83, TST — Existência de sócios comuns. Grupo Econômico. Não caracterização. Ausência de subordinação 62

2013

Informativo n. 41, TST — Sucessão trabalhista. Contrato de trabalho extinto antes da sucessão. Responsabilidade do sucessor 62

EQUIPARAÇÃO SALARIAL

2015

Informativo n. 120, TST — Equiparação salarial. Quadro de carreira. Empresa privada. Ausência de homologação pelo Ministério do Trabalho. Convalidação por instrumento coletivo. Validade. Observância do requisito da alternância entre os critérios de promoção por antiguidade e por merecimento. Súmula n. 6, item I, do Tribunal Superior do Trabalho. Inaplicável 62

Informativo n. 102, TST — Equiparação salarial em cadeia. Tempo de serviço na função. Confronto com o paradigma remoto. Irrelevância. Comprovação necessária apenas em relação ao paradigma imediato 62

2013

Informativo n. 69, TST — Equiparação salarial. Impossibilidade. Municípios que têm condições urbanísticas e socioeconômicas semelhantes, mas não pertencem à mesma região metropolitana. Súmula n. 6, X, do TST e art. 461 da CLT 62

ESTAGIÁRIO

2014

Informativo n. 85, TST — Contrato de estágio. Natureza jurídica trabalhista. Prescrição. Incidência do inciso XXIX do art. 7º da CF 63

ESTÁGIO PROBATÓRIO

2014

Informativo n. 87, TST — Averbação de tempo de serviço prestado em órgão integrante da Administração Pública Indireta. Reposicionamento em carreira do Poder Judiciário e dispensa do estágio probatório. Impossibilidade 63

2013

Informativo n. 64, TST — Contrato de experiência firmado com a empresa tomadora de serviços após o término do contrato temporário. Invalidade 63

FGTS

2012

Informativo n. 10, TST — Aposentadoria por invalidez decorrente de acidente de trabalho. Suspensão do contrato de trabalho. Recolhimento do FGTS. Indevido. Art. 15, § 5º, da Lei n. 8.036/90. Não incidência 63

FÉRIAS

2014

Informativo n. 84, TST — Férias não gozadas. Licença remunerada superior a trinta dias. Terço constitucional. Devido. Art. 133, II, da CLT e art. 7º, XVII, da CF 63

2012

Informativo n. 11, TST — Férias. Fracionamento. Inexistência de situação excepcional. Pagamento em dobro. Devido 63

Informativo n. 10, TST — Terço constitucional. Art. 7º, XVII, da CF. Férias não usufruídas em razão de concessão de licença remunerada superior a 30 dias. Art. 133, II, da CLT. Devido.. 63

GARANTIAS E ESTABILIDADES NO EMPREGO

2016

Informativo n. 149, TST — Hospital Nossa Senhora da Conceição S.A. Garantia de Emprego. Período eleitoral. Art. 73, V, da Lei n. 9.504/92. Aplicação 64

2014

Informativo n. 94, TST — Estabilidade provisória. Membro da CIPA. Término da obra. Equivalência à extinção do estabelecimento. Súmula n. 339, II, do TST 64

Informativo n. 86, TST — Ação rescisória. Gestante. Estabilidade provisória. Concessão. Gravidez no curso do aviso-prévio. Art. 10, II, "b", do ADCT. Não violação .. 64

Informativo n.73, TST — Lei Eleitoral n. 9.504/97. Estabilidade provisória. Concessão no período de projeção do aviso-prévio indenizado. Possibilidade. Inaplicabilidade da Súmula n. 371 do TST... 64

2013

Informativo n. 56, TST — Estabilidade pré-aposentadoria. Dispensa a quatro meses e onze dias de completar o prazo para a aquisição da estabilidade. Abuso de direito. Configuração. Invalidade da conduta do empregador.. 64

Informativo n. 38, TST — Estabilidade provisória do art. 55 da Lei n. 5.764/71. Membro de Conselho de Administração de Cooperativa. Exercício de funções diretivas 64

2012

Informativo n. 34, TST — Empregada doméstica gestante. Despedida antes da vigência da Lei n. 11.234/06. Estabilidade provisória (art. 10, II, "b", do ADCT). Possibilidade 64

Informativo n. 17, TST — Estabilidade. Art. 19 do ADCT. Contagem do quinquênio aquisitivo. Tempo de serviço prestado a sociedade de economia mista. Impossibilidade 64

Informativo n. 10, TST — Estabilidade provisória em razão de acidente de trabalho no curso de contrato por prazo determinado. Arestos que tratam da estabilidade provisória durante contrato de experiência. Divergência jurisprudencial. Não configuração. Dispositivos de lei distintos 65

Informativo n. 9, TST — Estabilidade provisória. Lei Eleitoral n. 9.504/97. Aquisição no período de projeção do aviso prévio indenizado. Possibilidade. Súmula n. 371 do TST. Não incidência 65

Informativo n. 7, TST — Estabilidade pré-aposentadoria. Previsão em norma coletiva. Despedida oito meses antes do implemento da condição. Dispensa obstativa. Configuração 65

Informativo n. 5, TST — AR. Gestante. Estabilidade provisória. Art. 10, II, "b", do ADCT. Fechamento do estabelecimento. Transferência para outra localidade. Recusa da empregada. Justa causa. Não caracterização 65

Informativo n. 3, TST — Estabilidade provisória. Representante sindical e suplente eleitos para o Conselho de Representantes de federação ou confederação. Incidência dos arts. 8º, VIII, da CF e 543, § 3º, da CLT 65

GRATIFICAÇÕES

2013

Informativo n. 46, TST — Companhia Vale do Rio Doce — CVRD. Transformação da verba de representação em gratificação de função. Alteração da natureza jurídica da parcela. Revogação prejudicial ao empregado. Ilicitude 65

2012

Informativo n. 7, TST — Gratificação de função. Exercício por mais de dez anos. Períodos descontínuos. Aplicação da Súmula n. 372, I, do TST. Princípio da estabilidade financeira 65

Informativo n. 1, TST — AR. Horas extraordinárias. Base de cálculo. Inclusão da gratificação semestral paga com habitualidade. Aplicação posterior da Súmula n. 115 do TST. *Bis in idem*. Configuração. Violação dos arts. 884 e 885 do CC 66

HORAS EXTRAS

2016

Informativo n. 130, TST — Horas extras. Redução. Súmula n. 291 do TST. Direito à indenização afastado por negociação coletiva. Impossibilidade 66

2015

Informativo n. 119, TST — Horas extraordinárias. Contratação após admissão. Súmula 199, I, do TST. Não contrariedade 66

Informativo n. 98, TST — Intervalo intrajornada. Excesso de jornada. Período anterior à Lei n. 8.923/94 (§ 4º no art. 71 da CLT). Horas extras devidas 66

2014

Informativo n. 87, TST — Horas extras. Pagamento desvinculado da prestação de serviço suplementar. Fraude. Discussão que não envolve a pré-contratação de horas extras. Súmula n. 199, I, do TST. Não incidência 66

2013

Informativo n. 68, TST — Horas extras. Jornada de quarenta horas semanais. Divisor 220 previsto em norma coletiva. Nulidade. Aplicação do divisor 200. Súmula n. 431 do TST 66

Informativo n. 59, TST — Bancário. Acordo individual de prorrogação da jornada. Pactuação no penúltimo dia do mês da admissão. Pré-contratação de horas extras. Configuração. Súmula n. 199, I, do TST 66

Informativo n. 57, TST — Bancário. Pagamento de "horas extras" e "RSR s/ horas extras" de forma regular, em valor fixo e sem vinculação com a efetiva prestação de trabalho suplementar. Salário dissimulado. Parte final da Súmula n. 199, I, do TST. Não incidência 67

Informativo n. 43, TST — Maquinista da categoria "C". Intervalo intrajornada. Compatibilidade entre os arts. 71, § 4º e 238, § 5º, ambos da CLT. Pagamento do intervalo não concedido como horas extras 67

Informativo n. 37, TST — Trabalho em dois turnos de oito horas. Avanço em horário noturno em razão do cumprimento de intervalo intrajornada. Contrariedade à Orientação Jurisprudencial n. 360 da SBDI-I. Configuração 67

2012

Informativo n. 22, TST — Bancário. Gerente-geral. Tempo despendido na realização de cursos pela internet e à distância, fora do horário de trabalho. Horas extras. Indeferimento 67

Informativo n. 22, TST — Horas extras. Habitualidade. Pagamento suspenso transitoriamente por força do Decreto n. 29.019/2008 do Distrito Federal. Indenização devida. Súmula n. 291 do TST 67

Informativo n. 21, TST — Tesoureiro de Retaguarda. Função técnica. Fidúcia especial. Não caracterização. Art. 224, § 2º, da CLT. Não incidência. Horas extras. Devidas 67

Informativo n. 18, TST — Intervalo intrajornada. Redução. Horas extras. Norma coletiva. Percentual superior ao previsto no art. 71, § 4º, da CLT. Prevalência 67

Informativo n. 18, TST — Horas extras e diárias de viagens. Pagamento incorporado às comissões por meio de norma coletiva. Impossibilidade. Salário complessivo. Configuração. Súmula n. 91 do TST 68

PRESCRIÇÃO E DECADÊNCIA

2016

Informativo n. 141, TST — Trabalhador portuário avulso. Prescrição bienal e quinquenal. Cancelamento da Orientação Jurisprudencial n. 384 da SBDI-I. Lei n. 12.815/2013 68

Informativo n. 128, TST — Novacap. Gratificação de função. Diferenças decorrentes de reajustes salariais previstos em normas coletivas. Descumprimento. Lesão continuada. Prescrição parcial 68

2015

Informativo n. 125, TST — Salário variável. Previsão em cláusula contratual. Inobservância. Diferenças. Prescrição. Não incidência da Súmula n. 294 do TST e da Orientação Jurisprudencial n. 175 da SBDI-I 68

Informativo n. 119, TST — Banco do Brasil. Anuênios. Previsão originária em norma regulamentar interna. Incorporação ao contrato de trabalho. Supressão posterior. Ausência de renovação em norma coletiva. Prescrição parcial. Inaplicabilidade da Súmula n. 294 do TST......68

Informativo n. 114, TST — Prescrição. Indenização por dano moral e material. Exclusão do empregado e dependentes do quadro de beneficiários do plano de saúde (CASSI) e da entidade de previdência privada (PREVI). Fluência do prazo prescricional. Ajuizamento de protesto judicial e gozo de auxílio-doença e posterior aposentadoria por invalidez 68

Informativo n. 112, TST — Prescrição. Ação de reparação de danos materiais. Demanda proposta por empregador em face de ex-empregado. Lesão ocorrida antes da vigência da Emenda Constitucional n. 45, de 30 de dezembro de 2004. Prazo aplicável 69

Informativo n. 109, TST — Ação rescisória. Decadência pronunciada no Tribunal de origem. Precedência em relação ao exame de questão relativa à insuficiência de depósito prévio. Efeito devolutivo do recurso ordinário 69

Informativo n. 109, TST — Prescrição. *Actio nata*. Indenização por danos morais e materiais. Ação criminal proposta pelo empregador após a dispensa por justa causa. Falsificação de atestado médico. Absolvição criminal superveniente. Art. 200 do Código Civil 69

2014

Informativo n. 92, TST — Professor. Redução do número de horas-aula. Prescrição total. Súmula n. 294 do TST 69

Informativo n. 91, TST — Doença ocupacional. Laudo pericial emitido há mais de vinte anos da extinção do contrato de trabalho. Prescrição. Marco inicial. Não adoção do momento da ciência da lesão 69

Informativo n. 88, TST — Município de Colatina/ES. Plano de cargos e salários instituído mediante lei municipal. Aplicação limitada aos professores admitidos após a sua vigência. Pretensão de aplicação dos benefícios aos professores admitidos antes da introdução do novo PCS. Princípio da isonomia. Prescrição parcial. Inaplicabilidade das Súmulas ns. 275, II, e 294 do TST 69

Informativo n. 83, TST — Dano moral. Acidente do trabalho ou doença profissional. Prescrição. Norma de regência vigente na data da lesão ou da ciência inequívoca do evento danoso. Prescrição trabalhista *versus* prescrição cível. Emenda Constitucional n. 45/2004 70

Informativo n. 76, TST — Companhia Mineira de Eletricidade — CME. Gratificação equivalente a doze salários. Parcela única devida por ocasião da aposentadoria em razão de norma interna. Acordo para pagamento da gratificação entabulado com a CEMIG, sucessora da CME, e a FORLUZ. Descumprimento. Pedido sucessivo. Reflexos da gratificação não recebida no cálculo da complementação de aposentadoria. Prescrição total de ambos os pedidos. Súmula n. 326 do TST 70

Informativo n. 73, TST — Prescrição quinquenal. Alcance. Parcelas salariais vencidas e exigíveis na data da propositura da reclamação trabalhista 70

2013

Informativo n. 69, TST — Rurícola. Contrato de trabalho em curso quando da publicação da Emenda Constitucional n. 28/2000. Ação ajuizada após cinco anos da vigência da referida emenda. Prescrição quinquenal 70

Informativo n. 68, TST — Alteração contratual. Ato único do empregador. Redução da parte fixa do salário. Direito à irredutibilidade salarial assegurado pela Constituição Federal. Prescrição parcial. Súmula n. 294 do TST, parte final 70

Informativo n. 68, TST — Danos morais e materiais. Indenização. Ato ilícito praticado pelo empregador no curso da relação de trabalho. Prescrição aplicável. Lesão anterior à vigência do novo Código Civil. Ação ajuizada antes da EC n. 45/2004 e da vigência do Código Civil de 2002. Incidência do art. 177 do CC de 1916 70

Informativo n. 60, TST — CEF. Prescrição parcial. Alteração da base de cálculo das vantagens pessoais. Supressão das parcelas CTVA e Cargo em Comissão. Não incidência da Súmula n. 294 do TST 70

Informativo n. 57, TST — Acidente de trabalho. Ação de indenização por danos morais. Prescrição. Termo inicial. Aposentadoria por invalidez 71

Informativo n. 57, TST — Servidor público. Infração disciplinar continuada. Prescrição. Marco inicial. Data da última infração 71

Informativo n. 56, TST — Embasa S.A. Adicional de dupla função previsto no PCCS/1986 revogado pelo PCCS/1998. Alteração do pactuado. Prescrição total...71

Informativo n. 54, TST — Doença ocupacional. LER/DORT. Ação de indenização por danos morais e materiais. Prescrição. Termo inicial. Decisão judicial que concedeu a aposentadoria por invalidez. Reconhecimento da incapacidade definitiva para o trabalho. Súmula n. 278 do STJ 71

Informativo n. 52, TST — Gratificação de função que deveria ter sido incorporada. Supressão. Prescrição parcial. Art. 7º, VI, da CF 71

Informativo n. 51, TST — CEF. Complemento Temporário Variável de Ajuste de Mercado — CTVA. Inclusão na base de cálculo das vantagens pessoais. Prescrição parcial 71

Informativo n. 43, TST — CEF. Auxílio-alimentação. Adesão ao PAT. Modificação da natureza jurídica. Empregados que continuaram a trabalhar e a receber a parcela. Pretensão de pagamento das diferenças decorrentes da não incorporação às demais verbas de natureza salarial. Prescrição parcial 71

Informativo n. 42, TST — Dano moral, material e estético. Doença ocupacional. Prescrição. Termo inicial. Data do trânsito em julgado da decisão que reconheceu o nexo causal entre a doença e o trabalho executado 71

Informativo n. 35, TST — Promoção por antiguidade. Resolução da empresa que fixa em zero o percentual de empregados passíveis de promoção. Equivalência à inobservância do regulamento interno. Prescrição parcial. Orientação Jurisprudencial n. 404 da SBDI-I 72

2012

Informativo n. 29, TST — CEF. Complementação de aposentadoria. Salário de contribuição. Integração da CTVA. Prescrição parcial. Súmula n. 294. Não incidência 72

Informativo n. 24, TST — AR. Aposentadoria por invalidez. Suspensão do contrato de trabalho. Fluência da prescrição bienal. Impossibilidade. Art. 7º, XXIX, da CF. Violação 72

Informativo n. 18, TST — FGTS. Incidência sobre diferenças salariais deferidas em ação anteriormente proposta. Prescrição trintenária. Limite temporal da demanda anterior 72

Informativo n. 18, TST — Gratificação de função percebida por dez ou mais anos. Reversão ao cargo efetivo. Incorporação devida. Pagamento a menor. Prescrição parcial 72

Informativo n. 16, TST — Gratificação de função percebida por mais de dez anos. Incorporação a menor. Prescrição parcial. Súmula n. 294 do TST 72

Informativo n. 13, TST — Prescrição. Interrupção. Reclamação trabalhista arquivada. Marco inicial para o reinício da contagem do prazo prescricional bienal e quinquenal 73

Informativo n. 13, TST — Certidão de interdição. Documento novo. Incapacidade absoluta. Prescrição. Efeitos impeditivos 73

Informativo n. 12, TST — AR. Rurícola. Prazo quinquenal. Contrato iniciado e extinto antes da EC n. 28/2000. Ofensa ao art. 5º, XXXVI, da CF. Configuração 73

Informativo n. 10, TST — Majoração lesiva da jornada de trabalho. Alteração do pactuado. Pagamento de horas extras. Prescrição total. Súmula n. 294 do TST 73

Informativo n. 10, TST — CEF. Auxílio-alimentação instituído em norma regulamentar. Posterior adesão ao PAT. Modificação da natureza jurídica da parcela. Prescrição total. Súmula n. 294 do TST...................................73

Informativo n. 8, TST — Gratificação de função de bancário. Verba assegurada por lei. Redução. Prescrição parcial. Súmula n. 294 do TST, parte final 73

Informativo n. 1, TST — Prescrição. Arguição em contestação. Primeira condenação imposta ao reclamado em sede de recurso de revista. Necessidade de exame. Princípio da ampla devolutividade 73

Informativo n. 1, TST — CEEE. Reconhecimento de vínculo e concessão de vantagens salariais dele decorrentes. Cumulação de pedidos de natureza declaratória e condenatória. Prescritibilidade somente do pedido condenatório. Art. 7º, XXIX, da CF. Imprescritibilidade do pedido declaratório. Art. 11, § 2º, da CLT......................73

PROFISSÕES REGULAMENTADAS

ADVOGADO

2015

Informativo n. 111, TST — Advogado de banco. Admissão anterior à Lei n. 8.906/94. Equiparação a membro de categoria diferenciada. Jornada de trabalho. Inaplicabilidade do art. 224, *caput*, da CLT. Não comprovação de dedicação exclusiva. Horas extras devidas a partir da quarta hora diária..74

2012

Informativo n. 9, TST — Empregado de banco. Advogado. Jornada de trabalho. Inaplicabilidade do art. 224 da CLT. Dedicação exclusiva. Horas extras excedentes à sexta diária. Indevidas. Lei n. 8.906/94 74

Informativo n. 3, TST — Empregado de banco. Advogado. Jornada de trabalho. Inaplicabilidade do art. 224 da CLT. Dedicação exclusiva. Horas extras. Sétima e oitava horas indevidas 74

ATLETA PROFISSIONAL

2016

Informativo n. 137, TST — Atleta profissional. Lei n. 9.615/98 (Lei Pelé). Contratos sucessivos. Unicidade. Impossibilidade. Prescrição bienal contada a partir da extinção de cada contrato..74

2015

Informativo n. 126, TST — Profissional de futebol. Contrato de trabalho com duração integral na vigência da Lei n. 9.615/98 (Lei Pelé), antes das alterações promovidas pela Lei n. 12.395/2011. Direito de arena. Redução do percentual mínimo legal. Impossibilidade....................74

BANCÁRIO

2015

Informativo n. 125, TST — Matéria afetada ao Tribunal Pleno. Empregado da Empresa Brasileira de Correios e Telégrafos — ECT. Atuação no Banco Postal. Enquadramento como bancário. Impossibilidade.........................74

Informativo n. 115, TST — Caixa Econômica Federal — CEF. Horas extraordinárias. Gerente bancário. Jornada de seis horas assegurada mediante norma interna. Alteração da jornada para oito horas por força do Plano de Cargos em Comissão de 1998. Prescrição parcial.........75

Informativo n. 114, TST — Caixa Econômica Federal — CEF. Termo de opção pela jornada de oito horas declarado inválido. Gratificação de função percebida por mais de dez anos. Incorporação. Impossibilidade.................75

Informativo n. 105, TST — Bancário. Anistia. Leis ns. 8.878/94 e 11.907/2009. Efeitos. Alteração da jornada para 40 horas. Não pagamento da sétima e oitava horas trabalhadas como extras. Direito às diferenças salariais entre o pagamento de seis e o de oito horas.........................75

2014

Informativo n. 90, TST — Bancário. Norma coletiva que prevê a repercussão das horas extras habituais no sábado. Alteração da natureza jurídica de dia útil não trabalhado para dia de repouso semanal remunerado. Não configuração. Incidência do divisor 220. Ausência de contrariedade à Súmula n. 124, I, "b", do TST........75

Informativo n. 87, TST — Bancário. Gratificação "quebra de caixa". Descontos de diferenças no caixa. Licitude..
....75

Informativo n. 85, TST — Bancário. Norma coletiva. Repercussão das horas extras na remuneração do sábado. Reconhecimento do sábado como descanso semanal remunerado. Incidência da Súmula n. 124, I, "a", do TST. Divisor 150 75

Informativo n. 81, TST — Bancário. Horas extras ajustadas em momento posterior ao da admissão. Inexistência de vínculo com a prestação de serviço extraordinário. Natureza jurídica de salário propriamente dito. Supressão. Prescrição parcial. Súmulas n. 199, II, e 294 do TST. Não incidência 75

Informativo n. 74, TST — Banco do Brasil S.A. Analista Pleno e Assessor Pleno UE. Ausência de fidúcia. Horas extras devidas. Compensação com a gratificação de função indevida. Súmula n. 109 do TST. Inaplicabilidade da Orientação Jurisprudencial Transitória n. 70 da SBDI-I..
....76

Informativo n. 72, TST — CEF. Gerente geral. Horas extras. Jornada de 6 horas diárias assegurada pelo PCS/89. Pretensão de manutenção do pagamento das horas extraordinárias por força de previsão constante no PCS/98. Prescrição parcial. Descumprimento de norma vigente .
....76

2013

Informativo n. 64, TST — CEF. Novo plano de cargos e salários. Adesão condicionada à desistência de ações judiciais. Invalidade. Afronta ao princípio da inafastabilidade da jurisdição. Art. 5º, XXXV, da CF 76

Informativo n. 63, TST — CEF. Invalidade da opção do empregado pela jornada de oito horas. Compensação. Base de cálculo das horas extras 76

Informativo n. 63, TST — CEF. Adesão a novo plano (REB). Diferenças de saldamento do plano anterior (REG/REPLAN). Inclusão da CTVA na base de cálculo do salário de contribuição. Possibilidade de recálculo. Súmula n. 51, II do TST. Não incidência........................76

Informativo n. 47, TST — Bancário. Tesoureiro de retaguarda. Cargo de confiança. Não configuração. Inaplicabilidade do art. 224, § 2º, da CLT 76

Informativo n. 44, TST — Bancário. Gerente geral de agência. Art. 62, II, da CLT. Intervalo intrajornada. Não concessão. Horas extras. Indevidas..............................76

Informativo n. 43, TST — CEF. Norma interna. CI/SUPES/GERET 293/2006. Validade. Opção pela jornada de oito horas. Ingresso em juízo. Retorno automático à jornada de seis horas. Orientação Jurisprudencial Transitória n. 70 da SBDI-I 77

2012

Informativo n. 27, TST — CEF. Gerente. Criação da parcela denominada "Complemento Temporário Variável de Ajuste ao Piso de Mercado". Adoção de critério geográfico. Afronta ao princípio da isonomia. Não configuração 77

Informativo n. 18, TST — Bancário. Gratificação "quebra de caixa". Descontos de diferenças de caixa. Licitude. Art. 462, § 1º, da CLT 77

Informativo n. 17, TST — AR. Bancário. Gerente de negócios. Configuração. Art. 224, § 2º, da CLT e Súmula n. 287 do TST. Pagamento de horas extras apenas a partir da 8ª diária 77

Informativo n. 17, TST — Bancário. Gerente geral. Presunção relativa. Ausência de poderes de mando e gestão. Horas extras. Devidas...77

Informativo n. 10, TST — Bancário. Superintendente de negócio. Pagamento de horas extras. Controle de frequência. Art. 62, II, da CLT. Não incidência..................77

Informativo n. 5, TST — Bancário. Ausência de contrato para trabalho extraordinário. Pagamento mensal e habitual de horas extras. Pré-contratação. Configuração. Aplicação da Súmula n. 199, I, do TST..........................77

PETROLEIRO

2016

Informativo n. 135, TST — Petroleiros. Turnos ininterruptos de revezamento. Repouso estabelecido no art. 3º, V, da Lei n. 5.811/1972. Reflexos das horas extras. Impossibilidade. Súmula n. 172 do TST. Inaplicabilidade 77

PORTUÁRIO

2013

Informativo n. 48, TST — Vale-transporte. Trabalhador portuário avulso. Comparecimento para concorrer à escala. Direito ao pagamento, independente do efetivo trabalho. Aplicação do art. 7º, XXXIV, da CF 78

2012

Informativo n. 26, TST — Arguição de inconstitucionalidade. Trabalhador portuário avulso. Art. 27, § 3º, da Lei

n. 8.630/93. Aposentadoria espontânea. Manutenção da inscrição junto ao OGMO 78

PROFESSOR

2013

Informativo n. 48, TST — Instrutora de idiomas. Atividade docente. Enquadramento na categoria profissional dos professores, ainda que ausentes as formalidades do art. 317 da CLT. Possibilidade 78

Informativo n. 42, TST — Atividade docente. Instrutora de informática. Curso profissionalizante. Reconhecimento da condição de professora. Princípio da primazia da realidade 78

RADIALISTA

2013

Informativo n. 67, TST — Radialista. Registro na Delegacia Regional do Trabalho (Lei n. 6.615/78). Desnecessidade. Aplicação do princípio da primazia da realidade..78

Informativo n. 39, TST — Radialista. Enquadramento. Lei n. 6.615/78. Registro. Ausência. Princípio da primazia da realidade 78

REMUNERAÇÃO

2016

Informativo n. 148, TST — Gratificação de função exercida por dez ou mais anos. Supressão. Incorporação do BESC pelo Banco do Brasil. Empregado que optou por não aderir ao plano de carreira do banco sucessor. Súmula n. 372, I, do TST. Justo motivo. Configuração..................78

Informativo n. 146, TST — Gratificação de função. Percepção por mais de dez anos em períodos descontínuos. Estabilidade financeira. Direito à incorporação. 79

Informativo n. 145, TST — Prêmios ou bônus pelo cumprimento de metas. Natureza jurídica diversa das comissões. Horas extras. Inaplicabilidade da Súmula n. 340 do TST e da Orientação Jurisprudencial n. 397 da SBDI-I. Incidência da Súmula n. 264 do TST. 79

Informativo n. 135, TST — Parcela "sexta parte". Art. 129 da Constituição do Estado de São Paulo. Base de cálculo. Exclusão de gratificações instituídas por leis complementares estaduais..................79

2015

Informativo n. 125, TST — Jornada de quatro, seis ou oito horas. Salário mínimo da categoria profissional. Pagamento independente das horas trabalhadas. Impossibilidade. Orientação Jurisprudencial n. 358 da SBDI-I. Princípio da isonomia..................79

Informativo n. 113, TST — Reajustes salariais fixados por resoluções do Conselho de Reitores das Universidades do Estado de São Paulo (CRUESP) aos servidores das Universidades Estaduais Paulistas. Extensão aos servidores do Centro Estadual de Educação Tecnológica Paula Souza (CEETEPS). Impossibilidade. Necessidade de lei específica..................79

Informativo n. 107, TST — Salário-substituição. Substituição apenas de parte das atribuições do substituído. Pagamento de forma proporcional às atividades substituídas. Apuração em liquidação de sentença..................79

Informativo n. 106, TST — Acordo coletivo de trabalho. Participação nos Lucros e Resultados. Estipulação de requisito que não revela os índices individuais de produtividade, qualidade ou lucratividade da empresa. Benefício que mais se aproxima de um prêmio. Exclusão da referência ao art. 2º, II, da Lei n. 10.101/2000 80

Informativo n. 101, TST — Uniformes. Uso obrigatório ou necessário para a concepção da atividade econômica. Despesas com lavagem. Ressarcimento. Devido..........80

Informativo n. 98, TST — Honorários advocatícios de sucumbência. Rateio e repasse a empregados advogados. Natureza jurídica indenizatória..................80

2014

Informativo n. 95, TST — Gorjetas. Cláusula de acordo coletivo que prevê a retenção e o rateio de parte dos valores arrecadados. Invalidade. Art. 457 da CLT e Súmula n. 354 do TST..................80

Informativo n. 94, TST — Participação nos lucros e resultados. Descumprimento de meta estabelecida em acordo coletivo. Pagamento indevido. Prêmio em valor equivalente ao da PLR. Concessão exclusiva a uma das unidades da empresa. Medida discriminatória. Configuração..................80

Informativo n. 84, TST — Gratificação de Atividade Judiciária (GAJ). Impossibilidade de percepção. Servidor cedido à Empresa Brasileira de Serviços Hospitalares. Pagamento devido somente na hipótese de cessão para órgãos dos Poderes Legislativo e Judiciário da União e da Administração Pública Direta do Poder Executivo Federal 80

Informativo n. 83, TST — Desvio de função. Empregado público que exerce atividade típica de servidor público estatutário. Regimes jurídicos distintos. Diferenças salariais. Devidas. Aplicação do princípio da isonomia. Orientação Jurisprudencial n. 125 da SBDI-I 80

Informativo n. 82, TST — Gratificação de função exercida por dez ou mais anos. Redução em razão de transferência a pedido. Possibilidade. Justo motivo. Configuração. Súmula n. 372, I do TST..................81

Informativo n. 81, TST — Gueltas. Bonificações pagas por terceiros em virtude do contrato de trabalho. Natureza jurídica salarial. Súmula n. 354 do TST e art. 457, § 3º, da CLT. Aplicação por analogia..................81

2012

Informativo n. 18, TST — Remuneração do emprego público. Proventos de aposentadoria recebidos pelo regime geral da previdência social. Acumulação. Possibilidade 81

Informativo n. 5, TST — Progressão salarial anual. Ausência de avaliações de desempenho. Descumprimento de norma interna. Art. 129 do CC. Diferenças salariais devidas 81

Informativo n. 5, TST — CBTU. Reajuste salarial concedido apenas aos ocupantes de cargo de confiança. Extensão aos empregados públicos exercentes de cargo de carreira. Impossibilidade. Ausência de identidade de situações 81

RENÚNCIA

2013

Informativo n. 43, TST — Adesão a novo plano de benefício previdenciário. Efeitos. Renúncia às regras do plano anterior. Incidência da Súmula n. 51, II, do TST 81

RESPONSABILIDADE CIVIL

2015

Informativo n. 124, TST — Acidente de trabalho. Indenização por danos morais e materiais. Dono da obra. Responsabilidade solidária. Inaplicabilidade da Orientação Jurisprudencial n. 191 da SBDI-I 81

Informativo n. 120, TST — Responsabilidade solidária. Complementação de aposentadoria. CESP — Companhia Energética de São Paulo. Cisão parcial. CTEEP — Companhia de Transmissão de Energia Elétrica Paulista. Efeitos 82

Informativo n. 119, TST — Matéria afetada ao Tribunal Pleno. Indenização por danos morais. Acidente do trabalho. Cobradora de ônibus. Roubo com uso de arma de fogo. Responsabilidade civil objetiva do empregador. Art. 927, parágrafo único, do Código Civil 82

Informativo n. 104, TST — Danos morais e materiais. Acidente de trânsito. Coleta de lixo urbano. Retorno do aterro sanitário. Morte do empregado. Responsabilidade objetiva. Atividade de risco. Art. 927, parágrafo único, do CC. Incidência 82

2014

Informativo n. 95, TST — Acidente de trabalho. Falecimento do empregado. Responsabilidade subjetiva do empregador. Indenização por danos morais. Compensação com o valor recebido pela família do *de cujus* a título de seguro de vida. Impossibilidade 82

Informativo n. 72, TST — Perda parcial da capacidade laborativa. Possibilidade de pleno restabelecimento. Pensão vitalícia. Devida. Fim do pagamento condicionado à recuperação integral do trabalhador. Relação de natureza continuativa. Art. 471, I, do CPC. Incidência 82

2013

Informativo n. 55, TST — Contrato de empreitada. Fornecimento de mão-de-obra especializada em montagem e manutenção industrial para a construção de um pátio de madeiras. Obra certa. Construção civil. Aplicação da Orientação Jurisprudencial n. 191 da SBDI-I. Responsabilidade da dona da obra. Não configuração 82

Informativo n. 50, TST — Acidente de trabalho. Vigilante. Condução de motocicleta em rodovia estadual. Atividade de risco. Responsabilidade civil objetiva do empregador. Art. 927, parágrafo único, do CC 82

Informativo n. 47, TST — Dono da obra. Pessoa física. Construção de imóveis para locação. Responsabilidade subsidiária. Não configuração. Lei n. 4.591/64 83

Informativo n. 46, TST — Acidente de trabalho. Trabalhador avulso. Estivador. Responsabilidade civil subjetiva do operador portuário. Configuração. Dever de zelar pelo meio ambiente de trabalho seguro 83

2012

Informativo n. 34, TST — Acidente do trabalho ocorrido na vigência do Código Civil de 1916. Responsabilidade objetiva prevista no art. 927, parágrafo único, do Código Civil de 2002. Aplicação 83

Informativo n. 32, TST — Acidente do trabalho. Responsabilidade civil objetiva. Configuração. Motociclista. Atividade de risco 83

Informativo n. 31, TST — Dono da obra. Acidente de trabalho. Indenização por danos morais, materiais e estéticos. Pretensão de natureza civil. Orientação Jurisprudencial n. 191 da SBDI-I. Não incidência. Envolvimento na execução dos serviços. Omissão em relação à segurança do ambiente laboral. Culpa comprovada. Responsabilidade solidária 83

Informativo n. 27, TST — Acidente do trabalho. Morte do empregado. Indenização por danos morais e materiais. Ambiente de trabalho. Negligência. Responsabilidade do empregador 83

Informativo n. 1, TST — Responsabilidade civil objetiva. Configuração. Técnico em informática. Condução de veículo em rodovias intermunicipais. Óbito. Culpa exclusiva de terceiro. Teoria do risco da atividade econômica. Ação de regresso 84

SOBREAVISO

2014

Informativo n. 86, TST — Regime de sobreaviso e prontidão. Art. 244, §§ 2º e 3º, da CLT. Horas excedentes ao limite máximo estabelecido em lei. Pagamento como horas extraordinárias. Impossibilidade. Ausência de previsão 84

2012

Informativo n. 19, TST — Regime de sobreaviso. Caracterização. Uso do aparelho celular. Submissão à escala de atendimento 84

TERCEIRIZAÇÃO

2016

Informativo n. 148, TST — Atividade-fim bancária. Terceirização ilícita. Intermediação fraudulenta de mão de obra mediante cooperativa. Dano moral coletivo. Configuração 84

Informativo n. 138, TST — Terceirização ilícita. Atividade-fim. Ente público. Créditos trabalhistas. Responsabilidade solidária 84

Informativo n. 134, TST — Caixa Econômica Federal. Multa administrativa. Descumprimento do art. 41 da CLT. Ausência de registro de empregados. Terceirização ilícita. Validade do auto de infração 84

2015

Informativo n. 126, TST — Terceirização ilícita. Vínculo empregatício reconhecido com a empresa tomadora de serviços. Isonomia salarial. Indeferimento. Ato discriminatório. Configuração 85

2014

Informativo n. 97, TST — Multa administrativa. Descumprimento do art. 41 da CLT. Falta de registro de empregados. Terceirização ilícita. Empresa tomadora integrante da administração pública indireta. Invalidade do auto de infração 85

Informativo n. 96, TST — Terceirização. Piso salarial previsto em norma coletiva firmada com empresa tomadora de serviços. Aplicação ao empregado terceirizado que labora na atividade-fim. Incidência analógica da Orientação Jurisprudencial n. 383 da SBDI-I 85

Informativo n. 86, TST — Terceirização. Atendente de *telemarketing*. Reconhecimento de vínculo empregatício diretamente com a empresa de telecomunicações tomadora dos serviços. Empresa prestadora de serviços. Interesse jurídico para recorrer. Configuração 85

Informativo n. 76, TST — Empresa de telefonia. Terceirização ilícita. Atividade de *call center*. Reconhecimento de vínculo empregatício com a tomadora. Aplicação dos benefícios previstos nas normas coletivas celebradas pela real empregadora. Princípio da isonomia 85

2013

Informativo n. 70, TST — Ação Civil Pública. Contratação de motociclistas para transporte de mercadorias por meio de cooperativa. Presença dos elementos caracterizadores do vínculo de emprego. Terceirização ilícita. Condenação de não fazer. Proporcionalidade 85

Informativo n. 65, TST — Transporte ferroviário. Manutenção de vagões e locomotivas. Atividade-fim. Impossibilidade de terceirização. Intermediação ilícita de mão de obra. Reconhecimento de vínculo de emprego direto com o tomador do serviço. Interpretação sistemática dos arts. 25 da Lei n. 8.987/95 e 94, II, da Lei n. 9.472/97 85

Informativo n. 63, TST — Auditor-fiscal do trabalho. Autuação de empresa por falta de registro dos empregados. Terceirização ilícita. Exercício do poder de polícia. Imposição de multa administrativa. Possibilidade. Invasão da competência da Justiça do Trabalho. Não configuração. 86

Informativo n. 54, TST — Empresa concessionária de energia elétrica. Agente de cobrança, leiturista e eletricista. Terceirização. Impossibilidade. Funções ligadas à atividade-fim da empresa 86

2012

Informativo n. 29, TST — Empresa de telecomunicações. "Call center". Terceirização. Impossibilidade. Atividade-fim 86

Informativo n. 21, TST — Terceirização ilícita. Configuração. Empregado contratado por empresa especializada em vigilância e transporte de valores. Exercício de atividades tipicamente bancárias. Reconhecimento do vínculo de emprego. Súmula n. 331, I, do TST 86

VÍNCULO DE EMPREGO

2016

Informativo n. 138, TST — Petrobras. Curso de formação. Vínculo de emprego. Caracterização. Cômputo como tempo de serviço. Art. 14, § 2º, da Lei n. 9.624/98. Aplicação analógica 86

Direito Coletivo do Trabalho

CONDUTA ANTISSINDICAL

2015

Informativo n. 100, TST — Dano moral coletivo. Caracterização. Conduta antissindical. Convenção coletiva de trabalho. Financiamento do sindicato profissional com recursos provenientes do empregador 87

CONTRIBUIÇÕES

2016

Informativo n. 147, TST — Contribuição assistencial. Desconto obrigatório. Empregados não filiados ao sindicato. Direito de oposição. Nulidade da cláusula de instrumento coletivo. Art. 545 da CLT. Precedente Normativo n. 119. Orientação Jurisprudencial n. 17 da SDC 87

Informativo n. 129, TST — Contribuição sindical patronal. *Holding* pura. Ausência de empregados. Não recolhimento 87

2015

Informativo n. 114, TST — Contribuições assistenciais compulsórias em favor de entidade de serviço social e de formação profissional. Art. 240 da Constituição Federal. Obrigatoriedade 87

2012

Informativo n. 13, TST — Contribuição patronal. Melhoria dos serviços médico e odontológico prestados pelo sindicato profissional. Afronta ao art. 2º da Convenção n. 98 da OIT. Não configuração 87

DISSÍDIO COLETIVO

2016

Informativo n. 141, TST — Dissídio coletivo de natureza jurídica. Dispensa em massa. Adequação da via eleita. Matéria suspensa para apreciação pelo Tribunal Pleno 87

Informativo n. 130, TST — Sindicato. Substituto processual. Fracionamento do crédito em favor dos substituídos. Decisão do Órgão Especial em aparente contradição com julgados da SBDI-I. Matéria suspensa para apreciação pelo Tribunal Pleno 88

Informativo n. 130, TST — Dissídio coletivo. Homologação de instrumento coletivo privado. Inadequação da via eleita 88

Informativo n. 130, TST — Dissídio coletivo de natureza econômica. Greve deflagrada no curso da instrução processual. Comum acordo. Desnecessidade 88

2015

Informativo n. 110, TST — Recurso ordinário. Dissídio coletivo. COSERN. Cláusula 3ª — Programa de Desligamento. Caráter histórico reconhecido. Natureza da norma. Exaurida a finalidade. Exclusão da sentença normativa 88

Informativo n. 106, TST — Dissídio coletivo de natureza econômica suscitado pela empregadora. Ausência de interesse de agir. Desnecessária a autorização da Justiça do Trabalho ou a negociação coletiva para a concessão de melhores condições de trabalho 88

2013

Informativo n. 58, TST — Dissídio coletivo. Natureza jurídica. Procedimento de cunho declaratório direcionado a interpretar e declarar o sentido e/ou do alcance da norma. Cláusula que limita o funcionamento das empresas a dois domingos por mês. Declaração de não conformidade com o arcabouço jurídico. Inadequação da via eleita. 88

Informativo n. 39, TST — Dissídio coletivo. Natureza econômica. Arguição de inexistência de comum acordo. Ministério Público do Trabalho. Legitimidade e interesse.. 88

Informativo n. 37, TST — Dissídio coletivo. Natureza econômica. Arguição de inexistência de comum acordo. Ministério Público do Trabalho. Ausência de legitimidade 88

2012

Informativo n. 34, TST — DC. Natureza jurídica. Cabimento. Encerramento da unidade industrial. Dispensa em massa. Prévia negociação coletiva. Necessidade ...89

Informativo n. 34, TST — DC. Natureza econômica. Fixação de normas e condições de trabalho entre a categoria dos médicos e as empresas operadoras de planos de saúde. Profissionais autônomos. Inadequação da via eleita. Extinção do feito sem resolução do mérito 89

Informativo n. 34, TST — DC. Greve. Ministério Público do Trabalho. Ilegitimidade ativa "ad causam". Atividade não essencial 89

GREVE

2014

Informativo n. 92, TST — CEF. Greve. Dias não trabalhados. Descontos salariais. Norma regulamentar autorizadora. Termos aditivos ao acordo e à convenção coletiva que vedaram os descontos. Prevalência. Nulidade da norma regulamentar 89

Informativo n. 85, TST — Dissídio coletivo. Greve. Nomeação para reitor da Pontifícia Universidade Católica de São Paulo — PUC. Protesto com motivação política. Abusividade material da paralisação 89

Informativo n. 75, TST — Dissídio coletivo. Greve. Empresa Brasileira de Correios e Telégrafos — ECT. Descumprimento de cláusula de sentença normativa. Não configuração. Abusividade 89

Informativo n. 72, TST — Dissídio coletivo. Greve. Estabilidade no emprego. Impossibilidade de extensão aos trabalhadores temporários 90

2013

Informativo n. 63, TST — Dissídio coletivo. Greve. Pedido de pagamento de salários, cestas básicas e vales-transportes atrasados. Responsabilização solidária ou subsidiária de município em razão de convênio firmado com as instituições empregadoras para prestação de serviços de educação infantil. Impossibilidade jurídica do pedido. Orientação Jurisprudencial n. 5 da SDC 90

Informativo n. 50, TST — Exercício do direito de greve. Deflagração por ausência de pagamento dos salários. Descumprimento dos requisitos formais previstos na Lei n. 7.783/1989. Culpa recíproca. Declaração de não abusividade da greve. Indeferimento da garantia de emprego.. 90

2012

Informativo n. 17, TST — DC. Greve. Abusividade. Não configuração. Dispensa coletiva. Exigência de negociação com o sindicato profissional 90

Informativo n. 4, TST — DC. Exercício do direito de greve. Abusividade. Configuração. Comunicação apenas do "estado de greve". Art. 13 da Lei n. 7.783/89. Inobservância 90

Informativo n. 1, TST — DC. Exigência de aprovação da greve por assembleia (art. 4º da Lei n. 7.783/89). Inobservância. Abusividade do movimento paredista. Não configuração. Requisito suprido pela ampla adesão e participação dos trabalhadores 90

LOCKOUT

2012

Informativo n. 30, TST — DC. Greve. Trabalhadores portuários avulsos. "Lockout". Não configuração 90

NEGOCIAÇÃO COLETIVA

2016

Informativo n. 137, TST — Acordo direto entre empregados e a empresa. Recepção do art. 617 da CLT pelo art. 8º, VI, da CF. Recusa de participação do sindicato da categoria profissional na negociação coletiva. Necessidade de prova cabal 91

NORMAS COLETIVAS

2016

Informativo n. 145, TST — Matéria afetada ao Tribunal Pleno. Horas *in itinere*. Norma coletiva. Natureza indenizatória. Exclusão do cômputo da jornada e do cálculo das horas extras. Invalidade 91

Informativo n. 139, TST — Norma coletiva. Hora noturna. Não observância da redução ficta legal (art. 73, § 1º, da CLT). Possibilidade. Teoria do conglobamento 91

2015

Informativo n. 126, TST — Ação anulatória. Atestado Médico. Exigência da inserção da Classificação Internacional de Doenças (CID). Validade da cláusula de convenção coletiva de trabalho. Não violação do direito fundamental à intimidade e à privacidade 91

Informativo n. 114, TST — Ação anulatória. Atestado Médico. Exigência da inserção da Classificação Internacional de Doenças — CID. Nulidade de cláusula de convenção coletiva de trabalho 91

Informativo n. 112, TST — Turnos ininterruptos de revezamento. Norma coletiva. Fixação da jornada de trabalho em 8 horas diárias. Intervalo intrajornada parcialmente concedido. Súmula n. 423 do TST 92

Informativo n. 103, TST — Ação anulatória. Nulidade de cláusula de convenção coletiva de trabalho. Sindicato representante da categoria econômica não subscrevente da norma coletiva. Legitimidade ativa *ad causam* 92

Informativo n. 101, TST — Ação anulatória. Cláusula de convenção coletiva. Contratos de experiência sucessivos. Vedação apenas aos empregados que já tenham trabalhado anteriormente na mesma empresa e na mesma função por prazo superior a um ano. Nulidade 92

2014

Informativo n. 96, TST — Tíquete-alimentação. Valores diferenciados. Previsão em norma coletiva. Validade 92

Informativo n. 88, TST — Acordos coletivos e convenções coletivas de trabalho. Ministério do Trabalho e Emprego. Depósito em papel. Recusa. Implementação do "Sistema Mediador". Portaria n. 282 do MTE. Arts. 613, parágrafo único, e 614 da CLT 92

Informativo n. 88, TST — Terceirização. Atividade-fim. Cláusula normativa proibitiva. Validade 92

Informativo n. 88, TST — Trabalhador portuário avulso. Norma coletiva. Previsão de não pagamento de salário *in natura*, horas *in itinere* e horas paradas de qualquer natureza. Invalidade 92

Informativo n. 87, TST — FGTS. Cláusula normativa que reduz a multa de 40% para 20% e estabelece de antemão a existência de culpa recíproca. Invalidade 93

Informativo n. 86, TST — Aluguel de veículo do próprio empregado. Parcela de natureza indenizatória. Cláusula inválida. Fraude aos direitos dos trabalhadores. Súmula n. 367, I, do TST. Não incidência 93

Informativo n. 85, TST — Dissídio coletivo. Comissão de sindicância. Participação obrigatória do sindicato profissional. Impossibilidade. Cláusula excluída 93

Informativo n. 76, TST — Hospital Nossa Senhora da Conceição. Entidade filantrópica. Salários. Elasticimento da data de pagamento para além do prazo fixado na CLT. Acordo coletivo. Validade 93

Informativo n. 75, TST — Trabalho externo. Norma coletiva. Horas extras. Pagamento limitado a cinquenta horas mensais. Invalidade. Existência de controle de jornada. Supressão de direitos fundamentais do empregado. Má aplicação do art. 7º, XXVI, da CF 93

Informativo n. 75, TST — Ação anulatória. Acordo coletivo. Seguro de vida. Custeio. Rateio entre empregador e empregados. Desconto em folha. Autorização individual de cada empregado. Necessidade. Súmula n. 342 do TST 93

Informativo n. 73, TST — Horas *in itinere*. Supressão por meio de norma coletiva. Concessão de outras vantagens aos empregados. Invalidade 93

Informativo n. 72, TST — Revista íntima. Cláusula que autoriza a inspeção pessoal que não acarrete toque em qualquer parte do corpo do empregado ou retirada de sua vestimenta e proíbe a instalação de câmeras de vídeo nos banheiros e vestiários. Validade 94

2013

Informativo n. 58, TST — Banespa. ACT 2000/2001. Aposentadoria por invalidez. Indenização. Requisitos preenchidos após o fim da vigência do acordo. Orientação Jurisprudencial n. 41 da SBDI-I. Aplicação analógica... 94

Informativo n. 58, TST — Dissídio coletivo. Uniões estáveis homoafetivas e heteroafetivas. Paridade de tratamento. Reconhecimento. ADI 4277 94

Informativo n. 58, TST — Horas *in itinere*. Prefixação. Norma coletiva. Validade 94

Informativo n. 54, TST — Negociação coletiva sem a participação do sindicato. Art. 617 da CLT. Recursa em negociar não comprovada. Invalidade do acordo firmado. Art. 8º, VI, da CF 94

Informativo n. 51, TST — Horas *in itinere*. Norma Coletiva. Fixação prévia do número de horas a pagar. Validade. Afastamento da natureza salarial. Impossibilidade. Art. 58, § 2º, da CLT 94

Informativo n. 46, TST — Acordo em dissídio coletivo. Cláusula que proíbe o trabalho noturno, perigoso e insalubre aos menores de 14 anos. Norma que sugere a autorização de trabalho em desconformidade com o art. 7º, XXXIII, da CF. Impossibilidade de homologação pelo poder Judiciário 94

Informativo n. 46, TST — Banespa. Instituição bancária com quadro de pessoal organizado em nível nacional. Prevalência de acordo coletivo de trabalho de âmbito nacional sobre convenção coletiva de trabalho de âmbito regional. Princípio do conglobamento. Representatividade da Contec 95

Informativo n. 36, TST — Intervalo intrajornada de 15 minutos. Concessão ao final da jornada. Previsão em instrumento coletivo. Invalidade. Art. 71, § 1º, da CLT. Norma cogente 95

2012

Informativo n. 34, TST — Ação anulatória. Convenção coletiva de trabalho. Cláusula que prevê a dispensa da concessão do aviso-prévio no caso de o trabalhador ser contratado pela nova prestadora de serviços. Nulidade. 95

Informativo n. 33, TST — Nulidade por negativa de prestação jurisdicional. Divergência jurisprudencial. Caracterização. Acórdão do TRT que não se pronunciou acerca da previsão em norma coletiva da inclusão do sábado como repouso semanal remunerado do empregado bancário 95

Informativo n. 29, TST — Horas "in itinere". Lei n. 10.243/01. Limitação por norma coletiva. Possibilidade.. 95

Informativo n. 26, TST — Horas "in itinere". Base de cálculo. Fixação por meio de norma coletiva. Impossibilidade 96

Informativo n. 25, TST — AR. Vale-transporte. Negociação coletiva. Pagamento em pecúnia. Possibilidade. Art. 7º, XXVI, da CF. Violação.............................96

Informativo n. 25, TST — Cesta básica. Exclusão de empregados em contrato de experiência. Impossibilidade.. 96

Informativo n. 25, TST — Associação Municipal de Apoio Comunitário — AMAC. Pessoa jurídica de direito público. Instituição de Plano de Cargos e Salários. Acordo coletivo de trabalho. Nulidade 96

Informativo n. 25, TST — Horas de percurso. Limitação em norma coletiva. Razoabilidade e proporcionalidade. Possibilidade. Reconhecimento ao direito às horas "in itinere" prestadas em período anterior à negociação coletiva. Validade 96

Informativo n. 21, TST — Terceirização. Cláusula convencional que veda a intermediação de mão de obra por condomínios e edifícios. Validade 96

Informativo n. 20, TST — Horas extras. Fixação em norma coletiva. Impossibilidade. Prejuízo ao empregado ...96

Informativo n. 17, TST — Ação anulatória. Acordo coletivo de trabalho que contém norma menos favorável que aquela prevista em convenção coletiva vigente no mesmo período. Art. 620 da CLT. Nulidade afastada ...96

Informativo n. 17, TST — Ação anulatória. Trabalho em feriados no comércio em geral. Autorização em acordo coletivo. Impossibilidade. Exigência de previsão em convenção coletiva. Art. 6º-A da Lei n. 10.101/00 97

Informativo n. 15, TST — Prêmio produtividade. Alteração da natureza jurídica em norma coletiva. Impossibilidade 97

Informativo n. 11, TST — Voto vencido. Dados fáticos não infirmados pelo voto prevalente. Acórdão único do TRT. Possibilidade de cotejo de teses 97

Informativo n. 8, TST — Ação anulatória. Acordo coletivo de trabalho. Horas *in itinere*. Cláusula que estabelece quitação geral e indiscriminada. Período anterior à vigência. Impossibilidade 97

Informativo n. 1, TST — CVRD. Empréstimo concedido mediante norma coletiva. Remissão da dívida. Benefício previsto somente para os empregados com contrato de trabalho em vigor. Extensão aos reclamantes dispensados antes da vigência do acordo coletivo que previu a remissão. Contrariedade ao art. 7º, XXVI, da CF. Configuração 97

Informativo n. 1, TST — Ação civil pública. Comércio varejista. Trabalho aos domingos e feriados. Período anterior a 9 de novembro de 1997. Necessidade de ajuste em norma coletiva..97

Informativo n. 1, TST — Ação declaratória. Piso salarial. Lei Estadual. Não observância. Pedido abstrato. Configuração. Incidência da Orientação Jurisprudencial n. 7 da SDC 97

REPRESENTATIVIDADE SINDICAL

2015

Informativo n. 100, TST — Representação sindical. Sinthoresp x Sindifast. Princípio da especificidade. Prevalência. Art. 570 da CLT 97

2013

Informativo n. 63, TST — Ação anulatória. Acordos coletivos de trabalho celebrados com sindicatos nacionais. Impossibilidade de aplicação em base territorial onde exista sindicato local representante da categoria profissional. Princípio constitucional da unicidade sindical 98

Informativo n. 58, TST — Dissídio coletivo ajuizado pelo Sindicato dos Aeroviários de Guarulhos perante o Sindicato Nacional das Empresas Prestadoras de Serviços Auxiliares de Transporte Aéreo — Sineata. Ilegitimidade passiva *ad causam*. Superveniência de sindicato profissional específico 98

Informativo n. 58, TST — Dissídio coletivo. Greve. Petrobras S/A. Contrato de prestação de serviços de construção civil. Ilegitimidade do Sindipetro/ES para liderar movimento grevista na qualidade de representante dos empregados da empresa terceirizada. Art. 511, §§ 1º e 2º, da CLT...98

2012

Informativo n. 8, TST — Representatividade sindical. Contec. Legitimidade para celebrar acordo coletivo com o Banco do Brasil S.A. 98

Direito Processual do Trabalho

ARBITRAGEM

2015

Informativo n. 104, TST — Ação civil pública. Prática de arbitragem nos dissídios individuais trabalhistas. Período posterior à dissolução dos contratos de trabalho. Inaplicabilidade. Arts. 114, §§ 1º e 2º, da CF, e 1º da Lei n. 9.307/1996. Imposição de obrigação de se abster 99

AÇÃO CAUTELAR

2014

Informativo n. 81, TST — Ação cautelar incidental à ação anulatória. Cominação de multa por descumprimento de ordem judicial. Superveniência de decisão na ação principal. Cessação dos efeitos da medida cautelar. Exclusão da penalidade imposta 99

AÇÃO CIVIL PÚBLICA

2015

Informativo n. 107, TST — Ação civil pública. Art. 3º da Lei n. 7.347/85. Obrigação de fazer e condenação em pecúnia. Cumulação de pedidos. Tutela inibitória e dano moral coletivo 99

2014

Informativo n. 82, TST — Ação civil pública. Multa diária. Art. 11 da Lei n. 7.347/85. Aplicação por descumprimento futuro de obrigações de fazer e de não fazer. Possibilidade..99

Informativo n. 78, TST — Ação civil pública. Efeitos da sentença. Alcance territorial. Inciso II do art. 103 do CDC..99

2013

Informativo n. 52, TST — Ação civil pública. Multa pelo descumprimento de obrigação de não fazer. Execução antes do trânsito em julgado da decisão. Art. 5º, LV, da CF. Violação 100

Informativo n. 41, TST — Ação civil pública ajuizada em vara do trabalho da sede do TRT. Dano de abrangência nacional. Limitação da coisa julgada à área de jurisdição do Tribunal Regional. Contrariedade ao item III da Orientação Jurisprudencial n. 130 da SBDI-II. Configuração....100

2012

Informativo n. 32, TST — Recurso de embargos. Ação coletiva. Reclamação trabalhista. Litispendência. Dissenso jurisprudencial. Não configuração. Aresto paradigma que trata de ação civil pública...100

AÇÃO RESCISÓRIA

2016

Informativo n. 144, TST — Ação rescisória. Decadência. Extinção do processo com resolução do mérito. Depósito prévio. Reversão ao réu...100

Informativo n. 143, TST — Ação rescisória. Indenização. Frutos percebidos na posse de má-fé. Violação do art. 1.216 do CC. Inaplicabilidade do óbice da Súmula n. 83 do TST...100

Informativo n. 141, TST — Ação rescisória. Reintegração por acometimento de doença ocupacional e por ausência de motivação do ato de dispensa. Pretensões autônomas. Inexistência do óbice da Orientação Jurisprudencial n. 112 da SBDI-II..100

Informativo n. 139, TST — Ação rescisória. Decadência. Recurso ordinário intempestivo. Remessa necessária não conhecida. Condenação inferior a sessenta salários mínimos. Prazo decadencial contado a partir do transcurso do prazo para a interposição do recurso ordinário. Súmula n. 100, IV, do TST 100

2015

Informativo n. 113, TST — Ação rescisória. Pretensão de inclusão de novos valores em cálculos já homologados. Preclusão consumativa. Questão meramente processual. Coisa julgada formal. Impossibilidade de corte rescisório. Art. 485, *caput*, do CPC. Extinção do feito sem resolução de mérito...101

Informativo n. 103, TST — Ação rescisória. Colusão. Propositura da ação por terceiro juridicamente interessado. Prazo decadencial. Contagem. Súmula n. 100, item VI, do TST. Incidência..101

Informativo n. 100, TST — Ação rescisória. Embargos de terceiro. Defesa da posse decorrente de instrumento particular de compra e venda desprovido de registro na matrícula do imóvel. Possibilidade. Violação do art. 1.046, § 1º, do CPC. Configuração.........................101

2014

Informativo n. 97, TST — Ação rescisória. Pretensão de desconstituição de sentença proferida em ação civil pública. Autor afetado pelo provimento judicial coletivo. Ilegitimidade ativa *ad causam* 101

Informativo n. 87, TST — Ação rescisória. Pedido líquido. Condenação limitada ao valor indicado na petição inicial. Exercício adequado e regular da atividade jurisdicional. Violação dos arts. 128 e 460 do CPC. Não configuração 101

Informativo n. 75, TST — Ação rescisória. Sentença homologatória de conciliação em ação de cumprimento de convenção coletiva. Colusão entre as partes. Configuração. Art. 485, III, parte final, do CPC. Fraude ao art. 8º, II, da CF 101

2013

Informativo n. 40, TST — Ação rescisória. Não cabimento. Decisão que extingue o feito, sem resolução de mérito, por falta de prévia submissão da demanda à Comissão de Conciliação Prévia. Ausência de decisão de mérito. Súmula n. 412 do TST. Inaplicável 102

2012

Informativo n. 34, TST — AR. Prova testemunhal. Falsidade. Comprovação. Art. 485, VI, do CPC 102

Informativo n. 26, TST — AR. Depósito prévio. Ausência. Pedido de expedição da guia de recolhimento. Retificação de ofício do valor dado à causa. Impossibilidade. Ônus da parte. Pressuposto de validade da relação processual 102

Informativo n. 19, TST — AR. Extinção do processo sem resolução de mérito. Impossibilidade jurídica do pedido. Depósito prévio. Reversão em favor do réu. Possibilidade. Instrução Normativa n. 31/2007 do TST. Hipótese de inadmissibilidade da ação 102

Informativo n. 15, TST — AR. Coisa julgada material. Eficácia preclusiva. Causa extintiva da obrigação. Manejo após o último momento útil. Ofensa à coisa julgada não caracterizada 102

Informativo n. 15, TST — AR. Julgamento imediato da lide. Questão de fundo já decidida pela instância de origem. Identidade de causas de pedir remota e próxima e de fatos em relação a todos os litisconsortes. Supressão de instância ou julgamento *extra petita*. Inocorrência 102

Informativo n. 11, TST — AR. Acórdão proferido em agravo de instrumento em agravo de petição. Condenação ao pagamento de indenização por litigância de má-fé. Possibilidade jurídica da pretensão rescindente. Exclusão da condenação. Necessária a demonstração dos efetivos prejuízos sofridos pela parte contrária 102

Informativo n. 6, TST — AR. Política salarial. Lei federal. Empregado público estadual. Não incidência. Art. 22, I, da CF. Violação. Orientação Jurisprudencial n. 100 da SBDI-I 102

Informativo n. 5, TST — AR. Equiparação salarial. Segunda demanda. Indicação de paradigma diverso. Coisa julgada. Não configuração. Modificação da causa de pedir. Ausência da tríplice identidade prevista no art. 301, § 2º, do CPC 103

Informativo n. 5, TST — AR. Desconstituição de decisão proferida em embargos de terceiro. Possibilidade jurídica do pedido. Coisa julgada material 103

Informativo n. 4, TST — AR. Ação autônoma que reconhece a responsabilidade subsidiária do tomador de serviços. Existência de sentença condenatória definitiva em que figurou como parte apenas o prestador de serviços. Alteração subjetiva do título executivo judicial. Ofensa à coisa julgada e ao direito à ampla defesa e ao contraditório. Art. 5º, XXXVI e LV, da CF 103

Informativo n. 2, TST — AR. Depósito prévio. Fundação pública estadual. Exigibilidade 103

Informativo n. 1, TST — AR. Prazo decadencial. Marco inicial. Publicação do acórdão proferido pelo STF reconhecendo a constitucionalidade do art. 71 da Lei n. 8.666/93. Impossibilidade 103

ANTECIPAÇÃO DOS EFEITOS DA TUTELA

2012

Informativo n. 30, TST — Empresa de distribuição de energia elétrica. Atividade essencial. Imposição de obrigações complexas, custosas e definitivas. Exíguo lapso temporal. Potencial lesão ao interesse coletivo. Suspensão da antecipação de tutela. Deferimento 103

Informativo n. 30, TST — ECT. Serviços postais em municípios com poucos habitantes. Substituição dos convênios por servidores concursados em 90 dias. Dificuldades técnicas e operacionais. Restrição à população local. Suspensão da antecipação de tutela. Deferimento 103

Informativo n. 11, TST — AR. Pedido de tutela antecipada. Pretensão de natureza cautelar. Fungibilidade. Possibilidade de concessão 103

Informativo n. 4, TST — MS. Antecipação dos efeitos da tutela. Art. 273 do CPC. Possibilidade. Cessação de benefício previdenciário. Retorno ao trabalho obstado pelo empregador. Restabelecimento dos salários. Manutenção do plano de saúde. Valor social do trabalho. Princípio da dignidade da pessoa humana 104

ASSÉDIO PROCESSUAL

2016

Informativo n. 128, TST — Assédio processual. Configuração. Indenização devida 104

AUDIÊNCIA

2015

Informativo n. 114, TST — Atraso de três minutos à audiência. Ausência de prática de ato processual. Revelia. Não caracterizada. Orientação jurisprudencial n. 245 da SBDI-I do Tribunal Superior do Trabalho. Inaplicável 104

Informativo n. 106, TST — Cerceamento de defesa. Indeferimento do pedido de intimação de testemunhas que não compareceram espontaneamente à audiência. Ausência não justificada 104

2014

Informativo n. 84, TST — Preposto. Empregado de qualquer uma das empresas do grupo econômico. Grupo econômico. Súmula n. 377 do TST. Inaplicável 104

2012

Informativo n. 10, TST — Revelia e confissão ficta. Atraso do preposto à audiência inaugural. Comparecimento antes da tentativa de conciliação. Ausência de contrariedade à Orientação Jurisprudencial n. 245 da SBDI-I .. 104

COISA JULGADA

2015

Informativo n. 102, TST — Coisa julgada. Arguição e juntada de documentos comprobatórios apenas em sede de recurso ordinário. Matéria de ordem pública não sujeita à preclusão. Súmula n. 8 do TST. Não incidência ... 104

Informativo n. 100, TST — Acordo. Quitação ampla ao extinto contrato de trabalho. Nova reclamação pleiteando diferenças de complementação de aposentadoria. Ofensa à coisa julgada. Não configuração 105

2013

Informativo n. 41, TST — Precatório. Revisão dos cálculos. Limitação da execução ao período anterior à implementação do regime jurídico único. Inexistência de manifestação expressa em sentido contrário. Ofensa à coisa julgada. Não configuração. Dedução dos pagamentos referentes a período posterior ao regime jurídico único. Impossibilidade 105

COMISSÃO DE CONCILIAÇÃO PRÉVIA

2012

Informativo n. 33, TST — Comissão de Conciliação Prévia. Termo de quitação. Eficácia liberatória. Diferenças em complementação de aposentadoria. Não abrangência 105

Informativo n. 29, TST — Comissão de Conciliação Prévia. Acordo firmado sem ressalvas. Eficácia liberatória geral. Parágrafo único do art. 625-E da CLT 105

Informativo n. 22, TST — Comissão de Conciliação Prévia. Acordo firmado sem ressalvas. Eficácia liberatória geral 105

COMPETÊNCIA

2016

Informativo n. 149, TST — Conflito negativo de competência. Competência territorial. Art. 651, *caput* e § 3º, da CLT. Pretensão deduzida por candidata aprovada em concurso público. Fase pré-contratual. Terceirização dos serviços no prazo de validade do concurso na região em que foi aprovada 105

Informativo n. 146, TST — Conflito de competência. Competência territorial. Ajuizamento de reclamação trabalhista no foro do domicílio do reclamante. Local diverso da contratação e da prestação de serviços. Empresa de âmbito nacional. Possibilidade 105

Informativo n. 145, TST — Mandado de segurança. Licença para o exercício de comércio ambulante em local público municipal administrado por concessionária de rodovia estadual. Incompetência absoluta da Justiça do Trabalho. Declaração de ofício 106

Informativo n. 144, TST — Conflito de competência. Competência em razão do lugar. Músico componente de banda. Prestação de serviços em diversas localidades, mas de forma transitória. Não enquadramento na exceção prevista no art. 651, § 3º, da CLT. Competência do local da contratação 106

Informativo n. 143, TST — Ação rescisória. Art. 485, II, do CPC de 1973. Competência da Justiça do Trabalho. Aprovação em concurso público. Preterição. Contratação de terceirizados. Fase pré-contratual. Art. 114, I, da CF.. 106

Informativo n. 143, TST — Reclamação. Art. 988, II, do CPC de 2015. Incompetência do Órgão Especial. Prevenção quanto ao órgão jurisdicional e ao relator da causa principal. Art. 988, §§ 1º e 3º, do CPC de 2015. Remessa dos autos ao juízo competente 106

Informativo n. 141, TST — Competência da Justiça do Trabalho. Ação civil pública. Caminhoneiro. Ausência de relação de emprego ou de trabalho com a empresa que mantém terminais de carga e descarga. Questões de saúde, segurança e higiene do trabalho. Tutela de direitos trabalhistas coletivos 106

Informativo n. 140, TST — Incompetência da Justiça do Trabalho. Ação civil pública. Reajuste dos honorários repassados pelas operadoras de plano de saúde aos médicos credenciados. Relação de trabalho não configurada 106

Informativo n. 140, TST — Conflito negativo de competência. Carta precatória. Oitiva de testemunhas. Degravação de depoimentos audiovisuais. Competência do juízo deprecado 106

Informativo n. 135, TST — Incompetência da Justiça do Trabalho. Mandado de segurança. Ato do Superintendente Regional do Trabalho. Seguro-desemprego. Não concessão. Matéria de natureza administrativa 107

Informativo n. 132, TST — Conflito de competência. Ação proposta no domicílio do advogado. Incompetência. Remessa ao juízo do local da prestação dos serviços. Prejuízo à defesa do autor. Competência da Vara do Trabalho que tem jurisdição sob o local da contratação .. 107

Informativo n. 131, TST — Incompetência da Justiça do Trabalho. Contrato de estágio. Entes da administração pública 107

Informativo n. 131, TST — Incompetência da Justiça do Trabalho. Demanda envolvendo a administração pública e servidor. Admissão sem concurso público. Relação jurídico-administrativa. Competência da Justiça comum 107

Informativo n. 127, TST — Complementação de aposentadoria. Diferenças. Ex-empregado da Rede Ferroviária Federal — RFFSA. Sucessão pela União. Incompetência da Justiça do Trabalho 107

2015

Informativo n. 123, TST — Acidente de trabalho. Falecimento do empregado. Ação movida por viúva e filhos menores. Pretensão deduzida em nome próprio. Competência territorial. Local do domicílio dos reclamantes. Ausência de disciplina legal específica na CLT. Aplicação analógica do disposto no art. 147, I, do ECA 107

Informativo n. 121, TST — Competência territorial. Dissídio individual típico. Critérios objetivos de fixação. Art. 651 da CLT. Domicílio do empregado 107

Informativo n. 111, TST — Competência da Justiça do Trabalho. Estado do Piauí. Empregada admitida antes da Constituição de 1988. Transposição automática do regime celetista para o estatutário. Impossibilidade. Ausência de concurso público 108

Informativo n. 100, TST — Exceção de incompetência em razão do lugar. Ajuizamento de reclamação trabalhista no foro do domicílio do empregado. Aplicação ampliativa do § 3º do art. 651 da CLT. Impossibilidade. Não demonstração de que a empresa demandada presta serviços em diferentes localidades do país 108

2014

Informativo n. 84, TST — Execução. Competência. Local dos bens passíveis de expropriação ou atual domicílio do executado. Parágrafo único do art. 475-P do CPC. Aplicação subsidiária ao Processo do Trabalho. Impossibilidade. Ausência de omissão na CLT 108

Informativo n. 79, TST — Ação de ressarcimento por danos materiais cumulada com obrigação de fazer. Hipótese não prevista no art. 70, I, do RITST. Incompetência funcional da SDC 108

Informativo n. 78, TST — Complementação de aposentadoria. Competência. STF-RE n. 586.453. Sentença prolatada antes de 20.02.2013 que decidiu pela incompetência da Justiça do Trabalho. Ausência de decisão de mérito. Competência da Justiça comum 108

Informativo n. 71, TST — Ação rescisória. Incompetência do Juízo da execução trabalhista para, de forma incidental, reconhecer a fraude contra credores. Necessidade de ajuizamento de ação própria. Violação dos arts. 114 da CF, 159 e 161 do CC 108

2013

Informativo n. 54, TST — Ação rescisória. Contrato de parceria rural. Produção avícola. Incompetência da Justiça do Trabalho. Rescindibilidade prevista no art. 485, II, do CPC 108

Informativo n. 49, TST — Processo administrativo disciplinar. Magistrado de primeiro grau. Ausência de quórum no Tribunal Regional do Trabalho. Elaboração do relatório que antecede a abertura do PAD. Competência do Corregedor-Geral da Justiça do Trabalho. Art. 14, § 2º da Resolução n. 135/2011 do CNJ 109

Informativo n. 39, TST — Ação declaratória. Inexigibilidade de cláusula de norma coletiva de trabalho. Discussão acerca da legitimidade de entidade sindical. Competência funcional da Vara do Trabalho 109

2012

Informativo n. 28, TST — Nulidade de cláusulas de norma coletiva reconhecida pelo Juízo de primeiro grau. Incompetência. Não configuração. Pedido mediato .. 109

Informativo n. 27, TST — AR. Servidor público municipal. Incompetência da Justiça do Trabalho. Lei instituidora de regime jurídico único. Publicação. Pedido rescisório calcado no art. 485, II, do CPC. Impossibilidade 109

Informativo n. 23, TST — Recurso Administrativo. Competência originária do Tribunal Regional. Quórum insuficiente. Deslocamento da competência para o TST. Impossibilidade 109

Informativo n. 20, TST — CC. Ação coletiva. Decisão com efeitos *erga omnes*. Execução individual. Art. 877 da CLT. Não incidência 109

Informativo n. 20, TST — Honorários advocatícios. Ação de cobrança. Natureza civil. Incompetência da Justiça do Trabalho 109

Informativo n. 15, TST — AR. Incompetência da Justiça do Trabalho. Cancelamento de ato administrativo que constitui crédito tributário 109

Informativo n. 11, TST — Empregado de cartório extrajudicial admitido antes da edição da Lei n. 8.935/94. Relação laboral submetida às normas da CLT. Autoaplicabilidade do art. 236 da CF 110

Informativo n. 10, TST — Competência da Justiça do Trabalho. Execução de ofício de contribuição previdenciária. Acordo firmado perante Comissão de Conciliação Prévia 110

Informativo n. 8, TST — DC. Greve. Conflito de âmbito local. Competência funcional. Tribunal Regional do Trabalho 110

Informativo n. 5, TST — Servidor público. Relação de caráter estatutário. Pedidos relativos ao recolhimento do FGTS e à anotação da CTPS. Incompetência da Justiça do Trabalho 110

Informativo n. 1, TST — CC. Art. 475-P, parágrafo único, do CPC. Aplicação subsidiária ao processo do trabalho. Impossibilidade. Ausência de omissão na CLT 110

COMUNICAÇÃO DOS ATOS PROCESSUAIS

2014

Informativo n. 89, TST — Sentença. Ausência de intimação das partes. Carga dos autos. Ciência inequívoca dos termos da sentença. Início do prazo recursal. Deferimento do pedido de restituição do prazo pelo juízo de origem. Intempestividade do recurso 110

2013

Informativo n. 61, TST — Contribuição sindical rural. Notificação pessoal do sujeito passivo. Necessidade 110

Informativo n. 49, TST — Suspensão de prazo recursal. Ato de Tribunal Regional. Retomada da contagem. Inclusão de feriados e fins de semana......................110

CONTRIBUIÇÕES PREVIDENCIÁRIAS

2015

Informativo n. 120, TST — Contribuição previdenciária. Fato gerador. Créditos trabalhistas reconhecidos em juízo após as alterações no artigo 43 da Lei n. 8.212/91. Incidência de correção monetária, juros de mora e multa. Marco inicial. Responsabilidades 111

2013

Informativo n. 60, TST — Contribuição previdenciária. Execução provisória. Acordo firmado após a elaboração dos cálculos de liquidação e antes do trânsito em julgado da sentença. Inaplicabilidade da Orientação Jurisprudencial n. 376 da SBDI-I 111

2012

Informativo n. 18, TST — Súmula Vinculante n. 8 do STF. Observância imediata e de ofício. Art. 103-A da CF 111

CUSTAS

2015

Informativo n. 118, TST — Conselhos de Fiscalização Profissional. Natureza jurídica de autarquia especial. Aplicabilidade dos privilégios concedidos à Fazenda Pública pelo Decreto–Lei n. 779/1969 111

Informativo n. 111, TST — Agravo de instrumento. Recurso ordinário. Deserção. Conselho de fiscalização profissional. Privilégios da Fazenda Pública 111

Informativo n. 101, TST — Fundação de Saúde Pública de Novo Hamburgo. Custas e depósito recursal. Isenção. Entidade sem fins lucrativos, de interesse público e financiada por verbas públicas. Deserção. Afastamento ...
....111

2013

Informativo n. 60, TST — Custas processuais fixadas *ex vi legis*. Ausência de recolhimento. Deserção configurada. Art. 789, II, da CLT..112

DISSÍDIO COLETIVO

2014

Informativo n. 85, TST — Dissídio coletivo. Greve. Celebração de ajuste entre as partes. Ratificação do interesse na declaração de abusividade da greve. Extinção do processo sem resolução do mérito. Impossibilidade 112

EXECUÇÃO

2014

Informativo n. 84, TST — Execução. Competência. Local dos bens passíveis de expropriação ou atual domicílio do executado. Parágrafo único do art. 475-P do CPC. Aplicação subsidiária ao Processo do Trabalho. Impossibilidade. Ausência de omissão na CLT...112

Informativo n. 83, TST — Ação rescisória. Execução. Hasta pública. Arrematação judicial. Complementação do valor do sinal após o prazo de 24 horas. Violação do art. 888, § 4º, da CLT. Configuração 112

Informativo n. 71, TST — Hospital Fêmina S.A. Grupo Hospitalar Conceição. Sociedade de economia mista prestadora de serviço público. Atividade sem fins lucrativos e em ambiente não concorrencial. Regime de execução por precatório. Aplicação...112

Informativo n. 71, TST — Ação rescisória. Incompetência do Juízo da execução trabalhista para, de forma incidental, reconhecer a fraude contra credores. Necessidade de ajuizamento de ação própria. Violação dos arts. 114 da CF, 159 e 161 do CC 112

2013

Informativo n. 57, TST — Execução. Prazo para interposição de embargos à execução pela Fazenda Pública. Art. 4º da MP 2.180-35/2001. Declaração incidental de inconstitucionalidade. Efeitos suspensos. ADC 11 pendente de julgamento 112

Informativo n. 56, TST — Execução. Prazo para interposição de embargos à execução pela Fazenda Pública. Art. 4º da MP 2.180-35/2001. Matéria suspensa para apreciação do Tribunal Pleno..112

2012

Informativo n. 13, TST — Execução. Prescrição intercorrente. Incidência. Afronta ao art. 5º, XXXVI, da CF. Configuração...113

Informativo n. 12, TST — AC. Liminar concedida. Razoabilidade do direito invocado. Súmula n. 417, III, do TST. Cassação. Execução definitiva. Orientação Jurisprudencial n. 113 da SBDI-II. Incidência..........................113

Informativo n. 6, TST — Execução fiscal. Inclusão em programa de parcelamento. Suspensão da execução trabalhista. Novação. Não configuração.........................113

Informativo n. 3, TST — Execução. Multa do art. 475-J do CPC. Incompatibilidade com o processo do trabalho. Conhecimento do recurso de revista por violação do art. 5º, LIV, da CF (desrespeito ao princípio do devido processo legal). Possibilidade..113

HONORÁRIOS ADVOCATÍCIOS

2016

Informativo n. 148, TST — Honorários advocatícios. Assistência sindical. Comprovação. Procuração firmada em papel timbrado do sindicato. Validade 113

Informativo n. 145, TST — Honorários advocatícios. Contrato celebrado pelo trabalhador diretamente com os advogados do sindicato por indicação da própria entidade de classe. Indeferimento dos honorários assistenciais 113

2015

Informativo n. 125, TST — Trabalhador portuário avulso. Honorários advocatícios devidos pela mera sucumbência. Impossibilidade. Equiparação a trabalhador com vínculo empregatício. Aplicação da Súmula n. 219, I, do TST..113

Informativo n. 121, TST — Honorários advocatícios. Requisitos. Assistência sindical. Lei n. 5.584/1970. Sindicato com base territorial diversa do local de prestação de serviços. Validade da credencial sindical. Verba devida. 114

Informativo n. 118, TST — Honorários advocatícios contratuais. Substituição processual. Lide entre advogados originada após a expedição de alvarás aos substituídos. Retenção em nome do advogado contratado pelo sindicato. Incompetência da Justiça do Trabalho.................114

2014

Informativo n. 82, TST — Ação de indenização ajuizada na Justiça comum antes da EC 45/04. Honorários advocatícios. Mera sucumbência. Violação do art. 20 do CPC. Aplicação da Súmula n. 83 do TST. Decisão rescindenda anterior à edição da Orientação Jurisprudencial n. 421 da SBDI-I 114

Informativo n. 78, TST — Créditos trabalhistas. Precatório. Retenção de honorários advocatícios. Ausência do contrato de honorários. Ilegalidade. Art. 22, § 4º, do Estatuto da OAB 114

2013

Informativo n. 66, TST — Honorários advocatícios. Deferimento. Empregado falecido. Demanda proposta pelos sucessores em nome próprio. Não aplicação dos requisitos da Lei n. 5.584/70. Incidência da parte final da IN n. 27/2005 do TST 114

Informativo n. 65, TST — Honorários advocatícios. Súmula n. 219 do TST. Verificação dos requisitos. Possibilidade. Não revolvimento de fatos e provas..................114

Informativo n. 52, TST — Honorários advocatícios. Deferimento. Empregado falecido. Demanda proposta pelos sucessores em nome próprio. Não aplicação dos requisitos da Lei n. 5.584/70. Incidência da parte final da IN n. 27/2005 do TST 114

2012

Informativo n. 28, TST — Honorários advocatícios. Condenação em sede de recurso ordinário. "Reformatio in pejus". Configuração..114

Informativo n. 27, TST — Sindicato. Substituto processual. Honorários advocatícios. Deferimento pela mera sucumbência. Ausência de pedido expresso nas razões recursais. Primeiro provimento favorável no julgamento da revista 115

Informativo n. 27, TST — Honorários advocatícios. Ação de indenização por danos morais e materiais decorrentes de acidente de trabalho. Ajuizamento da ação na Justiça comum antes da EC n. 45/2004. Desnecessidade de preenchimento dos requisitos da Lei n. 5.584/70 ..115

Informativo n. 27, TST — AR. Honorários advocatícios. Percentual. Fixação 115

Informativo n. 3, TST — Honorários advocatícios. Demanda proposta por herdeiros de empregado acidentado falecido. Deferimento condicionado à observância da Súmula n. 219 do TST e da Orientação Jurisprudencial n. 305 da SBDI-1 115

JUROS DE MORA

2016

Informativo n. 132, TST — Ação rescisória. Atualização de débito trabalhista. Incidência da taxa de juros do cheque especial em substituição à taxa de juros prevista no § 1º do art. 39 da Lei n. 8.177/91. Impossibilidade......115

2013

Informativo n. 62, TST — Fazenda Pública. Condenação solidária. Juros de mora aplicáveis................................115

Informativo n. 59, TST — Execução. Contribuições previdenciárias. Créditos trabalhistas reconhecidos por decisão judicial. Juros de mora e multa. Fato gerador. Momento anterior à Medida Provisória n. 449/09. Art. 195, I, "a", da CF 115

Informativo n. 52, TST — Juros de mora. Marco inicial. Primeira reclamação trabalhista, ainda que extinta sem resolução de mérito...116

JUSTIÇA GRATUITA

2013

Informativo n. 66, TST — Sindicato. Justiça gratuita. Concessão. Necessidade de demonstração inequívoca de insuficiência econômica 116

LEGITIMIDADE

2012

Informativo n. 14, TST — Ministério Público do Trabalho. Ação civil coletiva. Legitimidade ativa. Supressão de pagamento ou dispensa com intuito punitivo e discriminatório. Direitos individuais homogêneos. Garantia de acesso ao Judiciário...116

Informativo n. 7, TST — Processo administrativo disciplinar contra magistrado. Legitimidade e interesse recursal da parte representante. Direito de petição. Aplicação dos arts. 9º, I e IV, e 58, I e IV, da Lei n. 9.784/99, à luz do art. 5º, XXIV, "a", da CF 116

MANDADO DE SEGURANÇA

2016

Informativo n. 141, TST — Mandado de segurança. Pedido de antecipação de tutela. Indeferimento pelo juízo de origem. Presença dos pressupostos autorizadores da tutela antecipada. Mitigação da Súmula n. 418 do TST 116

Informativo n. 139, TST — Mandado de segurança. Antecipação de tutela. Dirigente sindical. Estabilidade provisória. Processo de registro sindical no Ministério do Trabalho e Emprego. Pendência. Reintegração.....116

Informativo n. 130, TST — Mandado de segurança. Ato coator que determina a dedução de honorários advocatícios do precatório expedido em favor dos substituídos. Violação de direito líquido e certo. Contrato firmado exclusivamente entre sindicato e advogado. Ausência de autorização expressa...116

2015

Informativo n. 125, TST — Mandado de segurança. Concessão de tutela inibitória fundada na existência de ações que revelam a prática reiterada da empresa em retaliar os empregados que ajuízam reclamação trabalhista. Possibilidade 117

Informativo n. 116, TST — Mandado de segurança. Ato coator que determinou o sobrestamento da reclamação trabalhista originária. Prazo legal extrapolado...........117

2014

Informativo n. 97, TST — Recurso ordinário em mandado de segurança. Não conhecimento. Inexistência de capacidade postulatória da autoridade coatora. Atribuição de legitimação recursal concorrente. Art. 14, § 2º, da Lei n. 12.016/2009. Vedação à adoção do *jus postulandi*. Irregularidade de representação...................................117

Informativo n. 91, TST — Mandado de segurança. Concurso público. Nomeação. Transcurso do prazo legal para a posse. Responsabilidade do candidato pelo acompanhamento das comunicações relacionadas ao concurso. Direito líquido e certo à notificação por via postal. Ausência..117

Informativo n. 91, TST — Mandado de segurança. Pedido administrativo de aposentadoria especial. Laudo técnico e decisão administrativa. Demora injustificada. Observância do prazo legal de trinta dias previsto no art. 49 da Lei n. 9.784/99. Direito líquido e certo do requerente 117

Informativo n. 88, TST — Mandado de segurança. Concurso público. Nomeação. Longo lapso temporal. Notificação pessoal. Publicidade e razoabilidade 117

Informativo n. 77, TST — Mandado de segurança. Execução. Ato judicial que determina a transferência de saldo remanescente para a satisfação de execução pendente em outro juízo. Violação de direito líquido e certo. Excesso de penhora. Não configuração 117

Informativo n. 76, TST — Mandado de segurança. Pedido de antecipação de tutela. Reintegração com base em estabilidade acidentária. Indeferimento sem o exame da existência ou não dos requisitos previstos no art. 273 do CPC. Violação de direito líquido e certo. Não incidência da Súmula n. 418 do TST..118

Informativo n. 74, TST — Mandado de segurança. Atos judiciais praticados em processos diferentes, com distinto teor e autoridades coatoras diversas. Incabível..........118

2013

Informativo n. 44, TST — Mandado de segurança. Não cabimento. Ato praticado pelo Presidente do TRT da 8ª Região na condição de gestor do Fundo de Aposentadoria da Justiça do Trabalho da 8ª Região (Fundap). Entidade privada. Ato do poder público. Ausência................118

Informativo n. 41, TST — Mandado de segurança. Execução de honorários contratuais fixados em sentença transitada em julgado. Homologação de acordo que indiretamente reduz o crédito atribuído ao patrono. Existência de recurso próprio. Extinção do processo sem resolução do mérito 118

Informativo n. 38, TST — MS. Ato da Vice-Presidente do TRT que determinou o desconto em folha em face do acórdão proferido pelo TCU. Legitimidade para figurar como autoridade coatora 118

2012

Informativo n. 20, TST — MS. Acórdão do TRT proferido em sede de incidente de uniformização de jurisprudência. Não cabimento. Ausência de interesse concreto a ser apreciado 118

Informativo n. 19, TST — MS. Cabimento. Ordem de bloqueio. Sistema BacenJud. Descumprimento. Responsabilização solidária da instituição bancária...............119

Informativo n. 16, TST — MS impetrado por ente público. Segurança denegada. Reexame necessário. Cabimento. Existência de prejuízo ao erário 119

Informativo n. 11, TST — MS. Decadência. Termo inicial. Data da ciência inequívoca do ato que determinou o bloqueio incidente sobre o salário de benefício e não a cada desconto procedido 119

Informativo n. 11, TST — MS. Decisão que indefere liberação dos honorários advocatícios enquanto não individualizado e quitado o crédito de cada um dos substituídos. Direito líquido e certo do advogado..............119

Informativo n. 11, TST — MS. Precatório. Sequestro. Doença grave. Análise do ato coator sob o prisma da norma vigente à época em que praticado....................119

Informativo n. 6, TST — MS. Execução fiscal para cobrança de multa administrativa imposta por infração à legislação trabalhista. Determinação de penhora de numerário via BacenJud. Legalidade do ato coator. Aplicação analógica da Súmula n. 417, I, do TST 119

Informativo n. 1, TST — MS. Execução provisória. Liberação dos valores depositados em Juízo. Aplicabilidade do art. 475-O do CPC. Matéria controvertida. Ausência de direito líquido e certo...119

MINISTÉRIO PÚBLICO DO TRABALHO

2013

Informativo n. 70, TST — Ação rescisória. Legitimidade do Ministério Público do Trabalho. Contratação de trabalhadores brasileiros para prestar serviços no exterior em condições análogas a de escravo. Defesa de direitos individuais homogêneos. Matéria controvertida no Tribunal. Súmulas n. 83, item I, do TST e 343 do STF..... 119

Informativo n. 48, TST — Ação rescisória. Ministério Público do Trabalho. Defesa de interesse público secundário. Ilegitimidade ativa.............. 120

MULTAS

2015

Informativo n. 122, TST — Multa do art. 477, § 8º, da CLT. Incidência. Pagamento tardio da indenização compensatória de 40% sobre o FGTS.................. 120

2014

Informativo n. 91, TST — Multa. Art. 477, § 8º, da CLT. Devida. Parcelamento de verbas rescisórias previsto em acordo coletivo. Invalidade. Direito indisponível...... 120

2012

Informativo n. 15, TST — Ação anulatória. *Astreintes*. Redução do valor da multa. Inadequação da via eleita. Art. 486 do CPC............ 120

PENHORA

2015

Informativo n. 119, TST — Estado estrangeiro. Imunidade de jurisdição. Caráter relativo. Penhora de imóvel. Prova de afetação à atividade diplomática ou consular não produzida. Impossibilidade de ultimação dos atos de expropriação............... 120

2013

Informativo n. 62, TST — Plano de previdência privada. Penhora. Impossibilidade. Caráter alimentar. Art. 649 do CPC 120

Informativo n. 42, TST — Bem de família. Penhora incidente sobre imóvel hipotecado. Renúncia à garantia de impenhorabilidade. Impossibilidade. Lei n. 8.009/90.... 120

2012

Informativo n. 12, TST — Bem de família. Impenhorabilidade. Lei n. 8.009/90. Existência de outros imóveis. Irrelevância............... 120

PRECATÓRIOS

2014

Informativo n. 93, TST — Precatório. Juros da mora. Incidência no período compreendido entre os cálculos de liquidação e a expedição do precatório. Impossibilidade. Atraso no pagamento não caracterizado 120

Informativo n. 81, TST — Município. Precatório. Opção pelo regime especial de pagamento. Redução do percentual de comprometimento da receita líquida oriunda do Fundo de Participação dos Municípios. Impossibilidade. Critérios legais vinculantes............. 121

2013

Informativo n. 66, TST — Hospital Nossa Senhora da Conceição S.A. Execução por regime de precatório. Aplicabilidade do art. 100 da CF. Sociedade de economia mista. Ausência de fins concorrenciais. Precedentes do STF 121

Informativo n. 37, TST — Precatório. Individualização do crédito. Impossibilidade. Sindicato. Substituição processual 121

2012

Informativo n. 20, TST — Precatório. Pagamento com atraso. Juros de mora. Incidência desde a expedição. Súmula Vinculante 17 do STF............. 121

Informativo n. 16, TST — Precatório. Doença grave. Risco de morte ou de debilidade permanente. Sequestro de valores. Possibilidade. Limitação a três vezes o valor de requisição de pequeno valor. Credor falecido no curso do processo. Transferência da preferência aos sucessores ... 121

PRESCRIÇÃO

2015

Informativo n. 125, TST — Ação rescisória. Decadência. Início do prazo. Terceiros que não participaram da relação processual. Súmula n. 100, VI, do TST. Aplicação analógica............. 121

Informativo n. 104, TST — Prescrição. Interrupção do prazo pelo ajuizamento de ação pretérita. Identidade formal dos pedidos. Má aplicação da Súmula n. 268 do TST. Singularidade das pretensões deduzidas em juízo. Ausência de identidade substancial 122

PREVENÇÃO

2013

Informativo n. 61, TST — Prevenção. Caracterização. Existência de julgamento anterior por Turma diversa. Art. 98 e seguintes do RITST. Observância do princípio do juiz natural. Art. 5º, XXXVII e LIII da CF.............. 122

PROCESSO ADMINISTRATIVO

2015

Informativo n. 120, TST — Processo administrativo disciplinar. Magistrado. Pena de censura. Prescrição. Ausência de previsão na LOMAN. Aplicação subsidiária da

Lei n. 8.112/1990. Início da interrupção pelo prazo de 140 dias. Data de julgamento do último recurso protelatório 122

PROCESSO ELETRÔNICO

2015

Informativo n. 105, TST — Recurso interposto na data da disponibilização do teor da decisão no DEJT. Lei n. 11.419/2006. Tempestividade. Má aplicação da Súmula n. 434, I, do TST 122

Informativo n. 103, TST — Sistema de peticionamento eletrônico e-DOC. Limitação do número de páginas. Inexistência de restrição expressa na legislação pertinente. Impossibilidade 122

2014

Informativo n. 97, TST — Embargos de declaração em recurso ordinário. Processo eletrônico. Interposição do recurso antes da publicação do acórdão impugnado. Tempestividade. Inaplicabilidade da Súmula n. 434, I, do TST. Lei n. 7.701/88. Concessão de efeito modificativo ao julgado 123

Informativo n. 94, TST — Depósito recursal. e-DOC. Arquivo corrompido. Deserção 123

Informativo n. 88, TST — Embargos encaminhados via fac-símile e por meio do sistema e-DOC. Erro de formatação. Responsabilidade exclusiva do usuário. Instrução Normativa n. 30/TST 123

Informativo n. 86, TST — Mandado de segurança. Documentos digitalizados. e-DOC. Dispensa de autenticação. Lei n. 11.419/06. Ausência de assinatura e da data no ato impugnado original. Extinção sem resolução de mérito 123

Informativo n. 78, TST — Peticionamento por meio eletrônico (e-DOC). Sistema indisponível na data do termo final do prazo recursal. Comprovação da indisponibilidade mediante prova documental superveniente. Possibilidade. Incidência do item III da Súmula n. 385 do TST 123

Informativo n. 74, TST — Recurso interposto via e-DOC. Ausência das folhas que trazem a identificação e a assinatura do advogado. Regularidade. Assinatura digital 123

2012

Informativo n. 5, TST — Embargos. Interposição por meio do sistema e-DOC. Assinatura digital firmada por advogado diverso do subscritor do recurso. Existência de instrumento de mandato outorgado para ambos os causídicos. Irregularidade de representação. Não configuração 123

PROVAS

2013

Informativo n. 39, TST — Doença ocupacional. Inversão do ônus da prova. Presunção de culpa do empregador. Indenização por danos morais. Devida 124

2012

Informativo n. 19, TST — Testemunha. Reclamação trabalhista contra o mesmo empregador. Suspeição. Não configuração 124

Informativo n. 14, TST — Confissão real. Valoração. Existência de prova em contrário. Princípio do livre convencimento do juiz 124

RECURSOS

2016

Informativo n. 130, TST — Sucessão trabalhista. Eficácia do recurso interposto pelo sucedido excluído da lide ...124

Informativo n. 127, TST — Prazo recursal. Termo inicial. Não comparecimento à audiência de julgamento. Juntada da sentença aos autos no dia seguinte. Súmula n. 197 do TST. Não incidência 124

Informativo n. 127, TST — Recurso. Conhecimento. Impossibilidade. Inversão do ônus da sucumbência. Custas processuais não recolhidas. Deserção declarada 124

2015

Informativo n. 119, TST — Reajustes salariais fixados pelo Conselho de Reitores das Universidades do Estado de São Paulo (CRUESP). Extensão aos servidores da Faculdade de Medicina de Marília e da Fundação Municipal de Ensino Superior de Marília. Conhecimento do recurso de revista por violação ao artigo 37, X, da Constituição Federal. Impossibilidade. Interpretação de legislação estadual 124

Informativo n. 116, TST — Ação de cobrança de imposto sindical. Improcedência do pedido com condenação em honorários advocatícios. Inexigibilidade do depósito recursal no recurso ordinário 125

Informativo n. 111, TST — Incidente de Recurso Repetitivo. Art. 896-C da CLT. Bancário. Horas extras. Divisor. Norma coletiva. Consideração, ou não, do sábado como dia de descanso semanal remunerado. Aplicação da Súmula 124, I, do TST 125

Informativo n. 109, TST — Recurso ordinário em agravo regimental. Inclusão da Companhia Estadual de Águas e Esgotos — CEDAE em plano especial de execuções. Determinação judicial de intimação da agravada para manifestação acerca de petições e documentos alusivos a onze agravos regimentais. Ausência de cumprimento pela secretaria. Direito ao contraditório violado 125

Informativo n. 101, TST — Embargos interpostos sob a égide da Lei n. 11.496/2007. Recurso de revista não conhecido. Deserção. Depósito recursal efetuado no último dia do prazo recursal. Comprovação posterior. Greve dos bancários. Prorrogação do prazo para comprovação prevista no Ato n. 603/SEJUD.GP do TST. Inaplicabilidade. Súmula n. 245 do TST 125

Informativo n. 100, TST — Divergência jurisprudencial. Exigência de confronto analítico entre as decisões discordantes. Súmula n. 337, I, "b", do TST 125

Informativo n. 98, TST — Agravo de Instrumento. Intempestividade. Decisão da Turma que, de ofício, constatou que os embargos declaratórios opostos perante o juízo *a quo* eram intempestivos ante a ausência de comprovação de feriado local. Má aplicação da Súmula n. 385 do TST. Configuração..126

2014

Informativo n. 95, TST — Razões do recurso de revista apresentadas em via original. Petição com comprovante do pagamento do depósito recursal encaminhada via fac-símile no último dia do prazo. Juntada do original em cinco dias. Faculdade da parte. Deserção ultrapassada..
....126

Informativo n. 93, TST — Custas. Comprovante de recolhimento. Documento impresso em papel termossensível. Esmaecimento dos dados entre a interposição do recurso e seu respectivo julgamento. Imputação de responsabilidade à parte. Impossibilidade. Deserção afastada..
....126

Informativo n. 90, TST — Depósito recursal. Pagamento efetuado por apenas uma das empresas. Não aproveitamento pelos demais reclamados. Arguição de prescrição bienal. Extinção do processo com resolução de mérito. Equivalência à exclusão da lide. Ausência de condenação solidária ou subsidiária após fevereiro de 2007. Deserção dos recursos ordinários dos outros reclamados. Configuração. Súmula n. 128, III, do TST 126

Informativo n. 88, TST — Recurso. Conhecimento. Contrariedade a orientação jurisprudencial cancelada à época da interposição do apelo. Possibilidade. Aglutinação de verbetes ou conversão em súmula. Manutenção da posição jurisprudencial 126

Informativo n. 82, TST — Prazo recursal. Marco inicial. Designação de nova audiência de prolação de sentença. Necessidade de intimação das partes. Inaplicabilidade da Súmula n. 197 do TST..126

Informativo n. 80, TST — Embargos interpostos em face de acórdão proferido pela SBDI-II em julgamento de recurso ordinário em mandado de segurança. Erro grosseiro. Não cabimento..127

Informativo n. 79, TST — Erro na indicação do nome da parte. Ausência de prejuízo à parte contrária. Existência de outros elementos de identificação. Erro material. Configuração 127

Informativo n. 76, TST — Recurso. Transmissão via fac-símile. Absoluta coincidência com os originais juntados aos autos. Desnecessidade. Trechos suprimidos irrelevantes à compreensão da controvérsia 127

2013

Informativo n. 65, TST — Embargos de declaração. Interposição prematura. Extemporaneidade. Recurso inexistente. Interposição de novo recurso no devido prazo legal. Possibilidade. Preclusão consumativa. Não configuração 127

Informativo n. 64, TST — Súmula n. 337, item IV, alínea "b", do TST. Comprovação do aresto divergente. Necessidade de indicação expressa do sítio de onde extraído o paradigma 127

Informativo n. 63, TST — Negativa de prestação jurisdicional. Preliminar de nulidade do acórdão do Regional acolhida. Exame dos temas remanescentes do recurso de revista quando do retorno dos autos ao TST. Necessidade de ratificação pelo recorrente 127

Informativo n. 58, TST — Prescrição. Arguição em contrarrazões ao recurso ordinário. Não apreciação pelo Tribunal Regional. Renovação em contrarrazões ao recurso de revista. Momento oportuno 127

Informativo n. 55, TST — Recurso ordinário. Interposição antes da publicação da decisão proferida em embargos de declaração da própria parte. Ausência de extemporaneidade. Súmula n. 434, I, do TST. Inaplicabilidade 127

Informativo n. 47, TST — Embargos interpostos sob a égide da Lei n. 11.496/2007. Conhecimento. Contrariedade a súmula de conteúdo processual. Situação excepcional. Possibilidade 128

Informativo n. 44, TST — Conselho de fiscalização do exercício profissional. Natureza jurídica. Autarquia. Privilégios do Decreto-Lei n. 779/69. Aplicação 128

Informativo n. 44, TST — Pedido de sustentação oral. Indeferimento. Ausência de inscrição na forma regimental. Cerceamento de defesa. Configuração........................128

Informativo n. 39, TST — Divergência jurisprudencial. Comprovação. Indicação do endereço URL. Recurso interposto na vigência da antiga redação da Súmula n. 337 do TST. Validade 128

Informativo n. 38, TST — Depósito recursal. Agravo de instrumento interposto antes da vigência da Lei n. 12.275/10. Interposição de recurso de embargos na vigência da referida lei. Inexigibilidade de posterior pagamento do depósito previsto no art. 899, § 7º, da CLT........128

Informativo n. 38, TST — Feriado forense. Comprovação em sede de embargos. Interpretação da nova redação da Súmula n. 385 do TST...128

Informativo n. 35, TST — Embargos sujeitos à sistemática da Lei n. 11.496/2007. Processo submetido ao rito sumaríssimo. Arguição de contrariedade à Orientação Jurisprudencial n. 142 da SBDI-I. Conhecimento por divergência com os precedentes que originaram o referido verbete. Possibilidade..128

Informativo n. 35, TST — Embargos. Discussão acerca da irregularidade de representação do recurso anterior. Saneamento do vício no momento da interposição dos embargos. Não exigência 128

2012

Informativo n. 27, TST — Embargos. Contrariedade à Súmula n. 102, I, do TST. Possibilidade. Afirmação contrária ao teor do verbete 129

Informativo n. 27, TST — MS. Custas processuais. Valor não fixado. Ausência de recolhimento. Deserção. Não configuração. Aplicação analógica da Orientação Jurisprudencial n. 104 da SBDI-I.................................129

Informativo n. 26, TST — Embargos interpostos anteriormente à Lei n. 11.496/07. Subscritores de recurso ordinário não inscritos nos quadros da OAB. Nulidade absoluta. Violação do art. 4º da Lei n. 8.906/94..........129

Informativo n. 26, TST — Fac-símile. Data e assinatura diferentes do original. Irregularidade formal. Não caracterização...129

Informativo n. 26, TST — Recurso interposto antes da publicação da sentença no DEJT. Intempestividade não configurada. Súmula n. 434, I, do TST. Não incidência...
....129

Informativo n. 24, TST — "Jus postulandi". Recurso de competência do Tribunal Superior do Trabalho. Impossibilidade. Aplicação da Súmula n. 425 do TST..........129

Informativo n. 22, TST — Recurso enviado por fac-símile. Transmissão incompleta. Petição original protocolizada no prazo legal. Preclusão consumativa. Não configuração...129

Informativo n. 17, TST — Recurso interposto antes da publicação da decisão recorrida. Inexistência. Segundo recurso interposto no momento processual oportuno. Princípio da unirrecorribilidade. Não incidência.......130

Informativo n. 16, TST — ED. Efeito modificativo. Não concessão de vista à parte contrária. Orientação Jurisprudencial n. 142, I, da SBDI-I. Não decretação de nulidade. Possibilidade. Ausência de prejuízo..............................130

Informativo n. 16, TST — Recurso ordinário. Depósito recursal. Inclusão das contribuições previdenciárias. Ausência de previsão no ordenamento jurídico. Deserção. Não configuração 130

Informativo n. 16, TST — Matéria administrativa. Pedido de remoção de magistrado para outro TRT. Recurso para o TST. Incabível. Ausência de previsão regimental....130

Informativo n. 14, TST — Multa do art. 557, § 2º, do CPC. Análise prejudicada. Provimento do tema principal a que estava ligada...130

Informativo n. 14, TST — Despacho de admissibilidade do recurso de revista que afasta as violações de lei indicadas e aponta como óbice ao processamento a Súmula n. 126 do TST. Agravo de instrumento que impugna apenas o tema que se referia às violações afastadas. Decisão que não conhece do recurso por ausência de fundamentação. Súmula n. 422 do TST. Má aplicação..................130

Informativo n. 13, TST — Prescrição suscitada em contestação e não analisada em sentença. Exame em sede de recurso ordinário do reclamante. Não arguição em contrarrazões. Possibilidade. Princípio da ampla devolutividade 130

Informativo n. 13, TST — Pressupostos de admissibilidade dos embargos de declaração. Análise pela Turma apenas ao enfrentar novos embargos de declaração opostos em relação aos declaratórios da parte contrária. Preclusão pro iudicato. Não configuração 130

Informativo n. 11, TST — Multa. Art. 557, § 2º, do CPC. Não aplicação. Matéria com repercussão geral reconhecida pelo STF...131

Informativo n. 11, TST — Multa. Art. 557, § 2º, do CPC. Aplicação. Recurso manifestamente infundado. Insurgência contra jurisprudência consolidada do TST.....131

Informativo n. 11, TST — Embargos interpostos sob a égide da Lei n. 11.496/07. Alegação de contrariedade à súmula de índole processual. Impossibilidade..........131

Informativo n. 4, TST — Recurso ordinário. Interposição antes da publicação da sentença em Diário Oficial. Intempestividade. Não configuração. Inaplicabilidade da Súmula n. 434, I, do TST..131

Informativo n. 2, TST — Recurso ordinário. Deserção. Não configuração. Acolhimento da preliminar de cerceamento de defesa. Nova sentença. Interposição de segundo recurso ordinário. Realização de novo depósito recursal. Inexigibilidade...131

Informativo n. 1, TST — Depósito recursal. Guia GFIP. Indicação equivocada do número do processo e da vara na guia de recolhimento. Deserção. Configuração 131

RECURSOS EM ESPÉCIE

2016

Informativo n. 134, TST — Acórdão do Regional publicado antes da vigência da Lei n. 13.015/2014. Embargos de declaração publicados na vigência da norma. Ausência de efeito modificativo. Requisitos do § 1º-A do art. 896 da CLT. Não aplicação. Julgamento do recurso de revista nos moldes anteriores à vigência da lei 131

2015

Informativo n. 125, TST — Embargos. Interposição sob a égide da Lei n. 11.496/2007. Conhecimento. Arguição de contrariedade a súmula ou a orientação jurisprudencial de conteúdo processual. Possibilidade 131

Informativo n. 116, TST — Recurso ordinário em mandado de segurança. Autos de infração. Suspensão da aplicação de penalidade administrativa. Indeferimento de pedido de antecipação dos efeitos da tutela. Ausência de direito líquido e certo. Súmula n. 418 do TST. Incidência ...
....132

Informativo n. 115, TST — Recurso ordinário em mandado de segurança. Antecipação de tutela. Reintegração ao emprego. Trabalhadora dispensada logo após retornar de afastamento previdenciário. Ato da empresa tido como tratamento discriminatório. Exercício abusivo do direito. Inexistência de direito líquido e certo à cassação da decisão antecipatória...132

Informativo n. 112, TST — Embargos interpostos sob a égide da Lei n. 11.496/2007. Bancário. Cargo de confiança. Arguição de contrariedade à súmula de conteúdo de direito processual. Impossibilidade 132

Informativo n. 104, TST — Embargos. Recurso interposto na vigência da Lei n. 11.496/2007. Art. 894, II, da CLT. Conhecimento. Caracterização de divergência jurisprudencial. Aresto oriundo do Órgão Especial do TST. Inservível..132

2014

Informativo n. 88, TST — Rito sumaríssimo. Decisão de Turma que conheceu do recurso de revista por contrariedade à Orientação Jurisprudencial n. 191 da SBDI-I. Conhecimento dos embargos por contrariedade à Orientação Jurisprudencial n. 352 da SBDI-I posteriormente convertida na Súmula n. 442 do TST. Possibilidade ..132

Informativo n. 81, TST — Agravo de instrumento. Ausência de traslado da intimação pessoal da União. Presença de elementos que possibilitam inferir a tempestividade do recurso. Orientação Jurisprudencial Transitória n. 18 da SBDI-I, parte final............................132

Informativo n. 77, TST — Embargos de declaração. Desistência. Interrupção do prazo para interposição de outros recursos. Recontagem do prazo a partir da ciência da homologação da desistência 133

Informativo n. 77, TST — Embargos. Conhecimento. Má aplicação de súmula ou orientação jurisprudencial cancelada ou com redação modificada, mas vigente à época da interposição do recurso. Possibilidade 133

Informativo n. 74, TST — Embargos. Art. 894, II, da CLT. Divergência jurisprudencial. Confronto com tese constante na ementa transcrita no corpo do acórdão trazido a cotejo. Impossibilidade................................133

2013

Informativo n. 64, TST — Ação rescisória. Art. 485, VIII, do CPC. Advogado que firmou acordo adjudicando bens imóveis da empresa. Ausência de poderes para alienar patrimônio. Fundamento para invalidar a transação. Caracterização 133

Informativo n. 59, TST — Execução. Agravo de petição. Não conhecimento. Delimitação efetiva das matérias e dos valores impugnados. Art. 897, § 1º, da CLT. Afronta ao art. 5º, LV, da CF. Configuração..............................133

Informativo n. 55, TST — Recurso de revista. Afronta direta e literal à Constituição Federal (art. 896, alínea "c", da CLT). Lei estadual. Interpretação necessária. Não conhecimento......................................133

Informativo n. 52, TST — Embargos de declaração. Não cabimento. Decisão proferida pelo Presidente de Turma que denegou seguimento ao recurso de embargos. Orientação Jurisprudencial n. 377 da SBDI-I. Aplicação analógica. Não interrupção do prazo recursal. Agravo regimental. Intempestividade 133

Informativo n. 50, TST — Embargos de declaração. Acolhimento da omissão. Divergência jurisprudencial. Decisão recorrida baseada em fundamentos autônomos. Inexigibilidade de todos os fundamentos estarem contidos em um único aresto. Súmula n. 23 do TST...........134

Informativo n. 46, TST — Embargos de declaração. Efeito modificativo. Possibilidade. Omissão na análise da fonte de publicação do julgado que ensejou o conhecimento do recurso de revista por divergência jurisprudencial. Desatenção ao item III da Súmula n. 337 do TST 134

Informativo n. 40, TST — Agravo de instrumento que corre junto a recurso de revista. Ausência de cópia da certidão de publicação do acórdão do Regional. Peça que se encontra nos autos do processo principal. Deficiência de traslado. Configuração............................134

2012

Informativo n. 31, TST — ED. Efeito modificativo para incidir nova redação de súmula. Impossibilidade 134

Informativo n. 31, TST — ED. Intuito protelatório. Multa por litigância de má-fé. Não incidência 134

Informativo n. 23, TST — AR. Prazo decadencial. Marco inicial. Matérias não impugnadas no agravo de instrumento interposto da decisão que não admitiu o recurso de revista. Súmula n. 285 do TST. Inaplicável 134

Informativo n. 22, TST — Agravo de instrumento. Recurso de revista com traslado incompleto. Conhecimento do apelo apenas quanto aos temas cujas razões tenham sido trasladadas. Impossibilidade................................134

Informativo n. 15, TST — Apelo em que não se impugnam os fundamentos fáticos da decisão recorrida. Contrariedade à Súmula n. 422 do TST. Não caracterização .
....134

Informativo n. 11, TST — Despacho denegatório do recurso de revista que afasta as violações e a divergência jurisprudencial apontadas com base no art. 896, "a" e "c" da CLT e nas Súmulas ns. 296 e 337 do TST. Decisão que não conhece de agravo de instrumento por ausência de fundamentação. Súmula n. 422 do TST. Não incidência. Desnecessidade de insurgência contra todos os fundamentos...135

Informativo n. 3, TST — MS. Interpretação e alcance de decisão transitada em julgado. Não cabimento. Existência de recurso próprio. Incidência da Orientação Jurisprudencial n. 92 da SBDI-II....................135

Informativo n. 1, TST — Embargos interpostos sob a égide da Lei n. 11.496/2007. Conhecimento. Arguição de contrariedade a súmula de conteúdo processual. Possibilidade 135

REPRESENTAÇÃO

2014

Informativo n. 85, TST — Irregularidade de representação. Questão não impugnada na primeira oportunidade. Arguição apenas quando a parte a quem socorre a irregularidade se tornou sucumbente. Preclusão. Configuração. Art. 245 do CPC..135

2013

Informativo n. 66, TST — Irregularidade de representação processual. Configuração. Existência nos autos de mandato expresso regular e válido. Impossibilidade de caracterização de mandato tácito. Orientação Jurisprudencial n. 286 da SBDI-I. Não incidência.............135

Informativo n. 64, TST — Instrumento de mandato. Vedação ou limitação explícita ao poder de substabelecer. Irregularidade de representação. Não configuração. Súmula n. 395, III, do TST 135

Informativo n. 37, TST — Dissídio coletivo. Ajuizamento por sindicato de advogados. Representação da empresa por causídicos do seu próprio quadro. Conflito de interesses. Declaração de inexistência de relação processual. "Querela nullitatis". Cabimento 136

RESPONSABILIDADE SUBSIDIÁRIA

2012

Informativo n. 33, TST — AR. Responsabilidade subsidiária. Ente público. Violação dos arts. 37, § 6º, da CF e 71 da Lei n. 8.666/93. Configuração. Ausência de culpa "in vigilando" 136

Informativo n. 1, TST — Responsabilidade subsidiária. Ajuizamento de ação autônoma apenas contra o tomador de serviços. Impossibilidade. Existência de sentença condenatória definitiva prolatada em ação em que figurou como parte somente o prestador de serviços 136

REVELIA

2016

Informativo n. 138, TST — Revelia. Caracterização. Atraso de 37 minutos. Orientação Jurisprudencial n. 245 da SBDI-I. Incidência 136

SUBSTITUIÇÃO PROCESSUAL

2016

Informativo n. 139, TST — Matéria remetida ao Tribunal Pleno. Art. 77, II, do RITST. Ação coletiva. Sindicato. Substituição Processual. Execução contra a Fazenda Pública. Individualização do crédito de cada substituído. Possibilidade. Expedição de Requisição de Pequeno Valor (RPV) 136

Informativo n. 133, TST — Ação civil coletiva ajuizada por sindicato. Substituição processual. Execução. Individualização do crédito apurado. Requisição de Pequeno Valor (RPV). Possibilidade. Precedentes do STF. Orientação Jurisprudencial n. 9 do TP/OE 136

2015

Informativo n. 112, TST — Sindicato. Substituição processual. Legitimidade ativa *ad causam*. Horas extras excedentes à sexta diária 137

Informativo n. 102, TST — Sindicato. Legitimidade para atuar como substituto processual. Direito individual heterogêneo. Pedido de equiparação salarial em benefício de um único empregado. Possibilidade. Art. 8º, III, da CF 137

2014

Informativo n. 75, TST — Sindicato. Substituição processual de um único empregado. Legitimidade ativa. Direitos individuais homogêneos 137

2013

Informativo n. 53, TST — Protesto interruptivo da prescrição. Efeitos. Limitação ao rol dos substituídos apresentado pelo sindicato profissional 137

Informativo n. 50, TST — Sindicato e organização de cooperativas. Não vinculação a determinada atividade econômica. Legitimidade *ad processum*. Orientação Jurisprudencial n.. 15 da SDC 137

Informativo n. 48, TST — Ação coletiva. Sindicato. Substituição processual. Relação dos substituídos apresentada na petição inicial. Execução. Extensão a membro da categoria que não figurou no rol dos substituídos. Impossibilidade. Violação da coisa julgada 137

Informativo n. 47, TST — Sindicato. Substituto processual. Requerimento de assistência judiciária gratuita. Ausência de comprovação de insuficiência de recursos. Não concessão 137

Informativo n. 37, TST — Dissídio coletivo. Sindicato. Substituto processual. Pedido de adequação do quadro de carreira ao art. 461, §§ 2º e 3º, da CLT. Matéria afeta ao direito individual 137

Informativo n. 36, TST — Sindicato. Substituição processual. Legitimidade ativa. Equiparação salarial. Maquinistas. Direito individual homogêneo. Origem comum da pretensão 138

2012

Informativo n. 30, TST — DC. Motoristas de transporte interno de mercadorias e de pessoas na área dos portos. Sindicato representante de motoristas rodoviários. Ilegitimidade ativa "ad causam". Configuração 138

Execução

AÇÃO RESCISÓRIA

2016

Informativo n. 26 — EXECUÇÃO, TST — Ação rescisória. Citação. Nulidade. Não configuração. Carta entregue no endereço da parte e recebida por pessoa a ela vinculada. Art. 841 da CLT 139

2015

Informativo n. 12 — EXECUÇÃO, TST — Ação rescisória. Arrematação. 40% do valor da avaliação. Preço vil. Ausência de definição legal. Violação do art. 694, § 1º, V do CPC. Não configuração 139

2014

Informativo n. 9 — EXECUÇÃO, TST — Ação rescisória. Execução. Remição de bem imóvel pelo filho do sócio da empresa executada. Prevalência sobre a arrematação. Efeitos da praça sustados. Tempestividade da remição. Legitimidade do remitente 139

Informativo n. 7 — EXECUÇÃO, TST — Ação rescisória. Perda do interesse de agir. Parcelamento do débito da execução trabalhista. Substituição da sentença do processo de conhecimento pelo parcelamento acatado e homologado 139

Informativo n. 4 — EXECUÇÃO, TST — Ação rescisória. Acordo. Parcela recolhida a menor. Cláusula penal. Ausência de proporcionalidade entre valor inadimplido e a multa aplicada. Art. 413 do CC. Violação 139

ARREMATAÇÃO

2015

Informativo n. 19 — EXECUÇÃO, TST — Execução. Arrematação em hasta pública. Veículo com débito de IPVA. Sub-rogação no preço pago. Ausência de ônus para o adquirente 140

2014

Informativo n. 6 — EXECUÇÃO, TST — Mandado de segurança. Execução. Decisão que mantém arrematação de bem após homologação de acordo entre as partes. Existência de outras despesas processuais. Art. 651 do CPC 140

CAUTELAR DE ARRESTO

2014

Informativo n. 3 — EXECUÇÃO, TST — Cautelar de arresto. Determinação retenção de crédito da executada junto a terceiro. Legalidade. Efetividade da execução. Art. 813 da CPC 140

COMPETÊNCIA

2016

Informativo n. 22 — EXECUÇÃO, TST — Conflito negativo de competência. Execução por carta precatória. Penhora do bem imóvel situado fora dos limites territoriais do juízo onde tramita a execução. Competência do juízo deprecado 140

2015

Informativo n. 20 — EXECUÇÃO, TST — Conflito positivo de competência. Execução. Carta precatória. Requerimento de alienação judicial perante o Juízo deprecante. Impossibilidade. Competência do Juízo deprecado. Art. 658 do CPC 140

Informativo n. 16 — EXECUÇÃO, TST — Incompetência da Justiça do Trabalho. Execução de contribuição previdenciária. Salário pago "por fora" 140

Informativo n. 15 — EXECUÇÃO, TST — Conflito positivo de competência. Admissibilidade. Execução por carta precatória. Embargos à execução. Sentença já prolatada pelo juízo deprecado. Ausência de trânsito em julgado 140

Informativo n. 13 — EXECUÇÃO, TST — Ação rescisória. Execução fiscal. Multa por infração à legislação trabalhista. Contratação de servidores públicos temporários. Regime estatutário. Incompetência da Justiça do Trabalho 141

2014

Informativo n. 8 — EXECUÇÃO, TST — Conflito negativo de competência. Ação de execução fiscal. Foro competente. Domicílio fiscal da empresa. Art. 578, parágrafo único, do CPC 141

Informativo n. 7 — EXECUÇÃO, TST — Competência da Justiça do Trabalho. Contribuição previdenciária. Contribuição social do empregador ao SAT. Acordo extrajudicial firmado perante a Comissão de Conciliação Prévia 141

Informativo n. 5 — EXECUÇÃO, TST — Conflito negativo de competência. Execução individual movida por sindicato profissional. Foro competente. Art. 98, § 2º, I, do CDC 141

Informativo n. 1 — EXECUÇÃO, TST — Competência da Justiça do Trabalho. Execução de contribuição previdenciária. Acordo firmado perante Comissão de Conciliação Prévia. Art. 114, IX, da CF c/c art. 43, § 6º, Lei n. 8.212/90 141

CLÁUSULA PENAL

2014

Informativo n. 4 — EXECUÇÃO, TST — Ação rescisória. Desconstituição de decisão proferida em embargos de terceiro. Possibilidade jurídica do pedido. Existência de coisa julgada material 141

COISA JULGADA

2016

Informativo n. 25 — EXECUÇÃO, TST — Execução. Compensação de progressões. Norma coletiva. Ofensa à coisa julgada. Contrariedade à Orientação Jurisprudencial n. 123 da SBDI-II. Não configuração 141

Informativo n. 24 — EXECUÇÃO, TST — Execução. Fazenda Pública. Juros de mora. Alteração do percentual fixado na decisão exequenda. Impossibilidade. Ofensa à coisa julgada 142

2015

Informativo n. 17 — EXECUÇÃO, TST — Execução. Coisa julgada. Correção monetária. Artigo 5º, XXXVI, da Constituição Federal 142

EXCESSO DE EXECUÇÃO

2016

Informativo n. 21 — EXECUÇÃO, TST — Penhora de bem imóvel. Arrematação. Posterior constatação judicial de erro nos cálculos homologados. Nulidade de todos os atos executivos e expropriatórios fundados nos cálculos incorretos. Excesso de execução. Prejuízo ao executado. Título inexigível. Ausência de coisa julgada 142

EXECUÇÃO

2016

Informativo n. 27 — EXECUÇÃO, TST — Execução. Embargos interpostos na vigência da Lei n. 13.015/2014. Fato gerador. Contribuições previdenciárias. Juros de mora e multa. Art. 195, I, "a", da CF. Inexistência de violação literal e direta à CF. Conhecimento por contrariedade à Súmula n. 266 do TST. Possibilidade. Não incidência da Súmula n. 433 do TST... 142

Informativo n. 25 — EXECUÇÃO, TST — Execução. Determinação para que o advogado faça o depósito de valores destinado às execuções trabalhistas ou justifique a não realização do depósito, informando as contas correntes para as quais a quantia foi transferida. Quebra do sigilo profissional. Não configuração.......................... 142

2015

Informativo n. 20 — EXECUÇÃO, TST — Sindicato. Substituição processual. Execução. Fracionamento. Expedição de Requisição de Pequeno Valor. Possibilidade 142

Informativo n. 14 — EXECUÇÃO, TST — Execução. Expropriação de bem dado em garantia. Transferência de valores remanescentes para execuções movidas contra empresa diversa. Necessidade de formação de grupo econômico ou existência de sucessão de empresas.... 143

Informativo n. 11 — EXECUÇÃO, TST — APPA. Forma de execução de créditos trabalhistas. Matéria encaminhada ao Tribunal Pleno. Orientação Jurisprudencial n. 87 da SBDI-I. Manutenção ou revisão...................... 143

EXECUÇÃO FISCAL

2014

Informativo n. 5 — EXECUÇÃO, TST — Execução Fiscal. Parcelamento da dívida. Efeitos. Suspensão da execução. Art. 151, VI, do CTN 143

EXECUÇÃO PROVISÓRIA

2015

Informativo n. 14 — EXECUÇÃO, TST — Execução provisória. Inaplicabilidade do art. 475-O do CPC. Incompatibilidade do levantamento do depósito recursal com o Processo do Trabalho. Existência de norma específica. Art. 899, *caput*, e § 1º, da CLT 143

FRAUDE À EXECUÇÃO

2016

Informativo n. 22 — EXECUÇÃO, TST — Ação rescisória. Penhora não inscrita no registro imobiliário ao tempo da alienação do imóvel. Terceiro de boa-fé. Fraude à execução. Não ocorrência 143

2015

Informativo n. 13 — EXECUÇÃO, TST — Ação rescisória. Venda de imóvel de sócio da empresa anterior à desconsideração da personalidade jurídica da devedora. Terceiro de boa-fé. Fraude à execução. Não ocorrência... 143

Informativo n. 10 — EXECUÇÃO, TST — Ação rescisória. Desconstituição da penhora efetivada sobre bem imóvel. Aquisição ocorrida em momento anterior ao redirecionamento da execução ao sócio da reclamada. Adquirente de boa-fé. Fraude à execução não configurada. Violação dos arts. 472 e 615-A do CPC 143

2014

Informativo n. 2 — EXECUÇÃO, TST — Execução. Embargos de terceiro. Bem imóvel alienado mediante alvará judicial e antes do reconhecimento do grupo econômico e inclusão das empresas na lide. Adquirente de boa-fé. Fraude à execução. Não caracterização 144

IMPENHORABILIDADE

2016

Informativo n. 23 — EXECUÇÃO, TST — Ação rescisória. Imóvel destinado à moradia da família. Registro da condição de bem de família no cartório de imóveis. Desnecessidade. Impenhorabilidade do bem constrito. Desconstituição da sentença que julgou improcedente o pedido de nulidade da penhora.................................... 144

2015

Informativo n. 11 — EXECUÇÃO, TST — Mandado de segurança. Penhora em conta poupança até o limite de quarenta salários mínimos. Art. 649, X, do CPC. Impossibilidade 144

Informativo n. 10 — EXECUÇÃO, TST — Penhora. Percentual de pensão recebida pelo impetrante na condição de anistiado político. Ilegalidade. Art. 649, IV, do CPC. Orientação Jurisprudencial n. 153 da SBDI-II 144

2014

Informativo n. 9 — EXECUÇÃO, TST — Ação rescisória. Imóvel desocupado em razão de mudança provisória decorrente de problemas de saúde. Único imóvel da executada. Bem de família. Impenhorabilidade 144

Informativo n. 7 — EXECUÇÃO, TST — Mandado de segurança. Execução. Penhora sobre parte dos salários ou de proventos de aposentadoria. Ilegalidade. Art. 649, IV, do CPC. Orientação Jurisprudencial n. 153 da SBDI-II 144

JUSTIÇA GRATUITA

2014

Informativo n. 7 — EXECUÇÃO, TST — Mandado de segurança. Cabimento. Execução. Decisão interlocutória. Indeferimento do benefício da justiça gratuita. Impossibilidade. Direito líquido e certo à gratuidade de justiça. 144

LIQUIDAÇÃO

2015

Informativo n. 13 — EXECUÇÃO, TST — Ação anulatória. Pretensão de desconstituição de sentença homologatória de cálculos de liquidação. Não cabimento. Art. 486 do CPC..145

2014

Informativo n. 3 — EXECUÇÃO, TST — Horas *in itinere*. Trajeto entre a portaria e o local efetivo de trabalho. Súmula n. 429 do TST. Tempo à disposição do empregador. Apuração em liquidação de sentença. Possibilidade. Art. 475-E do CPC 145

MANDADO DE SEGURANÇA

2016

Informativo n. 26 — EXECUÇÃO, TST — Mandado de segurança. Execução definitiva. Descumprimento de ordem judicial. Penhora de dinheiro de instituição financeira. Impossibilidade..145

Informativo n. 23 — EXECUÇÃO, TST — Mandado de segurança. Cabimento. Exceção de pré-executividade. Rejeição. Teratologia do ato coator..145

Informativo n. 21 — EXECUÇÃO, TST — Mandado de segurança. Execução. Penhora do depósito recursal. Transferência para saldar execução em outro feito. Legalidade..145

2015

Informativo n. 18 — EXECUÇÃO, TST — Mandado de segurança. Impugnação de decisão que não homologa integralmente o acordo firmado pelas partes. Faculdade do juízo. Remição não concedida. Inexistência de direito líquido e certo. Súmula n. 418 do TST..145

Informativo n. 16 — EXECUÇÃO, TST — MS. Cabimento. Execução fiscal. Ato judicial de indeferimento de pedido de devolução de prazo recursal. Existência de via processual própria. Exegese da OJ n. 92 da SBDI-II...145

Informativo n. 15 — EXECUÇÃO, TST — Mandado de segurança. Não cabimento. Decisão que determina a incidência de *astreintes* sem fixação de limite temporal ou quantitativo. Existência de recurso próprio. Orientação Jurisprudencial n. 92 da SBDI-II..145

Informativo n. 14 — EXECUÇÃO, TST — Mandado de segurança. Exame do acervo probatório produzido. Cópia integral de autos. Ato coator não delineado. Súmula n. 415 do TST..146

Informativo n. 12 — EXECUÇÃO, TST — Mandado de segurança. Medida liminar em reclamação correcional. Desmembramento de execuções unificadas pelo Juízo. Prosseguimento das execuções individualmente. Ordem de bloqueio de valores. Possibilidade. Inexistência de ofensa a direito líquido e certo..146

Informativo n. 12 — EXECUÇÃO, TST — Mandado de segurança. Execução provisória. Indeferimento do prosseguimento até a penhora. Impossibilidade. Art. 899 da CLT..146

2014

Informativo n. 9 — EXECUÇÃO, TST — Mandado de segurança. Execução provisória. Decisão que determina a liberação dos depósitos recursais. Pedido de restituição. Inadequação da via eleita. Consumação do ato coator mediante o efetivo levantamento dos valores. Perda de objeto 146

Informativo n. 8 — EXECUÇÃO, TST — Mandado de segurança. Decadência. Configuração. Penhora sobre 30% dos proventos de aposentadoria..146

Informativo n. 6 — EXECUÇÃO, TST — Mandado de segurança. Pedido de emissão de Certidão Positiva de Débitos Trabalhistas com Efeitos de Negativa. Execução integralmente garantida por reclamada que requer exclusão da lide. Ausência de decisão definitiva sobre a questão. Risco de ineficácia da prestação jurisdicional. Inexistência de direito líquido e certo..146

Informativo n. 5 — EXECUÇÃO, TST — Mandado de segurança. Execução provisória. Determinação judicial de transferência para a Caixa Econômica Federal do valor depositado como garantia do crédito exequendo em conta poupança aberta em agência do banco executado. Abusividade. Inteligência dos arts. 620 e 655 do CPC e da Súmula n. 417, III do TST..147

Informativo n. 1 — EXECUÇÃO, TST — Mandado de segurança. Cabimento. Ordem de bloqueio em conta salário via sistema BacenJud. Exceção de pré-executividade rejeitada. Decadência. Termo inicial. Orientação Jurisprudencial n. 127 da SBDI-II..147

MULTAS

2016

Informativo n. 24 — EXECUÇÃO, TST — Contribuição previdenciária. Fato gerador. Incidência de multa e juros de mora. Data da prestação dos serviços. Alteração do art. 43 da Lei n. 8.212/1991 pela Medida Provisória n. 449/2008, convertida na Lei n. 11.941/2009..147

2015

Informativo n. 20 — EXECUÇÃO, TST — Contribuição previdenciária. Fato gerador. Incidência de multa e juros de mora. Data da prestação dos serviços. Alteração do art. 43 da Lei n. 8.212/1991 pela Medida Provisória n. 449/2008, convertida na Lei n. 11.941/2009..............147

Informativo n. 20 — EXECUÇÃO, TST — Multa de 20% sobre o valor da condenação em razão do não pagamento ou de ausência de garantia da execução. Art. 832, § 1º, da CLT. Impossibilidade. Existência de regramento específico. Art. 880 da CLT 147

Informativo n. 18 — EXECUÇÃO, TST — Multa do artigo 475-J do CPC. Inaplicabilidade ao processo do trabalho. Matéria remetida à fase de execução. Ausência de interesse recursal......................147

2014

Informativo n. 5 — EXECUÇÃO, TST — Execução. Multa prevista no art. 475-J do CPC. Aplicação ao processo do trabalho. Impossibilidade 148

PENHORA

2016

Informativo n. 22 — EXECUÇÃO, TST — Conta poupança utilizada como conta corrente. Valores passíveis de penhora. Art. 649, X, do CPC. Não incidência.......148

2014

Informativo n. 2 — EXECUÇÃO, TST — Ação rescisória. Execução fiscal. Coproprietário de imóvel arrematado que não figura como parte no processo executório. Ausência de intimação. Aplicação dos arts. 880 e 888 da CLT. Negativa de vigência da Lei n. 6.830/80. Violação do art. 5º, LV, da CF. Configuração......................148

Informativo n. 2 — EXECUÇÃO, TST — Mandado de segurança. Execução provisória. Bens indicados à penhora insuficientes à garantia do Juízo. Penhora *on-line* de depósitos bancários. Cabimento..............................148

PRECATÓRIO

2016

Informativo n. 26 — EXECUÇÃO, TST — Precatório sujeito ao regime especial. Art. 97 do ADCT. Período de graça. Juros de mora. Incidência..................................148

Informativo n. 21 — EXECUÇÃO, TST — Fundação Padre Anchieta. Natureza pública. Execução pelo regime de precatórios. Possibilidade..148

2014

Informativo n. 1 — EXECUÇÃO, TST — Hospital Nossa Senhora da Conceição S.A. Grupo Hospitalar Conceição. Sociedade de economia mista prestadora de serviço público. Atividade sem fins lucrativos e em ambiente não concorrencial. Regime de execução por precatório. Aplicabilidade do art. 100 da CF 148

PRESCRIÇÃO INTERCORRENTE

2015

Informativo n. 11 — EXECUÇÃO, TST — Ação rescisória. Execução trabalhista. Prescrição intercorrente. Não incidência. Violação do art. 5º, XXXVI, da CF. Configuração..............148

RECUPERAÇÃO JUDICIAL

2016

Informativo n. 27 — EXECUÇÃO, TST — Recuperação judicial. Decurso do prazo de 180 dias do art. 6º, § 4º, da Lei n. 11.101/2005. Manutenção da suspensão da execução trabalhista. Possibilidade 149

REMIÇÃO

2015

Informativo n. 19 — EXECUÇÃO, TST — Remição da execução pelo devedor realizada antes da assinatura do auto de arrematação. Possibilidade. Interpretação conjunta dos arts. 651 e 694 do CPC...................................149

ENUNCIADOS

Aprovados na 1ª Jornada de Direito Material e Processual na Justiça do Trabalho

Direito Individual do Trabalho

ACIDENTE DE TRABALHO 151
ATIVIDADE INSALUBRE 151
DANOS MORAIS..151
DIREITOS DE IMAGEM..151
DIREITOS FUNDAMENTAIS.......................................151
DURAÇÃO DO TRABALHO...151
DUMPING SOCIAL 151
ESTABILIDADE 152
FÉRIAS..152
FISCALIZAÇÃO DO TRABALHO 152
FLEXIBILIZAÇÃO..152
FONTES DO DIREITO DO TRABALHO 152

MEIO AMBIENTE DO TRABALHO 152
PRESCRIÇÃO 152
REMUNERAÇÃO 152
RESPONSABILIDADE CIVIL 152
TERCEIRIZAÇÃO 153
TRABALHO DO MENOR 153
TRABALHO RURAL 153

Direito Coletivo do Trabalho

CONDUTAS ANTISSINDICAIS 155
DISSÍDIO COLETIVO 155
ENTIDADES SINDICAIS 155
GREVE 155
NEGOCIAÇÃO COLETIVA 155
UNICIDADE SINDICAL 155

Direito Processual do Trabalho

AÇÃO CIVIL PÚBLICA 157
COMPETÊNCIA 157
CONTRADITÓRIO E AMPLA DEFESA 158
DEPÓSITO RECURSAL 158
EXECUÇÃO 158
HONORÁRIOS ADVOCATÍCIOS 158
INTERVENÇÃO DE TERCEIROS 158
JUS POSTULANDI 158
LITISPENDÊNCIA 158
MINISTÉRIO PÚBLICO DO TRABALHO 158
OMISSÕES 159
PENHORA 159
PROVAS 159
TERMO DE AJUSTE DE CONDUTA 159

Aprovados na Jornada Nacional sobre Execução na Justiça do Trabalho

AÇÃO COLETIVA 161
AÇÃO RESCISÓRIA 161
AGRAVO DE PETIÇÃO 161
ALIENAÇÃO 161
ASTREINTES 161
COMPETÊNCIA 161
CONTRIBUIÇÕES PREVIDENCIÁRIAS 161
DEPOSITÁRIO INFIEL 162
DEPÓSITO JUDICIAL 162
DESCONSIDERAÇÃO DA PERSONALIDADE JURÍDICA 162
DESPACHO 162
EMBARGOS À ARREMATAÇÃO 162
EMBARGOS À EXECUÇÃO 162
EMBARGOS DE TERCEIRO 162
EMPREGADOR 162
EFETIVIDADE DA JURISDIÇÃO 162
EXECUÇÃO 162
EXCEÇÃO DE PRÉ-EXECUTIVIDADE 163
EXECUÇÃO PROVISÓRIA 163
EXPROPRIAÇÃO 163
FALÊNCIA E RECUPERAÇÃO JUDICIAL 163
FRAUDE À EXECUÇÃO 163
FUNDO DE GARANTIA DAS EXECUÇÕES TRABALHISTAS 164
INTIMAÇÃO 164
PENHORA 164
PROTESTO NOTARIAL 164
TÍTULOS EXECUTIVOS 164

Informativo do TST

Direito Individual do Trabalho

ACÚMULO DE FUNÇÃO
2016

Informativo n. 132, TST — *Motorista e cobrador. Acúmulo de funções. Possibilidade. Atividades compatíveis com a condição pessoal do empregado. Art. 456, parágrafo único, da CLT.*

O parágrafo único do art. 456 da CLT permite ao empregador exigir do empregado qualquer atividade compatível com sua condição pessoal, desde que lícita e dentro da jornada de trabalho. Assim, tendo em conta que a atividade de cobrador é, em regra, compatível com a atividade de motorista, não existe justificativa para a percepção de acréscimo salarial em decorrência do exercício concomitante das duas funções na mesma jornada. Sob esse fundamento, a SBDI-I, por unanimidade, conheceu dos embargos da reclamada, por divergência jurisprudencial, e, no mérito, deu-lhes provimento para excluir da condenação as diferenças salariais pelo acúmulo de funções. TST-E-RR-67-15.2012.5.01.0511, SBDI-I, rel. Min. Alexandre Agra Belmonte, 14.4.2016.

ADICIONAIS
2016

Informativo n. 149, TST — *Adicional de periculosidade. Vigilante. Aplicação do art. 193, II, da CLT. Necessidade de regulamentação. Portaria n. 1.885/13 do MTE.*

O art. 193, *caput*, e inciso II, da CLT, com a redação dada pela Lei n. 12.740/12, não tem aplicação imediata, pois não obstante estabeleça que a atividade desenvolvida por profissionais de segurança pessoal ou patrimonial seja perigosa, exige regulamentação aprovada pelo Ministério do Trabalho e Emprego. Assim, conclui-se que o adicional de periculosidade é devido aos vigilantes somente a partir de 3.12.2013, data da publicação da Portaria n. 1.885/13 do MTE, que aprovou o Anexo 3 da NR 16, regulamentando o art. 193, II, da CLT. Sob esse fundamento, a SBDI-I, por unanimidade, conheceu dos embargos do reclamante, e, no mérito, negou-lhes provimento. TST-E-RR-16492.2014.5.04.0662, SBDI-I, rel. Min. Guilherme Augusto Caputo Bastos, 10.11.2016.

Informativo n. 149, TST — *Adicional de insalubridade. Pagamento indevido. Uso de equipamento de proteção individual (EPI). Neutralização do agente ruído. Súmula n. 80 do TST e art. 191, II, da CLT.*

É indevido o pagamento do adicional de insalubridade quando a prova pericial evidenciar que houve neutralização do agente ruído por meio do regular fornecimento e utilização de equipamento de proteção individual (EPI). Inteligência da Súmula n. 80 do TST e do art. 191, II, da CLT. No caso, a decisão recorrida — louvando-se da *ratio decidendi* emanada do ARE 664335/STF, com repercussão geral reconhecida — estabeleceu que, com relação ao ruído, os danos à saúde do trabalhador vão além da perda auditiva, razão pela qual o uso de EPI não neutraliza totalmente os malefícios causados. Ocorre que o aludido precedente não guarda relação com a hipótese em apreço, pois naquela ocasião a Suprema Corte entendeu que a mera declaração unilateral do empregador, no sentido de que há eficácia do EPI, não descaracteriza o tempo de serviço especial para aposentadoria, ao passo que, *in casu*, há um laudo pericial atestando a neutralização do agente nocivo em face do fornecimento do equipamento de proteção individual. Ademais, não obstante seja possível ao julgador valer-se de outros meios de prova para formar o seu convencimento (art. 436 do CPC de 1973), não se pode concluir pela existência de insalubridade quando não há nos autos qualquer outro elemento de prova que infirme o laudo pericial que comprovou a neutralização do agente insalubre mediante o uso do EPI. Sob esses fundamentos, a SBDI-I decidiu, por unanimidade, conhecer do recurso de embargos por contrariedade à Súmula n. 80 do TST, e, no mérito, dar-lhe provimento para excluir da condenação o pagamento do adicional de insalubridade, restabelecendo a sentença, no tópico. TST-E-RR-1691900-85.2009.5.09.0008, SBDI-I, rel. Min. Caputo Bastos, 10.11.2016.

Informativo n. 147, TST — *Adicional de insalubridade e de periculosidade. Fatos geradores distintos. Cumulação. Impossibilidade.*

O art. 193, § 2º, da CLT veda a cumulação dos adicionais de periculosidade e insalubridade, podendo, no entanto, o empregado fazer a opção pelo que lhe for mais benéfico. Sob esses fundamentos, a SBDI-I decidiu, por unanimidade, conhecer do recurso de embargos, por divergência jurisprudencial e, no mérito, por maioria, dar-lhe provimento para excluir da condenação a possibilidade de acúmulo dos dois adicionais. Vencidos os Ministros Augusto César Leite de Carvalho, João Oreste Dalazen, José Roberto Freire Pimenta, Hugo Carlos Scheuermann, Alexandre de Souza Agra Belmonte e Cláudio Mascarenhas Brandão, que negavam provimento aos embargos para manter o pagamento cumulado dos adicionais de insalubridade e de periculosidade, sob o fundamento de que a exposição do indivíduo a um determinado tipo de risco não exclui a sua eventual exposição a outro risco diferente, ante a existência de fatos geradores e causa de pedir distintas. TST-E-RR-1072-72.2011.5.02.0384, SBDI-I, rel. Min. Renato de Lacerda Paiva, 13.10.2016 (Ver Informativo TST n. 134)

Informativo n. 147, TST — *Adicional de insalubridade. Trabalho em locais destinados a atendimento socioeducativo de menores infratores. Indevido. Orientação Jurisprudencial n. 4, I, da SBDI-I. Rol taxativo da Portaria n. 3.214/78, NR 15, Anexo 14, do MTE.*

Não há direito ao adicional de insalubridade nas situações de contato com pacientes ou materiais infectocontagiosos em locais destinados ao atendimento socioeducativo de menores infratores (Fundação Casa), ainda que a perícia aponte a exposição do reclamante aos agentes biológicos mencionados no Anexo 14 da NR 15 da Portaria n. 3.214/78 do Ministério do Trabalho e Emprego — MTE. Nos termos da Orientação Jurisprudencial nº 4, I, da SBDI-I, para a concessão do adicional em questão não basta a constatação da insalubridade por meio de laudo pericial, sendo necessária a classificação da atividade como insalubre na relação oficial do MTE. Na espécie, a atividade não se enquadra no rol taxativo do MTE, razão pela qual não pode ser equiparada àquelas desenvolvidas em ambientes destinados a pacientes em isolamento, hospitais ou outros estabelecimentos relacionados aos cuidados da saúde humana. Sob esses fundamentos, a SBDI-I, por unanimidade, conheceu do recurso de embargos do reclamante, por divergência jurisprudencial, e, no mérito, por maioria, negou-lhe provimento. Vencidos os Ministros João Oreste Dalazen, Augusto César Leite de Carvalho, Alexandre de Souza Agra Belmonte e Hugo Carlos Scheuermann. TST-RR-160072.2009.5.15.0010, SBDI-I, rel. Min. Renato de Lacerda Paiva, 13.10.2016 (Ver Informativos TST ns. 79 e 108)

Informativo n. 134, TST — *Adicional de insalubridade e de periculosidade. Cumulação. Impossibilidade. Prevalência do art. 193, § 2º, da CLT ante as Convenções ns. 148 e 155 da OIT.*

É vedada a percepção cumulativa dos adicionais de insalubridade e de periculosidade ante a expressa dicção do art. 193, § 2º, da CLT. Ademais, não obstante as Convenções ns. 148 e 155 da Organização Internacional do Trabalho (OIT) tenham sido incorporadas ao ordenamento jurídico brasileiro, elas não se sobrepõem à norma interna que consagra entendimento diametralmente oposto, aplicando-se tão somente às situações ainda não reguladas por lei. Sob esse fundamento, a SBDI-I, por unanimidade, conheceu do recurso de embargos, por divergência jurisprudencial, e, no mérito, por maioria, negou-lhe provimento. Vencidos os Ministros Cláudio Mascarenhas Brandão, relator, Augusto César de Carvalho, Hugo Carlos Scheuermann e Alexandre Agra Belmonte. TST-E-ARR-1081-60.2012.5.03.0064, SBDI-I, rel. Min. Cláudio Mascarenhas Brandão, red. p/ acórdão Min. João Oreste Dalazen, 28.4.2016.

Informativo n. 131, TST — *Trabalhador portuário. Adicional noturno. Integração na base de* *cálculo das horas extras. Aplicação da Orientação Jurisprudencial n. 97 da SBDI-I.*

É inegável o maior desgaste a que submetido o trabalhador durante o período noturno, razão pela qual a Constituição Federal consagrou, como direito dos trabalhadores urbanos e rurais, remuneração do trabalho noturno superior à do diurno (art. 7º, IX, da CF). Tal preceito não exclui o trabalhador portuário, razão pela qual o adicional noturno deve integrar a base de cálculo das horas extraordinárias prestadas por ele. Prevalência do disposto na Orientação Jurisprudencial n. 97 da SBDI-I e não incidência do item II da Orientação Jurisprudencial n. 60 da SBDI-I. Sob esse fundamento, a SBDI-I, por unanimidade, conheceu do recurso de embargos, por divergência jurisprudencial, e, no mérito, por maioria, negou-lhe provimento. Vencidos os Ministros Renato de Lacerda Paiva, Ives Gandra Martins Filho, Brito Pereira e Aloysio Corrêa da Veiga. TST-E-RR-1260-79.2011.5.08.0002, SBDI-I, rel. Min Hugo Carlos Scheuermann, 31.3.2016.

Informativo n. 129, TST — *Agente comunitário de saúde. Adicional de insalubridade. Indevido. Não enquadramento da atividade no rol previsto no Anexo 14 da NR-15 do MTE. Súmula n. 448, I, do TST.*

Conforme preconizado no item I da Súmula n. 448 do TST, para que o empregado tenha direito ao adicional de insalubridade é necessária a classificação da atividade insalubre na relação oficial elaborada pelo Ministério do Trabalho e Emprego — MTE, não sendo suficiente a constatação via laudo pericial. Neste sentido, é indevido o adicional de insalubridade aos agentes comunitários de SBDI-I, rel. Min. Augusto César Leite de Carvalho, red. p/ acórdão Min. Aloysio Corrêa da Veiga, 18.2.2016.

2015

Informativo n. 123, TST — *Adicional de periculosidade. Armazenamento de líquido inflamável em estrutura independente do local da prestação de serviços. Inaplicabilidade da Orientação Jurisprudencial n. 385 da SBDI-I.*

A Orientação Jurisprudencial n. 385 da SBDI-I, ao assegurar o direito ao adicional de periculosidade, refere-se ao armazenamento de líquido inflamável no mesmo prédio em que desenvolvidas as atividades laborais. Assim, na hipótese em que o laudo pericial constatou que o armazenamento de óleo diesel ocorria em estrutura completamente independente do local da prestação de serviços, inclusive com área de segurança devidamente protegida, não há direito ao pagamento do referido adicional, ante a ausência de labor em área de risco. Sob esse fundamento, a SBDI-I, por maioria, conheceu dos embargos da reclamada por contrariedade à Súmula n. 126 do TST e à Orientação Jurisprudencial n. 385 da SBDI-I, vencidos os Ministros Alexandre Agra Belmonte, Augusto César Leite de Carvalho, José Roberto Freire Pimenta e Cláudio Mascarenhas Brandão. Ressaltou o Ministro relator que diante das premissas fáticas registradas nos autos, não poderia a Turma ter valorado o laudo pericial a fim de, concluindo de forma diversa do TRT, conceder o adicional de periculosidade. No mérito, por unanimidade, a Subseção deu provimento ao recurso para restabelecer o acórdão do Regional, que declarou a improcedência do pedido. TST-E-ED-AgR-ARR-644-68.2010.5.04.0029, SBDI-I, rel. Min. João Oreste Dalazen, 12.11.2015.

Informativo n. 118, TST — *Adicional de transferência. Orientação Jurisprudencial n. 113 da SBDI-I do Tribunal Superior do Trabalho. Controvérsia quanto ao lapso temporal da última transferência. Incidência da Súmula n. 126 do TST.*

Não obstante a decisão prolatada pelo Tribunal Regional do Trabalho da Décima Segunda Região estivesse em desacordo com a Orientação Jurisprudencial n. 113 da SBDI-I, por expressar a tese de que é devido o adicional de transferência independentemente de a transferência ser transitória ou definitiva, a Turma do Tribunal Superior do Trabalho agiu corretamente ao não avançar na admissibilidade do recurso para decidir que a transferência seria definitiva. Concluiu-se que haveria o óbice da Súmula n. 126 do TST para reconhecer que a cessação do contrato teria ocorrido doze anos depois da transferência e que, por isso, a transferência seria definitiva. No caso, estava incontroverso apenas que houve uma transferência em 1994, mas não havia elementos suficientes para concluir até quando ela se deu ou se esta foi a última ou a única transferência. Assim, caberia à empresa reclamada interpor embargos de declaração perante o TRT e arguir nulidade por negativa de prestação jurisdicional oportunamente, caso não fosse esclarecida a circunstância fática. Como não o fez, não caberia à Turma do Tribunal Superior do Trabalho rever o quadro fático para decidir se a transferência se deu de maneira definitiva ou provisória. Sob esse entendimento, a SBDI-I decidiu, pelo voto prevalente da Presidência, negar provimento ao agravo regimental, vencidos os Ministros Luiz Philippe Vieira de Mello Filho, relator, João Oreste Dalazen, Aloysio Corrêa da Veiga, Márcio Eurico Vitral Amaro e Walmir Oliveira da Costa. Redigirá o acórdão o Ministro Augusto César Leite de Carvalho. TST-AgR-E-ED-RR-85885-93.2007.5.12.0028, SBDI-I, rel. Luiz Philippe Vieira de Mello Filho, red. p/acórdão Min. Augusto César Leite de Carvalho, 17.9.2015.

Informativo n. 113, TST — *Bancário. Transporte de valores. Desvio de função. Adicional de risco indevido. Ausência de previsão na Lei n. 7.102/83.*

Consoante o artigo 3º da Lei n. 7.102/83, os serviços de transporte de valores serão executados por empresa especializada contratada ou pelo próprio estabelecimento financeiro, caso em que deverá haver a contratação de pessoal próprio, treinado para tanto. Tal norma parte do pressuposto de que a alegada atividade é de risco e, portanto, deve ser executada por funcionários aprovados em curso de formação de vigilante autorizado pelo Ministério da Justiça. A consequência do descumprimento da norma, por parte do estabelecimento bancário, é a imposição de advertência, multa ou interdição do estabelecimento. Não há qualquer previsão na Lei n. 7.102/83 de concessão de adicional de risco ao trabalhador ante o descumprimento de seus preceitos. Sob esses fundamentos, a SBDI-1, por unanimidade, conheceu do recurso de embargos, por divergência jurisprudencial, e, no mérito, por maioria, deu-lhe provimento para restabelecer o acórdão do Regional, que indeferiu o pedido de pagamento do adicional de risco com esteio na falta de previsão legal e no fato de que o autor realizou o transporte de valores de forma meramente esporádica. Vencidos os Ministros Augusto César Leite de Carvalho, Walmir Oliveira da Costa, Hugo Carlos Scheuermann e Cláudio Mascarenhas Brandão. TST-E-RR-157300-17.2008.5.12.0024, SBDI-I, rel. Min. Renato de Lacerda Paiva, 6.8.2015.

Informativo n. 113, TST — *Adicional de periculosidade. Transporte de combustível inflamável. Tanque reserva para consumo próprio. Armazenamento superior ao limite mínimo estabelecido na NR-16 da Portaria n. 3.214/1978 do Ministério do Trabalho. Adicional devido.*

O armazenamento de combustível em tanque reserva de caminhão, se, somada à capacidade do tanque principal, ultrapassar os limites mínimos estabelecidos na NR-16 da Portaria n. 3.214/1978 do Ministério do Trabalho (200 litros), gera direito ao pagamento de adicional de periculosidade ao empregado condutor do veículo. No caso, entendeu-se que a situação descrita nos autos não se equiparava à exceção contida no item 16.6.1 da NR-16, segundo o qual "as quantidades de inflamáveis, contidas nos tanques de consumo próprio dos veículos, não serão consideradas para efeito desta norma", porquanto comprovado que o reclamante, no exercício da função de motorista de caminhão, transportava cerca de 1.250 litros de combustível inflamável, somadas as quantidades presentes no tanque principal e no tanque suplementar. Sob esse fundamento, a SBDI-I, por maioria, vencido o Ministro Antonio José de Barros Levenhagen, conheceu dos embargos interpostos pelo reclamante, por divergência jurisprudencial, e, no mérito, por maioria, deu-lhes provimento para julgar procedente o pedido de pagamento do adicional de periculosidade, com os reflexos postulados nas prestações contratuais vinculadas ao salário, vencidos os Ministros Aloysio Corrêa da Veiga, Renato de Lacerda Paiva, Guilherme Augusto Caputo Bastos e Alexandre de Souza Agra Belmonte. TST-E-RR-981-70.2011.5.23.0004, SBDI-I, rel. Min. João Oreste Dalazen, 6.8.2015.

Informativo n. 108, TST — *Adicional de insalubridade. Fundação Casa. Atendimento de adolescentes infratores isolados por motivo de saúde. Contato com pessoas portadoras de doenças infectocontagiosas. Anexo n. 14 da NR-15 da Portaria 3.214/78 do MTE. Adicional devido.*

É devido o adicional de insalubridade em grau máximo, reconhecido por laudo pericial, a trabalhadores da Fundação Casa que tenham contato com adolescentes infratores isolados por conta de doenças infectocontagiosas, nos termos do Anexo 14 da NR-15 da Portaria 3.214/78 do Ministério do Trabalho e Emprego. Nesse contexto, não há contrariedade à Súmula n. 448, I, do TST. Sob esse fundamento, a SBDI-I, por maioria, não conheceu dos embargos, vencidos os Ministros Alexandre de Souza Agra Belmonte e Ives Gandra Martins Filho. TST-E-RR-41500-67.2007.5.15.0031, SBDI-I, rel. Hugo Carlos Scheuermann, 21.5.2015.

Informativo n. 105, TST — *Adicional noturno. Percentual superior ao legal para as horas trabalhadas de 22 h às 5 h. Incidência sobre as horas prorrogadas no horário diurno.*

O percentual previsto em norma coletiva para o adicional noturno incide na hora diurna trabalhada em prorrogação, nos termos da Súmula n. 60, II, do TST. No caso, o instrumento normativo estabeleceu um adicional de 60%, considerando as horas trabalhadas de 22 h até às 5 h. Entendeu-se que, inexistindo dispositivo convencional regulando o pagamento das horas prorrogadas, não haveria impedimento para a aplicação do mesmo adicional previsto para as horas noturnas. Sob esses fundamentos, a SBDI-I, por unanimidade, conheceu dos embargos, por divergência jurisprudencial, e, no mérito, por maioria, deu-lhes provimento para condenar a reclamada ao pagamento de adicional noturno de 60%, previsto em norma coletiva na hora de trabalho que se prorroga além das 5 h. Vencidos os Ministros João Oreste Dalazen, Antonio José de Barros Levenhagen, Aloysio Corrêa da Veiga e Cláudio Mascarenhas Brandão, que aplicavam o adicional legal de 20%, por entenderem que a norma coletiva autorizava o pagamento de 60% somente para o labor cumprido das 22 h às 5 h. TST-E-ED--RR-185-76.2010.5.20.0011, SBDI-I, rel. Min. Augusto César Leite de Carvalho, 30.4.2015

2014

Informativo n. 91, TST — *Dissídio coletivo. CPTM. Adicional de risco. Bilheteiros, agentes operacional I e II, encarregados de estação e chefes geral de estação. Concessão mediante sentença normativa. Impossibilidade.*

A SDC, por unanimidade, conheceu do recurso ordinário e, no mérito, por maioria, deu-lhe provimento para indeferir a Cláusula n. 74 — Adicional de risco, por meio da qual se estabeleceu que a Companhia Paulista de Trens Metropolitanos — CPTM pagará o referido adicional aos bilheteiros, agentes operacional I e II, encarregados de estação e chefes geral de estação. Na espécie, prevaleceu o entendimento de que é indevida a concessão do adicional de risco mediante sentença normativa, pois tal direito depende de disposição em lei ou da vontade das partes. Ademais, o disposto no art. 193, II, da CLT, introduzido pela Lei n. 12.740/2012, se dirige a atividades específicas (profissionais de segurança pessoal ou patrimonial), não podendo ter seu conteúdo aproveitado ou ampliado para alcançar os empregados a que se dirige a cláusula em tela. Finalmente, a questão da violência urbana não justifica o deferimento da reivindicação, uma vez que mais relacionada à segurança pública que às atribuições dos destinatários da norma. TST-RO-2925-70.2012.5.02.0000, SDC, rel. Min. Maria de Assis Calsing, 13.10.2014.

Informativo n. 90, TST — *Adicional de insalubridade. Limpeza de quartos e coleta de lixo. Hotel. Súmula n. 448, item II, do TST. Incidência.*

A realização de serviços de limpeza e higienização, inclusive de banheiros, em hotel, enseja o pagamento do adicional de insalubridade em grau máximo, nos termos da Súmula n. 448, item II, do TST. Com esse entendimento, a SBDI-I, por maioria, conheceu dos embargos interpostos pela reclamante, por divergência jurisprudencial, vencidos os Ministros Aloysio Corrêa da Veiga, Brito Pereira e Guilherme Augusto Caputo Bastos. No mérito, também por maioria, a Subseção deu provimento ao recurso para restabelecer a decisão do Regional que deferiu o pagamento do adicional de insalubridade, conforme pleiteado. Vencidos os Ministros Renato de Lacerda Paiva, Aloysio Corrêa da Veiga, Guilherme Augusto Caputo Bastos e Brito Pereira, que negavam provimento ao apelo por entenderem que a atividade desempenhada pela reclamante não se enquadra nos critérios de "uso público ou coletivo de grande circulação", previstos no item II da Súmula n. 448 do TST. TST-E--RR-324-22.2010.5.04.0351, SBDI-I, rel. Min. Lelio Bentes Corrêa, 25.9.2014.

Informativo n. 89, TST — *Adicional de insalubridade. Base de cálculo. Piso salarial estabelecido em convenção coletiva. Impossibilidade. Ausência de norma expressa especificando a base de cálculo.*

Ausente norma coletiva determinando expressamente a base de cálculo do adicional de periculosidade, não é possível calcular o referido adicional sobre o piso salarial da categoria estabelecido em convenção coletiva de trabalho. Conforme a jurisprudência consolidada no STF, antes ou depois da edição da Súmula Vinculante n. 4, o salário mínimo continua a ser a base de cálculo do adicional (art. 192 da CLT), até que nova base seja determinada mediante lei ou norma coletiva específica. Com esse entendimento, a SBDI-I, por unanimidade, conheceu dos embargos interpostos pela reclamada, por divergência jurisprudencial e, no mérito, deu-lhes provimento para restabelecer o salário mínimo como base de cálculo do adicional de insalubridade. TST-E--RR- 77400-23.2008.5.03.0060, SBDI-I, rel. Min. Hugo Carlos Scheuermann, 11.9.2014.

Informativo n. 79, TST — *Adicional de insalubridade. Indevido. Trabalho em locais destinados ao atendimento socioeducativo do menor infrator. Fundação Casa. Não enquadramento da atividade no rol previsto no Anexo 14 da NR-15 do MTE. Orientação Jurisprudencial n. 4, I, da SBDI-I.*

Segundo a diretriz consagrada no item I da Orientação Jurisprudencial n. 4 da SBDI-I, para que o empregado tenha direito ao adicional de insalubridade é necessária a classificação da atividade insalubre na relação oficial elaborada pelo Ministério do Trabalho e Emprego, não sendo suficiente a constatação por meio de laudo pericial. Assim, é indevido o adicional de insalubridade aos empregados que trabalham em contato com internos em locais destinados ao atendimento socioeducativo do menor infrator, no caso, Fundação Casa, uma vez que a atividade não se enquadra no rol taxativo do MTE (Anexo 14 da Norma Regulamentadora 15), nem se equipara à desenvolvida nos hospitais e outros estabelecimentos de saúde, em que há reconhecidamente o contato com agentes biológicos. Com esse entendimento, a SBDI-I, por unanimidade, conheceu dos embargos interpostos pelos reclamantes, por divergência jurisprudencial, e, no mérito, por maioria, negou-lhes provimento. Vencido o Ministro João Oreste Dalazen. TST--E-RR-114800-83.2008.5.15.0142, SBDI-I, rel. Min. Renato de Lacerda Paiva, 10.4.2014.

Informativo n. 78, TST — *Adicional de periculosidade. Lei Complementar n. 315/83 do Estado de São Paulo. Concessão aos servidores da administração pública centralizada. Impossibilidade de extensão aos empregados da Funap. Fundação pública estadual dotada de personalidade jurídica própria. Administração indireta.*

O art. 1º da Lei Complementar n. 315/83 do Estado de São Paulo prevê a concessão de adicional de periculosidade apenas para o servidor (estatutário ou celetista) da administração pública centralizada que exerça as suas atividades, de forma permanente, em estabelecimentos penitenciários. Excluem-se do alcance do referido dispositivo legal, portanto, os empregados da Fundação Professor Doutor Manoel Pedro Pimentel — Funap, porque se trata de fundação pública estadual, detentora de personalidade jurídica própria, integrante da administração indireta do estado. Com esse entendimento, a SBDI-I, por unanimidade, conheceu dos embargos interpostos pelo reclamante, por divergência jurisprudencial, e, no mérito, por maioria, negou-lhes provimento. Vencidos os Ministros Guilherme Augusto Caputo Bastos, Rosa Maria Weber, Maria de Assis Calsing, Augusto César de Carvalho e Delaíde Miranda Arantes. TST-E--RR-35200-69.2006.5.02.0069, SBDI-I, rel. Min. Horácio Raymundo de Senna Pires, 3.4.2014.

2013

Informativo n. 68, TST — *Técnico Judiciário — Área Administrativa — Especialidade Segurança. Curso de pós-graduação em Direito Judiciário. Adicional de Qualificação. Devido. Correlação indireta entre os conhecimentos adquiridos e as atividades desempenhadas pelo servidor.*

O servidor, Técnico Judiciário — Área Administrativa — Especialidade Segurança, que conclui curso de pós-graduação em Direito Judiciário possui direito ao Adicional de Qualificação previsto no art. 14 da Lei n. 11.416/2006 e regulamentado pela Portaria Conjunta n. 1/2007, ainda que a correlação entre os conhecimentos adquiridos e as atividades desempenhadas seja somente indireta. No caso, prevaleceu o entendimento de que as habilidades desenvolvidas em cursos de especialização em Direito, além de estarem intrinsecamente ligadas à área fim dos órgãos do Poder Judiciário, estão vinculadas à atuação de todos os servidores do referido poder, em especial, à atribuição de realizar investigações preliminares, conferida aos exercentes do cargo de segurança judiciária pelo art. 4º da Lei n. 11.416/2006. Assim, o Órgão Especial, por maioria, deu provimento ao recurso ordinário do servidor para conceder a segurança e assegurar o direito ao recebimento do Adicional de Qualificação previsto no art. 14 da Lei n. 11.416/2006, observando-se os critérios previstos no Anexo I da Portaria Conjunta n. 1/2007. Vencido o Ministro Guilherme Augusto Caputo Bastos. TST-RO-10200-19.2013.5.17.0000, Órgão Especial, rel. Min. Brito Pereira, 2.12.2013.

Informativo n. 60, TST — *Petrobras S/A. Norma coletiva. Complemento da Remuneração Mínima por Nível e Regime — RMNR. Base de cálculo. Adicionais de periculosidade, de insalubridade e noturno e acréscimos referentes às horas extras. Não inclusão.*

Os adicionais relativos às atividades perigosas, insalubres ou em período noturno e os acréscimos decorrentes da jornada extraordinária, previstos em lei e garantidos pelo art. 7º da CF, não integram a base de cálculo do complemento da parcela denominada Remuneração Mínima por Nível e Regime — RMNR, instituída pela Petrobras S/A em norma coletiva, porquanto não é possível desconsiderar elementos de discriminação estabelecidos em lei ou na Constituição, mesmo quando o objetivo seja corrigir distorções nos padrões salariais dos empregados e promover isonomia remuneratória. Com esses fundamentos, a SBDI-I, em sua composição plena, por unanimidade, conheceu dos embargos do reclamante, por divergência jurisprudencial, e, no mérito, por maioria, deu-lhes provimento para restabelecer o acórdão do Regional. Vencidos os Ministros Aloysio Corrêa da Veiga, relator, João Oreste Dalazen, Antônio José de Barros Levenhagen, Brito Pereira, Renato de Lacerda Paiva e Dora Maria da Costa, que desproviam o recurso por entenderem que da leitura da norma coletiva extrai-se que o complemento de RMNR considerará as peculiaridades funcionais de cada trabalhador e será obtido por meio da diferença entre o valor da RMNR e o salário básico acrescido das vantagens pessoais, as quais devem englobar os adicionais legais por constituírem acréscimos decorrentes de condições especiais de trabalho. TST-E-RR-848-40.2011.5.11.0011, SBDI-I, rel. Min. Aloysio Corrêa da Veiga, red. p/ acórdão Min. Augusto César Leite de Carvalho, 26.9.2013.

Informativo n. 55, TST — *Adicional de insalubridade. Devido. Limpeza, higienização e recolhimento de lixo de banheiros de universidade. Item II da Orientação Jurisprudencial n. 4 da SBDI-I. Não enquadramento.*

A limpeza e o recolhimento de lixo de banheiros de universidade, frequentado por público numeroso, enquadra-se na hipótese do Anexo 14 da Instrução Normativa 15 do MTE, ensejando, portanto, o pagamento do adicional de insalubridade. Trata-se de situação diversa da prevista no item II da Orientação Jurisprudencial n. 4 da SBDI-I, a qual se restringe à higienização de banheiros em residências ou escritórios, cuja circulação é limitada a um grupo determinado de pessoas. Com esse entendimento, a SBDI-I, por unanimidade, conheceu dos embargos da reclamante, por divergência jurisprudencial, e, no mérito, deu-lhes provimento para restabelecer o acórdão do Regional no tópico. TST-E-RR-102100-02.2007.5.04.0018, SBDI-I, rel. Min. Brito Pereira, 15.8.2013.

Informativo n. 55, TST — *Deslocamentos sucessivos. Transferências provisórias. Caracterização. Adicional de transferência. Devido.*

Na hipótese em que o empregado foi admitido em Cascavel/PR no ano de 1984, transferido para São Jorge do Oeste/PR e para Corbélia/PR em 1995, voltou para Cascavel/PR em 1996 e foi transferido para Curitiba/PR em 2000, onde se manteve até a data da rescisão contratual (16/07/2003), resta caracterizado o caráter provisório dos deslocamentos, ante a ocorrência de sucessividade, não importando o fato de a última transferência ter durado mais de dois anos. Assim, a SBDI-I, por unanimidade, conheceu dos embargos do reclamante, por divergência jurisprudencial, e, no mérito, por maioria, deu-lhes provimento para restabelecer a decisão do Regional quanto ao pagamento do adicional de transferência e reflexos. Vencidos os Ministros Renato de Lacerda Paiva, Brito Pereira, Aloysio Corrêa da Veiga e Dora Maria da Costa. TST-E-ED-RR-1545100-89.2003.5.09.0011, SBDI-I, rel. Min. Lelio Bentes Corrêa, 15.8.2013.

Informativo n. 53, TST — *Adicional por tempo de serviço. Art. 129 da Constituição do Estado de São Paulo. Base de cálculo. Pagamento sobre a remuneração e não sobre o vencimento base. Violação do art. 37, XIV, da CF. Configuração.*

Viola o art. 37, XIV, da CF a decisão que determina o pagamento do adicional por tempo de serviço, previsto no art. 129 da Constituição do Estado de São Paulo, sobre a remuneração e não sobre o vencimento básico do servidor, conforme determina a Orientação Jurisprudencial Transitória n. 60 da SBDI-I. Se a própria Constituição Estadual, ao assegurar o benefício do adicional por tempo de serviço, nada dispôs acerca da sua base de cálculo, não há como se inferir que o benefício tenha a mesma base de cálculo da parcela intitulada "sexta parte", em que se determinou expressamente o pagamento sobre vencimentos integrais. Nesse contexto, e tendo em conta que o art. 37, XIV, da CF veda a acumulação ou o cômputo de acréscimos pecuniários para fins de concessão de acréscimos ulteriores, a SBDI-I, por maioria, conheceu dos embargos do reclamado, por divergência jurisprudencial, e, no mérito, deu-lhes provimento para, reformando o acórdão do Regional, declarar que a base de cálculo do adicional por tempo de serviço é o salário-base das reclamantes, julgando-se improcedente a reclamação trabalhista. Vencidos os Ministros Renato de Lacerda Paiva, Augusto César Leite de Carvalho, José Roberto Freire Pimenta e Delaíde Miranda Arantes. TST-E-ED-RR-84400-13.2007.5.15.0113, SBDI-I, rel. Min. Ives Gandra Martins Filho, 27.6.2013.

Informativo n. 51, TST — *Transferências sucessivas. Provisoriedade. Configuração. Adicional de transferência. Devido.*

O empregado transferido sucessivamente tem direito ao recebimento do adicional de transferência porquanto configurada a transitoriedade dos deslocamentos, não importando o fato de ter retornado à cidade de sua contratação ou mesmo que a última transferência tenha perdurado por mais de dois anos. Com esses fundamentos, e não divisando contrariedade à Orientação Jurisprudencial n. 113 da SBDI-I, a Subseção, por unanimidade, não conheceu do recurso de embargos do reclamado. TST-E-E-D-ED-RR-87100-24.2005.5.09.0072, SBDI-I, rel. Min. Dora Maria da Costa, 13.6.2013.

Informativo n. 48, TST — *Hora noturna reduzida. Art. 73, § 1º da CLT. Substituição pelo adicional noturno de 37,14%. Acordo coletivo. Possibilidade.*

É possível, por meio de acordo coletivo de trabalho, fixar duração normal para a hora noturna, em substituição à hora ficta prevista no art. 73, § 1º, da CLT, em razão da elevação do adicional noturno de 20% para 37,14%. No caso, não há falar em subtração pura e simples de direito legalmente previsto, mas, tão somente, em flexibilização do seu conteúdo, sem traduzir prejuízo ao empregado. Trata-se da aplicação da teoria do conglobamento, segundo a qual a redução de determinado direito é compensada pela concessão de outras vantagens, de modo a garantir o equilíbrio entre as partes. Com esse entendimento, a SBDI-I, em sua composição plena, por unanimidade, conheceu dos embargos, por divergência jurisprudencial, e, no mérito, por maioria, deu-lhes provimento para restabelecer a decisão do Regional. Vencidos os Ministros Lelio Bentes Corrêa, José Roberto Freire Pimenta, Delaíde Miranda Arantes e Alexandre Agra Belmonte. TST-E-ED-RR-31600-45.2007.5.04.0232, SBDI-I, rel. Min. Aloysio Corrêa da Veiga, 23.5.2013.

Informativo n. 47, TST — *Adicional noturno. Majoração por meio de norma coletiva. Substituição do adicional de 20% e da hora noturna reduzida. Ausência de disciplinamento quanto às horas em prorrogação da jornada noturna. Incidência do adicional convencionado. Súmula n. 60, II, do TST.*

A existência de norma coletiva regulando a majoração do adicional noturno, para efeito de supressão exclusiva do percentual de 20% e da hora noturna reduzida, sem fazer qualquer menção ao trabalho realizado em prorrogação da jornada noturna, faz incidir o item II da Súmula n. 60 do TST às horas prorrogadas, de modo que a elas também se aplica o percentual convencionado. Com esse entendimento, a SBDI-I, por maioria, conheceu dos embargos por contrariedade à Súmula n. 60, II, do TST, e, no mérito, deu-lhes provimento para restabelecer a sentença na parte em que deferiu o pedido de condenação ao pagamento do adicional noturno convencional de 45% sobre as horas laboradas das cinco horas às seis horas e quarenta e cinco minutos. Vencidos os Ministros Renato de Lacerda Paiva, João Oreste Dalazen e Brito Pereira. TST-E--RR-109300-34.2009.5.15.0099, SBDI-I, rel. Min. Alberto Luiz Bresciani de Fontan Pereira, 16.5.2013.

Informativo n. 39, TST — *Limpeza e coleta de lixo em banheiros de hotel e do respectivo centro de eventos. Grande fluxo de pessoas. Adicional de insalubridade. Devido. Inaplicabilidade da Orientação Jurisprudencial n. 4, II, da SBDI-I.*

O adicional de insalubridade é devido na hipótese em que a prova pericial constatou a existência de contato com agente insalubre pela reclamante, que recolhia o lixo e limpava os banheiros de hotel e do respectivo centro de eventos (que possuía seis banheiros masculinos e seis femininos), locais de intensa circulação de pessoas. No caso, entendeu-se inaplicável a Orientação Jurisprudencial n. 4, II, da SBDI-I, pois trata da limpeza em residências e escritórios, envolvendo, portanto, o manuseio de lixo doméstico e não urbano, a que se refere o Anexo 14 da NR 15 da Portaria n. 3.214/78 do MTE. Com esse entendimento, a SBDI-I, por maioria, vencido o Ministro Ives Gandra Martins Filho, conheceu do recurso de embargos por contrariedade à Orientação Jurisprudencial n. 4, II, da SBDI-I, e, no mérito, deu-lhe provimento para restabelecer a sentença que condenou a reclamada ao pagamento de adicional de insalubridade e reflexos. TST-E-ARR-746-94.2010.5.04.0351, SBDI-I, rel. Min. Renato de Lacerda Paiva, 7.3.2013.

Informativo n. 38, TST — *CEF. Supressão de gratificação de função. Adicional compensatório. Nova gratificação. Cumulação. Impossibilidade.*

Não é possível cumular o adicional compensatório, estipulado em norma interna da Caixa Econômica Federal (CEF) e pago em razão da supressão de gratificação de função exercida por mais de dez anos, com a gratificação correspondente ao desempenho de nova função de confiança, sendo devida tão somente a diferença entre o adicional e a gratificação atualmente percebida. Na hipótese, ressaltou-se que a acumulação, ao invés de assegurar o princípio da estabilidade econômica, geraria um "plus" em razão de sucessivas incorporações. Com esse entendimento, a SBDI-I, por unanimidade, conheceu dos embargos, por divergência jurisprudencial, e, no mérito, por maioria, negou-lhes provimento. Vencidos os Ministros Brito Pereira, relator, Alberto Luiz Bresciani de Fontan Pereira, José Roberto Freire Pimenta e Delaíde Miranda Arantes. TST-E-ED-RR-65600-67.2008.5.07.0001, SBDI-I, rel. Min. Brito Pereira, red. p/ acórdão Min. Luiz Philippe Vieira de Mello Filho, 28.2.2013.

2012

Informativo n. 27, TST — *Adicional de transferência. Indevido. Mudança única que perdurou por quase dois anos até a data da rescisão contratual. Caráter definitivo.*

Na hipótese em que o acórdão regional registra a existência de uma única transferência, que perdurou por quase dois anos até a data da rescisão contratual, resta demonstrado o caráter definitivo da mudança e a consequente ausência de direito ao adicional de transferência. Na espécie, não há falar em incidência da Orientação Jurisprudencial n. 113 da SBDI-I, porquanto o pressuposto apto a legitimar a percepção do adicional em tela é apenas a mudança provisória. Com esse entendimento, a SBDI-I, por unanimidade, não conheceu dos embargos. TST-E-ED-RR-91700-30.2001.5.04.0020, SBDI-I, rel. Min. Delaíde Miranda Arantes, 25.10.2012.

Informativo n. 27, TST — *Adicional de periculosidade. Motorista. Abastecimento do veículo e acompanhamento do abastecimento realizado por outrem. Exposição a inflamáveis.*

Possui direito ao adicional de periculosidade o motorista responsável pelo abastecimento do veículo, por um período de tempo não eventual ou esporádico. O referido adicional será indevido, entretanto, se o motorista somente acompanhar o abastecimento realizado por outrem. "In casu", o reclamante permanecia em área de risco, abastecendo ou acompanhando o abastecimento do veículo, duas a três vezes por semana, por dez a quinze minutos. Concluiu o relator, com base no Quadro 3 do Anexo 2 da NR 16 do MTE, que, na hipótese em que o empregado abastece o automóvel, a exposição ao risco decorre das próprias atividades por ele desenvolvidas, já que está em contato direto com inflamáveis, de forma não eventual ou esporádica. Por outro lado, no caso em que o motorista se atém a acompanhar o abastecimento do veículo, prevalece, também com base no Quadro 3 do Anexo 2 da NR-16 do MT, o mesmo fundamento que levou esta Corte a pacificar entendimento no sentido de ser indevido adicional de periculosidade aos tripulantes que permaneçam no interior da aeronave durante o seu abastecimento. Com esse posicionamento, a SBDI-I, por unanimidade, conheceu dos embargos por divergência jurisprudencial e, no mérito, por maioria, deu-lhes parcial provimento para restringir a condenação ao pagamento do adicional de periculosidade àqueles períodos em que o próprio reclamante abastecia o seu veículo, excluídos os momentos em que ele apenas acompanhava o abastecimento, conforme se apurar em sede de execução. Vencidos, em parte, os Ministros Ives Gandra Martins Filho e Aloysio Corrêa da Veiga, que davam provimento integral aos embargos, e, totalmente, os Ministros José Roberto Freire Pimenta, Augusto César Leite de Carvalho e Delaíde Miranda Arantes, que negavam provimento ao recurso. TST-E-RR-123300-19.2005.5.15.0054, SBDI-I, rel. Min. Renato de Lacerda Paiva, 25.10.2012.

Informativo n. 24, TST — *Jornada mista. Trabalho prestado majoritariamente à noite. Adicional noturno. Súmula n. 60, II, do TST.*

Na hipótese de jornada mista, iniciada pouco após as 22 h, mas preponderantemente trabalhada à noite (das 23:10 h às 07:10 h do dia seguinte), é devido o adicional noturno quanto às horas que se seguem no período diurno, aplicando-se o entendimento da Súmula n. 60, II, do TST. Assim, a SBDI-I, por unanimidade, conheceu dos embargos por divergência jurisprudencial e, no mérito, negou-lhes provimento. No caso, ressaltou-se que a interpretação a ser dada ao item II da Súmula n. 60 do TST não pode estimular o empregador a adotar jornada que se inicia pouco depois das 22 h com o propósito de desvirtuar o preceito. Ademais, a exegese do art. 73, §§ 3º e 4º, da CLT, à luz dos princípios da proteção ao trabalhador e da dignidade da pessoa humana, permite concluir que, para garantir a higidez física e mental do trabalhador, o adicional noturno deve incidir sobre o labor executado durante o dia em continuidade àquele majoritariamente prestado à noite. TST-E-RR-154-04.2010.5.03.0149, SBDI-I, rel. Min. Augusto César Leite de Carvalho, 4.10.2012.

Informativo n. 22, TST — *Adicional de periculosidade. Motorista. Abastecimento do veículo. Regularidade do contato.*

A permanência habitual na presença de inflamáveis, ainda que por poucos minutos, caracteriza exposição intermitente, para efeito de pagamento de adicional de periculosidade. O tempo de exposição é irrelevante, havendo perigo de evento danoso tanto para o empregado que permanece por longo tempo na área de risco quanto para o que permanece por tempo reduzido, dada a imprevisibilidade do sinistro. Com base nesse entendimento, a SBDI-I, por unanimidade, conheceu dos embargos do reclamante, por divergência jurisprudencial, e, no mérito, deu-lhe provimento para condenar a reclamada ao pagamento do adicional de periculosidade e reflexos. Vencidos os Ministros Ives Gandra Martins Filho, Aloysio Corrêa da Veiga e Maria Cristina Irigoyen Peduzzi. Na espécie, consignou-se que o reclamante, no exercício da função de motorista, abastecia, às vezes pessoalmente, o veículo por ele utilizado, demandando um tempo médio de dez minutos. TST-E-ED-RR-1600-72.2005.5.15.0120, SBDI-I, Min. João Batista Brito Pereira, 20.9.2012.

Informativo n. 19, TST — *Adicional de periculosidade. Motorista que acompanha abastecimento de caminhão dentro da área de risco. Indevido. Atividade não considerada perigosa pela NR-16 do MTE.*

É indevido o adicional de periculosidade ao motorista que ingressa na área de risco ao simplesmente acompanhar o abastecimento do caminhão por ele dirigido, não se admitindo interpretação extensiva da NR-16 do MTE para considerar tal atividade perigosa. Com esse entendimento, a SBDI-I, por maioria, vencidos os Ministros Augusto César Leite de Carvalho, relator, Luiz Philippe Vieira de Mello Filho, Alberto Luiz Bresciani de Fontan Pereira, José Roberto Freire Pimenta e Delaíde Miranda Arantes, conheceu dos embargos, por divergência jurisprudencial e, no mérito, deu-lhes provimento, para restabelecer o acórdão do Regional, que julgou improcedente o pedido de adicional de periculosidade. TST-E-ED-RR-5100-49.2005.5.15.0120, SBDI-I, rel. Min. Augusto César Leite de Carvalho, red. p/ acórdão Min. Maria Cristina Irogoyen Peduzzi, 23.8.2012.

Informativo n. 18, TST — *Adicional de transferência. Indevido. Provisoriedade. Não configuração. Permanência superior a dois anos em cada localidade.*

Na hipótese em que restou consignada a ocorrência de duas transferências no período imprescrito de um contrato de quase dezoito anos, cada uma delas com duração superior a dois anos, e, a última, para local onde se deu a extinção do contrato de trabalho, não há que falar em provisoriedade apta a ensejar o pagamento do adicional de transferência, nos termos da Orientação Jurisprudencial n. 113 da SBDI-I. Assim, a referida Subseção, por unanimidade, conheceu dos embargos, por divergência jurisprudencial, e, no mérito, por maioria, deu-lhes provimento para excluir da condenação o pagamento do adicional de transferência. Vencidos os Ministros Lelio Bentes Corrêa, Alberto Luiz Bresciani de Fontan Pereira, Augusto César Leite de Carvalho, José Roberto Freire Pimenta e Delaíde Miranda Arantes. TST-E-RR-1988400-27.2003.5.09.0014, SBDI-I, rel. Min. Brito Pereira, 16.8.2012.

Informativo n. 15, TST — *Adicional de insalubridade. Devido. Exposição ao calor do sol. Inaplicabilidade da Orientação Jurisprudencial n. 173 da SBDI-1.*

A Orientação Jurisprudencial n. 173 da SBDI-1 veda o pagamento de adicional de insalubridade em razão do fator radiação solar, sendo inaplicável, portanto, às hipóteses em que o laudo pericial constatar a submissão do trabalhador ao agente insalubre calor, o qual encontra previsão no Anexo n. 3 da NR-15 do MTE. Com base nessa premissa, a SBDI-I, por maioria, conheceu dos embargos por divergência jurisprudencial e, no mérito, negou-lhes provimento. Vencido o Ministro Aloysio Corrêa da Veiga. TST-E-ED-RR-51100-73.2006.5.15.0120, SBDI-I, rel. Min. Renato de Lacerda Paiva, 28.6.2012.

Informativo n. 5, TST — *Adicional de transferência. Devido. Transferências sucessivas e de curta duração.*

Alterações sucessivas e de curta duração do local de prestação laboral configuram transferência provisória, ensejando o pagamento do adicional respectivo. Com esse entendimento, a SBDI-I, por maioria, não conheceu do recurso de embargos, na hipótese em que restou consignada a ocorrência de três transferências no período de sete anos, cada uma delas de pouco mais de dois anos. Vencidos os Ministros Ives Gandra da Silva Martins Filho e Maria Cristina Irigoyen Peduzzi. TST-E-RR-804872-13.2001.5.09.0661, SBDI-I, rel. Min. Lelio Bentes Corrêa, 12.4.2012.

Informativo n. 2, TST — *Adicional de transferência. Indevido. Ânimo definitivo. Período imprescrito. Contrariedade à Orientação Jurisprudencial n. 113 da SBDI-I.*

A transferência do empregado para localidade diversa da estipulada no pacto laboral, em que permanece, por largo período de tempo, até o fim do contrato, evidencia o ânimo de definitividade da alteração e afasta, por consequência, o pagamento do adicional de transferência ao trabalhador. No caso dos autos, ressaltou-se ainda que, não obstante a ocorrência de sucessivas transferências durante a contratualidade, apenas esta última, com duração de nove anos, ocorreu no período imprescrito, afastando-se, portanto, seu caráter provisório. Com esse posicionamento, decidiu a SBDI-I, por maioria, vencidos os Ministros Augusto César Leite de Carvalho, relator, José Roberto Freire Pimenta, Renato de Lacerda Paiva, Horácio Raymundo de Senna Pires e Delaíde Miranda Arantes, conhecer dos embargos por contrariedade à Orientação Jurisprudencial n. 113 da Subseção e, no mérito, dar-lhes provimento para excluir da condenação o adicional de transferência. TST-E-ED-RR-1345800-08.2001.5.09.0015, SBDI-1, rel. Min. Augusto César Leite de Carvalho, red. p/ acórdão Min. Ives Gandra da Silva Martins Filho, 15.3.2012.

ADMINISTRAÇÃO PÚBLICA

2016

Informativo n. 136, TST — *Ocupante de cargo em comissão de livre nomeação e exoneração regido pela CLT. Exoneração. Pagamento das verbas rescisórias. Impossibilidade. Devidos apenas os depósitos do FGTS.*

O empregado contratado para ocupar cargo em comissão de livre nomeação e exoneração, sob o regime da CLT, não tem direito à multa de 40% sobre o FGTS, ao aviso prévio, ao seguro desemprego e à multa do art. 477 da CLT. No caso, o reclamante exerceu cargo em comissão no Conselho Regional de Engenharia e Agronomia de Santa Catarina — CREA/SC, razão pela qual postulou o pagamento de verbas rescisórias. Todavia, o empregado ocupante de cargo em comissão admitido sem concurso público e sujeito à dispensa *ad nutum* não tem direito ao pagamento das verbas rescisórias advindas da relação trabalhista com a Administração Pública, sendo-lhe devidos apenas os depósitos do FGTS. Sob esse fundamento, a SBDI-I, por unanimidade, conheceu do recurso de embargos, por divergência jurisprudencial, e, no mérito, por maioria, deu-lhe provimento para julgar improcedente a pretensão deduzida, restabelecendo o acórdão do Regional, no tópico. Vencidos os Ministros Augusto César Leite de Carvalho e Cláudio Mascarenhas Brandão. TST-E-ED-RR-300-42.2013.5.12.0035, SBDI-I, rel. Min. Aloysio Corrêa da Veiga, 12.5.2016.

2015

Informativo n. 119, TST — *Matéria afetada ao Tribunal Pleno. Servidor público celetista. Administração pública direta, autárquica e fundacional. Concurso público. Contrato de experiência. Dispensa imotivada. Impossibilidade. Observância dos princípios constitucionais da impessoalidade e da motivação.*

A despedida de servidor público celetista da administração pública direta, autárquica e fundacional, admitido por concurso público e em contrato de experiência, deve ser motivada. A observância do princípio constitucional da motivação visa a resguardar o empregado de possível quebra do postulado da impessoalidade por parte do agente estatal investido no poder de dispensar. Sob esse fundamento, o Tribunal Pleno, por unanimidade, conheceu do recurso de embargos, por divergência jurisprudencial, e, no mérito, deu-lhe provimento, para julgar procedentes os pedidos da reclamante de restauração da relação de emprego e de pagamento dos salários e demais vantagens do período compreendido entre a dispensa e a efetiva reintegração. TST-E-ED-RR 64200-46.2006.5.02.0027, Tribunal Pleno, rel. Ministro Alberto Luiz Bresciani de Fontan Pereira, 29.9.2015.

2014

Informativo n. 91, TST — *Administração Pública. Contratação pelo regime trabalhista. Cargo em comissão de livre nomeação e exoneração. Art. 37, II, da CF. Depósitos do FGTS. Devidos.*

É assegurado ao servidor público ocupante de cargo em comissão de livre nomeação e exoneração, contratado sob o regime jurídico trabalhista, o direito aos depósitos do FGTS. O art. 37, II, da CF não autoriza o empregador público a se esquivar da legislação trabalhista a que vinculado no momento da contratação, nem permite concluir que a possibilidade de demissão *ad nutum* dos ocupantes de cargo em comissão é incompatível com o sistema de proteção social contra a dispensa sem justa causa. De outra sorte, se a Súmula n. 363 do TST assegura o direito ao FGTS mesmo diante de uma contratação nula, não se mostra razoável negar o referido direito a quem ingressa regularmente na Administração Pública. Por tais fundamentos, a SBDI-I, por unanimidade, conheceu dos embargos interpostos pelo reclamante, por divergência jurisprudencial, e, no mérito, deu-lhes provimento para deferir o pagamento do FGTS TST-E-RR-72000-66.2009.5.15.0025, SBDI-I, Min. Augusto César Leite de Carvalho, 2.10.2014.

2013

Informativo n. 68, TST — *Empregado público admitido antes da Constituição Federal de 1988. Ausência de submissão a concurso público. Lei municipal instituidora de Regime Jurídico Único. Impossibilidade de alteração automática do regime celetista para o estatutário. Art. 37, II, da CF. Violação. Competência material da Justiça do Trabalho.*

A existência de lei municipal instituidora de Regime Jurídico Único, de natureza administrativa, por si só, não transmuda automaticamente o vínculo jurídico estabelecido entre as partes, de celetista para estatutário, na hipótese de o empregado, admitido antes do advento da Constituição Federal de 1988, não ter se submetido a concurso público. Entendimento em sentido contrário afronta o disposto no art. 37, II, da CF. Com esses fundamentos, e citando a jurisprudência da Corte e do STF, a SBDI-I, à unanimidade, conheceu dos embargos do reclamado, por divergência jurisprudencial e, no mérito, negou-lhes provimento, mantendo a decisão turmária que conheceu do recurso de revista da reclamante por violação ao inciso II do art. 37 da Constituição e, no mérito, deu-lhe provimento para, em razão da permanência da reclamante no regime da CLT, reconhecer a competência material da Justiça do Trabalho para julgar o feito e determinar o retorno dos autos ao Regional a fim de que julgue o recurso ordinário do reclamado como entender de direito. TST-E-RR-300-25.2010.5.13.0001, SBDI-I, rel. Min. João Oreste Dalazen, 28.11.2013.

Informativo n. 63, TST — *Ação rescisória. Sociedade de economia mista. Demissão imotivada. Impossibilidade. Reintegração do empregado. Submissão aos princípios previstos no art. 37, caput, da CF. Regulamento interno. Necessidade de motivação. Adesão ao contrato de trabalho. Súmula n. 51 do TST.*

O STF, nos autos do RE n. 589998, estabeleceu que os empregados de sociedades de economia mista e de empresas públicas admitidos por concurso público somente poderão ser demitidos mediante a motivação do ato de dispensa, porquanto necessária a observação dos princípios constitucionais que regem a administração pública direta e indireta, previstos no art. 37, caput, da CF. Ademais, verificada, no caso, a existência de dispositivo de norma interna do Banestado prevendo a obrigatoriedade da motivação para dispensa de empregados, tal cláusula adere ao contrato de trabalho, impossibilitando a dispensa imotivada a teor do preconizado pela Súmula n. 51 do TST. Com esses fundamentos, e não vislumbrando violação ao art. 173, § 1º, da CF, a SBDI-II, à unanimidade, negou provimento ao recurso ordinário por meio do qual se buscava reformar a decisão do TRT da 9ª Região que, ao julgar improcedente a ação rescisória, manteve o acórdão que determinou a reintegração do empregado do Banestado demitido imotivadamente. TST-RO-219-22.2012.5.09.0000, SBDI-II, rel. Min. Cláudio Mascarenhas Brandão, 15.10.2013.

Informativo n. 48, TST — *Empresa pública e sociedade de economia mista. Admissão sem prévia aprovação em concurso público após a promulgação da Constituição Federal de 1988. Decisão do STF no MS n. 21322/DF. Marco para declaração de nulidade da contratação. Inaplicabilidade da Súmula n. 363 do TST.*

A decisão proferida pelo STF no MS n. 21322/DF, publicada em 23.4.1993, deve ser tomada como marco para a declaração de nulidade dos contratos de trabalho firmados com empresa pública ou sociedade de economia mista sem prévia aprovação em concurso público, após a promulgação da Constituição Federal de 1988, de modo que o disposto no art. 37, § 2º, da CF apenas alcança os contratos de trabalho celebrados após essa data. Com esse entendimento, a SBDI-I, em sua composição plena, decidiu, à unanimidade, conhecer dos embargos, por divergência jurisprudencial, e, no mérito, dar-lhes provimento, afastando a incidência da Súmula n. 363 do TST e a nulidade do contrato de trabalho firmado com a Radiobrás, em 07.01.93, sem concurso público, restabelecer a decisão do Regional, determinando o retorno dos autos à Turma de origem para apreciar os demais temas recursais como entender de direito. TST-E-ED-RR-4800- 05.2007.5.10.0008, SBDI-I, rel. Min. Aloysio Corrêa da Veiga, 23.5.2013.

2012

Informativo n. 34, TST — *Instituto Candango de Solidariedade — ICS. Contrato de gestão. Governo do Distrito Federal. Contratação fraudulenta de servidores sem concurso público. Súmula n. 363 do TST. Aplicação.*

São nulos os contratos de trabalho realizados com o Instituto Candango de Solidariedade (ICS) para atender à necessidade de mão de obra oriunda do contrato de gestão firmado entre o Governo do Distrito Federal e o ICS, tendo em vista o art. 14 da Lei n. 9.637/98 contemplar apenas a possibilidade de cessão de servidores públicos efetivos para auxiliar na prestação de serviços confiados à organização social, e não o contrário, como ocorreu na hipótese. Desse modo, por considerar que houve prestação de serviços diretamente ao ente público, sem prévia submissão a concurso público, o que atrai a incidência da Súmula n. 363 do TST, a SBDI-I, em sua composição plena, por unanimidade, conheceu do recurso de embargos, por divergência jurisprudencial, e, no mérito, por maioria, deu-lhe provimento para restabelecer o acórdão do Regional. Vencidos os Ministros Ives Gandra Martins Filho, Brito Pereira, Maria Cristina Irigoyen Peduzzi, Augusto César Leite de Carvalho, José Roberto Freire Pimenta e Delaíde Miranda Arantes, que negavam provimento ao recurso para manter o acórdão turmário que aplicou a Súmula n. 331, IV, do TST. TST-E-ED-RR-3406-79.2010.5.10.0000, SBDI-I, rel. Min. Aloysio Côrrea da Veiga, 13.12.2012.

Informativo n. 3, TST — *Desvio de função. Regimes jurídicos distintos. Diferenças salariais. Indevidas.*

A empregado público que exerce atividade típica de servidor público estatutário, em flagrante desvio de função para regime jurídico distinto, não é devido o pagamento de diferenças salariais a que alude a Orientação Jurisprudencial n. 125 da SBDI-I, sob pena de haver aumento de vencimentos ou provimento de cargo público pela via transversa, ou seja, sem a prévia aprovação em concurso público específico (art. 37, II e XIII, da CF). Com esse entendimento, a SBDI-I, por maioria, conheceu dos embargos por má aplicação da Orientação Jurisprudencial n. 125 da SBDI-I e, no mérito, deu-lhes provimento para restabelecer a decisão do Regional. Vencidos os Ministros João Oreste Dalazen, Lelio Bentes Corrêa, Augusto César Leite de Carvalho, José Roberto Freire Pimenta e Delaíde Miranda Arantes. Na espécie, a reclamante era empregada do SERPRO, contratada em 1979 para o cargo de auxiliar, tendo exercido as funções de Técnico do Tesouro Nacional ao prestar serviços na Secretaria da Receita Federal. TST-E-ED-RR-3800-54.2002.5.02.0432, SBDI-I, rel. Min. Ives Gandra da Silva Martins Filho, 22.3.2012.

ALTERAÇÃO NO CONTRATO DE TRABALHO

2015

Informativo n. 121, TST — *Empresa Brasileira de Correios e Telégrafos — ECT. Progressões por antiguidade. Compensação das progressões previstas no Plano de Cargos, Carreiras e Salários (PCCS) com as oriundas de norma coletiva. Possibilidade.*

As progressões por antiguidade previstas no Plano de Cargos, Carreiras e Salários (PCCS) da Empresa Brasileira de Correios e Telégrafos (ECT) devem ser compensadas com as oriundas de negociação coletiva, resguardado ao empregado o direito a perceber exclusivamente a que lhe for mais benéfica. É irrelevante que a norma coletiva não preveja expressamente a compensação, sendo suficiente que as parcelas revistam-se de idêntica natureza jurídica, nos termos da Súmula n. 202 do TST. Sob esses fundamentos, a SBDI-I decidiu, por maioria, conhecer dos embargos, por divergência jurisprudencial, e, no mérito, por unanimidade, dar-lhes provimento para restabelecer a sentença, no particular. Vencido o Ministro José Roberto Freire Pimenta. TST-E-RR-1280-41.2012.5.04.0004, SBDI-I, rel. Min. Márcio Eurico Vitral Amaro, 29.10.2015.

Informativo n. 121, TST — *BESC — Banco do Estado de Santa Catarina S.A.. Promoção horizontal por antiguidade. Critérios previstos em norma interna. Necessidade de deliberação da diretoria. Condição puramente potestativa. Implemento das condições para concessão. Ônus da prova do reclamado.*

A deliberação da diretoria constitui requisito dispensável à concessão da promoção por antiguidade ao empregado do BESC, sucedido pelo Banco do Brasil, tendo em vista que ela se baseia em critério objetivo, sendo direito do empregado a sua fruição quando preenchido o requisito temporal, conforme aplicação analógica da Orientação Jurisprudencial Transitória n. 71 da SBDI-I do TST. Em se tratando de cláusula potestativa, que estabelece que o direito às promoções por antiguidade depende do limite de vagas fixado pela Diretoria Executiva do Banco, e não apenas do transcurso do tempo, é do reclamado o ônus de comprovar que ofereceu as condições previstas na norma interna e que o trabalhador não atendeu aos requisitos exigidos para as promoções, não sendo possível simplesmente negar o cumprimento dos requisitos para concessão da promoção por antiguidade. Sob esse entendimento, a SBDI-I, por unanimidade, conheceu dos embargos, por divergência jurisprudencial, e, no mérito, deu-lhes provimento para condenar o reclamado ao pagamento de diferenças salariais decorrentes das promoções por antiguidade não concedidas e reflexos. TST-E-ED-RR-367400-80.2009.5.12.0034, SBDI-I, rel. Min. José Roberto Freire Pimenta, 29.10.2015.

Informativo n. 102, TST — *Empresa Brasileira de Correios e Telégrafos — ECT. Automação de serviços. Aproveitamento do empregado em função diversa, com acréscimo da jornada de trabalho. Licitude. Pagamento do período acrescido de forma simples, sem o adicional.*

O aproveitamento de empregado da Empresa Brasileira de Correios e Telégrafos — ECT sujeito à jornada reduzida do art. 227 da CLT em outra função com carga horária maior, e com o objetivo de preservar o emprego frente à automação de serviços (substituição das antigas máquinas de Telex por computadores) é lícito, devendo o período acrescido ser pago de forma simples, sem o adicional de horas extras. Na espécie, ressaltou-se que, não obstante a imutabilidade das cláusulas essenciais do contrato de trabalho, prevista no art. 468 da CLT, a jornada especial a que inicialmente submetido o empregado decorre de imperativo legal, sendo inafastável pela vontade das partes. Assim, não há falar em direito adquirido à jornada de seis horas, e, cessando a causa motivadora da jornada diferenciada, é permitido ao empregador exigir a duração normal do trabalho a que se refere o *caput* do art. 58 da CLT. Noutro giro, registrou-se que a partir do implemento de duas horas adicionais à jornada de trabalho, sem qualquer acréscimo remuneratório, houve patente redução de salário, em afronta ao princípio constitucional da irredutibilidade salarial (art. 7º, VI, da CF). Desse modo, mostra-se razoável garantir ao empregado o pagamento das 7ª e 8ª horas de forma simples, sem o adicional, pois a partir da adoção da jornada de oito horas o que ocorreu foi uma espécie de novação objetiva no contrato de trabalho e não dilatação da jornada normal. Com esse posicionamento, o Tribunal Pleno decidiu, por unanimidade, conhecer dos embargos da ECT, por divergência jurisprudencial, e, no mérito, por maioria, negar-lhes provimento, mantendo, portanto, a decisão turmária que determinara o pagamento das 7ª e 8ª horas de forma simples. Vencidos os Ministros Márcio Eurico Vitral Amaro, relator, Ives Gandra Martins Filho, Brito Pereira, Renato de Lacerda Paiva, Aloysio Corrêa da Veiga, Dora Maria da Costa, Fernando Eizo Ono, Guilherme Augusto Caputo Bastos e Antonio José de Barros Levenhagen, os quais davam provimento ao recurso para reformar o acórdão da Turma e julgar improcedente o pedido. Decidiu-se, outrossim, submeter o tema à Comissão de Jurisprudência e de Precedentes Normativos para a elaboração de projeto de súmula contemplando a tese consagrada no presente caso. TST-E-RR-110600-80.2009.5.04.0020, Tribunal Pleno, rel. Min. Márcio Eurico Vitral Amaro, red. p/ acórdão Min. João Oreste Dalazen, 24.3.2015.

Informativo n. 99, TST — *Servidor público submetido ao regime da CLT. Empregado que nunca foi submetido à jornada de trabalho inicialmente contratada. Determinação de retorno à jornada original. Alteração lícita. Orientação Jurisprudencial n. 308 da SBDI-I.*

O restabelecimento da jornada original de trabalho de servidor público, submetido ao regime da CLT, não importa alteração ilícita do contrato de trabalho, ainda que isso implique aumento da carga horária sem contrapartida salarial. Com efeito, é a lei que determina a jornada do servidor, e eventual redução, ainda que por tempo prolongado ou mesmo desde o início do contrato de trabalho, não se incorpora ao seu patrimônio jurídico. A teoria do fato consumado não é aplicável em contrariedade à lei, que resguarda o interesse público, indisponível por natureza. Incide, portanto, o entendimento consolidado pela Orientação Jurisprudencial n. 308 da SBDI-I, em obediência aos princípios constitucionais da legalidade, moralidade, impessoalidade e eficiência do serviço público (art. 37 da CF). Com esses fundamentos, a SBDI-I, por maioria, conheceu dos embargos interpostos pelo reclamado por contrariedade à Orientação Jurisprudencial n. 308 da SBDI-I, e, no mérito, deu-lhes provimento para restabelecer a sentença que julgou lícita a alteração da jornada de trabalho da reclamante para quarenta horas semanais, pactuada à época da contratação e prevista em lei estadual. Vencidos os Ministros Renato de Lacerda Paiva, Augusto César Leite de Carvalho, José Roberto Freire Pimenta e Alexandre de Souza Agra Belmonte. TST-E-RR-368500-43.2009.5.04.0018, SBDI-I, rel. Min. Márcio Eurico Vitral Amaro, 5.2.2015.

2014

Informativo n. 87, TST — *Ação rescisória. CEDAE. Substituição do RPC pelo PCCS. Novo enquadramento da empregada. Violação do art. 37, II, da CF. Não configuração. Súmula n. 410 do TST.*

A SBDI-II, à unanimidade, negou provimento a recurso ordinário da empregadora, mantendo a decisão que julgara improcedente o pedido de corte rescisório de acórdão que, com base em provas pericial e documental, reconheceu que a empregada, cujo cargo originário era o de "mecanógrafa", laborava em desvio de função e, diante do necessário reenquadramento dos empregados decorrente da substituição do Regulamento de Pessoal — RPC pelo Plano de Cargos, Carreira e Salários — PCCS da Companhia Estadual de Águas e Esgotos (CEDAE), determinou o seu reposicionamento no cargo de "técnico de apoio administrativo, classe A-8", destacando que o PCCS implantado visava corrigir desvios de função existentes e que era perfeitamente cabível a progressão de um cargo para o outro, tendo em vista que ambos integravam o mesmo grupo funcional. Na espécie, destacou-se que a substituição de um regulamento empresarial por outro e o reposicionamento da trabalhadora no novo plano de cargos, por si só, não traduz ofensa ao art. 37, II, da CF, nem atrai a incidência da Orientação Jurisprudencial n. 125 da SBDI-I, segundo a qual o mero desvio de função não dá direito a novo enquadramento. De outra sorte, verificar se o reposicionamento determinado pela decisão rescindenda importou, ou não, em violação do art. 37, II, da CF, demandaria, necessariamente, a reapreciação de fatos e provas, o que é vedado em sede de rescisória, nos termos da Súmula n. 410 do TST. TST-RO-541700-32.2009.5.01.0000, SBDI-II, rel. Min. Douglas Alencar Rodrigues, 19.8.2014.

Informativo n. 83, TST — *Metrô/DF. PES/94. Promoção por antiguidade atrelada à promoção por merecimento. Ausência de regulamentação. Condição puramente potestativa. Arts. 122 e 129 do CC.*

O requisito de prévia regulamentação das promoções por merecimento imposto em norma interna da Companhia do Metropolitano do Distrito Federal — Metrô/DF (Plano de Empregos e Salários de 1994 — PES/94) para a concessão de promoções por antiguidade configura condição puramente potestativa, ou seja, dependente exclusivamente da vontade de uma das partes. Logo, o seu descumprimento não pode inviabilizar o direito do empregado às progressões por antiguidade quando presente o pressuposto temporal (objetivo), sob pena de violação dos arts. 122 e 129 do CC. Com esses fundamentos, a SBDI-I, em sua composição plena, por maioria, conheceu dos embargos interpostos pela reclamante quanto às progressões por antiguidade e por merecimento, por divergência jurisprudencial, vencidos, parcialmente, os Ministros Renato de Lacerda Paiva, relator, Ives Gandra Martins Filho e Aloysio Corrêa da Veiga, e, totalmente, o Ministro Márcio Eurico Vitral Amaro. No mérito, a Subseção, também por maioria, deu provimento ao recurso para condenar a reclamada ao pagamento apenas das progressões por antiguidade, nos termos do contido no PES/94, com reflexos, respeitado o período imprescrito. Vencidos os Ministros Lelio Bentes Corrêa, Luiz Philippe Vieira de Mello Filho, Augusto César Leite de Carvalho, José Roberto Freire Pimenta, Hugo Carlos Scheuermann e Alexandre Agra Belmonte, que davam provimento ao recurso para deferir integralmente ambas as promoções. TST-E--RR-1913-15.2011.5.10.0103, SBDI-I, rel. Min. Renato de Lacerda Paiva, 22.5.2014.

Informativo n. 72, TST — *Empresa Brasileira de Correios e Telégrafos — ECT. Automação de serviços. Aproveitamento do empregado em função diversa, com acréscimo da jornada de trabalho. Licitude. Pagamento do período acrescido de forma simples, sem o adicional.*

O aproveitamento de empregado da Empresa Brasileira de Correios e Telégrafos — ECT sujeito à jornada reduzida do art. 227 da CLT em outra função com carga horária maior, e com o objetivo de lhe preservar o emprego frente à automação de serviços (substituição das antigas máquinas de Telex por computadores) é lícito, devendo o período acrescido ser pago de forma simples, sem o adicional de horas extras. Com esse posicionamento, a SBDI-I decidiu, por unanimidade, conhecer dos embargos do reclamante, por divergência jurisprudencial, e, no mérito, por maioria, dar-lhes provimento parcial para determinar o pagamento das 7ª e 8ª horas de forma simples, sem o adicional, com reflexos nas demais parcelas de natureza salarial. Vencidos, parcialmente, os Ministros Horácio Raymundo de Senna Pires, relator, João Oreste Dalazen, José Roberto Freire Pimenta e Delaíde Miranda Arantes, que davam provimento integral ao recurso, e, totalmente, os Ministros Maria Cristina Peduzzi, Ives Gandra Martins Filho, Brito Pereira, Renato de Lacerda Paiva, Aloysio Corrêa da Veiga e Dora Maria da Costa, que negavam provimento aos embargos. TST-E--RR-280800-51.2004.5.07.0008, SBDI-I, rel. Min. Horácio Raymundo de Senna Pires, red. p/ acórdão Min. Lelio Bentes Corrêa, 13.2.2014.

2013

Informativo n. 66, TST — *Gratificação de função percebida por 9 anos e 6 meses. Supressão. Natureza obstativa do direito do empregado. Princípio da boa-fé objetiva. Ônus probatório do empregador. Incidência da Súmula n. 372, I, do TST.*

Não obstante a Súmula n. 372, I, do TST ter estabelecido o marco temporal de dez anos para fazer incidir o princípio da estabilidade financeira, no caso em que o empregado foi destituído da função de confiança após nove anos e seis meses de exercício, sem justificativa razoável, presume-se que a supressão da gratificação foi obstativa do direito do reclamante, cabendo ao empregador o ônus de comprovar os motivos da reversão do empregado ao posto efetivo após tão longo período de tempo. Com esses fundamentos, e pautada no princípio da boa-fé objetiva, a SBDI-I, por unanimidade, conheceu dos embargos da reclamada, por divergência jurisprudencial, e, no mérito, por maioria, negou-lhes provimento, mantendo a decisão que determinara a incorporação da gratificação de função. Vencido o Ministro Brito Pereira. TST-E-ED-RR-67900-04.2007.5.15.0069, SBDI-I, rel. Min. Luiz Philippe Vieira de Mello Filho, 21.11.2013.

Informativo n. 63, TST — *Desvio de função. Caracterização. Pessoal escalonado em funções específicas em organograma de cargos e salários. Ausência de detalhamento das atribuições de cada cargo. Comprovação da modificação das atividades do empregado sem o respectivo aumento salarial. Princípios da igualdade e da primazia da realidade. Prevalência.*

A ausência de quadro de carreira ou a existência de pessoal escalonado em funções específicas em organograma de cargos e salários, mas sem que haja o detalhamento das atribuições de cada cargo, não têm o condão de obstar o deferimento de diferenças salariais com base no desvio de função, impedindo apenas o pleito de reenquadramento. No caso, deve prevalecer os princípios da igualdade e da primazia da realidade, sendo imprescindível, tão somente, a comprovação da modificação das atribuições originalmente conferida ao empregado, destinando-o a atividades mais qualificadas sem o respectivo acréscimo salarial. Com esses fundamentos, a SBDI-I, por unanimidade, conheceu dos embargos do reclamante, por divergência jurisprudencial, e, no mérito, deu--lhes provimento, para, reconhecendo o desvio de função, julgar procedente o pedido de diferenças salariais. Ressalvou entendimento o Ministro Renato de Lacerda Paiva. TST-E--RR-39000-14.2009.5.04.0015, SBDI-I, rel. Min. Augusto César Leite de Carvalho, 17.10.2013.

Informativo n. 59, TST — *Metrô/DF. PES/94. Promoção por antiguidade atrelada à promoção por merecimento. Ausência de regulamentação. Omissão injustificada do empregador. Condição puramente potestativa. Art. 129 do CC.*

O Plano de Empregos e Salários de 1994 — PES/94, da Companhia do Metropolitano do Distrito Federal — Metrô/DF, ao atrelar a primeira promoção por antiguidade a uma prévia promoção por merecimento, cujos critérios seriam definidos em regramento próprio, estabeleceu condição puramente potestativa. Assim, constatada a omissão injustificada do empregador em proceder à regulamentação dos parâmetros para a aferição meritória, resta caracterizada a oposição maliciosa, reputando--se, por consequência, implementados todos os efeitos jurídicos do ato, nos termos do art. 129 do CC. Com esses fundamentos, a SBDI-I, por unanimidade, conheceu do recurso de Embargos interposto pelo reclamante, por divergência jurisprudencial, e, no mérito, por maioria, deu-lhe provimento para julgar procedente o pedido relativo às promoções por antiguidade e por merecimento e condenar a reclamada ao pagamento das diferenças salariais daí decorrentes e reflexos. Vencidos, parcialmente, os Ministros Brito Pereira, relator, João Oreste Dalazen e Delaíde Miranda Arantes e, totalmente, a Ministra Dora Maria da Costa. TST-E-ED-RR-1365-87.2011.5.10.0103, SBDI-I, rel. Min. Brito Pereira, red. p/ acórdão Min. Lelio Bentes Corrêa, 12.9.2013.

Informativo n. 57, TST — *Turno ininterrupto de revezamento. Alteração para turno fixo. Retaliação por negociação coletiva frustrada. Abuso do* jus variandi *do empregador.*

A alteração do turno ininterrupto de revezamento para turno fixo de oito horas, em tese, é benéfica aos empregados, pois a alternância entre turnos diurnos e noturnos é notoriamente gravosa à saúde e à vida social. Entretanto, a referida modificação é inválida e configura abuso do *jus variandi* do empregador quando levada a efeito unilateralmente, sem a observância dos princípios da isonomia e da proporcionalidade, e com o fim de retaliar os empregados em razão da não aceitação da proposta de prorrogação do acordo coletivo autorizando o trabalho em turnos ininterruptos de oito horas. Com esse entendimento, a SBDI-I, por maioria, vencidos os Ministros Maria de Assis Calsing, relatora, Augusto César Leite de Carvalho, Ives Gandra Martins Filho, Lelio Bentes Corrêa e Aloysio Corrêa da Veiga, conheceu dos embargos da reclamada, por divergência jurisprudencial, e, no mérito, ainda por maioria, negou-lhes provimento, mantendo a decisão do Regional que determinou o retorno dos empregados ao sistema de turnos ininterruptos de seis horas, ante a falta de negociação coletiva para a prorrogação da jornada. Vencidos os Ministros Brito Pereira, João Oreste Dalazen, Ives Gandra da Silva Martins Filho e Renato de Lacerda Paiva. TST--E-ED-RR-34700-84.2004.5.03.0088, SBDI-I, rel. Min. Maria de Assis Calsing, 29.8.2013.

Informativo n. 47, TST — *Empresa Brasileira de Correios e Telégrafos — ECT. Automação de serviços. Extinção do cargo de Operador Telegráfico I. Aproveitamento do empregado em outra função com jornada de trabalho maior e sem acréscimo na remuneração. Compromisso firmado em instrumento coletivo para a preservação dos empregos. Horas extras. Devidas.*

O aproveitamento de empregado da Empresa Brasileira de Correios e Telégrafos — ECT em outra função com carga horária maior, e com o objetivo de lhe preservar o emprego frente à automação de serviços é lícito por haver sido previsto em norma coletiva, ter contado com a anuência expressa do empregado e ser decorrente da extinção do cargo de Operador

Telegráfico I, anteriormente ocupado. Todavia, a exigência de jornada superior na nova função, sem o correspondente acréscimo salarial, importa em diminuição do salário-hora do empregado, a ensejar o pagamento das horas excedentes à jornada anterior como extras. Embora o art. 7º, VI, da CF admita a possibilidade de redução salarial mediante negociação coletiva, na espécie, o acordo coletivo estabelecia tão somente o reaproveitamento e a requalificação dos empregados para as novas atividades, sem qualquer previsão de redução salarial. Com esse entendimento, a SBDI-I, por unanimidade, conheceu dos embargos, por divergência jurisprudencial e, no mérito, por maioria, negou-lhes provimento. Vencidos totalmente os Ministros Renato de Lacerda Paiva, relator, Antônio José de Barros Levenhagen e Aloysio Corrêa da Veiga, que excluíam o pagamento das horas extras e reflexos, e, parcialmente, os Ministros Luiz Philippe Vieira de Mello Filho, Lelio Bentes Corrêa e Augusto César Leite de Carvalho, os quais deferiam o pagamento das horas excedentes de forma simples, sem o respectivo adicional. TST-E-RR-52900-81.2006.5.04.0011, SBDI-I, rel. Min. Renato de Lacerda Paiva, red. p/ acórdão Min. João Oreste Dalazen, 16.5.2013.

2012

Informativo n. 29, TST — *ECT. Plano de Cargos e Salários. Progressão horizontal por merecimento. Deliberação da diretoria. Requisito essencial. Não caracterização de condição puramente potestativa.*

A deliberação da diretoria a que se refere o Plano de Cargos e Salários da Empresa de Correios e Telégrafos — ECT constitui requisito essencial à concessão de progressão horizontal por merecimento, na medida em que esta envolve critérios subjetivos e comparativos inerentes à excelência profissional do empregado, os quais somente podem ser avaliados pela empregadora, não cabendo ao julgador substituí-la. Ademais, trata-se de condição simplesmente potestativa, pois dependente não apenas da vontade da empregadora, mas também de fatores alheios ao desígnio do instituidor dos critérios de progressão (desempenho funcional e existência de recursos financeiros), distinguindo-se, portanto, da promoção por antiguidade, cujo critério de avaliação é meramente objetivo, decorrente do decurso do tempo. Com esse entendimento, a SBDI-I, em sua composição plena, por maioria, vencido o Ministro Lelio Bentes Corrêa, conheceu dos embargos, no tópico, por divergência jurisprudencial. No mérito, ainda por maioria, a Subseção negou provimento ao recurso, vencidos os Ministros Aloysio Corrêa da Veiga, relator, Lelio Bentes Corrêa, Alberto Luiz Bresciani de Fontan Pereira, Augusto César Leite de Carvalho, José Roberto Freire Pimenta e Delaíde Miranda Arantes, que entendiam caracterizada a condição puramente potestativa, e, como tal, inválida, nos termos do art. 122 do CC, uma vez que, ao vincular a progressão por merecimento à deliberação da diretoria, estabeleceu-se critério subjetivo ligado exclusivamente ao arbítrio da empresa, privando os trabalhadores da obtenção da referida promoção. TST-E-RR-51-16.2011.5.24.0007, SBDI-I, rel. Min. Aloysio Corrêa da Veiga, red. p/ acórdão Min. Renato de Lacerda Paiva, 8.11.2012.

AVISO PRÉVIO

2016

Informativo n. 144, TST — *Controvérsia sobre vínculo de emprego. Prescrição. Termo inicial. Projeção do aviso-prévio. Incidência da Orientação Jurisprudencial n. 83 da SBDI-I.*

A diretriz consagrada na Orientação Jurisprudencial n. 83 da SBDI-I, segundo a qual se computa a projeção do aviso-prévio na duração do contrato de emprego para efeito de contagem do prazo prescricional, se estende aos casos em que o vínculo empregatício ainda não foi espontaneamente reconhecido entre as partes ou judicialmente declarado. Sob esse entendimento, a SBDI-I, por maioria, conheceu dos embargos, por divergência jurisprudencial, e, no mérito, negou-lhes provimento, mantendo, portanto, a decisão turmária que dera provimento ao recurso de revista para determinar o retorno dos autos à Vara de origem, a fim de que, afastada a prescrição bienal, prossiga no exame dos pedidos do reclamante como entender de direito. Na espécie, o TRT manteve a sentença que declarou a prescrição total do direito de ação para postular o reconhecimento da relação de emprego, sob o fundamento de que o ajuizamento da reclamação deu-se após dois anos da cessação da prestação de serviços pelo reclamante no exercício da atividade profissional de corretor de imóveis. Vencidos os Ministros João Oreste Dalazen, relator, Ives Gandra da Silva Martins Filho, Brito Pereira, Guilherme Augusto Caputo Bastos e Walmir Oliveira da Costa, os quais entendiam que a relação originalmente havida entre as partes, ainda que passível de modificação em juízo, não era de emprego, não permitindo, portanto, a dilação do termo inicial da contagem do prazo prescricional conforme preconizado pela Orientação Jurisprudencial n. 83 da SBDI-I. TST-E-ED-RR-277-72.2012.5.01.0024, SBDI-I, rel. Min. João Oreste Dalazen, red. p/ o acórdão Ministro Augusto César Leite de Carvalho, 15.9.2016.

APRENDIZ

2016

Informativo n. 143, TST — *Aprendiz. Cota mínima para contratação. Base de cálculo. Inclusão de motoristas e cobradores de ônibus. Art. 10, § 2º, do Decreto n. 5.598/2005.*

As funções de motorista e cobrador de ônibus devem integrar a base de cálculo para a definição da cota mínima de aprendizes a serem contratados (art. 429 da CLT), pois o art. 10, § 2º, do Decreto n. 5.598/2005 determina a inclusão de todas as funções que demandem formação profissional, ainda que proibidas para menores de 18 anos. Nos termos do art. 10, § 1º, do aludido Decreto, somente são excluídos os cargos que exigem habilitação técnica de nível superior e cargos de direção. Sob esses fundamentos, a SBDI-I, por unanimidade, conheceu dos embargos, por divergência jurisprudencial, e, no mérito, por maioria, negou-lhes provimento. Vencidos os Ministros Cláudio Mascarenhas Brandão e Walmir Oliveira da Costa. TST-E-ED-RR-2220-02.2013.5.03.0003, SBDII, rel. Min. José Roberto Freire Pimenta, 1º.9.2016.

CESSAÇÃO DO CONTRATO DE TRABALHO

2016

Informativo n. 140, TST — *Mandado de segurança. Despedida por justa causa de grupo de empregados. Alegação de desídia e mau procedimento. Ausência de provas pré-constituídas. Deferimento da tutela antecipada. Reintegração. Manutenção.*

A sonegação de trabalho junto ao tomador, com adoção de meios de coação contra empregados que intentavam trabalhar, não justifica, por si só, o despedimento de vinte e um trabalhadores por justa causa, sob a alegação de mau procedimento e desídia. Nos termos da Súmula n. 316 do STF, a simples adesão a greve não constitui falta grave. Ademais, nos autos do mandado de segurança, não vieram provas pré-constituídas de que, quanto à desídia, todos os empregados foram anteriormente punidos com sanções mais brandas, conforme exigido pela jurisprudência do TST. Outrossim, quanto ao mau procedimento, também não houve manifestação sobre o conteúdo da referida conduta. Desse modo, ausentes maiores especificações a respeito do comportamento coletivo que culminou na despedida dos empregados por justa causa, sobressai a verossimilhança da tese de que as despedidas constituíram tão somente reprimenda à ação coletiva dos trabalhadores, o que justifica o deferimento da antecipação da tutela nos autos da reclamação trabalhista. Sob esses fundamentos, a SBDI-II, por unanimidade, conheceu do recurso ordinário e, no mérito, por maioria, negou-lhe provimento, mantendo a decisão que, ao denegar a segurança, rejeitou o pedido de suspensão da antecipação da tutela por meio da qual se determinou a reintegração dos vinte e um empregados. Vencido o Ministro Antonio José de Barros Levenhagen. TST-RO-5107-61.2015.5.15.0000, SBDI-II, rel. Min. Alberto Luiz Bresciani de Fontan Pereira, 28.6.2016.

Informativo n. 134, TST — *Mandado de segurança. Demissão apresentada por trabalhador dependente químico. Recusa do sindicato à homologação do pedido de desligamento. Antecipação de tutela para reintegração ao emprego. Ausência de ilegalidade ou arbitrariedade.*

De acordo com o art. 4º, II, do Código Civil, são relativamente incapazes, entre outros, os ébrios habituais e os viciados em tóxico, razão pela qual os negócios jurídicos por eles celebrados estão sujeitos à anulação (art. 171, I, do CC). Ademais, a validade do ato jurídico exige a demonstração da capacidade do agente, bem assim a observância das formas e demais solenidades legais (arts. 104 e 107 do CC). No caso, o banco empregador impetrou mandado de segurança contra decisão que, antecipando os efeitos da tutela nos autos de reclamação trabalhista, determinou a reintegração do reclamante ao emprego. Com base na prova documental produzida, concluiu a autoridade coatora que o trabalhador sofre sérios problemas psiquiátricos decorrentes de sua dependência em substâncias químicas. Ressaltou que há parecer médico conclusivo no sentido de que o empregado não apresentava condições psíquicas para se demitir, e que houve requerimento de reconsideração do pedido de demissão, não admitido pelo banco. Registrou, outrossim, a ineficácia da demissão ante a recusa do sindicato da categoria em homologar a rescisão. Diante de tais premissas, a SBDI-II, por unanimidade, conheceu e negou provimento ao recurso ordinário por entender que, à luz do art. 5º, XXXV, da CF, e a partir da razoabilidade do direito material afirmado na reclamação trabalhista, a tutela à saúde do trabalhador deve prevalecer em face dos interesses meramente patrimoniais do impetrante, não havendo qualquer ilegalidade ou arbitrariedade no deferimento da tutela antecipada de reintegração no emprego que justifique a concessão da segurança. TST-RO-665-20.2015.5.09.0000, SBDI-II, rel. Min. Douglas Alencar Rodrigues, 26.4.2016.

2015

Informativo n. 124, TST — *Empregado com mais de um ano de serviço. Assistência sindical e homologação da rescisão do contrato de trabalho. Ausência. Nulidade do pedido de demissão. Art. 477, § 1º, da CLT. Presunção de demissão sem justa causa. Irrelevância da confissão de rescisão a pedido pelo empregado.*

A rescisão de contrato de trabalho de empregado que prestou serviços por mais de um ano deve ser homologada pelo sindicato respectivo ou por autoridade do Ministério do Trabalho, nos termos do art. 477, § 1º, da CLT. Do contrário, é inválido o pedido de demissão do empregado, ainda que ele confesse em juízo a sua disposição inicial de desligamento contratual, devendo a despedida ser reconhecida como imotivada. Com efeito, a norma é cogente e assegura a prevalência do princípio da indisponibilidade dos direitos trabalhistas, de modo que a declaração de que o pedido de demissão se deu sem vício de vontade não supre o requisito da assistência sindical, imposto pela lei. Sob esse entendimento, a SBDI-I, por maioria, conheceu do recurso de embargos do reclamante, por divergência jurisprudencial, vencidos os Ministros Hugo Carlos Scheuermann, relator, Ives Gandra da Silva Martins Filho, Renato de Lacerda Paiva e Walmir Oliveira da Costa. No mérito, por unanimidade, a Subseção deu provimento aos embargos para, declarada a invalidade do pedido de demissão, determinar o retorno dos autos ao juízo de origem para novo julgamento como entender de direito, agora sob a premissa de que a despedida ocorreu sem justa causa. TST-E-RR-825-12.2010.5.09.0003, SBDI-I, rel. Min. Hugo Carlos Scheuermann, 19.11.2015.

Informativo n. 116, TST — *Multa do § 8º do art. 477 da CLT. Atraso no pagamento das verbas rescisórias. Falecimento do Empregado. Não aplicação.*

A norma do artigo 477, § 6º, da CLT não fixa prazo para o pagamento das verbas rescisórias no caso de falecimento do empregado. Trata-se de um "silêncio eloquente" do legislador ordinário. Dispositivo legal que, ao fixar prazos e circunstâncias específicas para o cumprimento da obrigação, não autoriza interpretação ampliativa. A ruptura do vínculo empregatício em virtude de óbito do empregado, por constituir forma abrupta e imprevisível de dissolução do contrato de trabalho, envolve peculiaridades que tornam incompatível a aplicação da multa prevista no § 8º do artigo 477 da CLT, tais como a necessidade de transferência da titularidade do crédito trabalhista para os dependentes/sucessores legais, a qual não se opera instantaneamente, mas mediante procedimento próprio previsto na Lei n. 6.858/80. Qualquer tentativa de fixar-se, em juízo, "prazo razoável" para o adimplemento das verbas rescisórias, em semelhante circunstância, refugiria às hipóteses elencadas no § 6º do artigo 477 da CLT e acarretaria imprópria incursão em atividade legiferante, vedada ao Poder Judiciário em face do princípio constitucional da Separação dos Poderes. De outro lado, afigura-se impróprio e de rigor insustentável afirmar-se, no caso, a subsistência do prazo para quitação das verbas rescisórias, sob pena de multa. Impraticável a observância de tal prazo, na medida em que se desconhece o(s) novo(s) titulares(s) do crédito, na forma da Lei, o que pode depender, inclusive, da morosa abertura de inventário e de nomeação do respectivo inventariante. A adoção de interpretação restritiva à literalidade do artigo 477, §§ 6º e 8º, da CLT não implica negar ou desestimular eventual ajuizamento de ação de consignação em pagamento pelo empregador, com vistas a desobrigá-lo da quitação das verbas rescisórias referentes ao contrato de trabalho de empregado falecido, mesmo antes de definida a nova titularidade do crédito trabalhista. Sob esses fundamentos, a SBDI-1, por unanimidade, conheceu dos embargos apenas quanto ao tema "multa — artigo 477, § 8º, da CLT — atraso no pagamento das verbas rescisórias — óbito do empregado", por divergência jurisprudencial, e, no mérito, por maioria, dar-lhes provimento para excluir da condenação o pagamento da multa prevista no artigo 477, § 8º, da CLT. Vencidos os Ministros José Roberto Freire Pimenta e Alexandre de Souza Agra Belmonte. TST-E-RR-152000-72.2005.5.01.0481, SBDI-I, rel. João Oreste Dalazen, 3.9.2015.

Informativo n. 115, TST — *Dispensa imotivada. Decreto estadual n. 21.325/91. Sucessão do BEC — Banco do Estado do Ceará S/A. pelo Banco Bradesco S/A. Dever de motivação. Ilegalidade. Reintegração indevida.*

O Banco Bradesco S/A. não tem obrigação de motivar a dispensa de ex-empregada admitida pelo extinto BEC — Banco do Estado do Ceará S/A. antes da privatização. No caso, a empregada foi admitida antes da sucessão do extinto BEC pelo Banco Bradesco S/A., e dispensada imotivadamente, inobservando o quanto disposto no Decreto estadual n. 21.325/91 — que estendia aos entes da Administração Pública indireta estadual o dever de motivar o ato de dispensa de seus empregados. Referido decreto afigura-se ilegal, pois não poderia o Estado do Ceará, unilateralmente, exorbitando da condição de acionista controlador, ao arrepio da Lei n. 6.404/76, sobrepor-se aos órgãos de administração da Sociedade Anônima e criar, mediante decreto, obrigação para a Companhia, que detém personalidade jurídica própria. De outro lado, ainda que se desconsiderasse a manifesta ilegalidade, o decreto cuidava de regra de Direito Administrativo por que deveria pautar-se "órgão administrativo" que praticasse, como tal, "atos administrativos", não havendo como transpor para o banco privado sucessor obrigações decorrentes de tal regra. Ademais, todas as obrigações de índole trabalhista impostas ao ente público sucedido, nesta qualidade, mediante fonte heterônoma, mesmo impostas por lei, não se transmitem pela sucessão do empregador. Consumada a sucessão, dada a distinta natureza da personalidade jurídica do sucessor, rigorosamente o regime jurídico híbrido desaparece e sobrevém um empregador submetido a regime jurídico puramente privado. Sob esse entendimento, decidiu o Tribunal Pleno, por unanimidade, conhecer do recurso de embargos, por divergência jurisprudencial, e, no mérito, por maioria, dar-lhe provimento para restabelecer o acórdão regional que rejeitou o pedido de reintegração no emprego. Vencidos os Ministros Hugo Carlos Scheuermann, relator, Maria Helena Mallmann, Mauricio Godinho Delgado, Kátia Magalhães Arruda, Augusto César Leite de Carvalho, José Roberto Freire Pimenta, Delaíde Alves Miranda Arantes e Ives Gandra da Silva Martins Filho. TST-E-RR-44600-87.2008.5.07.0008, Tribunal Pleno, rel. Hugo Carlos Scheuermann, red. p/acórdão Min. João Oreste Dalazen, 25.8.2015.

Informativo n. 112, TST — *Dispensa discriminatória. Portador do vírus HIV. Estigma ou preconceito. Presunção relativa. Súmula n. 443 do TST.*

Nos termos da Súmula n. 443 do TST, presume-se discriminatória a despedida de empregado portador do vírus HIV ou de outra doença grave que suscite estigma ou preconceito, cabendo ao empregador comprovar que o motivo da dispensa não possui relação com a enfermidade. Na espécie, não se cogitou de desconhecimento do estado de saúde da reclamante pela reclamada. Além da ciência do estado de saúde da reclamante, não se identificou no acórdão do Tribunal Regional do Trabalho da 2ª Região qualquer motivação de ordem técnica a justificar a dispensa, apenas se podendo detectar momento de fragilidade física e emocional decorrentes da moléstia, conforme relatado por perita. Sob esses fundamentos, a SBDI-1, por unanimidade, conheceu dos embargos, por contrariedade à Súmula n. 443 do TST, e, no mérito, deu-lhes provimento para, reputando discriminatória a dispensa da reclamante ocorrida em 11/10/2008, declarar nulo o ato de dispensa sem justa causa e determinar a sua reintegração ao trabalho, com pagamento dos salários vencidos e vincendos, inclusive PLR's, 13ºˢ salários e férias mais 1/3, com as respectivas dobras eventualmente cabíveis, desde a ilícita dispensa até a efetiva reintegração, acrescidos dos reajustes legais, normativos, espontâneos e promocionais. TST-E-ED-RR-1129-60.2010.5.02.0082, SBDI-I, rel. Min. Márcio Eurico Vitral Amaro, 25.6.2015.

Informativo n. 105, TST — *Contrato temporário. Lei n. 6.019/74. Rescisão antecipada. Indenização prevista no art. 479 da CLT. Inaplicabilidade.*

A rescisão antecipada do contrato de trabalho temporário disciplinado pela Lei n. 6.019/74 não enseja o pagamento da indenização prevista no art. 479 da CLT. Trata-se de forma específica de contratação, regulada por legislação especial e não pelas disposições da CLT. Sob esse entendimento, a SBDI-I, por unanimidade, conheceu do recurso de embargos da reclamante, por divergência jurisprudencial, e, no mérito, por maioria, negou-lhe provimento. Vencidos os Ministros Lelio Bentes Corrêa, relator, João Oreste Dalazen, Ives Gandra Martins Filho e Hugo Carlos Scheuermann, que entendiam ser aplicável a indenização prevista no art. 479 da CLT também aos trabalhadores regidos pela Lei n. 6.019/74, por se tratar de espécie de contrato a termo. Registrou ressalva de fundamentação o Ministro José Roberto Freire Pimenta. TST-RR-1342-91.2010.5.02.0203, SBDI-I, rel. Min. Lelio Bentes Corrêa, red. p/ acórdão Min. Renato de Lacerda Paiva, 30.4.2015.

Informativo n. 101, TST — *Aviso prévio indenizado. Superveniência de auxílio-doença. Estabilidade provisória. Previsão em instrumento coletivo. Efeitos exclusivamente financeiros. Inviável a reintegração. Súmula n. 371 do TST.*

A concessão do auxílio-doença no curso do aviso prévio indenizado apenas adia os efeitos da dispensa para depois do término do benefício previdenciário (Súmula n. 371 do TST), e não implica em nulidade da despedida, ainda que norma coletiva assegure estabilidade provisória por sessenta dias após a concessão da alta médica. Desse modo, o empregado somente tem direito às vantagens econômicas previstas na norma coletiva, e, passado o período nela assegurado, pode o empregador extinguir o contrato de trabalho. Com esse entendimento, a SBDI-I, por unanimidade, conheceu dos embargos da reclamada por contrariedade à Súmula n. 371 (má aplicação), e, no mérito, deu-lhes provimento para afastar a declaração da nulidade da dispensa e, consequentemente, a determinação de reintegração no emprego, reconhecendo que a condenação deve limitar-se a resguardar os direitos patrimoniais da reclamante até a concretização da dispensa, ocorrida no período de sessenta dias após o término do benefício previdenciário. TST-E-ED-RR-59000-67.2005.5.01.0012, SBDII, rel. Min. Renato de Lacerda Paiva, 12.3.2015.

2014

Informativo n. 94, TST — *Sentença criminal condenatória. Apropriação indébita. Efeitos no juízo trabalhista. Dispensa por justa causa. Art. 935 do CC.*

O art. 935 do CC prescreve que as questões decididas no juízo criminal relativas à materialidade e autoria não podem mais ser questionadas. Nesse sentido, sentença penal condenatória em que se reconhecera a autoria, materialidade e a prática de crime de apropriação indébita justifica a manutenção da despedida com justa causa do empregado, especialmente quando, com supedâneo no art. 462 do CPC, verificou-se, já no TST, a ocorrência do trânsito em julgado da sentença penal. Na hipótese, motorista de caminhão-betoneira foi flagrado vendendo sobras de concreto pertencentes ao dono da obra, cliente de sua empregadora, ao que foi despedido com justa causa e instaurada a competente ação penal com a posterior condenação por crime de apropriação indébita. Com esse entendimento, a SBDI-I, por unanimidade, conheceu dos embargos da empresa, por divergência jurisprudencial, e, no mérito, por maioria, deu-lhes provimento para restabelecer a sentença que entendera presentes os requisitos da despedida com justa causa. Vencido o Ministro Augusto César Leite de Carvalho, relator, que negava provimento ao recurso. TST-E-RR-330500- 07.2005.5.12.0045, SBDI-I, rel. Min. Augusto César Leite de Carvalho, red. p/ acórdão Min. João Oreste Dalazen, 6.11.2014.

Informativo n. 81, TST — *Ação rescisória. Professor universitário. Rescisão do contrato, sem justa causa, ao completar 70 anos de idade. Previsão em cláusula de acordo coletivo. Despedida não discriminatória.*

Não implica conduta discriminatória a dispensa de professor universitário, sem justa causa, ao completar 70 anos de idade, na hipótese em que a dispensa decorreu do poder potestativo do empregador, realizado nos limites da legalidade e sem abuso de direito, porque fundamentada em cláusula de acordo coletivo. Assim, reputa-se não violado o art. 1º da Lei n. 9.029/95 no caso em que cláusula normativa estabelece a possibilidade de dispensa por idade, pois trata-se de critério genérico de afastamento de pessoa do trabalho firmado com base em negociação coletiva e, portanto, oriunda da vontade da categoria profissional. Com esse posicionamento, a SBDI-II, por maioria, deu provimento ao recurso ordinário e julgou improcedente a pretensão rescisória, vencidos os Ministros Hugo Carlos Scheuermann, relator, e Emmanoel Pereira, que entendiam discriminatória a dispensa. TST-RO-27-40.2012.5.18.0000, SBDI-II, rel. Min. Hugo Carlos Scheuermann, red. p/ acórdão Min. Cláudio Mascarenhas Brandão, 6.5.2014.

Informativo n. 79, TST — *Dispensa por justa causa. Desídia. Art. 482, "e", da CLT. Princípios da proporcionalidade e da gradação da pena. Inobservância. Falta grave afastada.*

Para a caracterização da desídia de que trata o art. 482, "e", da CLT, faz-se necessária a habitualidade das faltas cometidas pelo empregado, bem como a aplicação de penalidades gradativas, até culminar na dispensa por justa causa. Os princípios da proporcionalidade e da gradação da pena devem ser observados, pois as punições revestem-se de caráter pedagógico, visando o ajuste do empregado às normas da empresa. Nesse contexto, se o empregador não observa a necessária gradação da pena apressando-se em romper o contrato de trabalho por justa causa, frustra o sentido didático da penalidade, dando azo à desqualificação da resolução contratual em razão do excessivo rigor no exercício do poder diretivo da empresa. Com esse entendimento, a SBDI-I, por unanimidade, conheceu dos embargos interpostos pela reclamada, por divergência jurisprudencial, e, no mérito, negou-lhes provimento. TST-E-ED-RR-21100-2.2009.5.14.0004, SBDI-I, rel. Min. Luiz Philippe Vieira de Mello Filho, 10.4.2014.

2013

Informativo n. 60, TST — *FGTS. Alvará judicial. Autorização para o levantamento dos depósitos do FGTS e da multa de 20% estabelecida em convenção coletiva que previu a rescisão contratual por culpa recíproca.*

A SBDI-I, em sua composição plena, por unanimidade, conheceu dos embargos da Caixa Econômica Federal — CEF, e, no mérito, por maioria, negou-lhes provimento, confirmando a decisão que autorizou, mediante alvará judicial, o levantamento dos depósitos de FGTS e da multa de 20% oriunda de cláusula de convenção coletiva de trabalho denominada "incentivo à continuidade do contrato de trabalho", por meio da qual as empresas que sucederam outras na prestação do mesmo serviço, em razão de nova licitação, se obrigaram a contratar os empregados da empresa sucedida, e se estabeleceu, de antemão, a existência de culpa recíproca a autorizar o pagamento de apenas 20% sobre os depósitos de FGTS, a título de multa, no momento da rescisão contratual. Na hipótese, a CEF recusou-se a liberar as verbas pretendidas, ao argumento de que, nos termos do art. 18, § 2º, da Lei n. 8.036/90, a culpa recíproca e a consequente redução da multa do FGTS de 40% para 20% somente pode ser reconhecida pela Justiça do Trabalho, não se admitindo a ocorrência de tal modalidade de dispensa com esteio em cláusula de instrumento coletivo. Prevaleceu o entendimento de que, a par da discussão sobre a validade da cláusula da convenção coletiva que reduz a multa do FGTS, os depósitos efetuados durante o período de contratação são incontroversos, não havendo, portanto, motivos que justifiquem a retenção dos valores. Vencidos o Ministro Lelio Bentes Corrêa, que dava provimento ao recurso da CEF para julgar improcedente o pedido de levantamento dos depósitos, e, quanto à fundamentação, os Ministros Augusto César Leite de Carvalho, relator, João Oreste Dalazen, Brito Pereira, Maria Cristina Irigoyen Peduzzi, Lelio Bentes Corrêa, Delaíde Miranda Arantes e Alexandre Agra Belmonte. TST-E-RR-7000-10.2006.5.10.0011, SBDI-I, rel. Min. Augusto César Leite de Carvalho, red. p/ acórdão Min. Luiz Philippe Vieira de Mello Filho, 26.9.2013.

Informativo n. 55, TST — *Justa causa desconstituída em juízo. Indenização substitutiva pela não liberação das guias do seguro-desemprego. Devida. Súmula n. 389, II, do TST.*

O reconhecimento judicial da ilegalidade da dispensa por justa causa retroage no tempo, de modo a ensejar o pagamento da indenização substitutiva pela não liberação das guias do seguro-desemprego de que trata a Súmula n. 389, II, do TST. No caso, ressaltou-se que não importa o fato de o empregador não estar obrigado a fornecer as mencionadas guias no momento da rescisão contratual, pois o pagamento da indenização visa minimizar o prejuízo sofrido pelo empregado. Com esse entendimento, a SBDI-I, por unanimidade, conheceu dos embargos da reclamante, por divergência jurisprudencial, mas, no mérito, negou-lhes provimento. TST-E-RR-54800-83.2007.5.12.0030, SBDI-I, rel. Min. Brito Pereira, 15.8.2013.

Informativo n. 42, TST — *Dissídio coletivo de natureza jurídica. Demissão coletiva. Não configuração. Ausência de fato único alheio à pessoa do empregado.*

A dispensa de cento e oitenta empregados ao longo de quatro meses não configura "demissão em massa", pois esta pressupõe um fato único, seja de ordem econômica, tecnológica ou estrutural, alheio à pessoa do empregado. No caso concreto, restou demonstrado que a demissão dos empregados estava dentro dos parâmetros de normalidade do fluxo de mão de obra da empresa, e ocorreu em momento de incremento de produção e recuperação de postos de trabalho, caracterizando-se tão somente como dispensa plúrima. Com esse entendimento, a SDC, por unanimidade, negou provimento ao recurso ordinário interposto pelo Sindicato dos Trabalhadores nas Indústrias Metalúrgicas, Mecânicas e de Material Elétrico, Eletrônico e Fibra Óptica de Campinas e Região. TST-RO-147-67.2012.5.15.0000, SDC, rel. Min. Maria de Assis Calsing, 15.4.2013.

2012

Informativo n. 33, TST — *Sociedade de economia mista. Privatização. Demissão por justa causa. Necessidade de motivação do ato demissional. Previsão em norma interna. Descumprimento. Nulidade da despedida. Reintegração. Art. 182 do CC.*

A inobservância da norma interna do Banestado, sociedade de economia mista sucedida pelo Itaú Unibanco S.A., que previa a instauração de procedimento administrativo para apuração de falta grave antes da efetivação da despedida por justa causa, acarreta a nulidade do ato de dispensa ocorrido antes do processo de privatização, assegurando ao trabalhador, por conseguinte, a reintegração no emprego, com base no disposto no art. 182 do CC, segundo o qual, anulado o negócio jurídico, deve-se restituir as partes ao *"status quo ante"*. Com esse entendimento, a SBDI-I, por maioria, conheceu dos embargos, por divergência jurisprudencial, e, no mérito, negou-lhes provimento. Vencidos os Ministros Aloysio Corrêa da Veiga, relator, Ives Gandra Martins Filho, Brito Pereira e Maria Cristina Peduzzi, que davam parcial provimento ao recurso para, reconhecendo a nulidade da justa causa aplicada, convertê-la em demissão imotivada e determinar o pagamento das diferenças relativas às verbas rescisórias devidas. TST-E-ED-RR-22900-83.2006.5.09.0068, SBDI-I, rel. Min. Aloysio Corrêa da Veiga, red. p/ acórdão Min. João Oreste Dalazen, 6.12.2012.

Informativo n. 30, TST — *Recurso em Matéria Administrativa. Aposentadoria. Apresentação de documento falso. Prática de ato de improbidade. Art. 10 e 11 da Lei n. 8.429/92. Aplicação da pena de demissão. Arts. 128 e 132 da Lei n. 8.112/90.*

A apresentação por parte do servidor de certidão de tempo de serviço falsa, com o intuito de beneficiar-se de aposentadoria a que não faria jus, configura ato de improbidade administrativa com lesão ao erário (arts. 10 e 11 da Lei n. 8.429/92), a ensejar a aplicação de pena de demissão, nos termos do art. 132 da Lei n. 8.112/90. Com esse fundamento, e tendo em conta a natureza e a gravidade da infração, os danos causados ao serviço público, as circunstâncias atenuantes e agravantes e os antecedentes funcionais, conforme diretriz do art. 128 da Lei n. 8.112/90, o Órgão Especial, por maioria, conheceu do recurso em matéria administrativa e negou-lhe provimento. Vencido o Ministro Carlos Alberto Reis de Paula. TST-PADServ-5181-40.2012.5.00.0000, Órgão Especial, rel. Min. Fernando Eizo Ono 14.11.2012.

Informativo n. 4, TST — *Dispensa decorrente do ajuizamento de reclamação trabalhista. Caráter retaliativo e discriminatório. Abuso de direito. Obstáculo à garantia de acesso à justiça. Reintegração. Devida.*

A dispensa do trabalhador, quando motivada pela não desistência de reclamação trabalhista ajuizada contra o empregador, possui conotação retaliativa e discriminatória, configurando abuso de direito e obstáculo à garantia de acesso à justiça. Com base nessa premissa, a SBDI-I, por unanimidade, conheceu dos embargos, por divergência jurisprudencial, e, no mérito, deu-lhes provimento para, decretada a nulidade dos atos de despedimento, condenar a reclamada à reintegração do autor, bem como ao pagamento dos salários e demais vantagens referentes ao período de afastamento. Na espécie, ressaltou o Ministro relator que o exercício do direito potestativo de denúncia vazia do contrato de trabalho sofre limites em razão dos princípios da função social da propriedade e da dignidade da pessoa humana, e dos valores sociais do trabalho, revelando-se aviltante a conduta da Infraero quando, cumprindo ameaças, demitiu os empregados públicos que não desistiram da ação em que pleiteavam adicionais de insalubridade e periculosidade. TST-E-RR-7633000-19.2003.5.14.0900, SBDI-I, rel. Min. Ives Gandra da Silva Martins Filho, 29.3.2012.

COMPLEMENTAÇÃO DE APOSENTADORIA

2015

Informativo n. 122, TST — *Complementação de aposentadoria. Artigo 21, § 3º, do Regulamento Básico da Fundação Vale do Rio Doce de seguridade social — VALIA. Reajuste pelos índices adotados pelo INSS. Aumento real.*

O artigo 21, § 3º, do Regulamento Básico da Fundação Vale do Rio Doce de Seguridade Social — VALIA prevê apenas o reajuste do benefício aos empregados e pensionistas da Vale S.A. "nas mesmas datas em que forem reajustados os benefícios mantidos pelo INPS e segundo os mesmos índices de reajustamento expedidos pelo INPS" (atual INSS), sem fazer qualquer referência a aumento real. Assim, conforme o artigo 114 do Código Civil, não cabe interpretação extensiva, no sentido de estender aos aposentados e pensionistas da Vale S.A. também os índices de aumento real concedido pela aludida autarquia previdenciária. Com efeito, considerou-se que o vocábulo "reajuste" remete ao mecanismo de recomposição das perdas inflacionárias, ao passo que a locução "aumento real" define o efetivo ganho de capital acima da inflação, de modo a garantir a elevação do poder de compra. Ademais, não há previsão específica no Regulamento quanto à observância de paridade entre os planos de previdência complementar e o regime de previdência oficial, o que obsta o reconhecimento do direito às diferenças de complementação de pensão postulado. Por fim, destacou-se que, ao se entender que o reajustamento também alcança o aumento real, poder-se-ia ocasionar um desequilíbrio atuarial a afetar todos os integrantes do plano de benefícios. Mais do que isso, distanciar-se-ia da finalidade precípua dos regimes privados de complementação de aposentadoria, que é a manutenção do padrão de vida do beneficiário. Sob esses fundamentos, a SBDI-I decidiu, por unanimidade, conhecer do recurso de embargos apenas quanto ao tema "complementação de aposentadoria — reajuste pelos índices adotados pelo INSS — aumento real", por divergência jurisprudencial, e, no mérito, dar-lhe provimento para restabelecer o acórdão regional no tocante à declaração de improcedência do pedido de diferenças de complementação de pensão pela adoção dos índices de aumento real concedidos pelo INSS em maio de 95, maio de 96 e 2007. TST-E-ARR-1516-60.2011.5.03.0099, SBDI-I, rel. Min. Renato de Lacerda Paiva, 05.11.2015.

Informativo n. 119, TST — *Matéria afetada ao Tribunal Pleno. Complementação de aposentadoria. Opção pelo novo plano CEEEPREV. Efeitos. Validade da adesão às novas regras. Súmula n. 51 do Tribunal Superior do Trabalho. Alcance. Manutenção da base de cálculo. Impossibilidade de renúncia de direitos adquiridos. Integração de parcelas deferidas em ação trabalhista anteriormente ajuizada.*

O empregado, por força das disposições contidas nas Súmulas n. 51, item I, e 288 do Tribunal Superior do Trabalho, mesmo com a adesão a novo plano de benefícios CEEEPREV, não renuncia à base de cálculo de seus proventos de aposentadoria, que apenas passa a ser guiada pelas novas regras. Não se reconhece a eficácia de renúncia a direito adquirido (base de cálculo da complementação de aposentadoria) à luz das normas imperativas de Direito do Trabalho. Como consequência, a autora tem direito de ver integrada à referida base de cálculo as parcelas que lhe foram deferidas em ação trabalhista anteriormente ajuizada nos autos do Processo n. 01635.902/94-0. Sob esse entendimento, o Tribunal Pleno decidiu: I) por maioria, conhecer dos embargos, por divergência jurisprudencial, apenas quanto ao pedido de pagamento de diferenças de complementação de proventos, considerando, para efeito de determinação de seu valor, as parcelas e diferenças reconhecidas nos autos do Processo n. 01635.902/94-0, vencidos os Ministros Kátia Magalhães Arruda, relatora, Augusto César Leite de Carvalho, João Oreste Dalazen, Ives Gandra da Silva Martins Filho, Alberto Luiz Bresciani de Fontan Pereira, Maria de Assis Calsing, Dora Maria da Costa e Guilherme Augusto Caputo Bastos; II) no mérito, por maioria, dar provimento ao recurso para, afastada a incidência da Súmula n. 51, II, do TST, em relação à pretensão de integração de parcelas reconhecidas em decisão judicial, restabelecer a sentença somente quanto ao pedido de pagamento de diferenças de complementação de proventos, considerando, para efeito de determinação de seu valor, as parcelas e diferenças reconhecidas nos autos do Processo n. 01635.902/94-0. Ficaram vencidos os Ministros Kátia Magalhães Arruda, relatora, Augusto César Leite de Carvalho, Cláudio Mascarenhas Brandão, Ives Gandra da Silva Martins Filho, Maria Cristina Irigoyen Peduzzi, Renato de Lacerda Paiva, Maria de Assis Calsing, Dora Maria da Costa, Guilherme Augusto Caputo Bastos, Márcio Eurico Vitral Amaro e Antonio José de Barros Levenhagen. Redigirá o acórdão o Ministro Aloysio Corrêa da Veiga. TST-E-ED-ED-RR-300800-25.2005.5.04.0104, Tribunal Pleno, rel. Kátia Magalhães Arruda, red. p/acórdão Min. Aloysio Corrêa da Veiga, 29.9.2015.

Informativo n. 99, TST — *Complementação de aposentadoria. Reajuste pelo IGP-DI conforme previsto no Plano Pré-75 do Banesprev. Impossibilidade. Ausência de adesão. Permanência no plano de complementação de aposentadoria do Regulamento do Pessoal do Banespa. Violação do art. 5º, XXXVI, da CF. Configuração.*

Viola o ato jurídico perfeito (art. 5º, XXXVI, da CF) a decisão que defere o reajustamento da complementação de aposentadoria pelo índice IGP-DI, conforme previsto no Plano Pré-75 do Banesprev, na hipótese em que o reclamante a ele não aderiu, pois espontaneamente optou por permanecer no plano de complementação de aposentadoria do Regulamento do Pessoal do Banespa. Conforme disposto na Súmula n. 51, II, do TST, havendo a coexistência de dois regulamentos de empresa, a opção por um deles implica a renúncia às regras do outro. Assim, a SBDI-II, por unanimidade, conheceu do recurso ordinário e, no mérito, deu-lhe parcial provimento para julgar procedente em parte a ação rescisória, quanto à indicação de ofensa ao art. 5º, XXXVI, da CF, desconstituindo parcialmente o acórdão proferido pelo TRT da 15ª Região com relação ao tópico "Diferenças de complementação de aposentadoria", e, em juízo rescisório, julgar improcedente o pedido de diferenças de complementação de aposentadoria, restabelecendo assim a sentença. TST-RO-12183- 15.2010.5.15.0000, SBDI-II, rel. Min. Alberto Luiz Bresciani de Fontan Pereira, 3.2.2015.

2014

Informativo n. 86, TST — *Petrobras S/A. Complementação de aposentadoria. Manutenção do vínculo empregatício após a aposentadoria pelo INSS. Desligamento definitivo. Condição para o recebimento da complementação. Súmulas ns. 51, I e 288, I, do TST. Matéria suspensa para apreciação do Tribunal Pleno.*

A SBDI–I, em sua composição plena, decidiu, por maioria, suspender a proclamação do resultado do julgamento para, nos termos do art. 158, § 1º, do RITST, remeter os autos ao Tribunal Pleno para eventual revisão do item I da Súmula n. 288 do TST. Na ocasião, os Ministros Aloysio Corrêa da Veiga, relator, Dora Maria da Costa, Luiz Philippe Vieira de Mello Filho, Guilherme Augusto Caputo Bastos, João Batista Brito Pereira, Renato de Lacerda Paiva e Antonio José de Barros Levenhagen conheceram dos embargos interpostos pelas reclamadas, por divergência jurisprudencial, e, no mérito, deram-lhes provimento para restabelecer o acórdão do Regional, que indeferira a pretensão de recebimento de complementação de aposentadoria, ao argumento de que não é o fato de se aposentar junto ao INSS que gera o direito do participante de receber o benefício suplementar, sendo necessário o desligamento do emprego. Consignou-se, em síntese, que, à época da contratação do autor pela Petrobras, a aposentadoria voluntária era causa legal de extinção do contrato de emprego, de modo que o regulamento vigente não tinha como prever, como condição para o recebimento da complementação de aposentadoria, a extinção do contrato, a qual era intrínseca à jubilação junto ao INSS. Registrou-se, ainda, que, nos termos do art. 3º, I, da Lei Complementar n. 108/2001, a qual já vigia quando da aposentadoria do reclamante em 2009, faz-se necessária a cessação do vínculo com o patrocinador para percepção da suplementação de aposentadoria, sendo certo que a manutenção do contrato de emprego após a jubilação e, consequentemente, a manutenção do salário não justificam a percepção do benefício, sob pena de se desvirtuar totalmente a finalidade do instituto, que é a preservação do padrão salarial do trabalhador aposentado. De outro lado, os Ministros Augusto César Leite de Carvalho, José Roberto Freire Pimenta, Hugo Carlos Scheuermann, Alexandre de Souza Agra Belmonte, João Oreste Dalazen, Ives Gandra Martins Filho e Lelio Bentes Corrêa conheceram dos recursos interpostos pelas reclamadas, por divergência jurisprudencial, e, no mérito, negaram-lhes provimento, mantendo a decisão proferida pela 7ª Turma que, fixada a premissa de que não é necessário o desligamento do reclamante para a obtenção da complementação de aposentadoria, determinou o retorno dos autos à Vara do Trabalho de origem. Salientou-se, em suma, que, nos termos das Súmulas ns. 51, I, e 288, I, do TST, o estatuto aplicável à complementação dos proventos de aposentadoria do reclamante é o vigente na data de sua contratação, e se tal regramento não previu expressamente como condição para o recebimento da suplementação da aposentadoria a extinção do vínculo empregatício com a Petrobras, não cabe ao julgador fazer interpretação ampliativa da norma, em prejuízo do empregado. Destacou-se, por fim, que as Leis Complementares ns. 108/2001 e 109/2001 não podem retroagir para alcançar o caso em tela, pois prevalece a proteção constitucional ao direito adquirido dos empregados. TST-E-ED-RR-235-20.2010.5.20.0006, SBDI-I, rel. Min. Aloysio Corrêa da Veiga, 21.8.2014.

2013

Informativo n. 70, TST — *Complementação de aposentadoria. Piso salarial em múltiplos de salário mínimo estabelecido em norma coletiva. Previsão em lei estadual. Impossibilidade de vinculação. Art. 7º, IV, da CF e Súmula Vinculante 4.*

Não é possível a vinculação da complementação de aposentadoria ao piso salarial fixado em múltiplos de salário mínimo, ainda que exista lei estadual assegurando a observância da norma coletiva que estipulou a base de cálculo, tendo em vista o disposto no art. 7º, IV, da CF e na Súmula Vinculante 4. Na hipótese, os reclamantes postulavam a condenação da Fazenda Pública do Estado de São Paulo, sucessora da extinta FEPASA, ao pagamento de diferenças de complementação de aposentadoria adotando-se como referência o piso salarial de 2,5 salários mínimos previsto em acordo coletivo de trabalho, nos termos do art. 4º, § 2º, da Lei Estadual n. 9.343/1996, o que, conforme destacou o Ministro Renato de Lacerda Paiva, caracterizaria vinculação ao salário mínimo de forma transversa. Com esses fundamentos, a SBDI-I, conheceu dos embargos, por divergência jurisprudencial, e, no mérito, por maioria, negou-lhes provimento. Vencido o Ministro Aloysio Corrêa da Veiga, relator. TST-E-ED-RR-132000-64.2008.5.15.0058, SBDI-I, rel. Min. Aloysio Corrêa da Veiga, red. p/ acórdão Min. Renato de Lacerda Paiva, 12.12.2013.

Informativo n. 36, TST — *Previdência privada. Complementação de aposentadoria. Reajuste salarial reconhecido judicialmente. Contribuição para a fonte de custeio. Indevida. Ausência de previsão contratual.*

Não cabe imputar ao empregado aposentado a contribuição para a fonte de custeio de diferenças de complementação de aposentadoria decorrentes de reajuste salarial sob o rótulo de "avanço de nível" disfarçado, reconhecido judicialmente, quando a paridade salarial com o pessoal em atividade foi assegurada no contrato, sem a respectiva previsão de contribuição do assistido para a preservação do equilíbrio atuarial. Com esse posicionamento, a SBDI-I, à unanimidade, conheceu dos embargos, por divergência jurisprudencial e, no mérito, deu-lhes provimento para afastar da condenação o recolhimento da cota previdenciária dos reclamantes. TST-ARR-217400-15.2008.5.07.0011, SBDI-I, rel. Min. Aloysio Corrêa da Veiga, 14.2.2013.

2012

Informativo n. 19, TST — *CEF. Complementação de aposentadoria. CTVA. Integração. Natureza salarial.*

A parcela denominada Complemento Temporário Variável de Ajuste de Piso de Mercado — CTVA, instituída pela Caixa Econômica Federal — CEF com o objetivo de compatibilizar a gratificação de confiança com os valores pagos a esse título no mercado, possui natureza jurídica salarial e integra a remuneração do empregado, devendo, por consequência, compor o salário de contribuição, para fins de recolhimento à FUNCEF, e refletir no cálculo da complementação de aposentadoria. Com esse entendimento, a SBDI-I, por unanimidade, conheceu dos embargos interpostos pela CEF, por divergência jurisprudencial e, no mérito, negou-lhes provimento. Na espécie, consignou-se, ainda, que o próprio regulamento da FUNCEF prevê a inclusão das funções de confiança no salário de contribuição. TST-E-ED-RR-16200-36.2008.5.04.0141, SBDI-I, rel. Min. Brito Pereira, 23.8.2012.

CONCURSO PÚBLICO

2016

Informativo n. 143, TST — *Mandado de segurança. Concurso público. Candidata inscrita como portadora de necessidades especiais (PNE). Esclerose múltipla. Incapacitação não aferida no momento da avaliação médica. Enquadramento. Impossibilidade.*

O acometimento de moléstia grave, por si só, não enseja o enquadramento de candidata a cargo público em vaga reservada aos portadores de necessidades especiais (PNE). No caso, embora o laudo elaborado pela equipe médica tenha reconhecido que a impetrante possui esclerose múltipla, também registrou que, no momento da avaliação, seu quadro clínico não revelou incapacitação hábil a justificar a condição de portadora de deficiência, nos termos do art. 4º do Decreto n. 3.284/90. Sob esses fundamentos, o Órgão Especial, por unanimidade, negou provimento ao recurso ordinário, mantendo incólume a decisão da Corte de origem que denegara a segurança pretendida por não vislumbrar ilegalidade no ato que negou o enquadramento da impetrante como pessoa portadora de necessidades especiais. TST-RO-166-46.2015.5.23.0000, Órgão Especial, rel. Min. Augusto César Leite de Carvalho, 5.9.2016.

2015

Informativo n. 123, TST — *Metrô/DF. Liminar em mandado de segurança mantendo a antecipação de tutela em ação civil pública. Nomeação compulsória de candidatos aprovados em concurso público. Identidade de atribuições entre terceirizados e concursados não comprovada. Limitação orçamentária. Suspensão deferida.*

O pedido de suspensão de liminar ou de sentença prolatada contra o Poder Público não tem natureza recursal e há de ser examinado a partir da verificação de que a alegada lesão a bens jurídicos tenha sido grave (art. 4º, da Lei 8.437/92 e art. 15, da Lei n. 12.016/2009). No caso concreto, o Ministério Público do Trabalho ajuizou ação civil pública em face do Metrô/DF para que este procedesse à nomeação/contratação de candidatos aprovados em concurso público. O Juízo de primeiro grau deferiu a antecipação da tutela para determinar a contratação no prazo de dez dias. Contra a tutela antecipada, o Metrô/DF impetrou mandado de segurança, mas a ordem fora mantida pelo TRT da 10ª Região, que apenas ampliou o prazo para sessenta dias. A empresa, então, requereu a concessão de efeito suspensivo, o qual foi deferido pela Presidência do TST, ante a constatação de não ter sido comprovada a identidade de atribuições de terceirizados e concursados, a limitação orçamentária do Distrito Federal, bem como parecer do TCDF pela impossibilidade de novas contratações em observância à Lei de Responsabilidade Fiscal. Assim, subsistindo os motivos que levaram à suspensão da segurança, o Órgão Especial, por unanimidade, negou provimento aos agravos regimentais interpostos pelo Ministério Público do Trabalho e Sindmetrô-DF, mantendo a decisão monocrática do Presidente do TST que acolhera o pedido de efeito suspensivo, devendo a decisão prevalecer até a data de publicação do acórdão que apreciar o mérito do *mandamus*. TST-AgR--SS-18402-85.2015.5.00.0000, Órgão Especial, rel. Min. Antonio José de Barros Levenhagen, 9.11.2015.

Informativo n. 104, TST — *Concurso público para formação de cadastro reserva. Advogado. Contratação de advogados terceirizados. Preterição de candidatos aprovados. Direito à nomeação imediata.*

Há direito à nomeação imediata de candidato aprovado em concurso público para formação de cadastro de reserva quando constatada a terceirização dos serviços afetos às atribuições do cargo previsto no certame. No caso, prevaleceu o entendimento de que a preterição dos candidatos aprovados para o cargo de advogado do Banco do Nordeste S.A., decorrente da contratação de escritórios de advocacia por via de licitação e no prazo de vigência do concurso, violou o princípio constitucional do concurso público (art. 37, II, da CF). Ademais, demonstrada a necessidade de provimento do cargo descrito no edital, deve-se convolar a expectativa de direito do candidato aprovado em direito subjetivo à sua nomeação. Nesse contexto, a SBDI-I, por maioria, conheceu dos embargos interpostos pelo Banco do Nordeste do Brasil S.A. — BNB, por divergência jurisprudencial, vencidos os Ministros Hugo Carlos Scheuermann, Renato de Lacerda Paiva e Lelio Bentes Corrêa. No mérito, ainda por maioria, a Subseção negou provimento ao recurso, vencidos os Ministros Márcio Eurico Vitral Amaro, relator, Ives Gandra Martins Filho, Renato de Lacerda Paiva, Luiz Philippe Vieira de Mello Filho e José Roberto Freire Pimenta. TST-E-ED-RR-2167-67.2011.5.22.0001, SBDI-I, rel. Min. Márcio Eurico Vitral Amaro, red. p/ acórdão Min. Augusto César Leite de Carvalho, 16.4.2015.

2014

Informativo n. 95, TST — *Contrato nulo. Empregado contratado sem concurso público. Súmula n. 363 do TST. Horas extras. Base de cálculo.*

Conforme a Súmula n. 363 do TST, é assegurado ao empregado contratado após a Constituição de 1988, sem prévia aprovação em concurso público, o recebimento da contraprestação pactuada, na proporção das horas efetivamente trabalhadas, as quais deverão equivaler, pelo menos, ao valor da hora do salário mínimo, em atenção ao disposto no art. 7º, IV, da CF. Assim, não é possível admitir que, na hipótese em que pactuada contraprestação em valor maior do que o salário mínimo, seja adotado, como base de cálculo das horas trabalhadas além da jornada de trabalho, outro valor senão aquele avençado. Com esse entendimento, a SBDI-I decidiu, por unanimidade, não conhecer do recurso de embargos interposto pela reclamada. TST-E-ED-RR-89900- 57.2005.5.10.0020, SBDI-I, rel. Min. José Roberto Freire Pimenta, 13.11.2014.

2012

Informativo n. 23, TST — *Concurso público. Pessoa portadora de necessidades especiais. Deficiência auditiva. Caracterização.*

As normas e princípios constitucionais insculpidos nos arts. 1º, II e III, e 3º, IV, da CF, interpretados juntamente com o art. 3º do Decreto n. 3.298/99 (com redação dada pelo Decreto n. 5.296/04), permitem concluir que a deficiência auditiva, ainda que não bilateral, conforme disposto no art. 4º, II, do Decreto n. 3.298/99, é suficiente para assegurar ao candidato inscrito em concurso público o direito de concorrer a uma das vagas destinadas aos portadores de necessidades especiais a que aludem os arts. 37, VIII, da CF e 5º, § 2º, da Lei n. 8.112/90. Com esse entendimento, o Órgão Especial, por unanimidade, deu provimento parcial ao recurso ordinário da recorrente para reconhecer sua condição de portadora de deficiência auditiva, assegurando-lhe o direito à nomeação para o cargo de Analista Judiciário — Área Judiciária, do quadro permanente do TRT da 21ª Região, em vaga reservada a portadores de necessidades especiais correspondente à classificação na listagem especial equivalente à nota por ela alcançada no concurso público. TST-RO-11800-35.2011.5.21.0000, Órgão Especial, rel. Min. Brito Pereira, 1º.10.2012. (No mesmo sentido, TST-ReeNec e RO-29400-69.2011.5.21.0000, Órgão Especial, rel. Min. Dora Maria da costa, 1º.10.2012.)

Informativo n. 20, TST — *Concurso público. Candidato aprovado em posição superior ao número de vagas disponíveis no edital. Criação de cargos durante o prazo de validade do certame. Direito subjetivo à nomeação. Caracterização.*

O candidato aprovado em concurso público e classificado em posição superior ao número de vagas disponíveis no edital tem, apenas, a simples expectativa de ingresso no serviço público. Todavia, adquire direito subjetivo à nomeação se comprovado o surgimento de novas vagas durante o prazo de validade do certame, bem como o interesse da Administração Pública em preenchê-las. Na hipótese, a presidência do TRT da 1ª Região, a despeito da criação de cargos pela Lei n. 11.877/08 e da destinação destes aos aprovados no concurso de 2008, conforme previsto na Resolução Administrativa n. 17/2007, resolveu não nomear os candidatos aprovados para o cargo de analista judiciário — área administrativa até a conclusão da pesquisa de carências de especialidades. Assim, o Órgão Especial, por unanimidade, conheceu dos recursos ordinários e, no mérito, deu--lhes provimento para conceder parcialmente a segurança, com ordem de preenchimento de 39 cargos de analista judiciário — área administrativa, criados pela Lei n. 11.877/08, pelos candidatos aprovados e habilitados em idêntico cargo na forma do concurso público realizado em 2008, observada a ordem de classificação e o prazo de validade do certame. TST-RO-102000-17.2009.5.01.0000, Órgão Especial, rel. Min. Alberto Luiz Bresciani de Fontan Pereira, 3.9.2012.

DANO MORAL

2016

Informativo n. 146 TST — *Dano moral. Configuração. Uso de imagem. Ausência de autorização do empregado.*

A utilização da imagem sem o consentimento de seu titular, independentemente do fim a que se destina, configura ato ilícito, porquanto viola o patrimônio jurídico personalíssimo do indivíduo. Assim, a utilização da imagem do empregado para fins comerciais, sem prévia autorização, ainda que daí não advenha qualquer constrangimento, constitui ato ilícito, resultando em responsabilidade civil por dano moral, consoante o art. 20 do CC. Sob esses fundamentos, a SBDI-I decidiu, por unanimidade, conhecer dos embargos, por divergência jurisprudencial, e, no mérito, dar-lhes provimento para restabelecer a sentença no tocante à condenação ao pagamento de indenização por dano moral. TST-E-RR-20200-67.2007.5.02.0433, SBDI-I, rel. Min. João Oreste Dalazen, 29.9.2016.

Informativo n. 139 TST — *Dano moral. Transporte de valores por empregado não habilitado. Exposição do trabalhador a risco excessivo. Indenização devida. Dano in re ipsa.*

Atribuir a atividade de transporte de valores a empregado que não foi contratado para esta finalidade, e sem o necessário treinamento, exigido pela Lei n. 7.102/83, configura exposição a risco excessivo e, portanto, enseja o pagamento de indenização por dano moral *in re ipsa*. Na hipótese, a indenização foi requerida por motorista de distribuidora de bebida que realizava habitualmente transporte de valores, sem a devida habilitação técnica. Registrou--se, ademais, que o transporte de valores em veículos da empresa contendo cofre evidencia o risco potencial a que submetido o empregado responsável pela guarda do numerário recebido pelas vendas, sendo inócua a discussão a respeito da quantidade de dinheiro existente no cofre. Sob esse entendimento, a SBDI-I, por unanimidade, conheceu dos embargos, por divergência jurisprudencial, e, no mérito, negou-lhes provimento. TST-E--RR-514-11.2013.5.23.0008, SBDI-I, rel. Min. Walmir Oliveira da Costa, 23.6.2015.

Informativo n. 138 TST — *Anotação do vínculo de emprego na CTPS. Ausência. Inexistência de prejuízo. Dano moral não caracterizado.*

Conforme preceitua o art. 29 da CLT, a anotação do vínculo de emprego na CTPS tem caráter cogente. Todavia, a ausência de registro, por si só, não gera automaticamente dano moral ao empregado, mormente quando não há prova de prejuízo. No caso concreto, não houve prova efetiva de dano algum que pudesse abalar a intimidade, a vida privada, a honra ou a imagem do autor. Ademais, ressaltou-se que a inexistência de anotação de vínculo empregatício na CTPS configura mera irregularidade administrativa que pode ser sanada por determinação judicial ou pela própria secretaria da vara do trabalho (art. 39, § 1º, da CLT). Assim, a SBDI-I, por unanimidade, conheceu do recurso de embargos, por divergência jurisprudencial, e, no mérito, negou-lhe provimento. TST-E-E-D-RR-3323-58.2010.5.02.0203, SBDI-I, rel. Min. Cláudio Mascarenhas Brandão, 2.6.2016.

Informativo n. 137 TST — *Matéria afetada ao Tribunal Pleno. Concessionária de serviço público. Terceirização ilícita. Dano moral coletivo. Configuração.*

A utilização de mão de obra terceirizada na atividade-fim é conduta irregular que atinge os interesses difusos de toda a coletividade de trabalhadores, pois em desacordo com a legislação de proteção ao trabalhador, na medida em que gera perda econômica, exacerba os malefícios à saúde e causa instabilidade no emprego e desestímulo à produtividade. Tratando-se de concessionária de serviço público, os malefícios são ainda maiores, pois a terceirização da atividade-fim de empresa estatal gera a substituição indevida de empregados públicos, em flagrante violação à regra do concurso público prevista no art. 37, II, da CF. Assim, no caso em que o TRT, nos autos de ação civil pública ajuizada pelo Ministério Público do Trabalho, reconheceu a terceirização ilícita na área fim da empresa estatal tomadora de serviços, mas indeferiu a pretensão de indenização por danos morais coletivos, deve prevalecer a decisão da turma do TST que condenou tomadora e prestadora de serviços ao pagamento de indenização por danos morais coletivos a ser revertida ao Fundo de Amparo ao Trabalhador (FAT). Sob esses fundamentos, o Tribunal Pleno, por unanimidade, conheceu de recurso de embargos, por divergência jurisprudencial, e, no mérito, por maioria, negou-lhe provimento. Vencido o Ministro Ives Gandra Martins Filho. TST-E-ED-RR-117400-47.2005.5.14.0001, Tribunal Pleno, rel. Min. Cláudio Mascarenhas Brandão, 30.5.2016.

Informativo n. 136, TST — *Indenização por dano moral. Dano sofrido pelo empregado. Ação proposta pelo espólio. Legitimidade ativa.*

O espólio tem legitimidade ativa para pleitear pagamento de indenização por danos morais quando o prejuízo a ser reparado foi experimentado pelo próprio empregado, em razão de acidente de trabalho. Hipótese que não se confunde com aquela em que o pleito de indenização é oriundo do dano sofrido pelos herdeiros. Sob esse entendimento, a SBDI-I, por unanimidade, conheceu dos embargos, por divergência jurisprudencial e, no mérito, por maioria, negou-lhes provimento. Vencidos os Ministros Brito Pereira, relator, Renato de Lacerda Paiva, Walmir Oliveira da Costa e José Roberto Freire Pimenta. TST-E-RR-1187-80.2010.5.03.0035, SBDI-I, rel. Min. Brito Pereira, red. p/ acórdão Min. Márcio Eurico Vitral Amaro, 12.5.2016.

Informativo n. 136, TST — *Ação civil pública. Art. 93 da Lei n. 8.213/91. Vagas destinadas a trabalhadores reabilitados ou portadores de deficiência. Não preenchimento. Ausência de culpa da empresa. Dano moral coletivo. Não configuração.*

O descumprimento da obrigação legal de admitir empregados reabilitados ou portadores de deficiência, conforme cota estipulada no art. 93 da Lei n. 8.213/91, somente enseja o pagamento de multa e de indenização por danos morais coletivos se houver culpa da empresa. Ressalte-se, todavia, que o fato de a empresa haver empreendido esforços a fim de preencher o percentual de vagas estabelecido pela lei, não obstante leve a improcedência do pedido de condenação ao pagamento de multa e de indenização, não a exonera da obrigação de promover a admissão de pessoas portadoras de deficiência ou de reabilitados. Sob esse fundamento, a SBDI-I, por unanimidade, conheceu do recurso de embargos, por divergência jurisprudencial, e, no mérito, por maioria, deu-lhe provimento parcial para absolver a empresa da condenação ao pagamento de multa e de indenização por dano moral coletivo. Vencidos parcialmente os Ministros Cláudio Mascarenhas Brandão, Augusto César Leite de Carvalho, José Roberto Freire Pimenta e Hugo Carlos Scheuermann. TST-E-ED-RR-658200-89.2009.5.09.0670, SBDI-I, rel. Min. Brito Pereira, 12.5.2016.

Informativo n. 130, TST — *Danos morais. Ausência ou atraso na quitação das verbas rescisórias. Indenização indevida.*

A ausência ou o atraso no pagamento das verbas rescisórias não é suficiente para caracterizar a ocorrência de danos morais. No caso, embora reconhecido o atraso, pelo empregador, no adimplemento da obrigação de quitar as verbas rescisórias, não houve registro de qualquer consequência concreta (impossibilidade de saldar compromissos, constituição em mora, perda de crédito, etc.) que pudesse comprometer a honra e a imagem do empregado. Sob esses fundamentos, a SBDI-I, por unanimidade, conheceu dos embargos interpostos pelo reclamante, por divergência jurisprudencial, e, no mérito, por maioria, negou-lhes provimento. Vencido o Ministro Alexandre de Souza Agra Belmonte. TST-E-RR-571-13.2012.5.01.0061, SBDI-I, rel. Min. Lelio Bentes Corrêa, 17.3.2016.

2015

Informativo n. 126, TST — *Danos morais e materiais. Concausa entre as atividades exercidas e a doença desenvolvida. Responsabilidade da empregadora. Indenização devida.*

Nos termos do art. 21, I, da Lei n. 8.213/91, para a caracterização de acidente do trabalho (ou de doença profissional a ele equiparada) não se faz necessário que a conduta da empresa seja causa exclusiva do evento, bastando que para ela concorra. Assim, na hipótese em que o TRT reconheceu expressamente que as atividades desenvolvidas pela reclamante atuaram como concausa para o desencadeamento de esquizofrenia paranoide e depressão grave, resulta inafastável o reconhecimento da responsabilidade da empregadora pela indenização por danos morais e materiais (art. 927 do CC). Sob esses fundamentos, a SBDI-I, por unanimidade, conheceu dos embargos por divergência jurisprudencial e, no mérito, por maioria, deu-lhes provimento parcial para: I) restabelecer a sentença no tocante à condenação da reclamada ao ressarcimento das despesas com medicamentos e tratamento da doença, ao fornecimento de plano de saúde e à determinação de constituição de capital visando garantir o pagamento de pensão vitalícia; II) condenar a reclamada ao pagamento de compensação por danos morais no valor de R$ 60.000,00 e ao pagamento de pensão mensal e vitalícia, correspondente a 40% da última remuneração percebida pela autora, a partir do seu afastamento em 6.11.2003, mantendo-se o valor atualizado, de acordo com os reajustes salariais concedidos. Vencidos, totalmente, os Ministros Aloysio Corrêa da Veiga, João Oreste Dalazen, Brito Pereira, Guilherme Augusto Caputo Bastos e Márcio Eurico Vitral Amaro, e, parcialmente, os Ministros Lelio Bentes Corrêa, relator, José Roberto Freire Pimenta e Alexandre de Souza Agra Belmonte, que fixavam o percentual de 80% quanto ao pagamento da pensão, TST SBDI-I, rel. Min. Lelio Bentes Corrêa, red. p/ acórdão Min. Renato de Lacerda Paiva, 10.12.2015.

Informativo n. 121, TST — *Dano moral. Indenização. Revista pessoal de controle. Apalpamento de partes do corpo do empregado. Toques na cintura.*

O controle exercido pelo empregador com o intuito de fiscalizar o seu patrimônio deve observar os ditames do ordenamento jurídico, dentre os quais figura como essencial a estabilidade nas relações laborais e o respeito à intimidade e à dignidade do trabalhador. Caracteriza revista pessoal de controle e, portanto, ofende o direito à intimidade e à dignidade do empregado, a conduta do empregador que, excedendo os limites do poder diretivo e fiscalizador, impõe a realização de vistoria íntima consistente no apalpamento de partes do corpo do empregado — "toques na cintura". Devida, portanto, a indenização por dano moral, ainda que o contato físico se dê sem "excesso ou exagero" — o que não afastaria o reconhecimento da lesão ao patrimônio moral do empregado. Sob esses fundamentos, a SBDI-1, por unanimidade, conheceu dos embargos, por divergência jurisprudencial e, no mérito, por maioria, deu-lhes provimento para restabelecer o acórdão regional quanto à declaração de procedência do pedido de indenização por dano moral, inclusive no tocante ao valor fixado (R$ 3.000,00 — três mil reais), vencidos os Ministros Márcio Eurico Vitral Amaro e Guilherme Augusto Caputo Bastos. TST-E-RR-22800-62.2013.5.13.0007, SBDI-1, rel. Min. João Oreste Dalazen, 29.10.2015.

Informativo n. 120, TST — *Dano moral. Princípio da dignidade humana. Limitação ao uso do banheiro. Empregada que labora na "linha de produção" de empresa de processamento de carnes e derivados. Ininterruptividade de atividade laboral. NR-36 da Portaria MTE n. 555/2013.*

A limitação ao uso do banheiro por determinação do empregador, ainda que a atividade laboral se dê nas denominadas "linhas de produção", acarreta constrangimento e exposição a risco de lesão à saúde do empregado, ao comprometer-lhe o atendimento de necessidades fisiológicas impostergáveis. A simples sujeição do empregado à obtenção de autorização expressa da chefia, para uso do banheiro, em certas circunstâncias, em si mesma já constitui intolerável constrangimento e menoscabo à dignidade humana. Tal conduta do empregador viola o princípio da dignidade humana e assegura o direito à indenização por dano moral, com fundamento no artigo 5º, X, da Constituição Federal e no artigo 186 do Código Civil. No caso, entendeu-se, em sintonia com a NR-36 da Portaria MTE n. 555/2013, que a ininterruptividade do labor da empregada em "linha de produção" de empresa de processamento de carnes e derivados, não autoriza a restrição do acesso ao toalete a apenas duas vezes ao longo da jornada de labor, dependendo as demais do controle e autorização expressa da chefia. Sob esse entendimento, a SBDI-1, por unanimidade, conheceu dos embargos, por divergência jurisprudencial, e, no mérito, por maioria, vencido o Ministro Renato de Lacerda Paiva, deu-lhes provimento para condenar a reclamada ao pagamento de indenização por dano moral, que ora se fixa em R$ 30.000,00. TST-E-RR-3524-55.2011.5.12.0003, SBDI-1, rel. Min. João Oreste Dalazen, 8.10.2015.

Informativo n. 117, TST — *Indenização por danos morais. Despedida por justa causa. Imputação de ato de improbidade. Desconstituição em juízo.*

A resolução do contrato de trabalho por justa causa, fundada em suposto ato de improbidade (desvio de numerário), quando desconstituída judicialmente, gera reflexos na vida do empregado e lesiona direitos da personalidade, em especial a honra e a imagem, na medida em que a acusação infundada atinge grave e injustamente a reputação do obreiro. Embora a reversão judicial da dispensa por justa causa não constitua, por si só e necessariamente, motivo ensejador da indenização, a acusação, sem a necessária cautela, de grave imputação de desvio de dinheiro evidencia o abuso do direito do empregador de exercer o poder disciplinar, configurando-se ato ilícito, previsto no artigo 186 do Código Civil, e indenizável, na forma do artigo 927 do mesmo diploma legal. Diferente seria se a justa causa imputada tivesse o pressuposto da conduta incontroversa (faltas ao trabalho, ofensa pessoal, desídia no cumprimento de norma geral, etc.), quando então estaria imune o empregador para exercer o direito de tentar enquadrar tal comportamento em um dos tipos legais descritivos de justa causa. Sob esse entendimento, a SBDI-I, por maioria, conheceu do recurso de embargos por divergência jurisprudencial, vencido o Ministro Luiz Philippe Vieira Mello Filho, e, no mérito, ainda por maioria, deu-lhe provimento para, reformando a decisão recorrida, reconhecer a existência de dano moral, e condenar a reclamada ao pagamento da indenização respectiva, no valor de R$ 30.000,00 (trinta mil reais), a título de acréscimo à condenação. Vencidos, totalmente, os Ministros João Oreste Dalazen, Antônio José de Barros Levenhagen, Ives Gandra da Silva Martins Filho, Luiz Philippe Vieira Mello Filho, Guilherme Augusto Caputo Bastos e Márcio Eurico Vitral Amaro, que negavam provimento ao recurso, e, parcialmente, o Ministro Renato de Lacerda Paiva, que dava provimento aos embargos, mas com a redução do valor da indenização para R$ 15.000,00. TST-E-RR-48300-39.2003.5.09.0025, SBDI-I, rel. Min. Augusto César Leite de Carvalho, 10.9.2015.

Informativo n. 117, TST — *Dano moral. Indenização. Fixação do "quantum" indenizatório.*

Na fixação do valor da indenização por dano moral, o magistrado deve valer-se dos princípios da razoabilidade e da proporcionalidade, previstos na Constituição Federal. Há que ponderar acerca da gravidade objetiva da lesão, da intensidade do sofrimento da vítima, do maior ou menor poder econômico do ofensor e do caráter compensatório em relação à vítima e repressivo em relação ao agente causador do dano. A excepcional intervenção do Tribunal Superior do Trabalho sobre o valor arbitrado somente é concebível nas hipóteses de arbitramento de valor manifestamente irrisório, ou, por outro lado, exorbitante. Unicamente em tais casos extremos, em tese, reconhece-se violação dos princípios da razoabilidade e da proporcionalidade insculpidos no art. 5º, V e/ou X, da Constituição da República. Sob esses fundamentos, a SBDI-I, pelo voto prevalente da Presidência, conheceu dos embargos, por divergência jurisprudencial, e, no mérito, negou-lhes provimento. Vencidos os Ministros Alexandre de Souza Agra Belmonte, Renato de Lacerda Paiva, Augusto César Leite de Carvalho, José Roberto Freire Pimenta, Hugo Carlos Scheuermann e Cláudio Mascarenhas Brandão. TST-E-RR-159400-36.2008.5.01.0222, SBDI-I, rel. Min. João Oreste Dalazen, 10.9.2015.

Informativo n. 112, TST — *Revista em pertences de empregados. Esvaziamento de bolsas e sacolas. Impessoalidade. Ausência de contato físico. Empresa do ramo de comercialização de medicamentos (drogaria). Interesse público envolvido. Potencialidade de grave risco decorrente de desvio dos produtos comercializados. Poder de fiscalização do empregador. Dano moral. Não caracterizado.*

A imposição patronal de esvaziamento do conteúdo de bolsas, sacolas e demais pertences de empregados, por si só, não acarreta dano moral, desde que efetuada de maneira impessoal e respeitosa e derive de imposição da natureza da atividade empresarial. No caso, empresa do ramo de comercialização de medicamentos (drogaria), impunha a seus empregados, indistintamente, no início e ao final do expediente, a abertura e o esvaziamento de bolsas e sacolas, sem qualquer contato físico por parte de outros trabalhadores. Concluiu-se que o interesse público justifica o rigor no controle, em prol da segurança da coletividade, ante a potencialidade de grave risco decorrente de eventual desvio dos produtos comercializados. Assim, a conduta patronal é legítima e inerente ao poder-dever de fiscalização do empregador, logo não rende ensejo ao pagamento de indenização por dano moral. Sob esse entendimento, a SBDI-I, por unanimidade, conheceu dos embargos, por divergência jurisprudencial, e, no mérito, negou-lhes provimento. Ressalva de entendimento do Ministro Cláudio Mascarenhas Brandão. TST-E-RR-2111-32.2012.5.12.0048, SBDI-I, rel. Min. João Oreste Dalazen, 25.6.2015.

Informativo n. 111, TST — *Dano moral. Configuração. Retificação de registro na Carteira de Trabalho e Previdência Social. Inclusão da informação de que se trata de cumprimento de decisão judicial.*

Configura lesão moral a referência, na Carteira de Trabalho e Previdência Social do empregado, de que algum registro ali constante decorreu de determinação judicial, constituindo anotação desnecessária e desabonadora, nos termos do art. 29, § 4º, da CLT. Tal registro dificulta a obtenção de novo emprego e acarreta ofensa a direito da personalidade do trabalhador. Sob esse fundamento, a SBDI-1, à unanimidade, não conheceu do recurso de embargos da reclamada, com ressalva de entendimento dos Ministros Antonio José de Barros Levenhagen, João Oreste Dalazen, Ives Gandra Martins Filho, Renato de Lacerda Paiva e Guilherme Augusto Caputo Bastos. TST-EEDRR-148100-34.2009.5.03.0110, SBDI-I, rel. Min. Hugo Carlos Scheuermann, 18.6.2015.

Informativo n. 109, TST — *Dano moral. Empregado bancário. Monitoramento de conta corrente. Procedimento indiscriminado em relação aos outros correntistas. Possibilidade. Cumprimento do artigo 11, inciso II e § 2º, da Lei n. 9.613/98.*

Não configura dano moral a quebra do sigilo bancário pelo empregador, quando este mesmo procedimento é adotado indistintamente em relação a todos os correntistas, na estrita observância à determinação legal inserta no artigo 11, inciso II e § 2º da Lei n. 9.613/98. Sob esses fundamentos, a SBDI-I, por unanimidade, não conheceu do recurso de embargos interposto pelo reclamante. TST-E-RR-1447-77.2010.5.05.0561, SBDI-I, rel. Min. Lelio Bentes Corrêa, 28.05.2015.

2014

Informativo n. 95, TST — *Dano moral. Configuração. Atribuição de apelidos pejorativos. Indenização. Devida.*

A utilização de apelidos pejorativos em ambiente profissional é prática a ser coibida, porque viola os padrões aceitáveis de urbanidade e boa-conduta que devem imperar no ambiente de trabalho e fere a proteção à honra e à imagem, conferida pelo art. 5º, X, da CF. Assim, na hipótese em que ficou consignado que o reclamante era chamado por seu superior hierárquico por apelido pejorativo como forma de humilhar e chamar atenção a algo que considerava errado, mostra-se indubitável a ocorrência de ato ilícito a ensejar indenização por danos morais, os quais não exigem prova do dano efetivo, pois trata-se de lesão de ordem psíquica que prescinde de comprovação. Com esses fundamentos, a SBDI-I, por unanimidade, conheceu dos embargos interpostos pelo reclamado, por divergência jurisprudencial, e, no mérito, deu-lhes provimento para condenar a reclamada ao pagamento de indenização por danos morais no importe de R$ 1.500,00, reformando a decisão turmária que não vislumbrou ato ilícito capaz de ensejar a reparação por dano moral por entender que o uso do apelido, por si só, não atingiu a honra e a imagem do empregado, especialmente no contexto brasileiro, em que o uso de apelidos é prática comum. Ressalvou entendimento o Ministro Ives Gandra Martins Filho. TST-E-RR-1198000-97.2006.5.09.0015, SBDI-I, rel. Min. Augusto César Leite de Carvalho, 13.11.2014.

Informativo n. 93, TST — *Dano moral. Não configuração. Apresentação de certidão de antecedentes criminais. Condição para admissão no emprego.*

Não configura danos morais a simples exigência de apresentação de certidão de antecedentes criminais como condição para admissão no emprego, a não ser que, em determinado caso concreto, a não contratação do trabalhador decorra de certidão positiva de um antecedente criminal que não tenha relação alguma com a função a ser exercida, caracterizando, portanto, um ato de discriminação. Com esse entendimento, a SBDI-I, à unanimidade, conheceu dos embargos interpostos pela reclamada, por divergência jurisprudencial, e, no mérito, por maioria, deu-lhes provimento para julgar improcedente a reclamação. Ressalvaram a fundamentação os Ministros Hugo Carlos Scheuermann e Luiz Philippe Vieira de Mello Filho, os quais entendiam que só se configuraria dano moral se a atividade a ser exercida pelo empregado não justificasse a exigência da certidão, o que não é o caso dos autos, uma vez que o reclamante, operador de *telemarketing*, tinha amplo acesso ao cadastro sigiloso das pessoas, mostrando-se razoável a apresentação dos antecedentes criminais. Vencidos os Ministros Augusto César Leite de Carvalho, relator, José Roberto Freire Pimenta e Alexandre Agra Belmonte. TST-E-RR-119000-34.2013.5.13.0007, SBDII, rel. Min. Augusto César Leite de Carvalho, red. p/ acórdão Min. Renato de Lacerda Paiva, 23.10.2014.

Informativo n. 91, TST — *Dano moral. Atraso reiterado no pagamento de salários. Indenização devida. Dano in re ipsa.*

O atraso reiterado no pagamento dos salários configura dano moral *in re ipsa*, ou seja, presume-se a lesão ao direito de personalidade do trabalhador, pois gera estado permanente de apreensão no empregado, que se vê impossibilitado de honrar seus compromissos financeiros e de prover suas necessidades básicas. No caso concreto, o reclamante teve seus salários atrasados por cinco ou seis meses, período em que também não recebeu vale-alimentação nem vale-transporte. Ademais, por ocasião de sua dispensa, não recebeu as verbas rescisórias devidas. Assim, por unanimidade, a SBDI-I, conheceu dos embargos interpostos pelo reclamante, por divergência jurisprudencial, e, o mérito, por maioria, deu-lhes provimento para restabelecer o acórdão do Regional, o qual manteve a sentença que condenou os reclamados ao pagamento de indenização por danos morais. Ressalvou a fundamentação o Ministro Aloysio Corrêa da Veiga. Vencidos os Ministros Renato de Lacerda Paiva, Ives Gandra Martins Filho e Guilherme Augusto Caputo Bastos. TST-E-RR-577900-83.2009.5.09.0010, SBDI-I, rel. Min. Márcio Eurico Vitral Amaro, 9.10.2014.

2013

Informativo n. 70, TST — *Dano moral. Caracterização. Dispensa por justa causa fundada em ato de improbidade. Desconstituição em juízo. Dano presumível. Indenização devida.*

A desconstituição em juízo da justa causa fundada em ato de improbidade imputado ao empregado pelo empregador enseja o pagamento de indenização por danos morais, tendo em vista que o prejuízo moral é presumível, ou seja, a prova do dano decorre da existência do próprio fato lesivo. Com esse entendimento, a SBDI-I, por unanimidade, conheceu dos embargos, por divergência jurisprudencial, e, no mérito, por maioria, deu-lhes provimento para condenar o reclamado ao pagamento de indenização por danos morais, no valor de quinze mil reais. Vencidos os Ministros João Oreste Dalazen, Carlos Alberto Reis de Paula, Brito Pereira, Dora Maria da Costa, os quais entendiam que a atribuição de ato de improbidade, por si só, não configura dano moral, e o Ministro Aloysio Corrêa da Veiga, em relação ao valor da indenização. TST-E-RR-164300-14.2009.5.18.0009, SBDI-1, rel. Min. Renato de Lacerda Paiva, 12.12.2013.

Informativo n. 62, TST — *Dano moral. Configuração. Violação do direito de imagem. Veiculação de propagandas comerciais de fornecedores da empresa nos uniformes. Ausência de autorização dos empregados.*

A veiculação de propagandas comerciais de fornecedores da empresa nos uniformes, sem que haja concordância do empregado, configura utilização indevida da imagem do trabalhador a ensejar o direito à indenização por dano moral, nos termos dos arts. 20 e 186 do CC e 5º, X, da CF. Ademais, na esteira da jurisprudência do TST e do STF, a imagem é bem extrapatrimonial, cuja utilização não autorizada configura violação a direito personalíssimo, tornando desnecessária a demonstração concreta de prejuízo. Com esses fundamentos, a SBDI-I, por unanimidade, conheceu dos embargos da reclamada, por divergência jurisprudencial, e, no mérito, negou-lhes provimento. Ressalvou entendimento pessoal o Ministro Ives Gandra Martins Filho. TST-E-RR-19-66.2012.5.03.0037, SBDI-I, rel. Min. Renato de Lacerda Paiva, 10.10.2013. (Cf. Informativo TST n. 34.)

Informativo n. 60, TST — *Ação rescisória. Dano moral. Indenização em valor idêntico ao fixado para recompor o dano material. Ausência de razoabilidade e proporcionalidade. Afronta ao art. 5º, X, da CF. Configuração.*

A indenização por danos morais deve proporcionar alívio ao sofrimento suportado pelo empregado e educar o empregador, coibindo a prática futura de semelhante conduta ofensiva a outro empregado. Trata-se de lesão a patrimônio imaterial e sem conteúdo econômico, o que torna difícil a fixação do valor indenizatório. Por outro lado, a compensação não pode gerar enriquecimento sem causa, devendo atentar aos princípios da proporcionalidade e razoabilidade. Assim, ausentes parâmetros legais, o julgador deve se pautar pela situação econômica do ofensor e da vítima, o ambiente cultural de ambos, as circunstâncias do caso concreto, o grau de culpa do autor da ofensa e a extensão do dano, tendo por base a conduta do homem médio. No caso vertente, em que o empregado fora acometido pela Síndrome do Túnel do Carpo e tendinite dos punhos, a fixação de indenização por dano moral em valor idêntico à quantia estipulada para o dano material (R$ 226.475,61), a pretexto da origem comum de ambos e a consequente necessidade de adoção de mesmos critérios, se mostra desproporcional e desarrazoada, principalmente se cotejada com a consequência advinda do infortúnio, qual seja, redução apenas parcial da capacidade laboral do trabalhador. Com esse entendimento, a SBDI-II, por maioria, julgou procedente o pedido de rescisão, no tópico, para, em juízo rescindente, reconhecida a afronta ao art. 5º, X, da CF, desconstituir parcialmente a sentença, reduzindo para R$ 30.000,00 o valor da indenização por danos morais. Vencidos os Ministros Luiz Philippe Vieira de Mello Filho, Emmanoel Pereira e Cláudio Brandão. TST-RO-106300-45.2008.5.05.0000, SBDI-II, rel. Min. Guilherme Augusto Caputo Bastos, 24.9.2013.

Informativo n. 43, TST — *Dano moral. Indenização. Bancário. Assalto a instituição bancária. Responsabilidade objetiva. Atividade de risco. Art. 927, parágrafo único, do CC.*

A SBDI-I, em sua composição plena, confirmando decisão da Turma, entendeu devida a indenização por danos morais a empregado bancário que foi vítima de três assaltos na agência em que trabalhava. Na hipótese, restou configurada a responsabilidade objetiva do empregador, na forma do parágrafo único do art. 927 do CC, pois a atividade bancária, por envolver contato com expressivas quantias de dinheiro, está sujeita à ação frequente de assaltantes, sendo considerada, portanto, como atividade de risco a atrair a obrigação de indenizar os danos sofridos pelo trabalhador. Com esse entendimento, a Subseção, por unanimidade, conheceu do recurso de embargos do reclamado, por divergência jurisprudencial, e, no mérito, por maioria, negou-lhes provimento. Vencidos os Ministros Ives Gandra Martins Filho e Maria Cristina Irigoyen Peduzzi, que entendiam indevida a indenização por não enquadrarem como de risco a atividade exercida pelo reclamante. TST-E-RR-94440-11.2007.5.19.0059, SBDI-I, rel. Min. Aloysio Corrêa da Veiga, 18.4.2013.

Informativo n. 42, TST — *Indenização por danos morais. Devida. Amputação do dedo indicador. Torneiro mecânico. Atividade de risco. Culpa presumida.*

A SBDI-I, por maioria, conheceu dos embargos, por divergência jurisprudencial, e, no mérito, ainda por maioria, negou-lhes provimento, mantendo a decisão da 6ª Turma que, reconhecendo a responsabilidade do empregador no caso em que o trabalhador teve seu dedo indicador decepado ao trocar a pastilha do torno mecânico que operava, deferiu o pedido de indenização por dano moral. Na espécie, prevaleceu a tese de que o ofício de torneiro mecânico é atividade de risco, uma vez que implica operação de máquina potencialmente ofensiva, presumindo-se, portanto, a culpa da empresa. Vencidos, quanto ao conhecimento, os Ministros Lelio Bentes Corrêa, Alberto Luiz Bresciani de Fontan Pereira, Augusto César Leite de Carvalho e Delaíde Miranda Arantes, e, no mérito, os Ministros Ives Gandra Martins Filho, relator, Brito Pereira, Renato de Lacerda Paiva e Dora Maria da Costa. TST-E-ED-RR-154785-83.2007.5.15.0016, SBDI-I, rel. Min. Ives Gandra da Silva Martins Filho, red. p/ acórdão Min. Aloysio Corrêa da Veiga, 11.4.2013.

Informativo n. 40, TST — *Dano moral. Divulgação da lista nominal dos servidores públicos e da correspondente remuneração mensal na internet. Prevalência do princípio da publicidade dos atos administrativos em detrimento do direito à intimidade, à privacidade e à segurança do empregado público.*

A divulgação, na internet, da lista dos cargos ocupados e dos valores da remuneração mensal pagos ao servidor público não configura dano moral, pois o princípio da publicidade dos atos administrativos deve prevalecer sobre o direito à intimidade, à privacidade e à segurança do agente público, conforme decidido pelo Tribunal Pleno do STF nos autos do processo n. SS-3902-AgR-segundo/SP, rel. Min. Ayres Britto. Com esse entendimento, a SBDI-I, por unanimidade, conheceu dos embargos, por divergência jurisprudencial, e, no mérito, negou-lhes provimento, mantendo decisão da Turma que excluiu da condenação o pagamento de indenização por danos morais decorrentes da disponibilização no sítio da Administração dos Portos de Paranaguá e Antonina — APPA, na internet, de relação com nomes, cargos e remunerações de seus empregados. TST-E-RR-336000-02.2008.5.09.0411, SBDI-I, rel. Min. Augusto César Leite de Carvalho, 21.3.2013.

Informativo n. 37, TST — *Ação civil pública. Condenação a não utilizar-se de trabalhadores em testes de cigarro no "Painel de Avaliação Sensorial". Impossibilidade. Atividade lícita e regulamentada, mas de risco. Indenização. Dano moral coletivo.*

A SBDI-I, por maioria, conheceu, por divergência jurisprudencial, dos embargos da Souza Cruz S.A. quanto ao tema relativo à condenação, nos autos de ação civil pública, a obrigação de não fazer, e, no mérito, ainda por maioria, deu-lhes provimento para afastar a obrigação de não utilizar-se de trabalhadores, empregados próprios ou de terceiros, inclusive de cooperativas, em testes de cigarro no denominado "Painel de Avaliação Sensorial". No caso, prevaleceu a tese de que, não obstante os riscos à saúde do trabalhador, o consumo de cigarros é lícito e a atividade de provador de tabaco é regulamentada pelo Ministério do Trabalho e Emprego, não cabendo à Justiça do Trabalho proibir ou impor condições ao exercício profissional que implique a prática de fumar. Vencidos, no conhecimento, os Ministros Augusto César de Carvalho, relator, Lelio Bentes Corrêa, José Roberto Freire Pimenta e Delaíde Miranda Arantes, e, no mérito, totalmente, os Ministros Lelio Bentes Corrêa, que não conhecia dos embargos, Augusto César de Carvalho, relator, Alberto Luiz Bresciani de Fontan Pereira, José Roberto Freire Pimenta e Delaíde Miranda Arantes, que negavam provimento aos embargos, e, parcialmente, o Ministro Luiz Philippe Vieira de Mello Filho, que dava provimento parcial ao recurso. Não obstante a licitude da participação de trabalhadores no denominado "Painel de Avaliação Sensorial", acima assentada, as indiscutíveis lesões à saúde decorrentes do contato com o tabaco permitem enquadrar a atividade de provedor de cigarro como de risco, a atrair a aplicação da responsabilidade civil objetiva prevista no art. 927 do CC. Assim, a imposição de indenização, no caso, tem finalidade pedagógica, na medida em que desestimula a exposição dos empregados a agentes nocivos, uma vez que cabe à empregadora zelar pela saúde e segurança de seus trabalhadores. Com esses fundamentos, a SBDI-I, por unanimidade, conheceu dos embargos do Ministério Público do Trabalho, por divergência jurisprudencial, e, no mérito, pelo voto prevalente da Presidência, deu-lhes provimento para restabelecer a decisão do Regional, que manteve a condenação da Souza Cruz S.A. à indenização pelos danos aos interesses difusos e coletivos dos trabalhadores, no valor de R$ 1.000.000,00 (um milhão de reais), reversível ao FAT — Fundo de Amparo ao Trabalhador, corrigido monetariamente, mês a mês, pelos mesmos índices utilizados para a atualização dos débitos trabalhistas. Vencidos os Ministros Ives Gandra Martins Filho, Brito Pereira, Maria Cristina Irigoyen Peduzzi, Luiz Philippe Vieira de Mello Filho, Alberto Luiz Bresciani de Fontan Pereira e Dora Maria da Costa. TST-E--ED-RR-120300-89.2003.5.01.0015, SBDI-I, rel. Min. Augusto César Leite de Carvalho, red. p/ acórdão Min. João Oreste Dalazen, 21.2.2013.

Informativo n. 35, TST — *Dano moral. Não configuração. Empregado de instituição bancária. Quebra de sigilo bancário. Procedimento indistinto adotado para todos os correntistas de instituição financeira. Determinação do Banco Central.*

Não configura dano moral a quebra do sigilo bancário do empregado na hipótese em que haja determinação do Banco Central para, em procedimento geral adotado indistintamente em relação a todos os correntistas da instituição financeira, e não só aos empregados, monitorar contas correntes com o objetivo de detectar existência de movimentação extraordinária, emissão de cheques sem fundos e evitar lavagem de dinheiro. Com esse entendimento, a SBDI-I, por unanimidade, conheceu do recurso de embargos por divergência jurisprudencial, e, no mérito, negou-lhe provimento. Na espécie, consignou-se que não há quebra de isonomia, nem mitigação do direito fundamental à privacidade e à intimidade, nem do dever de sigilo, dispostos nos arts. 5º, X, da CF e 1º da Lei Complementar n. 105/2001. Ademais, o caso em tela não se confunde com as hipóteses em que o TST, diante do exame da movimentação financeira do empregado, em procedimento de auditoria interna do banco empregador, sem autorização judicial, tem reconhecido a existência de dano moral. TST. EEDRR-82600-37.2009.5.03.0137, SBDI-I, rel. Min. Augusto César Leite de Carvalho, 7.2.2013. (No mesmo sentido e julgado na mesma sessão, TST-E-RR-1517-92.2010.5.03.0030.)

2012

Informativo n. 34, TST — *Dano moral. Configuração. Uso indevido da imagem. Uniforme com propagandas comerciais. Ausência de autorização.*

A veiculação de propagandas comerciais de fornecedores da empresa nos uniformes, sem que haja concordância do empregado, configura utilização indevida da imagem do trabalhador a ensejar o direito à indenização por dano moral, nos termos dos arts. 20 do CC e 5º, X, da CF, sendo desnecessária a demonstração concreta de prejuízo. Com esse entendimento, a SBDI-I, em sua composição plena, conheceu do recurso de embargos, por divergência jurisprudencial, e, no mérito, por maioria, negou-lhe provimento. Vencidos os Ministros Aloysio Corrêa da Veiga, relator, Brito Pereira e Maria Cristina Irigoyen Peduzzi. TST-E-RR-40540-81.2006.5.01.0049, SBDI-I, rel. Min. Aloysio Corrêa da Veiga, red. p/ acórdão Min. João Oreste Dalazen, 13.12.2012.

Informativo n. 31, TST — *Acidente de trabalho. Danos morais e materiais. Razoabilidade e proporcionalidade do valor da indenização. Conhecimento de recurso de revista por violação do art. 944, "caput", do CC. Possibilidade.*

É possível o conhecimento de recurso de revista por violação direta do art. 944, "caput", do CC, para se discutir a razoabilidade e a proporcionalidade na fixação do valor da indenização por danos morais e materiais decorrentes de acidente de trabalho, especialmente por serem mínimas as chances de identidade fática entre o aresto paradigma e a decisão recorrida, apta a ensejar o conhecimento do recurso por divergência jurisprudencial. Com base nesse entendimento, a SBDI-I, por unanimidade, conheceu dos embargos, por divergência jurisprudencial, e, no mérito, por maioria, deu-lhes provimento para, fixada a premissa de que o art. 944, do CC permite a análise dos critérios de valoração da indenização por dano moral decorrente de acidente de trabalho, determinar o retorno dos autos à Turma para que examine a apontada violação como entender de direito. Vencidos os Ministros Ives Gandra Martins Filho e João Oreste Dalazen. TST-E--RR-217700-54.2007.5.08.0117, SBDI-I, rel. Min. Augusto César Leite de Carvalho, 22.11.2012.

Informativo n. 24, TST — *Justa causa. Ato de improbidade. Descaracterização em juízo. Dano moral. Não configuração.*

É indevido o pagamento de indenização por danos morais se o trabalhador não produzir prova do prejuízo moral sofrido em razão da dispensa por justa causa fundada em imputação de ato de improbidade, quando descaracterizado em juízo. A despedida em tais circunstâncias não constitui prática de ato ilícito por parte do empregador, e se ele agiu de boa-fé, não dando publicidade ao fato, não imputando, de forma leviana, o ato ao trabalhador, e não abusando do direito de dispensa, não há de se falar em abalo à honorabilidade do empregado apta a configurar dano moral. Ademais, o sistema jurídico brasileiro adota, como regra, a teoria da responsabilidade subjetiva, sendo indevida a indenização quando não configurada a culpa. Com base nesse entendimento, a SBDI-I, por maioria, não conheceu do recurso de embargos no tema, vencidos os Ministros Lelio Bentes Corrêa, relator, Luiz Philippe Vieira de Mello Filho, Augusto César Leite de Carvalho, José Roberto Freire Pimenta e Delaíde Miranda Arantes. TST-E--RR-774061-06.2001.5.02.0023, SBDI-I, rel. Min. Lelio Bentes Corrêa, red. p/ acórdão Min. João Oreste Dalazen, 4.10.2012.

Informativo n. 19, TST — *Dano moral. Revisão do* quantum *indenizatório em sede de embargos. Limitação a casos teratológicos.*

Tendo em conta a função uniformizadora da SBDI-I, não cabe à Subseção, em sede de recurso de embargos, fazer a dosimetria do valor fixado a título de indenização por dano moral, com exceção das hipóteses em que constatada a ocorrência de teratologia na decisão atacada. Com esse fundamento, e não vislumbrando divergência específica apta a impulsionar o conhecimento do recurso, a SBDI-I, por maioria, não conheceu dos embargos, vencidos os Ministros Renato de Lacerda Paiva, relator, Ives Gandra Martins Filho, Brito Pereira e Maria Cristina Irigoyen Peduzzi. Na hipótese, a Turma, vislumbrando ato ilícito do reclamado, que impôs ao trabalhador bancário, sem a devida proteção e fora dos parâmetros legais, o desempenho de atividade relativa ao transporte de valores, manteve a indenização em R$ 76.602,40, fixada em atenção ao caráter pedagógico da pena, não verificando afronta aos arts. 5º, V, da CF e 944 do CC, porque não evidenciada qualquer desproporção entre o dano causado e a reparação. TST-E--RR-34500-52.2007.5.17.0001, SBDI-I, rel. Min. Renato de Lacerda Paiva, red. p/acórdão Min. José Roberto Freire Pimenta, 23.8.2012.

Informativo n. 17, TST — *Imposto de Renda. Indenização por danos morais. Não incidência. Art. 46, § 1º, I, da Lei n. 8.541/92. Má aplicação da Súmula n. 368, II, do TST.*

Com base no art. 46, § 1º, I, da Lei n. 8.541/92, que evidencia a impossibilidade de se enquadrarem no conceito de "rendimento", a que alude o art. 43, I, do CTN, os valores auferidos a título de indenização por danos morais, visto não resultarem do capital ou do trabalho, decidiu a SBDI-I, por maioria, vencidos os Ministros Dora Maria da Costa e Brito Pereira, conhecer do recurso de embargos por má aplicação da Súmula n. 368, II, do TST e, no mérito, ainda por maioria, dar-lhe provimento para excluir a incidência do imposto de renda sobre a indenização por danos morais, vencidos, em parte, os Ministros Renato de Lacerda Paiva, Aloysio Corrêa da Veiga e Alberto Luiz Bresciani de Fontan Pereira. TST-E--RR-75300-94.2007.5.03.0104, SBDI-I, rel. Min. Lelio Bentes Corrêa, 9.8.2012.

Informativo n. 17, TST — *Revista impessoal e indiscriminada de bolsas dos empregados. Dano moral. Não configuração. Indenização indevida.*

A inspeção de bolsas, sacolas e outros pertences de empregados, desde que realizada de maneira generalizada e sem a adoção de qualquer procedimento que denote abuso do direito do empregador de zelar pelo próprio patrimônio, é lícita, pois não importa em ofensa à intimidade, à vida privada, à honra ou à imagem dos trabalhadores. Na espécie, não obstante a revista em bolsa da reclamante, muitas vezes, fosse realizada por seguranças do sexo masculino, restou consignada a inexistência de contato físico, e que a inspeção era impessoal, englobando todos os empregados, não se podendo presumir, portanto, dano ou abalo moral apto a ensejar o pagamento de indenização. Com esse entendimento, a SBDI-I, por unanimidade, conheceu dos embargos por divergência jurisprudencial e, no mérito, por maioria, negou-lhes provimento. Vencidos os Ministros José Roberto Freire Pimenta, que não admitia revista masculina em bolsa feminina, e Augusto César Leite de Carvalho e Delaíde Miranda Arantes, que não admitiam qualquer revista. TST-E-ED--RR-477040-40.2001.5.09.0015, SBDI-I, rel. Min. Renato de Lacerda Paiva, 9.8.2012.

Informativo n. 11, TST — *Dano moral. Quebra de sigilo bancário de empregado de banco sem prévia autorização judicial. Auditoria interna. Violação do direito à privacidade e à intimidade.*

O exame da movimentação financeira na conta corrente do empregado de instituição bancária, sem seu prévio consentimento e sem autorização judicial, durante auditoria interna, importa quebra ilegal de sigilo bancário a ensejar indenização por danos morais, em decorrência da violação do direito à intimidade e à privacidade, sendo irrelevante, para a configuração do dano, a ausência de divulgação dos dados sigilosos. Com esse entendimento, a SBDI-I, por maioria, conheceu dos embargos quanto ao tema, por violação do art. 5º, X, da CF, e, no mérito, deu-lhes parcial provimento para restabelecer a sentença quanto ao deferimento ao autor do pagamento de indenização por danos morais. Vencidos os Ministros Ives Gandra Martins Filho e Renato de Lacerda Paiva, que entendiam não se amoldar a hipótese ao conceito legal de quebra de sigilo bancário. TST--E-ED-RR-254500-53.2001.5.12.0029, SBDI-I, rel. Min. Lélio Bentes Correa, 31.05.2012.

Informativo n. 10, TST — *Danos morais e materiais decorrentes da relação de emprego não oriundos de acidente de trabalho. Indenização. Lesão anterior à vigência da EC n. 45/2004. Prescrição cível.*

Na hipótese em que se postula o pagamento de indenização por danos morais e materiais que tenham origem na relação de emprego, ainda que não decorram de acidente de trabalho, a regra prescricional aplicável é definida levando-se em conta a data da lesão ou da ciência inequívoca do evento danoso, se anterior ou posterior à Emenda Constitucional n. 45/2004. Assim, ocorrida a lesão antes da vigência da referida emenda, incide o prazo cível, observando-se o disposto no art. 206, § 3º, V, do CC e a regra de transição prevista no art. 2.028 do mesmo diploma legal. De outra sorte, em sendo o dano posterior à EC n. 45/2004, aplica-se a prescrição trabalhista de que trata o art. 7º, XXIX, da CF. Com base nessas premissas e tendo em conta que, no caso, o dano ocorreu em momento anterior à publicação da EC n. 45/04 e que, pela regra de transição, não há falar em prescrição, a SBDI-I, em sua composição plena, por unanimidade, conheceu dos embargos, por divergência jurisprudencial, e, no mérito, por maioria, deu-lhes provimento para determinar o retorno dos autos à Vara do Trabalho de origem para, afastada a prescrição trabalhista, julgar a pretensão como entender de direito. Vencidos os Ministros Maria Cristina Peduzzi, Dora Maria da Costa e Antônio José de Barros Levenhagen. TST-E--ED-RR-22300-29.2006.5.02.0433, SBDI-I, rel. Min. Brito Pereira, 24.5.2012.

Informativo n. 9, TST — *Embargos regidos pela Lei n. 11.496/2007. Indenização por danos morais. Quantificação. Conhecimento por divergência jurisprudencial. Necessidade de identidade estrita de premissas fáticas. Incidência da Súmula n. 296, I, do TST.*

Considerando a dificuldade em se reconhecer identidade de premissas fáticas em casos que envolvam a quantificação do dano moral, para fins de comprovação de divergência específica a que alude o art. 894, II, da CLT, com redação dada pela Lei n. 11.496/2007, a SBDI-I, por maioria, não conheceu dos embargos, fazendo incidir, na hipótese, a Súmula n. 296, I, do TST. Vencidos os ministros Brito Pereira, Ives Gandra Martins Filho, Renato de Lacerda Paiva, Dora Maria da Costa e Maria Cristina Peduzzi, que conheciam dos embargos ao entendimento de que não haveria de se exigir, na espécie, adequação estrita de peculiaridades fáticas, sob pena de jamais se permitir, em sede de embargos, a incidência dos princípios da proporcionalidade e da razoabilidade na quantificação da indenização por danos morais. TST-E-RR-86600-47.2008.5.09.0073, SBDI-I, rel. Min. Horácio Raymundo de Senna Pires, 17.5.2012.

Informativo n. 7, TST — *Dano moral. Configuração. Imputação de ato de improbidade. Descaracterização da justa causa em juízo.*

A descaracterização da despedida por justa causa em juízo, quando imputado ato de improbidade ao empregado (alínea "a" do art. 482 da CLT), gera direito a indenização por dano moral porquanto se verifica ofensa à honra subjetiva do trabalhador. Com esse entendimento a SBDI-I, por unanimidade, conheceu dos embargos, por divergência jurisprudencial, e, no mérito, por maioria, negou-lhes provimento, vencidos os Ministros Ives Gandra Martins Filho, relator, Brito Pereira e Maria Cristina Peduzzi. Na espécie, consignou-se que a falta (entrega de mercadoria a clientes sem receber o respectivo pagamento, em desacordo com as normas internas da empresa) não foi suficientemente grave para ensejar a imputação de ato de improbidade, principalmente em razão de o empregado, uma vez detectado o desfalque, ter ressarcido a empresa, não gerando qualquer dano patrimonial ao empregador. TST-E-RR-20500-90.2003.5.07.0025, SBDI-I, rel. Min. Ives Gandra da Silva Martins Filho, red. p/ acórdão Min. José Roberto Freire Pimenta, 3.5.2012.

Informativo n. 3, TST — *Dano moral. Indenização indevida. Revista visual de bolsas, sacolas ou mochilas. Inexistência de ofensa à honra e à dignidade do empregado. Poder diretivo e de fiscalização do empregador.*

A revista visual em bolsas, sacolas ou mochilas, realizada de modo impessoal e indiscriminado, sem contato físico ou exposição do trabalhador a situação constrangedora, decorre do poder diretivo e fiscalizador do empregador e, por isso, não possui caráter ilícito e não gera, por si só, violação à intimidade, à dignidade e à honra, a ponto de ensejar o pagamento de indenização a título de dano moral ao empregado. Com base nessa premissa, a SBDI-I, por unanimidade, conheceu do recurso de embargos, por divergência jurisprudencial, e, no mérito, por maioria, negou-lhe provimento. Vencidos os Ministros Delaíde Miranda Arantes e Augusto César Leite de Carvalho. TST-E--RR-306140-53.2003.5.09.0015, SBDI-I, rel. Min. Brito Pereira, 22.3.2012.

DISCRIMINAÇÃO

2016

Informativo n. 130, TST — *Banco do Estado do Espírito Santo — Banestes. Plano Antecipado de Afastamento Voluntário. Discriminação em razão da idade. Configuração.*

A rescisão do contrato de trabalho com fundamento nas Resoluções ns. 696/2008 e 697/2008 do Banco do Estado do Espírito Santo — Banestes é nula, pois revela discriminação fundada na idade do trabalhador, atraindo os efeitos da Lei n. 9.029/1995. Na espécie, conquanto as referidas resoluções não mencionem expressamente a idade do empregado, a política de desligamento e enquadramento no Plano Antecipado de Afastamento Voluntário adotou critérios de elegibilidade relacionados ao tempo de serviço (trinta anos ou mais) e ao direito à aposentadoria integral pela Previdência oficial, atingindo, portanto, os empregados de maior idade e que dedicaram toda a vida profissional à empresa. Ademais, a indenização prevista não teve o condão de compensar a dispensa, pois correspondeu estritamente ao pagamento de verbas trabalhistas devidas se o vínculo de emprego estivesse mantido, considerando os meses faltantes para os marcos temporários definidos nas resoluções em questão, não visando, portanto, compensar o empregado pela despedida precoce. Sob tais fundamentos, a SBDI-I, por unanimidade, conheceu dos embargos, por divergência jurisprudencial, e, no mérito, por maioria, negou-lhe provimento, mantendo a decisão turmária que reconhecera a ocorrência de dispensa discriminatória por idade. Vencidos os Ministros Aloysio Corrêa da Veiga, Renato de Lacerda Paiva e Guilherme Augusto Caputo Bastos. TST-E-RR-41700-02.2010.5.17.0003, SBDI-I, rel. Min. Márcio Eurico Vitral Amaro, 17.3.2016.

DOENÇA OCUPACIONAL

2016

Informativo n. 134, TST — *Doença ocupacional. Indenização. Pensão mensal vitalícia. Pagamento em parcela única. Art. 950 do CC.*

A pensão mensal vitalícia correspondente à indenização por danos materiais, relativa à doença ocupacional que resultou na perda da capacidade para o trabalho, poderá ser convertida em parcela única. A importância devida, no entanto, não deve equivaler à somatória dos valores das pensões mensais a que teria direito o trabalhador, de modo a não ocasionar o seu enriquecimento sem causa. Também não pode ser arbitrada em valor que onere indevidamente o devedor, que terá de dispor de quantia pecuniária vultosa de uma só vez. O *quantum* devido ao empregado, portanto, deverá corresponder àquele que, uma vez aplicado financeiramente, lhe renda por mês valores aproximados ao da pensão mensal devida, de acordo com o disposto no art. 950 do CC. Sob esses fundamentos, a SBDI-I, por unanimidade, conheceu dos embargos, por divergência jurisprudencial e, no mérito, deu-lhes provimento para fixar em R$ 83.000,00, o valor da indenização por dano material, em parcela única. TST-E-ED--RR-2230-18.2011.5.02.0432, SBDI-I, rel. Min. Aloysio Corrêa da Veiga, 28.4.2016.

DURAÇÃO DO TRABALHO

2016

Informativo n. 149, TST — *Cargo de confiança. Art. 62, II, da CLT. Repouso semanal remunerado e feriados. Não concessão. Pagamento em dobro. Incidência da Súmula n. 146 do TST.*

O empregado exercente de cargo de gestão, inserido no art. 62, II, da CLT, tem direito ao gozo do repouso semanal e à folga referente aos feriados com a remuneração correspondente. Assim, caso não usufrua esse direito ou não tenha a oportunidade de compensar a folga na semana seguinte, o empregador deve pagar, em dobro, a remuneração dos dias laborados, nos termos da Súmula n. 146 do TST. O objetivo do art. 62, II, da CLT é excluir a obrigação de o empregador remunerar, como extraordinário, o trabalho prestado pelos ocupantes de cargo de confiança, mas isso não retira do empregado o direito constitucionalmente assegurado ao repouso semanal remunerado, previsto no art. 7º, XV, da CF. Sob esse entendimento, a SBDI-I, por unanimidade, conheceu do recurso de embargos, por divergência jurisprudencial, e, no mérito, negou-lhe provimento. TST-E-RR3453300-61.2008.5.09.0013, SBDI-I, rel. Min. José Roberto Freire Pimenta, 17.11.2016.

Informativo n. 145, TST — *Regime de trabalho 5X1. Descanso semanal remunerado. Coincidência com o domingo a cada sete semanas. Impossibilidade. Art. 6º, parágrafo único, da Lei n. 10.101/2000. Pagamento em dobro do domingo trabalho. Incidência da Súmula n. 146 do TST.*

O direito ao repouso semanal remunerado está disciplinado pelos arts. 7º, XV, da CF, 67 da CLT e 1º da Lei n. 605/49. A conjugação de tais normas leva a conclusão de que a correspondência do referido descanso com o domingo deve ser perseguida pelo empregador, recaindo em outro dia da semana apenas excepcionalmente. De outro lado, o parágrafo único do art. 6º da Lei n. 10.101/2000, aplicado analogicamente à espécie, exige a coincidência com o domingo ao menos uma vez no período de três semanas. Assim, nos termos da Súmula n. 146 do TST, é devido o pagamento em dobro do domingo trabalhado no regime de cinco dias de trabalho por um dia de descanso (5x1), pois, neste caso, o descanso dominical ocorre apenas uma vez a cada sete semanas. Sob esse entendimento, a SBDI-I, por unanimidade, conheceu do recurso de embargos da reclamada, por divergência jurisprudencial, e, no mérito, por maioria, negou-lhe provimento. Vencidos os Ministros João Oreste Dalazen, Brito Pereira e Aloysio Corrêa da Veiga. TST-E-EDED-RR-90300-68.2008.5.09.0093, SBDI-I, rel. Min. Cláudio Mascarenhas Brandão, 22.9.2016.

2015

Informativo n. 126, TST — *Intervalo intrajornada. Supressão parcial. Pedido que se refere ao "pagamento das horas laboradas nos períodos para descanso e alimentação intrajornada". Pagamento de todo o período correspondente ao intervalo. Súmula n. 437, I, do TST. Julgamento ultra petita. Não configuração. Invocação do art. 71, § 4º, da CLT.*

Na hipótese em que a reclamante alega que gozou apenas trinta minutos de intervalo intrajornada e postula na inicial "pagamento das horas laboradas nos períodos para descanso e alimentação intrajornada (art. 71, § 4º, da CLT) com adicional de 50% e reflexos", não configura julgamento *ultra petita* o deferimento do pagamento de todo o período correspondente ao intervalo, e não apenas daquele suprimido (Súmula n. 437, I, do TST). No caso, prevaleceu o entendimento de que, embora o pedido mencione o pagamento das horas laboradas, o artigo da CLT invocado refere-se à remuneração devida no caso de descumprimento do intervalo intrajornada. Assim, a SBDI-I, por unanimidade, conheceu dos embargos, por divergência jurisprudencial, e, no mérito, por maioria, negou-lhes provimento. Vencidos os Ministros Márcio Eurico Vitral Amaro, relator, João Oreste Dalazen, Brito Pereira, Aloysio Corrêa da Veiga e Guilherme Augusto Caputo Bastos. TST-E-ED-RR-182400-68.2009.5.12.0046, SBDI-I, rel. Min. Márcio Eurico Vitral Amaro, red. p/ acórdão Min. Hugo Carlos Scheuermann, 10.12.2015.

Informativo n. 117, TST — *Intervalo intrajornada. Redução por acordo ou convenção coletiva. Portaria n. 42/2007 do MTE. Autorização genérica. Invalidade. Necessidade de autorização específica (art. 71, § 3º, da CLT).*

A Portaria n. 42/2007 do Ministério do Trabalho e Emprego disciplina que o intervalo intrajornada poderá ser diminuído por negociação coletiva. No entanto, referida Portaria, por ser genérica, não tem o condão de autorizar a redução do intervalo intrajornada por acordo ou convenção coletiva, sendo necessária autorização específica, nos termos do § 3º do art. 71 da CLT, após vistoria das instalações e do sistema de trabalho da empresa. Sob esse entendimento, a SBDI-1 decidiu, por unanimidade, conhecer dos embargos por divergência jurisprudencial e, no mérito, por maioria, deu-lhes provimento parcial para condenar a reclamada ao pagamento de uma hora diária, com acréscimo do adicional de 50%, decorrente da concessão parcial do intervalo intrajornada, nos dias efetivamente trabalhados em que não houve o gozo de uma hora integral de repouso para descanso e alimentação, atribuindo-se natureza salarial à parcela, nos termos da Súmula n. 437, item III, do Tribunal Superior do Trabalho. Vencidos os Ministros João Oreste Dalazen e Renato de Lacerda Paiva, que negavam provimento ao recurso. TST-E-RR-53200-40.2013.5.21.0006, SBDI-I, rel. Min. José Roberto Freire Pimenta, 10.09.2015.

Informativo n. 100, TST — *Turnos ininterruptos de revezamento. Regime de 4 x 2. Norma coletiva. Fixação de jornada superior a oito horas. Invalidade.*

A extrapolação habitual da jornada de oito horas, ajustada por negociação coletiva para o trabalho realizado em turnos ininterruptos de revezamento no regime de 4 x 2, invalida o ajuste, por frustrar proteção constitucional prevista no art. 7º, XIV, da CF, além de ofender os princípios de proteção da dignidade da pessoa humana e dos valores sociais do trabalho. Assim, uma vez que a norma coletiva não produz efeitos jurídicos, aplica-se ao caso concreto a jornada de seis horas, devendo o período excedente à sexta hora ser pago como extra. Com esse entendimento, a SBDI-I, por unanimidade, negou provimento ao agravo regimental interposto pelo reclamado visando reformar decisão que denegara seguimento aos embargos por não vislumbrar divergência jurisprudencial específica, nem contrariedade à Súmula n. 423 do TST. TST-Ag-E-ED-RR-97300- 08.2011.5.17.0121, SBDI-I, rel. Min. João Oreste Dalazen, 26.2.2015.

Informativo n. 100, TST — *Mandado de segurança. Servidor público federal. Filho portador de deficiência. Jornada especial sem compensação de horário. Ausência de direito líquido e certo. Ato vinculado. Limites estabelecidos nos arts. 44, II, e 98, § 3º, da Lei n. 8.112/90.*

De acordo com os arts. 44, II, e 98, § 3º, da Lei n. 8.112/1990, o servidor público federal que tenha cônjuge, filho ou dependente portador de deficiência tem direito à jornada especial, exigindo-se, todavia, compensação de horário até o mês subsequente ao da ocorrência, a ser estabelecida pela chefia imediata. Assim, havendo lei a impor a compensação, o mandado de segurança não se constitui a via adequada para a solução do litígio, não havendo falar em direito líquido e certo da impetrante à jornada especial de trinta horas semanais, sem compensação e sem prejuízo da remuneração. Na espécie, ressaltou-se que a diminuição de jornada constitui ato vinculado, de modo que a autoridade coatora, ao indeferir o pedido de não compensação das horas reduzidas, apenas observou os limites do art. 98, § 3º, da Lei n. 8.112/90, não tendo praticado ato ilegal ou arbitrário, atendo-se, tão somente, ao princípio constitucional da legalidade administrativa. Ademais, a dispensa de compensação no caso da concessão de jornada especial é matéria própria da via ordinária, em que parte da jurisprudência, inclusive, já tem reconhecido o direito pleiteado. Com esses fundamentos, o Órgão Especial, por maioria, conheceu do recurso ordinário interposto pela União e, no mérito, deu-lhe provimento para cassar a segurança concedida. Vencidos os Ministros Mauricio Godinho Delgado, Delaíde Miranda Arantes, Hugo Carlos Scheuermann, Alexandre Agra Belmonte e Augusto César Leite de Carvalho. TST-ReeNec e RO-41-80.2014.5.17.0000, Órgão Especial, rel. Min. Walmir Oliveira da Costa, 2.3.2015.

2014

Informativo n. 92, TST — *Cartões de ponto sem assinatura. Validade.*

A assinatura do empregado não é elemento essencial para a validade formal dos cartões de ponto. O art. 74, § 2º, da CLT não traz qualquer exigência no sentido de que os controles de frequência devam contar com a assinatura do trabalhador para serem reputados válidos. Ademais, no caso concreto, os horários consignados nos espelhos de ponto sem assinatura se assemelham àqueles consignados nos documentos assinados trazidos à colação pela reclamada e que contam com a chancela do reclamante, não havendo nos autos qualquer elemento que aponte para existência de fraude a justificar a declaração de invalidade dos referidos registros de ponto. Com esse entendimento, a SBDI-I, por maioria, conheceu dos embargos interpostos pela reclamada, no tópico, por divergência jurisprudencial, e, no mérito, deu-lhes provimento para restabelecer a decisão do Regional que, ao validar os espelhos de ponto não assinados pelo reclamante, indeferiu o pedido de pagamento de horas extras diante da ausência de prova do labor extraordinário. Vencido o Ministro Alexandre Agra Belmonte, relator. TST-E-ED-RR-893-14.2011.5.05.0463, SBDI-I, rel. Min. Alexandre Agra Belmonte, red. p/ acórdão Min. Renato de Lacerda Paiva, 16.10.2014.

Informativo n. 90, TST — *Regime 12x36 e turnos ininterruptos de revezamento. Alternância. Invalidade da norma coletiva. Contrariedade à Súmula n. 423 do TST. Horas extras. Devidas.*

Conforme disciplina a Súmula n. 423 do TST, a prorrogação da jornada em turnos ininterruptos de revezamento somente é possível até o limite de oito horas diárias. Assim sendo, contraria o referido verbete a decisão que considera válidos os instrumentos coletivos que, alternando o regime de 12x36 com os turnos ininterruptos de revezamento, estabeleceram escala de 4 tempos, com jornada de 7h às 19h em dois dias da semana, 19h às 7h, em dois dias, folgando o empregado, além do dia no qual deixou o trabalho, mais 3 dias. Com base nessas premissas, a SBDI-I, à unanimidade, conheceu do recurso de embargos do reclamante, por contrariedade à Súmula n. 423 do TST, e, no mérito, deu-lhe provimento para julgar procedente o pedido de condenação em horas extraordinárias e reflexos a partir da 9ª hora laborada. TST-E-ED-RR--174500-06.2009.5.03.0007,SBDI-I, rel. Min. Augusto César Leite de Carvalho, 18.9.2014.

Informativo n. 88, TST — *Professor. Intervalo para recreio. Tempo à disposição do empregador.*

O intervalo entre as aulas, conhecido como recreio, é considerado tempo à disposição do empregador, nos termos do art. 4º da CLT, pois o professor permanece no estabelecimento de ensino, aguardando ou executando ordens. Com esse entendimento, a SBDI-I, à unanimidade, conheceu dos embargos da reclamante, por divergência jurisprudencial, e, no mérito, deu-lhes provimento para julgar procedente o item "g" da petição inicial, respeitadas as aulas efetivamente ministradas e a prescrição quinquenal pronunciada na sentença. Ressalvou a fundamentação o Ministro Alexandre Agra Belmonte. TST-E-ED-RR-49900-47.2006.5.09.0007, SBDI-I, rel. Min. Márcio Eurico Vitral Amaro, 4.9.2014.

Informativo n. 80, TST — *Transporte fornecido pela empresa. Espera. Tempo à disposição do empregador. Configuração.*

Presentes os requisitos necessários ao deferimento das horas *in itinere*, também é considerado tempo à disposição do empregador aquele em que o empregado aguarda o transporte fornecido pela empresa. Todavia, tendo em conta que a jurisprudência do TST admite certa flexibilização quanto ao cômputo de pequenas variações de tempo (Súmulas ns. 366 e 429 do TST), devem ser tolerados dez minutos diários para a fixação da jornada. Ultrapassado esse limite, porém, todo o tempo despendido deve ser computado. Com esse entendimento, a SBDI-I, por unanimidade, conheceu dos embargos interpostos pelo reclamado, por divergência jurisprudencial e, no mérito, por maioria, negou-lhes provimento, prevalecendo, portanto, a decisão do TRT que manteve o deferimento de trinta minutos diários a título de horas de espera. Vencidos os Ministros João Oreste Dalazen e Renato de Lacerda Paiva, que davam provimento ao recurso para afastar da condenação o tempo em que o empregado aguarda a condução, por entenderem que não há amparo legal para considerá-lo tempo à disposição do empregador. TST-E-RR-96-81.2012.5.18.0191, SBDI-I, rel. Min. Alexandre Agra Belmonte, 24.4.2014.

2013

Informativo n. 69, TST — *Empregado rural. Atividade de corte de cana-de-açúcar. Pausa para descanso. Obrigatoriedade. Norma Regulamentar n. 31 do Ministério do Trabalho e Emprego. Aplicação analógica do art. 72 da CLT. Possibilidade.*

Aos empregados rurais que trabalham no corte de cana-de-açúcar aplica-se, por analogia, o disposto no art. 72 da CLT, que garante um intervalo de dez minutos a cada período de noventa minutos de trabalho consecutivo nos serviços permanentes de mecanografia. Isso porque a Norma Regulamentar n. 31 do Ministério do Trabalho e Emprego, apesar de estabelecer a obrigatoriedade de concessão de pausas para descanso aos trabalhadores rurais que realizem atividades em pé ou submetam-se à sobrecarga muscular, não especifica as condições ou o tempo de duração dos períodos de repouso. Com base nesse entendimento, a SBDI-I, por unanimidade, conheceu dos embargos do reclamante, por divergência jurisprudencial, e, no mérito, deu-lhes provimento para acrescer à condenação o pagamento de 10 minutos a cada 90 minutos de trabalho como extras, com acréscimo de 50% sobre o valor da remuneração da hora normal de trabalho, com os reflexos postulados nas prestações contratuais vinculadas ao salário. TST-E-RR-912-26.2010.5.15.0156, SBDI-I, rel. Min. João Oreste Dalazen, 5.12.2013.

Informativo n. 55, TST — *Turnos ininterruptos de revezamento. Instrumento coletivo. Fixação de jornada diária superior a oito horas em razão da compensação de jornada. Invalidade. Art. 7º, XIV, da CF e Súmula n. 423 do TST.*

Nos termos do art. 7º, XIV, da CF e da Súmula n. 423 do TST, é inválida cláusula de instrumento coletivo que estipula jornada superior a oito horas em turnos ininterruptos de revezamento, ainda que a extrapolação do limite diário decorra da adoção de regime de compensação semanal, com vistas à supressão da realização de trabalho aos sábados. Com esse fundamento, a SBDI-I, por unanimidade, conheceu dos embargos da reclamada, por divergência jurisprudencial, e, no mérito, negou-lhes provimento, mantendo a decisão da Turma que declarou inválidas as cláusulas que estabeleciam jornada superior a seis horas para os empregados submetidos a revezamento de turno, porquanto extrapolada a jornada de oito horas, sendo devidas, como extras, as horas trabalhadas além da sexta diária. Ressalvou entendimento o Ministro Renato de Lacerda Paiva. TST-E-ED-RR-427-67.2011.5.03.0142, SBDI-I, rel. Min. Dora Maria da Costa, 15.8.2013 (Cf. Informativo n. 42.)

Informativo n. 54, TST — *Horas in itinere. Limitação do valor pago. Desproporção com o tempo despendido. Norma coletiva. Invalidade.*

A fixação de número de horas *in itinere* a serem pagas deve guardar razoável proporção com o tempo efetivamente despendido no trajeto, razão pela qual é nula a cláusula de acordo coletivo que estipula quantidade de horas inferior a 50% do tempo realmente gasto pelo empregado no trajeto, porque equivalente à supressão do direito do trabalhador. No caso concreto, o tempo de deslocamento do reclamante era de 40 horas mensais, mas a norma coletiva limitou o pagamento a 14 horas, o que não alcança nem mesmo a metade do tempo efetivo de percurso. Com base nesse entendimento, a SBDI-I, por unanimidade, conheceu dos embargos da reclamada, por divergência jurisprudencial, e, no mérito, por maioria, vencido o Ministro Alberto Luiz Bresciani de Fontan Pereira, negou-lhes provimento. TST-E--ED-RR-46800-48.2007.5.04.0861, SBDI-I, Min. Brito Pereira, 8.8.2013.

Informativo n. 42, TST — *Turnos ininterruptos de revezamento. Norma coletiva. Extensão da jornada para além da oitava hora. Adoção de regime de compensação semanal. Invalidade. Art. 7º, XIV, da CF e Súmula n. 423 do TST.*

Nos termos do art. 7, XIV, da CF e da Súmula n. 423 do TST, não é válida cláusula de instrumento normativo que estipula jornada superior a oito horas em turnos ininterruptos de revezamento, ainda que a extrapolação do limite diário decorra da adoção de regime de compensação semanal, com vistas à supressão da realização de trabalho aos sábados. Na hipótese, não se admite a majoração da jornada para além da oitava hora, pois a alternância de jornadas diurnas e noturnas a que submetidos os empregados em turnos ininterruptos de revezamento é particularmente gravosa, causando-lhes prejuízos à saúde, à vida social e à organização de atividades extraprofissionais. Com base nesse entendimento, a SBDI-I, por unanimidade, conheceu dos embargos, por contrariedade à Súmula n. 423 do TST, e, no mérito, por maioria, deu-lhes provimento para, reconhecendo a invalidade da cláusula coletiva que prevê jornada superior ao limite de oito horas fixado, condenar a reclamada ao pagamento das horas laboradas além da sexta diária (art. 7º, XIV, da CF), ficando restabelecida a sentença quanto à forma de apuração das referidas horas. Vencidos os Ministros Dora Maria da Costa, Brito Pereira, Renato de Lacerda Paiva e Aloysio Corrêa da Veiga. TST--E-ED-ARR-483-91.2010.5.03.0027, SBDI-I, rel. Min. Alberto Luiz Bresciani de Fontan Pereira, 11.4.2013.

2012

Informativo n. 10, TST — *Horas in itinere. Norma coletiva que fixa o número de horas a serem pagas em quantidade muito inferior ao tempo gasto no trajeto. Invalidade.*

Em regra, é válida a norma coletiva que estabelece um tempo fixo diário a ser pago a título de horas *in itinere* (art. 7º, XXVI, da CF). Todavia, o tempo ajustado deve guardar proporcionalidade com o tempo efetivamente gasto nos deslocamentos, a fim de não configurar subversão ao direito à livre negociação coletiva e verdadeira renúncia a direito garantido por lei (art. 58, § 2º, da CLT), resultando em prejuízo ao empregado. *In casu*, foi ajustado o pagamento de uma hora diária, a despeito de o tempo efetivamente gasto nos percursos de ida e volta ao trabalho ser de duas horas e quinze minutos. Com esse entendimento, a SBDI-I, em sua composição plena, por unanimidade, conheceu do recurso de embargos, por divergência jurisprudencial, e, no mérito, por maioria, deu-lhe provimento para restabelecer o acórdão do TRT que condenara a empresa ao pagamento, como extras, de duas horas e quinze minutos diários a título de horas *in itinere* e reflexos. Vencidos os Ministros Maria Cristina Irigoyen Peduzzi, João Oreste Dalazen, Antonio José de Barros Levenhagen, Ives Gandra da Silva Martins Filho, Brito Pereira e Dora Maria da Costa. TST-E-RR-470-29.2010.5.09.0091, SBDI-I, rel. Min. Renato de Lacerda Paiva, 24.5.2012.

Informativo n. 2, TST — *Horas "in itinere". Limitação por norma coletiva. Possibilidade.*

É válida cláusula coletiva que prevê a limitação do pagamento das horas *in itinere*, em atenção ao previsto no art. 7º, XXVI, da CF. Com esse entendimento, a SBDI-I, por maioria, conheceu dos embargos por divergência jurisprudencial e, no mérito, negou-lhes provimento, reafirmando a jurisprudência da Subseção no sentido de considerar válida cláusula de acordo coletivo que limita o pagamento das horas gastas no percurso até o local de trabalho a uma hora diária, conquanto o contexto fático delineado nos autos tenha revelado que o tempo efetivamente gasto pelo trabalhador até o local da prestação de serviços fora, em média, de duas horas e quinze minutos. Vencidos os Ministros Lelio Bentes Corrêa, relator, Renato de Lacerda Paiva, José Roberto Freire Pimenta e Delaíde Miranda Arantes, que admitiam a possibilidade de a norma coletiva estabelecer tempo fixo para fins de pagamento das horas *in itinere*, desde que constatada a devida proporcionalidade em relação ao tempo efetivamente gasto no percurso. TST-E-RR-471-14.2010.5.09.0091, SBDI-I, rel. Min. Lelio Bentes Corrêa, red. p/ acórdão Min. Ives Gandra da Silva Martins Filho, 15.3.2012.

EMPREGADOR

2016

Informativo n. 136, TST — *Grupo econômico. Não configuração. Mera ocupação do mesmo espaço físico. Prestação concomitante de serviço a mais de uma empresa.*

Não é suficiente à configuração de grupo econômico a mera ocupação do mesmo espaço físico ou que os empregados prestem serviço a mais de uma empresa de forma concomitante. O art. 2º, § 2º, da CLT exige a subordinação à mesma direção, controle ou administração, embora cada uma das empresas possua personalidade jurídica própria. Sob esse fundamento, a SBDI-I, por unanimidade, conheceu dos embargos, no tópico, por divergência jurisprudencial, e, no mérito, por maioria, negou-lhes provimento, mantendo a decisão turmária que excluiu a responsabilidade solidária imposta a uma das reclamadas por entender necessária a relação hierárquica entre as empesas, bem como o efetivo controle de uma sobre as outras para a configuração de grupo econômico. Vencidos os Ministros Augusto César Leite de Carvalho e José Roberto Freire Pimenta. TST-E-ED-RR-996-63.2010.5.02.0261, SBDI-I, rel. Min. Brito Pereira, 12.5.2016.

2014

Informativo n. 83, TST — *Existência de sócios comuns. Grupo Econômico. Não caracterização. Ausência de subordinação.*

O simples fato de duas empresas terem sócios em comum não autoriza o reconhecimento do grupo econômico, pois este, nos termos do art. 2º, § 2º, da CLT, pressupõe subordinação à mesma direção, controle ou administração, ou seja, exige uma relação de dominação interempresarial em que o controle central é exercido por uma delas (teoria hierárquica ou vertical). Na hipótese, ressaltou-se que não obstante as empresas em questão terem os mesmos sócios, uma delas é voltada para o mercado imobiliário, enquanto que a outra atua no ramo de segurança e transporte de valores, bem como importação e exportação de equipamentos eletrônicos, não guardando, portanto, qualquer relação entre os respectivos objetos comerciais a indicar laços de direção entre elas. Com esse entendimento, a SBDI-I, em sua composição plena, por maioria, conheceu dos embargos interpostos pela reclamante, por divergência jurisprudencial, vencidos os Ministros Horácio Raymundo de Senna Pires, relator, Antonio José de Barros Levenhagen, Brito Pereira e Aloysio Corrêa da Veiga, que não conheciam do apelo. No mérito, também por maioria, a Subseção negou provimento ao recurso, vencidos os Ministros Lelio Bentes Corrêa, Augusto César Leite de Carvalho, José Roberto Freire Pimenta e Hugo Carlos Scheuermann, que davam provimento aos embargos para restabelecer a decisão proferida pelo TRT que, adotando a teoria horizontal ou da coordenação, entendeu configurado o grupo econômico porque existente nexo relacional entre as empresas envolvidas, pois além de terem sócios em comum, restou demonstrado que houve aporte financeiro dos sócios de uma empresa na outra. TST-E-ED-RR-214940-39.2006.5.02.0472, SBDI-I, rel. Min. Horácio Raymundo de Senna Pires 22.5.2014.

2013

Informativo n. 41, TST — *Sucessão trabalhista. Contrato de trabalho extinto antes da sucessão. Responsabilidade do sucessor.*

Nos termos dos arts. 10 e 448 da CLT, a sucessão trabalhista tem contornos diferentes da sucessão do direito civil, de modo que a responsabilidade do sucessor alcança não apenas os débitos provenientes dos contratos de trabalho em vigor à época da venda do fundo de comércio, mas também aqueles oriundos dos contratos extintos antes da sucessão de empresas. Com esse entendimento, a SBDI-I, por unanimidade, conheceu dos embargos interpostos pela empresa reclamada (sucessora), por divergência jurisprudencial, e, no mérito, por maioria, negou-lhes provimento. Vencidos os Ministros Luiz Philippe Vieira de Mello Filho e Delaíde Miranda Arantes, que entendiam ser a prestação do serviço elemento essencial para a configuração da sucessão trabalhista. TST-E-RR-93400-11.2001.5.02.0048, SBDI-I, rel. Min. Brito Pereira, 4.4.2013.

EQUIPARAÇÃO SALARIAL

2015

Informativo n. 120, TST — *Equiparação salarial. Quadro de carreira. Empresa privada. Ausência de homologação pelo Ministério do Trabalho. Convalidação por instrumento coletivo. Validade. Observância do requisito da alternância entre os critérios de promoção por antiguidade e por merecimento. Súmula n. 6, item I, do Tribunal Superior do Trabalho. Inaplicável.*

É válido o plano de carreira empresarial nos casos em que existe norma coletiva chancelando-o, desde que seja obedecido o requisito da alternância entre os critérios de promoção por antiguidade e por merecimento. Há, portanto, óbice ao pedido de equiparação salarial. Com efeito, a intenção desta Corte Superior, quando da edição da Súmula n. 6, item I, fora apenas de excepcionar a exigência de homologação do quadro de carreira no Ministério do Trabalho as entidades de direito público, tendo em vista a presunção de legalidade de seus atos. Assim, é inviável a aplicação do entendimento contido no aludido verbete para afastar a validade do quadro de carreira de empresa privada que, conquanto não tenha sido homologado no Ministério do Trabalho, haja sido convalidado por meio de instrumento coletivo e observado o critério da alternância entre a promoção por antiguidade e por merecimento. Sob esses fundamentos, a SBDI-I decidiu, por unanimidade, conhecer do recurso de embargos por divergência jurisprudencial e, no mérito, por maioria, dar-lhe provimento para restabelecer a sentença que julgou improcedente o pedido de equiparação salarial e reflexos. Vencidos os Ministros Augusto César Leite de Carvalho, Aloysio Corrêa da Veiga, José Roberto Freire Pimenta e Hugo Carlos Scheuermann. TST-E-ED-RR — 35941-05.2007.5.02.0254, SBDI-I, rel. Min. Renato de Lacerda Paiva, 08.10.2015.

Informativo n. 102, TST — *Equiparação salarial em cadeia. Tempo de serviço na função. Confronto com o paradigma remoto. Irrelevância. Comprovação necessária apenas em relação ao paradigma imediato.*

O fato de haver uma diferença de tempo de serviço na função superior a dois anos entre o reclamante e os paradigmas remotos ou, ainda, de estes não terem convivido nem exercido simultaneamente essa função, não obstam o direito à equiparação salarial do autor com seus paradigmas imediatos, em relação aos quais houve comprovação das exigências estabelecidas em lei. Os requisitos firmados pelo art. 461, § 1º, da CLT apenas são plausíveis em relação ao fato constitutivo da pretensão inicial, ou seja, à equiparação com o paradigma imediato, não podendo alcançar os paradigmas remotos, sob pena de inviabilizar qualquer pedido envolvendo equiparação salarial em cadeia pela simples alegação de decurso do tempo superior a dois anos. Nesse contexto, estaria o empregador autorizado a ferir o princípio da isonomia salarial e o art. 461 da CLT em prejuízo aos demais empregados componentes da cadeia equiparatória, o que não se mostra razoável. Assim, o Tribunal Pleno, por maioria, conheceu dos embargos interpostos pela reclamante, por contrariedade à Súmula n. 6, VI, do TST, e, no mérito, deu-lhes provimento para restabelecer a decisão do Regional, que convalidou a sentença, na qual foram deferidas as diferenças salariais decorrentes da equiparação salarial e os reflexos. Vencidos, quanto à fundamentação, os Ministros João Oreste Dalazen, Ives Gandra Martins Filho e Fernando Eizo Ono. Decidiu-se, ademais, encaminhar a matéria à Comissão de Jurisprudência e de Precedentes Normativos para que formule proposta de nova redação para o item VI da Súmula n. 6 do TST com base na tese firmada no presente caso. TST-E-ED-RR-160100-88.2009.5.03.0038, Tribunal Pleno, rel. Min. José Roberto Freire Pimenta, 24.3.2015.

2013

Informativo n. 69, TST — *Equiparação salarial. Impossibilidade. Municípios que têm condições urbanísticas e socioeconômicas semelhantes, mas não pertencem à mesma região metropolitana. Súmula n. 6, X, do TST e art. 461 da CLT.*

A simples semelhança entre as condições urbanísticas e socioeconômicas de municípios diferentes não é suficiente para o enquadramento no conceito de "mesma localidade" de que trata o art. 461 da CLT, pois o item X da Súmula n. 6 do TST é expresso no sentido de que, em se tratando de cidades distintas, elas devem pertencer à mesma região metropolitana. Se assim não fosse, seria possível reconhecer a equiparação salarial entre empregados que trabalham até mesmo em Estados-membros diversos, o que não se coaduna com o entendimento firmado pela Súmula n. 6, X, do TST. Na espécie, reconheceu-se o direito à isonomia salarial no caso em que o reclamante trabalhava em Sorocaba/SP e o paradigma em Campinas/SP, ao fundamento de que as referidas cidades apresentam condições de urbanização e de desenvolvimento econômico compatíveis, não tendo havido prova de fatores regionais capazes de justificar a diferença de remuneração no período em que paradigma e paragonado exerceram idêntica função. Com esses fundamentos, a SBDI-I, por maioria, conheceu dos embargos do reclamado por contrariedade à Súmula n. 6, X, do TST e, no mérito, deu-lhes provimento para excluir da condenação o pagamento de diferenças salariais decorrentes da equiparação salarial. Vencidos os Ministros Luiz Philippe Vieira de Mello, Augusto César Leite de Carvalho e Alexandre de Souza Agra Belmonte. TST-E-ED-RR-116885-86.2005.5.15.0129, SBDI-I, rel. Min. Dora Maria da Costa, 5.12.2013.

ESTAGIÁRIO

2014

Informativo n. 85, TST — *Contrato de estágio. Natureza jurídica trabalhista. Prescrição. Incidência do inciso XXIX do art. 7º da CF.*

É imprópria a aplicação da prescrição decenal do art. 205 do CC ao contrato de estágio regulado pela Lei n. 11.788/2008, pois ainda que não se trate de típica relação de emprego, ostenta natureza de relação de trabalho a atrair a incidência da prescrição de que trata o inciso XXIX do art. 7º da CF. Com esse fundamento, a SBDI-I, por unanimidade, conheceu dos embargos interpostos pelo reclamado, por divergência jurisprudencial, e, por maioria, deu-lhes provimento para restabelecer a sentença, que decretou a incidência da prescrição total e extinguiu o feito, com julgamento de mérito, nos termos do art. 269, IV, do CPC. Vencidos os Ministros Renato de Lacerda Paiva e José Roberto Freire Pimenta. TST-E-RR-201-90.2012.5.04.0662, SBDI-I, rel. Min. Luiz Philippe Vieira de Mello Filho, 5.6.2014.

ESTÁGIO PROBATÓRIO

2014

Informativo n. 87, TST — *Averbação de tempo de serviço prestado em órgão integrante da Administração Pública Indireta. Reposicionamento em carreira do Poder Judiciário e dispensa do estágio probatório. Impossibilidade.*

O tempo de serviço prestado em outra carreira não pode ser computado para fins de dispensa do estágio probatório e reposicionamento em classe/padrão superior de carreira no Poder Judiciário, por falta de fundamento legal. Na Administração Pública, não há unidade de carreiras e o estágio probatório deve ser cumprido a cada novo cargo para o qual o servidor seja nomeado, conforme dispõe os arts. 20, § 2º, e 29 da Lei n. 8.112/90. Com esse entendimento, o Órgão Especial, à unanimidade, conheceu e negou provimento ao recurso ordinário em mandado de segurança impetrado com vistas a garantir a averbação do tempo de serviço prestado no cargo de médico em órgão integrante da Administração Pública Indireta (Universidade Federal de Minas Gerais), para progressão funcional e dispensa do estágio probatório no cargo da carreira de Analista Judiciário — Especialidade Medicina do Poder Judiciário. TST-RO-10203-61.2013.5.03.0000, Órgão Especial, rel. Min. Maria Cristina Irigoyen Peduzzi, 1º.9.2014.

2013

Informativo n. 64, TST — *Contrato de experiência firmado com a empresa tomadora de serviços após o término do contrato temporário. Invalidade.*

O contrato de experiência previsto no art. 443, § 2º, "c", da CLT é uma modalidade de contrato de trabalho por prazo determinado que corresponde a uma fase probatória, por meio da qual as partes observarão a existência de efetivo interesse no prosseguimento do contrato de trabalho. Assim, na hipótese em que o reclamante já prestou serviços para a reclamada na condição de trabalhador temporário, ainda que por apenas 47 dias, é inválida a sua subsequente contratação a título de experiência, porquanto a prestação de serviços anterior já cumpriu a finalidade para qual instituída essa modalidade de contrato. Com esse entendimento, a SBDI-I, por unanimidade, conheceu dos embargos da reclamada, por divergência jurisprudencial, e, no mérito, negou-lhes provimento. TST-E-RR-184500-06.2009.5.02.0262, SBDI-I, rel. Min. Brito Pereira, 24.10.2013.

FGTS

2012

Informativo n. 10, TST — *Aposentadoria por invalidez decorrente de acidente de trabalho. Suspensão do contrato de trabalho. Recolhimento do FGTS. Indevido. Art. 15, § 5º, da Lei n. 8.036/90. Não incidência.*

Tendo em conta que a aposentadoria por invalidez suspende o contrato de trabalho, conforme dicção do art. 475 da CLT, é indevido o recolhimento do FGTS no período em que o empregado estiver no gozo desse benefício previdenciário, ainda que o afastamento tenha decorrido de acidente de trabalho. Com esse entendimento, a SBDI-I, em sua composição plena, por maioria, negou provimento ao recurso de embargos, vencidos os Ministros Renato de Lacerda Paiva, Lelio Bentes Corrêa, José Roberto Freire Pimenta e Delaíde Miranda Arantes. Ressaltou o Ministro relator que o art. 15, § 5º, da Lei n. 8.036/90, ao determinar que a licença por acidente de trabalho será causa de interrupção do contrato de trabalho, com obrigatoriedade de recolhimento do FGTS, estabeleceu situação excepcional que não admite interpretação ampliativa para abarcar a aposentadoria por invalidez decorrente de acidente de trabalho. TST-EEDRR-133900-84.2009.5.03.0057, SBDI-I, rel. Min. Horácio Raymundo de Senna Pires, 24.5.2012.

FÉRIAS

2014

Informativo n. 84, TST — *Férias não gozadas. Licença remunerada superior a trinta dias. Terço constitucional. Devido. Art. 133, II, da CLT e art. 7º, XVII, da CF.*

É devido o pagamento do terço constitucional relativo às férias, que deixarem de ser usufruídas em razão da concessão de licença remunerada superior a trinta dias decorrente de paralisação das atividades da empresa, por ser direito do trabalhador, previsto no art. 7º, XVII, da CF. O art. 133, II, da CLT, ao prescrever que não terá direito a férias o empregado que, no curso do período aquisitivo, desfrutar de mais de trinta dias de licença remunerada, teve por objetivo evitar a duplicidade de gozo de férias no mesmo período aquisitivo, sem, contudo, retirar o direito ao terço constitucional. Com esse entendimento, a SBDI-I, por unanimidade, conheceu dos embargos interpostos pelo reclamante, por divergência jurisprudencial, e, no mérito, deu-lhes provimento para restabelecer o acórdão do Regional, que reformara a sentença para acrescer à condenação o pagamento do terço constitucional referente às férias do período aquisitivo compreendido entre 2.2.2001 e 1.2.2002. TST-E-ED-RR-175700-12.2002.5.02.0463, SBDI-I, rel. Min. João Oreste Dalazen, 29.5.2014.

2012

Informativo n. 11, TST — *Férias. Fracionamento. Inexistência de situação excepcional. Pagamento em dobro. Devido.*

O objetivo do art. 134, *caput* e § 1º, da CLT, ao estabelecer que as férias devem ser concedidas em um só período e que somente em situações excepcionais é possível o seu parcelamento, é permitir ao trabalhador a reposição de sua energia física e mental após longo período de prestação de serviços. Nesse contexto, resulta irregular o fracionamento de férias sem a existência de circunstância excepcional que o justifique, dando ensejo ao pagamento das férias em dobro. Com esse entendimento, a SBDI-I, por unanimidade, conheceu dos embargos por divergência jurisprudencial e, no mérito, negou-lhes provimento. TST-E-RR-6500-92.2008.5.04.0381, SBDI-I, rel. Min. Augusto César Leite de Carvalho, 31.5.2012.

Informativo n. 10, TST — *Terço constitucional. Art. 7º, XVII, da CF. Férias não usufruídas em razão de concessão de licença remunerada superior a 30 dias. Art. 133, II, da CLT. Devido.*

O empregado que perdeu o direito às férias em razão da concessão, durante o período aquisitivo, de licença remunerada por período superior a trinta dias, nos termos do art. 133, II, da CLT, faz jus à percepção do terço constitucional (art. 7º, XVII, da CF). À época em que editado o Decreto-lei n. 1.535/77, que conferiu nova redação ao art. 133 da CLT, vigia a Constituição anterior, que assegurava ao trabalhador apenas o direito às férias anuais remuneradas, sem o respectivo adicional, de modo que o referido dispositivo consolidado não tem o condão de retirar direito criado após a sua edição. Ademais, na espécie, a referida licença não decorreu de requerimento do empregado, mas de paralisação das atividades da empresa por força de interdição judicial, razão pela qual a não percepção do terço constitucional também implicaria em transferir os riscos da atividade econômica ao trabalhador, impondo-lhe prejuízo inaceitável. Com esse entendimento, a SBDI-I, em sua composição plena, por maioria, deu provimento aos embargos para acrescer à condenação o pagamento do adicional de 1/3 das férias, previsto no art. 7º, XVII, da CF, atinente aos períodos em que o autor foi afastado em razão de gozo de licença remunerada, observada a prescrição pronunciada. Vencidos os Ministros Maria Cristina Peduzzi, João Oreste Dalazen, Brito Pereira, Lelio Bentes Corrêa e Dora Maria da Costa. TST-E-RR-42700-67.2002.5.02.0251, SBDI-I, rel. Min. Rosa Maria Weber, 24.5.2012.

GARANTIAS E ESTABILIDADES NO EMPREGO

2016

Informativo n. 149, TST — *Hospital Nossa Senhora da Conceição S.A. Garantia de Emprego. Período eleitoral. Art. 73, V, da Lei n. 9.504/92. Aplicação.*

Aplica-se ao Hospital Nossa Senhora da Conceição S.A. a vedação à dispensa de servidores públicos sem justa causa no período de três meses que antecedem as eleições até a posse dos eleitos, prevista no art. 73, V, da Lei n. 9.504/92. O referido hospital, embora seja formalmente uma sociedade de economia mista, presta serviço público de saúde, atendendo exclusivamente pelo SUS, com 99,9% de suas ações com direito a voto pertencentes à União, está vinculado à estrutura do Ministério da Saúde e não atua em ambiente concorrencial, nem possui objetivo de distribuir lucros a seus acionistas. Sob esse fundamento, a SBDI-I, por unanimidade, conheceu do recurso de embargos, por divergência jurisprudencial e, no mérito, deu-lhe provimento para restabelecer a sentença, no aspecto em que se condenou o reclamado ao pagamento da indenização substitutiva equivalente aos salários e reflexos relativos ao período de estabilidade pré-eleitoral. TST-E-ED-RR12396-27.2010.5.04.0000, SBDI-I, rel. Min. José Roberto Freire Pimenta, 17.11.2016.

2014

Informativo n. 94, TST — *Estabilidade provisória. Membro da CIPA. Término da obra. Equivalência à extinção do estabelecimento. Súmula n. 339, II, do TST.*

O encerramento da obra específica para a qual fora instituída a Comissão Interna de Prevenção de Acidentes — CIPA equivale à extinção do próprio estabelecimento, não havendo falar em despedida arbitrária do cipeiro. A garantia provisória no emprego assegurada ao membro da CIPA não se traduz em direito ilimitado, tampouco em vantagem pessoal, uma vez que fundada na necessidade de assegurar ao empregado eleito a autonomia necessária ao livre e adequado exercício das funções inerentes ao seu mandato, relativas à busca pela diminuição de acidentes e por melhores condições de trabalho. Desse modo, inativado o canteiro de obras onde o empregado exercia sua função de cipeiro, cessa a garantia de emprego, sem que haja a possibilidade de reintegração ou de pagamento de indenização pelo período estabilitário, nos termos do item II da Súmula n. 339 do TST. Com esse entendimento, a SBDI-I, por unanimidade, conheceu dos embargos das reclamadas, por divergência jurisprudencial, e, no mérito, por maioria, deu-lhes provimento para excluir da condenação o pagamento da indenização relativa aos salários correspondentes ao período compreendido entre a dispensa do reclamante e o término da estabilidade provisória. Vencido o Ministro José Roberto Pimenta. TST-E-ED-RR-24000-48.2004.5.24.0061, SBDI-I, rel. Min. Lelio Bentes Corrêa, 6.11.2014.

Informativo n. 86, TST — *Ação rescisória. Gestante. Estabilidade provisória. Concessão. Gravidez no curso do aviso prévio. Art. 10, II, "b", do ADCT. Não violação.*

Não viola o disposto no art. 10, II, "b", do ADCT a decisão que confere estabilidade provisória à gestante cuja gravidez tenha ocorrido no curso do aviso-prévio, pois o dispositivo constitucional mencionado veda a dispensa da empregada gestante desde a confirmação da gestação até cinco meses após o parto, fixando critério objetivo ligado ao fato da gravidez e não ao momento da sua comprovação. Assim sendo, levando em conta que o aviso-prévio, pela sua própria natureza, integra o contrato de trabalho, pode-se concluir que a decisão rescindenda apenas realizou interpretação finalística da norma de garantia fundamental social, não incorrendo em qualquer violação. Com esse entendimento, a SBDI-II, por unanimidade, conheceu e julgou improcedente ação rescisória. TST-AR-4303-18.2012.5.00.0000, SBDI-II, rel. Min. Hugo Carlos Scheuermann, 12.8.2014.

Informativo n. 73, TST — *Lei Eleitoral n. 9.504/97. Estabilidade provisória. Concessão no período de projeção do aviso-prévio indenizado. Possibilidade. Inaplicabilidade da Súmula n. 371 do TST.*

Da Orientação Jurisprudencial n. 82 da SBDI-I c/c art. 487, § 1º, parte final, da CLT depreende-se que o aviso-prévio indenizado integra o contrato de trabalho para todos os efeitos, inclusive no que diz respeito à concessão da estabilidade provisória prevista na Lei Eleitoral n. 9.504/97. Na hipótese, não há falar em incidência da Súmula n. 371 do TST, a qual limita os efeitos do aviso-prévio indenizado às vantagens econômicas obtidas no período de pré-aviso, pois os precedentes que deram origem ao verbete apenas analisaram a projeção do aviso-prévio sob o ângulo da garantia de emprego do dirigente sindical, do alcance dos benefícios oriundos de negociações coletivas ou da aplicação retroativa de normas coletivas, não se referindo, portanto, à questão da estabilidade do período eleitoral, a qual, inclusive, decorre de norma de ordem pública. Com esse entendimento, a SBDI-I, por unanimidade, conheceu dos embargos do reclamado, por divergência jurisprudencial, e, no mérito, negou-lhes provimento. TST-E-ED-RR-129500-74.2010.5.17.0001, SBDI-I, rel. Min. Luiz Philippe Vieira de Mello Filho, 20.2.2014.

2013

Informativo n. 56, TST — *Estabilidade pré-aposentadoria. Dispensa a quatro meses e onze dias de completar o prazo para a aquisição da estabilidade. Abuso de direito. Configuração. Invalidade da conduta do empregador.*

É inválida a dispensa do trabalhador a quatro meses e onze dias de completar o prazo estipulado para a aquisição da estabilidade pré-aposentadoria, porquanto configurado o abuso do direito potestativo do empregador que buscou frustrar o adimplemento de condição prevista em norma coletiva, mediante a qual fora garantida a estabilidade no emprego nos vinte quatros meses que antecedem a jubilação. Com esse entendimento, a SBDI-I, por unanimidade, conheceu dos embargos do reclamado, por divergência jurisprudencial, e, no mérito, negou-lhes provimento, mantendo a decisão da Turma que, com base no art. 129 do CC, reconheceu o direito da reclamante à estabilidade provisória e, convertendo-a em indenização, condenou o empregador ao pagamento dos salários com os devidos reajustes e com todas as parcelas que o compunham, décimos terceiros, férias acrescidas do terço constitucional, auxílio-alimentação e depósitos do FGTS, em relação ao período da estabilidade. TST-E-ED-RR-133300-84.2007.5.01.0511, SBDI-I, rel. Min. Dora Maria da Costa, 22.8.2013.

Informativo n. 38, TST — *Estabilidade provisória do art. 55 da Lei n. 5.764/71. Membro de Conselho de Administração de Cooperativa. Exercício de funções diretivas.*

O membro de Conselho de Administração de sociedade cooperativa faz jus à estabilidade provisória de que trata o art. 55 da Lei n. 5.764/71, desde que exerça também funções diretivas. Com esse entendimento, a SBDI-I, por unanimidade, conheceu dos embargos, por divergência jurisprudencial e, no mérito, por maioria, deu-lhes provimento para restabelecer a decisão do TRT que, mantendo a sentença, reconheceu a estabilidade pretendida pelo reclamante. Vencidos os Ministros Renato de Lacerda Paiva e Maria Cristina Irigoyen Peduzzi. TST-E-RR-1409976-74.2004.5.01.0900, SBDI-I, rel. Min. Lelio Bentes Côrrea, 28.2.2013.

2012

Informativo n. 34, TST — *Empregada doméstica gestante. Despedida antes da vigência da Lei n. 11.234/06. Estabilidade provisória (art. 10, II, "b", do ADCT). Possibilidade.*

Possui direito à estabilidade provisória, de que trata o art. 10, II, "b", do ADCT, a empregada doméstica gestante despedida antes da vigência da Lei n. 11.234/06, a qual reconheceu expressamente tal direito. O fato de a estabilidade genérica do artigo 7º, I, da CF não ter sido assegurada às empregas domésticas não tem o condão de afastar a pretensão relativa à garantia provisória concedida às demais gestantes, pois aquelas se encontram na mesma situação de qualquer outra trabalhadora em estado gravídico. Ademais, conforme salientado pelo Ministro João Oreste Dalazen, o STF vem entendendo, reiteradamente, que o comprometimento do Brasil no plano internacional quanto à proteção à maternidade e ao nascituro, independentemente da natureza do vínculo profissional estabelecido entre a gestante e o destinatário da prestação de serviços, remonta à ratificação da Convenção n. 103 da OIT, ocorrida em 18.06.1965, e concerne não apenas à garantia à licença-maternidade, mas também à estabilidade provisória prevista no art. 10, II, "b", do ADCT. Com esse posicionamento, a SBDI-I, em sua composição plena, decidiu, pelo voto prevalente da Presidência, conhecer dos embargos, por divergência jurisprudencial, e, no mérito, negar-lhes provimento, mantendo o acórdão da Turma, que restabeleceu a sentença que julgou procedente o pedido de estabilidade à empregada doméstica gestante, condenando a reclamada ao pagamento da indenização respectiva. Vencidos os Ministros Renato de Lacerda Paiva, Antônio José de Barros Levenhagen, Ives Gandra Martins Filho, Brito Pereira, Maria Cristina Irigoyen Peduzzi, Aloysio Corrêa da Veiga e Dora Maria da Costa. TST-E-ED-RR-5112200-31.2002.5.02.0900, SBDI-I, rel. Min. Horácio Raymundo de Senna Pires, 13.12.2012.

Informativo n. 17, TST — *Estabilidade. Art. 19 do ADCT. Contagem do quinquênio aquisitivo. Tempo de serviço prestado a sociedade de economia mista. Impossibilidade.*

A estabilidade prevista no art. 19 do ADCT pressupõe a prestação de serviço por cinco anos continuados a entes da Administração pública direta, autárquica e fundacional, não aproveitando o tempo prestado a órgãos de esferas político-administrativas distintas. Com esse entendimento, a SBDI-I, por unanimidade, conheceu dos embargos por violação do art. 19 do ADCT e, no mérito, deu-lhes provimento para restabelecer a sentença em que se julgou improcedente a ação em que o reclamante pleiteava o direito à estabilidade tendo em conta o tempo de serviço prestado à Companhia de Construções Escolares do Estado de São Paulo (Conesp), sociedade de economia mista. Na espécie, o Ministro relator, conferindo novo enquadramento jurídico aos fatos registrados pela Turma, ressaltou que a premissa fática explicitada na decisão embargada, no sentido de que a Conesp teria a Fazenda Nacional como acionista majoritária, e, portanto, capital estatal, por si só não permitiria seu enquadramento na hipótese prevista no art. 19 do ADCT. TST-EEDRR 5644100-72.2002.5.02.0900, SBDI-I, rel. Min. José Roberto Freire Pimenta, 9.8.2012.

Informativo n. 10, TST — *Estabilidade provisória em razão de acidente de trabalho no curso de contrato por prazo determinado. Arestos que tratam da estabilidade provisória durante contrato de experiência. Divergência jurisprudencial. Não configuração. Dispositivos de lei distintos.*

Tendo em conta que a configuração de divergência jurisprudencial específica pressupõe a existência de teses diversas acerca da interpretação de um mesmo dispositivo legal (Súmula n. 296, I, do TST), a SBDI-I, por maioria, não conheceu de embargos na hipótese em que, para confrontar decisão da Segunda Turma que dera provimento a recurso de revista para restabelecer a sentença que julgara improcedente o pedido de estabilidade provisória em razão de acidente de trabalho no curso de contrato por prazo determinado regido pela Lei n. 6.019/74, o embargante colacionou arestos que versavam sobre estabilidade provisória durante contrato de experiência previsto no art. 443 da CLT. Vencidos os Ministros Horácio Raymundo de Senna Pires, José Roberto Freire Pimenta, Delaíde Miranda Arantes e Luiz Philippe Vieira de Mello Filho, os quais vislumbravam a existência de divergência jurisprudencial específica pois, ainda que o contrato temporário e o contrato de experiência estejam previstos em dispositivos de lei distintos, a questão central, tanto da decisão recorrida quanto dos arestos colacionados, diz respeito ao trabalhador que sofre acidente no curso de contrato com data de extinção previamente ajustada, existindo, portanto, identidade de situação fática apta a ensejar o conhecimento do recurso. TST-E-RR-34600-17.2001.5.17.0001, SBDI-I, rel. Min. Augusto César Leite de Carvalho, 24.5.2012.

Informativo n. 9, TST — *Estabilidade provisória. Lei Eleitoral n. 9.504/97. Aquisição no período de projeção do aviso prévio indenizado. Possibilidade. Súmula n. 371 do TST. Não incidência.*

O período de projeção do aviso-prévio indenizado integra o contrato de trabalho para todos os efeitos, alcançando, inclusive, a estabilidade provisória prevista na Lei Eleitoral n. 9.504/97. Inteligência da Orientação Jurisprudencial n. 82 da SBDI-I c/c art. 487, § 1º, parte final, da CLT. Com esse entendimento, a SBDI-I, por maioria, não conheceu dos embargos. Ressaltou o Ministro redator que na espécie não incide a Súmula n. 371 do TST porque a limitação às vantagens econômicas nela prevista se refere apenas à hipótese do § 6º do art. 487 da CLT, não tendo o condão de frustrar o direito à estabilidade garantida por norma de ordem pública. Vencidos os Ministros Brito Pereira, relator, Ives Gandra Martins Filho, Maria Cristina Peduzzi e Dora Maria da Costa, que conheciam do recurso por contrariedade à Súmula n. 371 do TST e, no mérito, davam-lhe provimento para excluir da condenação a indenização decorrente da estabilidade pré-eleitoral. TST-E-RR-16000-14.2007.5.04.0028, SBDI-I, rel. Min. Brito Pereira, red. p/ acórdão Min. Luiz Philippe Vieira de Mello Filho, 17.5.2012.

Informativo n. 7, TST — *Estabilidade pré-aposentadoria. Previsão em norma coletiva. Despedida oito meses antes do implemento da condição. Dispensa obstativa. Configuração.*

A dispensa do emprego oito meses antes de alcançar os vinte e quatro meses imediatamente anteriores à complementação do tempo para aposentadoria pela previdência social, conforme exigido por norma coletiva que previu a estabilidade pré-aposentadoria, configura óbice à aquisição do direito à garantia de emprego e transfere ao empregador o ônus de provar que não impediu o implemento da condição maliciosamente (art. 129 do CC), sobretudo no caso em que o trabalhador já preenchia outro requisito para o gozo da estabilidade, qual seja, contar com mais de vinte e oito anos de vínculo ininterrupto com o reclamado. Com esse entendimento, a SBDI-I, por unanimidade, conheceu dos embargos, por divergência jurisprudencial, e, no mérito, por maioria, vencidos os Ministros Ives Gandra Martins Filho, relator, Brito Pereira, Maria Cristina Peduzzi e Dora Maria da Costa, negou-lhes provimento. TST-E-ED-RR-3779900-06.2007.5.09.0652, SBDI-I, rel. Min. Ives Gandra da Silva Martins Filho, red. p/ acórdão Min. Luiz Philippe Vieira de Mello Filho, 3.5.2012.

Informativo n. 5, TST — *AR. Gestante. Estabilidade provisória. Art. 10, II, "b", do ADCT. Fechamento do estabelecimento. Transferência para outra localidade. Recusa da empregada. Justa causa. Não caracterização.*

Levando em consideração que a garantia no emprego da empregada gestante prevista no art. 10, II, "b", do ADCT não está condicionada à existência de atividades regulares na empresa, e visa, em último caso, proteger não apenas a empregada, mas também o bem-estar do nascituro, a recusa da obreira em ser transferida para outra localidade em razão do fechamento da filial em que trabalhava não pode ser tida como justa causa a obstacular a percepção das verbas devidas em decorrência da estabilidade. Com esse entendimento, a SBDI-II, decidiu, por unanimidade, conhecer do recurso ordinário e, no mérito, dar-lhe provimento para, reconhecida a afronta ao art. 10, II, "b", do ADCT, desconstituir em parte o acórdão do regional e, em juízo rescisório, determinar o retorno dos autos à Vara do Trabalho de origem para que, afastada a justa causa que fora imposta pelas instâncias ordinárias, aprecie os pedidos postulados na reclamação trabalhista, como entender de direito. TST-RO-298-04.2010.5.15.0000, SBDI-II, rel. Min. Guilherme Augusto Caputo Bastos. 10.4.2012

Informativo n. 3, TST — *Estabilidade provisória. Representante sindical e suplente eleitos para o Conselho de Representantes de federação ou confederação. Incidência dos arts. 8º, VIII, da CF e 543, § 3º, da CLT.*

A diretriz da Orientação Jurisprudencial n. 369 da SBDI-I, que diz respeito a delegado sindical junto a empresas, não se aplica ao representante sindical eleito, e ao seu suplente, junto ao Conselho de Representantes de federação ou confederação (art. 538, "b", da CLT), uma vez que estes últimos gozam da estabilidade provisória disposta no inciso VIII do art. 8º da CF e no § 3º do art. 543 da CLT. Ademais, não há falar na incidência do limite quantitativo previsto no art. 522 da CLT e na Súmula n. 369, II, do TST, visto que aplicável tão somente aos cargos da Diretoria e do Conselho Fiscal da entidade sindical, pois o Conselho de Representantes dispõe de número fixo de membros de cada sindicato ou federação, quais sejam dois titulares e dois suplentes (CLT, art. 538, § 4º). Com esse entendimento, a SBDI-I, por maioria, conheceu e deu provimento aos embargos para restabelecer a decisão do TRT que reconheceu a estabilidade pleiteada e determinou a reintegração do reclamante com pagamento dos salários do período do afastamento. Vencida a Ministra Maria Cristina Irigoyen Peduzzi. TST-E-ED-RR-125600-83.2003.5.10.0014, SBDI-I, rel. Min. Delaíde Miranda Arantes, 22.3.2012.

GRATIFICAÇÕES

2013

Informativo n. 46, TST — *Companhia Vale do Rio Doce — CVRD. Transformação da verba de representação em gratificação de função. Alteração da natureza jurídica da parcela. Revogação prejudicial ao empregado. Ilicitude.*

A revogação, pela Companhia Vale do Rio Doce — CVRD, do ato que conferiu natureza salarial à verba de representação e alterou sua denominação para gratificação de função, ainda que motivada pela suposta incompetência do Diretor Presidente da CVRD para proceder à transformação da aludida verba, não afeta negativamente os direitos dos empregados beneficiados pela modificação, visto que cabe ao empregador suportar os riscos das decisões administrativas de seus prepostos, conforme preceituam os arts. 2º e 10 da CLT. Assim, invocando o item I da Súmula n. 51 do TST e precedentes da Corte, a SBDI-I, por unanimidade, conheceu dos embargos, por divergência jurisprudencial, e, no mérito, negou-lhes provimento para manter a decisão da Turma que determinou a integração da verba nos limites da pretensão. TST-E-RR-146900-68.1999.5.01.0022, SBDI-I, rel. Min. Dora Maria da Costa, 9.5.2013.

2012

Informativo n. 7, TST — *Gratificação de função. Exercício por mais de dez anos. Períodos descontínuos. Aplicação da Súmula n. 372, I, do TST. Princípio da estabilidade financeira.*

O exercício de cargo de confiança em períodos descontínuos, mas que perfizeram um período superior a dez anos, não afasta, por si só, o reconhecimento do direito à estabilidade financeira abraçada pela Súmula n. 372, I, do TST. Cabe ao julgador, diante do quadro fático delineado nos autos, decidir sobre a licitude da exclusão da gratificação de função percebida, à luz do princípio da estabilidade financeira. Assim, na hipótese, o fato de o empregado ter exercido funções distintas ao longo de doze anos, percebendo gratificações de valores variados, e ter um decurso de quase dois anos ininterruptos sem percepção de função, não afasta o direito à incorporação da gratificação. Com esse entendimento, a SBDI-I, por maioria, conheceu dos embargos, por divergência jurisprudencial, vencido o Ministro João Oreste Dalazen, e, no mérito, ainda por maioria, vencidos os Ministros Ives Gandra Martins Filho e Maria Cristina Peduzzi, deu provimento ao recurso para restabelecer amplamente a decisão do TRT, no particular. TST-E-RR-124740-57.2003.5.01.0071, SBDI-I, rel. Min. Lelio Bentes Corrêa, 3.5.2012.

Informativo n. 1, TST — *AR. Horas extraordinárias. Base de cálculo. Inclusão da gratificação semestral paga com habitualidade. Aplicação posterior da Súmula n. 115 do TST. Bis in idem. Configuração. Violação dos arts. 884 e 885 do CC.*

O fato de a gratificação semestral paga com habitualidade já haver integrado o cálculo das horas extraordinárias torna inaplicável a diretriz fixada na Súmula n. 115 do TST, sob pena de caracterização de *bis in idem*. Com esse entendimento, a SBDI-II, à unanimidade, conheceu do recurso ordinário do autor e, no mérito, deu-lhe provimento para, reconhecida a afronta aos arts. 884 e 885 do CC, rescindir parcialmente o acórdão do Regional e, em juízo rescisório, excluir da condenação as diferenças de gratificação semestral decorrentes dos reflexos das horas extraordinárias deferidas. Na espécie, a despeito de a Vara do Trabalho de origem, ao deferir à reclamante como extraordinárias as horas laboradas além da 6ª diária, ter computado na respectiva base de cálculo a gratificação semestral percebida com habitualidade, o TRT da 9ª Região reconheceu, firmado na Súmula n. 115 do TST, o direito aos reflexos das horas extras habituais no cálculo da gratificação semestral. TST-RO-4300-19.2009.5.09.0000, SBDI-II, rel. Min. Guilherme Augusto Caputo Bastos, 6.3.2012.

HORAS EXTRAS

2016

Informativo n. 130, TST — *Horas extras. Redução. Súmula n. 291 do TST. Direito à indenização afastado por negociação coletiva. Impossibilidade.*

O art. 7º, XXVI, da CF, ao consagrar o reconhecimento das convenções e acordos coletivos de trabalho, autoriza a negociação coletiva de direitos disponíveis do empregado. A indenização pela supressão ou redução das horas extras, prevista na Súmula n. 291 do TST, no entanto, não está sujeita à negociação coletiva, pois é direito relacionado às normas que visam amparar a saúde do empregado e reprimir a prestação indiscriminada de labor extraordinário, além de preservar o equilíbrio financeiro do trabalhador submetido a tal regime. Na hipótese, houve negociação coletiva a respeito da jornada prestada em turnos ininterruptos de revezamento que implicou em redução das horas extras de seis para duas horas diárias e o afastamento da indenização prevista na Súmula n. 291 do TST. Assim, a SBDI-I, por unanimidade, conheceu dos embargos interpostos pela reclamada, por divergência jurisprudencial, e, no mérito, por maioria, negou-lhes provimento, mantendo a condenação ao pagamento da indenização. Vencidos os Ministros Ives Gandra da Silva Martins Filho, Guilherme Augusto Caputo Bastos, Walmir Oliveira da Costa e Alexandre de Souza Agra Belmonte. TST-E-ED-ARR-406-58.2011.5.05.0038, SBDI-I, rel. Min. Luiz Philippe Vieira de Mello Filho, 17.3.2016.

2015

Informativo n. 119, TST — *Horas extraordinárias. Contratação após admissão. Súmula 199, I, do TST. Não contrariedade.*

Não contraria o item I da Súmula 199 do TST, o reconhecimento de pré-contratação de horas extras nas hipóteses em que o ajuste tenha ocorrido poucos meses após a admissão do empregado se, conforme consignado no acórdão regional, o pagamento das horas extras pré-contratadas era, na verdade, mera contraprestação pelo serviço prestado pela reclamante, e que, ainda, a prorrogação de jornada foi uma constante no curso do contrato, sem que, contudo, nenhuma justificativa tenha sido apresentada para a permanente necessidade de elasticimento de trabalho, o que levou o Tribunal Regional do Trabalho da 9ª Região, inclusive, à conclusão de que a intenção do empregador era burlar a aplicação da referida súmula. Sob esses fundamentos, a SBDI-1, por maioria, não conheceu do recurso de embargos. Vencidos os Ministros Marcio Eurico Vitral Amaro, relator e Ives Gandra Martins Filho. TST-E-ED-RR 286-82.2010.5.09.0088, SBDI-1, rel. Min. Márcio Eurico Vitral Amaro, red. p/ acórdão Min. José Roberto Freire Pimenta, 1º.10.2015.

Informativo n. 98, TST — *Intervalo intrajornada. Excesso de jornada. Período anterior à Lei n. 8.923/94 (§ 4º no art. 71 da CLT). Horas extras devidas.*

Anteriormente à edição da Lei n. 8.923/94 (que incluiu o § 4º no art. 71 da CLT), o desrespeito ao intervalo mínimo entre dois turnos de trabalho, sem importar em excesso na jornada efetivamente trabalhada, caracterizava mera infração sujeita à penalidade administrativa, não ensejando direito a qualquer ressarcimento ao empregado (Súmula n. 88, já cancelada). Todavia, o excesso na jornada efetivamente trabalhada garante o direito ao pagamento de horas extras, mesmo em relação a período anterior à edição daquela lei. Em outras palavras, a Súmula n. 88 do TST previa que o descumprimento do intervalo intrajornada antes da vigência da Lei n. 8.923/94 somente não ensejava o pagamento de horas extraordinárias nas hipóteses em que observada a jornada de trabalho do empregado, ou seja, quando o trabalho ocorria de forma contínua, sem interrupção para descanso e refeição, e não havia elasticimento da jornada normal. Com esse entendimento, a SBDII, por maioria, não conheceu dos embargos interpostos pela reclamada. Vencidos os Ministros Brito Pereira, relator, e Márcio Eurico Vitral Amaro, que davam provimento ao recurso para limitar a condenação relativa às horas extras decorrentes da concessão parcial do intervalo intrajornada ao período posterior à vigência da Lei n. 8.923/94. TST-E-ED-ED-RR-672543-25.2000.5.17.0006, SBDI-I, rel. Min. Brito Pereira, red. p/ acórdão Min. Lelio Bentes Corrêa, 18.12.2014.

2014

Informativo n. 87, TST — *Horas extras. Pagamento desvinculado da prestação de serviço suplementar. Fraude. Discussão que não envolve a pré-contratação de horas extras. Súmula n. 199, I, do TST. Não incidência.*

Não contraria a Súmula n. 199, I, do TST, a decisão que, entendendo caracterizada fraude à legislação trabalhista, nos termos do art. 9º da CLT, reconhece a natureza salarial de parcela paga sob a rubrica de horas extras, recebida em valores fixos, inclusive sobre período relativo às férias, ou seja, sem vinculação com labor suplementar. Ademais, ainda que a decisão recorrida tenha consignado que, embora não houvesse prova de que existiu pagamento desde o início do contrato, tal fato não obstaria o reconhecimento da pré-contratação, em razão da flagrante intenção do empregador de burlar a aplicação da Súmula n. 199 do TST, a condenação do reclamado se deu fundamentalmente em razão do reconhecimento do cunho salarial da parcela em questão, o que não envolve pré-contratação de horas extras. Com esses fundamentos, a SBDI-I, em sua composição plena, decidiu, por maioria, conhecer dos embargos interpostos pelo reclamante, por divergência jurisprudencial e por contrariedade à Sumula n. 199 do TST e, no mérito, dar-lhes provimento para, no tema, restabelecer a decisão proferida pelo Regional. Vencidos os Ministros Brito Pereira, relator, João Oreste Dalazen, Maria Cristina Peduzzi e Renato de Lacerda Paiva, que não conheciam do recurso, entendendo acertada a decisão turmária que reputara contrariada a Súmula n. 199 do TST, uma vez que o Tribunal de origem assentou que não havia prova nos autos de que a percepção da parcela deu-se desde a admissão. TST-E-ED-RR-1658400-44.2003.5.09.0006, SBDI-I, rel. Min. Brito Pereira, red. p/acórdão Min. Lélio Bentes Corrêa, 21.8.14.

2013

Informativo n. 68, TST — *Horas extras. Jornada de quarenta horas semanais. Divisor 220 previsto em norma coletiva. Nulidade. Aplicação do divisor 200. Súmula n. 431 do TST.*

É nula a cláusula de acordo coletivo que estabelece o divisor 220 para fins de apuração do salário-hora do empregado submetido à jornada de quarenta horas semanais. No caso, deve prevalecer a aplicação do divisor 200, nos termos da Súmula n. 431 do TST, prestigiando-se, portanto, a condição mais benéfica incorporada ao contrato de trabalho. Com esse posicionamento, a SBDI-I, invocando precedentes da Corte, decidiu, à unanimidade, conhecer dos embargos da reclamada, por divergência jurisprudencial, e, no mérito, negar-lhes provimento. Ressalvaram a fundamentação os Ministros Augusto César Leite de Carvalho, Antônio José Barros Levenhagen, Dora Maria da Costa e Renato de Lacerda Paiva. TST-E-ED-RR-50200-68.2008.5.09.0094, SBDI-I, rel. Min. Brito Pereira, 28.11.2013.

Informativo n. 59, TST — *Bancário. Acordo individual de prorrogação da jornada. Pactuação no penúltimo dia do mês da admissão. Pré-contratação de horas extras. Configuração. Súmula n. 199, I, do TST.*

Firmado acordo individual de prorrogação da jornada no penúltimo dia do mês de admissão, mas comprovada a prestação de horas suplementares pelo bancário desde o primeiro dia de trabalho, e não apenas após a pactuação, resta configurada a pré-contratação de horas extras, nos termos do item I da Súmula n. 199 do TST. Com esse entendimento e invocando o princípio da primazia da realidade, decidiu a SBDI-I, por maioria, conhecer do recurso de Embargos da reclamante, por divergência jurisprudencial, e, no mérito, dar-lhe provimento para restabelecer a decisão do TRT na parte em que manteve a condenação ao pagamento de horas extras e reflexos a partir da 6ª hora diária e da 30ª hora semanal. Vencido o Ministro Antônio José de Barros Levenhagen, que não conhecia do recurso. TST-E-ED-ED-RR-90100-92.2007.5.15.0137, SBDI-I, rel. Min. Brito Pereira, 12.9.2013.

Informativo n. 57, TST — *Bancário. Pagamento de "horas extras" e "RSR s/ horas extras" de forma regular, em valor fixo e sem vinculação com a efetiva prestação de trabalho suplementar. Salário dissimulado. Parte final da Súmula n. 199, I, do TST. Não incidência.*

O pagamento de parcelas sob a rubrica de "horas extras" e "RSR sem horas extras" de forma habitual e em valores fixos independentemente da efetiva prestação de serviços extraordinários caracteriza o salário dissimulado, visando impedir que as referidas verbas integrem a remuneração do empregado e causando flagrante prejuízo patrimonial, o que é vedado pelo art. 9º da CLT. Com esse entendimento, a SBDI-I, por maioria, conheceu dos embargos do reclamante, por divergência jurisprudencial, e, no mérito, deu-lhes provimento para restabelecer o acórdão do Regional que condenou o banco reclamado ao pagamento das diferenças salariais decorrentes da integração ao salário dos valores relativos às horas extras, assim como os respectivos reflexos. Na espécie, mesmo com a previsão de prorrogação do horário de trabalho em acordo firmado quase dois anos após a contratação, não se considerou como hipótese de incidência da parte final do inciso I da Súmula n. 199 do TST, tendo em vista que a prorrogação de jornada autorizada pelo art. 225 da CLT pressupõe a necessidade transitória de mão de obra e não o pagamento de horas extras em valor fixo e habitual, sem a efetiva contraprestação. Vencidos os Ministros Dora Maria da Costa, Ives Gandra da Silva Martins Filho, Renato de Lacerda Paiva e Aloysio Corrêa da Veiga. TST-E-RR-44600-19.2009.5.04.0305, SBDI-I, rel. Min. Alberto Luiz Bresciani de Fontan Pereira 29.8.2013.

Informativo n. 43, TST — *Maquinista da categoria "C". Intervalo intrajornada. Compatibilidade entre os arts. 71, § 4º e 238, § 5º, ambos da CLT. Pagamento do intervalo não concedido como horas extras.*

O intervalo intrajornada de que trata o art. 71 da CLT, por ser norma de ordem pública, constituindo-se em medida de higiene, saúde e segurança, deve ser concedido a todos os trabalhadores, inclusive ao maquinista da categoria "C". Assim, não se pode excluir dessa categoria o direito ao pagamento, como horas extras, do intervalo não concedido, havendo total compatibilidade entre os arts. 71, § 4º e 238, § 5º, ambos da CLT. Com esse entendimento, a SBDI-I, em sua composição plena, conheceu dos embargos da reclamada, por divergência jurisprudencial, e, no mérito, por maioria, negou-lhes provimento. Vencidos os Ministros Maria Cristina Irigoyen Peduzzi, relatora, Ives Gandra Martins Filho, Brito Pereira, Renato de Lacerda Paiva e Dora Maria da Costa. TST-E-ED-RR-65200-84.2007.5.03.0038, SBDI-I, rel. Min. Maria Cristina Irigoyen Peduzzi, red. p/ acórdão Min. Aloysio Corrêa da Veiga, 18.4.2013.

Informativo n. 37, TST — *Trabalho em dois turnos de oito horas. Avanço em horário noturno em razão do cumprimento de intervalo intrajornada. Contrariedade à Orientação Jurisprudencial n. 360 da SBDI-I. Configuração.*

O trabalho realizado com alternância de horários em apenas dois turnos de oito horas, em que há o avanço no período noturno após as vinte e duas horas, decorrente do cumprimento do intervalo intrajornada legalmente assegurado, não descaracteriza o trabalho em regime de turnos ininterruptos de revezamento, de modo que ao trabalhador é assegurada a jornada especial de seis horas prevista no art. 7º, XIV, da CF. Com esse entendimento, a SBDI-I, por maioria, conheceu dos embargos do reclamante, por contrariedade à Orientação Jurisprudencial n. 360 da SBDI-I, e, no mérito, deu-lhes provimento para condenar a reclamada ao pagamento das horas extras decorrentes da caracterização do regime de turnos ininterruptos de revezamento. Vencidos os Ministros Ives Gandra Martins Filho, relator, Brito Pereira, Maria Cristina Irigoyen Peduzzi, Renato de Lacerda Paiva e Dora Maria da Costa. TST-E-RR-59300-35.2004.5.02.0465, SBDI-I, rel. Min. Ives Gandra Martins Filho, red. p/ acórdão Min. Aloysio Corrêa da Veiga, 21.2.2013.

2012

Informativo n. 22, TST — *Bancário. Gerente-geral. Tempo despendido na realização de cursos pela internet e a distância, fora do horário de trabalho. Horas extras. Indeferimento.*

Os cursos realizados por exigência do empregador, via internet e a distância, fora do horário de trabalho, por empregado gerente-geral de agência bancária, não ensejam o pagamento de horas extras, porquanto o trabalhador que se enquadra no art. 62, II, da CLT não tem direito a qualquer parcela regida pelo capítulo "Da Duração do Trabalho". Com esse entendimento, a SBDI-I, por maioria, conheceu dos embargos, por contrariedade à Súmula n. 287 do TST, e, no mérito, deu-lhes provimento para excluir da condenação o pagamento das horas extras decorrentes da realização de cursos desempenhados via internet e à distância, fora do horário de trabalho. Vencidos os Ministros Lelio Bentes Corrêa, relator, Luiz Philippe Vieira de Mello Filho, Augusto César Leite de Carvalho, José Roberto Freire Pimenta e Delaíde Miranda Arantes. TST-ERR-82700-69.2006.5.04.0007, SBDI-I, rel. Min. Lelio Bentes Corrêa, red. p/ acórdão Min. João Oreste Dalazen, 20.09.2012.

Informativo n. 22, TST — *Horas Extras. Habitualidade. Pagamento suspenso transitoriamente por força do Decreto n. 29.019/2008 do Distrito Federal. Indenização devida. Súmula n. 291 do TST.*

A suspensão transitória de serviço suplementar prestado com habitualidade, por força do Decreto n. 29.019/2008 do Distrito Federal, assegura ao empregado o direito à indenização correspondente ao valor de um mês das horas suprimidas, total ou parcialmente, para cada ano ou fração igual ou superior a seis meses de prestação de serviço acima da jornada normal, a que se refere a Súmula n. 291 do TST. Com esse entendimento, a SBDI-I, por unanimidade, conheceu dos embargos, por divergência jurisprudencial, e, no mérito, por maioria, negou-lhes provimento. Vencidos os Ministros Ives Gandra Martins Filho, relator, João Batista Brito Pereira, Dora Maria da Costa, Augusto César Leite de Carvalho e Maria Cristina Irigoyen Peduzzi, os quais davam provimento ao recurso por entender pela má aplicação da Súmula n. 291 do TST na medida em que o referido verbete não trata da hipótese de suspensão temporária de horas extras TST-E-RR-2706-06.2010.5.10.0000, SBDI-I, rel. Min. Ives Gandra Martins Filho, red. p/ acórdão Min. Aloysio Corrêa da Veiga, 20.9.2012.

Informativo n. 21, TST — *Tesoureiro de Retaguarda. Função técnica. Fidúcia especial. Não caracterização. Art. 224, § 2º, da CLT. Não incidência. Horas extras. Devidas.*

O denominado "Tesoureiro de Retaguarda" exerce função apenas técnica, sem fidúcia diferenciada, o que afasta o seu enquadramento na exceção prevista no § 2º do art. 224 da CLT. Na hipótese, registrou-se que a responsabilidade pelo manuseio de numerário e o percebimento de gratificação de função superior a um terço do salário do cargo efetivo não eram suficientes para atrair a aplicação imediata do art. 224, § 2º da CLT, porquanto imprescindível a investidura em poderes de direção ou chefia e o desempenho de atribuições diferentes daquelas delegadas aos demais empregados da instituição financeira, o que não ficou comprovado nos autos. Assim, a SBDI-I, por maioria, conheceu dos embargos e, no mérito, deu-lhes provimento para julgar procedente o pedido de horas extras excedentes à sexta hora diária, as quais deverão ser calculadas com base na gratificação relativa à jornada de seis horas, deduzindo-se a diferença entre a gratificação de função recebida, em face da opção pela jornada de oito horas, e a devida pela jornada de seis horas, nos termos da Orientação Jurisprudencial Transitória n. 70 da SBDI-I. Vencidos os Ministros Renato de Lacerda Paiva, Dora Maria da Costa e Maria Cristina Irigoyen Peduzzi. TST-E-ED-RR-116400-46.2008.5.12.0006, SBDI-I, rel. Min. Augusto César Leite de Carvalho, 6.9.2012.

Informativo n. 18, TST — *Intervalo intrajornada. Redução. Horas extras. Norma coletiva. Percentual superior ao previsto no art. 71, § 4º, da CLT. Prevalência.*

Havendo norma coletiva assegurando a remuneração das horas extras em percentual superior ao previsto no art. 71, § 4º, da CLT, esse adicional deverá ser utilizado para o pagamento das horas suplementares decorrentes da redução do intervalo intrajornada, ainda que não consignado expressamente nos autos a porcentagem acordada. Nessa esteira, a SBDI-I, por maioria, vencidos os Ministros Maria Cristina Irigoyen Peduzzi, Brito Pereira, Horácio Raymundo de Senna Pires e os Desembargadores Convocados Sebastião Geraldo de Oliveira e Hugo Carlos Scheuermann, conheceu do recurso de embargos, no tópico, por violação do art. 896 da CLT, ante a má aplicação da Súmula n. 126 do TST e, no mérito, deu-lhe provimento para restabelecer a sentença em que fora determinado o cômputo da parcela devida pela redução do intervalo intrajornada com base no percentual previsto na norma coletiva para o cálculo das horas extras. Na espécie, a decisão turmária apontara o óbice da Súmula n. 126 do TST, uma vez que o TRT de origem, apesar de ter consignado a existência de percentual mais vantajoso em norma coletiva, não registrou expressamente esse valor. A Subseção, porém, entendeu que a matéria se restringe ao enquadramento jurídico da incidência, ou não, do percentual normativo em detrimento da previsão legal, razão pela qual, confirmada a existência de adicional mais vantajoso tanto pelo TRT quanto pela Turma, a ausência de registro da porcentagem estabelecida em instrumento coletivo não é dado imprescindível à solução da controvérsia. TST-E-ED-RR-21300-73.2005.5.04.0012, SBDI-I, rel. Min. Augusto César Leite de Carvalho, 16.8.2012.

Informativo n. 18, TST — *Horas extras e diárias de viagens. Pagamento incorporado às comissões por meio de norma coletiva. Impossibilidade. Salário complessivo. Configuração. Súmula n. 91 do TST.*

A inclusão das verbas denominadas horas extras e diárias de viagens no valor a ser pago ao trabalhador a título de comissões, ainda que prevista em instrumento coletivo, caracteriza salário complessivo, conduzindo à nulidade da avença, a teor da Súmula n. 91 do TST. Entendeu o Ministro redator que, na hipótese, há necessidade do pagamento destacado das parcelas, a fim de assegurar ao empregado que presta serviços à empresa de transporte rodoviário e, portanto, se submete a constantes viagens e de duração variada, o conhecimento e o controle do que lhe é pago. Com base nesse entendimento, a SBDI-I, por unanimidade, conheceu do recurso de embargos, por divergência jurisprudencial, e, no mérito, por maioria, deu-lhe provimento para, reformando a decisão embargada, determinar o retorno dos autos à Vara do Trabalho de origem, a fim de que examine os pedidos relativos às diárias de viagem e às horas extraordinárias, afastada a incidência da cláusula normativa que prevê a sua quitação por força do pagamento das comissões. Vencidos os Ministros Renato de Lacerda Paiva, relator, Ives Gandra Martins Filho, Brito Pereira, Maria Cristina Irigoyen Peduzzi e Dora Maria da Costa. TST-E-ED-RR-200-35.2006.5.09.0094, SBDI-I, rel. Min. Renato de Lacerda Paiva, red. p/ acórdão Min. Lelio Bentes Côrrea, 16.8.2012.

PRESCRIÇÃO E DECADÊNCIA

2016

Informativo n. 141, TST — *Trabalhador portuário avulso. Prescrição bienal e quinquenal. Cancelamento da Orientação Jurisprudencial n. 384 da SBDI-I. Lei n. 12.815/2013.*

Para o trabalhador portuário avulso, o prazo prescricional bienal conta-se a partir do cancelamento do registro ou do cadastro junto ao Órgão Gestor de Mão de Obra — OGMO, não mais se aplicando o entendimento contido na cancelada Orientação Jurisprudencial n. 384 da SBDI-I, no sentido de que a prescrição bienal conta-se da data do término de cada prestação de serviço (engajamento). Na vigência do credenciamento permanece a incidência da prescrição quinquenal, pois os trabalhadores portuários avulsos cadastrados estão ligados ao OGMO de forma direta, sucessiva e contínua, cabendo a ele atuar como intermediário entre os trabalhadores e os tomadores de serviços. Corrobora esse entendimento o art. 37, § 4º, da Lei n. 12.815, de 2013, segundo o qual "as ações relativas aos créditos decorrentes da relação de trabalho avulso prescrevem em 5 (cinco) anos até o limite de 2 (dois) anos após o cancelamento do registro ou do cadastro no órgão gestor de mão de obra". Sob esses fundamentos, a SBDI-I, por maioria, não conheceu dos embargos interpostos pelas reclamadas, mantendo a decisão turmária que declarara que a prescrição incidente ao caso é a quinquenal. Vencidos os Ministros Ives Gandra da Silva Martins Filho, João Oreste Dalazen, Renato de Lacerda Paiva, Guilherme Augusto Caputo Bastos e Walmir Oliveira da Costa. TST-EED-RR-183000-24.2007.5.05.0121, SBDI-I, rel. Min. José Roberto Freire Pimenta, 4.8.2016.

Informativo n. 128, TST — *Novacap. Gratificação de função. Diferenças decorrentes de reajustes salariais previstos em normas coletivas. Descumprimento. Lesão continuada. Prescrição parcial.*

O pagamento de diferenças de gratificação de função decorrentes de reajustes salariais previstos em normas coletivas firmadas pela Companhia Urbanizadora da Nova Capital do Brasil — Novacap se sujeita à prescrição parcial quinquenal. No caso, a pretensão do reclamante se ampara na alegação de descumprimento da norma que previu a repercussão dos reajustes no valor da gratificação em questão. Trata-se, portanto, de lesão continuada, praticada a cada mês em que há o pagamento a menor, de modo que a prescrição é contada a partir da data de vencimento de cada prestação devida ao empregado, e não do direito que deu origem ao pedido. Sob esses fundamentos, a SBDI-I, por unanimidade, conheceu do recurso de embargos, por divergência jurisprudencial, e, no mérito, deu-lhe provimento para afastar a prescrição total e determinar o retorno dos autos à Vara do Trabalho de origem, a fim de que prossiga no julgamento, como entender de direito. TST-E-RR-551-88.2010.5.10.0013, SBDI-I, rel. Min. Walmir Oliveira da Costa, 11.2.2016.

2015

Informativo n. 125, TST — *Salário variável. Previsão em cláusula contratual. Inobservância. Diferenças. Prescrição. Não incidência da Súmula n. 294 do TST e da Orientação Jurisprudencial n. 175 da SBDI-I.*

Aplica-se a prescrição parcial ao pedido de diferenças de parcela variável da remuneração do empregado jamais paga, nos termos ajustados, durante o curso do contrato de emprego. No caso, é inaplicável a prescrição total a que alude a Súmula n. 294 do TST, visto não se tratar de alteração do pactuado, mas de descumprimento do ajuste firmado quando da admissão do reclamante. Ademais, não há falar em contrariedade à Orientação Jurisprudencial n. 175 da SBDI-I, que versa sobre supressão ou alteração quanto à forma de cálculo ou quanto ao percentual das comissões, pois no caso em análise a reclamada pagava o valor mínimo da parcela variável, sem observar, contudo, a obrigação de atrelá-la à rentabilidade da unidade de trabalho, conforme previsto no ajuste contratual. Sob esses fundamentos, a SBDI-I, por maioria, não conheceu dos embargos interpostos pela reclamada, mantendo incólume a decisão turmária mediante a qual se declarou a incidência da prescrição parcial. Vencido o Ministro Lelio Bentes Corrêa. TST-E-ED-RR-43940-03.2006.5.05.0014, SBDI-I, rel. Min. Hugo Carlos Scheuermann, 3.12.2015.

Informativo n. 119, TST — *Banco do Brasil. Anuênios. Previsão originária em norma regulamentar interna. Incorporação ao contrato de trabalho. Supressão posterior. Ausência de renovação em norma coletiva. Prescrição parcial. Inaplicabilidade da Súmula 294 do TST.*

Não se aplica o entendimento consubstanciado na Súmula n. 294 do TST à controvérsia em torno da prescrição incidente sobre a pretensão ao recebimento de anuênios — previstos originalmente em norma regulamentar e suprimidos, posteriormente, por ausência de renovação em acordo coletivo. O direito a esse benefício, antes mesmo de ter sido tratado em norma coletiva, já havia aderido ao contrato de trabalho dos empregados do Banco do Brasil, cujo descumprimento implica lesão que se renova mês a mês, atraindo apenas a prescrição parcial. No caso concreto, verificou-se que o adicional por tempo de serviço (no regime de quinquênios), previsto em norma interna e pago desde o início do contrato, foi transmudado, por força de acordo coletivo, para a modalidade de anuênios, os quais deixaram de constar das normas coletivas subsequentes. Diante disso, entendeu-se que a insubsistência da cláusula de anuênio não poderia prevalecer ante o direito adquirido dos empregados, decorrente da percepção habitual e por longo tempo dessa vantagem. Sob esses fundamentos, a SBDI-I, à unanimidade, conheceu do recurso de embargos do sindicato-autor, por divergência jurisprudencial, e, no mérito, deu-lhe provimento para restabelecer a sentença, determinando a remessa dos autos à Turma de origem para que proceda ao exame dos demais tópicos do recurso de revista do reclamado, vencidos os Ministros Guilherme Augusto Caputo Bastos, Antonio José de Barros Levenhagen, João Oreste Dalazen, Aloysio Corrêa da Veiga e Walmir Oliveira da Costa. TST-E-ED-RR-151-79.2011.5.04.0733, SBDI-I, rel. Ministro Luiz Phillippe Vieira de Mello Filho, 24.9.2015.

Informativo n. 114, TST — *Prescrição. Indenização por dano moral e material. Exclusão do empregado e dependentes do quadro de beneficiários do plano de saúde (CASSI) e da entidade de previdência privada (PREVI). Fluência do prazo prescricional. Ajuizamento de protesto judicial e gozo de auxílio-doença e posterior aposentadoria por invalidez.*

Incide a prescrição total do direito de ação para postular indenização por dano moral e material supostamente infligido ao empregado e a seus dependentes, a partir da supressão de benefícios de plano de saúde (CASSI) e de previdência complementar (PREVI), no curso de inquérito administrativo interno. No caso, o reclamante postulou o pagamento de indenização por dano moral e material por haver sido desligado compulsoriamente, desde 1º.11.2002, do rol de beneficiários da entidade de previdência privada PREVI, bem como da sua exclusão e de seus dependentes, na mesma data, dos benefícios assegurados pela CASSI (consultas e/ou reembolso de medicamentos e internações). O marco inicial do prazo prescricional é a data da supressão dos benefícios, 1º.11.2002, anteriormente, portanto, à entrada em vigor da Emenda Constitucional n. 45/2004. No caso, a norma de regência do prazo prescricional é o Código Civil de 2002. Decorridos menos de 10 anos entre a ciência inequívoca da lesão, em 2002, e a data da entrada em vigor do Código Civil de 2002 (11.1.2003), incide a regra de transição insculpida no artigo 2.028 do novo Código. Assim, a partir da entrada em vigor do Código Civil de 2002, dispunha o Autor de três anos, até 11.1.2006, para ajuizar, perante a Justiça do Trabalho, ação de reparação por dano moral e material decorrente da supressão de plano de saúde e de benefícios previdenciários relacionados ao contrato de trabalho, não impedindo a fluência do prazo prescricional a concessão da aposentadoria por invalidez, em 20/12/2004, ou o cancelamento da demissão do reclamante, ou, ainda, os anteriores e sucessivos afastamentos por gozo de auxílio-doença. O fato de a Orientação Jurisprudencial n. 375 da SBDI-1 aludir à prescrição quinquenal trabalhista não impede a adoção do mesmo raciocínio para os casos em que se aplica a prescrição trienal cível, prevista no artigo 206, § 3º, V, do Código Civil de 2002. Sob esses fundamentos, a SBDI-1, por unanimidade, não conheceu dos embargos interpostos pelo reclamante. TST-E-ED-RR-63440-83.2008.5.03.0097, SBDI-I, rel. Min. João Oreste Dalazen, 20.8.2015.

Informativo n. 112, TST — *Prescrição. Ação de reparação de danos materiais. Demanda proposta por empregador em face de ex-empregado. Lesão ocorrida antes da vigência da Emenda Constitucional n. 45, de 30 de dezembro de 2004. Prazo aplicável.*

Ainda que a lesão tenha ocorrido em 1999, antes da entrada em vigor da Emenda Constitucional n. 45/2004, aplica-se o prazo prescricional trabalhista, previsto no art. 7º, XXIX, da Constituição Federal. Isso porque se trata de lide não relacionada à indenização por danos morais ou materiais decorrentes de acidente do trabalho ou doença ocupacional. Nessas hipóteses, tem-se por irrelevante a data da publicação da Emenda Constitucional n. 45/04, pois há muito se fazia firme a jurisprudência desta Corte e do Supremo Tribunal Federal a respeito da competência da Justiça do Trabalho. No caso, a ação de reparação do indébito foi ajuizada no ano de 2006 pelo empregador em face de ex-empregado em virtude de supostas irregularidades apuradas em Procedimento Administrativo realizado no ano de 1999. Transcorrido, portanto, o prazo prescricional trabalhista para o ajuizamento da ação, que é o mesmo tanto para empregado quanto para empregador. Sob esses fundamentos, a SBDI-1, por unanimidade, conheceu do recurso de embargos da reclamada, por divergência jurisprudencial, e, no mérito, por maioria, negou-lhe provimento, vencidos os Ministros Renato de Lacerda Paiva, relator, Aloysio Corrêa da Veiga, Augusto César Leite de Carvalho e Cláudio Mascarenhas Brandão. TST- EEDRR 1500-41.2006.5.07.0012, SBDI-I, red. Min. Márcio Eurico Vitral Amaro, 25.6.2015.

Informativo n. 109, TST — *Ação rescisória. Decadência pronunciada no Tribunal de origem. Precedência em relação ao exame de questão relativa à insuficiência de depósito prévio. Efeito devolutivo do recurso ordinário.*

Pronunciada a decadência pelo Tribunal Regional do Trabalho da 3ª Região, e devolvida a questão, por meio de recurso ordinário, ao Tribunal Superior do Trabalho, deve-se, em função do efeito devolutivo, analisar primeiramente a ocorrência ou não da decadência para, caso afastada, só então se passar à verificação do preenchimento dos pressupostos processuais alusivos à ação rescisória. No caso, ainda que tenha sido constatada a insuficiência do valor recolhido a título de depósito prévio, no momento do ajuizamento da ação rescisória, e que o autor não demonstrou de forma inequívoca a impossibilidade em arcar com as despesas do processo, o que enseja sua extinção sem resolução de mérito, com arrimo no inciso IV do artigo 267 do CPC, prevaleceu o entendimento de que o exame da decadência deveria anteceder ao dos pressupostos de constituição e de desenvolvimento válido e regular do processo, uma vez que é necessário apreciar-se primeiro o que foi objeto da decisão recorrida. Nesse contexto, a SBDI-II decidiu, por maioria, vencidos os Ministros Emmanoel Pereira, Relator, Alberto Luiz Bresciani de Fontan Pereira, Delaíde Miranda Arantes, Douglas Alencar Rodrigues, negar provimento ao recurso ordinário. TST-RO-349600-59.2010.5.03.0000, SBDI-II, rel. Min. Emmanoel Pereira, red. p/acórdão Min. Luiz Philippe Vieira de Mello Filho, 26.5.2015.

Informativo n. 109, TST — *Prescrição. Actio nata. Indenização por danos morais e materiais. Ação criminal proposta pelo empregador após a dispensa por justa causa. Falsificação de atestado médico. Absolvição criminal superveniente. Art. 200 do Código Civil.*

Nos termos do art. 200 do Código Civil, conta-se a prescrição da pretensão relativa à indenização por danos morais e materiais decorrentes de falsa imputação de crime efetuada por ex-empregador a partir do trânsito em julgado da sentença penal definitiva. No caso, entendeu-se que a causa de pedir da reclamação trabalhista não estava alicerçada na reversão da justa causa aplicada, mas sim na má-fé da empresa ao falsificar o atestado médico e imputá-lo à reclamante, de modo que a ciência inequívoca da responsabilidade pelo dano somente ocorreria com o trânsito em julgado da sentença penal absolutória. Assim, verificado o trânsito em julgado da ação penal em 16/01/2007, a qual atribuiu à própria empresa a autoria e a materialidade da adulteração do atestado médico, e o ajuizamento da reclamação em 14/08/2008, antes de esgotado o prazo prescricional bienal, não há prescrição a ser declarada. Sob esse entendimento, a SBDI-I, por unanimidade, conheceu do recurso de embargos por divergência jurisprudencial, e, no mérito, por maioria, deu-lhe provimento para, afastada a prescrição total, determinar o retorno dos autos ao Tribunal Regional do Trabalho da 2ª Região, a fim de que prossiga no julgamento do recurso ordinário da reclamada, como entender de direito. Vencidos os Ministros Renato de Lacerda Paiva, relator, Aloysio Corrêa da Veiga, Luiz Philippe Vieira de Mello Filho e Guilherme Augusto Caputo Bastos. TST-E-RR-201300-40.2008.5.02.0361, SBDI-I, red. Min. Alexandre de Souza Agra Belmonte, 28.5.2015.

2014

Informativo n. 92, TST — *Professor. Redução do número de horas-aula. Prescrição total. Súmula n. 294 do TST.*

A redução do número de horas-aula está sujeita à prescrição total, nos termos da Súmula n. 294 do TST, por caracterizar-se como ato único do empregador e não haver preceito de lei que assegure ao professor a irredutibilidade do número de aulas. Com esse entendimento, a SBDI-I, por unanimidade, conheceu dos embargos da reclamante, por divergência jurisprudencial, e, no mérito, por maioria, negou-lhes provimento, mantendo a decisão do Regional que declarara a prescrição total. Vencidos os Ministros Alexandre Agra Belmonte, relator, Augusto César Leite de Carvalho, José Roberto Freire Pimenta e Hugo Carlos Scheuermann, os quais davam provimento ao recurso por entenderem que a diminuição da carga horária afeta o valor do salário do professor, o qual é assegurado pelo disposto nos arts. 7º, VI, da CF e 483, "g" da CLT, a ensejar, portanto, a incidência da prescrição parcial quinquenal. TST-E-RR-2109-98.2012.5.03.0020, SBDI-I, rel. Min. Alexandre Agra Belmonte, red. p/ acórdão Min. Renato de Lacerda Paiva, 16.10.2014.

Informativo n. 91, TST — *Doença ocupacional. Laudo pericial emitido há mais de vinte anos da extinção do contrato de trabalho. Prescrição. Marco inicial. Não adoção do momento da ciência da lesão.*

Regra geral, considera-se como marco inicial da prescrição o momento do conhecimento da lesão. Todavia, na hipótese em que o laudo pericial que constatou a incapacidade auditiva decorrente da longa exposição do empregado a ruídos sem a utilização de equipamentos de proteção foi emitido mais de vinte anos após a rescisão do contrato de trabalho, não se mostra razoável reconhecer que a ciência da lesão só se deu no momento da perícia, ainda mais quando as provas dos autos evidenciam conduta que visa burlar o instituto da prescrição, mediante o ajuizamento em massa de reclamações trabalhistas por ex-empregados da mesma empresa, todas lastreadas em laudos periciais elaborados muitos anos após a extinção do vínculo de emprego. Com esses fundamentos, a SBDI-I, por unanimidade, conheceu dos embargos interpostos pela reclamada, por divergência jurisprudencial, e, no mérito, deu-lhes provimento para declarar a prescrição total, julgando improcedente a reclamação trabalhista. TST-E-RR-56600-22.2008.5.04.0811, SBDI-I, rel. Min. Aloysio Corrêa da Veiga, 2.10.2014.

Informativo n. 88, TST — *Município de Colatina/ES. Plano de cargos e salários instituído mediante lei municipal. Aplicação limitada aos professores admitidos após a sua vigência. Pretensão de aplicação dos benefícios aos professores admitidos antes da introdução do novo PCS. Princípio da isonomia. Prescrição parcial. Inaplicabilidade das Súmulas n. 275, II, e 294 do TST.*

Não se aplica a prescrição total, de que tratam as Súmulas n. 275, II, e 294 do TST, na hipótese em que, com fundamento no princípio da isonomia, professores pleiteiam enquadramento, e respectivas diferenças salariais, decorrente da implantação do novo plano de cargos e salários, instituído por lei municipal, a qual limitou a sua aplicação àqueles admitidos após seu advento. O caso dos autos diz respeito à Lei n. 4.414/98 do Município de Colatina/ES que, além de estabelecer normas gerais e especiais alusivas ao magistério, instituiu o Plano de Cargos e Salários, criando um quadro de pessoal permanente para aqueles que ingressassem na carreira após seu advento, assegurando a esses novos professores promoções e ascensão funcional, e mantendo o quadro de pessoal anterior, que seria extinto na medida em que vagassem os cargos. Entendeu-se que, estando em discussão o direito dos empregados a condições mais favoráveis consagradas em norma superveniente, resta inafastável a conclusão de que a pretensão se origina de suposta violação que se renova mês a mês, sempre que recusada sua aplicação. Ademais, a controvérsia não gira em torno de alteração do pactuado no contrato de trabalho, mas, sim, de recusa do empregador de aplicar as regras por ele instituídas. Com esse entendimento, a SBDI-I, conheceu dos embargos interpostos pela reclamante, por divergência jurisprudencial, e, no mérito, por maioria, deu-lhes provimento para, afastada a prescrição total decretada, restabelecer a decisão proferida pelo Tribunal Regional. Vencidos os Ministros Renato de Lacerda Paiva e Ives Gandra Martins Filho. TST-E-ED-42400-93.2003.5.17.0141, SBDI-I, rel. Min. Lelio Bentes Corrêa, 4.9.2014.

Informativo n. 83, TST — *Dano moral. Acidente do trabalho ou doença profissional. Prescrição. Norma de regência vigente na data da lesão ou da ciência inequívoca do evento danoso. Prescrição trabalhista versus prescrição cível. Emenda Constitucional N. 45/2004.*

A regra prescricional aplicável à pretensão relativa a indenização por danos morais decorrente de acidente do trabalho ou doença profissional é definida levando-se em conta a data da lesão ou, na hipótese de doença profissional, da ciência inequívoca do evento danoso pelo empregado. Incidirá a prescrição trabalhista se a lesão ou constatação do dano ocorreu na vigência da Emenda Constitucional n. 45/2004, que inseriu, de forma inequívoca, a matéria no âmbito da competência da Justiça do Trabalho. Contrariamente, se a lesão ou sua constatação se deu em data anterior à referida emenda, incidirá o prazo cível, observando-se as regras de transição do Código Civil de 2002. Assim, no caso em o dano se consumou com a aposentadoria por invalidez em 13.4.2001, ou seja, em data anterior ao Novo Código Civil, e a ação de indenização por danos morais e matérias decorrentes de acidente do trabalho foi ajuizada na Justiça do Trabalho após a EC n. 45/04, incide a regra de transição de que trata o art. 2.028 do CC, de modo que, transcorridos menos de dez anos entre a aposentadoria por invalidez e a data da entrada em vigor do Código Civil de 2002, aplica-se a prescrição trienal (art. 206, § 3º, V, do CC). Com esse entendimento, a SBDI-I, em sua composição plena, por unanimidade, conheceu dos embargos da reclamante por divergência jurisprudencial, e, no mérito, por maioria, negou-lhes provimento, mantendo a decisão turmária que declarou a prescrição da pretensão e extinguiu o processo com resolução de mérito. Vencidos os Ministros Márcio Eurico Vitral Amaro, Augusto César Leite de Carvalho, José Roberto Freire Pimenta e Hugo Carlos Scheuermann, os quais entendiam que, regra geral, aplica-se o disposto no art. 7º, XXIX, da CF, ainda que a ciência da lesão tenha ocorrido anteriormente à EC n. 45/2004, só se aplicando a regra de transição do Código Civil naquelas hipóteses em que o titular da pretensão seria surpreendido com a aplicação da prescrição trabalhista de prazo menor, e o Ministro Alexandre Agra Belmonte, que aplicava a regra de direito intertemporal prevista no art. 916 da CLT em razão de o prazo prescricional já haver se iniciado, mas não ter se consumado quando da edição da EC n. 45/04. TST-E-RR-2700-23.2006.5.10.0005, SBDI-I, rel. Min. Aloysio Corrêa da Veiga, 22.5.2014.

Informativo n. 76, TST — *Companhia Mineira de Eletricidade — CME. Gratificação equivalente a doze salários. Parcela única devida por ocasião da aposentadoria em razão de norma interna. Acordo para pagamento da gratificação entabulado com a CEMIG, sucessora da CME, e a FORLUZ. Descumprimento. Pedido sucessivo. Reflexos da gratificação não recebida no cálculo da complementação de aposentadoria. Prescrição total de ambos os pedidos. Súmula n. 326 do TST.*

Incide a prescrição total do direito de ação, de que trata a Súmula n. 326 do TST, à hipótese em que se pleiteia o pagamento de gratificação, em parcela única, equivalente a doze salários, devida por ocasião da aposentadoria, em decorrência de norma interna da primitiva empregadora, Companhia Mineira de Eletricidade — CME. De igual modo, está fulminado pela prescrição total o pedido sucessivo de reflexos da gratificação não recebida no cálculo da complementação de aposentadoria, pois, na verdade, trata-se de pedido acessório, devendo seguir a mesma sorte do principal. Com esse entendimento, a SBDI-I, por maioria, conheceu dos embargos interpostos pela FORLUZ, por má aplicação da Súmula n. 327 do TST, e, no mérito, deu-lhes provimento para restabelecer a sentença mantida pelo Regional, na parte que concluiu pela incidência da prescrição total e extinguiu o processo com resolução do mérito, com fulcro no art. 269, IV, do CPC. Ressalvaram entendimento os Ministros Lelio Bentes Corrêa e Ives Gandra Martins Filho. Vencidos os Ministros João Oreste Dalazen, Renato de Lacerda Paiva, Guilherme Augusto Caputo Bastos, José Roberto Freire Pimenta e Delaíde Miranda Arantes que, se reportando ao decidido no processo TST-E-RR-1594-83.2010.5.03.0036, julgado em 13.3.2014, entendiam pela necessidade de retorno dos autos ao TRT de origem para apreciação do pedido sucessivo. TST-E-ED-RR-1581-78.2010.5.03.0038, SBDI-I, rel. Min. Dora Maria da Costa, 20.3.2014.

Informativo n. 73, TST — *Prescrição quinquenal. Alcance. Parcelas salariais vencidas e exigíveis na data da propositura da reclamação trabalhista.*

Na hipótese em que a reclamação trabalhista fora ajuizada em 7 de dezembro de 2006, a prescrição quinquenal atinge somente as parcelas salariais vencidas e exigíveis no momento da propositura da ação, não alcançando, portanto, as verbas referentes ao mês de dezembro de 2001, as quais se tornaram exigíveis apenas a partir do quinto dia útil do mês subsequente, ou seja, janeiro de 2002 (art. 459, § 1º da CLT). Com tais fundamentos, e afastando a incidência da Súmula n. 308, I, do TST, a SBDI-I, por unanimidade, conheceu dos embargos da reclamante, no tópico, por divergência jurisprudencial e, no mérito, deu-lhes provimento para afastar a prescrição pronunciada quanto aos, SBDI-I, rel. Min. Brito Pereira, 20.2.2014.

2013

Informativo n. 69, TST — *Rurícola. Contrato de trabalho em curso quando da publicação da Emenda Constitucional n. 28/2000. Ação ajuizada após cinco anos da vigência da referida emenda. Prescrição quinquenal.*

Ajuizada a ação após cinco anos da vigência da Emenda Constitucional n. 28, de 26.5.2000, por rurícola, cujo contrato de trabalho encontrava-se em curso quando da publicação da referida emenda, incide a prescrição quinquenal sobre todas as pretensões, inclusive as relativas a direitos exigíveis antes da alteração do art. 7º, XXIX, da CF. Com esses fundamentos, e aplicando o entendimento consubstanciado na Orientação Jurisprudencial n. 417 da SBDI-1 do TST, a Subseção, por unanimidade, conheceu dos embargos, por divergência jurisprudencial, e, no mérito, deu-lhes provimento para declarar a incidência da prescrição quinquenal em relação às parcelas anteriores a 13.10.2000, tendo em vista o ajuizamento da demanda em 13.10.2005, e determinar o retorno dos autos à Turma de origem a fim de que prossiga no julgamento dos recursos de revista do reclamante e da reclamada como entender de direito. TST-E-RR-152100-35.2005.5.15.0029, SBDI-1, rel. Min. Delaíde Miranda Arantes, 5.12.2013.

Informativo n. 68, TST — *Alteração contratual. Ato único do empregador. Redução da parte fixa do salário. Direito à irredutibilidade salarial assegurado pela Constituição Federal. Prescrição parcial. Súmula n. 294 do TST, parte final.*

A redução da parte fixa do salário pago ao empregado, ainda que decorrente de alteração contratual por ato único do empregador, configura ofensa ao direito à irredutibilidade salarial previsto no art. 7º, VI, da CF, de modo a atrair a aplicação da prescrição parcial de que trata a parte final da Súmula n. 294 do TST. Com esse entendimento, a SBDI-I, por unanimidade, conheceu dos embargos da reclamada, por divergência jurisprudencial, e, no mérito, por maioria, negou-lhes provimento. Vencidos os Ministros João Oreste Dalazen, Ives Gandra Martins Filho, Brito Pereira e Renato de Lacerda Paiva, os quais davam provimento ao recurso para declarar a prescrição total, ao fundamento de que o salário contratual não é parcela prevista em lei. TST-E-ED-RR-83200-24.2008.5.03.0095, SBDI-I, rel. Min. Aloysio Corrêa da Veiga, 28.11.2013.

Informativo n. 68, TST — *Danos morais e materiais. Indenização. Ato ilícito praticado pelo empregador no curso da relação de trabalho. Prescrição aplicável. Lesão anterior à vigência do novo Código Civil. Ação ajuizada antes da EC n. 45/2004 e da vigência do Código Civil de 2002. Incidência do art. 177 do CC de 1916.*

Aplica-se o prazo prescricional vintenário previsto no art. 177 do Código Civil de 1916 à hipótese em que o ato ilícito praticado pelo empregador no curso da relação de trabalho (desconto majorado do imposto de renda, quitação a destempo dos salários, incidência da prescrição quinquenal e despesas com advogado referentes a outro processo) ocorreu antes da vigência do novo Código Civil e ação de indenização pelos respectivos danos morais e materiais foi ajuizada em 13.6.2002, ou seja, antes da Emenda Constitucional n. 45/2004 e da vigência do Código Civil de 2002. No caso, não há falar em aplicação da regra de transição prevista no art. 2.028 do CC/2002, nem em prescrição a ser declarada, pois a ação foi ajuizada dentro do prazo prescricional de 20 anos contados da data da lesão. Com esses fundamentos, decidiu a SBDI-I, por unanimidade, conhecer dos embargos do reclamado, por divergência jurisprudencial, e, no mérito, negar-lhes provimento, mantendo a decisão que afastara a prescrição total declarada nas instâncias ordinárias. Ressalvou entendimento o Ministro Alexandre Agra Belmonte. TST-E-RR-116200-74.2002.5.03.0014, SBDI-I, rel. Min. Renato de Lacerda Paiva, 28.11.2013.

Informativo n. 60, TST — *CEF. Prescrição parcial. Alteração da base de cálculo das vantagens pessoais. Supressão das parcelas CTVA e Cargo* em Comissão. Não incidência da Súmula n. 294 do TST.

Aplica-se a prescrição parcial ao pedido de diferenças salariais decorrentes da implantação do PCS de 1998 pela Caixa Econômica Federal — CEF e a consequente exclusão das parcelas "Complemento Temporário Variável de Ajuste de Mercado — CTVA" e "Cargo em Comissão" da base de cálculo das vantagens pessoais (VPNI). No caso, ainda que não se trate de benefício previsto em lei, mas apenas em normas internas, afasta-se a prescrição total a que alude a Súmula n. 294 do TST, porquanto não configurada alteração contratual decorrente de ato único do empregador, mas descumprimento do pactuado que atenta contra parcela de trato sucessivo, renovando-se a lesão mês a mês. Com esse entendimento, a SBDI-I, em sua composição plena, por maioria, vencido o Ministro Ives Gandra Martins Filho, conheceu dos embargos da reclamada, por divergência jurisprudencial, e, no mérito, ainda por maioria, negou-lhes provimento. Vencidos os Ministros Renato de Lacerda Paiva, Ives Gandra Martins Filho, Brito Pereira e Dora Maria da Costa. Ressalvou a fundamentação o Ministro Augusto César Leite de Carvalho. TST-E-RR-7800-14.2009.5.06.0021, SBDI-I, rel. Min. Aloysio Corrêa da Veiga, 26.9.2013.

Informativo n. 57, TST — *Acidente de trabalho. Ação de indenização por danos morais. Prescrição. Termo inicial. Aposentadoria por invalidez.*

A SBDI-I, por unanimidade, conheceu dos embargos da reclamada, por divergência jurisprudencial, e, no mérito, por maioria, negou-lhes provimento, mantendo a decisão da Turma que afastou a prescrição pronunciada sob o fundamento de que o marco inicial para a contagem do prazo prescricional incidente sobre a ação de indenização por dano moral decorrente de acidente de trabalho é a data da aposentadoria por invalidez permanente, momento em que ocorreu a ciência inequívoca da incapacidade laboral. Vencido o Ministro Ives Gandra Martins Filho. TST-E-E-D-RR-779-52.2008.5.10.0007, SBDI-I, rel. Min. Aloysio Corrêa da Veiga, 29.8.2013.

Informativo n. 57, TST — *Servidor público. Infração disciplinar continuada. Prescrição. Marco inicial. Data da última infração.*

Na hipótese de infração disciplinar continuada, consistente em recusa ilegal sucessivamente reiterada de servidor público ao exercício das atribuições de seu cargo, o marco inicial do prazo prescricional de 180 dias, a que alude o art. 142, III, da Lei n. 8.112/90, é a data da última infração e não o primeiro ato de descumprimento. Se assim não fosse, estar-se-ia assegurando ao servidor o direito de permanentemente se recusar a exercer suas atividades, admitindo-se, portanto, a reiteração de sua conduta ilícita. Com esses fundamentos, o Órgão Especial, por unanimidade, negou provimento ao recurso ordinário, mantendo a decisão preferida pelo TRT que afastou a arguição de prescrição da pretensão punitiva e denegou a segurança ante a inexistência de direito líquido e certo. TST--RO-247-61.2011.5.22.0000, Órgão Especial, rel. Min. Delaíde Miranda Arantes, 2.9.2013.

Informativo n. 56, TST — *Embasa S.A. Adicional de dupla função previsto no PCCS/1986 revogado pelo PCCS/1998. Alteração do pactuado. Prescrição total.*

Aplica-se a prescrição total à pretensão de recebimento do adicional de dupla função previsto no PCCS/1986 da Empresa Baiana de Águas e Saneamento S.A. — Embasa, revogado pelo PCCS/1998. Trata-se de hipótese de alteração do pactuado, e a parcela pleiteada não está prevista em lei, o que impede a aplicação da parte final da Súmula n. 294 do TST. Ademais, ante a revogação do plano de cargos que estipulava o benefício, não há falar em descumprimento de norma regulamentar, pois este pressupõe a existência de norma válida. Com esse entendimento, a SBDI-I, por maioria, conheceu dos embargos da reclamada por má aplicação da Súmula n. 294 do TST e, no mérito, deu-lhes provimento para, declarando a incidência da prescrição total, restabelecer a decisão do TRT quanto ao tema e determinar o retorno dos autos à Turma para que prossiga no exame do recurso de revista do reclamante. Vencidos os Ministros José Roberto Freire Pimenta, Luiz Philippe Vieira de Mello Filho, Augusto César Leite de Carvalho, Delaíde Miranda Arantes e Alexandre Agra Belmonte. TST-E--RR-23240-66.2007.5.05.0015, SBDI-I, rel. Min. Brito Pereira, 22.8.2013.

Informativo n. 54, TST — *Doença ocupacional. LER/DORT. Ação de indenização por danos morais e materiais. Prescrição. Termo inicial. Decisão judicial que concedeu a aposentadoria por invalidez. Reconhecimento da incapacidade definitiva para o trabalho. Súmula n. 278 do STJ.*

Nos termos da Súmula n. 278 do STJ, o termo inicial do prazo prescricional da ação de indenização é a data da ciência inequívoca da incapacidade laboral. No caso de lesões decorrentes de LER/DORT, ao contrário do que ocorre nos acidentes de trabalho típicos, o dano não é instantâneo, revelando-se de forma gradual, podendo agravar a saúde do trabalhador ao longo do tempo, culminando com a sua incapacidade permanente para o trabalho. Assim, no momento em que a reclamante recebeu alta médica após gozar de auxílio-doença acidentário no período de fevereiro de 2000 a junho de 2001, a materialização de sua incapacidade definitiva para o trabalho ainda era duvidosa, tornando-se incontestável, para fins de incidência da Súmula n. 278 do STJ, somente por meio da decisão que concedeu a aposentadoria por invalidez, proferida pela Justiça comum em 15/09/2004 e transitada em julgado em 23/03/2006. Desse modo, tendo em conta que a reclamação trabalhista foi ajuizada em 24/11/2006, ou seja, antes do transcurso do prazo prescricional bienal, a SBDI-I, por unanimidade, conheceu dos embargos da reclamante por divergência jurisprudencial e, no mérito, deu-lhes provimento para, afastada a prescrição, determinar o retorno dos autos à Vara do Trabalho de origem, a fim de que prossiga no exame do feito, como entender de direito. TST--E-ED-RR-210200-43.2006.5.18.0003, SBDI-I, rel. Min. Renato de Lacerda Paiva, 8.8.2013.

Informativo n. 52, TST — *Gratificação de função que deveria ter sido incorporada. Supressão. Prescrição parcial. Art. 7º, VI, da CF.*

Em face do art. 7º, VI, da CF, aplica-se a prescrição parcial à hipótese de supressão da gratificação de função que deveria ter sido incorporada. Com esse entendimento, a SBDI-I, por maioria, conheceu dos embargos da reclamante por contrariedade à Súmula n. 294 do TST, e, no mérito, deu-lhes provimento para, afastando a prescrição total, determinar o retorno dos autos à Turma de origem a fim de prosseguir no julgamento do recurso de revista, como de direito. Vencido o Ministro Renato de Lacerda Paiva. TST-E-ED--RR-907900-02.2007.5.12.0035, SBDI-I, rel. Min. Brito Pereira, 20.6.2013.

Informativo n. 51, TST — *CEF. Complemento Temporário Variável de Ajuste de Mercado — CTVA. Inclusão na base de cálculo das vantagens pessoais. Prescrição parcial.*

Aplica-se a prescrição parcial à pretensão da inclusão do Complemento Temporário Variável de Ajuste de Mercado — CTVA, instituída pela Caixa Econômica Federal — CEF, na base de cálculo das vantagens pessoais (VPs). Trata-se de verba de natureza salarial, instituída no PCS 1998, de modo que o pleito de integração não está calcado em lesão decorrente de ato único do empregador, mas em norma interna continuamente descumprida. Com esses fundamentos, a SBDI-I, por unanimidade, conheceu do recurso de embargos do reclamante, por divergência jurisprudencial, e, no mérito, deu-lhe provimento para afastar a prescrição pronunciada e determinar o retorno dos autos à Turma de origem, a fim de que examine o recurso de revista da CEF quanto aos demais temas de mérito, como entender de direito. TST-E-ED-RR-132300-72.2007.5.04.0541, SBDI-I, rel. Min. Alexandre de Souza Agra Belmonte, 13.6.2013.

Informativo n. 43, TST — *CEF. Auxílio-alimentação. Adesão ao PAT. Modificação da natureza jurídica. Empregados que continuaram a trabalhar e a receber a parcela. Pretensão de pagamento das diferenças decorrentes da não incorporação às demais verbas de natureza salarial. Prescrição parcial.*

Na hipótese em que não obstante a transformação da natureza jurídica do auxílio-alimentação de salarial para indenizatória, em razão da adesão da Caixa Econômica Federal (CEF) ao Programa de Alimentação do Trabalhador (PAT), os reclamantes continuaram a trabalhar e a receber o referido auxílio, aplica-se a prescrição parcial quinquenal à pretensão de pagamento de diferenças decorrentes da não integração da parcela às demais verbas de natureza salarial. Não se trata de alteração do pactuado, mas de não reconhecimento da natureza salarial do auxílio-alimentação, nos termos do art. 458 da CLT, lesão que se renova mês a mês. Com esse entendimento, a SBDI-I, em sua composição plena, conheceu de embargos, por divergência jurisprudencial, e, no mérito, por maioria, deu-lhes provimento para, afastada a prescrição total, determinar o retorno dos autos à Turma de origem, a fim de dar prosseguimento ao julgamento do recurso de revista da reclamada, como entender de direito. Vencidos os Ministros Ives Gandra Martins Filho, Carlos Alberto Reis de Paula, Antônio José de Barros Levenhagen, Brito Pereira, Renato de Lacerda Paiva e Dora Maria da Costa. TST-E-RR-72400-51.2008.5.19.0010, SBDI-I, rel. Min. Augusto César Leite de Carvalho, 18.4.2013.

Informativo n. 42, TST — *Dano moral, material e estético. Doença ocupacional. Prescrição. Termo inicial. Data do trânsito em julgado da decisão que reconheceu o nexo causal entre a doença e o trabalho executado.*

O momento da ciência inequívoca da lesão para efeito de definição do termo inicial da contagem o prazo prescricional relativo ao pedido de indenização por dano moral, material e estético Decorrente de doença ocupacional é a data do trânsito em julgado da decisão que reconheceu o nexo de causalidade entre a doença desenvolvida e o trabalho executado. A mera concessão do auxílio-doença não é determinante para a constatação da doença ocupacional, mas apenas indício de que a mazela acometida pode guardar vínculo com o serviço desempenhado. Com esse entendimento, a SBDI-I, por unanimidade, conheceu dos embargos, por divergência jurisprudencial e, no mérito, por maioria, deu-lhes provimento para, afastando a prescrição declarada, determinar o retorno dos autos à vara de origem a fim de que prossiga no julgamento do feito como entender de direito. Vencidos os Ministros João Oreste Dalazen e Renato de Lacerda Paiva. TST-E-ED-RR-146900-24.2007.5.09.0068, SBDI-I, rel. Min. Brito Pereira, 11.4.2013.

Informativo n. 35, TST — *Promoção por antiguidade. Resolução da empresa que fixa em zero o percentual de empregados passíveis de promoção. Equivalência à inobservância do regulamento interno. Prescrição parcial. Orientação Jurisprudencial n. 404 da SBDI-I.*

A resolução da empresa que fixa em zero o percentual de empregados passíveis de promoção por antiguidade, assegurada em regulamento interno, não implica alteração do pactuado e a consequente prescrição total (Súmula n. 294 do TST), mas sim a inobservância da norma interna a ensejar a incidência da prescrição parcial, nos termos da Orientação Jurisprudencial n. 404 da SBDI-I. Com esse entendimento, a SBDI-I, por maioria, vencidos os Ministros Ives Gandra Martins Filho e Brito Pereira, deu provimento ao agravo e, ainda por maioria, vencida a Ministra Dora Maria da Costa, julgou desde logo o recurso de embargos para dele conhecer, por contrariedade à Orientação Jurisprudencial n. 404 da SBDI-I, e dar-lhe provimento para, reformando o acórdão embargado, determinar o retorno dos autos à Turma de origem a fim de prosseguir no julgamento do recurso de revista, afastada a prescrição total da pretensão às promoções. TST-Ag-E-RR-36740-87.2007.5.04.0611, SBDI-I, rel. Min. Ives Gandra da Silva Martins Filho, red. p/ acórdão Min. Augusto César Leite de Carvalho, 7.2.2013.

2012

Informativo n. 29, TST — *CEF. Complementação de aposentadoria. Salário de contribuição. Integração da CTVA. Prescrição parcial. Súmula n. 294. Não incidência.*

É parcial a prescrição aplicável ao pleito de integração da parcela Complemento Temporário Variável de Ajuste de Piso de Mercado — CTVA, instituída pela Caixa Econômica Federal — CEF, ao salário de contribuição à previdência complementar, com o objetivo de garantir o recebimento de aposentadoria em valor igual ao da remuneração percebida antes da jubilação. No caso, não há falar em incidência da Súmula n. 294 do TST, porquanto não houve alteração da norma empresarial que rege o pagamento do benefício previdenciário e, consequentemente, sua base de contribuição, sendo irrelevante para a fixação do prazo prescricional a data em que introduzida a CTVA no mundo jurídico. Ademais, a referida parcela foi recebida pelo empregado durante toda a contratualidade, e a pretensão deduzida repousa na alegação de inobservância de normas internas que supostamente determinavam a inclusão da CTVA no cálculo do salário de contribuição, o que causaria lesões de trato sucessivo, que se renovam mês a mês, a atrair, portanto, a prescrição parcial. Com esse entendimento, a SBDI-I, em sua composição plena, por maioria, conheceu dos embargos, por divergência jurisprudencial, no tópico, vencidos, em parte, os Ministros Brito Pereira, relator, Antônio José de Barros Levenhagen, Ives Gandra Martins Filho e Maria Cristina Irigoyen Peduzzi, que conheciam do recurso também por contrariedade à Súmula n. 294 do TST, e, totalmente, os Ministros Augusto César Leite de Carvalho, Renato de Lacerda Paiva, Lelio Bentes Corrêa, Luiz Philippe Vieira de Mello Filho, José Roberto Freire Pimenta e Delaíde Miranda Arantes. No mérito, também por maioria, a Subseção negou provimento aos embargos, vencidos os Ministros Brito Pereira, relator, Antônio José de Barros Levenhagen, Ives Gandra Martins Filho e Maria Cristina Irigoyen Peduzzi, que davam provimento ao recurso por contrariedade à Súmula n. 294 do TST, ao entendimento de ser incidente a prescrição total, uma vez que a criação da CTVA e a sua não inclusão no cálculo da complementação de aposentadoria decorreu de alteração do pactuado por meio de ato único do empregador, consubstanciado na implantação do PCS de 1998. TST-E-RR-400-89.2007.5.16.0004, SBDI-I, rel. Min. Brito Pereira, red. p/ acórdão Min. Lelio Bentes Côrrea, 8.11.2012.

Informativo n. 24, TST — *AR. Aposentadoria por invalidez. Suspensão do contrato de trabalho. Fluência da prescrição bienal. Impossibilidade. Art. 7º, XXIX, da CF. Violação.*

Levando em consideração que a aposentadoria por invalidez não rescinde o contrato de trabalho, mas apenas o suspende, viola a literalidade do art. 7º, XXIX, da CF a decisão que declarou a prescrição total do direito de postular indenização por danos material e moral na hipótese em que a reclamante, não obstante aposentada por invalidez, teve seu contrato de trabalho extinto um mês após a jubilação. Nesse caso, tendo em vista o contrato-realidade, não há falar em fluência do prazo bienal, mas sim do quinquenal, o qual, na espécie, não se consumou, uma vez que a ação rescisória foi ajuizada dois anos e um mês após a extinção do vínculo, e dois anos e dois meses após a aposentadoria por invalidez. Com esse entendimento, a SBDI-II, por maioria, deu provimento ao recurso ordinário para, julgando procedente a ação rescisória, desconstituir, em juízo rescindente, por ofensa ao art. 7º, XXIX, da CF, a sentença proferida nos autos de reclamação trabalhista, por meio da qual fora extinto o processo com resolução do mérito, com base no art. 269, IV, do CPC, e, em juízo rescisório, afastar a prescrição nuclear arguida e determinar o retorno dos autos à Vara do Trabalho de origem, a fim de que, rechaçada a premissa de que prescrita a pretensão de indenização por danos morais e materiais decorrentes de doença profissional, aprecie os pedidos deduzidos na reclamação trabalhista, como entender de direito. Vencidos os Ministros Pedro Paulo Manus, relator, e Guilherme Augusto Caputo Bastos. TST-RO-9856-60.2010.5.02.0000, SBDI-II, rel. Min. Pedro Paulo Manus, red. p/ acórdão Min. Hugo Carlos Scheuermann, 2.10.2012.

Informativo n. 18, TST — *FGTS. Incidência sobre diferenças salariais deferidas em ação anteriormente proposta. Prescrição trintenária. Limite temporal da demanda anterior.*

Reiterando entendimento já sufragado em precedentes anteriores, deliberou a SBDI-I, nos termos da Súmula n. 362 do TST, é trintenária a prescrição incidente sobre a pretensão de recolhimento de FGTS sobre diferenças decorrentes de parcelas salariais deferidas em ação anteriormente proposta, devendo-se observar, porém, o limite temporal fixado na primeira ação em relação às verbas principais. Assim, a Subseção, por maioria, vencidos a Ministra Maria Cristina Peduzzi e o Desembargador Convocado Sebastião Geraldo de Oliveira, conheceu dos embargos por má aplicação da Súmula n. 206 e por contrariedade à Súmula n. 362, ambas do TST e, no mérito, deu-lhes provimento para declarar aplicável a prescrição trintenária à pretensão aos depósitos do FGTS incidentes sobre as parcelas deferidas no primeiro processo, cuja decisão já transitou em julgado, considerando-se, todavia, o quinquênio anterior à data do ajuizamento da ação trabalhista precedente. TST-E-ED-RR-103800-87.2001.5.04.0029, SBDI-I, rel. Min. Augusto César Leite de Carvalho, 16.8.2012.

Informativo n. 18, TST — *Gratificação de função percebida por dez ou mais anos. Reversão ao cargo efetivo. Incorporação devida. Pagamento a menor. Prescrição parcial.*

A prescrição aplicável à hipótese, em que se postula o pagamento de diferenças salariais decorrentes do pagamento a menor da gratificação de função incorporada em decorrência do exercício por dez ou mais anos de cargo/função de confiança, é a parcial. Na espécie, prevaleceu o entendimento de que a reclamada, ao destituir o empregado da função de confiança e aplicar norma interna da empresa, que previa somente o pagamento em percentuais escalonados, variáveis conforme o tempo de exercício da função, afrontou o princípio constitucional da irredutibilidade salarial, previsto no art. 7º, VI, da CF, e da estabilidade financeira, consoante o preconizado na Súmula n. 372 do TST. Assim, tem-se que a lesão resultante do pagamento parcial da gratificação incorporada pelo empregado se renova mês a mês, porquanto ostenta natureza continuada, não havendo que falar em alteração contratual a atrair a incidência da Súmula n. 294 do TST. Com esse entendimento, a SBDI-I, por unanimidade, conheceu dos embargos, por divergência jurisprudencial, e, no mérito, por maioria, deu-lhes provimento para afastar a prescrição total, determinando o retorno dos autos ao TRT da 3ª Região para que prossiga no julgamento do recurso ordinário interposto pela reclamada, como entender de direito. Vencidos os Ministros Brito Pereira, Milton de Moura França, João Oreste Dalazen, Ives Gandra Martins Filho, Maria Cristina Irigoyen Peduzzi e Renato de Lacerda Paiva. TST-E-RR-87300-36.2006.5.03.0016, SBDI-I, rel. Min. Lelio Bentes Corrêa, 16.8.2012.

Informativo n. 16, TST — *Gratificação de função percebida por mais de dez anos. Incorporação a menor. Prescrição parcial. Súmula n. 294 do TST.*

A incorporação a menor de gratificação de função percebida por mais de dez anos consiste em ato lesivo sucessivo, cuja omissão no pagamento integral se renova mês a mês, a determinar a incidência da prescrição parcial (Súmula n. 294 do TST) que não atinge o fundo do direito, mas apenas as parcelas anteriores a cinco anos do ajuizamento da ação. Com base nesse entendimento, a SBDI-I, por maioria, conheceu dos embargos por divergência jurisprudencial e, no mérito, deu-lhes provimento para afastar a prescrição total e determinar o retorno dos autos à Turma de origem a fim de que prossiga no julgamento do mérito, como entender de direito. Vencidos os Ministros Ives Gandra Martins Filho, Renato de Lacerda Paiva e Maria Cristina Irigoyen Peduzzi. TST-E-ED-RR-24200-91.2009.5.09.0095, SBDI-I, rel. Min. Aloysio Corrêa da Veiga, 2.8.2012.

Informativo n. 13, TST — *Prescrição. Interrupção. Reclamação trabalhista arquivada. Marco inicial para o reinício da contagem do prazo prescricional bienal e quinquenal.*

O ajuizamento anterior de reclamação trabalhista, ainda que arquivada, interrompe a prescrição bienal e quinquenal, para pedidos idênticos, sendo que o cômputo do biênio é reiniciado a partir do trânsito em julgado da decisão proferida na ação anteriormente ajuizada, enquanto que a prescrição quinquenal conta-se da data da propositura dessa primeira reclamação trabalhista (art. 219, § 1º, do CPC c/c art. 202, parágrafo único, do CC). Com esse entendimento, a SBDI-I, por unanimidade, conheceu dos embargos por divergência jurisprudencial e, no mérito, por maioria, negou-lhes provimento. Vencido o Ministro Ives Gandra Martins Filho. TST-E-ED-RR19800-17.2004.5.05.0161, SBDI-I, rel. Min. Renato de Lacerda Paiva, 14.6.2012.

Informativo n. 13, TST — *Certidão de interdição. Documento novo. Incapacidade absoluta. Prescrição. Efeitos impeditivos.*

Ao entendimento de que configura documento novo (art. 462 do CPC) a certidão de interdição do reclamante para os atos da vida civil juntada aos autos em data posterior à prolação do acórdão do Regional, e de que a incapacidade absoluta do trabalhador foi devidamente prequestionada, visto que a decisão prolatada em embargos de declaração em recurso de revista, apesar de se reportar ao consignado pelo TRT, no sentido de que não houve comprovação da definitividade da interdição do empregado, em momento algum negou reconhecimento à própria interdição, a SBDI-I, por maioria, conheceu dos embargos por divergência jurisprudencial, vencido o Ministro Renato de Lacerda Paiva, relator. No mérito, tendo em conta que a sentença de interdição tem natureza declaratória e efeitos *ex tunc*, ou seja, impede o fluxo do prazo prescricional desde a data do surgimento da doença incapacitante para os atos da vida civil, a Subseção deu provimento ao recurso para, reformando o acórdão embargado, determinar o retorno dos autos à Quinta Turma a fim de que, afastada a prescrição decretada, prossiga no julgamento dos demais tópicos do recurso de revista do reclamado, como entender de direito. TST-E-ED-RR-1520-88.2010.5.12.0000, SBDI-I, rel. Min. Renato de Lacerda Paiva, red. p/acórdão Min. Maria Cristina Irigoyen Peduzzi, 14.6.2012.

Informativo n. 12, TST — *AR. Rurícola. Prazo quinquenal. Contrato iniciado e extinto antes da EC n. 28/2000. Ofensa ao art. 5º, XXXVI, da CF. Configuração.*

A regra prescricional inaugurada pela Emenda Constitucional n. 28/2000 não se aplica à hipótese em que o rurícola teve seu contrato de trabalho iniciado e extinto antes da publicação da referida emenda, ainda que tenha proposto a ação em momento posterior à vigência da EC n. 28/2000, sob pena de ofensa ao direito adquirido. Com base nessa premissa, a SBDI-II, por maioria, reputando caracterizada a ofensa ao art. 5º, XXXVI, da CF, julgou procedente a ação rescisória, com fundamento no art. 485, V, do CPC, para desconstituir a decisão que declarara prescritos os créditos trabalhistas anteriores aos cinco anos da data da propositura da reclamatória e, em juízo rescisório, restabelecer o acórdão do Regional. Vencidos os Ministros Emmanoel Pereira, relator, Pedro Paulo Manus e Antônio José de Barros Levenhagen, os quais julgavam improcedente a ação rescisória ao fundamento de que o acórdão rescindendo não resolveu a controvérsia sob o prisma do art. 5º, XXXVI, da CF, não havendo, portanto, pronunciamento explícito acerca do direito adquirido a permitir o corte rescisório com base no art. 485, V, do CPC, conforme exigido pela Súmula n. 298, I, do TST. Ademais, quando da prolação da decisão rescindenda, a redação da Orientação Jurisprudencial n. 271 da SBDI-I previa a incidência do prazo prescricional vigente à época da propositura da ação. TST-AR-1850836-58.2007.5.00.0000, SBDI-II, rel. Min. Emmanoel Pereira, red. p/ acórdão Min. Maria Cristina Irigoyen Peduzzi. 5.6.2012.

Informativo n. 10, TST — *Majoração lesiva da jornada de trabalho. Alteração do pactuado. Pagamento de horas extras. Prescrição total. Súmula n. 294 do TST.*

Incide a prescrição total sobre a pretensão de recebimento de horas extras fundada na alteração lesiva da jornada de trabalho de 180 para 220 horas, porquanto não há preceito de lei que assegure a carga horária de 180 horas mensais. Configura-se, portanto, alteração do pactuado a atrair a incidência da primeira parte da Súmula n. 294 do TST. Com esse entendimento a SBDI-I, em sua composição plena, conheceu dos embargos por unanimidade e, no mérito, por maioria, negou-lhes provimento. Vencidos os Ministros Rosa Maria Weber, relatora, Horácio Senna Pires, Augusto César de Carvalho, José Roberto Pimenta, Delaíde Miranda Arantes e o Desembargador Convocado Sebastião Geraldo de Oliveira. TST-E-ED-RR-113840-26.2003.5.04.0008, SBDI-I, rel. Min. Rosa Maria Weber, red. p/acórdão Min. Maria Cristina Irigoyen Peduzzi, 24.5.2012.

Informativo n. 10, TST — *CEF. Auxílio-alimentação instituído em norma regulamentar. Posterior adesão ao PAT. Modificação da natureza jurídica da parcela. Prescrição total. Súmula n. 294 do TST.*

O auxílio-alimentação pago pela Caixa Econômica Federal aos seus empregados foi instituído por norma regulamentar, razão pela qual a pretensão às diferenças decorrentes da modificação da natureza jurídica da parcela, oriunda da inscrição da CEF no Programa de Alimentação do Trabalhador (PAT), configura pedido de prestações sucessivas decorrentes de alteração contratual envolvendo verba não prevista em lei a atrair a incidência da prescrição total, nos termos da Súmula n. 294 do TST. Com base nesse entendimento, a SBDI-I, em sua composição plena, conheceu dos embargos por contrariedade à Súmula n. 294 do TST, à unanimidade, e, no mérito, por maioria, deu provimento ao recurso para restabelecer o acórdão do Regional, que pronunciara a prescrição total da pretensão. Vencidos os Ministros Aloysio Corrêa da Veiga, relator, Horácio Raymundo de Senna Pires, Augusto César Leite de Carvalho, José Roberto Freire Pimenta, Delaíde Miranda Arantes e Lelio Bentes Corrêa. TST-E-ED-RR-157000-82.2007.5.03.0075, SBDI-I, rel. Min. Aloysio Corrêa da Veiga, red. p/ acórdão Min. Ives Gandra da Silva Martins Filho, 24.5.2012.

Informativo n. 8, TST — *Gratificação de função de bancário. Verba assegurada por lei. Redução. Prescrição parcial. Súmula n. 294 do TST, parte final.*

Nos termos da parte final da Súmula n. 294 do TST, é parcial a prescrição para reclamar as diferenças decorrentes da redução da gratificação de função de bancário, pois seria verba assegurada por lei (art. 224, § 2º, da CLT). Com base nesse entendimento, a SBDI-I, por maioria, negou provimento ao recurso de embargos do banco reclamado. Vencidos os Ministros Ives Gandra Martins Filho e Maria Cristina Peduzzi. TST-E-ED-RR-38200-79.2007.5.03.0048, SBDI-I, rel. Min. Delaíde Miranda Arantes, 10.5.2012.

Informativo n. 1, TST — *Prescrição. Arguição em contestação. Primeira condenação imposta ao reclamado em sede de recurso de revista. Necessidade de exame. Princípio da ampla devolutividade.*

Na hipótese em que a primeira condenação imposta ao reclamado ocorre em sede de recurso de revista, cabe ao colegiado o exame da prejudicial de prescrição, arguida oportunamente na contestação, em respeito ao princípio da ampla devolutividade (art. 515, §§ 1º e 2º, do CPC). Com esse entendimento, a SBDI-I, por maioria, conheceu do recurso de embargos e, no mérito, deu-lhe provimento para pronunciar a prescrição da pretensão quanto às parcelas exigíveis anteriormente a 12.8.1993, nos termos da Súmula n. 308, I, do TST. Vencidos os Ministros Aloysio Corrêa da Veiga, Ives Gandra, Brito Pereira, Renato de Lacerda Paiva, Horácio Raymundo de Senna Pires e Dora Maria da Costa. TST-E-ED-ED-RR-669206-29.2000.5.17.0005, SBDI-I, rel. Min. Lelio Bentes Corrêa, 8.3.2012.

Informativo n. 1, TST — *CEEE. Reconhecimento de vínculo e concessão de vantagens salariais dele decorrentes. Cumulação de pedidos de natureza declaratória e condenatória. Prescritibilidade somente do pedido condenatório. Art. 7º, XXIX, da CF. Imprescritibilidade do pedido declaratório. Art. 11, § 2º, da CLT.*

Havendo cumulação de pedidos de natureza declaratória e condenatória, o pedido declaratório não se modifica, permanecendo imprescritível (art. 11, § 2º, da CLT), ao passo que o pedido condenatório fica sujeito aos prazos prescricionais previstos no art. 7º, XXIX, da CF. Com esse entendimento, e invocando o decidido no processo TST-E-ED-RR-46540-86.1999.5.04.0008, a SBDI-I, à unanimidade, conheceu do recurso de embargos por divergência jurisprudencial e, no mérito, por maioria, vencidos parcialmente os Ministros Aloysio Corrêa da Veiga e Rosa Maria Weber e, totalmente, os Ministros Milton de Moura França e Brito Pereira, deu-lhe provimento para afastar a prescrição total e determinar o retorno dos autos à 5ª Turma para que prossiga no julgamento do recurso de revista quanto aos demais temas. Na espécie, trata-se de reclamatória ajuizada contra a Companhia Estadual de Energia Elétrica (CEEE), visando ao reconhecimento de vínculo de emprego e à concessão de vantagens salariais dele decorrentes. TST-E-ED-RR-111100-29.1996.5.04.0271, SBDI-I, rel. Min. Horácio Raymundo de Senna Pires, 23.2.2012.

PROFISSÕES REGULAMENTADAS
ADVOGADO

2015

Informativo n. 111, TST — *Advogado de banco. Admissão anterior à Lei n. 8.906/94. Equiparação a membro de categoria diferenciada. Jornada de trabalho. Inaplicabilidade do art. 224, caput, da CLT. Não comprovação de dedicação exclusiva. Horas extras devidas a partir da quarta hora diária.*

É inaplicável ao advogado empregado de instituição bancária a jornada reduzida de seis horas diárias, prevista no art. 224, *caput*, da CLT, pois este dispositivo é específico para a categoria dos bancários. O advogado empregado de banco, ainda que seja considerado profissional liberal, equipara-se aos membros de categoria diferenciada, por ter normatização própria, a Lei n. 8.906/94. A citada Lei, no *caput* de seu art. 20, estabelece que a jornada máxima do advogado empregado seja de quatro horas diárias e vinte horas semanais, salvo no caso de acordo ou convenção coletiva, que preveja horário de trabalho diverso, ou, ainda, de prestação de serviços em caráter de dedicação exclusiva. No caso, restou consignado na decisão do Tribunal Regional do Trabalho da 9ª Região que o reclamante foi contratado antes da Lei n. 8.906/94 e que não houve prova da sujeição ao regime de dedicação exclusiva, razão porque não incide o entendimento consubstanciado na Orientação Jurisprudencial n. 403 da SBDI-I do TST. Sob esse entendimento, a SBDI-I, por unanimidade, conheceu dos embargos, por divergência jurisprudencial, e, no mérito, por maioria, deu-lhes provimento para restabelecer a decisão do Regional, em que se manteve a sentença que deferiu horas extras além da 4ª diária e 20ª semanal, exceto em períodos contemplados por norma coletiva que estenderam a jornada normal, inclusive quanto ao valor da condenação e das custas. Vencidos os Ministros Aloysio Corrêa da Veiga e Alexandre Agra Belmonte. TST-ERR-2690740-31.2000.5.09.0652, SBDI-I, rel. Min. José Roberto Pimenta, 18.6.2015.

2012

Informativo n. 9, TST — *Empregado de banco. Advogado. Jornada de trabalho. Inaplicabilidade do art. 224 da CLT. Dedicação exclusiva. Horas extras excedentes à sexta diária. Indevidas. Lei n. 8.906/94.*

O advogado que trabalha em instituição bancária, em regime de exclusividade, não faz jus ao pagamento de horas extraordinárias excedentes à sexta diária, não se beneficiando, portanto, da jornada especial dos bancários prevista no art. 224 da CLT, em face da disciplina específica a que está submetido (art. 20 da Lei n. 8.906/94). Com esse entendimento, a SBDI-I, por unanimidade, deu provimento aos embargos para excluir da condenação as horas extraordinárias além da sexta diária e seus reflexos. TST-E-ED-RR-887300-67.2007.5.09.0673, SBDI-I, rel. Min. Aloysio Corrêa da Veiga, 17.5.2012.

Informativo n. 3, TST — *Empregado de banco. Advogado. Jornada de trabalho. Inaplicabilidade do art. 224 da CLT. Dedicação exclusiva. Horas extras. Sétima e oitava horas indevidas.*

Inaplicável o art. 224 da CLT ao advogado empregado de instituição bancária que desempenha funções inerentes a advocacia, porquanto equiparado, no particular, aos membros de categoria diferenciada, uma vez que exerce atividade regulada em estatuto profissional próprio (Lei n. 8.906/94, art. 20). Por outro lado, havendo expressa pactuação no contrato de trabalho acerca do regime de dedicação exclusiva, serão remuneradas como extraordinárias apenas as horas trabalhadas excedentes da jornada de oito horas diárias (art. 12, parágrafo único, do Regulamento Geral do Estatuto da Advocacia e da OAB). Com esse entendimento, a SBDI-I, por unanimidade, conheceu dos embargos por divergência jurisprudencial, e, no mérito, por maioria, deu-lhes provimento para restabelecer a sentença no tópico, excluindo da condenação o pagamento das sétima e oitava horas diárias como extras e seus reflexos. Vencidos os Ministros Lelio Bentes Corrêa e Delaíde Miranda Arantes. TST-E-ED-RR-87700-74.2007.5.02.0038, SBDI-I, rel. Min. Renato de Lacerda Paiva, 22.3.2012.

ATLETA PROFISSIONAL

2016

Informativo n. 137, TST — *Atleta profissional. Lei n. 9.615/98 (Lei Pelé). Contratos sucessivos. Unicidade. Impossibilidade. Prescrição bienal contada a partir da extinção de cada contrato.*

Contratos sucessivos firmados com atleta profissional, por tempo determinado, não caracterizam a unicidade contratual, salvo se comprovada a fraude. A Lei n. 9.615/98 (Lei Pelé) regula expressamente a forma de renovação ou prorrogação do contrato por prazo determinado, sem que isso implique na conversão em contrato por prazo indeterminado, pois o objetivo do legislador foi preservar a liberdade na carreira, não ficando o atleta restrito a um único clube. Assim, não se aplica o art. 453 da CLT, devendo a prescrição bienal incidir a partir da data da extinção de cada contrato. Sob esses fundamentos, a SBDI-I, por unanimidade, conheceu dos embargos, por divergência jurisprudencial e, no mérito, por maioria, deu-lhes provimento para restabelecer a decisão do Regional que declarou a prescrição do primeiro contrato do atleta e determinar o retorno dos autos à turma para julgamento dos temas e recursos julgados prejudicados. Vencidos os Ministros José Roberto Freire Pimenta, Augusto César Leite de Carvalho, Hugo Carlos Scheuermann e Cláudio Mascarenhas Brandão. TST-E-ED-ARR-452-36.2012.5.03.0113, SBDI-I, rel. Min. Aloysio Corrêa da Veiga, 19.5.2016.

2015

Informativo n. 126, TST — *Profissional de futebol. Contrato de trabalho com duração integral na vigência da Lei n. 9.615/98 (Lei Pelé), antes das alterações promovidas pela Lei n. 12.395/2011. Direito de arena. Redução do percentual mínimo legal. Impossibilidade.*

Quer se trate de acordo judicial cível, quer se trate de negociação coletiva, o percentual a título de direito de arena não comporta redução na hipótese em que o contrato de trabalho perdurou na vigência da Lei n. 9.615/98 (Lei Pelé), ou seja, antes das alterações introduzidas pela Lei n. 12.395/2011. O art. 5º, XXVIII, "a", da CF, destinado à proteção dos direitos fundamentais, engloba o direito de arena, de modo que a expressão "salvo convenção em contrário", contida no art. 42, § 1º, da Lei Pelé, em sua redação original, não configura permissão para a redução do percentual mínimo estipulado. No caso, registrou o TRT a existência de acordo judicial, perante o juízo cível, autorizando a redução de 20% para 5% do montante devido aos profissionais de futebol participantes dos eventos desportivos. Sob esses fundamentos, a SBDI-I, por unanimidade, conheceu do recurso de embargos, por divergência jurisprudencial, e, no mérito, por maioria, negou-lhe provimento. Vencidos os Ministros Aloysio Corrêa da Veiga, Ives Gandra Martins Filho, Brito Pereira, Guilherme Augusto Caputo Bastos e Walmir Oliveira da Costa. TST-E-ED-RR-173200-94.2009.5.03.0108, SBDI-I, rel. Min. Márcio Eurico Vitral Amaro, 10.12.2015.

BANCÁRIO

2015

Informativo n. 125, TST — *Matéria afetada ao Tribunal Pleno. Empregado da Empresa Brasileira de Correios e Telégrafos — ECT. Atuação no Banco Postal. Enquadramento como bancário. Impossibilidade.*

Empregado da Empresa Brasileira de Correios e Telégrafos — ECT atuante no Banco Postal, conquanto exerça certas atividades peculiares de bancário, não pode ser enquadrado como tal. Logo, não tem direito às normas coletivas da aludida categoria profissional nem à jornada de trabalho reduzida de seis horas prevista no art. 224 da CLT. Na espécie, consignou-se que a atividade econômica predominante do empregador, qual seja, a prestação de serviços postais, deve prevalecer para fins de enquadramento sindical dos empregados do Banco Postal. Ademais, conforme se extrai da Resolução n. 3.954/2011 do Conselho Monetário Nacional e da Portaria n. 588/2000 do Ministério das Comunicações, nos bancos postais são realizadas apenas atividades acessórias e não atividades tipicamente bancárias, não havendo, portanto, identidade substancial entre as condições de trabalho específicas dos bancários, em tese, mais desgastantes, e aquelas a que submetidos os empregados do Banco Postal. De outra sorte, por ter o escopo de democratizar o acesso à atividade bancária e dar efetividade ao disposto no *caput* do art. 192 da CF, o Banco Postal é uma entidade de interesse público, o que atrai a aplicação do art. 8º da CLT no que tange à vedação de que o interesse particular ou de classe prevaleça. Assim, a ECT não pode ser equiparada a estabelecimento bancário ou financeiro, sendo a ela inaplicável a diretriz da Súmula n. 55 do TST e as disposições contidas na Lei n. 4.595/64. Sob esses fundamentos, o Tribunal Pleno decidiu, por maioria, conhecer do recurso de embargos, por divergência jurisprudencial, vencidos os Ministros Luiz Philippe Vieira de Mello Filho, Augusto César Leite de Carvalho, José Roberto Freire Pimenta, Delaíde Miranda Arantes, Alexandre de Souza Agra Belmonte, Cláudio Mascarenhas Brandão, Douglas Alencar Rodrigues, Renato de Lacerda Paiva e Aloysio Corrêa da Veiga. No mérito, também por maioria, o Tribunal deu provimento aos embargos para afastar o enquadramento do reclamante como bancário e julgar totalmente improcedente a reclamação trabalhista, vencidos os Ministros Augusto César Leite de Carvalho, José Roberto Freire Pimenta, Delaíde Miranda Arantes, Hugo Carlos Scheuermann, Alexandre de Souza Agra Belmonte, Cláudio Mascarenhas Brandão, Douglas Alencar Rodrigues, Maria Helena Mallmann, Renato de Lacerda Paiva e Luiz Philippe Vieira de Mello Filho. TST-E-RR-210300-34.2007.5.18.0012, Tribunal Pleno, rel. Min. Dora Maria da Costa, 24.11.2015.

Informativo n. 115, TST — *Caixa Econômica Federal — CEF. Horas extraordinárias. Gerente bancário. Jornada de seis horas assegurada mediante norma interna. Alteração da jornada para oito horas por força do Plano de Cargos em Comissão de 1998. Prescrição parcial.*

Incide a prescrição parcial, nos termos da parte final da Súmula n. 294 do Tribunal Superior do Trabalho, sobre a pretensão de horas extraordinárias decorrentes de alteração unilateral da jornada de trabalho aplicável aos bancários ocupantes de cargo de confiança (de seis para oito horas diárias) em virtude do novo Plano de Cargos em Comissão instituído pela Caixa Econômica Federal em 1998, pois configurada lesão de trato sucessivo a direito que está fundamentado em preceito de lei, qual seja jornada prevista no artigo 224 da CLT. Sob esses fundamentos, a SBDI-I, por unanimidade, conheceu dos embargos por contrariedade à Súmula n. 294 e, no mérito, por maioria, deu-lhes provimento para afastar a prescrição total, aplicando-se ao caso a prescrição parcial quanto ao pagamento de horas extraordinárias em razão da alteração do plano de cargos e comissões e determinar o retorno dos autos à egrégia 3ª Turma para que prossiga no julgamento dos recursos de revista, como entender de direito. Vencidos os Ministros João Oreste Dalazen, Antonio José de Barros Levenhagen e Renato de Lacerda Paiva. Ressalva de entendimento do Ministro Márcio Eurico Vitral Amaro. TST-E-RR-33000-71.2008.5.04.0002, SBDI-I, rel. Min. Caputo Bastos, 27.8.2015.

Informativo n. 114, TST — *Caixa Econômica Federal — CEF. Termo de opção pela jornada de oito horas declarado inválido. Gratificação de função percebida por mais de dez anos. Incorporação. Impossibilidade.*

Descaracterizado o exercício de função de confiança, a que alude o artigo 224, § 2º, da CLT, diante da ausência de fidúcia especial, inválida a opção do trabalhador, empregado da Caixa Econômica Federal, pela jornada de oito horas. Devidas, portanto, como extras, a 7ª e 8ª horas, calculadas com base no valor estabelecido para a jornada convencional de seis horas diárias, permitida a compensação desse valor com o que foi efetivamente pago a título de gratificação de função, nos termos da Orientação Jurisprudencial Transitória n. 70 da SBDI-I. Tendo sido descaracterizado o recebimento de "gratificação de função", não se aplica ao caso a Súmula n. 372 do TST, que trata da incorporação de gratificação de função percebida em razão do cargo de confiança, mas a interpretação conferida pela OJ Transitória n. 70 da SBDI-I, inviabilizando a incorporação do valor, uma vez deferidas as sétima e oitava horas como extras. Sob esses fundamentos, a SBDI-I, por unanimidade, conheceu do recurso de embargos, apenas no tocante ao tema "termo de opção para jornada de oito horas declarado inválido — base de cálculo das horas extras", por divergência jurisprudencial, e, no mérito, por maioria, negou-lhe provimento. Vencidos os Ministros Augusto César Leite de Carvalho e Hugo Carlos Scheuermann. TST-E-ED-ARR-1505-65.2010.5.03.0002, SBDI-I, rel. Min. Alexandre de Souza Agra Belmonte, 20.8.2015.

Informativo n. 105, TST — *Bancário. Anistia. Leis ns. 8.878/94 e 11.907/2009. Efeitos. Alteração da jornada para 40 horas. Não pagamento da sétima e oitava horas trabalhadas como extras. Direito às diferenças salariais entre o pagamento de seis e o de oito horas.*

O ex-bancário que houver retornado ao serviço em órgão ou entidade da administração pública federal direta, autárquica ou fundacional, beneficiado pela anistia concedida pela Lei n. 8.878/94, estará sujeito à jornada semanal de trabalho de 40 horas (art. 309 da Lei n. 11.907/09), sem direito à jornada de seis horas na nova função ou à remuneração das sétima e oitava horas como extraordinárias, não havendo falar em alteração contratual lesiva de que trata o art. 468 da CLT. Todavia, o aumento da jornada e a manutenção do valor nominal do salário implicam em diminuição no valor do salário-hora e, consequentemente, em redução salarial. Assim, adotando os fundamentos da decisão tomada pelo Tribunal Pleno nos autos do processo TST-E-RR-110600-80.2009.5.04.0020, a SBDI-I, por unanimidade, conheceu dos embargos do reclamante, por divergência jurisprudencial, e, no mérito, deu-lhes provimento para julgar procedente o pedido sucessivo de diferenças salariais entre o pagamento de seis e o de oito horas, considerando-se a proporcionalidade entre as horas trabalhadas pelo reclamante antes do afastamento e as exigidas em razão da anistia, a incidir sobre parcelas vencidas e vincendas, mantendo-se a carga horária legalmente estabelecida de 200 horas. Registrou ressalva de fundamentação o Min. Antonio José de Barros Levenhagen. TST-E-RR-1172-92.2012.5.18.0013, SBDI-I, rel. Min. Márcio Eurico Vitral Amaro, 30.4.2015.

2014

Informativo n. 90, TST — *Bancário. Norma coletiva que prevê a repercussão das horas extras habituais no sábado. Alteração da natureza jurídica de dia útil não trabalhado para dia de repouso semanal remunerado. Não configuração. Incidência do divisor 220. Ausência de contrariedade à Súmula n. 124, I, "b", do TST.*

A mera previsão, em norma coletiva, de repercussão de horas extras habituais na remuneração do sábado do bancário não importa reconhecê-lo como mais um dia de repouso semanal remunerado. No caso concreto, existia disposição convencional determinando que as horas extras refletissem em sábados, domingos e feriados, mas sem afirmar, expressamente, que o sábado fosse considerado dia de descanso semanal remunerado. Desse modo, reconhecendo-se a natureza jurídica de dia útil não trabalhado do sábado e encontrando-se o reclamante submetido à jornada de oito horas, mostra-se correta a utilização do divisor 220 no cálculo das horas extras. Nesse contexto, a SBDI-I, afastando a alegada contrariedade à Súmula n. 124, I, "b", do TST, decidiu, pelo voto prevalente da Presidência, não conhecer do recurso de embargos. Vencidos os Ministros Alexandre Agra Belmonte, relator, Aloysio Corrêa da Veiga, Luiz Philippe Vieira de Mello Filho, Augusto César Leite de Carvalho, José Roberto Freire Pimenta e Hugo Carlos Scheuermann. TST-E-RR-692-29.2012.5.02.0444, SBDI-I, rel. Min. Alexandre Agra Belmonte, red. p/ acórdão Min. João Oreste Dalazen, 25.9.2014.

Informativo n. 87, TST — *Bancário. Gratificação "quebra de caixa". Descontos de diferenças no caixa. Licitude.*

A gratificação "quebra de caixa", percebida pelo bancário que exerce a função de caixa, serve para saldar eventuais diferenças de numerário verificadas durante o fechamento do caixa. Assim sendo, é lícito ao empregador efetuar os descontos no salário do empregado sempre que constatar as mencionadas diferenças e desde que não tenha havido demonstração de que esse evento resultou de fato estranho à atividade, a exemplo de assalto à agência bancária. Com esse entendimento, a SBDI-I, em sua composição plena, decidiu, por unanimidade, conhecer dos embargos interpostos pelo reclamado, por divergência jurisprudencial, e, no mérito, dar-lhe provimento para restabelecer o acórdão do Regional quanto ao tema. TST-E-ED-RR-1658400-44.2003.5.09.0006, SBDI-I, rel. Min. Brito Pereira, red. p/ acórdão Min. Lelio Bentes Corrêa, 21.8.2014.

Informativo n. 85, TST — *Bancário. Norma coletiva. Repercussão das horas extras na remuneração do sábado. Reconhecimento do sábado como descanso semanal remunerado. Incidência da Súmula n. 124, I, "a", do TST. Divisor 150.*

A previsão, em norma coletiva, de repercussão das horas extras prestadas ao longo da semana sobre o sábado descaracteriza a sua natureza de dia útil não trabalhado. Assim, o sábado adquire feição de repouso semanal remunerado, fazendo incidir a Súmula n. 124, I, "a" do TST. Com base nesses fundamentos, a SBDI-I, por maioria, conheceu dos embargos interpostos pelo reclamante, por contrariedade à Súmula n. 124, I, "a", do TST, e, no mérito, deu-lhes provimento para determinar que se adote o divisor 150 para o cálculo das horas extraordinárias a que faz jus o reclamante no período em que trabalhou em jornada de seis horas, observada a vigência da norma coletiva que estabelece o sábado como dia de repouso semanal remunerado. Ressalvou a fundamentação o Ministro Renato de Lacerda Paiva. Vencidos os Ministros João Oreste Dalazen, Antonio José de Barros Levenhagen e Márcio Eurico Vitral Amaro, que não conheciam do recurso. TST-E-ED-RR- 754-24.2011.5.03.0138, SBDI-I, rel. Min. Aloysio Corrêa da Veiga, 5.6.2014.

Informativo n. 81, TST — *Bancário. Horas extras ajustadas em momento posterior ao da admissão. Inexistência de vínculo com a prestação de serviço extraordinário. Natureza jurídica de salário propriamente dito. Supressão. Prescrição parcial. Súmulas n. 199, II, e 294 do TST. Não incidência.*

Ainda que paga sob rubrica que possa sugerir tratar-se de horas extras, a parcela que é recebida pelo bancário em momento posterior ao de sua contratação, em valores mensais fixos e de forma desvinculada da prestação de serviço extraordinário não se configura típica pré-contratação de horas extras, ostentando, em verdade, a natureza de salário propriamente dito. Desse modo, havendo a supressão da mencionada verba, incide ao caso a prescrição parcial, pois configurado o mero descumprimento da obrigação de efetuar o pagamento do salário, e não a prescrição total de que trata o item II da Súmula n. 199 do TST. Também não há falar em incidência da Súmula n. 294 do TST, por não ser o caso de alteração contratual. No caso concreto, o pagamento da parcela "HRS. EXT. DIURNAS" iniciou-se em outubro de 1988, cerca de sete meses após a admissão da empregada, e, em janeiro de 2001, foi extinto pelo banco reclamado. Nesse contexto, a SBDI-I decidiu, por maioria, vencido o Ministro Ives Gandra Martins Filho, não conhecer do recurso de embargos do reclamado. TST-E-ED--RR-213000-55.2007.5.09.0069, SBDI-I, rel. Min. João Oreste Dalazen, 8.5.2014.

Informativo n. 74, TST — *Banco do Brasil S.A. Analista Pleno e Assessor Pleno UE. Ausência de fidúcia. Horas extras devidas. Compensação com a gratificação de função indevida. Súmula n. 109 do TST. Inaplicabilidade da Orientação Jurisprudencial Transitória n. 70 da SBDI-I.*

Descaracterizado pelo Tribunal Regional o exercício da função de confiança a que alude o art. 224, § 2º, da CLT, porque reconhecida que a percepção da gratificação, nos períodos em que o Reclamante exerceu as funções de Analista Pleno e de Assessor Pleno UE no Banco do Brasil S.A., visava remunerar a maior responsabilidade do cargo, a determinação de compensação das horas extraordinárias devidas (7ª e 8ª) com o valor da gratificação de função percebida contraria a Súmula n. 109 do TST. Ademais, não há falar em incidência da Orientação Jurisprudencial Transitória n. 70 da SBDI-I ao caso concreto, pois além de ser específica para a Caixa Econômica Federal — CEF, aos empregados do Banco do Brasil não foi dada a opção entre a jornada de 6 ou de 8 horas de trabalho para a mesma função. Com esse entendimento, a SBDI-I, por maioria, conheceu dos embargos interpostos pelo reclamante, por divergência jurisprudencial, e, no mérito, deu-lhes provimento para restabelecer a sentença de primeiro grau, que afastou a compensação. Vencido o Ministro Brito Pereira, relator, que não conhecia do recurso. TST-E-ED-E-D-RR-25-27.2010.5.10.0012, SBDI-I, rel. Min. Brito Pereira, red. p/ acórdão Min. Luiz Philippe Vieira de Mello Filho, 27.2.2014.

Informativo n. 72, TST — *CEF. Gerente geral. Horas extras. Jornada de 6 horas diárias assegurada pelo PCS/89. Pretensão de manutenção do pagamento das horas extraordinárias por força de previsão constante no PCS/98. Prescrição parcial. Descumprimento de norma vigente.*

Não incide a prescrição total na hipótese em que a pretensão posta em juízo diz respeito ao reconhecimento do direito de manutenção da jornada de 6 horas ao gerente geral, prevista em norma anterior da Caixa Econômica Federal — CEF (OC DIRHU 009/88 e PCS/89), a qual foi alterada por norma posterior (PCS/98) que, no entender do reclamante, teria assegurado o direito de irredutibilidade salarial e manutenção das vantagens decorrentes da norma anterior. No caso, prevaleceu a tese de que o empregado, gerente geral, pretende que lhe sejam deferidas as 7ª e 8ª horas diárias como extras, em decorrência do descumprimento da norma vigente (relatórios SISRH EMPR, C — SISRH PCSE, C — item 3 da CI 055/98) e não em razão de ato único do empregador. Com esse entendimento, a SBDI-I decidiu, por unanimidade, conhecer dos embargos da CEF, por divergência jurisprudencial, e, no mérito, por maioria, negar-lhes provimento. Vencidos os Ministros Augusto César Leite de Carvalho, relator, Ives Gandra Martins Filho, Brito Pereira e Dora Maria da Costa, que, entendendo contrariada a Súmula n. 294 do TST, conheciam e proviam os embargos para julgar prescrita a ação. TST-E-RR-14300-32.2008.5.04.0007,
SBDI-I, rel. Min. Augusto César Leite de Carvalho, red. p/ acórdão Min. Luiz Philippe Vieira de Mello Filho, 13.2.2014.

2013

Informativo n. 64, TST — *CEF. Novo plano de cargos e salários. Adesão condicionada à desistência de ações judiciais. Invalidade. Afronta ao princípio da inafastabilidade da jurisdição. Art. 5º, XXXV, da CF.*

Fere o princípio da inafastabilidade da jurisdição, insculpido no art. 5º, XXXV, da CF, cláusula de norma interna da Caixa Econômica Federal — CEF que condiciona a validade da adesão a novo plano de cargos e salários à desistência das ações judiciais, impondo ao empregado a quitação genérica dos planos anteriores. Com esse entendimento, a SBDI-I, à unanimidade, conheceu do recurso de embargos do reclamante, por divergência jurisprudencial, no tópico, e, no mérito, por maioria, deu-lhe provimento para, declarada a nulidade da aludida cláusula, assegurar o direito de opção do empregado ao novo plano de cargos e salários da CEF, observando os demais termos da norma. Vencidos os Ministros Maria Cristina Irigoyen Peduzzi, Ives Gandra da Silva Martins Filho, Renato de Lacerda Paiva, João Oreste Dalazen e Carlos Alberto Reis de Paula. TST--E-RR-3070300-42.2008.5.09.0013, SBDI-I, rel. Min. Brito Pereira, 24.10.2013.

Informativo n. 63, TST — *CEF. Invalidade da opção do empregado pela jornada de oito horas. Compensação. Base de cálculo das horas extras.*

A base de cálculo para o cômputo das horas extras decorrentes do reconhecimento da ineficácia da opção do empregado da Caixa Econômica Federal — CEF pela jornada de oito horas constante do Plano de Cargos em Comissão deverá ser a jornada de oito horas. Isso porque, conforme assentado no acórdão recorrido, se fosse levada em consideração a jornada de seis horas haveria uma dupla redução salarial para o empregado. A primeira, decorrente de autorização judicial para a compensação das gratificações, prevista na parte final da Orientação Jurisprudencial Transitória n. 70 da SBDI-I, e, a segunda, derivada da remuneração efetivamente percebida quando do trabalho na jornada de oito horas, o que acarretaria o enriquecimento ilícito da CEF e um possível débito para o reclamante no momento da compensação. Com esse entendimento, a SBDI-I, por unanimidade, conheceu dos embargos da reclamada, por divergência jurisprudencial, e, no mérito, negou-lhes provimento. TST-E--RR-978-87.2011.5.10.0001, SBDI-I, rel. Min. Delaíde Miranda Arantes, 17.10.2013.

Informativo n. 63, TST — *CEF. Adesão a novo plano (REB). Diferenças de saldamento do plano anterior (REG/REPLAN). Inclusão da CTVA na base de cálculo do salário de contribuição. Possibilidade de recálculo. Súmula n. 51, II do TST. Não incidência.*

O fato de a reclamante, empregada da Caixa Econômica Federal — CEF, ter aderido ao novo plano de benefícios (REB) não a impede de discutir diferenças do saldamento do plano anterior (REG/REPLAN), com a finalidade de incluir a parcela CTVA no cálculo das contribuições para a Funcef, referentes ao período que antecedeu o mencionado saldamento. No caso, não há falar em aplicação da Súmula n. 51, II, do TST, pois não se trata do pinçamento
de benefícios de ambos os planos, mas apenas de pretensão relativa à aplicação das regras referentes ao salário de participação vigente à época, ao cálculo do saldamento do plano REG/REPLAN. Com esses fundamentos, a SDBI-I, por unanimidade, conheceu dos embargos da reclamante, por divergência jurisprudencial, e, no mérito, por maioria, deu-lhes provimento para restabelecer o acórdão do Regional, que manteve a sentença quanto à determinação de integração da CTVA no salário de participação da autora, bem como quanto à integralização da conta do participante. Vencidos os Ministros Brito Pereira e Dora Maria da Costa. TST-E-ED--RR-139700-71.2008.5.04.0002, SBDI-I, rel. Min. Aloysio Corrêa da Veiga.17.10.2013.

Informativo n. 47, TST — *Bancário. Tesoureiro de retaguarda. Cargo de confiança. Não configuração. Inaplicabilidade do art. 224, § 2º, da CLT.*

Ao entendimento de que as atribuições exercidas por bancário ocupante do cargo de tesoureiro de retaguarda não constituem fidúcia especial suficiente a autorizar o seu enquadramento na exceção do art. 224, § 2º, da CLT, a SBDI-I, em sua composição plena, por unanimidade, conheceu do recurso de embargos, por divergência jurisprudencial, e, no mérito, por maioria, deu-lhe provimento para deferir o pagamento das 7ª e 8ª horas como extras, acrescidas do adicional constitucional de 50%, com a aplicação do divisor 180 (Súmula n. 124 do TST) e de todo o complexo salarial na base de cálculo (Súmula n. 264 do TST) e repercussões em repouso semanal remunerado (incluindo-se sábados, domingos e feriados, por expressa previsão nas normas coletivas), FGTS, férias com 1/3 e 13ºˢ salários, conforme os termos da inicial. Na hipótese, entendeu a Subseção que as circunstâncias de a reclamante abastecer os caixas de autoatendimento e o cofre eletrônico, controlar numerário da agência e possuir uma das senhas do cofre não são suficientes para configurar cargo de confiança bancário, pois não tem autoridade de alçada para comprometer o patrimônio da entidade financeira, tampouco para flexibilizar a prestação de contas. Vencidos os Ministros Renato de Lacerda Paiva, relator, Antônio José de Barros Levenhagen, Brito Pereira e Dora Maria da Costa. TST-E-RR-676-45.2010.5.03.0015, SBDI-I, rel. Min. Renato de Lacerda Paiva, red. p/ acórdão Min. Aloysio Corrêa da Veiga, 23.5.2013.

Informativo n. 44, TST — *Bancário. Gerente geral de agência. Art. 62, II, da CLT. Intervalo intrajornada. Não concessão. Horas extras. Indevidas.*

O bancário que exerce o cargo de gerente geral de agência, por estar enquadrado no art. 62, II, da CLT, não tem direito ao pagamento de horas extras decorrentes da não concessão ou da concessão parcial do intervalo intrajornada. Tal intervalo está previsto no Capítulo II do Título II da CLT (Da Duração do Trabalho), o qual, nos termos do "caput" do art. 62 da CLT, não se aplica aos empregados que exercem cargo de gestão, em razão da dificuldade ou da impossibilidade de controle de horário. Com esse entendimento, a SBDI-I, por unanimidade, conheceu dos embargos do banco reclamado, por divergência jurisprudencial, e, no mérito, deu-lhes provimento para excluir da condenação o pagamento das horas extras e reflexos decorrentes do intervalo intrajornada nos meses de setembro e outubro de

2003, período em que o reclamante exerceu o cargo de gerente geral de agência. TST-E-ED-RR-34300-85.2007.5.04.0331, SBDI-I, rel. Min. Dora Maria da Costa, 25.4.2013.

Informativo n. 43, TST — *CEF. Norma interna. CI/SUPES/GERET 293/2006. Validade. Opção pela jornada de oito horas. Ingresso em juízo. Retorno automático à jornada de seis horas. Orientação Jurisprudencial Transitória n. 70 da SBDI-I.*

É válida a norma interna CI/SUPES/GERET 293/2006, expedida pela Caixa Econômica Federal (CEF), que determina o retorno automático à jornada de seis horas, no caso de o empregado ingressar em juízo contra a opção pela jornada de oito horas. Essa providência se harmoniza com o reconhecimento da nulidade da opção de jornada consagrada na Orientação Jurisprudencial Transitória n. 70 da SBDI-I, não havendo falar, portanto, em ofensa ao direito constitucional de acesso ao poder judiciário ou em configuração de ato discriminatório. Com esse entendimento, a SBDI-I, em sua composição plena, conheceu dos embargos interpostos pela CEF, por divergência jurisprudencial, e, no mérito, pelo voto prevalecente da Presidência, deu-lhes provimento para julgar improcedentes os pedidos deduzidos na reclamação trabalhista. Vencidos o Desembargador Convocado Sebastião Geraldo de Oliveira, relator, e os Ministros Lelio Bentes Corrêa, Horácio Raymundo de Senna Pires, Rosa Maria Weber, Augusto César Leite de Carvalho, José Roberto Freire Pimenta e Delaíde Miranda Arantes. TST-E-ED-RR-13300-70.2007.5.15.0089, SBDI-I, rel. Des. Convocado Sebastião Geraldo de Oliveira, red. p/ acórdão Min. Brito Pereira, 18.4.2013.

2012

Informativo n. 27, TST — *CEF. Gerente. Criação da parcela denominada "Complemento Temporário Variável de Ajuste ao Piso de Mercado". Adoção de critério geográfico. Afronta ao princípio da isonomia. Não configuração.*

Não afronta o princípio da isonomia o pagamento da parcela denominada "Complemento Temporário Variável de Ajuste ao Piso de Mercado" — CTVA, de forma diferenciada, aos ocupantes de cargos de gerência da Caixa Econômica Federal — CEF, por observar o critério objetivo de localização geográfica das agências bancárias. Com esse entendimento, a SBDI-I, por unanimidade, conheceu dos embargos por divergência jurisprudencial e, no mérito, negou-lhes provimento. Na espécie, ressaltou-se, ainda, a impossibilidade de se conhecer dos recursos de embargos por contrariedade às Súmulas ns. 23 e 296 do TST, na medida em que, mesmo na vigência da redação anterior do art. 894 da CLT, a jurisprudência desta Corte já se tinha consolidado no sentido de que "não ofende o art. 896 da CLT decisão de Turma que, examinando premissas concretas de especificidade da divergência colacionada no apelo revisional, conclui pelo conhecimento ou desconhecimento do recurso" (Súmula n. 296, II, do TST). TST-E-ED-RR-105900-69.2007.5.07.0013, SBDI-I, rel. Min. Aloysio Corrêa da Veiga, 25.10.2012.

Informativo n. 18, TST — *Bancário. Gratificação "quebra de caixa". Descontos de diferenças de caixa. Licitude. Art. 462, § 1º, da CLT.*

É lícito o desconto da gratificação denominada "quebra de caixa", a despeito da natureza salarial da rubrica, porquanto a finalidade da parcela é remunerar o risco da atividade, cobrindo eventuais diferenças de numerário quando do fechamento do caixa. Ademais, o bancário, ao ser investido na função de caixa e acordar o pagamento da verba com o empregador, está ciente do encargo que assume pelos eventuais danos que causar. Incidência do art. 462, § 1º, da CLT. Com base nesse entendimento, a SBDI-I, por unanimidade, conheceu dos embargos por divergência jurisprudencial e, no mérito, deu-lhes provimento para excluir da condenação a devolução dos valores descontados a título de "quebra de caixa". TST-E-ED-RR-217100-61.2009.5.09.0658, SBDI-I, rel. Min. Aloysio Corrêa da Veiga, 16.8.2012.

Informativo n. 17, TST — *AR. Bancário. Gerente de negócios. Configuração. Art. 224, § 2º, da CLT e Súmula n. 287 do TST. Pagamento de horas extras apenas a partir da 8ª diária.*

Tendo em conta que em qualquer atividade empresarial de médio ou grande porte há divisões e subdivisões, cabendo a cada seguimento, conforme a estrutura, o cumprimento de determinadas funções atreladas ao seu setor, não desnatura o exercício do cargo de gerente de negócios o fato de o reclamante bancário ter restrições quanto a determinadas atividades, como não possuir alçada para liberação de créditos e admitir e demitir funcionários, não possuir subordinados, responder ao gerente administrativo, assinar folha de ponto e, ainda, não assinar isoladamente. A impossibilidade de realização das referidas atividades não leva à conclusão, por si só, de que o trabalhador não exerce função de confiança, principalmente quando há maior responsabilidade quanto às suas próprias atribuições e percepção de remuneração diferenciada. Ademais, na hipótese, o trabalhador participava das reuniões do comitê, integrando, de alguma forma, a cúpula gerencial do estabelecimento bancário, e era reconhecido pelos demais colegas como gerente de negócios, a atrair, portanto, a disciplina do art. 224, § 2º, da CLT e da Súmula n. 287 do TST. Assim, a SBDI-II, por unanimidade, conheceu do recurso ordinário em ação rescisória e, no mérito, deu-lhe provimento para, no tocante ao enquadramento do reclamante na hipótese do *caput* do art. 224 da CLT, rescindir o acórdão prolatado pelo TRT nos autos de reclamação trabalhista e, em juízo rescisório, restabelecer a sentença no que se reconhecera a subsunção do caso concreto na hipótese prevista no art. 224, § 2º, da CLT, e, por conseguinte, se deferiram as horas extras apenas a partir da 8ª diária. TST-RO-1985-85.2011.5.04.0000, SBDI-II, rel. Min. Maria de Assis Calsing, 7.8.2012.

Informativo n. 17, TST — *Bancário. Gerente geral. Presunção relativa. Ausência de poderes de mando e gestão. Horas extras. Devidas.*

Levando-se em conta ser relativa a presunção de que trata a Súmula n. 287 do TST, tem-se que o gerente geral de agência bancária faz jus ao recebimento de horas extraordinárias quando a prova carreada aos autos revele a ausência total de poderes de mando e gestão. Com esse entendimento, a SBDI-I, por maioria, não conheceu dos embargos, mantendo a decisão turmária que afastou a incidência do inciso II do art. 62 da CLT e a contrariedade à Súmula n. 287 do TST, porquanto a prova produzida perante o TRT registrou de forma expressa que o reclamante, conquanto denominado gerente geral de agência, não detinha poderes de mando e gestão ou "grau de fidúcia distinto daquele inerente a qualquer contrato de trabalho", estando, inclusive, subordinado à "autorização para se ausentar do serviço", a evidenciar a existência de controle de jornada. Vencidos os Ministros Brito Pereira, Maria Cristina Peduzzi e Ives Gandra Martins Filho. TST-E-RR-114740-98.2005.5.13.0004, SBDI-I, rel. Min. Luiz Philippe Vieira de Mello Filho, 9.8.2012.

Informativo n. 10, TST — *Bancário. Superintendente de negócio. Pagamento de horas extras. Controle de frequência. Art. 62, II, da CLT. Não incidência.*

A regra do enquadramento no art. 62, II, da CLT, do bancário exercente de cargo de direção, quando é a autoridade máxima na agência ou região, não prevalece na hipótese de haver prova de controle de frequência ou pagamento espontâneo de horas extras. In casu, o reclamante era superintendente de negócio, recebeu horas extras e teve controle de frequência em algumas oportunidades durante o período contratual. Assim, a SBDI-I, por maioria, conheceu dos embargos por contrariedade à Súmula n. 287 e, no mérito, deu-lhes provimento para condenar a reclamada ao pagamento das horas extras e reflexos, a partir da oitava hora. Vencidos os Ministros Dora Maria da Costa, Brito Pereira e Maria Cristina Peduzzi. TST-E-ED-ED-RR-116101-50.2005.5.12.0014, SBDI-I, rel. Min. Horácio Raymundo de Senna Pires, 24.5.2012.

Informativo n. 5, TST — *Bancário. Ausência de contrato para trabalho extraordinário. Pagamento mensal e habitual de horas extras. Pré-contratação. Configuração. Aplicação da Súmula n. 199, I, do TST.*

A diretriz do item I da Súmula n. 199 desta Corte tem como fim evitar a violação do direito do bancário à jornada específica (arts. 224 e 225 da CLT). Assim, ainda que o empregado não tenha formalmente assinado contrato para trabalho extraordinário, o pagamento mensal e habitual da 7ª e 8ª horas, durante o vínculo de emprego, denota intenção de fraude à relação de trabalho, configurando a pré-contratação. Com esse entendimento, a SBDI-I, por maioria, conheceu do recurso de embargos do reclamante, por divergência jurisprudencial e, no mérito, deu-lhe provimento para declarar nula a pré-contratação de horas extraordinárias e condenar o banco a pagar a 7ª e 8ª horas trabalhadas, como extraordinárias, no período imprescrito. Vencidos os Ministros Renato de Lacerda Paiva, João Batista Brito Pereira, Maria Cristina Peduzzi e Delaíde Miranda Arantes. TST-E-RR-792900-15.2004.5.09.0011, SBDI-I, rel. Min. Aloysio Corrêa da Veiga, 12.4.2012.

PETROLEIRO

2016

Informativo n. 135, TST — *Petroleiros. Turnos ininterruptos de revezamento. Repouso estabelecido no art. 3º, V, da Lei n. 5.811/1972. Reflexos das horas extras. Impossibilidade. Súmula n. 172 do TST. Inaplicabilidade.*

Os repousos previstos no art. 3º, V, da Lei n. 5.811/72 para os petroleiros submetidos a regimes de turnos de revezamento correspondem a folgas compensatórias concedidas em face das peculiaridades da jornada de trabalho. De outro lado, o repouso semanal remunerado constitui direito relacionado à saúde do trabalhador e que se vincula à frequência regular do empregado na semana anterior e cumprimento do horário de trabalho, conforme requisitos estabelecidos no art. 6º da Lei n. 605/49. Assim, tratando-se de institutos diversos, não se pode equipará-los com o intuito de fazer repercutir as horas extras no pagamento das referidas folgas. Ademais, a Lei n. 5.811/72 não tratou as folgas compensatórias especificamente como repouso remunerado, razão pela qual não se aplica a Súmula n. 172 do TST. Sob esses fundamentos, a SBDI-I, por unanimidade, conheceu dos embargos, por divergência jurisprudencial e, no mérito, por maioria, negou-lhes provimento, mantendo a decisão turmária que julgara improcedente o pedido de repercussão de horas extras habituais nas folgas compensatórias previstas na Lei n. 5.811/72. Vencido o Ministro José Roberto Freire Pimenta. TST--E-RR-1069-65.2012.5.11.0018, SBDI-I, rel. Min. Augusto César Leite de Carvalho, 5.5.2016.

PORTUÁRIO

2013

Informativo n. 48, TST — *Vale-transporte. Trabalhador portuário avulso. Comparecimento para concorrer à escala. Direito ao pagamento, independente do efetivo trabalho. Aplicação do art. 7º, XXXIV, da CF.*

Tendo em conta que, nos termos do art. 6º da Lei n. 9.719/98, o trabalhador avulso deverá comparecer ao local da prestação dos serviços para poder concorrer à escala de trabalho, o pagamento do vale-transporte não pode se restringir aos dias em que ocorrer o efetivo engajamento. Inteligência do art. 7º, XXXIV, da CF, que prevê a igualdade de direitos entre os trabalhadores com vínculo de emprego e os avulsos. Com esse entendimento, a SBDI-I, por unanimidade, conheceu dos embargos da reclamada, por divergência jurisprudencial e, no mérito, negou-lhes provimento, mantendo a decisão turmária que condenou os reclamados ao pagamento de indenização substitutiva pelo não fornecimento dos vales-transportes correspondentes aos dias em que o reclamante compareceu para concorrer à escala de trabalho, observado o desconto de que trata o parágrafo único do art. 4º da Lei n. 7.418/85. TST-E-ED-RR-14800-02.2008.5.02.0251, SBDI-I, rel. Min. Dora Maria da Costa, 3.10.2013.

2012

Informativo n. 26, TST — *Arguição de inconstitucionalidade. Trabalhador portuário avulso. Art. 27, § 3º, da Lei n. 8.630/93. Aposentadoria espontânea. Manutenção da inscrição junto ao OGMO.*

O Tribunal Pleno decidiu, por maioria de votos, rejeitar a arguição de inconstitucionalidade do art. 27, § 3º, da Lei n. 8.630/93 e, conferindo-lhe interpretação conforme a Constituição Federal, declarar que a aposentadoria espontânea do trabalhador avulso não implica o cancelamento da inscrição no cadastro e registro do trabalhador portuário junto ao Órgão de Gestão de Mão-de-Obra — OGMO. Invocou-se, na hipótese, o princípio da isonomia, especificamente previsto no art. 7º, XXXIV, da CF, e os fundamentos adotados pelo STF ao declarar a inconstitucionalidade do § 2º do art. 453 da CLT com relação aos empregados com vínculo de emprego permanente (ADI 1721/DF), para sustentar que os princípios constitucionais ali enumerados, a saber, o valor social do trabalho, a existência digna e a busca do pleno emprego e o primado do trabalho, alcançam igualmente os trabalhadores avulsos, de modo que a aposentadoria espontânea, da mesma forma que não extingue automaticamente o vínculo de emprego, também não cancela a inscrição dos trabalhadores avulsos perante o OGMO. Vencidos os Ministros Aloysio Corrêa da Veiga, Antônio José de Barros Levenhagen, Brito Pereira, Maria Cristina Irigoyen Peduzzi, Maria de Assis Calsing, Renato de Lacerda Paiva, Lelio Bentes Corrêa, Alberto Luiz Bresciani de Fontan Pereira, Dora Maria da Costa e João Oreste Dalazen, que não conferiam a interpretação conforme a Constituição. Vencido, ainda, por fundamento diverso, o Ministro Luiz Philippe Vieira de Mello Filho. ArgInc-395400- 83.2009.5.09.0322, Tribunal Pleno, rel. Min. Pedro Paulo Teixeira Manus, 15.10.2012.

PROFESSOR

2013

Informativo n. 48, TST — *Instrutora de idiomas. Atividade docente. Enquadramento na categoria profissional dos professores, ainda que ausentes as formalidades do art. 317 da CLT. Possibilidade.*

Sendo incontroverso o desempenho de atividade docente na condição de instrutora de inglês em curso de idiomas, não há como afastar o enquadramento da reclamante na categoria dos professores, ainda que ausentes as formalidades a que se refere o art. 317 da CLT. Assim, por maioria, a SBDI-I, em sua composição plena, conheceu dos embargos interpostos antes da vigência da Lei n. 11.496/2007, por violação do art. 317 da CLT, vencidos os Ministros Renato de Lacerda Paiva, relator, Dora Maria da Costa, João Oreste Dalazen, Antônio José de Barros Levenhagen, Brito Pereira e Carlos Alberto Reis de Paula, e, no mérito, também por maioria, deu-lhes provimento para declarar aplicáveis à reclamante as normas coletivas da categoria dos professores e determinar o retorno dos autos à vara de origem para que analise o restante do mérito, como entender de direito. Vencido o Ministro Ives Gandra Martins Filho que conhecia do recurso, por divergência jurisprudencial, e, no mérito, negava-lhe provimento. TST-E-RR-8000-71.2003.5.10.0004, SBDI-I, rel. Min. Renato de Lacerda Paiva, red. p/ acórdão Min. José Roberto Freire Pimenta, 23.5.2013.

Informativo n. 42, TST — *Atividade Docente. Instrutora de informática. Curso profissionalizante. Reconhecimento da condição de professora. Princípio da primazia da realidade.*

Tendo em conta o princípio da primazia da realidade que rege as normas de Direito do Trabalho, a empregada contratada para o exercício da atividade de instrutora de informática, em estabelecimento que oferece cursos profissionalizantes, tem direito ao reconhecimento da condição de professora e à percepção das parcelas trabalhistas próprias dessa categoria. As exigências formais previstas no art. 317 da CLT são dirigidas aos estabelecimentos particulares de ensino. Assim, a SBDI-I, por unanimidade, conheceu dos embargos, por divergência jurisprudencial e, no mérito, negou-lhes provimento. TST-E-ED-RR-6800-19.2007.5.04.0016, SBDI-I, rel. Min. João Oreste Dalazen, 11.4.2013.

RADIALISTA

2013

Informativo n. 67, TST — *Radialista. Registro na Delegacia Regional do Trabalho (Lei 6.615/78). Desnecessidade. Aplicação do princípio da primazia da realidade.*

Evidenciado pela prova que a empregada exercia as funções de radialista, afasta-se a exigência formal de registro prévio junto à Delegacia Regional do Trabalho (Lei n. 6.615/78) para o reconhecimento do exercício da profissão, em prestígio ao princípio da primazia da realidade. Com esses fundamentos, a SBDI-I, por unanimidade, conheceu do recurso de embargos da reclamante, por divergência jurisprudencial, e, no mérito, deu-lhe provimento para restabelecer o acórdão do Regional que enquadrara a empregada como radialista e determinado o pagamento de horas extras em razão da jornada especial aplicável à categoria. TST-E-ED-RR-54700-90.2006.5.04.0029, SBDI-I, rel. Min. Delaíde Miranda Arantes, 21.11.2013 (Cf. Informativo TST n. 39.)

Informativo n. 39, TST — *Radialista. Enquadramento. Lei n. 6.615/78. Registro. Ausência. Princípio da primazia da realidade.*

A ausência de registro perante a Delegacia Regional do Trabalho não é óbice para o enquadramento do empregado na condição de radialista, desde que preenchidos os requisitos essenciais previsto na Lei n. 6.615/78, quais sejam, a prestação de serviço à empresa equiparada à de radiodifusão (art. 3º) e o exercício de uma das funções em que se desdobram as atividades mencionadas no art. 4º da referida lei. No caso, prevaleceu a tese de que a inobservância de exigência meramente formal não afasta o enquadramento pretendido, em atenção ao princípio da primazia da realidade e à não recepção da norma limitativa da liberdade de expressão pela Constituição Federal de 1988, na esteira da jurisprudência do STF quanto à exigência de diploma de jornalista. Assim, a SBDI-I, por unanimidade, no tópico, conheceu dos embargos do reclamante, por divergência jurisprudencial e, no mérito, deu-lhes provimento para restabelecer a decisão do Regional, que enquadrou o empregado como radialista. TST-E-ED-RR-2983500-63.1998.5.09.0012, SBDI-I, rel. Min. José Roberto Freire Pimenta, 7.3.2013.

REMUNERAÇÃO

2016

Informativo n. 148, TST — *Gratificação de função exercida por dez ou mais anos. Supressão. Incorporação do BESC pelo Banco do Brasil. Empregado que optou por não aderir ao plano de carreira do banco sucessor. Súmula n. 372, I, do TST. Justo motivo. Configuração.*

A SBDI-I, pelo voto prevalente da Presidência, conheceu dos embargos interpostos pelo reclamante, por contrariedade à Súmula n. 372, I, do TST, e, no mérito, negou-lhes provimento, mantendo incólume a decisão turmária que entendera presente o justo motivo para a supressão da gratificação de função percebida pelo empregado por dez ou mais anos. No caso, o Banco do Brasil, ao incorporar o BESC, deu aos empregados do banco incorporado a possibilidade de aderirem ao seu plano de carreira, restringindo o exercício de função comissionada apenas àqueles que optassem pelo quadro do banco sucessor. Assim, a decisão do empregado em se manter no regulamento do extinto BESC, com a consequente reversão ao cargo efetivo, constitui justo motivo a autorizar a cessação do pagamento do adicional de função perseguido. Vencidos os Ministros Cláudio Mascarenhas Brandão, relator, Brito Pereira, Márcio Eurico Vitral Amaro, Walmir Oliveira da Costa, José Roberto Freire Pimenta e Hugo Carlos Scheuermann, os quais entendiam que a destituição do reclamante da função comissionada em decorrência da reestruturação que se seguiu à incorporação do BESC pelo Banco do Brasil não caracteriza o justo motivo a que se refere a Súmula n. 372, I, do TST, além de estar em descompasso com o disposto no art. 448 da CLT. TST-E-ED-ED-RR-527500-46.2009.5.12.0054, SBDI-I, rel. Min. Cláudio Mascarenhas Brandão, red. p/ acórdão Min. João Oreste Dalazen, 27.10.2016.

Informativo n. 146, TST — *Gratificação de função. Percepção por mais de dez anos em períodos descontínuos. Estabilidade financeira. Direito à incorporação.*

Para o deferimento da incorporação de função gratificada suprimida, pode ser considerado o exercício de diversas funções de confiança por mais de dez anos, ainda que em períodos descontínuos. A Súmula n. 372 do TST não exige a percepção ininterrupta da mesma função gratificada por dez ou mais anos como condição obrigatória para a incorporação da gratificação. Assim, no caso, considerou-se que, tendo em vista o princípio da estabilidade financeira do empregado, o fato de ter havido a interrupção do pagamento da função por dois períodos que totalizaram apenas cinquenta e seis dias, não respalda o impedimento da incorporação da função percebida por mais de onze anos. Sob esses fundamentos, a SBDI-I, por unanimidade, conheceu do recurso de embargos, por divergência jurisprudencial e, no mérito, deu-lhe provimento para restabelecer a decisão do Regional quanto à determinação de incorporação da gratificação de função. TST-E--ED-RR-104240-56.2003.5.01.0010, SBDI-I, rel. Min. José Roberto Freire Pimenta, 29.9.2016.

Informativo n. 145, TST — *Prêmios ou bônus pelo cumprimento de metas. Natureza jurídica diversa das comissões. Horas extras. Inaplicabilidade da Súmula n. 340 do TST e da Orientação Jurisprudencial n. 397 da SBDI-I. Incidência da Súmula n. 264 do TST.*

A forma de remuneração disposta na Súmula n. 340 do TST e na Orientação Jurisprudencial n. 397 da SBDI-I é aplicável somente aos trabalhadores remunerados à base de comissões, tais como aquelas obtidas por vendas. Prêmios ou bônus pelo alcance de metas ou objetivos globais, de produção, por quilômetro rodado, entre outros, não possuem a mesma natureza de comissões, devendo o pagamento de tais valores repercutir no cálculo das horas extras na forma da Súmula n. 264 do TST. Sob esse fundamento, a SBDI-I, por unanimidade, conheceu do recurso de embargos, por divergência jurisprudencial e, no mérito, por maioria, deu-lhe provimento para determinar a incidência dos prêmios no cálculo das horas extras, nos termos da Súmula n. 264 do TST. Vencidos os Ministros Márcio Eurico Vitral Amaro, Brito Pereira e Cláudio Mascarenhas Brandão. TST-E-RR445-46.2010.5.04.0029, SBDI-I, rel. Min. Augusto César Leite de Carvalho, 22.9.2016.

Informativo n. 135, TST — *Parcela "sexta parte". Art. 129 da Constituição do Estado de São Paulo. Base de cálculo. Exclusão de gratificações instituídas por leis complementares estaduais.*

Não obstante o art. 129 da Constituição do Estado de São Paulo estabelecer que a parcela denominada "sexta parte" deve ser calculada com base nos vencimentos integrais, é incontroversa a existência de leis complementares estaduais que, ao instituírem algumas gratificações, expressamente as excluíram da base de cálculo de quaisquer vantagens pecuniárias. Assim, adotando o método de interpretação restritiva, conclui-se que as leis complementares foram editadas com a finalidade de balizar o alcance da lei maior estadual, em uma espécie de regulamentação, de modo que para deixar de aplicá-las seria imprescindível a declaração de inconstitucionalidade pelo TJSP. Sob esses fundamentos, a SBDI-I, por unanimidade, conheceu dos embargos, por divergência jurisprudencial, e, no mérito, por maioria, negou-lhes provimento. Vencidos os Ministros Lelio Bentes Corrêa, relator, Márcio Eurico Vitral Amaro e Cláudio Mascarenhas Brandão. TST-E-RR- 1216-23.2011.5.15.0113, SBDI-I, rel. Min. Lelio Bentes Corrêa, red. p/ acórdão Min. Alexandre de Souza Agra Belmonte, 5.5.2016.

2015

Informativo n. 125, TST — *Jornada de quatro, seis ou oito horas. Salário mínimo da categoria profissional. Pagamento independente das horas trabalhadas. Impossibilidade. Orientação Jurisprudencial n. 358 da SBDI-I. Princípio da isonomia.*

É lícito o pagamento de salário proporcional à jornada de trabalho, ainda que inferior ao mínimo legal e/ou convencional, posto que não podem ser remunerados de forma idêntica os trabalhadores que desempenham as mesmas atividades, mas se sujeitam a jornadas distintas. Incidência da Orientação Jurisprudencial n. 358 da SBDI-I e do princípio da isonomia insculpido no art. 5º, *caput*, da CF. No caso em apreço, a Turma de origem, ao julgar recurso de revista interposto pelo Ministério Público do Trabalho em ação civil pública, entendeu ilícita a adoção de jornada móvel e variável, pois os empregados não sabiam quando seriam ativados, ficando submetidos ao arbítrio da empregadora por 44 horas semanais. Assim, declarou a nulidade de todo o regime de trabalho e determinou à empresa que garantisse o pagamento do salário profissional independentemente do número de horas trabalhadas. Todavia, em virtude de acordo de abrangência nacional firmado nos autos do processo n. 1040-74.2012.5.06.0011, perante a 11ª Vara do Trabalho do Recife/PE, a jornada móvel e variável foi substituída por jornada fixa de quatro, seis ou oito horas, não mais subsistindo o argumento utilizado pela Turma para determinar o pagamento do piso da categoria de forma indistinta. Assim, a SBDI-I, por maioria, conheceu dos embargos por contrariedade à Orientação Jurisprudencial n. 358 da SBDI-I, vencidos os Ministros Aloysio Corrêa da Veiga, Márcio Eurico Vitral Amaro, José Roberto Freire Pimenta, Hugo Carlos Scheuermann e Cláudio Mascarenhas Brandão. No mérito, a Subseção deu provimento ao recurso para excluir da condenação a determinação para que a reclamada garanta "o pagamento do salário mínimo da categoria profissional, de acordo com a Convenção Coletiva do Trabalho, independentemente do número de horas trabalhadas", julgando-se improcedente a presente ação no particular. TST-E-ED-RR-9891900-16.2005.5.09.0004, SBDI-I, rel. Min. Renato de Lacerda Paiva, 26.11.2015.

Informativo n. 113, TST — *Reajustes salariais fixados por resoluções do Conselho de Reitores das Universidades do Estado de São Paulo (CRUESP) aos servidores das Universidades Estaduais Paulistas. Extensão aos servidores do Centro Estadual de Educação Tecnológica Paula Souza (CEETEPS). Impossibilidade. Necessidade de lei específica.*

As normas salariais aprovadas pelo CRUESP (Conselho de Reitores das Universidades do Estado de São Paulo) para as Universidades do Estado de São Paulo não podem ser estendidas aos servidores do CEETEPS (Centro Estadual de Educação Tecnológica Paula Souza), por se tratarem de pessoas jurídicas distintas, inclusive no que concerne aos respectivos planos de carreiras e remuneração de seus servidores. O CEETEPS é autarquia estadual de regime especial, possuindo autonomia administrativa e financeira, além de patrimônio próprio, não se confundindo com as Universidades Estaduais, que têm autonomia assegurada pelo artigo 207 da Constituição Federal. Sendo assim, o reajuste salarial concedido por um dos entes não pode implicar ônus para o outro ente. No caso, o reclamante, servidor do CEETEPS, busca o recebimento de diferenças salariais decorrentes dos reajustes concedidos aos servidores das Universidades Estaduais Paulistas (UNESP). Ocorre que, não obstante os atos normativos de criação do CEETEPS, de sua vinculação à UNESP, bem como de autorização para que a política salarial das Universidades Estaduais seja estabelecida por Resoluções do CRUESP, tenham emanado do Poder Legislativo Estadual, a Constituição Federal (arts. 37, X e XIII e 207) não permite a concessão de aumentos remuneratórios de servidores públicos autárquicos sem lei específica. Além desses argumentos, ao Poder Judiciário não seria permitido proceder ao reajuste de salários e benefícios, pois tal fato implicaria a substituição de função do Poder Legislativo, a quem caberia editar lei própria alterando a forma de remuneração de servidores autárquicos em observância ao princípio da legalidade e ao disposto no art. 37, incisos X e XIII, da Constituição Federal. Sob esses fundamentos, a SBDI-1, por unanimidade, conheceu dos embargos, por divergência jurisprudencial e, no mérito, negou-lhes provimento. TST-E--RR-172400-28.2008.5.15.0024, SBDI-I, rel. Min. Renato de Lacerda Paiva, 6.8.2015.

Informativo n. 107, TST — *Salário-substituição. Substituição apenas de parte das atribuições do substituído. Pagamento de forma proporcional às atividades substituídas. Apuração em liquidação de sentença.*

Consoante entendimento consagrado na Súmula 159, I, do TST, o empregado substituto faz jus ao salário do substituído, enquanto perdurar a substituição que não tenha caráter meramente eventual, inclusive nas férias. Nos casos em que a substituição for parcial, ou seja, não abarcar todas as atividades e responsabilidades do substituído, o valor do salário-substituição poderá se dar proporcionalmente às tarefas desempenhadas. Na hipótese dos autos, o substituído era responsável pela segurança da empresa em toda região metropolitana de Belo Horizonte, enquanto o substituto assumiu as atribuições do supervisor apenas na cidade de Betim. Assim, adotando esse entendimento, a SBDI-I, no ponto, conheceu dos embargos da reclamada, por divergência jurisprudencial, e, no mérito, por maioria, deu-lhes provimento parcial para limitar a condenação das diferenças salariais em virtude de substituição do supervisor, em suas férias, de forma proporcional às atividades substituídas, a ser apurado em liquidação da sentença. Vencido o Ministro Aloysio Corrêa da Veiga. TST-E-ED-RR-66600-35.2008.5.03.0027, SBDI-I, rel. Min. Dora Maria da Costa, 14.5.2015.

Informativo n. 106, TST — *Acordo coletivo de trabalho. Participação nos Lucros e Resultados. Estipulação de requisito que não revela os índices individuais de produtividade, qualidade ou lucratividade da empresa. Benefício que mais se aproxima de um prêmio. Exclusão da referência ao art. 2º, II, da Lei n. 10.101/2000.*

Não configura a Participação nos Lucros e Resultados a que se refere a Lei n. 10.101/2000 e o art. 7º, XI, da CF, a cláusula de acordo coletivo de trabalho que estipula, como requisito para a distribuição de lucros, o número de operações comerciais de todo o setor econômico. Trata-se de parâmetro que não define a conjuntura da empresa de forma clara e objetiva, pois não revela seus índices individuais de produtividade, qualidade ou lucratividade. Assim, tem-se que o benefício estabelecido mais se aproxima de um prêmio, não sendo possível considerá-lo como de natureza indenizatória, o que, na espécie, impõe a reforma da decisão do Regional que julgara improcedente o pedido de declaração da natureza salarial da parcela em questão. Sob esses fundamentos, a SDC, por maioria, deu provimento parcial ao recurso ordinário para suprimir do *caput* da cláusula 4ª a expressão "conforme o art. 2º, inciso II, da Lei 10.101, de 19 de dezembro de 2000". Vencidos os Ministros Walmir Oliveira da Costa e Mauricio Godinho Delgado. TST-RO-50000-25.2011.5.17.0000, SDC, rel. Min. Dora Maria da Costa, 11.5.2015.

Informativo n. 101, TST — *Uniformes. Uso obrigatório ou necessário para a concepção da atividade econômica. Despesas com lavagem. Ressarcimento. Devido.*

As despesas decorrentes de lavagem de uniformes, quando seu uso é imposto pelo empregador ou necessário para a concepção da atividade econômica, devem ser ressarcidas ao empregado, uma vez que os riscos do empreendimento são suportados pela empresa, cabendo a ela zelar pela higiene do estabelecimento. Inteligência do art. 2º da CLT. No caso, as reclamadas forneciam gratuitamente uniformes e impunham a sua utilização durante o horário de serviço em razão da atividade desenvolvida (indústria de laticínios). Assim, a SBDI-I, por unanimidade, conheceu do recurso de embargos, por divergência jurisprudencial, e, no mérito, por maioria, negou-lhe provimento, mantendo a decisão da Turma que ratificara a condenação ao ressarcimento das despesas efetuadas pelo reclamante com a lavagem de uniformes. Vencidos os Ministros Guilherme Caputo Bastos, relator, Ives Gandra Martins Filho, Márcio Eurico Vitral Amaro e Cláudio Mascarenhas Brandão, que davam provimento aos embargos para julgar improcedente o pedido de ressarcimento das despesas com a lavagem do fardamento, ao fundamento de que a higienização ordinária de uniformes não causa prejuízo indenizável, nem transfere os riscos do empreendimento ao empregado. TST-E-RR-12-47.2012.5.04.0522, SBDI-I, rel. Min. Guilherme Augusto Caputo Bastos, red. p/ acórdão Min. João Oreste Dalazen, 12.3.2015.

Informativo n. 98, TST — *Honorários advocatícios de sucumbência. Rateio e repasse a empregados advogados. Natureza jurídica indenizatória.*

A verba repassada a empregados advogados, decorrente de honorários sucumbenciais pagos em ações de interesse do empregador, possui natureza jurídica indenizatória, não cabendo a sua integração ao salário para fins de reflexos em outras parcelas. No caso concreto, entendeu-se, em consonância com o art. 14 do Regulamento Geral do Estatuto da Advocacia e da OAB, que a quantia, arcada pela parte vencida em litígio e transferida à Associação Nacional dos Advogados da Caixa Econômica Federal — Advocef para rateio entre os advogados empregados da Caixa Econômica Federal — CEF, não detém características essenciais atinentes ao salário, uma vez que, além de não ser paga diretamente pela empregadora em retribuição aos serviços prestados, carece de periodicidade e depende de provimento judicial favorável ou de sucesso em cobranças extrajudiciais. Nesse contexto, a SBDI-I, à unanimidade, conheceu dos embargos interpostos pelo reclamante, por divergência jurisprudencial, e, no mérito, negou-lhes provimento. TST-E-ED-RR-230-51.2010.5.02.0021, SBDI-I, rel. Min. Lelio Bentes Corrêa, 18.12.2014.

2014

Informativo n. 95, TST — *Gorjetas. Cláusula de acordo coletivo que prevê a retenção e o rateio de parte dos valores arrecadados. Invalidade. Art. 457 da CLT e Súmula n. 354 do TST.*

É inválida cláusula de acordo coletivo que autoriza a retenção de parte do valor das gorjetas para fins de indenização e ressarcimento das despesas e benefícios inerentes à introdução do próprio sistema de taxa de serviço, bem como para contemplar o sindicato da categoria profissional, principalmente quando constatado que a retenção atinge mais de um terço do respectivo valor. De outra sorte, nos termos do art. 457 da CLT e da Súmula n. 354 do TST, as gorjetas, ainda que não integrem o salário, constituem acréscimo remuneratório e configuram contraprestação paga diretamente pelo cliente, não podendo ter outro destino que não o próprio empregado. Com esse entendimento, a SBDI-I, por unanimidade, conheceu dos embargos interpostos pelo reclamado, por divergência jurisprudencial e, no mérito, negou-lhe provimento. TST-E-ED-RR-139400-03.2009.5.05.0017, SBDI-I, rel. Min. Márcio Eurico Vitral Amaro, 13.11.2014.

Informativo n. 94, TST — *Participação nos lucros e resultados. Descumprimento de meta estabelecida em acordo coletivo. Pagamento indevido. Prêmio em valor equivalente ao da PLR. Concessão exclusiva a uma das unidades da empresa. Medida discriminatória. Configuração.*

É indevido o pagamento de participação nos lucros e resultados aos empregados de diversas unidades da empresa que não atingiram meta previamente estabelecida em acordo coletivo. Por outro lado, é discriminatória a concessão de prêmio, em valor equivalente ao da PLR, apenas aos empregados de uma das unidades dessa mesma empresa, quando também descumprida a meta acordada. No caso concreto, não houve pagamento da PLR aos empregados das unidades Kimbely Clark e NSK porque não atingida a totalidade da meta. Todavia, aos empregados da unidade Aventis, que também não cumpriram a meta, foi paga idêntica quantia sob a denominação de "prêmio", em razão do empenho demonstrado na captação de novos clientes, sem que a empresa tenha feito demonstração objetiva de que o trabalho nas unidades NSK e Kimbely Clark não foi igualmente satisfatório. Assim sendo, não constatadas razões para a distinção imposta, revela-se discriminatória (arts. 3º, IV, *in fine* e 7º, XXX, da CF) a conduta adotada pela empresa, motivo pelo qual a SDC, por unanimidade, deu parcial provimento ao recurso ordinário para garantir aos empregados das unidades Kimbely Clark e NSK o pagamento de R$ 300,00 sob a rubrica de prêmio. TST-RO-1000738-04.2014.5.02.0000, SDC, rel. Min. Mauricio Godinho Delgado, 10.11.2014.

Informativo n. 84, TST — *Gratificação de Atividade Judiciária (GAJ). Impossibilidade de percepção. Servidor cedido à Empresa Brasileira de Serviços Hospitalares. Pagamento devido somente na hipótese de cessão para órgãos dos Poderes Legislativo e Judiciário da União e da Administração Pública Direta do Poder Executivo Federal.*

Não é devido o pagamento da Gratificação de Atividade Judiciária (GAJ) durante o período de cessão de servidor do TST à Empresa Brasileira de Serviços Hospitalares (Ebeserh), empresa pública pertencente à Administração Indireta, pois esta gratificação somente é devida na hipótese de cessão de servidor para órgãos dos Poderes Legislativo e Judiciário da União e da Administração Pública Direta do Poder Executivo Federal, conforme se infere do § 3º, do art. 13 da Lei n. 11.416/06 à luz da Portaria Conjunta n. 1, de 7 de março de 2007, do STF, CNJ, Tribunais Superiores, CJF, CSJT e TJDFT, que regulamentou dispositivos da Lei n. 11.416/2006. Ademais, nos termos da jurisprudência pacífica do STJ, a GAJ possui evidente caráter *propter laborem*, não se incorporando à remuneração, pois só o exercício da atividade é que justificaria o seu pagamento. Com esse posicionamento, o Órgão Especial, por maioria, negou provimento ao recurso em matéria administrativa. Ressalvou a fundamentação o Ministro Walmir Oliveira da Costa. Vencidos os Ministros João Oreste Dalazen e Augusto César Leite de Carvalho, que não conheciam do recurso. TST-PA-2453-55.2014.5.00.0000, Órgão Especial, rel. Min. Renato de Lacerda Paiva, 2.6.2014.

Informativo n. 83, TST — *Desvio de função. Empregado público que exerce atividade típica de servidor público estatutário. Regimes jurídicos distintos. Diferenças salariais. Devidas. Aplicação do princípio da isonomia. Orientação Jurisprudencial n. 125 da SBDI-I.*

Não obstante o art. 37, II, da CF impeça a admissão e o reenquadramento no serviço público sem prévia aprovação em concurso público e o inciso XIII do mesmo dispositivo constitucional vede a equiparação de quaisquer espécies remuneratórias, para efeito de remuneração de pessoal do serviço público, havendo identidade entre as atividades realizadas por servidor público estatutário e aquelas exercidas por empregado público em flagrante desvio de função, é devido o pagamento das diferenças salariais respectivas, sob pena de enriquecimento ilícito da Administração Pública. Inteligência da Orientação Jurisprudencial n. 125 da SBDI-I e observância do critério da isonomia. Na espécie, o reclamante fora contratado pelo SERPRO para o cargo de auxiliar de informática, tendo exercido as funções de Técnico do Tesouro Nacional ao prestar serviços na Secretaria da Receita Federal. Com esse entendimento, a SBDI-I, em sua composição plena, por unanimidade, conheceu dos embargos interpostos pelo SERPRO, por má aplicação da Orientação Jurisprudencial n. 125 da SBDI-I, e, no mérito, por maioria, negou-lhes provimento. Vencidos os Ministros Ives Gandra Martins Filho, relator, Antonio José de Barros Levenhagen, Brito Pereira, Renato de Lacerda Paiva e Guilherme Augusto Caputo Bastos, que davam provimento ao recurso para restabelecer a sentença que concluiu pela impossibilidade de deferimento das diferenças salariais quando o trabalhador laborou em desvio de função em regimes jurídicos diversos, em razão do disposto no art. 37, XIII, da CF. TST-E-ED-RR-210900-27.2000.5.09.0020, SBDI-I, rel. Min. Ives Gandra da Silva Martins Filho, red. p/ acórdão Min. João Oreste Dalazen, 22.5.2014.

Informativo n. 82, TST — *Gratificação de função exercida por dez ou mais anos. Redução em razão de transferência a pedido. Possibilidade. Justo motivo. Configuração. Súmula n. 372, I do TST.*

Não há falar em aplicação do princípio da irredutibilidade salarial no caso em que o empregado, não obstante tenha exercido o cargo de confiança de gerente geral de agência bancária por mais de dez anos, solicitou transferência para localidade diversa, tendo havido a correlata designação para exercer outra função comissionada de menor valor. A Súmula n. 372, I, do TST, ao assegurar a estabilidade financeira, exige a reversão ao cargo efetivo e a ausência de justo motivo para a supressão ou a redução da gratificação de função, o que não ocorreu na hipótese, eis que o empregado foi designado para outra função de confiança e sua transferência ocorreu a pedido, ou seja, por motivo estranho à vontade do empregador. Com esses fundamentos, a SBDI-I, por unanimidade, conheceu dos embargos, por contrariedade à Súmula n. 372, I, do TST, e por divergência jurisprudencial, e, no mérito, por maioria, deu-lhes provimento para julgar improcedente o pedido de diferenças de gratificação de função e reflexos. Vencido o Ministro Aloysio Corrêa da Veiga. TST-E-ED-RR-361-55.2010.5.03.0067, SBDI-I, rel. Min. João Oreste Dalazen, 15.5.2014.

Informativo n. 81, TST — *Gueltas. Bonificações pagas por terceiros em virtude do contrato de trabalho. Natureza jurídica salarial. Súmula n. 354 do TST e art. 457, § 3º, da CLT. Aplicação por analogia.*

Assim como as gorjetas, as gueltas — bonificações pagas ao empregado pelo fabricante do produto comercializado pelo empregador — decorrem diretamente do contrato de trabalho, integrando a remuneração do empregado, nos termos da Súmula n. 354 do TST e do art. 457, § 3º, da CLT, aplicados por analogia. Na espécie, em virtude de contrato de trabalho celebrado com empresa atacadista de produtos farmacêuticos e correlatos, a reclamante percebia, habitualmente, valores "extra recibo" decorrentes de bonificações pagas por laboratórios a título de incentivo pela venda de medicamentos. Tal verba tem nítido caráter salarial, pois o incentivo dado ao empregado beneficia diretamente o empregador, em razão do incremento nas vendas e da repercussão no lucro do empreendimento. Com esses fundamentos, a SBDI-I, por unanimidade, não conheceu dos embargos interpostos pela reclamada, mantendo a decisão turmária que determinara a integração dos valores pagos por terceiros para fins de incidência nas férias mais 1/3, nos 13ºˢ salários e no FGTS mais 40%. Ressalvou entendimento o Ministro Alexandre Agra Belmonte. TST-E-RR-224400-06.2007.5.02.0055, SBDI-I, rel. Min. João Oreste Dalazen, 8.5.2014.

2012

Informativo n. 18, TST — *Remuneração do emprego público. Proventos de aposentadoria recebidos pelo regime geral da previdência social. Acumulação. Possibilidade.*

A vedação de acumulação de proventos de aposentadoria com a remuneração de cargo, emprego ou função pública, descrita no art. 37, § 10, da CF, destina-se apenas aos servidores sujeitos a regime especial de previdência, a exemplo dos titulares de cargo efetivo da União, dos Estados, do Distrito Federal e dos Municípios, incluídas as suas autarquias e fundações, não alcançando os empregados públicos que percebem proventos de aposentadoria pelo regime geral da previdência social, nos termos do art. 201, § 7º, da CF. Assim, a SBDI-I, por unanimidade, conheceu dos embargos por divergência jurisprudencial e, no mérito, negou-lhes provimento. TST-E-RR-366000-19.2009.5.12.0038, SBDI-I, rel. Min. Aloysio Corrêa da Veiga, 16.8.2012.

Informativo n. 5, TST — *Progressão salarial anual. Ausência de avaliações de desempenho. Descumprimento de norma interna. Art. 129 do CC. Diferenças salariais devidas.*

Diante da omissão do empregador em proceder à avaliação de desempenho estabelecida como requisito à progressão salarial anual prevista em norma interna da empresa, considera-se implementada a referida condição, conforme dispõe o art. 129 do CC. A inércia do reclamado em atender critérios por ele mesmo estabelecidos não pode redundar em frustração da legítima expectativa do empregado de obter aumento salarial previsto em regulamento da empresa, sob pena de se caracterizar condição suspensiva que submete a eficácia do negócio jurídico ao puro arbítrio das partes, o que é vedado pelo art. 122 do CC. Com esse entendimento, a SBDI-I, por unanimidade, conheceu dos embargos, por divergência jurisprudencial e, no mérito, deu-lhes provimento para julgar procedente o pedido de diferenças salariais decorrente da progressão salarial anual por desempenho obstada pelo recorrido. TST-E-ED-RR-25500-23.2005.5.05.0004, SBDI-I, rel. Min. Augusto César Leite de Carvalho, 12.4.2012.

Informativo n. 5, TST — *CBTU. Reajuste salarial concedido apenas aos ocupantes de cargo de confiança. Extensão aos empregados públicos exercentes de cargo de carreira. Impossibilidade. Ausência de identidade de situações.*

A concessão, pela Companhia Brasileira de Trens Urbanos (CBTU), de reajuste salarial somente aos empregados ocupantes de cargo de confiança não ofende o princípio constitucional da isonomia (art. 5º, *caput*, da CF), porquanto ausente a identidade de situações. Com esse entendimento, a SBDI-I, por maioria, vencido o Ministro Augusto César Leite de Carvalho, conheceu do recurso de embargos interposto pelo Sindicato dos Trabalhadores em Empresas Ferroviárias, Similares e Afins nos Estados da Bahia e Sergipe, e, no mérito, negou-lhe provimento, mantendo a decisão da Turma que não estendeu o reajuste aos empregados públicos exercentes de cargo de carreira ao fundamento de que o tratamento diferenciado não foi discriminatório, mas fruto do poder potestativo da CBTU de valorização de determinados cargos. TST-E-ED-RR-273000-37.2001.5.05.0006, SBDI-I, rel. Min. Renato de Lacerda Paiva, 12.4.2012.

RENÚNCIA

2013

Informativo n. 43, TST — *Adesão a novo plano de benefício previdenciário. Efeitos. Renúncia às regras do plano anterior. Incidência da Súmula n. 51, II, do TST.*

Aplica-se o item II da Súmula n. 51 do TST aos casos em que se discute os efeitos da adesão a novo plano de benefício previdenciário oferecido por entidade de previdência privada, pois a finalidade última do referido verbete é resguardar o ato jurídico perfeito que se aperfeiçoa com a livre adesão às vantagens de um plano mediante a renúncia ao regulamento de complementação de aposentadoria anterior, sendo indiferente o fato de a opção referir-se a plano de previdência privada ou a regulamento de empresa. Com esses fundamentos, a SBDI-I, em sua composição plena, conheceu dos embargos da reclamante, por divergência jurisprudencial, e, no mérito, por maioria, negou-lhes provimento, mantendo o entendimento adotado pela Turma no sentido de que a opção da empregada pelo BRTPREV/2002 implicou renúncia às regras do plano anterior. Vencidos os Ministros José Roberto Freire Pimenta, João Oreste Dalazen, Renato de Lacerda Paiva e Delaíde Miranda Arantes. TST-E-RR-140500-24.2008.5.04.0027, SBDI-I, rel. Min. Aloysio Corrêa da Veiga, 18.4.2013.

RESPONSABILIDADE CIVIL

2015

Informativo n. 124, TST — *Acidente de trabalho. Indenização por danos morais e materiais. Dono da obra. Responsabilidade solidária. Inaplicabilidade da Orientação Jurisprudencial n. 191 da SBDI-I.*

O dono da obra é responsável solidário pelos danos decorrentes de acidente de trabalho ocorrido em suas dependências, nas hipóteses em que concorreu para o infortúnio ao não impedir a prestação de serviços sem a observância das normas de higiene e segurança do trabalho. A diretriz consagrada na Orientação Jurisprudencial n. 191 da SBDI-I não se aplica ao caso, pois dirigida especificamente a obrigações trabalhistas em sentido estrito, não alcançando indenização de natureza civil. Na espécie, consignou-se que o *de cujus*, empregado da subempreiteira, contratada pela empreiteira para efetuar reparos no telhado da dona da obra, não usava cinto de segurança no momento da queda que o vitimou e nunca havia feito curso de segurança do trabalho, a revelar falha do dono da obra na fiscalização quanto à adoção de medidas de prevenção de acidentes. Sob esse entendimento, com amparo no art. 942 do CC, e atendo-se ao limite do postulado pelos embargantes, no sentido de manter a decisão do TRT, a SBDI-I, por unanimidade, conheceu dos embargos dos reclamantes, por divergência jurisprudencial e, no mérito, por maioria, deu-lhes provimento para restabelecer a decisão do Regional quanto à declaração de responsabilidade subsidiária do dono da obra. Vencido o Ministro Antonio José de Barros Levenhagen. TST-E-RR-240-03.2012.5.04.0011, SBDI-I, rel. Min. João Oreste Dalazen, 19.11.2015.

Informativo n. 120, TST — *Responsabilidade solidária. Complementação de aposentadoria. CESP — Companhia Energética de São Paulo. Cisão parcial. CTEEP — Companhia de Transmissão de Energia Elétrica Paulista. Efeitos.*

Nos termos dos arts. 229, § 1º, e 233 da Lei n. 6.404/76, havendo cisão, a prerrogativa de estabelecer as condições que nortearão a operação de transferência de patrimônio — total ou parcial —, mediante a elaboração de um protocolo, é das empresas. Quanto aos efeitos da cisão, a referida lei elege, como regra geral, a solidariedade entre a empresa cindida e aquela(s) que absorver(em) parte do seu patrimônio. Contudo, o próprio ato de cisão pode afastar tal responsabilidade solidária ao atribuir unicamente às empresas que absorverem parte do patrimônio da empresa cindida a responsabilidade pelo adimplemento das obrigações transferidas. No caso, o v. acórdão regional decidiu excluir a CESP, companhia cindida, do polo passivo da relação processual, entendendo que, operada a sucessão, mediante cisão parcial, é de total responsabilidade da sucessora, no caso a CTEEP, o pagamento das complementações de aposentadoria devidas aos empregados aposentados da sucedida. Sob esses fundamentos, a SBDI-1, por maioria, conheceu dos embargos, por divergência jurisprudencial, vencido o Ministro José Roberto Freire Pimenta, e, no mérito, ainda por maioria, deu-lhes provimento para restabelecer o acórdão regional, no que excluiu a reclamada CESP da relação processual. Vencidos os Ministros José Roberto Freire Pimenta e Augusto César Leite de Carvalho. TST-E-ED-RR-114500-77.2005.5.02.0049, SBDI-I, rel. Min. João Oreste Dalazen, 15.10.2015.

Informativo n. 119, TST — *Matéria afetada ao Tribunal Pleno. Indenização por danos morais. Acidente do trabalho. Cobradora de ônibus. Roubo com uso de arma de fogo. Responsabilidade civil objetiva do empregador. Art. 927, parágrafo único, do Código Civil.*

Incide a responsabilidade civil objetiva do empregador, levando em consideração o risco da atividade econômica, quando o empregado sofre danos, em razão da execução do contrato de emprego, nos termos do artigo 927, parágrafo único, do Código Civil. No caso, a trabalhadora levou um tiro na mão direita durante assalto ao veículo no qual trabalhava. O acidente ocorreu quando exercia a atividade de cobradora de ônibus, situação ensejadora de risco acentuado, já que circulava pelas ruas do município recolhendo importâncias em dinheiro dos passageiros em proveito do contratante. Além de configurado o exercício de atividade de risco — circunstância apta a ensejar a responsabilidade objetiva do empregador —, resultou caracterizada a culpa por omissão, decorrente da inobservância do dever geral de cautela, que incumbe a todo empregador. Sob esses fundamentos, o Tribunal Pleno, por unanimidade, conheceu dos embargos, por divergência jurisprudencial, e, no mérito, negou-lhes provimento. Ressalva parcial de fundamentação dos Ministros João Oreste Dalazen e Cláudio Mascarenhas Brandão. TST-E-RR-184900-63.2007.5.16.0015, Tribunal Pleno, rel. Lélio Bentes Corrêa, 29.9.2015.

Informativo n. 104, TST — *Danos morais e materiais. Acidente de trânsito. Coleta de lixo urbano. Retorno do aterro sanitário. Morte do empregado. Responsabilidade objetiva. Atividade de risco. Art. 927, parágrafo único, do CC. Incidência.*

É objetiva a responsabilidade do empregador pela morte de ex-empregado, coletor de lixo urbano, durante acidente de trânsito ocorrido quando retornava, no interior do caminhão, de aterro sanitário. No caso concreto, ressaltou-se que a atividade de coleta de lixo, especialmente quando envolve deslocamento em vias públicas, expõe o empregado a maiores riscos, incidindo, portanto, o art. 927, parágrafo único, do CC. Com esse fundamento, a SBDI-I, por unanimidade, conheceu dos embargos interpostos pela reclamada, por divergência jurisprudencial e, no mérito, negou-lhes provimento, mantendo, portanto, a decisão turmária que restabelecera a sentença ao fundamento de que o acidente do trabalho fatal ocorreu em transporte fornecido pela empregadora, ao final do trabalho em aterro sanitário, o que enseja a responsabilidade civil objetiva em decorrência dos riscos assumidos na condição de transportadora, na forma dos arts. 734, 735 e 927, parágrafo único, do CC. TST-E-RR-958-81.2011.5.03.0069, SBDI-I, rel. Min. Márcio Eurico Vitral Amaro, 16.4.2015.

2014

Informativo n. 95, TST — *Acidente de trabalho. Falecimento do empregado. Responsabilidade subjetiva do empregador. Indenização por danos morais. Compensação com o valor recebido pela família do de cujus a título de seguro de vida. Impossibilidade.*

É inadmissível a compensação da indenização por danos morais arbitrada judicialmente, em razão do falecimento do empregado, com o valor recebido pela família do *de cujus* a título de seguro de vida contratado pela empregadora. Na hipótese vertente, diante da responsabilização subjetiva da reclamada pelo acidente de trabalho que vitimou o trabalhador, entendeu-se que o valor recebido em face do seguro contratado pela empresa não possui a mesma natureza jurídica da indenização por danos morais, porquanto esta, além da função compensatória, possui caráter punitivo e dissuasório, o que desautoriza a compensação pretendida. Com esse entendimento, a SBDI-I, por maioria, conheceu dos embargos interpostos pela reclamada, por divergência jurisprudencial, e, no mérito, negou-lhes provimento, mantendo incólume a decisão do Regional que indeferiu a compensação do valor referente ao seguro de vida com a indenização deferida a título de danos morais. Vencido o Ministro Ives Gandra Martins Filho. TST-E-RR-285-53.2010.5.18.0054, SBDI-I, rel. Min. Renato de Lacerda Paiva, 13.11.2014.

Informativo n. 72, TST — *Perda parcial da capacidade laborativa. Possibilidade de pleno res-* *tabelecimento. Pensão vitalícia. Devida. Fim do pagamento condicionado à recuperação integral do trabalhador. Relação de natureza continuativa. Art. 471, I, do CPC. Incidência.*

Havendo perda parcial da capacidade produtiva, ainda que haja possibilidade de pleno restabelecimento do empregado mediante a submissão ao tratamento adequado, é devido o pagamento de pensão mensal de caráter vitalício. Todavia, caso sobrevenha fato superveniente — recuperação integral do trabalhador para o ofício para o qual se inabilitou —, a ser retratado nos próprios autos em que houve a condenação, terá fim o pagamento da pensão, nos termos do art. 471, I, do CPC. Ressalte-se que a utilização da expressão "pensão vitalícia" visa afastar dúvidas quanto a eventuais limites ao pagamento (idade de aposentadoria, tabelas de mortalidade do IBGE, etc.), mas não exclui a possibilidade de cessação do benefício, uma vez findada a sua causa, pois se trata de relação de natureza continuativa. Com esses fundamentos, a SBDI-I, por maioria, conheceu dos embargos da reclamante, por divergência jurisprudencial, vencidos os Ministros Aloysio Corrêa da Veiga e Alexandre Agra Belmonte. No mérito, ainda por maioria, a Subseção negou provimento ao recurso, vencidos os Ministros Brito Pereira, relator, e Augusto César Leite de Carvalho. TST-E-ED-ED-ED-RR-33640-85.2006.5.02.0039, SBDI-I, rel. Min. Brito Pereira, red. p/ acórdão Min. Luiz Philippe Vieira de Mello Filho, 13.2.2014.

2013

Informativo n. 55, TST — *Contrato de empreitada. Fornecimento de mão-de-obra especializada em montagem e manutenção industrial para a construção de um pátio de madeiras. Obra certa. Construção civil. Aplicação da Orientação Jurisprudencial n. 191 da SBDI-I. Responsabilidade da dona da obra. Não configuração.*

Na hipótese em que firmado contrato para empreitada, tendo como objeto o fornecimento de mão-de-obra especializada em montagem e manutenção industrial no canteiro de obras da Klabin S.A. para a construção de um pátio de madeiras, a SBDI-I, por maioria, conheceu dos embargos da empresa por má aplicação da Orientação Jurisprudencial n. 191 da SBDI-I e, no mérito, deu-lhes provimento para afastar a responsabilidade da reclamada pelos débitos trabalhistas, excluindo-a do polo passivo da ação. Prevaleceu o entendimento de que o contrato envolve construção civil, não havendo falar em inaplicabilidade da Orientação Jurisprudencial n. 191 da SBDI-I, pois não se trata de terceirização de serviços, mas de empreitada para obra certa, a afastar, portanto, a responsabilidade da dona da obra. Vencidos os Ministros José Roberto Freire Pimenta, Lelio Bentes Corrêa, Augusto César Leite de Carvalho e Delaíde Miranda Arantes. TST-E-ED-RR-23300-59.2009.5.04.0221, SBDI-I, rel. Min. Aloysio Côrrea da Veiga, 15.8.2013.

Informativo n. 50, TST — *Acidente de trabalho. Vigilante. Condução de motocicleta em rodovia estadual. Atividade de risco. Responsabilidade civil objetiva do empregador. Art. 927, parágrafo único, do CC.*

Nos termos do art. 927, parágrafo único, do CC, aplica-se a responsabilidade civil objetiva ao empregador no caso em que houve morte do trabalhador que, no exercício de suas atribuições de vigilante, sofreu acidente de trânsito na condução de motocicleta da empresa em rodovia estadual, durante trajeto à residência de cliente para verificação de disparo de alarme. Trata-se de atividade de risco, pois os condutores de motocicleta, notoriamente, estão sujeitos a mais acidentes de trânsito e de piores consequências em comparação aos que utilizam outros tipos de veículos, de modo que o empregador, ainda que não haja provocado diretamente o acidente, figurou como autor mediato do dano sofrido pelo trabalhador falecido. Com esse entendimento, a SBDI-I, por unanimidade, conheceu dos embargos da reclamada, por divergência jurisprudencial, e, no mérito, negou-lhes provimento. TST-E-ED-RR-324985-09.2009.5.12.0026, SBDI-I, rel. Min. João Oreste Dalazen, 6.6.2013.

Informativo n. 47, TST — *Dono da obra. Pessoa física. Construção de imóveis para locação. Responsabilidade subsidiária. Não configuração. Lei n. 4.591/64.*

Nos termos da Lei n. 4.591/64, a construção de imóveis para locação não se enquadra no conceito de incorporação imobiliária a autorizar o reconhecimento da responsabilidade subsidiária da dona da obra, pessoa física, com base na parte final da Orientação Jurisprudencial n. 191 da SBDI-I. Assim, a referida Subseção, por maioria, conheceu dos embargos, por contrariedade ao mencionado verbete jurisprudencial, e, no mérito, deu-lhes provimento para julgar improcedentes os pedidos formulados em relação à reclamada Ilma Cortina Ramos. Vencido o Ministro José Roberto Freire Pimenta. TST-E-RR-214700-44.2008.5.12.0038, SBDI-I, rel. Min. Alberto Luiz Bresciani de Fontan Pereira, 16.5.2013.

Informativo n. 46, TST — *Acidente de trabalho. Trabalhador avulso. Estivador. Responsabilidade civil subjetiva do operador portuário. Configuração. Dever de zelar pelo meio ambiente de trabalho seguro.*

A SBDI-I entendeu haver responsabilidade civil subjetiva da operadora portuária pelo acidente de trabalho que causou amputação parcial da falange distal do dedo indicador direito de trabalhador avulso durante a estivagem para embarque de arroz, uma vez que, no caso, a reclamada omitiu-se em observar o dever de zelar pelo meio ambiente de trabalho seguro a que se refere o art. 157, da CLT. Com esse entendimento, a Subseção, por unanimidade, conheceu dos embargos, por divergência jurisprudencial, e, no mérito, negou-lhes provimento. Vencidos os Ministros Brito Pereira, relator, João Oreste Dalazen, Renato de Lacerda Paiva e Dora Maria da Costa, que davam provimento aos embargos para, afastando a responsabilidade objetiva assentada pela decisão exame do pedido, sob o enfoque da eventual caracterização de responsabilidade subjetiva da reclamada. Ressalvaram a fundamentação os Ministros Augusto César Leite de Carvalho, Alexandre Agra Belmonte e Delaíde Miranda Arantes, que negavam provimento ao recurso por entender configurada a responsabilidade civil objetiva, e os Ministros José Roberto Freire Pimenta e Luiz Philippe Vieira de Mello Filho, que, na hipótese, vislumbravam a presença tanto da responsabilidade subjetiva, quanto da objetiva. TST-E-RR-99300-59.2007.5.17.0011, SBDI-I, rel. Min. Brito Pereira, red. p/ acórdão Min. Aloysio Corrêa da Veiga, 9.5.2013.

Informativo n. 34, TST — *Acidente do trabalho ocorrido na vigência do Código Civil de 1916. Responsabilidade objetiva prevista no art. 927, parágrafo único, do Código Civil de 2002. Aplicação.*

A teoria da responsabilidade objetiva, consagrada no art. 927, parágrafo único, do Código Civil de 2002, aplica-se aos casos em que o acidente do trabalho, fato gerador do falecimento do empregado durante o desempenho de atividade de risco em rede elétrica, ocorreu na vigência do Código Civil de 1916. Mesmo antes da nova codificação civilista, o ordenamento jurídico brasileiro já contemplava a responsabilidade objetiva, seja por leis esparsas, a exemplo do Decreto n. 2.881/1912, da Lei n. 8.123/91 e do Código de Defesa do Consumidor (Lei n. 8.078/90), seja por meio da jurisprudência, conforme revela a Súmula n. 341 do STF, segundo a qual "é presumida a culpa do patrão ou comitente pelo ato culposo do empregado ou preposto". Ademais, o próprio art. 2º da CLT sempre autorizou a aplicação da culpa presumida no âmbito do Direito do Trabalho, ao estabelecer que recai sobre o empregador os riscos da atividade econômica. Assim, não se pode dizer que o Código Civil de 2002 trouxe uma absoluta inovação legislativa, a impedir a sua aplicação retroativa, mas apenas condensou entendimento jurisprudencial e doutrinário há muito consagrado sobre a teoria do risco. Com esse entendimento, a SBDI-I, em sua composição plena, conheceu, por maioria, dos embargos, por divergência jurisprudencial, e, no mérito, também por maioria, negou-lhes provimento. Vencidos, no conhecimento, os Ministros Horácio Raymundo de Senna Pires e Aloysio Corrêa da Veiga, e, no mérito, os Ministros Brito Pereira, relator, Antônio José de Barros Levenhagen, Ives Gandra Martins Filho, Maria Cristina Irigoyen Peduzzi e Renato de Lacerda Paiva, os quais entendiam que a aplicação retroativa do parágrafo único do art. 927 do CC é vedada com base nos arts. 6º da LICC e 5º, XXXVI, da CF. TST-E-ED-RR-40400-84.2005.5.15.0116, SBDI-I, rel. Min. Brito Pereira, red. p/ acórdão Min. Augusto César Leite de Carvalho, 13.12.2012.

Informativo n. 32, TST — *Acidente do trabalho. Responsabilidade civil objetiva. Configuração. Motociclista. Atividade de risco.*

A SBDI-I, por unanimidade, conheceu dos embargos, por divergência jurisprudencial, e, no mérito, por maioria, negou-lhes provimento, mantendo a decisão da 8ª Turma, que reconhecera a responsabilidade objetiva da empregadora, intermediadora de mão de obra junto a concessionária de energia elétrica, no caso em que o trabalhador, no desempenho da função de oficial eletricista, foi vítima de acidente do trabalho no trânsito, sofrendo amputação da perna direita, decorrente da colisão entre sua motocicleta e outro automóvel. Na espécie, além de o infortúnio ter ocorrido durante o expediente, restou consignado que o veículo de propriedade da vítima era utilizado para a prestação dos serviços de corte e religação de energia elétrica em unidades consumidoras de baixa tensão, em virtude do contrato de locação firmado com a empregadora, restando demonstrado, portanto, o nexo de causalidade entre o dano sofrido e o trabalho realizado. Ademais, a condução de motocicleta configura-se atividade de risco, na medida em que os condutores desse tipo de veículo estão mais sujeitos a acidentes, com consequências mais nocivas, distanciando-se, portanto, das condições dos demais motoristas. Noutro giro, ainda que o risco, a que se refere parágrafo único do art. 927 do Código Civil, esteja relacionado à natureza da "atividade normalmente desenvolvida pelo autor do dano", a interpretação teleológica do referido dispositivo, aliada à concepção histórica da responsabilidade objetiva, permitiria concluir que o conceito de atividade de risco deve advir do ofício concretamente desempenhado pelo trabalhador, e da exposição acima dos níveis considerados normais a que submetido, ainda que o empreendimento não contenha, por si só, elementos de risco. Finalmente, não há falar em inaplicabilidade do art. 927, parágrafo único, do CC aos casos anteriores à entrada em vigor do Código Civil, pois a teoria do risco em atividade perigosa não foi inaugurada com a nova codificação civilista, mas, ao contrário, é fruto da interpretação sistêmica do arcabouço histórico, legal e doutrinário sobre o tema. Vencidos os Ministros Ives Gandra Martins Filho, relator, e Brito Pereira. TST-E-ED-RR-81100-64.2005.5.04.0551, SBDI-I, rel. Min. Ives Gandra Martins Filho, red. p/ acórdão Min. João Oreste Dalazen. 29.11.2012.

Informativo n. 31, TST — *Dono da obra. Acidente de trabalho. Indenização por danos morais, materiais e estéticos. Pretensão de natureza civil. Orientação Jurisprudencial n. 191 da SBDI-I. Não incidência. Envolvimento na execução dos serviços. Omissão em relação à segurança do ambiente laboral. Culpa comprovada. Responsabilidade solidária.*

A aplicação da Orientação Jurisprudencial n. 191 da SBDI-I tem sua abrangência restrita às obrigações trabalhistas, não alcançando pleitos de indenização por danos morais, estéticos e materiais decorrentes de acidente de trabalho, na medida em que apresentam natureza civil, oriundos de culpa por ato ilícito (arts. 186 e 927, "caput", do Código Civil), não constituindo, portanto, verba trabalhista "stricto sensu". Ainda que assim não fosse, o quadro fático delineado nos autos revelou o envolvimento do dono da obra na execução dos serviços contratados e no desenvolvimento das atividades do reclamante, bem como a culpa pelo acidente que vitimou o trabalhador, ante a comprovada omissão em relação à segurança do ambiente laboral, atraindo, assim, a responsabilidade solidária pelo pagamento das indenizações pleiteadas. Com esse entendimento, a SBDI-I, por maioria, não conheceu dos embargos no tópico. Vencidos os Ministros Ives Gandra Martins Filho, Brito Pereira, Maria Cristina Irigoyen Peduzzi e João Oreste Dalazen. TST-E-RR-9950500-45.2005.5.09.0872, SBDI-I, rel. Min. Augusto César Leite de Carvalho, 22.11.2012.

Informativo n. 27, TST — *Acidente do trabalho. Morte do empregado. Indenização por danos morais e materiais. Ambiente de trabalho. Negligência. Responsabilidade do empregador.*

Havendo negligência do empregador com o ambiente de trabalho e a segurança do trabalhador, não se pode retirar a responsabilidade da empresa, ainda que comprovada a culpa concorrente da vítima. Na hipótese, o empregado rural, que exercia a atividade de "bituqueiro", ou seja, recolhia a cana-de-açúcar que a máquina deixava de colocar no caminhão, foi atropelado por veículo da empresa que fazia manobra, enquanto descansava, de madrugada, sobre a cana cortada, vindo a falecer. Não obstante o quadro fático delineado nos autos revelar que houve o fornecimento dos equipamentos de segurança ao trabalhador acidentado, e que as reclamadas ministravam treinamento a todos os contratados e os alertavam a não dormir na lavoura, ressaltou-se não ser viável, no caso, atribuir culpa exclusiva à vítima. Se a atividade demanda descanso, cabe ao empregador atribuir local seguro para o momento de pausa, adotando critérios de prudência e vigilância, a fim de evitar o dano, ainda que potencial, especialmente quando o trabalho é prestado em ambiente adverso, de difícil acesso e de baixa visibilidade, a exemplo da lavoura de cana-de-açúcar. Com esse entendimento, a SBDI-I, por maioria, vencido o Ministro Renato de Lacerda Paiva, conheceu dos embargos, por divergência jurisprudencial, e, no mérito, ainda por maioria, negou-lhes provimento, mantendo a decisão turmária, que conheceu do recurso de revista por violação do art. 927 do CC, e, no mérito, deu-lhe parcial provimento para condenar as rés, solidariamente, ao pagamento de indenização pelo dano moral e de pensão mensal, a título de dano material. Vencidos os Ministros Ives Gandra Martins Filho, Brito Pereira e Maria Cristina Irigoyen Peduzzi. Ressalvou fundamentação o Ministro Renato de Lacerda Paiva, porquanto entendia presente a culpa "in eligendo" e "in vigilando", mas não reconhecia a responsabilidade objetiva. TST-E--ED-RR-470-43.2010.5.15.0000, SBDI-I, rel. Min. Aloysio Côrrea da Veiga, 25.10.2012.

Informativo n. 1, TST — *Responsabilidade civil objetiva. Configuração. Técnico em informática. Condução de veículo em rodovias intermunicipais. Óbito. Culpa exclusiva de terceiro. Teoria do risco da atividade econômica. Ação de regresso.*

A SBDI-I, por maioria, negou provimento aos embargos, mantendo a decisão da 8ª Turma, que reconhecera a responsabilidade objetiva da empregadora no caso em que o trabalhador, técnico em informática, cuja atividade envolvia a condução de veículo em rodovias intermunicipais, veio a falecer em decorrência de acidente automobilístico causado por culpa exclusiva de terceiro. Na espécie, asseverou o relator que as más condições nas rodovias brasileiras são fato notório, razão pela qual o perigo ocasionado ao reclamante permite classificar o trabalho por ele exercido como atividade de risco. Assim, ainda que ausente culpa do empregador, a teoria do risco da atividade econômica atrai a responsabilidade da empresa pelos danos gerados, facultando-lhe, tão somente, o ajuizamento de ação de regresso contra aquele que efetivamente provocou o dano objeto de reparação. Vencidos os Ministros Ives Gandra, Brito Pereira e Renato de Lacerda Paiva. TST--E-RR-1299000-69.2008.5.09.0016, SBDI-I, rel. Min. Aloysio Côrrea da Veiga, 16.2.2012.

SOBREAVISO

2014

Informativo n. 86, TST — *Regime de sobreaviso e prontidão. Art. 244, §§ 2º e 3º, da CLT. Horas excedentes ao limite máximo estabelecido em lei. Pagamento como horas extraordinárias. Impossibilidade. Ausência de previsão.*

Não há previsão legal para o pagamento, como extraordinárias, das horas de sobreaviso e de prontidão que excedam os limites previstos no art. 244, §§ 2º e 3º, da CLT, de modo que, havendo o descumprimento da duração máxima estabelecida em lei, o empregador se sujeita tão somente a sanções administrativas, na forma do art. 626 e seguintes da CLT. Com esse entendimento, a SBDI-I, em sua composição plena, decidiu, por unanimidade, conhecer dos embargos interpostos pelo reclamante e, no mérito, pelo voto prevalente da Presidência, negar-lhes provimento. Vencidos os Ministros Augusto César Leite de Carvalho, relator, Lelio Bentes Corrêa, Luiz Philippe Vieira de Mello Filho, Márcio Eurico Vitral Amaro, José Roberto Freira Pimenta, Hugo Carlos Scheuermann e Alexandre Agra Belmonte, que proviam os embargos para restabelecer o acórdão do Regional ao fundamento de que a extrapolação da jornada máxima das escalas de sobreaviso e de prontidão deve ser remunerada como serviço extraordinário, incidindo o respectivo adicional, porquanto o empregado, ainda que esteja apenas aguardando ordens, mantém a sua energia de trabalho à disposição do empregador. TST-E-ED-RR-172440-31.2004.5.18.0003, SBDI-I, rel. Min. Augusto César Leite de Carvalho, red. p/ acórdão Min. Maria Cristina Irigoyen Peduzzi, 21.8.2014.

2012

Informativo n. 19, TST — *Regime de sobreaviso. Caracterização. Uso do aparelho celular. Submissão à escala de atendimento.*

Na hipótese em que o acórdão turmário, ao transcrever a decisão do Regional, consigna que, no caso, restou caracterizado o regime de sobreaviso, em razão não apenas da utilização do uso do aparelho celular, mas pela constatação de que o empregado permanecia efetivamente à disposição do empregador fora do horário normal de trabalho, pela submissão à escala de atendimento, a SBDI-I, por maioria, não conheceu do recurso de embargos, não vislumbrando contrariedade à Súmula n. 428 do TST, vencido o Ministro Ives Gandra Martins Filho, relator. *In casu*, ressaltou-se também o fato de ter havido confissão do preposto quanto ao estabelecimento do regime de sobreaviso e ao pagamento das horas, ainda que a menor, conforme apurado pelas provas trazidas aos autos. TST-E-ED-RR-3843800-92.2009.5.09.0651, SBDI-I, rel. Min. Ives Gandra Martins Filho, red. p/ acórdão Min. José Roberto Freire Pimenta, 23.8.2012.

TERCEIRIZAÇÃO

2016

Informativo n. 148, TST — *Atividade-fim bancária. Terceirização ilícita. Intermediação fraudulenta de mão de obra mediante cooperativa. Dano moral coletivo. Configuração.*

A terceirização de mão de obra na atividade-fim bancária configura conduta ilícita de relevante repercussão social, que extrapola a esfera subjetiva dos trabalhadores prejudicados e atinge o patrimônio moral de toda a coletividade, mediante inadmissível lesão à ordem jurídica, razão pela qual enseja o pagamento de dano moral coletivo. No caso concreto, o Ministério Público do Trabalho ajuizou ação civil pública em face de instituição financeira tomadora de serviços, de empresa prestadora e de cooperativa fornecedora de mão de obra, postulando indenização por dano moral coletivo decorrente de terceirização ilícita da atividade-fim bancária. De acordo com o acórdão do Regional, os trabalhadores vinculados à cooperativa prestavam serviços relacionados à atividade-fim da instituição bancária, de financiamento e concessão de crédito, tais como "serviços de verificação de cadastro e restrições no SERASA e SPC". Assim, ficou evidenciada a intermediação fraudulenta de mão de obra, em flagrante desvirtuamento do instituto do cooperativismo. Sob esse entendimento, e aplicando à espécie as mesmas razões que ditaram os fundamentos do julgamento do processo TST--E-ED-RR-117400-47.2005.5.14.0001, a SBDI-I, por unanimidade, conheceu dos embargos do MPT, por divergência jurisprudencial e, no mérito, deu-lhes provimento para restabelecer o acórdão prolatado pela Corte de origem no tocante à condenação solidária das reclamadas ao pagamento de indenização por dano moral coletivo, a ser revertida ao Fundo de Amparo ao Trabalhador (FAT). TST-E-E-D-RR-9891741-95.2005.5.09.0029, SBDI-I, rel. Min. João Oreste Dalazen, 20.10.2016.

Informativo n. 138, TST — *Terceirização ilícita. Atividade-fim. Ente público. Créditos trabalhistas. Responsabilidade solidária.*

Na hipótese em que a terceirização é manifestamente ilícita, porque realizada na atividade fim do ente público tomador dos serviços, há fraude contra a legislação do trabalho. Assim, nos termos dos arts. 927 e 942 do Código Civil, há responsabilidade solidária do tomador dos serviços pelos créditos devidos ao trabalhador. Sob esse fundamento, a SBDI-I, por unanimidade, conheceu dos embargos, por divergência jurisprudencial, e, no mérito, por maioria, negou-lhes provimento. Vencidos os Ministros Aloysio Corrêa da Veiga, relator, e Brito Pereira. TST-E-RR-79000-86.2009.5.03.0111, SBDI-I, rel. Min. Aloysio Corrêa da Veiga, red. p/ acórdão Min. José Roberto Freire Pimenta, 2.6.2016.

Informativo n. 134, TST — *Caixa Econômica Federal. Multa administrativa. Descumprimento do art. 41 da CLT. Ausência de registro de empregados. Terceirização ilícita. Validade do auto de infração.*

É válido o auto de infração e a multa administrativa aplicada por auditor fiscal do trabalho à Caixa Econômica Federal (CEF) que, não obstante tenha firmado contrato com empresa para a prestação de serviços, manteve vinte e nove empregados terceirizados executando atividades tipicamente bancárias sem o devido registro em livro, ficha ou sistema eletrônico. O art. 41 da CLT visa impedir a existência de empregados sem registro nos quadros da empresa, independentemente da forma de admissão. Assim, ainda que no caso concreto seja impossível a declaração do vínculo de emprego com a CEF, ante o disposto no art. 37, II, da CF, a multa é devida, pois a manutenção de trabalhador terceirizado na atividade-fim sem o mencionado registro revela intuito fraudatório de norma de proteção ao trabalho. Sob esses fundamentos, a SBDI-I, por unanimidade conheceu do recurso de embargos da CEF, por divergência jurisprudencial, e, no mérito, por maioria, negou-lhe provimento. Vencidos os Ministros Renato de Lacerda Paiva, Ives Gandra da Silva Martins Filho, Brito Pereira, Aloysio Corrêa da Veiga, Guilherme Augusto Caputo Bastos e Márcio Eurico Vitral Amaro. TST-E-RR-28500-48.2006.5.14.0003, SBDI-I, rel. Min. Cláudio Mascarenhas Brandão, 28.4.2016. (Em sentido contrário, ver Informativo TST n. 97.)

2015

Informativo n. 126, TST — *Terceirização ilícita. Vínculo empregatício reconhecido com a empresa tomadora de serviços. Isonomia salarial. Indeferimento. Ato discriminatório. Configuração.*

Configura ato discriminatório, vedado pelo inciso XXXII do art. 7º da CF, o indeferimento da pretensão de diferenças salariais entre o valor pago pela prestadora de serviços e o praticado pela empresa tomadora, em relação aos empregados contratados diretamente por ela para o exercício das mesmas funções, sobretudo no caso em que houve o reconhecimento de vínculo empregatício com a tomadora, em razão de ilicitude no contrato de terceirização. Se da Orientação Jurisprudencial n. 383 da SBDI-I é possível extrair a necessidade de tratamento isonômico entre empregados terceirizados e os integrantes do quadro próprio da tomadora de serviços que tenham as mesmas atribuições, por razão maior devem ser garantidos os mesmos salários e vantagens no caso de reconhecimento de vínculo direto com essa empresa. Sob esses fundamentos, a SBDI-I, por unanimidade, conheceu do recurso de embargos, por divergência jurisprudencial, e, no mérito, por maioria, deu-lhe provimento para condenar a tomadora de serviços ao pagamento das diferenças salariais pleiteadas, com os reflexos previstos em lei, conforme se apurar em liquidação de SBDI-I, rel. Min. Lelio Bentes Corrêa, 10.12.2015.

2014

Informativo n. 97, TST — *Multa administrativa. Descumprimento do art. 41 da CLT. Falta de registro de empregados. Terceirização ilícita. Empresa tomadora integrante da administração pública indireta. Invalidade do auto de infração.*

É inválida a lavratura de auto de infração pelo descumprimento do disposto no art. 41 da CLT por parte de sociedade de economia mista, tomadora dos serviços, que não mantinha o registro dos empregados contratados por intermédio de empresa interposta, ainda que reconhecida a ilicitude da terceirização. Na hipótese, não se pode exigir o cumprimento do art. 41 da CLT, pois o art. 37, II, da CF proíbe, expressamente, o reconhecimento de vínculo de emprego com entes da administração pública direta e indireta sem a prévia aprovação em concurso público. Assim sendo, conclui-se que a multa administrativa aplicada pelo auditor-fiscal do trabalho com base na não observância do art. 41 da CLT pressupõe a possibilidade de livre contratação de empregados pela empresa autuada, o que não ocorre no caso concreto em razão da natureza jurídica ostentada pela reclamada, sociedade de economia mista. Com esse entendimento, a SBDI-I, por unanimidade, conheceu dos embargos interpostos pela tomadora dos serviços, por divergência jurisprudencial, e, no mérito, por maioria, deu-lhes provimento para julgar procedente o pedido constante da ação anulatória e, por conseguinte, declarar nulo o auto de infração lavrado em face da ora embargante, bem como as multas administrativas decorrentes. Vencidos os Ministros Luiz Philippe Vieira de Mello Filho, Lelio Bentes Corrêa, Augusto César Leite de Carvalho, José Roberto Freire Pimenta e Hugo Carlos Scheuermann. TST-E-ED-RR-113600-56.2008.5.18.0013, SBDI-I, rel. Min. Guilherme Augusto Caputo Bastos 11.12.2014.

Informativo n. 96, TST — *Terceirização. Piso salarial previsto em norma coletiva firmada com empresa tomadora de serviços. Aplicação ao empregado terceirizado que labora na atividade-fim. Incidência analógica da Orientação Jurisprudencial n. 383 da SBDI-I.*

Aplica-se o piso salarial previsto em norma coletiva firmada com empresa tomadora de serviços ao empregado terceirizado que labora em sua atividade-fim, ainda que não tenha havido pedido de reconhecimento de vínculo de emprego ou a comprovação do exercício de mesmas funções pelos seus empregados. Na hipótese, o sindicato profissional celebrou acordo coletivo tanto com a empresa tomadora, quanto com a prestadora dos serviços, tendo fixado pisos salariais diferentes. Assim, fundado o pedido no compartilhamento do mesmo enquadramento sindical, porque inserida a atividade terceirizada na finalidade da empresa tomadora, mostra-se discriminatória a adoção de pisos salariais distintos, a atrair, portanto, a aplicação analógica da Orientação Jurisprudencial n. 383 da SBDI-I, que garante aos terceirizados as mesmas verbas trabalhistas legais e normativas asseguradas aos empregados do tomador dos serviços. Nesse contexto, a SBDI-I decidiu, à unanimidade, conhecer dos embargos interpostos pela empresa prestadora dos serviços e negar-lhes provimento. TST-E-ED-RR-201000-88.2009.5.12.0030, SBDI-I, rel. Min. Alexandre de Souza Agra Belmonte, 20.11.2014

Informativo n. 86, TST — *Terceirização. Atendente de* telemarketing. *Reconhecimento de vínculo empregatício diretamente com a empresa de telecomunicações tomadora dos serviços. Empresa prestadora de serviços. Interesse jurídico para recorrer. Configuração.*

A empresa prestadora de serviços tem interesse jurídico para recorrer na hipótese em que, não obstante a decisão recorrida tenha reconhecido o vínculo empregatício diretamente com a empresa tomadora de serviços, o objeto do recurso é a licitude do contrato celebrado e a condição de prestadora de serviço, ou seja, a própria validade da relação jurídica, em face do enquadramento dos serviços prestados como atividade meio. Com esse entendimento, a SBDI-I, por unanimidade, conheceu dos embargos, por divergência jurisprudencial e, no mérito, por maioria negou-lhes provimento, mantendo a decisão turmária que entendera ter havido terceirização ilícita de mão de obra, na medida em que a atividade desenvolvida pela reclamante, atendente de *telemarketing*, se insere na atividade fim da empresa de telecomunicações tomadora dos serviços. Vencido o Ministro João Oreste Dalazen, quanto à preliminar de legitimidade de interesse da empresa embargante em recorrer, e o Ministro Ives Gandra Martins Filho, que dava provimento aos embargos. TST-E-RR-121-95.2011.5.06.0019, SBDI-I, rel. Min. Luiz Philippe Vieira de Mello Filho, 7.8.2014.

Informativo n. 76, TST — *Empresa de telefonia. Terceirização ilícita. Atividade de* call center. *Reconhecimento de vínculo empregatício com a tomadora. Aplicação dos benefícios previstos nas normas coletivas celebradas pela real empregadora. Princípio da isonomia.*

Na hipótese em que reconhecido judicialmente o vínculo de emprego entre a reclamante e a tomadora de serviços, uma vez configurada a ilicitude da terceirização realizada em atividade-fim da empresa de telefonia, no caso, *call center*, impõe-se a aplicação dos benefícios estabelecidos nas normas coletivas celebradas pela real empregadora, sob pena de ofensa ao princípio da isonomia. Nesse sentido, o fato de a reclamante cumprir carga horária de 36 horas por semana e a cláusula do acordo coletivo, ao assegurar o pagamento do auxílio-alimentação a todos os empregados da tomadora, fazer menção às jornadas de 40 e 44 horas semanais não pode ser tido como óbice ao pagamento do benefício. Tal referência objetivou apenas diferenciar os valores devidos aos empregados, sem, contudo, instituir limites à percepção do referido auxílio, o qual, no caso em tela, deverá ser pago observando-se a proporcionalidade entre a carga horária efetivamente trabalhada e o valor nominal individual previsto para os empregados da tomadora dos serviços na norma coletiva. Com esse entendimento, a SBDI-I, por unanimidade, conheceu dos embargos interpostos pela reclamada, por divergência jurisprudencial, e, no mérito, por maioria, negou-lhes provimento. Vencido o Ministro Renato de Lacerda Paiva. TST-E-ED-RR-1936-41.2011.5.03.0107, SBDI-I, rel. Min. João Oreste Dalazen, 20.3.2014.

2013

Informativo n. 70, TST — *Ação Civil Pública. Contratação de motociclistas para transporte de mercadorias por meio de cooperativa. Presença dos elementos caracterizadores do vínculo de emprego. Terceirização ilícita. Condenação de não fazer. Proporcionalidade.*

A SBDI-I considerou desproporcional a determinação de que empresa se abstenha de contratar serviço de entregas domiciliares, mediante empresa interposta, quando a declaração de ilicitude da terceirização tem por fundamento a constatação de fraude na contratação de empregados por intermédio de cooperativa. Ressaltou-se que, no caso, a ilicitude da terceirização não estava relacionada diretamente com a atividade de transporte de mercadorias, a qual não se confunde com a atividade-fim da empresa, que é a comercialização e manipulação de produtos farmacêuticos, mas com a presença dos elementos caracterizadores do vínculo de emprego. Com esse entendimento, a Subseção, por unanimidade, conheceu do recurso de embargos, por divergência jurisprudencial e, no mérito, deu-lhes provimento parcial para restringir a condenação de não fazer atribuída à ré à determinação de se abster da prática do procedimento fraudatório evidenciado nos autos, sob pena de multa diária no valor duzentos reais, a contar do trânsito em julgado da decisão, a ser convertida em favor do Fundo de Amparo ao Trabalhador. TST-E-ED-RR-152800-16.2001.5.03.0019, SBDI-I, rel. Min. Aloysio Corrêa da Veiga, 12.12.2013.

Informativo n. 65, TST — *Transporte ferroviário. Manutenção de vagões e locomotivas. Atividade-fim. Impossibilidade de terceirização. Intermediação ilícita de mão de obra. Reconhecimento de vínculo de emprego direto com o tomador do serviço. Interpretação sistemática dos arts. 25 da Lei n. 8.987/95 e 94, II, da Lei n. 9.472/97.*

A manutenção de vagões e locomotivas é atividade-fim das empresas concessionárias de transporte ferroviário, razão pela qual a terceirização desse serviço caracteriza intermediação ilegal da mão de obra, acarretando vínculo empregatício direto com o tomador do serviço. Ademais, a interpretação sistemática dos arts. 25 da Lei n. 8.987/95 e 94, II, da Lei n. 9.472/97 não permite concluir que o legislador conferiu às concessionárias de serviço público a possibilidade de terceirizar suas atividades de forma ampla e irrestrita. Com esses fundamentos, e reiterando a jurisprudência firmada na Corte, a SBDI-I, por unanimidade, conheceu do recurso de embargos da reclamada, por divergência jurisprudencial, e, no mérito, por maioria, negou-lhe provimento, vencido o Ministro Brito Pereira. Ressalvaram entendimento os Ministros Aloysio Corrêa da Veiga, relator, e Dora Maria da Costa. TST-E--ED-ED-RR-3500-75.2008.5.03.0005, SBDI-I, rel. Min. Aloysio Corrêa da Veiga, 7.11.2013.

Informativo n. 63, TST — *Auditor-fiscal do trabalho. Autuação de empresa por falta de registro dos empregados. Terceirização ilícita. Exercício do poder de polícia. Imposição de multa administrativa. Possibilidade. Invasão da competência da Justiça do Trabalho. Não configuração.*

A SBDI-I, por unanimidade, conheceu dos embargos da reclamada e, no mérito, negou--lhes provimento, mantendo a decisão do TRT que, ao indeferir o pleito de invalidação de auto de infração, entendera não ter havido invasão da competência da Justiça do Trabalho. Na hipótese o auditor-fiscal do trabalho aplicou multa em razão de ter constatado a existência de mais de cinco mil trabalhadores em situação irregular, uma vez que houve terceirização de atividade-fim, e que os empregados contratados para atividades-meio trabalhavam com pessoalidade e subordinação, de modo a caracterizar mera transferência do ônus da contratação de mão de obra. Prevaleceu o entendimento de que a fiscalização de competência do auditor-fiscal, no exercício do seu poder de polícia, demanda a verificação do descumprimento de obrigações legais, sendo seu dever, sob pena de responsabilidade administrativa, efetuar autuação por falta de registro dos trabalhadores, independente dos motivos que impediram a formalização dos contratos, e sem que isso implique em reconhecimento do vínculo de emprego. Destacou-se, ademais, que entendimento em sentido contrário reduziria o campo de atuação e o propósito da atividade fiscalizatória, que é fazer cumprir as normas de proteção ao trabalho, e que a autuação levada a cabo pelo auditor-fiscal não impede o acesso ao Judiciário para eventual discussão acerca da efetiva existência de relação de emprego. TST-E-ED-RR-32900-51.2005.5.03.0002, SBDI-I, rel. Min. Aloysio Corrêa da Veiga, 17.10.2013.

Informativo n. 54, TST — *Empresa concessionária de energia elétrica. Agente de cobrança, leiturista e eletricista. Terceirização. Impossibilidade. Funções ligadas à atividade-fim da empresa.*

A atuação de empregado terceirizado em atividade-fim de empresa de concessão de serviços públicos enseja o reconhecimento do vínculo empregatício direto com a concessionária, pois a Lei n. 8.987/95 (Lei das Concessões Públicas) não autoriza a terceirização ampla e irrestrita, pois não tem o condão de afastar o princípio constitucional do trabalho. No caso concreto, as funções desempenhadas pelo reclamante — agente de cobrança, leiturista e eletricista — se enquadram nas atividades-fim da tomadora de serviço, porque essenciais à distribuição e à comercialização de energia. Com base nesse entendimento, a SBDI-I, por unanimidade, conheceu dos embargos da reclamada, por divergência jurisprudencial, e, no mérito, por maioria, negou-lhes provimento. Vencido o Ministro Brito Pereira. TST-E-ED--RR-36600-21.2011.5.21.0003, SBDI-I, rel. Min. Aloysio Corrêa da Veiga, 8.8.2013.

2012

Informativo n. 29, TST — *Empresa de telecomunicações. "Call center". Terceirização. Impossibilidade. Atividade-fim.*

A terceirização dos serviços de "call center" em empresas de telecomunicações configura intermediação ilícita de mão de obra, gerando vínculo direto com o tomador dos serviços, nos termos da Súmula n. 331, I e III, do TST. Os arts. 25 da Lei n. 8.987/95 e 94, II, da Lei n. 9.472/97 devem ser interpretados de forma sistemática e harmônica com o Direito do Trabalho, cujo núcleo central é o princípio da proteção, de modo que a expressão "atividades inerentes", adotada pela legislação que rege o setor de telecomunicações — de cunho administrativo e econômico, voltada à relação entre as concessionárias e os usuários ou o Poder Público —, não pode servir de sinônimo de atividades-fim. Noutro giro, esse sentido que se confere aos dispositivos de lei acima mencionados não viola a Súmula Vinculante n. 10 do STF, na medida em que não implica declaração de inconstitucionalidade dos referidos preceitos ou afastamento de sua aplicação, mas apenas interpretação de normas de natureza infraconstitucional. Outrossim, não há como afastar a condição de atividade-fim dos serviços de atendimento telefônico prestados pelas empresas de telecomunicações, pois é por meio da central de atendimento que o consumidor solicita ou, até mesmo, obtém reparos e manutenção em sua linha telefônica, recebe informações acerca dos serviços prestados pela concessionária e faz reclamações, não sendo possível distinguir ou desvincular o "call center" da atividade precípua da prestação dos serviços de telefonia. Com esse entendimento, a SBDI-I, em sua composição plena, por unanimidade, conheceu dos embargos, por divergência jurisprudencial, e, no mérito, por maioria, negou-lhes provimento. Vencidos os Ministros Ives Gandra Martins, relator, Brito Pereira, Maria Cristina Irigoyen Peduzzi, Renato de Lacerda Paiva, Aloysio Corrêa da Veiga e Dora Maria da Costa, que entendiam possível a terceirização dos serviços de "call center", pois, ao englobar diversas modalidades de intermediação da comunicação com os clientes, sendo utilizados com o mesmo objetivo por empresas que desempenham as mais diversas atividades econômicas, configuram atividade-meio, a par de o art. 94, II, da Lei n. 9.472/97 autorizar a contratação de terceiros para atividades inerentes à telefonia e não ter sido declarado inconstitucional pelo Plenário da Corte. TST--E-ED-RR-2938-13.2010.5.12.0016, SBDI-I, rel. Min. Ives Gandra da Silva Martins Filho, red. p/ acórdão Min. José Roberto Freire Pimenta, 8.11.2012.

Informativo n. 21, TST — *Terceirização ilícita. Configuração. Empregado contratado por empresa especializada em vigilância e transporte de valores. Exercício de atividades tipicamente bancárias. Reconhecimento do vínculo de emprego. Súmula n. 331, I, do TST.*

Configura terceirização ilícita a utilização por instituição financeira de empregados contratados por empresa especializada em vigilância e transporte de valores para a prestação de serviços diários de tesouraria, *in casu*, o recebimento, abertura, conferência de conteúdo e encaminhamento de envelopes recolhidos em caixas eletrônicos, na medida em que tais atribuições se relacionam com a atividade fim dos bancos. Adotando essa premissa, a SBDI-1, por unanimidade, conheceu do recurso de embargo por contrariedade à Súmula n. 331, I, do TST e, no mérito, deu-lhe provimento para restabelecer a sentença que reconheceu o vínculo de emprego diretamente com o banco--reclamado. TST-E-RR-2600-75.2008.5.03.0140, SBDI-I, rel. Min. Augusto César Leite de Carvalho, 6.9.2012.

VÍNCULO DE EMPREGO

2016

Informativo n. 138, TST — *Petrobras. Curso de formação. Vínculo de emprego. Caracterização. Cômputo como tempo de serviço. Art. 14, § 2º, da Lei n. 9.624/98. Aplicação analógica.*

Ainda que o edital do concurso para ingresso no cargo de "Operador I" da Petrobras não permita a integração do período relativo ao denominado Curso de Formação Educacional Complementar no contrato de trabalho, não há como afastar a caracterização do vínculo empregatício nesse período, uma vez que o referido curso não estava voltado para simples formação educacional ordinária, mas detinha finalidade específica de qualificação para o desempenho do cargo, além de ostentar cunho obrigatório, presentes a subordinação, a não eventualidade, a pessoalidade e a onerosidade (bolsa), próprias da relação de emprego, nos termos dos arts. 2º e 3º da CLT. Aplicação analógica do art. 14, § 2º, da Lei n. 9.624/98, para fins de cômputo do período do curso de formação como tempo de serviço. Sob esse entendimento, a SBDI-I, por unanimidade, conheceu dos embargos, por divergência jurisprudencial, e, no mérito, por maioria, negou-lhes provimento mantendo a decisão turmária que restabeleceu a sentença proferida em sede de ação civil pública, a qual condenara a Petrobras na obrigação de retificar as carteiras de trabalho dos empregados nominados na petição inicial, relativamente à data de admissão. Vencidos os Ministros João Oreste Dalazen, relator, Ives Gandra Martins Filho, Brito Pereira e Márcio Eurico Vitral Amaro. TST-E-ED-RR-213000-10.2004.5.01.0481, SBDI-I, rel. Min. João Oreste Dalazen, red. p/ acórdão Min. Aloysio Corrêa da Veiga, 2.6.2016.

Informativo do TST

Direito Coletivo do Trabalho

CONDUTA ANTISSINDICAL

2015

Informativo n. 100, TST — *Dano moral coletivo. Caracterização. Conduta antissindical. Convenção coletiva de trabalho. Financiamento do sindicato profissional com recursos provenientes do empregador.*

O financiamento do sindicato profissional com recursos provenientes do empregador (taxa negocial), conforme firmado em cláusula de convenção coletiva de trabalho, configura conduta antissindical que, ao impossibilitar a autonomia da negociação coletiva, fragiliza o sistema sindical e a relação entre empregados e empregadores, ensejando, portanto, a reparação por dano moral coletivo. Na espécie, registrou-se que, embora a cláusula em questão tenha sido suspensa por força de liminar requerida pelo Ministério Público do Trabalho nos autos de ação civil pública, restou caracterizada a conduta ilícita, de modo que a inexistência de efetiva lesão não afasta a necessidade de reparação, sob pena de retirar a proteção jurídica dos direitos coletivos. Com esse entendimento, a SBDI-I, por unanimidade, conheceu dos embargos interpostos pelo MPT, por divergência jurisprudencial e, no mérito, deu-lhes provimento para restabelecer o acórdão do Regional, impondo a condenação no importe de R$ 10.000,00 a título de dano moral coletivo. TST-E-ARR-64800-98.2008.5.15.0071, SBDI-I, rel. Min. Aloysio Corrêa da Veiga, 12.2.2015.

CONTRIBUIÇÕES

2016

Informativo n. 147, TST — *Contribuição assistencial. Desconto obrigatório. Empregados não filiados ao sindicato. Direito de oposição. Nulidade da cláusula de instrumento coletivo. Art. 545 da CLT. Precedente Normativo n. 119. Orientação Jurisprudencial n. 17 da SDC.*

Nos termos da Orientação Jurisprudencial n. 17 da SDC e do Precedente Normativo n. 119, não é válida cláusula de instrumento coletivo que prevê desconto obrigatório de contribuição assistencial de empregado não sindicalizado, ainda que a ele seja garantido o direito de oposição. A previsão de oposição ao desconto não tem o condão de convalidar a cláusula coletiva, pois, a teor do art. 545 da CLT, os descontos salariais em favor do sindicato de classe estão condicionados à expressa autorização do empregado. Sob esses fundamentos, a SBDI-I, por unanimidade, conheceu dos embargos, por divergência jurisprudencial, e, no mérito, por maioria, negou-lhes provimento. Vencidos os Ministros José Roberto Freire Pimenta, Augusto César Leite de Carvalho e Hugo Carlos Scheuermann. TST-E--ED-RR-135400-05.2005.5.05.0015, SBDI-I, rel. Min. Dora Maria da Costa, 13.10.2016.

Informativo n. 129, TST — *Contribuição sindical patronal. Holding pura. Ausência de empregados. Não recolhimento.*

O sistema sindical brasileiro é fundado na agremiação de trabalhadores em contraposição simétrica a agremiações de empregadores que se unem em razão da defesa de interesses comuns pertinentes às relações de trabalho. Quando o agente econômico não possui empregados, a possibilidade de receber uma contrapartida da entidade sindical que supostamente o representa fica comprometida, colocando um óbice lógico-jurídico à representação pela entidade de classe. Em outras palavras, o objetivo das contribuições sindicais é viabilizar o funcionamento do sistema sindical brasileiro e este, por sua vez, busca favorecer o diálogo entre a classe patronal e a de trabalhadores com vistas à fixação das condições de trabalho. Assim, no caso de uma holding pura, ou seja, agente societário dedicado à administração de bens e participação em outras sociedades, sem desempenho de atividades econômicas e sem a contratação de empregados, não se pode exigir o recolhimento da contribuição sindical patronal (interpretação sistemática dos arts. 570, 579 e 580 da CLT e 109 e 114 do CTN). Sob esses fundamentos, a SBDI-I, por unanimidade, conheceu dos embargos por divergência jurisprudencial e, no mérito, por maioria, negou-lhes provimento. vencidos os Ministros Aloysio Corrêa da Veiga, relator, Renato de Lacerda Paiva e Alexandre de Souza Agra Belmonte. TST-E--RR-2058-44.2011.5.03.0078, SBDI-I, rel. Min. Aloysio Corrêa da Veiga, red. p/ o acórdão Min. Luiz Philippe Vieira de Mello Filho, 18.2.2016.

2015

Informativo n. 114, TST — *Contribuições assistenciais compulsórias em favor de entidade de serviço social e de formação profissional. Art. 240 da Constituição Federal. Obrigatoriedade.*

Consoante o artigo 240 da Constituição Federal, a contribuição assistencial devida pela categoria econômica e destinada às entidades privadas de serviço social e de formação profissional vinculadas ao sistema sindical é compulsória para os empregadores, ainda que a empresa não seja filiada ao sindicato patronal. Sob esse fundamento, a SBDI-II, por unanimidade, conheceu do recurso ordinário e, no mérito, negou-lhe provimento. TST-RO-3384-84.2011.5.10.0000, SBDI-II, rel. Min. Alberto Luiz Bresciani de Fontan Pereira, 18.8.2015.

2012

Informativo n. 13, TST — *Contribuição patronal. Melhoria dos serviços médico e odontológico prestados pelo sindicato profissional. Afronta ao art. 2º da Convenção n. 98 da OIT. Não configuração.*

É válida a cláusula que cria contribuição da categoria patronal visando à melhoria dos serviços médico e odontológico prestados aos trabalhadores pelo sindicato profissional. Na hipótese, não há falar em afronta ao art. 2º da Convenção n. 98 da OIT, ratificada pelo Brasil em 18.11.1952, porquanto o recurso financeiro oriundo das empresas não se destina a manter a organização sindical dos empregados, nem implica sujeição do sindicato ao controle da categoria patronal, em prejuízo à liberdade sindical. Ao contrário, traduz a cooperação do segmento patronal para o avanço das condições de saúde de seus empregados, em consonância com o disposto no art. 7º, caput, da CF. Com esse fundamento, a SDC, por maioria, deu provimento ao recurso ordinário para declarar a validade da "Cláusula Trigésima Terceira — Contribuição Assistencial — Empresas". Vencido, no tópico, o Ministro Fernando Eizo Ono. TST-RO-36500-57.2009.5.17.0000, SDC, rel. Min. Walmir Oliveira da Costa, 11.6.2012.

DISSÍDIO COLETIVO

2016

Informativo n. 141, TST — *Dissídio coletivo de natureza jurídica. Dispensa em massa. Adequação da via eleita. Matéria suspensa para apreciação pelo Tribunal Pleno.*

A SDC decidiu, por maioria, nos termos do art. 77, II, do RITST, suspender a proclamação do resultado do julgamento e remeter ao Tribunal Pleno os autos do processo em que se discute se o dissídio coletivo de natureza jurídica é o meio adequado para analisar questões relativas à dispensa coletiva. Na espécie, enquanto os Ministros Mauricio Godinho Delgado, relator, e Kátia Arruda Magalhães inclinavam-se no sentido de que os casos de dispensa em massa podem ser dirimidos no âmbito do dissídio coletivo de natureza jurídica, os Ministros Ives Gandra da Silva Martins Filho, Maria Cristina Irigoyen Peduzzi, Maria de Assis Calsing e Dora Maria da Costa negavam provimento ao recurso ordinário, mantendo a extinção do processo sem resolução do mérito, por inadequação da via eleita, nos termos do art. 220, II, do RITST. Vencidas, quanto à remessa dos autos ao Tribunal Pleno, as Ministras Maria Cristina Irigoyen Peduzzi e Dora Maria da Costa. TSTRO-10782-38.2015.5.03.0000, SDC, rel. Min. Mauricio Godinho Delgado, 15.8.2016.

Informativo n. 130, TST — *Sindicato. Substituto processual. Fracionamento do crédito em favor dos substituídos. Decisão do Órgão Especial em aparente contradição com julgados da SBDI-I. Matéria suspensa para apreciação pelo Tribunal Pleno.*

O Órgão Especial decidiu, por maioria, ante uma aparente divergência com recentes julgados da SBDI-I, e nos termos do art. 77, II, do RITST, suspender a proclamação do resultado do julgamento e remeter ao Tribunal Pleno os autos do processo em que se discute a possibilidade de, em sede de ação coletiva ajuizada por sindicato, haver o fracionamento dos créditos individuais dos substituídos. Na espécie, enquanto os Ministros Renato de Lacerda Paiva, Antonio José de Barros Levenhagen, Brito Pereira, Maria Cristina Peduzzi, Guilherme Augusto Caputo Bastos, Walmir Oliveira da Costa, Ives Gandra da Silva Martins Filho e Emmanoel Pereira inclinavam-se a dar provimento ao recurso para determinar que a execução se processe por meio de precatório, os Ministros Mauricio Godinho Delgado, relator, Katia Arruda, Augusto César Leite de Carvalho e Hugo Carlos Scheuermann negavam provimento ao recurso ordinário, mantendo, portanto, a decisão do TRT da 5ª Região que determinara a expedição de Requisição de Pequeno Valor — RPV. Vencidos, quanto à remessa dos autos ao Tribunal Pleno, os Ministros Brito Pereira, Renato de Lacerda Paiva, Emmanoel Pereira, Guilherme Augusto Caputo Bastos e Ives Gandra da Silva Martins Filho. TST-RO-118-88.2015.5.05.0000, Órgão Especial, rel. Min. Mauricio Godinho Delgado, 7.3.2016.

Informativo n. 130, TST — *Dissídio coletivo. Homologação de instrumento coletivo privado. Inadequação da via eleita.*

Na hipótese em que ajuizado dissídio coletivo com o fim de homologar cláusulas objeto de acordo extrajudicial, resultante de negociação coletiva mediada administrativamente pela Vice-Presidência do TRT, decidiu a SDC, à unanimidade, conhecer do recurso ordinário e, no mérito, dar-lhe provimento para extinguir o processo sem resolução do mérito, por ausência de interesse de agir das partes (art. 267, VI do CPC). *In casu*, registrou-se a inadequação da via eleita, pois o dissídio coletivo não é o meio próprio para obter homologação de instrumento coletivo privado sem prévio processo instaurado. TST-RO-210221-97.2013.5.21.0000, SDC, rel. Min. Maria Cristina Irigoyen Peduzzi, 14.3.2016.

Informativo n. 130, TST — *Dissídio coletivo de natureza econômica. Greve deflagrada no curso da instrução processual. Comum acordo. Desnecessidade.*

É possível a apreciação de dissídio coletivo de natureza econômica, ainda que ausente o comum acordo, se houver deflagração de greve por qualquer das partes no curso da instrução processual. No caso, o sindicato da categoria profissional instaurou dissídio coletivo de natureza econômica sem a concordância do sindicato patronal, havendo deflagração de greve pelos trabalhadores antes mesmo da audiência de conciliação. Ressaltou-se que a ocorrência de movimento paredista, superveniente ao ajuizamento do dissídio e anterior à decisão de mérito, supera a exigência do mútuo acordo, cabendo à Justiça do Trabalho decidir sobre a procedência das reivindicações (art. 8º da Lei 7.783/89). Sob esse entendimento, a SDC, por maioria, negou provimento ao recurso, quanto à preliminar de mérito arguida, vencida a Ministra Dora Maria da Costa. TST-RO-381-24.2014.5.17.0000, SDC, rel. Min. Mauricio Godinho Delgado. 14.3.2016.

2015

Informativo n. 110, TST — *Recurso ordinário. Dissídio coletivo. COSERN. Cláusula 3ª — Programa de Desligamento. Caráter histórico reconhecido. Natureza da norma. Exaurida a finalidade. Exclusão da sentença normativa.*

A despeito de reconhecido o caráter histórico da cláusula decorrente de sentença normativa por ter constado de mais de dez acordos coletivos de trabalho em períodos imediatamente anteriores, exaurida a finalidade da aludida norma, não há razão para a sua manutenção. No caso, a cláusula teve origem no período de reestruturação, reorganização e racionalização dos serviços da COSERN, em que se buscou beneficiar os empregados que foram dispensados do quadro de pessoal. Assim, pela própria natureza da norma, concluiu-se que as condições de trabalho para as quais ela fora instituída pereceram no tempo, razão pela qual deve ser excluída da sentença normativa. Sob esses fundamentos, quanto ao tema, a Seção Especializada em Dissídios Coletivos decidiu, por maioria, dar provimento ao recurso ordinário para excluir a cláusula 3ª da sentença normativa (Programa de Desligamento), vencidos os Ministros Fernando Eizo Ono, relator, Mauricio Godinho Delgado e Kátia Magalhães Arruda e com ressalva de fundamentação dos Ministros Dora Maria da Costa e Ives Gandra Martins Filho. TST-RO-225600-83.2010.5.21.0000, SDC, rel. Min. Fernando Eizo Ono, 8.6.2015.

Informativo n. 106, TST — *Dissídio coletivo de natureza econômica suscitado pela empregadora. Ausência de interesse de agir. Desnecessária a autorização da Justiça do Trabalho ou a negociação coletiva para a concessão de melhores condições de trabalho.*

A empresa empregadora carece de interesse de agir para suscitar dissídio coletivo de natureza econômica, pois não necessita de autorização da Justiça do Trabalho, nem de negociação coletiva, para conceder aos seus empregados melhores condições de trabalho. Na espécie, a Empresa Brasileira de Correios e Telégrafos — ECT ajuizou dissídio coletivo com o objetivo de estender aos trabalhadores representados pela Federação Nacional dos Trabalhadores em Empresas de Correios e Telégrafos e Similares — Fentect, os termos do acordo coletivo de trabalho firmado com a Federação Interestadual dos Sindicatos dos Trabalhadores e Trabalhadoras dos Correios — Findect e outos sindicatos, quanto à Participação nos Lucros e Resultados dos anos de 2013, 2014 e 2015. Sob esse entendimento, a SDC, por maioria, acolhendo a preliminar, arguida de ofício, de ausência de pressupostos para a constituição e o desenvolvimento válido e regular do dissídio coletivo, decretou a extinção do processo, sem resolução de mérito, na forma do art. 267, IV, do CPC. Vencidos os Ministros Maria de Assis Calsing e Ives Gandra Martins Filho. TST-DC-956-69.2015.5.00.0000, SDC, rel. Min. Walmir Oliveira da Costa, 11.5.2015.

2013

Informativo n. 58, TST — *Dissídio coletivo. Natureza jurídica. Procedimento de cunho declaratório direcionado a interpretar e declarar o sentido e/ou do alcance da norma. Cláusula que limita o funcionamento das empresas a dois domingos por mês. Declaração de não conformidade com o arcabouço jurídico. Inadequação da via eleita.*

O dissídio coletivo de natureza jurídica é procedimento de cunho declaratório direcionado a interpretar e declarar o sentido e/ou alcance da norma, razão pela qual não se presta à declaração de "inconstitucionalidade, ilegalidade e ineficácia" de cláusula de convenção coletiva de trabalho que fixa o funcionamento dos estabelecimentos comerciais em apenas dois domingos por mês. Nesse contexto, concluindo que a declaração de não conformidade da cláusula ao arcabouço jurídico não se insere na finalidade do dissídio coletivo de natureza jurídica, a SDC, à unanimidade, deu provimento ao recurso ordinário do Sindicato dos Comerciários de São Paulo, a fim de extinguir o feito, sem resolução de mérito, por inadequação da via eleita, nos termos do art. 267, VI, do CPC, e, por consequência, cassar a tutela antecipada renovada no acórdão recorrido. TST-RO-285-94.2012.5.02.0000, SDC, rel. Min. Maria de Assis Calsing, 9.9.2013.

Informativo n. 39, TST — *Dissídio coletivo. Natureza econômica. Arguição de inexistência de comum acordo. Ministério Público do Trabalho. Legitimidade e interesse.*

O Ministério Público tem legitimidade e interesse para, em sede de recurso ordinário, arguir a inexistência de comum acordo para ajuizamento de dissídio coletivo de natureza econômica, previsto no art. 114, § 2º, da CF, com a redação conferida pela Emenda Constitucional n. 45/2004. Seja enquanto parte, seja na condição de fiscal da lei, a Constituição Federal, em seus arts. 127 e 129, atribuiu ao "Parquet" a defesa da ordem jurídica, do Estado Democrático de Direito e dos interesses sociais e individuais indisponíveis. Ademais, nos termos do art. 83, VI, da Lei Complementar n. 75/93, compete ao MPT "recorrer das decisões da Justiça do Trabalho, quando entender necessário (...)". Com esses fundamentos, a SDC, revendo o posicionamento adotado no processo n. TST-RO-382-19.2011.5.24.0000, julgado em 19.2.2013, conheceu, por maioria, do recurso ordinário do Ministério Público do Trabalho, vencidos os Ministros Márcio Eurico Vitral Amaro e Walmir Oliveira da Costa. TST-RO-394-33.2011.5.24.0000, SDC, rel. Min. Mauricio Godinho Delgado, 11.3.2013. (*No mesmo sentido e julgados na mesma sessão, TST-RO-394-33.2011.5.24.0000 e TST-RO-383-04.2011.5.24.0000.)

Informativo n. 37, TST — *Dissídio coletivo. Natureza econômica. Arguição de inexistência de comum acordo. Ministério Público do Trabalho. Ausência de legitimidade.*

A SDC, pelo de voto de desempate da Presidência, não conheceu do recurso ordinário do Ministério Público do Trabalho por ausência de legitimidade, na hipótese em que arguiu a inexistência do comum acordo para ajuizamento do dissídio coletivo exigido pelo art. 114, § 2º, da CF, com a redação conferida pela Emenda Constitucional n. 45/2004, pugnando pela extinção do processo sem resolução de mérito. No caso, ressaltou-se que a legitimidade do Ministério Público do Trabalho para recorrer, em se tratando de dissídio de natureza econômica, está restrita às hipóteses previstas no art. 898 da CLT. Ademais, havendo interesses meramente privados, o pressuposto do comum acordo é um direito disponível, afeto aos sujeitos da relação processual, não cabendo ao MPT intervir. Vencidos os Ministros Fernando Eizo Ono, relator, Maria de Assis Calsing, Mauricio Godinho Delgado e Kátia Magalhães Arruda. TST-RO-382-19.2011.5.24.0000, SDC, rel. Min. Fernando Eizo Ono, red. p/ acórdão Min. Márcio Eurico Vitral Amaro, 19.2.2013.

2012

Informativo n. 34, TST — *DC. Natureza jurídica. Cabimento. Encerramento da unidade industrial. Dispensa em massa. Prévia negociação coletiva. Necessidade.*

A SDC, por maioria, entendendo cabível o ajuizamento de dissídio coletivo de natureza jurídica para se discutir a necessidade de negociação coletiva, com vistas à efetivação de despedida em massa, negou provimento ao recurso ordinário no tocante à preliminar de inadequação da via eleita, vencidos os Ministros Antônio José de Barros Levenhagen, Maria Cristina Irigoyen Peduzzi e Maria de Assis Calsing. No mérito, também por maioria, vencidos os Ministros Maria Cristina Irigoyen Peduzzi e Fernando Eizo Ono, a Seção negou provimento ao recurso, mantendo a decisão recorrida que declarou a ineficácia da dispensa coletiva e das suas consequências jurídicas no âmbito das relações trabalhistas dos empregados envolvidos. No caso, reafirmou-se o entendimento de que a exigência de prévia negociação coletiva para a dispensa em massa é requisito essencial à eficácia do ato empresarial, pois as repercussões econômicas e sociais dela advindas extrapolam o vínculo empregatício, alcançando a coletividade dos trabalhadores, bem com a comunidade e a economia locais. Ressaltou-se, ademais, que o fato de a despedida coletiva resultar do fechamento da unidade industrial, por questões de estratégia empresarial e redução dos custos de produção, não distingue a hipótese dos outros casos julgados pela Seção, pois a obrigatoriedade de o empregador previamente negociar com o sindicato da categoria profissional visa ao encontro de soluções que minimizem os impactos sociais e os prejuízos econômicos resultantes da despedida coletiva, os quais se mostram ainda mais graves quando se trata de dispensa da totalidade dos empregados do estabelecimento, e não apenas de mera redução do quadro de pessoal. TST-RO-661.2011.5.05.0000, SDC, rel. Min. Walmir Oliveira da Costa, 11.12.2012.

Informativo n. 34, TST — *DC. Natureza econômica. Fixação de normas e condições de trabalho entre a categoria dos médicos e as empresas operadoras de planos de saúde. Profissionais autônomos. Inadequação da via eleita. Extinção do feito sem resolução do mérito.*

Ante a impossibilidade, em sede de dissídio coletivo, de fixação de normas e condições de trabalho entre profissionais autônomos e seu tomador de serviços, a SDC, por maioria, rejeitou a preliminar de incompetência absoluta suscitada em contrarrazões e extinguiu o processo, sem resolução do mérito, por inadequação da via eleita, nos termos do art. 267, IV e VI, do CPC. No caso, o Sindicato dos Médicos do Rio de Janeiro ajuizou dissídio coletivo contra o Sindicato Nacional das Empresas de Medicina de Grupo, com o propósito de fixar novas condições de trabalho e remuneração aos médicos que, na qualidade de prestadores de serviços, trabalham para empresas operadoras e seguradoras de planos de saúde. Vencida a Ministra Maria de Assis Calsing, relatora, que acolhia a preliminar de incompetência da Justiça do Trabalho ao fundamento de que, não obstante o conflito coletivo em tela aproximar-se formalmente da ação de dissídio coletivo de natureza econômica, no que tange à criação de normas que estabeleçam, para o futuro, melhores condições de trabalho para a categoria profissional, materialmente com ele não se identifica, na medida em que o Poder Normativo da Justiça do Trabalho se restringe às relações entre empregado e empregador, não alcançando contratos de natureza eminentemente cível, como na espécie. TST-RO-5712-07.2009.5.01.0000, SDC, rel. Min. Maria de Assis Calsing, red. p/ acórdão Min. Mauricio Godinho Delgado, 11.12.2012.

Informativo n. 34, TST — *DC. Greve. Ministério Público do Trabalho. Ilegitimidade ativa "ad causam". Atividade não essencial.*

O Ministério Público do Trabalho não possui legitimidade ativa "ad causam" para ajuizar dissídio coletivo de greve em razão da paralisação coletiva dos empregados em empresas de transporte de valores, escolta armada, ronda motorizada, monitoramento eletrônico e via satélite, agentes de segurança pessoal e patrimonial, segurança e vigilância em geral da região metropolitana de Vitória/ES, pois tais serviços não estão previstos no art. 10 da Lei n. 7.783/89, que trata das atividades tidas como essenciais. Incidência do art. 114, § 3º, da CF, com redação dada pela Emenda Constitucional n. 45/04. Com esse entendimento, a SDC, por maioria, declarou a extinção do processo, sem resolução do mérito, nos termos do art. 267, VI, do CPC, vencidos os Ministros Mauricio Godinho Delgado, Walmir Oliveira da Costa e Kátia Magalhães Arruda, que entendiam pela legitimidade do MPT, uma vez que, tratando-se de vigilância patrimonial, resta patente o interesse público, ainda que não configurada atividade essencial. TST-RO-700-65.2009.5.17.0000, SDC, rel. Min. Fernando Eizo Ono, 11.12.2012.

GREVE

2014

Informativo n. 92, TST — *CEF. Greve. Dias não trabalhados. Descontos salariais. Norma regulamentar autorizadora. Termos aditivos ao acordo e à convenção coletiva que vedaram os descontos. Prevalência. Nulidade da norma regulamentar.*

Os termos aditivos ao Acordo Coletivo de Trabalho 2008/2009 e à Convenção Coletiva de Trabalho 2008/2009, mediante os quais a Caixa Econômica Federal — CEF se comprometeu a não efetuar descontos salariais em virtude de paralisação das atividades laborais por motivo de greve, inclusive em relação aos dias não compensados após o exaurimento do calendário de reposição, devem prevalecer sobre a norma interna CI SUAPE/SURSE n. 107/2008, editada à época da celebração dos instrumentos coletivos originários, a qual, ao também disciplinar a compensação dos dias parados referentes ao mesmo movimento paredista, expressamente autorizou os descontos em folha de pagamento no caso de saldo de horas remanescentes não compensadas até a data limite acordada. Na espécie, prevaleceu o entendimento de que a CEF, ao invocar a disposição regulamentar para efetuar o desconto dos dias parados, extrapolou seu poder diretivo, ignorando o compromisso posteriormente assumido com a categoria profissional mediante a assinatura dos termos aditivos, o que constitui afronta ao disposto no art. 7º, XXVI, da CF e ao princípio da boa-fé. Com esse entendimento, a SBDI-I, por unanimidade, conheceu dos embargos interpostos pela reclamada, por divergência jurisprudencial, e, no mérito, negou-lhes provimento, mantendo, assim, a declaração de nulidade do dispositivo da norma regulamentar autorizadora dos descontos. TST-E-ED-RR-458- 13.2010.5.12.0000, SBDI-I, rel. Min. João Oreste Dalazen, 16.10.2014.

Informativo n. 85, TST — *Dissídio coletivo. Greve. Nomeação para reitor da Pontifícia Universidade Católica de São Paulo — PUC. Protesto com motivação política. Abusividade material da paralisação.*

Embora a Constituição da República, em seu art. 9º, assegure o direito de greve de forma ampla, os interesses suscetíveis de serem defendidos por meio do movimento paredista dizem respeito a condições próprias de trabalho profissional ou de normas de higiene, saúde e segurança no ambiente de trabalho. No caso em exame, professores e auxiliares administrativos da Pontifícia Universidade Católica de São Paulo — PUC se utilizaram da greve como meio de protesto pela não nomeação, para o cargo de reitor, do candidato que figurou no topo da lista tríplice, embora admitam que a escolha da candidata menos votada observou as normas regulamentares. Portanto, a greve não teve por objeto a criação de normas ou condições contratuais ou ambientais de trabalho, mas se tratou de movimento de protesto, com caráter claramente político, extrapolando o âmbito laboral e denotando a abusividade material da paralisação, tornando-se irrelevante analisar os aspectos formais da greve. Com esse entendimento, a SDC, por unanimidade, conheceu do recurso ordinário, e, no mérito, por maioria, deu-lhe parcial provimento para declarar a abusividade material da greve e determinar a compensação de 100% dos dias não trabalhados em relação aos empregados auxiliares de administração escolar. Vencidos os Ministros Mauricio Godinho Delgado, Maria de Assis Calsing e Kátia Magalhães Arruda, que negavam provimento ao recurso. TST-RO-51534-84.2012.5.02.0000, SDC, rel. Min. Walmir Oliveira da Costa, 9.6.2014.

Informativo n. 75, TST — *Dissídio coletivo. Greve. Empresa Brasileira de Correios e Telégrafos — ECT. Descumprimento de cláusula de sentença normativa. Não configuração. Abusividade.*

É abusiva a greve deflagrada pelos empregados da Empresa Brasileira de Correios e Telégrafos — ECT sob a alegação de que a criação do chamado Postal Saúde teria descumprido a Cláusula 11 de sentença normativa, segundo a qual eventual alteração no plano de assistência médica/hospitalar e odontológica vigente na empresa deverá ser precedida de estudos atuariais por comissão paritária. No caso vertente, registrou-se que a referida cláusula foi originária do processo TST-DC n. 8981-76.2012.5.00.0000, julgado em 27.9.2012, e repetida no processo TST-DC n. 6942-72.2013.5.00.0000, julgado em 8.10.2013, ocasião em que restou assentado que o modo de gestão do plano de saúde é questão afeta ao poder diretivo-organizacional do empregador, não cabendo à Justiça do Trabalho interferir na escolha do modelo de gestão a ser implementado. Assim, se a matéria comporta interpretação diversa daquela adotada pelos trabalhadores, não há falar em descumprimento da cláusula. Ademais, o mérito da controvérsia está sujeito a julgamento pelo foro apropriado, qual seja, a 6ª Vara do Trabalho de Brasília/DF, onde tramita ação de cumprimento ajuizada com o objetivo de suspender a implantação do Postal Saúde. Com esses fundamentos, a SDC, por unanimidade, declarou a abusividade da greve, e, por maioria, determinou o retorno dos grevistas ao trabalho a partir da primeira hora do dia 14.3.2014, conforme a respectiva escala de trabalho, sob pena de multa diária, vencidos os Ministros Ives Gandra Martins Filho, Walmir Oliveira da Costa e Maria de Assis Calsing, que determinavam o retorno ao trabalho à zero hora do dia 13.3.2014. Ainda por maioria, a Seção determinou o desconto de quinze dias de salário de cada empregado grevista, a ser efetuado na folha de pagamento do mês de abril próximo, além da compensação dos demais dias de paralisação, no prazo máximo seis meses, observados os intervalos entre e interjornadas, bem como os repousos semanais remunerados. Vencidos, totalmente, os Ministros Brito Pereira e Fernando Eizo Ono, que determinavam o desconto integral dos dias de paralisação e, em parte, o Ministro Ives Gandra Martins Filho, que determinava o desconto da metade dos dias e a compensação dos demais no prazo de quatro meses. TST-DCG-1853-34.2014.5.00.0000, SDC, rel. Min. Márcio Eurico Vitral Amaro, 12.3.2014.

Informativo n. 72, TST — *Dissídio coletivo. Greve. Estabilidade no emprego. Impossibilidade de extensão aos trabalhadores temporários.*

Na hipótese de greve não abusiva, não é possível conferir garantia de emprego a trabalhadores temporários, porque essa concessão ensejaria a conversão dos contratos por prazo determinado em indeterminado, ultrapassando os limites impostos pela Lei n. 6.019/74. Com esse posicionamento, a SDC, por unanimidade, deu parcial provimento ao recurso ordinário, no tópico, para restringir a estabilidade provisória aos trabalhadores com contrato de trabalho por prazo indeterminado. *In casu*, no julgamento do dissídio coletivo de greve ajuizado pela empresa Sanmina — SCI do Brasil Ltda. em face do Sindicato dos Trabalhadores nas Indústrias Metalúrgicas, Mecânicas e de Material Elétrico de Campinas e Região, o TRT da 15ª Região concedera a estabilidade aos trabalhadores, temporários ou não, desde a data do julgamento do dissídio coletivo de greve até 90 dias após a publicação do acórdão, limitado o período total a 120 dias. TST-RO-1533-35.2012.5.15.0000, SDC, rel. Min. Mauricio Godinho Delgado, 17.2.2014.

2013

Informativo n. 63, TST — *Dissídio coletivo. Greve. Pedido de pagamento de salários, cestas básicas e vales-transportes atrasados. Responsabilização solidária ou subsidiária de município em razão de convênio firmado com as instituições empregadoras para prestação de serviços de educação infantil. Impossibilidade jurídica do pedido. Orientação Jurisprudencial n. 5 da SDC.*

Nos termos da Orientação Jurisprudencial n. 5 da SDC, pessoa jurídica de direito público somente pode figurar como suscitado, em dissídio coletivo, se for empregador, e apenas se o objeto da sentença normativa não lhe puder acarretar encargo financeiro direto. Ademais, dissídio coletivo de greve é incompatível com a pretensão condenatória ou cominatória, exceto se tratar da regulação dos efeitos da paralisação dos empregados. Assim, em sede de dissídio coletivo de greve, carece de possibilidade jurídica o pedido de condenação solidária ou subsidiária de município ao pagamento de salários, cestas básicas e vales-transportes atrasados, na condição de responsável pelo repasse de recursos financeiros às instituições empregadoras, por força de convênio firmado para a prestação de serviços de educação infantil. Com esse entendimento, a SDC, por unanimidade, deu provimento ao recurso ordinário para extinguir o feito sem resolução de mérito em relação ao município, nos termos do art. 267, VI, do CPC. TST-RO-52540-29.2012.5.02.0000, SDC, rel. Min. Fernando Eizo Ono, 15.10.2013.

Informativo n. 50, TST — *Exercício do direito de greve. Deflagração por ausência de pagamento dos salários. Descumprimento dos requisitos formais previstos na Lei n. 7.783/1989. Culpa recíproca. Declaração de não abusividade da greve. Indeferimento da garantia de emprego.*

Na hipótese em que a greve foi deflagrada por ausência de pagamento dos salários, mas sem o cumprimento dos requisitos formais previstos no art. 4º e § 1º, da Lei n. 7.783/1989, a SDC, concluindo pela existência de culpa recíproca, decidiu, por unanimidade, conhecer do recurso ordinário e, no mérito, por maioria, dar-lhe provimento parcial para afastar a declaração de abusividade da greve, mas indeferir o pleito da garantia de emprego. Vencidos, parcialmente, os Ministros Maria de Assis Calsing, relatora, e Fernando Eizo Ono. TST-RO-9011-91.2011.5.02.0000, SDC, rel. Min. Maria de Assis Calsing, 10.6.2013.

2012

Informativo n. 17, TST — *DC. Greve. Abusividade. Não configuração. Dispensa coletiva. Exigência de negociação com o sindicato profissional.*

Ao contrário da dispensa individual, que se insere no poder potestativo do empregador, a dispensa coletiva tem relevante impacto econômico, social e jurídico sobre os trabalhadores, seus familiares, a comunidade empresarial, a população regional e o mercado econômico interno, configurando-se matéria própria da negociação coletiva mediante a imprescindível participação do sindicato profissional, nos termos do art. 8º, III e VI, da CF. Caberá à negociação ou à sentença normativa proferida nos autos de dissídio coletivo, caso as partes não cheguem a um acordo, fixar as condutas para o enfrentamento da crise econômica empresarial, amortizando o impacto da dispensa massiva sobre o conjunto dos trabalhadores afetados. Com esse entendimento, e não vislumbrando abusividade na greve deflagrada pelos empregados da CAF Brasil Indústria e Comércio S.A. com o objetivo de tentar regulamentar a despedida em massa, a SDC, por unanimidade, conheceu do recurso ordinário, no tópico, e no mérito, negou-lhe provimento. TST-RO-173-02.2011.5.15.0000, SDC, rel. Min. Mauricio Godinho Delgado, 13.8.2012.

Informativo n. 4, TST — *DC. Exercício do direito de greve. Abusividade. Configuração. Comunicação apenas do "estado de greve". Art. 13 da Lei n. 7.783/89. Inobservância.*

Tendo em conta que o art. 13 da Lei n. 7.783/89 exige que os empregadores e a população sejam avisados, com antecedência mínima de 72 horas, da data em que concretamente terá início a greve, a SDC, por maioria, deu provimento ao recurso ordinário para declarar a abusividade do movimento paredista na hipótese em que houve apenas a comunicação da realização de assembleia deliberando pelo chamado "estado de greve" da categoria. Vencidos os Ministros Kátia Magalhães Arruda, relatora, e Mauricio Godinho Delgado, os quais mantinham a decisão do TRT, que não considerou a greve abusiva, por entender que o sindicato observou o prazo previsto no art. 13 da Lei de Greve ao emitir, com bastante antecedência, comunicado às empresas e à sociedade informando que a categoria encontrava-se em "estado de greve", aguardando o transcurso das 72 horas exigidas por lei. TST-ReeNec-92400-15.2009.5.03.0000, SDC, rel. Min. Kátia Magalhães Arruda, red. p/ acórdão Min. Fernando Eizo Ono, 9.4.2012.

Informativo n. 1, TST — *DC. Exigência de aprovação da greve por assembleia (art. 4º da Lei n. 7.783/89). Inobservância. Abusividade do movimento paredista. Não configuração. Requisito suprido pela ampla adesão e participação dos trabalhadores.*

A despeito da inexistência de prova da ocorrência de assembleia-geral regular, se os elementos dos autos permitirem a convicção de ter havido aprovação da greve pelos empregados envolvidos, considera-se suprida a formalidade prevista no art. 4º da Lei n. 7.783/89, razão pela qual a inobservância do referido requisito não caracteriza a abusividade do movimento paredista. Com esse entendimento, a SDC, por unanimidade, conheceu do recurso ordinário e, no mérito, por voto prevalente da Presidência, negou-lhe provimento. Vencidos os Ministros Walmir Oliveira da Costa, Fernando Eizo Ono e Márcio Eurico Vitral Amaral, que davam provimento ao apelo para declarar a abusividade da greve. TST-RODC-2017400-02.2009.5.02.0000, SDC, rel. Min. Mauricio Godinho Delgado, 12.3.2012.

LOCKOUT

2012

Informativo n. 30, TST — *DC. Greve. Trabalhadores portuários avulsos. "Lockout". Não configuração.*

As normas que regem o chamado "lockout" (arts. 722 da CLT e 17 da Lei n. 7.789/83) possuem natureza proibitiva e punitiva, não admitindo interpretação extensiva ou aplicação por analogia. Assim, tendo em conta que as referidas disposições de lei têm por destinatário inequívoco o empregador — a quem é vedado fechar de forma arbitrária o estabelecimento ou praticar ato injusto visando à paralisação total ou parcial das atividades, obstando o ingresso dos empregados na unidade produtiva com a finalidade de enfraquecer pleitos coletivos —, não se pode aplicá-las à relação entre o trabalhador portuário avulso e os operadores portuários, porque inexistente a figura do empregador. Ainda que assim não fosse, a interpretação extensiva do disposto nos arts. 722 da CLT e 17 da Lei n. 7.789/83 exigiria, na hipótese, que o ato praticado pelos operadores portuários, qual seja, o de deixar de requisitar, a partir de 14.3.2005, Encarregados de Turma de Capatazia, pudesse ser enquadrado como conduta arbitrária e temporária a gerar pressão sobre os trabalhadores avulsos com a finalidade de frustrar negociação coletiva em curso. Todavia, infere-se dos autos que, até a data em que praticado o ato que se busca equiparar ao "lockout", não havia negociação em curso ou conflito entre as partes. Ademais, a intenção dos operadores portuários foi a de substituir definitivamente os trabalhadores avulsos por aqueles com vínculo empregatício (arts. 16 e 26 da Lei n. 8.630/93), não restando preenchido o requisito da temporalidade. E ainda que a referida substituição decorresse de retaliação pelo renovado ajuizamento de ações de cumprimento objetivando o pagamento de passivos trabalhistas, conforme alegado pelo sindicato suscitante, não se vislumbra o intuito de frustrar negociações ou arrefecer reivindicações da categoria. Com esse entendimento, a SDC, por unanimidade, negou provimento ao recurso ordinário, no tópico. TST-RO-2006900-13.2005.5.02.0000, SDC, rel. Min. Fernando Eizo Ono, 13.11.2012.

NEGOCIAÇÃO COLETIVA

2016

Informativo n. 137, TST — *Acordo direto entre empregados e a empresa. Recepção do art. 617 da CLT pelo art. 8º, VI, da CF. Recusa de participação do sindicato da categoria profissional na negociação coletiva. Necessidade de prova cabal.*

O art. 8º, VI, da CF estabelece ser obrigatória a participação dos sindicatos nas negociações coletivas de trabalho. Já o art. 617, *caput*, da CLT, dispõe que os empregados que decidirem celebrar acordo coletivo de trabalho com as respectivas empresas darão ciência de sua resolução, por escrito, ao sindicato representativo da categoria profissional, que terá o prazo de oito dias para assumir a direção dos entendimentos entre os interessados. Caso não sejam tomadas as medidas negociais por parte do sindicato representativo da categoria, o § 1º do art. 617 da CLT autoriza a formalização de acordo diretamente entre as partes interessadas. Nesse sentido, reputa-se válido acordo firmado diretamente entre o empregador e empregados, sem a intermediação do sindicato da categoria profissional, desde que demonstradas a livre manifestação de vontade dos empregados em assembleia e a efetiva recusa da entidade sindical em consultar a coletividade interessada. O art. 617 da CLT, portanto, foi recepcionado pela Constituição Federal, mas em caráter excepcional, pois é imprescindível que o sindicato seja instado a participar da negociação coletiva. Somente a demonstração da inequívoca resistência da cúpula sindical em consultar as bases autoriza os próprios interessados, regularmente convocados, a firmarem diretamente o pacto coletivo com a empresa, na forma da lei. No caso concreto, em negociação direta entre o empregador e comissão de empregados acordou-se a fixação de jornada de trabalho em turnos ininterruptos de revezamento de doze horas. O TRT, todavia, com fundamento no art. 8º, VI, da CF, considerou inválido o referido acordo, deixando, porém, de apreciar os requisitos previstos no art. 617 da CLT. Assim, a SBDI-I, por unanimidade, conheceu dos embargos, no tópico, por divergência jurisprudencial, e, no mérito, por maioria, deu-lhes provimento parcial para, diante da recepção do art. 617 da CLT pela Constituição da República de 1988, determinar o retorno dos autos ao TRT de origem a fim de que aprecie o atendimento ou não dos requisitos exigidos no art. 617 da CLT para a validade do acordo coletivo de trabalho firmado sem assistência sindical, máxime no tocante à comprovação cabal ou não de recusa do sindicato da categoria profissional em participar da negociação coletiva. Vencidos os Ministros Luiz Philippe Vieira de Mello Filho, relator, Augusto César Leite de Carvalho, José Roberto Freire Pimenta e Hugo Carlos Scheuermann. TST-E-ED-RR-1134676-43.2003.5.04.0900, SBDI-I, rel. Luiz Philippe Vieira de Mello Filho, red. p/ acórdão Min. João Oreste Dalazen, 19.5.2016.

NORMAS COLETIVAS

2016

Informativo n. 145, TST — *Matéria afetada ao Tribunal Pleno. Horas in itinere. Norma coletiva. Natureza indenizatória. Exclusão do cômputo da jornada e do cálculo das horas extras. Invalidade.*

A autonomia privada não é absoluta, de modo que as normas coletivas devem se amoldar ao princípio da dignidade da pessoa humana, não se admitindo a prevalência de cláusulas indiferentes ao bem-estar do trabalhador, à sua saúde e ao pleno desenvolvimento de sua personalidade a pretexto de viabilizar ou favorecer a atividade econômica. De outra sorte, os precedentes do STF, em especial o RE 895759/PE e o RE 590415/SC, não comportam leitura e classificação puramente esquemáticas, sem a minuciosa análise dos fragmentos da realidade factual ou jurídica, razão pela qual há sempre a possibilidade de se suscitar elemento de distinção (*distinguishing*). Com essas razões de decidir, o Tribunal Pleno, por maioria, conheceu do recurso de embargos, por divergência jurisprudencial e, no mérito, negou-lhe provimento, mantendo, portanto, a decisão turmária que, não vislumbrando violação do art. 7º, VI, XIII e XXVI, da CF, não conheceu do recurso de revista. No caso, o acórdão do Regional condenou a reclamada a integrar as horas *in itinere* ao conjunto remuneratório do empregado, em razão da ineficácia de cláusula de norma coletiva que estabeleceu a natureza indenizatória das horas de percurso e excluiu seu cômputo da jornada de trabalho e do cálculo das horas extras, além de impedir a repercussão nas demais verbas. Ao afastar a incidência dos precedentes do STF à hipótese, ressaltou o Ministro relator que a Corte Suprema, ao decidir que a quitação de verbas trabalhistas, com eficácia liberatória geral, é possível desde que autorizada por acordo coletivo de trabalho (RE 590415/SC), não tratou sobre a validade de cláusulas normativas que desvirtuam direitos fundamentais, nem se debruçou sobre questões relativas à estrutura sindical. De igual modo, ao dar provimento ao RE 895759/PE para validar cláusula de acordo coletivo que suprimiu as horas *in itinere* e, em contrapartida, concedeu outras vantagens aos empregados, o Ministro Teori Zavascki destacou a simetria de poder presentes nas relações coletivas de trabalho, situação que não se repete no caso em análise, conforme consignado pelo TRT. Vencidos os Ministros Ives Gandra da Silva Martins Filho, Maria Cristina Irigoyen Peduzzi, Antonio José de Barros Levenhagen e Dora Maria da Costa. TST-E-RR-205900-57.2007.5.09.0325, Tribunal Pleno, rel. Min. Augusto César Leite de Carvalho, 26.9.2016.

Informativo n. 139, TST — *Norma coletiva. Hora noturna. Não observância da redução ficta legal (art. 73, § 1º, da CLT). Possibilidade. Teoria do conglobamento.*

A norma coletiva pode estipular a exclusão da redução ficta da hora noturna, prevista no art. 73, § 1º, da CLT, desde que haja a concessão de outras vantagens que, sob a ótica da teoria do conglobamento, sejam mais benéficas ao trabalhador que aquelas asseguradas na legislação trabalhista. No caso vertente, o acordo coletivo fixou, para trabalhador submetido ao regime de jornada 12 x 36, hora noturna de sessenta minutos, porém com o pagamento de adicional de 40%, o dobro do previsto em lei. Sob esse fundamento, a SBDI-I, por unanimidade, conheceu do recurso de embargos, no tópico, por divergência jurisprudencial e, no mérito, por maioria, deu-lhe provimento para, reconhecendo válida a norma coletiva em apreço, excluir da condenação o pagamento das horas extras. Vencidos os Ministros Alexandre Agra Belmonte e José Roberto Freire Pimenta. TST-EEDEDRR-72700-67.2008.5.17.0010, SBDI-I, rel. Min. Augusto César Leite de Carvalho, 23.6.2016.

2015

Informativo n. 126, TST — *Ação anulatória. Atestado médico. Exigência da inserção da Classificação Internacional de Doenças (CID). Validade da cláusula de convenção coletiva de trabalho. Não violação do direito fundamental à intimidade e à privacidade.*

Não viola o direito fundamental à intimidade e à privacidade (art. 5º, X, da CF), cláusula constante de convenção coletiva de trabalho que exija a inserção da Classificação Internacional de Doenças (CID) nos atestados médicos apresentados pelos empregados. Essa exigência, que obriga o trabalhador a divulgar informações acerca de seu estado de saúde para exercer seu direito de justificar a ausência ao trabalho por motivo de doença, traz benefícios para o meio ambiente de trabalho, pois auxilia o empregador a tomar medidas adequadas ao combate de enfermidades recorrentes e a proporcionar melhorias nas condições de trabalho. Sob esse entendimento, a SDC, por unanimidade, conheceu do recurso ordinário e, no mérito, pelo voto prevalente da Presidência, deu-lhe provimento para julgar improcedente o pedido de anulação da cláusula em questão. Vencidos os Ministros Mauricio Godinho Delgado, relator, Kátia Magalhães Arruda e Maria de Assis Calsing. TST-RO- 480-32.2014.5.12.0000, SDC, rel. Min. Mauricio Godinho Delgado, red. p/ o acórdão Min. Ives Gandra Martins Filho, 14.12.2015 (*Cf. Informativo TST n. 114 para decisão em sentido contrário).

Informativo n. 114, TST — *Ação anulatória. Atestado médico. Exigência da inserção da Classificação Internacional de Doenças — CID. Nulidade de cláusula de convenção coletiva de trabalho.*

É nula cláusula constante de convenção coletiva de trabalho que exija a inserção da Classificação Internacional de Doenças (CID) nos atestados médicos apresentados pelos empregados. Tal exigência obriga o trabalhador divulgar informações acerca de seu estado de saúde para exercer seu direito de justificar a ausência ao trabalho por motivo de doença. Essa imposição viola o direito fundamental à intimidade e à privacidade (art. 5º, X, da CF), sobretudo por não existir, no caso, necessidade que decorra da atividade profissional. Sob esses fundamentos, a Seção Especializada em Dissídios Coletivos, por unanimidade, conheceu do recurso ordinário e, no mérito, por maioria, negou-lhe provimento, vencido o Ministro Ives Gandra Martins Filho. TST-RO-268-11.2014.5.12.0000, SDC, rel. Min. Maria Cristina Irigoyen Peduzzi, 17.8.2015.

Informativo n. 112, TST — *Turnos ininterruptos de revezamento. Norma coletiva. Fixação da jornada de trabalho em 8 horas diárias. Intervalo intrajornada parcialmente concedido. Súmula n. 423 do TST.*

Nos termos da Súmula n. 423 do Tribunal Superior do Trabalho, é válida a norma coletiva que fixa a jornada de oito horas diárias para o trabalho em turnos ininterruptos de revezamento quando extrapolada a jornada pelo descumprimento do intervalo intrajornada. A não concessão, parcial ou integral, do intervalo mínimo para refeição implica o pagamento do total correspondente, com acréscimo de, no mínimo, 50% do valor da remuneração da hora normal de trabalho, mas não torna essa hora ficta equivalente à hora extraordinária, tampouco invalida a jornada de oito horas pactuada. Sob esses fundamentos, a SBDI-I, por maioria, negou provimento ao agravo regimental, vencidos os Ministros Alexandre de Souza Agra Belmonte, relator, Augusto César Leite de Carvalho, José Roberto Freire Pimenta e Hugo Carlos Scheuermann. TST-AgR-E-ED-RR-423-68.2012.5.15.0107, SBDI-I, red. Min. Cláudio Mascarenhas Brandão, 25.6.2015.

Informativo n. 103, TST — *Ação anulatória. Nulidade de cláusula de convenção coletiva de trabalho. Sindicato representante da categoria econômica não subscrevente da norma coletiva. Legitimidade ativa ad causam.*

A competência conferida ao Ministério Público do Trabalho para o ajuizamento de ações anulatórias de cláusulas de acordos coletivos ou convenções coletivas de trabalho, nos termos do art. 83, III e IV, da Lei Complementar n. 75/1993, se estende, excepcionalmente, aos entes sindicais subscreventes da norma coletiva, quando demonstrado vício de vontade ou alguma das irregularidades descritas no art. 166 do Código Civil, ou aos sindicatos representantes das categorias econômicas e/ou profissionais, que não subscreveram a norma coletiva, mas que se sintam prejudicados em sua esfera jurídica, em decorrência do instrumento pactuado. No caso, considerando-se o teor das cláusulas firmadas entre o Sindicato dos Trabalhadores em Condomínios Residenciais, Comerciais, Rurais, Mistos, Verticais e Horizontais de Habitações em Áreas Isoladas do Distrito Federal e o Sindicato dos Condomínios Residenciais e Comerciais do Distrito Federal — Sindicondomínio, que enumeram as funções de zelador, garagista, serviços gerais e outros como atividades-fim e proíbem a contratação desses trabalhadores por empresas terceirizadas, constata-se haver interesse jurídico entre o Sindicato das Empresas de Asseio, Conservação, Trabalho Temporário e Serviços Terceirizáveis do Distrito Federal — SEAC e a matéria objeto da ação anulatória, qual seja, o direito de um terceiro sindicato de ter contratada a mão de obra das empresas prestadoras de serviço que representa, o que torna inquestionável a sua legitimidade ativa. Com esse entendimento, a SDC, por maioria, conheceu do recurso ordinário interposto pelo SEAC, e, no mérito, deu-lhes provimento para afastar a ilegitimidade ativa *ad causam* do recorrente, e determinar o retorno dos autos ao TRT, a fim de que prossiga no exame da ação anulatória, como entender de direito. Vencido o Ministro Mauricio Godinho Delgado. TST-RO-3434-13.2011.5.10.0000, SDC, rel. Min. Dora Maria da Costa, 13.4.2015.

Informativo n. 101, TST — *Ação anulatória. Cláusula de convenção coletiva. Contratos de experiência sucessivos. Vedação apenas aos empregados que já tenham trabalhado anteriormente na mesma empresa e na mesma função por prazo superior a um ano. Nulidade.*

É nula a cláusula de convenção coletiva de trabalho que veda a celebração de um novo contrato de experiência apenas aos empregados que já tenham trabalhado anteriormente na mesma empresa e na mesma função por prazo superior a um ano. No caso, entendeu-se que o referido ajuste possibilita aos empregados que laborarem na empresa, por período inferior a um ano, sejam recontratados para exercer a mesma função, por meio de sucessivos contratos de experiência, o que não se justifica, porquanto a prestação de serviços anterior já cumpriu a sua finalidade de permitir ao empregador o conhecimento do perfil profissional e social do trabalhador. Com esse entendimento, a SDC, por unanimidade, conheceu do recurso ordinário interposto pelo Ministério Público do Trabalho e, no mérito, por maioria, deu-lhe provimento para anular a cláusula da convenção coletiva em questão. Vencidas a Ministra Maria de Assis Calsing, relatora, e o Ministro Ives Gandra Martins, que reputavam legítima a aludida cláusula. TST-RO-10028-29.2013.5.08.0000, SDC, rel. Min. Maria de Assis Calsing, 9.3.2015.

2014

Informativo n. 96, TST — *Tíquete-alimentação. Valores diferenciados. Previsão em norma coletiva. Validade.*

A Constituição Federal, ao mesmo tempo em que proíbe qualquer discriminação no tocante a salários, exercício de funções e critérios de admissão (art. 7º, XXX), também impõe proteção aos acordos e convenções negociados coletivamente (art. 7º, XXVI). Assim, na hipótese em que a norma coletiva prevê o fornecimento de tíquetes-alimentação em valores diferenciados para os empregados da mesma empresa em razão de particularidades nos contratos celebrados entre a tomadora e a prestadora, tais como local da prestação dos serviços e o valor global do respectivo contrato, a norma coletiva em questão deve ser validada, pois regula um direito disponível, não existindo razão para impedir sua flexibilização. Com esse entendimento, a SBDI-I, por unanimidade, conheceu dos embargos da reclamante, por divergência jurisprudencial, e, no mérito, por maioria, negou-lhes provimento. Vencido o Ministro José Roberto Freire Pimenta. TST-E-RR- 2150-14.2011.5.03.0113, SBDI-I, rel. Min. Alexandre de Souza Agra Belmonte, 20.11.2014.

Informativo n. 88, TST — *Acordos coletivos e convenções coletivas de trabalho. Ministério do Trabalho e Emprego. Depósito em papel. Recusa. Implementação do "Sistema Mediador". Portaria n. 282 do MTE. Arts. 613, parágrafo único, e 614 da CLT.*

A recusa de órgão do Ministério do Trabalho e Emprego (MTE) em receber, a partir de 1º/1/2009, o depósito em papel de acordos coletivos e convenções coletivas de trabalho, em razão da implementação do chamado "Sistema Mediador" — programa criado pela Portaria n. 282/MTE, cujo objetivo é a elaboração, transmissão, registro e arquivo, via eletrônica, de instrumentos coletivos de trabalho — não viola direito líquido e certo do sindicato impetrante. No caso, registrou-se que a Secretaria das Relações de Trabalho tem autorização para implantar sistema para a recepção dos instrumentos coletivos, nos termos do art. 913 da CLT. Ademais, não há falar em ofensa ao parágrafo único do art. 613 da CLT, pois, atualmente, a forma escrita dos documentos não mais se restringe ao papel. De outra sorte, o "Sistema Mediador" não inviabiliza a vigência da norma coletiva a partir do terceiro dia após o requerimento do registro, conforme determinado no art. 614, § 1º, da CLT, uma vez que a Instrução Normativa n. 6/07, da Secretaria de Relações do Trabalho, ao regulamentar o referido sistema, não altera o início da vigência das normas coletivas, mas apenas estabelece que a norma surtirá seus efeitos no prazo de vigência, desde que efetuadas as retificações necessárias até o término do referido prazo. Com esse entendimento, a SBDI-I, por unanimidade, conheceu dos embargos interpostos pela União e, no mérito, por maioria, deu-lhes provimento para restabelecer o acórdão do Regional, que denegou a segurança. Vencidos os Ministros Aloysio Corrêa da Veiga, relator, Lelio Bentes Corrêa, Luiz Philippe Vieira de Mello Filho, Márcio Eurico Vitral Amaro e José Roberto Freire Pimenta, que negavam provimento ao recurso sob o fundamento de que a obrigatoriedade de utilização do "Sistema Mediador" viola os arts. 7º, XXVI, e 8º, I, da CF e os arts. 611 e 614 da CLT, devendo ser convalidado o ato de depósito do instrumento coletivo efetuado pelo sindicato impetrante perante a autoridade administrativa do SRTE/MTE, para efeitos de registro e arquivo. TST-E-ED-RR-4042000-40.2009.5.09.0006, SBDI-I, rel. Min. Aloysio Corrêa da Veiga, red. p/ acórdão Min. João Oreste Dalazen, 4.9.2014.

Informativo n. 88, TST — *Terceirização. Atividade fim. Cláusula normativa proibitiva. Validade.*

É válida a cláusula de instrumento normativo que proíbe que a atividade fim da empresa seja objeto de terceirização, na medida em que promove o fortalecimento do sindicato da categoria profissional e resguarda o trabalhador dos efeitos prejudiciais inerentes a essa modalidade de contratação. Com esse entendimento, a SDC, por maioria, conheceu de recurso ordinário e, no mérito, negou-lhe provimento, no tópico. Vencidos os Ministros Ives Gandra da Silva Martins Filho, Dora Maria da Costa e Walmir Oliveira da Costa. TST-RO-11501-23.2010.5.02.0000, SDC, rel. Min. Mauricio Godinho Delgado, 8.9.2014.

Informativo n. 88, TST — *Trabalhador portuário avulso. Norma coletiva. Previsão de não pagamento de salário in natura, horas in itinere e horas paradas de qualquer natureza. Invalidade.*

A SDC, por unanimidade, deu provimento a recurso ordinário para excluir item de cláusula de convenção coletiva de trabalho que estipulava não ser devido ao trabalhador portuário avulso, em hipótese alguma, salário *in natura*, horas *in itinere* e horas paradas de qualquer natureza. No caso, ressaltou-se que, não obstante a garantia prevista no art. 7º, XXVI, da CF, as partes não podem dispor livremente de direitos regulados por normas cogentes, como no caso das parcelas em questão, previstas nos arts. 4º, 58, §§ 2º e 3º, e 458 da CLT. De outra sorte, a própria lei referente à negociação coletiva da remuneração dos trabalhadores portuários avulsos (art. 43 da Lei n. 12.815/2013) garante a necessidade de se observar um valor mínimo, o que não ocorreu na hipótese. TST-AIRO-RO-1100-40.2013.5.17.0000, SDC, rel. Min. Walmir Oliveira da Costa, 8.9.2014.

Informativo n. 87, TST — *FGTS. Cláusula normativa que reduz a multa de 40% para 20% e estabelece de antemão a existência de culpa recíproca. Invalidade.*

É inválida cláusula de convenção coletiva de trabalho que estabelece, de antemão, a existência de culpa recíproca na rescisão do contrato de trabalho e a consequente redução da multa de 40% do FGTS para 20%, mediante o compromisso das empresas que sucederam outras na prestação do mesmo serviço, em razão de nova licitação, de contratarem os empregados da empresa sucedida. Trata-se de direito indisponível do empregado, garantido em norma de ordem pública e, portanto, infenso à negociação coletiva. Com esse entendimento, a SBDI-I, em sua composição plena, conheceu, por unanimidade, dos embargos interpostos pela reclamada, por divergência jurisprudencial e, no mérito, por maioria, negou-lhes provimento, mantendo a decisão turmária que determinara o pagamento da multa de 40% do FGTS. Vencidos os Ministros Ives Gandra Martins Filho, relator, Maria Cristina Peduzzi, Renato de Lacerda Paiva, Aloysio Corrêa da Veiga e Márcio Eurico Vitral Amaro, que davam provimento ao recurso por entenderem que, na hipótese, a negociação coletiva não atenta contra direito indisponível, uma vez que não se trata de discussão acerca do direito ao levantamento dos depósitos do FGTS propriamente dito, mas sim de multa que tem como base de cálculo os depósitos do FGTS, além de prestigiar a permanência do trabalhador no emprego. TST-E-ED-RR-45700-74.2007.5.16.0004, SBDI-I, rel. Min. Ives Gandra Martins Filho, red. p/ acórdão Min. Lelio Bentes Corrêa, 21.8.2014.

Informativo n. 86, TST — *Aluguel de veículo do próprio empregado. Parcela de natureza indenizatória. Cláusula inválida. Fraude aos direitos dos trabalhadores. Súmula n. 367, I, do TST. Não incidência.*

É inválida cláusula de instrumento normativo que estabelece como indenizatória a natureza da parcela paga a título de aluguel do veículo do próprio trabalhador, utilizado por ele em benefício da empregadora. No caso concreto restou consignado que a empresa se vale do uso do veículo do empregado como meio indispensável à prestação dos serviços, mediante a devida remuneração, consistindo, portanto, em mero objeto de contraprestação financeira. Ademais, houve prova de que o valor fixado para a locação do veículo corresponde, em média, a mais do que o valor total do salário nominal pago ao empregado, o que reforça a intenção de dissimular a natureza salarial da parcela, implicando, portanto, em fraude à legislação trabalhista a atrair o disposto no art. 9º da CLT. De outra sorte, não há falar em incidência da Súmula n. 367, I, do TST, pois esta fixa a natureza indenizatória apenas no caso em que a empresa fornece o veículo ao empregado, não se amoldando à hipótese de pagamento de aluguel pelo uso do próprio veículo do trabalhador. Com esses fundamentos, a SDC, por unanimidade, conheceu de recurso ordinário e, no mérito, negou-lhe provimento, mantendo a decisão do Tribunal Regional que entendera incabível a homologação da cláusula. TST-RO-22800-09.2012.5.17.0000, SDC, rel. Min. Walmir Oliveira da Costa, 18.8.2014.

Informativo n. 85, TST — *Dissídio coletivo. Comissão de sindicância. Participação obrigatória do sindicato profissional. Impossibilidade. Cláusula excluída.*

A SDC, por maioria, deu provimento a recurso ordinário para excluir cláusula que previa a convocação obrigatória do Sindicato dos Trabalhadores em Água, Esgoto e Meio Ambiente do Estado de São Paulo — Sintaema para compor toda e qualquer comissão de sindicância que envolva os trabalhadores da Fundação para a Conservação e a Produção Florestal do Estado de São Paulo, ao argumento de que haveria uma quebra de imparcialidade, pois é dever do sindicato defender os integrantes da categoria profissional. Vencidos, no tópico, os Ministros Kátia Magalhães Arruda, relatora, e Mauricio Godinho Delgado, que negavam provimento ao recurso ordinário para manter a cláusula, pois, além de não ter cunho econômico, está em harmonia com a atribuição dos sindicatos de que trata o inciso III do art. 8º da CF. TST-RO-6937-30.2012.5.02.0000, SDC, rel. Min. Kátia Magalhães Arruda, 9.6.2014.

Informativo n. 76, TST — *Hospital Nossa Senhora da Conceição. Entidade filantrópica. Salários. Elastecimento da data de pagamento para além do prazo fixado na CLT. Acordo coletivo. Validade.*

É válido o instrumento coletivo que possibilita ao empregador efetuar o pagamento do salário dos empregados até o dia 16 do mês subsequente ao mês trabalhado. Não se tratando de direito trabalhista de caráter indisponível, mostra-se imprescindível a valorização da negociação coletiva de que trata o art. 7º, XXVI, da CF, não obstante o art. 459, § 1º, da CLT estipular o pagamento mensal até o quinto dia útil do mês subsequente ao vencido. Ressalte-se, ademais, que, no caso concreto, o empregador é o Hospital Nossa Senhora da Conceição, entidade filantrópica sem fins lucrativos, que não se equipara ao empregador privado, e que, conforme consta da própria cláusula estipulada, sofre problemas no repasse das verbas pelo Sistema Único de Saúde — SUS, razão pela qual se justifica o elastecimento da data de pagamento dos salários, até mesmo como forma de garantir o referido pagamento aos empregados. Com esse posicionamento, a SBDI-I, à unanimidade, conheceu dos embargos interpostos pelo reclamado, por divergência jurisprudencial, e, no mérito, pelo voto prevalente da Presidência, deu-lhes provimento para reconhecer como válidos os instrumentos coletivos que estabeleceram como prazo para o pagamento dos salários o dia 16 do mês subsequente ao trabalhado, excluindo-se da condenação o pagamento de diferenças a título de correção monetária em razão do desrespeito ao prazo previsto no art. 459, § 1º, da CLT. Vencidos os Ministros João Oreste Dalazen, Lelio Bentes Corrêa, Augusto César Leite de Carvalho, José Roberto Freire Pimenta, Delaíde Miranda Arantes e Alexandre de Souza Agra Belmonte. TST-E-RR-187600-55.2005.5.12.0027, SBDI-I, rel. Min. Renato de Lacerda Paiva, 20.3.2014.

Informativo n. 75, TST — *Trabalho externo. Norma coletiva. Horas extras. Pagamento limitado a cinquenta horas mensais. Invalidade. Existência de controle de jornada. Supressão de direitos fundamentais do empregado. Má aplicação do art. 7º, XXVI, da CF.*

É inválida a cláusula de acordo coletivo de trabalho que exime o empregador de pagar a totalidade das horas extras trabalhadas, sob pena de suprimir os direitos fundamentais sociais do empregado à duração do trabalho, à remuneração superior do serviço em sobrejornada e à redução dos riscos inerentes ao trabalho, previstos no art. 7º, XIII, XVI e XXII, da CF. No caso vertente, conquanto o reclamante exercesse atividade externa, constatou-se que sua jornada de trabalho era controlada pelo empregador, razão por que se reputou inválida a previsão em norma coletiva do pagamento fixo de cinquenta horas extraordinárias. Com esse entendimento, a SBDI-I, por unanimidade, conheceu dos embargos interpostos pelo reclamante, antes da vigência da Lei n. 11.496/2007, por má aplicação do art. 7º, XXVI, da CF, e, no mérito, deu-lhes provimento para restabelecer o acórdão prolatado pelo Tribunal Regional no que deferira o pagamento de horas extras e o respectivo adicional, bem como os reflexos legais. TST-E-RR-1305900-13.2002.5.09.0652, SBDI-I, rel. Min. Renato de Lacerda Paiva, 13.3.2014.

Informativo n. 75, TST — *Ação anulatória. Acordo coletivo. Seguro de vida. Custeio. Rateio entre empregador e empregados. Desconto em folha. Autorização individual de cada empregado. Necessidade. Súmula n. 342 do TST.*

A contratação de seguro de vida, com rateio de custos entre empregador e empregado e o respectivo desconto em folha, ainda que prevista em cláusula de acordo coletivo, depende de anuência individual e expressa de cada empregado, nos termos da Súmula n. 342 do TST. Na espécie, registrou-se que o desconto salarial somente é admissível nas hipóteses previstas no art. 462 da CLT e nos limites apontados na Orientação Jurisprudencial n. 18 da SDC, a qual, embora não exija expressamente a permissão prévia do trabalhador, traz essa premissa fática em todos os seus precedentes. Com esses fundamentos, a SDC, por maioria, deu provimento ao recurso ordinário em ação anulatória para, sanando o vício apontado pelo Ministério Público do Trabalho da 17ª Região, recorrente, vincular o desconto salarial a que alude o parágrafo quarto da Cláusula 13 — Seguro de Vida à anuência do trabalhador. Vencidos os Ministros Fernando Eizo Ono, Walmir Oliveira da Costa e Ives Gandra Martins da Silva Filho, os quais entendiam que a aquiescência pública e expressa da categoria ao teor da cláusula do acordo coletivo é suficiente para autorizar a efetivação do desconto em folha. TST-RO-40200-36.2012.5.17.0000, SDC, rel. Min. Maria de Assis Calsing, 17.3.2014.

Informativo n. 73, TST — *Horas* in itinere. *Supressão por meio de norma coletiva. Concessão de outras vantagens aos empregados. Invalidade.*

É inválido instrumento coletivo que exclui o direito às horas *in itinere*, ainda que mediante a concessão de outras vantagens aos trabalhadores. O pagamento das horas de percurso está assegurado pelo art. 58, § 2º, da CLT, que é norma de ordem pública, razão pela qual a supressão deste direito atenta contra os preceitos que asseguram condições mínimas de proteção ao trabalho, não encontrando respaldo no disposto no art. 7º, XXVI, da CF, o qual preconiza o reconhecimento das convenções e acordos coletivos de trabalho. Assim, a SBDI-I, por maioria, vencido o Ministro Ives Gandra Martins Filho, conheceu dos embargos da reclamada, por divergência jurisprudencial e, no mérito, negou-lhes provimento. *In casu*, o acordo coletivo de trabalho estabelecia que não seria computado o tempo de deslocamento dos trabalhadores rurais no trajeto residência-trabalho-residência, e em troca concedia cesta básica durante a entressafra, seguro de vida e acidentes além do obrigatório e sem custo para o empregado, abono anual aos trabalhadores com ganho mensal superior a dois salários mínimos, salário-família além do limite legal e repositor energético, além de adotar tabela progressiva de produção além da prevista em convenção coletiva. TST-E-E-D-RR-1928-03.2010.5.06.0241, SBDI-I, rel. Min. Lelio Bentes Côrrea, 20.2.2014.

Informativo n. 72, TST — *Revista íntima. Cláusula que autoriza a inspeção pessoal que não acarrete toque em qualquer parte do corpo do empregado ou retirada de sua vestimenta e proíbe a instalação de câmeras de vídeo nos banheiros e vestiários. Validade.*

É válida a cláusula de instrumento normativo que autoriza a revista íntima dos trabalhadores desde que não haja toque em qualquer parte do corpo ou retirada de vestimentas, bem como proíbe a instalação de câmeras de vídeo nos banheiros e também nos vestiários. Na espécie, consignou-se que a fixação de critérios à realização da revista pessoal são providências que não extrapolam o alcance conferido ao poder fiscalizador da empresa, razão pela qual a cláusula não pode ser considerada uma atitude exacerbada e invasiva da intimidade e privacidade dos empregados. Com esses fundamentos, a SDC, por maioria, deu provimento parcial ao recurso ordinário para restabelecer a validade da Cláusula 30ª — Da Revista Íntima. Vencido, no tópico, o Ministro Mauricio Godinho Delgado, relator. TST-RO-17500-03.2011.5.17.0000, SDC, rel. Min. Mauricio Godinho Delgado, 17.2.2014.

2013

Informativo n. 58, TST — *Banespa. ACT 2000/2001. Aposentadoria por invalidez. Indenização. Requisitos preenchidos após o fim da vigência do acordo. Orientação Jurisprudencial n. 41 da SBDI-I. Aplicação analógica.*

A SBDI-I, por unanimidade, conheceu dos embargos da reclamante, por divergência jurisprudencial, e, no mérito, deu-lhes provimento para restabelecer o acórdão do Regional, o qual manteve a sentença que condenou os reclamados, solidariamente, a pagar à autora a indenização prevista no ACT 2000/2001, celebrado entre o Banespa e o sindicato da categoria profissional, mesmo na hipótese em que os requisitos previstos no acordo tenham sido preenchidos somente após o fim da sua vigência. Na espécie, a empregada fora afastada pelo órgão previdenciário por doença do trabalho quando em vigor o ACT 2000/2001 — o qual garantia direito à indenização aos empregados que se aposentassem por invalidez decorrente de acidente do trabalho ou doença ocupacional —, mas aposentou-se somente em 24.10.2002, ou seja, quando não mais vigia o referido acordo. *In casu*, ressaltou-se que, conforme a jurisprudência do TST, trata-se de hipótese de aplicação analógica da Orientação Jurisprudencial n. 41 da SBDI-I. Ademais, embora a jubilação tenha ocorrido após o término da vigência do ACT 2000/2001, é certo que o afastamento que acarretou a invalidez se deu ao tempo em que o instrumento coletivo estava em vigor, razão pela qual permanece o direito à indenização postulada. TST-E-ED-RR-28700-47.2004.5.02.0201, SBDI-I, rel. Min. Augusto César Leite de Carvalho, 5.9.2013.

Informativo n. 58, TST — *Dissídio coletivo. Uniões estáveis homoafetivas e heteroafetivas. Paridade de tratamento. Reconhecimento. ADI 4277.*

Ante os princípios da dignidade humana (art. 1º, III, da CF) e da igualdade (art. 5º, *caput* e I, da CF) e o entendimento exarado pelo Supremo Tribunal Federal no julgamento da ADI 4277, que reconheceu às uniões homoafetivas o *status* de entidade familiar, estendendo a essas relações a mesma proteção jurídica destinada à união estável entre homem e mulher conferida pelos arts. 226, § 3º, da CF e 1.723 do CC, a SDC, à unanimidade, deu provimento ao recurso ordinário do Sindicato dos Aeroviários de Porto Alegre para, no particular, reformar a decisão do TRT, que entendeu ser a matéria própria para acordo entre as partes, e deferir a cláusula postulada com a seguinte redação: "Cláusula 48 — Parceiro(a) do mesmo sexo: Quando concedido pela empresa benefício ao companheiro(a) do(a) empregado(a), reconhece-se a paridade de tratamento entre as uniões estáveis homoafetivas e heteroafetivas, desde que observados os requisitos previstos no art. 1.723 do CC". Ressalvou a fundamentação o Ministro Ives Gandra Martins Filho. TST-RO-20424-81.2010.5.04.0000, SDC, rel. Min. Walmir Oliveira da Costa, 9.9.2013.

Informativo n. 58, TST — *Horas* in itinere. *Prefixação. Norma coletiva. Validade.*

A SDC, por unanimidade, negou provimento ao recurso ordinário do Ministério Público do Trabalho da 18ª Região, confirmando decisão do Regional que manteve cláusula de convenção coletiva de trabalho que pré-fixou em uma hora o tempo a ser pago a título de horas *in itinere* aos trabalhadores rurais do setor canavieiro de todo o Estado de Goiás. Na espécie, prevaleceu o entendimento de que é possível, por meio de negociação coletiva, estipular um montante de horas itinerantes a serem pagas, não se admitindo apenas a supressão da parcela, sua fixação desproporcional ou, ainda, a retirada do caráter salarial, do direito aos respectivos reflexos ou do adicional de horas extras. Na espécie, restou consignado que embora os trabalhadores de alguns municípios necessitassem de longo período de locomoção, os empregados de outras cidades da região perfaziam o percurso até o trabalho em período próximo ao prefixado, razão pela qual o tempo de uma hora não se mostrou abusivo em relação ao tempo efetivamente gasto pelo conjunto de trabalhadores submetidos à cláusula, considerando-se não os casos individuais, mas a dinâmica das empresas envolvidas e as variadas distâncias entre os pontos de acesso e as frentes de trabalho. TST-RO-415-74.2011.5.18.0000, SDC, rel. Min. Mauricio Godinho Delgado, 9.9.2013.

Informativo n. 54, TST — *Negociação coletiva sem a participação do sindicato. Art. 617 da CLT. Recursa em negociar não comprovada. Invalidade do acordo firmado. Art. 8º, VI, da CF.*

Não obstante o 617 da CLT tenha sido recepcionado pela Constituição Federal de 1988, sua aplicação está restrita às excepcionais hipóteses em que houver comprovada recusa do sindicato em proceder à negociação, pois, nos termos do art. 8º, VI, da CF, a participação obrigatória do sindicato na negociação coletiva de trabalho é preceito de observância inafastável. Assim, não havendo nos autos a prova de que o sindicato se recusou a negociar, mas, ao revés, registrada a autoproclamação de membros de comissão de quatro empregados, sem a necessária segurança de que se tratava de iniciativa efetiva dos obreiros e sem ao menos convidar o sindicato para participar dos debates, não há como validar a negociação empreendida diretamente com os trabalhadores. Com esses fundamentos, a SDC, por unanimidade, negou provimento ao recurso ordinário da empresa, mantendo a improcedência do pedido de declaração de validade e eficácia de acordo de jornada de trabalho firmado diretamente com a comissão de empregados. Vencido parcialmente o Ministro Ives Gandra Martins Filho, quanto à legitimidade da comissão de empregados. TST-RO-8281-17.2010.5.02.0000, SDC, rel. Min. Márcio Eurico Vitral Amaro, 12.8.2013.

Informativo n. 51, TST — *Horas* in itinere. *Norma coletiva. Fixação prévia do número de horas a pagar. Validade. Afastamento da natureza salarial. Impossibilidade. Art. 58, § 2º, da CLT.*

É válida a cláusula de norma coletiva que fixa previamente o número de horas *in itinere* a serem pagas, desde que não haja flagrante disparidade entre o tempo acordado e o período efetivamente gasto no trajeto. No caso, limitou-se o pagamento a uma hora diária, mesmo havendo prova de que o tempo de percurso médio era de duas horas. De outra sorte, é inválida a cláusula que retira a natureza salarial das horas *in itinere*, afastando sua integração aos salários dos empregados, para todos os efeitos legais, em contrariedade ao disposto no art. 58, § 2º da CLT. Com esse entendimento, a SBDI-I, por unanimidade, conheceu dos embargos da reclamada, por divergência jurisprudencial, e, no mérito, deu-lhes provimento parcial para excluir da condenação o pagamento de duas horas *in itinere* diárias e, quanto às horas já quitadas no curso do contrato de trabalho, nos termos do quantitativo fixado mediante negociação coletiva, manter a condenação ao pagamento dos respectivos reflexos. TST-E-RR-414600-67.2009.5.09.0325, SBDI-I, rel. Min. João Oreste Dalazen, 13.6.2013.

Informativo n. 46, TST — *Acordo em dissídio coletivo. Cláusula que proíbe o trabalho noturno, perigoso e insalubre aos menores de 14 anos. Norma que sugere a autorização de trabalho em desconformidade com o art. 7º, XXXIII, da CF. Impossibilidade de homologação pelo poder Judiciário.*

Não é passível de homologação pelo Poder Judiciário, a cláusula de acordo em dissídio coletivo que, de forma transversa, sugere a possibilidade do trabalho noturno, perigoso ou insalubre aos maiores de quatorze anos, tendo em vista o disposto no inciso XXXIII do art. 7º da Constituição da República, que expressamente proíbe o trabalho noturno, perigoso ou insalubre aos menores de dezoito anos, e no art. 3º da Convenção n. 138 da OIT, ratificada pelo Brasil em 28.6.2001, o qual estabelece idade mínima de dezoito anos para a realização de atividade que possa prejudicar a saúde, a segurança e a moral do jovem. Com esse entendimento, a SDC, por unanimidade, deu provimento ao recurso ordinário interposto pelo Ministério Público do Trabalho da 4ª Região para excluir a Cláusula 38 — Trabalho Noturno e Insalubre, que dispunha ser proibido o trabalho noturno, perigoso ou insalubre apenas aos menores de quatorze anos. TST-RO-386700-55.2009.5.04.0000, SDC, rel. Min. Kátia Arruda, 13.5.2013.

Informativo n. 46, TST — *Banespa. Instituição bancária com quadro de pessoal organizado em nível nacional. Prevalência de acordo coletivo de trabalho de âmbito nacional sobre convenção coletiva de trabalho de âmbito regional. Princípio do conglobamento. Representatividade da Contec.*

Na hipótese de conflito entre convenção coletiva de trabalho de âmbito regional, firmada pelo Sindicato dos Bancários de Belo Horizonte e a Federação Nacional dos Bancos — Fenaban, e acordo coletivo de trabalho de âmbito nacional, celebrado entre o Banespa e a Confederação Nacional dos Trabalhadores nas Empresas de Crédito — Contec, deve prevalecer o acordo de abrangência nacional, por ser o empregador instituição bancária com quadro de pessoal organizado em nível nacional, e por ser mais benéfico à categoria profissional como um todo, em face do princípio do conglobamento. Ademais, não obstante a Orientação Jurisprudencial Transitória n. 68 da SBDI-I se refira a período diverso daquele abrangido pelos instrumentos coletivos questionados, extrai-se do verbete a autoridade da Contec para representar os interesses dos empregados do Banespa em negociações coletivas. *In casu*, pleiteou-se o pagamento de diferenças de complementação de aposentadoria decorrentes da inobservância de cláusula de reajuste salarial de 8,5% prevista na CCT 2004/2005 firmado pelo Sindicato local e a Fenaban no período em que os empregados do Banco Banespa encontravam-se jungidos pelo ACT 2004/2006 celebrado com a Contec. Com esse entendimento, a SBDI-I decidiu, por maioria, vencidos os Ministros Renato de Lacerda Paiva, Lelio Bentes Corrêa, Luiz Philippe Vieira de Mello Filho e José Roberto Freire Pimenta, conhecer dos embargos do banco reclamado, por divergência jurisprudencial, e, no mérito, ainda por maioria, vencidos os Ministros Augusto César Leite de Carvalho, Renato de Lacerda Paiva, Lelio Bentes Corrêa, Luiz Philippe Vieira de Mello Filho e José Roberto Freire Pimenta, dar-lhes provimento para julgar improcedente a demanda. TST-E-RR-125300-63.2005.5.03.0009, SBDI-I, rel. Min. Delaíde Miranda Arantes, 29.8.2013.

Informativo n. 36, TST — *Intervalo intrajornada de 15 minutos. Concessão ao final da jornada. Previsão em instrumento coletivo. Invalidade. Art. 71, § 1º, da CLT. Norma cogente.*

É inválida cláusula de instrumento coletivo que prevê a concessão do intervalo intrajornada de 15 minutos apenas ao final da jornada, antecipando o seu final e permitindo ao empregado chegar mais cedo em casa. A previsão contida no § 1º do art. 71 da CLT é norma cogente que tutela a higiene, a saúde e a segurança do trabalho, insuscetível, portanto, à negociação. Ademais, a concessão do intervalo apenas ao final da jornada não atende à finalidade da norma, que é a de reparar o desgaste físico e intelectual do trabalhador durante a prestação de serviços, sobretudo quando se trata de atividade extenuante, como a executada pelos trabalhadores portuários. Com esse entendimento, a SBDI-I, por unanimidade, conheceu dos embargos, por divergência jurisprudencial, e, no mérito, por maioria, negou-lhes provimento, confirmando a decisão do Regional que condenou o reclamado ao pagamento de 15 minutos diários, como extras, referentes ao intervalo intrajornada não usufruído, com os reflexos postulados. Vencidos os Ministros Aloysio Corrêa da Veiga, Ives Gandra Martins Filho e Maria Cristina Irigoyen Peduzzi. TST-ERR-126-56.2011.5.04.0122, SBDI-I, rel. Augusto César Leite de Carvalho, 14.2.2013.

2012

Informativo n. 34, TST — *Ação anulatória. Convenção coletiva de trabalho. Cláusula que prevê a dispensa da concessão do aviso-prévio no caso de o trabalhador ser contratado pela nova prestadora de serviços. Nulidade.*

É nula a cláusula de convenção coletiva de trabalho que dispensa as empresas que perderem os contratos de prestação de serviços de conceder e indenizar o aviso-prévio, desde que o trabalhador seja imediatamente contratado pela nova prestadora de serviços. Com esse entendimento, a SDC, por maioria, deu provimento ao recurso ordinário do Ministério Público do Trabalho da 17ª Região para declarar a nulidade da cláusula 34ª da convenção coletiva de trabalho firmada entre o Sindicato dos Empregados de Empresas de Segurança e Vigilância do Estado do Espírito Santo, o Sindicato dos Empregados nas Empresas de Transportes de Valores, Escolta Armada, Ronda Motorizada, Monitoramento Eletrônico e Via Satélite, Agentes de Segurança Pessoal e Patrimonial, Segurança e Vigilância em Geral da Região Metropolitana de Vitória no Estado do Espírito Santo (SINDSEG/GV/ES) e o Sindicato das Empresas de Segurança Privada no Estado do Espírito Santo (SINDESP/ES). No caso, considerou a Seção que a referida cláusula contraria o disposto na Súmula n. 276 do TST e no Precedente Normativo n. 24 da SDC. Vencidos os Ministros Fernando Eizo Ono, relator, Márcio Eurico Vitral Amaro e Maria Cristina Irigoyen Peduzzi, que negavam provimento ao recurso, no tópico, ao fundamento de que a renúncia do direito ao aviso-prévio possibilitou a preservação de um bem de maior valia para o trabalhador, qual seja, a imediata colocação em novo posto de trabalho. TST-RO-100-78.2008.5.17.0000, SDC, rel. Min. Fernando Eizo Ono, 11.12.2012.

Informativo n. 33, TST — *Nulidade por negativa de prestação jurisdicional. Divergência jurisprudencial. Caracterização. Acórdão do TRT que não se pronunciou acerca da previsão em norma coletiva da inclusão do sábado como repouso semanal remunerado do empregado bancário.*

Apesar da dificuldade em se caracterizar o dissenso de teses nos casos em que se discute a preliminar de nulidade por negativa de prestação jurisdicional, a SBDI-I, por maioria, conheceu dos embargos, por divergência jurisprudencial, na hipótese em que o aresto divergente apresenta conclusão diversa na interpretação do mesmo dispositivo constitucional, e em situação fática idêntica à retratada no acórdão embargado. No caso, enquanto o aresto paradigma reconheceu a nulidade do acórdão do Regional, com fulcro no art. 93, IX, da CF, a decisão turmária afastou a ofensa ao referido dispositivo, ao fundamento de que a existência de norma coletiva prevendo o sábado como repouso semanal remunerado não causou prejuízo ao reclamante, razão pela qual não se fazia necessário declarar a nulidade do acórdão do Regional, que, não obstante a oposição de embargos de declaração, não se pronunciou acerca da referida norma. No mérito, ainda por maioria, a Subseção deu provimento aos embargos para, declarando a nulidade do acórdão dos embargos de declaração proferido pelo TRT, determinar o retorno dos autos ao Tribunal Regional de origem, a fim de que profira novo julgamento dos embargos declaratórios opostos pelo reclamante, manifestando-se sobre a existência, ou não, de cláusula coletiva prevendo o sábado como dia de repouso semanal remunerado. Ressaltou-se que a revelação, pelo TRT, da existência de norma coletiva prevendo o sábado como repouso semanal remunerado é essencial ao deslinde da controvérsia, diante da atual redação da Súmula n. 124 do TST, que prevê expressamente a aplicação do divisor 150 no cálculo das horas extras do bancário submetido à jornada de seis horas prevista no *"caput"* do art. 224 da CLT, se houver acordo coletivo estabelecendo o sábado como dia de descanso remunerado. Vencidos os Ministros Aloysio Corrêa da Veiga, Maria Cristina Peduzzi, Luiz Philippe Vieira de Mello Filho e Dora Maria da Costa, que não conheciam do recurso, e o Ministro Ives Gandra Martins Filho, que, apesar de acompanhar a divergência quanto à preliminar de negativa de prestação jurisdicional, no mérito do recurso, conhecia dos embargos, por divergência jurisprudencial, e dava-lhes provimento para aplicar imediatamente o entendimento do atual item I, "a", da Súmula n. 124 do TST. TST-E-ED-RR-25900-74.2007.5.10.0021, SBDI-I, rel. Min. Augusto César Leite de Carvalho, 6.12.2012.

Informativo n. 29, TST — *Horas "in itinere". Lei n. 10.243/01. Limitação por norma coletiva. Possibilidade.*

É válida cláusula coletiva que prevê a limitação do pagamento das horas *"in itinere"*, em atenção ao previsto no art. 7º, XXVI, da CF. Com esse entendimento, a SBDI-I, em sua composição plena, por maioria, vencido o Ministro Antônio José de Barros Levenhagen, conheceu dos embargos por divergência jurisprudencial, e, no mérito, pelo voto prevalente da Presidência, deu-lhes provimento para restabelecer a sentença que reconheceu a validade da cláusula de acordo coletivo, firmado após a Lei n. 10.243/01, a qual fixou o pagamento de uma hora diária a título de horas *"in itinere"*, não obstante o tempo gasto pelo reclamante no percurso de ida e volta ao trabalho fosse de duas horas e vinte minutos. Vencidos os Ministros Renato de Lacerda Paiva, relator, Lelio Bentes Corrêa, Aloysio Corrêa da Veiga, Luiz Philippe Vieira de Mello Filho, Augusto César Leite de Carvalho, José Roberto Freire Pimenta e Delaíde Miranda Arantes, os quais negavam provimento ao recurso, sob o argumento de que, na hipótese de flagrante disparidade entre o tempo de percurso efetivamente utilizado e aquele atribuído pela norma coletiva, há subversão do direito à livre negociação, restando caracterizada, portanto, a renúncia do reclamante ao direito de recebimento das horas *"in itinere"*, o que é vedado pela Lei n. 10.243/01. TST-E-RR-2200-43.2005.5.15.0072, SBDI-I, rel. Min. Renato de Lacerda Paiva, red. p/ acórdão Min. Maria Cristina Irigoyen Peduzzi, 8.11.2012.

Informativo n. 26, TST — *Horas "in itinere". Base de cálculo. Fixação por meio de norma coletiva. Impossibilidade.*

É inválida a norma coletiva que estabelece o salário normativo como base de cálculo das horas *"in itinere"*, porquanto as horas de percurso possuem a mesma natureza das horas extras, devendo ser calculadas como tal. Com esse entendimento, a SBDI-I, por unanimidade, conheceu dos embargos, por divergência jurisprudencial e, no mérito, por maioria, negou-lhes provimento. Vencidos os Ministros Ives Gandra Martins Filho, relator, Aloysio Corrêa da Veiga, Dora Maria da Costa e Maria Cristina Irigoyen Peduzzi. TST-E-ED-RR-135000-41.2008.5.15.0036. SBDI-I, rel. Min. Ives Gandra Martins Filho, red. p/ acórdão Min. Luiz Philippe Vieira de Mello Filho, 18.10.2012.

Informativo n. 25, TST — *AR. Vale-transporte. Negociação coletiva. Pagamento em pecúnia. Possibilidade. Art. 7º, XXVI, da CF. Violação.*

Afronta o art. 7º, XXVI, da CF o acórdão do Regional que não reconhece a validade da cláusula convencional estipulando o pagamento do vale-transporte em pecúnia, pois a Lei n. 7.418/85, que instituiu o vale-transporte, com a alteração introduzida pela Lei n. 7.619/87, não veda, em nenhum dos seus dispositivos, a substituição do referido benefício por pagamento em espécie. Ademais, a liberdade de negociação coletiva no âmbito das relações trabalhistas encontra-se assegurada na Constituição da República, ainda que não de forma absoluta, não existindo nenhum óbice legal para que as partes, de comum acordo, negociem a substituição do vale-transporte por antecipação em dinheiro. Com esse entendimento, a SBDI-II, por unanimidade, conheceu do recurso ordinário e, no mérito, deu-lhe provimento parcial para, em juízo rescindente, configurada a afronta ao art. 7º, XXVI, da CF, desconstituir o acórdão regional e, em juízo rescisório, reconhecendo a validade da cláusula convencional estipulando o pagamento em pecúnia do vale-transporte, julgar procedente o pedido de anulação da decisão proferida no Auto de Infração e a consequente exclusão da multa administrativa então aplicada à autora, com os consectários legais daí decorrentes. TST-RO-161-37.2011.5.06.0000, SBDI-II, rel. Min. Guilherme Augusto Caputo Bastos, 9.10.2012.

Informativo n. 25, TST — *Cesta básica. Exclusão de empregados em contrato de experiência. Impossibilidade.*

A exclusão dos trabalhadores em contrato de experiência do pagamento de cesta básica não se coaduna com o princípio consagrado pelo art. 3º, IV, parte final, da Constituição da República, que veda qualquer forma de discriminação na promoção do bem de todos. Com base nesse entendimento, a SDC, por unanimidade, deu parcial provimento ao recurso ordinário do sindicato da categoria profissional, suscitante do dissídio de natureza econômica, para deferir a "Cláusula Oitava — Cesta básica" conforme a redação proposta pelo sindicato suscitado, porém, incluindo os empregados em contrato de experiência. TST--RO-20260-19.2010.5.04.0000, SDC, Min. Kátia Magalhães Arruda, 9.10.2012.

Informativo n. 25, TST — *Associação Municipal de Apoio Comunitário — AMAC. Pessoa jurídica de direito público. Instituição de Plano de Cargos e Salários. Acordo coletivo de trabalho. Nulidade.*

Diante da impossibilidade de a pessoa jurídica de direito público, que mantenha empregados vinculados ao regime previsto na CLT, celebrar convenções e acordos coletivos de trabalho que lhe acarretem encargos financeiros diretos, a SDC, por unanimidade, negou provimento aos recursos ordinários, entendendo não merecer reforma o acórdão do Regional que pronunciou, de forma incidental, a natureza jurídica de direito público da Associação Municipal de Apoio Comunitário — AMAC, e julgou procedente a ação anulatória para declarar a nulidade, com efeitos *"ex tunc"*, do acordo coletivo de trabalho celebrado entre a referida associação e o Sindicato dos Trabalhadores, Funcionários e Servidores Municipais da Administração Direta, Indireta, Fundações, Autarquias, Empresas Públicas e Associações Civis da Prefeitura do Município de Juiz de Fora — SINSERPU/JF. Na espécie, restou consignado que a AMAC, por ser mantida por verbas orçamentárias sujeitas ao Tribunal de Contas do Estado e chefiada pelo prefeito municipal, constitui entidade de direito público, não obstante a natureza jurídica de direito privado que se lhe pretendeu imprimir seu estatuto. Assim, o acordo coletivo de trabalho por ela celebrado com o exclusivo objetivo de instituir Plano de Cargos e Salários e regular matérias reservadas exclusivamente à lei municipal, é atípico, e, em consequência, eivado de nulidade absoluta, não havendo que se destacar nem mesmo as eventuais cláusulas de natureza social, na forma da nova redação da Orientação Jurisprudencial n. 5 da SDC. TST-ROAA-146500-85.2007.5.03.0000, SDC, rel. Min. Fernando Eizo Ono, 9.10.2012.

Informativo n. 25, TST — *Horas de percurso. Limitação em norma coletiva. Razoabilidade e proporcionalidade. Possibilidade. Reconhecimento do direito às horas "in itinere" prestadas em período anterior à negociação coletiva. Validade.*

É válida cláusula de norma coletiva que limita, com razoabilidade e proporcionalidade, o quantitativo de tempo a ser considerado para o pagamento de horas *"in itinere"*, tendo em vista a dificuldade de se apurar as horas efetivamente gastas, em razão de o local da prestação de serviços não ser o mesmo todos os dias. No caso em exame, verificou-se que o percurso a ser feito pelos empregados varia de acordo com a lavoura na qual vão prestar serviços, e que o tempo de deslocamento para locais mais distantes é compensado nos dias em há prestação de serviços nas fazendas mais próximas. Noutro giro, quanto ao período anterior à negociação coletiva — para o qual não havia remuneração pelo tempo despendido ou esse pagamento era de valor muito aquém daquele que seria devido —, também é válida a norma que reconhece o direito ao pagamento das horas *"in itinere"* a todos os trabalhadores, inclusive aos inativos e àqueles cujo contrato de trabalho com a empresa já fora encerrado. Na espécie, a transação coletiva não resultou em renúncia a direito indisponível, mas em expresso reconhecimento, pela empregadora, do direito às horas de percurso, e, embora se refira a período pretérito, não ostenta natureza retroativa e não objetivou conferir legalidade à lesão praticada anteriormente, mas regulamentar o direito reconhecido em relação a safras anteriores. A negociação coletiva, em sentido amplo, vai além da mera fixação de normas e condições de trabalho, servindo, também, para a prevenção de litígios. Inteligência dos arts. 7º, XXVI, e 8º, III e IV, da CF. Com esse entendimento, a SDC, por unanimidade, negou provimento ao recurso ordinário interposto pelo Ministério Público do Trabalho da 18ª Região. TST-RO-34-66.2011.5.18.0000, SDC, rel. Min. Walmir Oliveira da Costa, 9.10.2012.

Informativo n. 21, TST — *Terceirização. Cláusula convencional que veda a intermediação de mão de obra por condomínios e edifícios. Validade.*

É válida a cláusula convencional que veda a contratação de empresas prestadoras de serviços por condomínios e edifícios para o fornecimento de mão de obra para atuar nas funções relacionadas à atividade fim, discriminadas na norma coletiva como o zelador, vigia, porteiro, jardineiro, faxineiro, ascensorista, garagista, manobrista e foguista. Na espécie, destacou-se que o ajuste agregou vantagem à categoria profissional, na medida em que valorizou a contratação direta de empregados, em detrimento da prática da terceirização. Com esse posicionamento, a SDC, por unanimidade, conheceu do recurso ordinário e, no mérito, por maioria, julgou improcedente o pedido de declaração de nulidade da referida cláusula. Vencido o relator, Ministro Walmir Oliveira da Costa. TST-RO-116000-32.2009.5.15.0000, SDC, rel. Min. Walmir Oliveira da Costa, red. p/ acórdão Min. Márcio Eurico Vitral Amaro, 4.9.2012.

Informativo n. 20, TST — *Horas extras. Fixação em norma coletiva. Impossibilidade. Prejuízo ao empregado.*

A fixação das horas extras pagas mensalmente ao empregado, mediante negociação coletiva, afronta o direito à percepção integral das horas efetivamente trabalhadas em sobrejornada, causando prejuízo ao trabalhador. Com base nesse entendimento, a SBDI-I, por unanimidade, conheceu dos embargos, por divergência jurisprudencial e, no mérito, deu-lhes provimento para declarar inválida a cláusula normativa que prevê o pagamento de horas extras de forma fixa, vencidos os Ministros Ives Gandra Martins Filho, Brito Pereira e Maria Cristina Irigoyen Peduzzi. Na espécie, a Turma manteve o acórdão do Regional que havia concluído pela validade da norma coletiva que fixou o pagamento de sessenta horas extras mensais, porquanto atendia às peculiaridades dos motoristas da empresa acordante, remunerando satisfatoriamente as eventuais horas extras prestadas durante os longos intervalos intrajornada a que eram submetidos, o que acabava por desdobrar a jornada em três períodos, sem caracterizar, porém, tempo à disposição do empregador. TST-ERR-1219-71.2010.5.18.0131, SBDI-I, Min. Horácio Raymundo de Senna Pires, 30.8.2012

Informativo n. 17, TST — *Ação anulatória. Acordo coletivo de trabalho que contém norma menos favorável que aquela prevista em convenção* coletiva vigente no mesmo período. Art. 620 da CLT. Nulidade afastada.

O confronto entre duas cláusulas dispondo sobre a mesma vantagem constante tanto de acordo quanto de convenção coletiva vigentes no mesmo período não enseja a anulação da norma menos favorável, mas apenas a sua inaplicabilidade ao caso concreto, conforme dicção do art. 620 da CLT. O reconhecimento de que a convenção coletiva deve ser aplicada em detrimento do acordo coletivo, quando aquela for mais favorável, não implica a declaração da nulidade do acordo, pois, para tanto, seria necessária a constatação de irregularidades de ordem formal ou material a afrontar o ordenamento jurídico. Com esse entendimento, a SDC, por unanimidade, deu provimento ao recurso ordinário para, afastando a nulidade das cláusulas terceiras dos acordos coletivos 2007/2008 e 2008/2009, firmados entre os réus, julgar improcedente a ação anulatória. Entendeu-se, outrossim, que a improcedência da presente ação não interfere na pretensão de aplicação da norma mais favorável aos empregados, a qual deve ser discutida em ação judicial própria. TST-RO-2643-24.2010.5.12.0000, SDC, rel. Min. Kátia Magalhães Arruda, 13.8.2012.

Informativo n. 17, TST — *Ação anulatória. Trabalho em feriados no comércio em geral. Autorização em acordo coletivo. Impossibilidade. Exigência de previsão em convenção coletiva. Art. 6º-A da Lei n. 10.101/00.*

Nos termos do art. 6º-A da Lei n. 10.101/00, conforme alteração introduzida pela Lei n. 11.603/07, o trabalho no comércio em geral em feriados é possível tão somente mediante autorização firmada em convenção coletiva de trabalho, ou seja, negociação ajustada entre os sindicatos representativos das categorias econômica e profissional. Trata-se de dispositivo de interpretação restritiva que, fundada no princípio da proteção ao trabalho, não pode ser alargada para abarcar as autorizações concedidas em sede de acordo coletivo. Assim, a SDC, por unanimidade, deu provimento ao recurso ordinário do Sindicato do Comércio Varejista de Itapetininga para, julgando parcialmente procedente a ação anulatória, declarar a nulidade da cláusula quadragésima quarta (calendário de funcionamento do comércio em datas especiais) do ACT 2009/2010, firmado entre o réu e a empresa Arthur Lundgren Tecidos S.A. — Casas Pernambucanas, e da cláusula quadragésima terceira (calendário de funcionamento do comércio em datas especiais) do ACT 2009/2010, firmado entre o réu e a empresa Cofesa — Comercial Ferreira Santos Ltda. TST-RO-13955- 13.2010.5.15.0000, SDC, rel. Min. Kátia Magalhães Arruda, 13.8.2012.

Informativo n. 15, TST — *Prêmio produtividade. Alteração da natureza jurídica em norma coletiva. Impossibilidade.*

A natureza jurídica do prêmio produtividade não pode ser alterada por meio de norma coletiva, tendo em vista o caráter indisponível da parcela, reconhecido, inclusive, pela jurisprudência do STF, consolidada na Súmula n. 209. Com esse entendimento, a SBDI-I, por unanimidade, conheceu dos embargos por divergência jurisprudencial e, no mérito, por maioria, negou-lhes provimento. Vencido o Ministro Ives Gandra Martins Filho. TST-E-RR-36400-58.2007.5.09.0562, SBDI-I, rel. Min. João Batista Brito Pereira, 28.6.2012.

Informativo n. 11, TST — *Voto vencido. Dados fáticos não infirmados pelo voto prevalente. Acórdão único do TRT. Possibilidade de cotejo de teses.*

É possível se estabelecer o cotejo de teses a partir dos elementos fáticos consignados em voto vencido, desde que não infirmados pelo voto prevalente e que ambos os votos estejam consignados em acórdão único do TRT. Com esse posicionamento, a SBDI-I, no tópico, por maioria, valendo-se dos elementos de fato constantes do voto vencido, não conheceu dos embargos, por concluir que a decisão proferida pelo Tribunal Regional, chancelada pela Turma, no sentido de não dar prevalência à cláusula coletiva relativa às horas *in itinere* sobre a norma legal, não violou o art. 7º, XXVI, da CF. Vencidos os Ministros Ives Gandra Martins Filho e Maria Cristina Peduzzi, que davam provimento ao recurso para excluir da condenação o pagamento das horas de percurso. TST-E-RR-586085-14.1999.5.09.5555, SBDI-I, rel. Min. Lelio Bentes Corrêa, 31.5.2012.

Informativo n. 8, TST — *Ação anulatória. Acordo coletivo de trabalho. Horas* in itinere. *Cláusula que estabelece quitação geral e indiscriminada. Período anterior à vigência. Impossibilidade.*

A SDC, por unanimidade, deu provimento a recurso ordinário em ação anulatória para declarar a nulidade de cláusula de acordo coletivo de trabalho que previa a quitação geral e indiscriminada de horas *in itinere* relativas a todo o período anterior à vigência da norma. Esclareceu o Ministro relator que, no caso, não houve estabelecimento de qualquer contrapartida aos trabalhadores, o que equivale à renúncia aos salários correspondentes ao tempo à disposição do empregador, em contraste com os arts. 9º, 58, § 2º, e 444 da CLT. Ademais, cláusulas que transacionam direitos referentes a lapso temporal anterior à sua vigência são ineficazes, ante o disposto no art. 614, § 3º, da CLT e na Súmula n. 277 do TST, restando claro que a referida cláusula foi instituída com o intuito de liberar a empresa do pagamento de eventuais débitos a título de horas de percurso que possam vir a ser apurados em reclamações trabalhistas, inibindo, portanto, o acesso dos empregados ao Poder Judiciário. TST-RO-22700-15.2010.5.03.0000, SDC, rel. Min. Fernando Eizo Ono, 15.5.2012.

Informativo n. 1, TST — *CVRD. Empréstimo concedido mediante norma coletiva. Remissão da dívida. Benefício previsto somente para os empregados com contrato de trabalho em vigor. Extensão aos reclamantes dispensados antes da vigência do acordo coletivo que previu a remissão. Contrariedade ao art. 7º, XXVI, da CF. Configuração.*

Contraria o disposto no art. 7º, XXVI, da CF a decisão que estende a remissão de dívida referente a empréstimo concedido aos trabalhadores da Companhia Vale do Rio Doce — CVRD, por força de norma coletiva pactuada na data-base anterior (ACT 97/98), aos ex-empregados cujo contrato de trabalho não mais vigia em julho de 1998, conforme exigido pelo Acordo Coletivo de Trabalho 98/99, que previu a remissão. Com esse entendimento, a SBDI-I, por unanimidade, conheceu do recurso de embargos por divergência jurisprudencial e, no mérito, deu-lhe provimento para restabelecer a sentença mediante a qual fora julgada improcedente a pretensão dos reclamantes. TST-E-ED-RR-144700-10.1999.5.17.0001, SBDI-I, rel. Min. Lelio Bentes Corrêa, 15.3.2012.

Informativo n. 1, TST — *Ação civil pública. Comércio varejista. Trabalho aos domingos e feriados. Período anterior a 9 de novembro de 1997. Necessidade de ajuste em norma coletiva.*

Mesmo no período anterior a 9 de novembro de 1997, a que se refere o parágrafo único do art. 6º da edição n. 36 da MP n. 1539, convertida na Lei n. 10.101/00, posteriormente alterada pela Lei n. 11.603/07, fazia-se necessário o ajuste em norma coletiva autorizando o trabalho aos domingos e feriados no comércio varejista. Com base nessa premissa, a SBDI-I, por maioria, conheceu dos embargos e, no mérito, deu-lhes provimento para julgar procedente o pedido formulado na ação civil pública, determinando aos réus que se abstenham de exigir de seus empregados labor em domingos e feriados sem o amparo de norma coletiva. Vencidos os Ministros Maria Cristina Irigoyen Peduzzi, relatora, Milton de Moura França, Ives Gandra da Silva Martins Filho e Renato de Lacerda Paiva. TST-E-ED-RR-89600-90.2002.5.08.0009, SBDI-I, rel. Min. Maria Cristina Irigoyen Peduzzi, red. p/ acórdão Min. Brito Pereira, 16.2.2012.

Informativo n. 1, TST — *Ação declaratória. Piso salarial. Lei Estadual. Não observância. Pedido abstrato. Configuração. Incidência da Orientação Jurisprudencial n. 7 da SDC.*

Considerando o fato de o interesse de agir na ação declaratória pressupor a incerteza jurídica quanto a direitos e obrigações individualizadas no caso concreto, e tendo em vista a inviabilidade do manejo da referida ação para se discutir lei em abstrato, a SDC, por unanimidade, negou provimento ao recurso ordinário, fazendo incidir, na hipótese, a Orientação Jurisprudencial n. 7 da referida Seção. *In casu*, a Federação das Indústrias do Estado de Santa Catarina (FIESC) ajuizou ação declaratória requerendo a exclusão da aplicação da Lei Complementar do Estado de Santa Catarina n. 459/2009 aos empregados que tenham piso salarial definido em convenção ou acordo coletivo de trabalho firmado com os sindicatos representados pela referida federação, bem como a declaração da possibilidade de firmar cláusula de piso salarial em instrumento coletivo com valores abaixo dos patamares estabelecidos na referida lei. TST-RO-491-03.2010.5.12.0000, SDC, rel. Min. Mauricio Godinho Delgado, 12.3.12.

REPRESENTATIVIDADE SINDICAL
2015

Informativo n. 100, TST — *Representação sindical. Sinthoresp x Sindifast. Princípio da especificidade. Prevalência. Art. 570 da CLT.*

O critério definidor do enquadramento sindical é o da especificidade, previsto no art. 570 da CLT, de modo que o critério da agregação tem caráter subsidiário, aplicando-se apenas quando não for possível aos exercentes de quaisquer atividades ou profissões se sindicalizarem eficientemente com base na especificidade. Nesse sentido, em ação de cobrança de contribuição sindical ajuizada pelo Sinthoresp (Sindicato dos Trabalhadores em Hotéis, Apart Hotéis, Motéis, *Flats*, Pensões, Hospedarias, Pousadas, Restaurantes, Churrascarias, Cantinas, Pizzarias, Bares, Lanchonetes, Sorveterias, Confeitarias, Docerias, *Buffets*, *Fast foods* e Assemelhados de São Paulo e Região) em face da empresa Burger King do Brasil S.A. — BGK, decidiu-se que a legitimidade para representar os empregados da empresa que atua no ramo de refeições rápidas é do Sindifast (Sindicato dos Trabalhadores nas Empresas de Refeições Rápidas (*Fast Food*) de São Paulo), pois não é possível imaginar que as condições de trabalho em restaurantes *à la carte* possam ser identificadas com aquelas típicas de estabelecimentos *fast food*, em que não há sequer o sistema de gorjetas. Com esses fundamentos, a SBDI-I, por unanimidade, rejeitou a preliminar de ilegitimidade recursal arguida em impugnação, conheceu dos embargos interpostos pelo Sindifast, por divergência jurisprudencial, e, no mérito, deu-lhes provimento para julgar improcedente a ação de cobrança ajuizada pelo Sinthoresp e restabelecer a sentença. Ressalvaram entendimento os Ministros Ives Gandra Martins Filho, Luiz Philippe Vieira de Mello Filho e Augusto César Leite de Carvalho. TST-E-E-D-RR-880-42.2010.5.02.0072, SBDI-I, rel. Min. Alexandre Agra Belmonte, 26.2.2015.

2013

Informativo n. 63, TST — *Ação anulatória. Acordos coletivos de trabalho celebrados com sindicatos nacionais. Impossibilidade de aplicação em base territorial onde exista sindicato local representante da categoria profissional. Princípio constitucional da unicidade sindical.*

Em observância ao princípio da unicidade sindical, não se aplicam acordos coletivos de trabalho celebrados com sindicatos nacionais à determinada base territorial onde exista sindicato local regularmente constituído e com legítima representatividade da categoria. Na espécie, apesar de existir sindicato de trabalhadores no transporte marítimo com atuação no Estado do Paraná, a empresa, por considerar necessária a uniformização das condições de trabalho nos locais de sua atuação, deixou de celebrar com ele negociação coletiva para firmar acordos coletivos com os sindicatos nacionais de condutores da marinha mercante, de marinheiros e moços e de mestres e contramestres, os quais foram declarados nulos pelo TRT de origem, ao fundamento de que a referida prática violou o art. 8º, II, da CF. Nesse contexto, a SDC, à unanimidade, reputando insuficiente o motivo declarado pela empresa, negou provimento aos recursos ordinários. TST-RO-2742-75.2010.5.09.0000, SDC, rel. Min. Márcio Eurico Vitral Amaro, 15.10.2013.

Informativo n. 58, TST — *Dissídio coletivo ajuizado pelo Sindicato dos Aeroviários de Guarulhos perante o Sindicato Nacional das Empresas Prestadoras de Serviços Auxiliares de Transporte Aéreo — Sineata. Ilegitimidade passiva ad causam. Superveniência de sindicato profissional específico.*

Os aeroviários que trabalham em empresas aéreas, em terra, não devem ser confundidos com os trabalhadores em empresas auxiliares ao transporte aéreo, se houver, na base territorial, sindicato específico aos últimos. No caso vertente, os empregados nos serviços auxiliares passaram a ser representados, no Município de Guarulhos/SP, a partir de 2007, pelo Sindicato dos Trabalhadores em Empresas Prestadoras de Serviços Auxiliares de Transportes Aéreos do Estado de São Paulo — Sinteata, correspondente profissional ao Sindicato Nacional das Empresas Prestadoras de Serviços Auxiliares de Transporte Aéreo — Sineata, fazendo cessar, portanto, a representação do Sindicato dos Aeroviários de Guarulhos, no tocante aos trabalhadores em empresas prestadoras de serviços auxiliares de transportes, até então legitimamente exercida por esse sindicato profissional mais antigo, sem qualquer distinção entre os aeroviários em empresas aéreas ou em empresas prestadoras de serviços auxiliares de transporte aéreo. Assim, configurada a superveniência de sindicato profissional específico, nos termos do art. 570 da CLT, a SDC, por maioria, negou provimento ao recurso ordinário do suscitante, mantendo, ainda que por fundamento diverso, a ilegitimidade passiva *ad causam* do Sineata para figurar no dissídio coletivo ajuizado pelo Sindicato dos Aeroviários de Garulhos. Vencidos os Ministros Márcio Eurico Vitral Amaro, Mauricio Godinho Delgado e Maria de Assis Calsing. TST-RO-7724-30.2010.5.02.0000, SDC, rel. Min. Fernando Eizo Ono, 9.9.2013.

Informativo n. 58, TST — *Dissídio coletivo. Greve. Petrobras S/A. Contrato de prestação de serviços de construção civil. Ilegitimidade do Sindipetro/ES para liderar movimento grevista na qualidade de representante dos empregados da empresa terceirizada. Art. 511, §§ 1º e 2º, da CLT.*

Nos termos do art. 511, §§ 1º e 2º, da CLT, a vinculação sindical dos empregados, ainda que terceirizados, deve ser definida pela atividade preponderante da empresa prestadora de serviços, porquanto a categoria profissional a qual pertence o trabalhador deve corresponder à categoria econômica a qual se vincula o empregador. Com esse fundamento, a SDC, por maioria, deu provimento ao recurso ordinário em dissídio coletivo de greve interposto pela PROEN Projetos Engenharia Comércio e Montagens Ltda., para declarar a abusividade da greve deflagrada por seus empregados sob a liderança do Sindicato dos Trabalhadores na Indústria de Exploração, Perfuração, Extração e Produção de Petróleo nos Municípios de São Mateus, Linhares, Conceição da Barra e Jaguaré no Estado do Espírito Santo (Sindipetro/ES), e, em consequência, excluir da decisão normativa recorrida as obrigações impostas à PROEN. Na espécie, reconheceu-se que, à época da greve em questão, a empregadora, por força de contrato de prestação de serviços com a Petrobras S/A., atuava, de forma preponderante, no ramo da construção civil e não na exploração ou extração de petróleo. Nessa perspectiva, afastou-se a legitimidade do Sindipetro/ES por ausência de paralelismo entre a categoria profissional por este representada e a categoria econômica da empresa prestadora de serviços, em observância ao princípio constitucional da unicidade sindical e tendo em vista a existência de sindicato representante dos trabalhadores da construção civil na mesma base territorial, qual seja, o Sindicato dos Trabalhadores na Indústria da Construção Civil, Terraplenagem, Estradas, Pontes e Construção de Montagem de Linhares, Rio Bananal, Jaguaré, Colatina e São Gabriel da Palha (Sintracon Linhares/ES). Vencidos os Ministros Mauricio Godinho Delgado, Katia Magalhães Arruda e Maria de Assis Calsing. TST-RO-42600-28.2009.5.17.0000, SDC, rel. Min. Fernando Eizo Ono, 9.9.2013.

2012

Informativo n. 8, TST — *Representatividade sindical. Contec. Legitimidade para celebrar acordo coletivo com o Banco do Brasil S.A.*

O fato de o Banco do Brasil S.A. ser uma instituição financeira que possui agências em todo o País e quadro de carreira organizado em âmbito nacional, aliado ao disposto no art. 611, § 2º, da CLT, que autoriza as federações ou confederações a celebrarem convenções coletivas para regerem as relações de trabalho no âmbito de suas representações, confere à Confederação Nacional dos Trabalhadores nas Empresas de Crédito (Contec) legitimidade para celebrar acordo coletivo com o referido banco. Diante desse entendimento, a SBDI-I, por unanimidade, não conheceu dos embargos, mantendo decisão turmária que desproveu o recurso de revista ao fundamento de que não merece reparo a decisão do TRT que julgara aplicável à espécie as normas estabelecidas com a Contec. TST-E-ED-RR-96000-27.2000.5.15.0032, SBDI-I, rel. Min. Brito Pereira, 10.5.2012.

Informativo do TST

Direito Processual do Trabalho

ARBITRAGEM

2015

Informativo n. 104, TST — *Ação civil pública. Prática de arbitragem nos dissídios individuais trabalhistas. Período posterior à dissolução dos contratos de trabalho. Inaplicabilidade. Arts. 114, §§ 1º e 2º, da CF, e 1º da Lei n. 9.307/1996. Imposição de obrigação de se abster.*

O instituto da arbitragem não se aplica como forma de solução de conflitos individuais trabalhistas, seja sob a ótica do art. 114, §§ 1º e 2º, da CF, seja à luz do art. 1º da Lei n. 9.307/1996, pois a intermediação da câmara de arbitragem (pessoa jurídica de direito privado) não é compatível com o modelo de intervencionismo estatal norteador das relações de emprego no Brasil. Quando se trata de Direito Individual do Trabalho, o princípio tuitivo do emprego inviabiliza qualquer tentativa de se promover a arbitragem, alcançando, inclusive, o período pós-contratual, ou seja, a homologação da rescisão, a percepção das verbas daí decorrentes e até mesmo eventual celebração de acordo. Com esses fundamentos, a SBDI-I, por maioria, conheceu dos embargos interpostos pelo Ministério Público do Trabalho, por divergência jurisprudencial, e, no mérito, deu-lhes provimento para, reformando a decisão que chancelara a atividade de arbitragem em relação ao período posterior à dissolução do contrato de trabalho, desde que respeitada a livre manifestação de vontade do ex-empregado e garantido o acesso irrestrito ao Poder Judiciário, condenar a reclamada a se abster de promover amplamente a arbitragem envolvendo direitos individuais trabalhistas, inclusive após a cessação do contrato de trabalho e no que tange à tentativa e/ou à efetiva formalização de acordos entre empregados, ou ex-empregados, e empregadores. Vencido o Ministro Ives Gandra Martins Filho. TST-E-ED-RR-25900-67.2008.5.03.0075, SBDI-I, rel. Min. João Oreste Dalazen, 16.4.2015.

AÇÃO CAUTELAR

2014

Informativo n. 81, TST — *Ação cautelar incidental à ação anulatória. Cominação de multa por descumprimento de ordem judicial. Superveniência de decisão na ação principal. Cessação dos efeitos da medida cautelar. Exclusão da penalidade imposta.*

A multa por descumprimento de ordem judicial (art. 461, § 4º, do CPC) aplicada em ação cautelar incidental a ação anulatória não subsiste na hipótese em que, ao julgar o mérito da ação principal, o TRT declarou a nulidade de todo o acordo coletivo, com efeitos *ex tunc*, retirando do mundo jurídico a cláusula objeto da medida cautelar concedida, porque nula de pleno direito. Na espécie, o Ministério Público do Trabalho ajuizou ação cautelar incidental a ação anulatória com pedido liminar, o qual fora deferido para suspender a eficácia de cláusula de acordo coletivo, tendo havido a fixação de multa para garantir o efetivo cumprimento da decisão. Posteriormente, diante do julgamento da ação anulatória, a cláusula impugnada foi declarada nula, juntamente com todo o instrumento normativo que a continha, razão pela qual o TRT extinguiu a cautelar, sem resolução do mérito, por perda do objeto, mas determinou que a multa fosse depositada em favor do FAT. Nesse contexto, a SDC, por unanimidade, conheceu do recurso ordinário, e, no mérito, por maioria, deu-lhe provimento para excluir a multa aplicada na ação cautelar. Vencidos os Ministros Kátia Magalhães Arruda, relatora, e Mauricio Godinho Delgado, que negavam provimento ao recurso ao argumento de que a superveniência do trânsito em julgado da decisão exarada na ação principal não atinge a multa cominada, a qual deveria ser apurada e, eventualmente, executada em ação própria. TST-RO-18-07.2013.5.05.0000, SDC, rel. Min. Kátia Magalhães Arruda, red. p/ acórdão Min. Walmir Oliveira da Costa, 12.5.2014.

AÇÃO CIVIL PÚBLICA

2015

Informativo n. 107, TST — *Ação civil pública. Art. 3º da Lei n. 7.347/85. Obrigação de fazer e condenação em pecúnia. Cumulação de pedidos. Tutela inibitória e dano moral coletivo.*

Nos termos do art. 3º da Lei n. 7.347/85, em ação civil pública é possível a cumulação de pedidos de obrigação de fazer, ou não fazer, com condenação ao pagamento de indenização em pecúnia. Na hipótese, entendeu-se que a multa por obrigação de fazer tem como objetivo o cumprimento da obrigação prevista em lei, enquanto que a indenização por dano extrapatrimonial coletivo tem como finalidade a compensação do período em que a coletividade foi privada do cumprimento de preceito legal. Sob esse entendimento, a SBDI-I, por unanimidade, conheceu do recurso de embargos por divergência jurisprudencial, e, no mérito, deu-lhes provimento para declarar a possibilidade de cumulação da indenização pecuniária com as obrigações de fazer direcionadas ao cumprimento da lei, bem como para condenar a embargada ao pagamento da indenização por danos morais coletivos no importe de R$ 200.000,00 (duzentos mil reais). Registrou ressalva de fundamentação o Min. Cláudio Mascarenhas Brandão. TST-E-ED-RR-133900-83.2004.5.02.0026, SBDI-I, rel. Min. Alexandre de Souza Agra Belmonte, 14.5.2015.

2014

Informativo n. 82, TST — *Ação Civil Pública. Multa diária. Art. 11 da Lei n. 7.347/85. Aplicação por descumprimento futuro de obrigações de fazer e de não fazer. Possibilidade.*

Deve ser mantida a multa diária prevista no art. 11, da Lei 7.347/85, imposta pelo descumprimento futuro de obrigações de fazer e de não fazer, relativas a ilícitos praticados pela empresa — *In casu*, a submissão de trabalhadores a revistas íntimas e outras irregularidades referentes ao ambiente de trabalho —, ainda que constatada a reparação e a satisfação das recomendações e exigências determinadas pelo Ministério Público do Trabalho no curso da ação civil pública. Não convém afastar a aplicação da *astreinte* imposta com o intuito de prevenir o descumprimento da determinação judicial e a violação à lei, porque a partir da reparação do ilícito pela empresa a tutela reparatória converte-se em tutela inibitória, preventiva de eventual descumprimento, não dependendo da existência efetiva de dano. Com esse entendimento, a SBDI-I decidiu, por unanimidade, conhecer dos embargos interpostos pelo MPT, por divergência jurisprudencial e, no mérito, dar-lhes provimento para, reformando a decisão recorrida, restabelecer o acórdão do TRT que determinou que a reclamada se abstivesse de proceder à revista íntima dos seus empregados, mantendo todas as providências já tomadas relativamente aos pedidos formulados na exordial, sob pena de multa diária de R$ 1.000,00 para cada descumprimento detectado, revertida ao Fundo de Amparo ao Trabalhador (FAT). TST-E-E-D-RR-656-73.2010.5.05.0023, SBDI-I, rel. Min. Augusto César Leite de Carvalho, 15.5.2014.

Informativo n. 78, TST — *Ação civil pública. Efeitos da sentença. Alcance territorial. Inciso II do art. 103 do CDC.*

É possível estender a todo território nacional os efeitos da sentença proferida em ação civil pública ajuizada perante a Vara do Trabalho de Juiz de Fora/MG, visto que a eficácia da decisão se rege, sob a ótica objetiva, pelo pedido e pela causa de pedir e, sob a ótica subjetiva, pelas partes no processo. Sendo certo que pelo alcance da lesão define-se a competência para o julgamento da ação civil pública, os efeitos da decisão proferida devem alcançar todos os interessados, sob pena de haver o ajuizamento de múltiplas ações civis sobre a mesma matéria, as quais serão julgadas por juízes diversos, gerando o risco de decisões contraditórias e militando contra os princípios da economia processual e da segurança jurídica. Assim, aplicando-se subsidiariamente a diretriz do inciso II do art. 103 do CDC, que define os efeitos *ultra partes* da coisa julgada, limitados ao grupo, categoria ou classe, quando se tratar da tutela de direitos coletivos ou individuais homogêneos, a SBDI-I decidiu, por maioria, vencido o Ministro Antônio José de Barros Levenhagen, conhecer do recurso de embargos interposto pelo Ministério Público do Trabalho, por divergência jurisprudencial e, no mérito, ainda por maioria, vencidos os Ministros Carlos Alberto Reis de Paula, relator, e Antônio José de Barros Levenhagen, dar-lhe provimento para restabelecer o acórdão do Regional, que estendeu aos estabelecimentos do banco reclamando em todo o território nacional os efeitos da coisa julgada oriunda da sentença proferida pela Vara do Trabalho de Juiz de Fora/MG. Na espécie, postulou o MPT que o Banco Santander Banespa S.A. implementasse o Programa de Controle Médico Ocupacional, consignasse corretamente o registro dos horários de trabalho de seus empregados, concedesse intervalos intra e interjornadas, procedesse ao pagamento integral das horas extras devidas e se abstivesse de prorroga-las além do permitido em lei. TST-E-ED-RR-32500-65.2006.5.03.0143, SBDI-I, rel. Min. Carlos Alberto Reis de Paula, red. p/ acórdão Min. Lelio Bentes Corrêa, 3.4.2014.

2013

Informativo n. 52, TST — *Ação civil pública. Multa pelo descumprimento de obrigação de não fazer. Execução antes do trânsito em julgado da decisão. Art. 5º, LV, da CF. Violação.*

A SBDI-I, por unanimidade, não conheceu dos embargos do Ministério Público do Trabalho, mantendo o acórdão da Turma que, vislumbrando violação do art. 5º, LV, da CF, deu provimento parcial ao recurso de revista da SANEPAR para determinar que a multa diária pelo descumprimento de obrigação de não fazer imposta nos autos de ação civil pública incida tão somente após o exaurimento do prazo de 120 dias para o cumprimento da obrigação, contados a partir do trânsito em julgado da decisão. No caso, prevaleceu o entendimento de que a execução das *astreintes* antes do trânsito em julgado da decisão que apreciou a legalidade ou não da terceirização de mão-de-obra revela o perigo de irreversibilidade da decisão, caso sobrevenha entendimento em sentido contrário, o que impossibilitaria a restituição ao status quo ante. TST-E-RR-1850400-42.2002.5.09.0900, SBDI-I, rel. Min. Renato de Lacerda Paiva, 20.6.2013.

Informativo n. 41, TST — *Ação civil pública ajuizada em vara do trabalho da sede do TRT. Dano de abrangência nacional. Limitação da coisa julgada à área de jurisdição do Tribunal Regional. Contrariedade ao item III da Orientação Jurisprudencial n. 130 da SBDI-II. Configuração.*

No caso em que o objetivo da ação civil pública é coibir conduta ilícita da empresa que tem atividade em todo o território nacional, e não só nos estabelecimentos localizados na área de jurisdição da 90ª Vara do Trabalho da Capital do Estado de São Paulo, em que ajuizada a ação, contraria o item III da Orientação Jurisprudencial n. 130 da SBDI-II a decisão que define como limite territorial dos efeitos da coisa julgada a área de jurisdição do TRT da 2ª Região. Com esse entendimento, a SBDI-I, por unanimidade, conheceu dos embargos, por divergência jurisprudencial, e, no mérito, deu-lhes provimento para estender a todo o território nacional os efeitos da decisão proferida na ação civil pública. TST-E-ED-RR-129600-12.2006.5.02.0090, SBDI-I, rel. Min. Brito Pereira, 4.4.2013.

2012

Informativo n. 32, TST — *Recurso de embargos. Ação coletiva. Reclamação trabalhista. Litispendência. Dissenso jurisprudencial. Não configuração. Aresto paradigma que trata de ação civil pública.*

Na hipótese em que, no acórdão embargado, foi consignada a litispendência entre a ação individual, na qual se pleiteava a observância de acordo coletivo de trabalho, no que tange à alternância de promoções por antiguidade e merecimento, e a ação coletiva proposta pelo sindicato como substituto processual da categoria profissional, com o mesmo objetivo, mostra-se inespecífico o aresto colacionado, que trata da configuração da litispendência entre ação individual e ação civil pública. Com esse entendimento, a SDBI-I, por maioria, não conheceu dos embargos. Ressaltou-se, no caso, que, embora haja tendência da Subseção a equiparar a ação coletiva e a ação civil pública em questões de substituição processual, ainda remanesce controvertida a possibilidade de se aplicar os critérios previstos no Código de Defesa do Consumidor a ambas as ações. Vencidos os Ministros Augusto César Leite de Carvalho, Luiz Philippe Vieira de Mello Filho, José Roberto Freire Pimenta e Delaíde Miranda Arantes, que conheciam dos embargos ao fundamento de quanto aos critérios para a verificação da litispendência, não haver distinção ontológica entre a ação civil pública e a ação coletiva que inviabilize o exame da especificidade da divergência jurisprudencial. TST-E-ED-RR-15400-16.2002.5.01.0007, SBDI-I, rel. Min. Brito Pereira, 29.11.2012.

AÇÃO RESCISÓRIA

2016

Informativo n. 144, TST — *Ação rescisória. Decadência. Extinção do processo com resolução do mérito. Depósito prévio. Reversão ao réu.*

O reconhecimento da decadência em sede de ação rescisória possui como consequência a determinação de reversão ao réu do valor do depósito prévio de que tratam os artigos 836 da CLT e 968, II do CPC de 2015 c/c o art. 5º da IN/TST 31/2007. A decisão assim proferida acarreta a extinção do processo com resolução do mérito, produzindo os mesmos efeitos intrínsecos às decisões de inadmissão e de improcedência da ação. Sob esses fundamentos, a SBDI-II, por unanimidade, conheceu do recurso ordinário e, no mérito, por maioria, negou-lhe provimento, mantendo a decisão proferida pelo Tribunal Regional que determinara a liberação do depósito judicial em favor do réu. Vencidos os Ministros Luiz Philippe Vieira de Mello Filho, Antonio José de Barros Levenhagen e Delaíde Miranda Arantes. TST-RO-5703-90.2011.5.04.0000, SBDI-II, rel. Min. Douglas Alencar Rodrigues, 13.9.2016.

Informativo n. 143, TST — *Ação rescisória. Indenização. Frutos percebidos na posse de má-fé. Violação do art. 1.216 do CC. Inaplicabilidade do óbice da Súmula n. 83 do TST.*

Inexistência de controvérsia mesmo antes da edição da Súmula n. 445 do TST. A SBDI-II, por unanimidade, afastando o óbice da Súmula n. 83, I e II, do TST, negou provimento a recurso ordinário, mantendo, portanto, o acórdão que, reconhecendo violação do art. 1.216 do CC, rescindiu a sentença e julgou improcedente o pedido relativo à indenização por perdas e danos decorrentes dos frutos percebidos na posse de má-fé. Na espécie, prevaleceu o entendimento de que mesmo antes da edição da Súmula n. 445 do TST já havia na Corte jurisprudência íntegra, coerente e estável a respeito da incompatibilidade da referida indenização com o direito do trabalho, não havendo falar em matéria de interpretação controvertida à época do trânsito em julgado da decisão rescindenda. Ressaltou-se, ademais, que a função precípua do TST é dar unidade ao direito material e processual do trabalho, pacificando a jurisprudência nacional, de modo que as Súmulas n. 343 do STF e 83 do TST e a chamada "interpretação razoável" não podem obstar a atuação institucional do TST quanto à interpretação mais adequada de norma federal. TST-RO-7213-61.2012.5.02.0000, SBDI-I, rel. Min. Luiz Philippe Vieira de Mello Filho, 30.8.2016.

Informativo n. 141, TST — *Ação rescisória. Reintegração por acometimento de doença ocupacional e por ausência de motivação do ato de dispensa. Pretensões autônomas. Inexistência do óbice da Orientação Jurisprudencial n. 112 da SBDI-II.*

A diretriz consagrada na Orientação Jurisprudencial n. 112 da SBDI-II, no sentido de ser necessário invocar causas de rescindibilidade que infirmem a fundamentação dúplice da decisão rescindenda, não se aplica ao caso em que houve o deferimento de duas pretensões autônomas. Na hipótese, o acórdão rescindendo não adotou motivação dúplice em relação a um único direito, mas reconheceu duas pretensões distintas, quais sejam, o direito à reintegração decorrente da doença ocupacional e o direito à reintegração em virtude da ilegalidade da dispensa por ausência de motivação do ato, as quais, inclusive, geram diferentes consequências. Assim sendo, não há qualquer obstáculo a que o autor dirija a pretensão desconstitutiva apenas contra a ilegalidade da dispensa por ausência de motivação, apontando violação dos arts. 5º, II, 7º, II e III, 37, II, 41 e 173, § 1º, II, da CF. Sob esse fundamento, a SBDI-II, por unanimidade, conheceu do recurso ordinário e, no mérito, deu-lhe provimento para determinar o retorno dos autos à origem a fim de que, afastado o óbice da Orientação Jurisprudencial n. 112 da SBDI-II, examine o pedido de corte rescisório. TST-RO-889-94.2011.5.09.0000, SBDI-II, rel. Min. Douglas Alencar Rodrigues, 2.8.2016.

Informativo n. 139, TST — *Ação rescisória. Decadência. Recurso ordinário intempestivo. Remessa necessária não conhecida. Condenação inferior a sessenta salários mínimos. Prazo decadencial contado a partir do transcurso do prazo para a interposição do recurso ordinário. Súmula n. 100, IV, do TST.*

O prazo decadencial, na ação rescisória, deve ser contado a partir do dia imediatamente subsequente ao trânsito em julgado da última decisão proferida na causa, seja de mérito ou não. De outro lado, recurso intempestivo ou incabível não tem o condão de impedir o trânsito em julgado da decisão recorrida, salvo se houver dúvida razoável (Súmula n. 100 do TST, itens I e III). Assim, na hipótese em que se denegou seguimento ao recurso ordinário do reclamado, por intempestivo, e o TRT não conheceu da remessa necessária porque a condenação não ultrapassou os sessenta salários mínimos exigidos pelo art. 475, § 2º, do CPC de 1973, conclui-se que a matéria trazida em sede de rescisória foi abordada apenas na sentença proferida pela vara do trabalho, cujo trânsito em julgado se operou após o transcurso do prazo para a interposição do recurso ordinário. Incidência do item IV da Súmula n. 100 do TST, segundo o qual o juízo rescindente não está adstrito à certidão de trânsito em julgado juntada com a ação rescisória, podendo formar sua convicção por meio de outros elementos dos autos quanto à postergação ou não do início do prazo decadencial. Sob esses fundamentos, a SBDI-II, por unanimidade, conheceu do recurso ordinário e, por maioria, extinguiu o processo com resolução do mérito, na forma do art. 487, II, do CPC de 2015. Vencidos os Ministros Douglas Alencar Rodrigues, relator, Maria Helena Mallmann, Renato de Lacerda Paiva e Alberto Luiz Bresciani de Fontan Pereira, os quais entendiam que a determinação explícita de submissão da sentença condenatória ao duplo grau de jurisdição e a circunstância de o valor da condenação ter sido apenas arbitrado, não espelhando o conteúdo econômico das pretensões deferidas à reclamante (sentença ilíquida), consistiriam em dúvida razoável capaz de protrair o marco inicial do prazo decadencial. TST-RO-7190-84.2014.5.15.0000, SBDI-II, rel. Min. Douglas Alencar Rodrigues, red. p/ acórdão Min. Emmanoel Pereira, 14.6.2016.

2015

Informativo n. 113, TST — *Ação rescisória. Pretensão de inclusão de novos valores em cálculos já homologados. Preclusão consumativa. Questão meramente processual. Coisa julgada formal. Impossibilidade de corte rescisório. Art. 485, caput, do CPC. Extinção do feito sem resolução de mérito.*

É juridicamente impossível o pedido de rescisão de acórdão em que se julgou preclusa a pretensão de inclusão de novos valores em cálculos já homologados judicialmente. A decisão rescindenda não enfrenta o mérito da lide, pois se fundamenta em questão meramente processual, a saber, a preclusão consumativa. Assim, gera apenas coisa julgada formal, não sujeita a corte rescisório, nos termos do art. 485, caput, do CPC. Sob esses fundamentos, a SBDI-2, por unanimidade, conheceu do recurso ordinário e, no mérito, negou-lhe provimento. TST-RO-100017-94.2013.5.17.0000, SBDI-II, rel. Min. Luiz Philippe Vieira de Mello Filho, 4.8.2015.

Informativo n. 103, TST — *Ação rescisória. Colusão. Propositura da ação por terceiro juridicamente interessado. Prazo decadencial. Contagem. Súmula n. 100, item VI, do TST. Incidência.*

Embora o item VI da Súmula n. 100 do TST, ao excepcionar o início da contagem do prazo decadencial para a propositura da ação rescisória fundada em colusão para o momento que se tem ciência da suposta fraude, se refira tão somente à atuação do Ministério Público do Trabalho que não interveio no processo principal, a tese nele consagrada deve prevalecer nas hipóteses em que o terceiro tenha interesse jurídico em rescindir a coisa julgada maculada por suposta lide simulada. No caso, aplica-se o brocardo *latino ubi eadem ratio, ibi eadem legis dispositio*, segundo o qual onde existe a mesma razão deve haver a mesma regra de Direito, não se podendo admitir, portanto, que o terceiro que se sinta prejudicado não possa rescindir o julgado cuja existência ignorava. Assim, ocorrida a ciência da alegada fraude em 17.9.2008, é tempestivo o ajuizamento da ação rescisória pelo terceiro interessado em 16.9.2010. Com esses fundamentos, a SBDI-II, por maioria, deu provimento ao recurso para afastar a decadência, determinando o retorno dos autos à origem, a fim de que prossiga no julgamento da causa. Vencido o Ministro Emmanoel Pereira. TST-RO-10353-74.2010.5.02.0000, SBDI-II, rel. Min. Douglas Alencar Rodrigues, 7.4.2015.

Informativo n. 100, TST — *Ação rescisória. Embargos de terceiro. Defesa da posse decorrente de instrumento particular de compra e venda desprovido de registro na matrícula do imóvel. Possibilidade. Violação do art. 1.046, § 1º, do CPC. Configuração.*

Viola o art. 1.046, § 1º, do CPC a sentença rescindenda mediante a qual se despreza a possibilidade de ajuizamento de embargos de terceiro para tutela da posse advinda de instrumento particular de compra e venda desprovido de registro na matrícula do imóvel, conforme exigido pelo art. 1.245 do CC. Ademais, no caso concreto, restou evidente, tanto no processo rescindendo, quanto na ação rescisória, a ausência de controvérsia acerca da posse ou da boa-fé dos terceiros embargantes, bem como ficou demonstrado que o imóvel penhorado saiu da esfera patrimonial do sócio da empresa executada muito antes do ajuizamento da reclamação trabalhista, ou seja, em data anterior ao direcionamento da execução contra o patrimônio dos sócios. Com esse entendimento, a SBDI-II, por unanimidade, decidiu conhecer do recurso ordinário e, no mérito, dar-lhe provimento, para, caracterizada violação do art. 1.046, § 1º, do CPC, rescindir a sentença prolatada nos autos dos embargos de terceiros, e, em juízo rescisório, julgar procedentes os referidos embargos para desconstituir a penhora que recaiu sobre o imóvel em questão. TST-RO-2035-68.2011.5.02.0000, SBDI-II, rel. Min. Alberto Luiz Bresciani de Fontan Pereira, 10.2.2015.

2014

Informativo n. 97, TST — *Ação rescisória. Pretensão de desconstituição de sentença proferida em ação civil pública. Autor afetado pelo provimento judicial coletivo. Ilegitimidade ativa ad causam.*

Candidato aprovado em concurso público anulado por decisão judicial transitada em julgado, proferida em ação civil pública, não detém legitimidade ativa *ad causam* para questionar, em sede ação rescisória, a higidez do julgamento lavrado na ação coletiva. Na hipótese, ressaltou-se que não há falar em litisconsórcio passivo necessário em ação civil pública voltada à defesa de direitos e interesses difusos e coletivos, quanto aos sujeitos que possam ser alcançados pelos efeitos do provimento judicial a ser editado, daí decorrendo a ausência de legitimidade ativa de terceiro não habilitado para o debate coletivo (art. 82 da Lei n. 8.078/90) para o ajuizamento de ação rescisória. Desse modo, embora se possa resguardar aos afetados pelo provimento judicial coletivo a possibilidade de ingresso judicial (art. 5º, XXXV, da CF), a via da jurisdição coletiva não é o caminho processual adequado. Com esse entendimento, a SBDI-II, por unanimidade, conheceu e negou provimento ao recurso ordinário, mantendo a decisão que indeferiu a petição inicial da ação rescisória. TST-RO-10261-64.2013.5.03.0000, SBDI-II, rel. Min. Douglas Alencar Rodrigues, 16.12.2014.

Informativo n. 87, TST — *Ação rescisória. Pedido líquido. Condenação limitada ao valor indicado na petição inicial. Exercício adequado e regular da atividade jurisdicional. Violação dos arts. 128 e 460 do CPC. Não configuração.*

O pedido deduzido pelo reclamante de forma líquida, e não por mera estimativa, enseja a limitação da condenação ao valor indicado na petição inicial, a qual reflete o exercício adequado e regular da atividade jurisdicional (art. 5º, LIV, da CF). Com esse entendimento, e não vislumbrando violação dos arts. 128 e 460 do CPC, a SBDI-II, à unanimidade, negou provimento a recurso ordinário interposto contra decisão que julgara improcedente a ação rescisória a qual visava desconstituir acórdão que, ao deferir diferenças salariais decorrentes de equiparação salarial, adotou como parâmetro para a condenação o valor indicado na petição inicial. TST-RO-10437-75.2010.5.02.0000, SBDI-II, rel. Min. Douglas Alencar Rodrigues, 19.8.2014.

Informativo n. 75, TST — *Ação rescisória. Sentença homologatória de conciliação em ação de cumprimento de convenção coletiva. Colusão entre as partes. Configuração. Art. 485, III, parte final, do CPC. Fraude ao art. 8º, II, da CF.*

A SBDI-II, por maioria, deu provimento ao recurso ordinário em ação rescisória para, em juízo rescindente, com fundamento no art. 485, III, parte final, do CPC, reconhecer a existência de colusão no acordo judicialmente homologado em ação de cumprimento de convenção coletiva celebrado entre uma rede de restaurantes e o Sindicato dos Trabalhadores nas Empresas de Refeições Rápidas (*Fast Food*) — Sindfast. Na hipótese, restou evidenciado que o instrumento normativo firmado pelo Sindfast garantia menos direitos aos empregados que aquele firmado pelo Sindicato dos Trabalhadores em Hotéis, Apart-Hotéis, Motéis, *Flats*, Pensões, Hospedarias, Pousadas, Restaurantes, Churrascarias, Cantinas, Pizzarias, Bares, Lanchonetes, Sorveterias, Confeitarias, Docerias, *Buffets*, *Fast Foods* e Assemelhados de São Paulo e Região — Sinthoresp, o qual sequer fora incluído no polo passivo da ação, apesar de seu legítimo interesse no objeto da demanda. Ademais, as provas documentais carreadas aos autos, e não impugnadas, bem como os instrumentos constitutivos das empresas revelam que o seu objeto societário não se amolda à restrita preparação de refeições rápidas. Assim, vislumbrando fraude ao inciso II do art. 8º da CF, que assegura o princípio da unicidade sindical, e, consequentemente, determina o alcance da representação sindical, a Subseção desconstituiu a sentença homologatória da conciliação proferida na ação de cumprimento e, em juízo rescisório, com amparo no art. 129 do CPC, extinguiu o processo sem resolução de mérito. Vencidos os Ministros Alberto Luiz Bresciani de Fontan Pereira, relator, e Emmanoel Pereira, que negavam provimento ao recurso ordinário por não vislumbrarem a ocorrência de colusão entre as partes, mas apenas uma insatisfação do Sinthoresp com relação ao enquadramento sindical da rede de restaurantes na ação de cumprimento. TST-RO-1359800-14.2005.5.02.0000, SBDI-II, rel. Min. Alberto Luiz Bresciani de Fontan Pereira, red. p/ acórdão Min. Cláudio Mascarenhas Brandão, 11.3.2014.

2013

Informativo n. 40, TST — *Ação rescisória. Não cabimento. Decisão que extingue o feito, sem resolução de mérito, por falta de prévia submissão da demanda à Comissão de Conciliação Prévia. Ausência de decisão de mérito. Súmula n. 412 do TST. Inaplicável.*

A decisão que dá provimento ao recurso de revista para extinguir o feito, sem resolução de mérito, por ausência de pressuposto de constituição e de desenvolvimento válido e regular do processo (art. 267, IV, do CPC), não é passível de rescisão. A Súmula n. 412 do TST, ao estabelecer que uma questão processual pode ser objeto de ação rescisória, exige que tal questão seja pressuposto de validade de uma sentença de mérito, o que não há no caso, uma vez que, ao extinguir o processo sem resolução de mérito, por falta de prévia submissão da demanda à Comissão de Conciliação Prévia — CCP de que trata o art. 625-D da CLT, o órgão prolator da decisão rescindenda não adentrou a matéria de fundo. Com esses fundamentos, a SBDI-II, por maioria, extinguiu o processo sem exame do mérito, em razão de não haver coisa julgada material. Vencido o Ministro Pedro Paulo Manus, relator, que entendia cabível a pretensão rescisória. TST-AR-4494-97.2011.5.00.0000, SBDI-II, rel. Min. Pedro Paulo Manus, red. p/ acórdão Min. Hugo Carlos Scheuermann, 12.3.2013.

2012

Informativo n. 34, TST — *AR. Prova testemunhal. Falsidade. Comprovação. Art. 485, VI, do CPC.*

Comprovada a falsidade do depoimento testemunhal tido como prova determinante ao deslinde da controvérsia, porque decisivo ao convencimento do julgador, torna-se possível a desconstituição do acórdão rescindendo com base no inciso VI do art. 485 do CPC. Com esse fundamento, a SBDI-II, à unanimidade, conheceu do recurso ordinário, e, no mérito, negou-lhe provimento, mantendo a decisão do Tribunal Regional que julgou procedente o pleito rescisório da empresa-autora para desconstituir o acórdão proferido com esteio em prova falsa, consubstanciada no depoimento da única testemunha arrolada pela reclamante. Na espécie, a referida testemunha, ao ser inquirida sobre a jornada de trabalho do reclamante, declinou horários totalmente díspares daqueles que, na mesma função, alegou estar sujeita nos autos da reclamação trabalhista que moveu contra a mesma empregadora. Causou estranheza o fato de a jornada informada na ação por ela proposta ser menor do que aquela indicada na condição de testemunha, de modo que, a prevalecer esta última, restariam sonegadas as horas extraordinárias a que faria jus, o que não se mostra razoável. TST-RO-1382200-22.2005.5.02.0000, SBDI-II, rel. Min. Guilherme Augusto Caputo Bastos, 11.12.2012.

Informativo n. 26, TST — *AR. Depósito prévio. Ausência. Pedido de expedição da guia de recolhimento. Retificação de ofício do valor dado à causa. Impossibilidade. Ônus da parte. Pressuposto de validade da relação processual.*

O depósito prévio, por se tratar de pressuposto de validade da relação jurídica processual, é ônus da parte, e deve ser recolhido concomitantemente ao ajuizamento da ação rescisória. Assim, não há como chancelar a conduta da autora, que, ao ajuizar a ação rescisória sem a comprovação do respectivo depósito, requereu a expedição da guia de recolhimento, tendo sido prontamente atendida pelo relator da ação no TRT, que retificou de ofício o valor dado à causa e, nos termos do art. 284 do CPC, concedeu prazo para que fosse efetuado o depósito prévio, sob pena de indeferimento da inicial. Com esse entendimento, a SBDI-II, por maioria, julgou extinto o processo sem resolução de mérito, nos termos dos arts. 836 da CLT, 267, IV, e 490, II, do CPC, determinando a restituição integral do depósito prévio à autora, vencidos os Ministros Maria Cristina Irigoyen Peduzzi, Emmanoel Pereira, Guilherme Augusto Caputo Bastos e João Oreste Dalazen. TST-RO-339-74.2010.5.04.0000, SBDI-II, rel. Des. Conv. Maria Doralice Novaes, 16.10.2012.

Informativo n. 19, TST — *AR. Extinção do processo sem resolução de mérito. Impossibilidade jurídica do pedido. Depósito prévio. Reversão em favor do réu. Possibilidade. Instrução Normativa n. 31/2007 do TST. Hipótese de inadmissibilidade da ação.*

A impossibilidade jurídica do pedido configura hipótese de inadmissibilidade da ação rescisória para efeitos de incidência do art. 5º da Instrução Normativa n. 31/2007 do TST, com redação dada pela Resolução n. 154/2004. Assim, cabe a reversão do depósito prévio em favor do réu no caso em que a ação rescisória foi extinta sem resolução do mérito, nos termos do art. 267, VI, e § 3º, do CPC, mediante a aplicação analógica da Súmula n. 192, IV, do TST, porquanto o pedido de rescisão de acórdão do Regional proferido em sede de agravo de instrumento em recurso ordinário mostra-se juridicamente impossível. Com base nesse entendimento a SBDI-II, por maioria, conheceu do recurso ordinário e, no mérito, negou-lhes provimento, mantendo a decisão do TRT, que, nos termos do art. 494 do CPC, determinara a reversão do depósito prévio. Vencidos os Ministros Emmanoel Pereira e Guilherme Augusto Caputo Bastos, relator, que davam provimento parcial ao recurso para excluir da condenação a reversão do depósito prévio em favor do réu. TST-RO-264-11.2011.5.18.0000, SBDI-II, rel. Min. Guilherme Augusto Caputo Bastos, red. p/ acórdão Min. Alexandre Agra Belmonte, 21.8.2012.

Informativo n. 15, TST — *AR. Coisa julgada material. Eficácia preclusiva. Causa extintiva da obrigação. Manejo após o último momento útil. Ofensa à coisa julgada não caracterizada.*

A causa extintiva da obrigação constatada após o último momento útil para o acolhimento do fato ocorrido no curso do processo não enseja a eficácia preclusiva disciplinada no art. 474 do Código de Processo Civil. Desse modo, a transação superveniente à sentença, acolhida quando do julgamento do agravo de petição, ainda que não discutida na fase cognitiva, não tem o condão de abalar a eficácia jurídica do ajuste entre as partes, tornando-se inviável o corte rescisório com amparo no inciso V do art. 485 do CPC. Com esse entendimento, a SBDI-II, por unanimidade, conheceu do recurso ordinário e, no mérito, deu-lhe provimento para julgar improcedente a ação rescisória. TST-RO-231600-91.2009.5.01.0000, SBDI-II, rel. Min. Alberto Luiz Bresciani de Fontan Pereira, 26.6.2012.

Informativo n. 15, TST — *AR. Julgamento imediato da lide. Questão de fundo já decidida pela instância de origem. Identidade de causas de pedir remota e próxima e de fatos em relação a todos os litisconsortes. Supressão de instância ou julgamento extra petita. Inocorrência.*

A SBDI-II entendeu não caracterizar supressão de instância ou julgamento *extra petita* a hipótese em que a decisão rescindenda, afastando a prescrição declarada, procede ao imediato exame da questão de fundo, que já fora decidida pelo Tribunal Regional e transitada em julgado em relação a um dos autores, com mesma causa de pedir remota e próxima, além de apresentar matéria fática idêntica em relação a todos os litisconsortes. Consignou, ainda, que o § 3º do art. 515 do CPC ampliou a possibilidade do julgamento imediato da lide, não restringindo aos casos em que houve extinção do feito sem resolução do mérito. Dessarte, a Subseção, por unanimidade, julgou improcedente a pretensão rescisória. TST-AR-2653-67.2011.5.00.0000, SBDI-II, rel. Min. Pedro Paulo Teixeira Manus, 26.6.2012.

Informativo n. 11, TST — *AR. Acórdão proferido em agravo de instrumento em agravo de petição. Condenação ao pagamento de indenização por litigância de má-fé. Possibilidade jurídica da pretensão rescindente. Exclusão da condenação. Necessária a demonstração dos efetivos prejuízos sofridos pela parte contrária.*

Cabe ação rescisória para desconstituir acórdão do Tribunal Regional do Trabalho que negou provimento ao agravo de instrumento em agravo de petição, condenando a União ao pagamento de indenização decorrente do reconhecimento da litigância de má-fé, porquanto, no que tange à referida condenação, o acórdão assume contornos de decisão de mérito, viabilizando o corte rescisório com fulcro no art. 485, V, do CPC. Assim, a SBDI-II, por maioria, conheceu do recurso ordinário e reexame necessário e, no mérito, deu-lhes provimento para afastar a impossibilidade jurídica da pretensão rescindente declarada pelo TRT. Ademais, tendo em conta que a matéria objeto do pretendido corte rescisório é eminentemente de direito, a Subseção passou a analisá-la de imediato (art. 515, § 3º, do CPC) para julgar procedente o pedido e, em juízo rescisório, absolver a União da condenação imposta, visto que, nos termos da jurisprudência dominante da Corte, a mera caracterização da litigância de má-fé não se mostra suficiente para ensejar a aplicação da indenização prevista no § 2º do art. 18 do CPC, por ser necessária a demonstração dos efetivos prejuízos sofridos pela parte contrária. Vencidos os Ministros Luiz Philippe Vieira de Mello Filho e Alberto Luiz Bresciani de Fontan Pereira. TST-ReeNec e RO-27-92.2010.5.15.0000, SBDI-II, rel. Min. Caputo Bastos, 29.5.2012.

Informativo n. 6, TST — *AR. Política salarial. Lei federal. Empregado público estadual. Não incidência. Art. 22, I, da CF. Violação. Orientação Jurisprudencial n. 100 da SBDI-I.*

Viola a literalidade do art. 22, I, da CF decisão que afasta a aplicação de lei federal que trata de política salarial a empregado público estadual, pois compete privativamente à União legislar sobre direito do trabalho. Inteligência da Orientação Jurisprudencial n. 100 da SBDI-I. Com esse entendimento, a SBDI-II, por unanimidade, deu provimento a recurso ordinário para, em juízo rescindente, julgar procedente pedido de corte rescisório por violação do art. 22, I, da CF, rescindindo parcialmente acórdão proferido pelo TRT da 2ª Região, e, em juízo rescisório, restabelecer a sentença de primeiro grau no ponto. TST-RO-1265400-42.2004.5.02.0000, SBDI-II, rel. Min. Emmanoel Pereira, 24.4.2012.

Informativo n. 5, TST — *AR. Equiparação salarial. Segunda demanda. Indicação de paradigma diverso. Coisa julgada. Não configuração. Modificação da causa de pedir. Ausência da tríplice identidade prevista no art. 301, § 2º, do CPC.*

O ajuizamento de segunda ação com os mesmos pedidos e em face do mesmo reclamado, mas com indicação de paradigma diverso daquele nomeado na primeira demanda, para efeito de equiparação salarial, afasta a possibilidade de rescisão por ofensa à coisa julgada (art. 485, IV, do CPC), pois modifica a causa de pedir, impedindo a configuração da tríplice identidade prevista no art. 301, § 2º, do CPC. Com esse entendimento, a SBDI-II, por maioria, conheceu de recurso ordinário e, no mérito, negou-lhe provimento. Vencidos os Ministros Maria Cristina Irigoyen Peduzzi e João Oreste Dalazen, os quais acolhiam a ofensa à coisa julgada visto que, na hipótese, apesar de haver indicação formal de paradigmas diversos, na segunda ação proposta, o reclamante pleiteou a equiparação a Antônio Gomes de Macedo e o pagamento das diferenças salariais decorrentes de ação na qual o Senhor Antônio fora equiparado a Maria Beladina Ferreira, indicada como paradigma na primeira reclamação trabalhista, restando, portanto, caracterizada a tríplice identidade. TST-RO-108500-11.2010.5.03.0000, SBDI-II, rel. Min. Alberto Luiz Bresciani de Fontan Pereira, 10.4.2012.

Informativo n. 5, TST — *AR. Desconstituição de decisão proferida em embargos de terceiro. Possibilidade jurídica do pedido. Coisa julgada material.*

A SBDI-II, por maioria, modificando o entendimento da Subseção, decidiu pela possibilidade jurídica do pedido de corte rescisório de decisão proferida em sede de embargos de terceiro. Prevaleceu o entendimento de que se trata de ação autônoma dirigida à obtenção de uma sentença de mérito que, ao decidir a respeito da legitimidade da penhora incidente sobre o bem de terceiro, não obstante seja limitada no plano horizontal (extensão), é de cognição exauriente no plano vertical (profundidade), fazendo, portanto, coisa julgada material. Vencidos os Ministros Pedro Paulo Manus, relator, Antônio José de Barros Levenhagen e Emmanoel Pereira. TST-RO-205800-71.2009.5.15.0000, SBDI-II, rel. Min. Pedro Paulo Manus, red. p/ acórdão Min. Alberto Luiz Bresciani de Fontan Pereira, 10.4.2012.

Informativo n. 4, TST — *AR. Ação autônoma que reconhece a responsabilidade subsidiária do tomador de serviços. Existência de sentença condenatória definitiva em que figurou como parte apenas o prestador de serviços. Alteração subjetiva do título executivo judicial. Ofensa à coisa julgada e ao direito à ampla defesa e ao contraditório. Art. 5º, XXXVI e LV, da CF.*

A decisão em ação autônoma que reconhece a responsabilidade subsidiária do tomador de serviços, quando há sentença condenatória definitiva prolatada em ação anteriormente proposta pelo mesmo reclamante em que figurou como parte apenas o prestador de serviços, altera a titularidade subjetiva do título executivo e ofende à literalidade do art. 5º, XXXVI e LV, da Constituição Federal (coisa julgada e direito ao contraditório e à ampla defesa). Com esse entendimento, a SBDI-II, por unanimidade, deu provimento ao recurso ordinário para desconstituir o acórdão proferido nos autos da reclamação trabalhista e, em juízo rescisório, dar provimento ao recurso ordinário do reclamado para julgar improcedente o pedido formulado na inicial da referida reclamatória. TST-RO-100200-60.2010.5.03.0000, SBDI-II, rel. Min. Pedro Paulo Manus. 27.3.2012.

Informativo n. 2, TST — *AR. Depósito prévio. Fundação pública estadual. Exigibilidade.*

As fundações de direito público estaduais não estão isentas do depósito prévio previsto no art. 836 da CLT e na Instrução Normativa n. 31/2007, porquanto o art. 488, parágrafo único, do CPC, aplicado subsidiariamente, somente excepciona a sua aplicação à União, aos estados, aos municípios e ao Ministério Público, e, com a inovação introduzida pelo art. 24-A da Lei n. 9.028/1995, às autarquias e às fundações instituídas pela União. Com base nessa premissa, e invocando a jurisprudência uníssona da Corte, a SBDI-II, por unanimidade, diante da insuficiência do valor recolhido, extinguiu o processo, sem julgamento do mérito, nos termos do art. 267, IV, do CPC, e determinou a restituição integral do depósito prévio à fundação autora. TST- ReeNec e RO-20463-78.2010.5.04.0000, SBDI-II, rel. Ministro Luiz Philippe Vieira de Mello Filho, 13.3.2012.

Informativo n. 1, TST — *AR. Prazo decadencial. Marco inicial. Publicação do acórdão proferido pelo STF reconhecendo a constitucionalidade do art. 71 da Lei n. 8.666/93. Impossibilidade.*

A mudança do entendimento que ensejou a alteração da redação da Súmula n. 331, IV, do TST, em razão de decisão proferida pelo STF na ADC n. 16, reconhecendo a constitucionalidade do art. 71, § 1º, da Lei n. 8.666/93, não tem o condão de alterar o marco inicial do prazo decadencial para ajuizamento da ação rescisória, que, nos termos do art. 495 do CPC e do item I da Súmula n. 100 do TST, é de dois anos a contar do dia imediatamente subsequente ao do trânsito em julgado da última decisão proferida na causa. Com base nessa premissa, a SBDI-II, por unanimidade, negou provimento a recurso ordinário, ressaltando que, na espécie, a decisão proferida na ADC n. 16 é posterior ao trânsito em julgado da decisão rescindenda, não havendo que se falar, portanto, em interrupção ou suspensão, diante da natureza do prazo em questão. TST-ReeNec e RO-291-59.2011.5.12.0000, SBDI-II, rel. Min. Luiz Philippe Vieira de Mello Filho, 28.2.2012.

ANTECIPAÇÃO DOS EFEITOS DA TUTELA

2012

Informativo n. 30, TST — *Empresa de distribuição de energia elétrica. Atividade essencial. Imposição de obrigações complexas, custosas e definitivas. Exíguo lapso temporal. Potencial lesão ao interesse coletivo. Suspensão da antecipação de tutela. Deferimento.*

O Órgão Especial, por unanimidade, negou provimento ao agravo regimental, mantendo decisão da Presidência do TST, que, com amparo nos arts. 4º, "*caput*" e § 1º, da Lei n. 8.437/92 e 251 do RITST, deferiu o pedido de suspensão da execução da tutela antecipatória concedida nos autos da ação civil pública em que impostas obrigações complexas, custosas e definitivas a serem executadas em exíguo lapso temporal por empresa de distribuição de energia elétrica, sob pena de multa. No caso, por se tratar de atividade essencial, vislumbrou-se que a execução da tutela concedida em segundo grau de jurisdição poderia acarretar risco de dano à ordem e à economia públicas, na medida em que estabelecida restrita forma de desenvolvimento dos serviços e apresentada tendência de diminuição da quantidade ou da qualidade dos serviços de atendimento ao público. Ademais, a aplicação da Lei Geral de Telecomunicações (Lei n. 9.472/97), que autoriza a terceirização de atividades típicas das concessionárias, tem tratamento controvertido no TST, afastando, portanto, a verossimilhança em que fundada a decisão antecipatória. TST-AgRSLS-7021-85.2012.5.00.0000, Órgão Especial, rel. Min. João Oreste Dalazen. 14.11.2012.

Informativo n. 30, TST — *ECT. Serviços postais em municípios com poucos habitantes. Substituição dos convênios por servidores concursados em 90 dias. Dificuldades técnicas e operacionais. Restrição à população local. Suspensão da antecipação de tutela. Deferimento.*

O Órgão Especial, por unanimidade, negou provimento ao agravo regimental, mantendo a decisão do Presidente desta Corte que deferiu a liminar requerida pela Empresa Brasileira de Correios e Telégrafos — ECT, para suspender a execução da antecipação de tutela concedida pelo TRT da 18ª Região até o julgamento do agravo de instrumento ou do recurso de revista, caso provido o agravo. Na espécie, o Tribunal Regional determinou a substituição dos convênios entre a ECT e os municípios com poucos habitantes no interior do Estado de Goiás pelos serviços a serem prestados por servidores concursados, no prazo de 90 dias, sob pena de multa de R$ 5.000,00 por empregado que permanecer irregularmente na atividade-fim. Diante das dificuldades técnicas e operacionais para a realização da substituição no prazo determinado, entendeu-se que haveria a possibilidade concreta de interrupção, ao menos parcial, dos serviços postais nos municípios atingidos pela decisão do Regional, o que causaria severa restrição à população local. Ademais, a definição de "atividade-fim" para efeitos de regular terceirização é matéria controvertida, restando plenamente justificada, portanto, a intervenção excepcional da Presidência do TST em sede de suspensão de antecipação de tutela, nos termos dos arts. 4º, "*caput*" e § 1º, da Lei n. 8.437/92 e 251 do RITST. TST-AgRSS-4901-69.2012.5.00.0000, Órgão Especial, rel. Min. João Oreste Dalazen, 14.11.2012.

Informativo n. 11, TST — *AR. Pedido de tutela antecipada. Pretensão de natureza cautelar. Fungibilidade. Possibilidade de concessão.*

Ainda que a pretensão possua natureza cautelar, não há óbice à concessão de tutela antecipada em ação rescisória visando à suspensão da execução no processo matriz, em razão da desconstituição do título judicial que a amparava, dada a presença da verossimilhança da alegação, ou seja, a existência de um grau de certeza mais robusto que o exigido em sede de pedido cautelar, a autorizar, portanto, a aplicação da fungibilidade entre as medidas de que trata o § 7º do art. 273 do CPC. Com esse entendimento, a SBDI-II, por unanimidade, conheceu do agravo regimental, e, no mérito, negou-lhe provimento. TST-AgR-ED--ED-RO-168500-10.2009.5.21.0000, SBDI-II, rel. Min. Emmanoel Pereira, 29.5.2012.

Informativo n. 4, TST — *MS. Antecipação dos efeitos da tutela. Art. 273 do CPC. Possibilidade. Cessação de benefício previdenciário. Retorno ao trabalho obstado pelo empregador. Restabelecimento dos salários. Manutenção do plano de saúde. Valor social do trabalho. Princípio da dignidade da pessoa humana.*

Constatada a aptidão para o trabalho, ante a cessação de benefício previdenciário em virtude de recuperação da capacidade laboral atestada por perícia médica do INSS, compete ao empregador, enquanto responsável pelo risco da atividade empresarial, receber o trabalhador, ofertando-lhe as funções antes executadas ou outras compatíveis com as limitações adquiridas. Com esses fundamentos, a SBDI-II, concluindo que a decisão que antecipou os efeitos da tutela para obrigar a reclamada a restabelecer o pagamento dos salários, bem como manter o plano de saúde do empregado, está, de fato, amparada nos pressupostos que autorizam o deferimento das medidas liminares *inaudita altera pars*, consoante o art. 273 do CPC, conheceu do recurso ordinário em mandado de segurança e, no mérito, negou--lhe provimento. No caso, ressaltou-se que a concessão da tutela antecipada é medida que se impõe como forma de garantir o valor social do trabalho e a dignidade da pessoa humana, pois o empregado, já sem a percepção do auxílio-doença, ficaria também sem os salários, ante a tentativa da empresa de, mediante a emissão do Atestado de Saúde Ocupacional (ASO) declarando-o inapto para as atividades que desempenhava, obstar o seu retorno ao serviço. TST-RO-33-65.2011.5.15.0000, SBDI--II, rel. Min. Alberto Luiz Bresciani de Fontan Pereira, 3.4.2012.

ASSÉDIO PROCESSUAL

2016

Informativo n. 128, TST — *Assédio processual. Configuração. Indenização devida.*

Configura assédio processual o uso sucessivo de instrumentos procedimentais lícitos visando protelar a solução definitiva da controvérsia e abalar a esfera psicológica da parte contrária. Trata-se, portanto, de ato ilícito (art. 187 do CC c/c art. 16 do CPC) que gera dano de natureza moral, vez que atinge principalmente a saúde psíquica da vítima. No caso, registrou o TRT que o autor, ao ajuizar a ação rescisória, fez acusações absolutamente desprovidas de razão e de provas, configurando, desse modo, ato de deslealdade processual a autorizar a imposição de multa a título indenizatório. Sob esse entendimento, a SBDI-II, por unanimidade, conheceu do recurso ordinário e, no mérito, negou-lhe provimento, mantendo a condenação ao pagamento de indenização, a título de dano moral, no percentual de 10% sobre o montante atualizado da execução. TST-RO-293-76.2012.5.09.0000, SBDI-II, rel. Min. Alberto Luiz Bresciani de Fontan Pereira, 2.2.2016.

AUDIÊNCIA

2015

Informativo n. 114, TST — *Atraso de três minutos à audiência. Ausência de prática de ato processual. Revelia. Não caracterizada. Orientação jurisprudencial n. 245 da SBDI-I do Tribunal Superior do Trabalho. Inaplicável.*

O atraso de três minutos à audiência não acarreta, por si só, a decretação de revelia do reclamado, se, no momento em que a preposta adentrou a sala de audiência, nenhum ato processual havia sido praticado, nem mesmo a tentativa de conciliação. No caso, considerou--se que a decretação da revelia, nas aludidas circunstâncias, constitui desarrazoada sobreposição da forma sobre os princípios da verdade real e da ampla defesa e faz tábula rasa do princípio da máxima efetividade do processo e da prestação jurisdicional, que deve nortear o Processo do Trabalho. Assim, há que se levar em conta o bom-senso e a razoabilidade na aplicação do disposto no art. 844 da CLT, bem como da diretriz consagrada na Orientação Jurisprudencial n. 245 da SBDI-I do TST. Sob esse entendimento, a SBDI-I decidiu, por unanimidade, conhecer dos embargos, por divergência jurisprudencial, e, no mérito, negar-lhes provimento. TST-E-ED-RR-179500-77.2007.5.09.0657, SBDI-I, rel. Min. João Oreste Dalazen, 20.8.2015.

Informativo n. 106, TST — *Cerceamento de defesa. Indeferimento do pedido de intimação de testemunhas que não compareceram espontaneamente à audiência. Ausência não justificada.*

Nos termos do artigo 825 da CLT, as testemunhas comparecerão à audiência independentemente de notificação ou intimação. Caso faltem, cabe à parte provar que as convidou e registrar justificativa para tal ausência. Não havendo o registro, o indeferimento na audiência inaugural do requerimento de intimação das testemunhas faltosas não implica cerceamento do direito de defesa. Sob esse entendimento, a SBDI-I, por unanimidade, conheceu do recurso de embargos, por divergência jurisprudencial e, no mérito, por maioria, deu-lhe provimento para afastar a declaração de nulidade por cerceamento de defesa, restabelecendo o acórdão regional, vencidos os Exmos. Ministros Guilherme Augusto Caputo Bastos, relator, Ives Gandra Martins Filho, Lelio Bentes Corrêa e Márcio Eurico Vitral Amaro. Redigirá o acórdão o Exmo. Ministro João Oreste Dalazen. TST-E-ED-ARR-346-42.2012.5.08.0014, SBDI-I, rel. Min. Caputo Bastos, redator João Oreste Dalazen, 8.5.2015.

2014

Informativo n. 84, TST — *Preposto. Empregado de qualquer uma das empresas do grupo econômico. Grupo econômico. Súmula n. 377 do TST. Inaplicável.*

Em razão da solidariedade consagrada no § 2º do art. 2º da CLT e do disposto no art. 843, § 1º da CLT, as empresas de um mesmo grupo econômico podem ser representadas em juízo por preposto que seja empregado de qualquer uma delas, desde que tenha conhecimento dos fatos controvertidos. Ademais, não há falar em contrariedade à Súmula n. 377 do TST, pois a exigência de que o preposto seja, necessariamente, empregado da reclamada, tem como fundamento impedir a configuração do chamado "preposto profissional", hipótese diversa da tratada no caso concreto. Com esse entendimento, a SBDI-I, por unanimidade, conheceu dos embargos interpostos pelo reclamante, por divergência jurisprudencial, e, no mérito, negou-lhes provimento. TST-E-ED-RR-25600-66.2007.5.10.0004, SBDI-I, rel. Min. Lelio Bentes Corrêa, 29.5.2014.

2012

Informativo n. 10, TST — *Revelia e confissão ficta. Atraso do preposto à audiência inaugural. Comparecimento antes da tentativa de conciliação. Ausência de contrariedade à Orientação Jurisprudencial n. 245 da SBDI-I.*

Conquanto a Orientação Jurisprudencial n. 245 da SBDI-I estabeleça que "inexiste previsão legal tolerando o atraso no horário de comparecimento da parte na audiência", esse entendimento deve ser conjugado com os princípios da informalidade e da simplicidade que regem o Processo do Trabalho. Assim, tendo em conta que, no caso, a audiência teve início com a presença do advogado da reclamada e o preposto adentrou a sala sete minutos após o início, no momento em que o juiz designava perito, porém antes da tentativa de conciliação, participando da sessão até seu término, a SBDI-I, em sua composição plena, decidiu, pelo voto prevalente da Presidência, não conhecer dos embargos, ressaltando que, no caso, não há registro de que o comparecimento tardio do preposto tenha causado prejuízo à audiência ou retardado ato processual. Vencidos os Ministros Rosa Maria Weber, relatora, Antônio José de Barros Levenhagen, Lelio Bentes Corrêa, Horácio Raymundo de Senna Pires, Augusto César Leite de Carvalho, José Roberto Freire Pimenta e Delaíde Miranda Arantes, os quais conheciam do recurso por contrariedade à Orientação Jurisprudencial n. 245 da SBDI-I e, no mérito, davam-lhe provimento para declarar a revelia e aplicar a confissão à reclamada quanto à matéria de fato. TST-E--RR-28400-60.2004.5.10.0008, SBDI-I, rel. Min. Rosa Maria Weber, red. p/ acórdão Min. Maria Cristina Irigoyen Peduzzi, 24.5.2012.

COISA JULGADA

2015

Informativo n. 102, TST — *Coisa julgada. Arguição e juntada de documentos comprobatórios apenas em sede de recurso ordinário. Matéria de ordem pública não sujeita à preclusão. Súmula n. 8 do TST. Não incidência.*

A arguição de coisa julgada somente em sede de recurso ordinário, acompanhada de documentos para sua comprovação, não obsta o conhecimento da referida preliminar de ofício (art. 267, § 3º, V, do CPC), ensejando apenas a responsabilidade da parte pelas custas de retardamento, conforme a parte final do § 3º do art. 267 do CPC. No caso, prevaleceu a tese de que a arguição de matéria de ordem pública não sofre, em grau ordinário, o efeito da preclusão, e que a Súmula n. 8 do TST não trata da juntada de documentos relativos a questões dessa natureza, não incidindo na hipótese, portanto. Nesse contexto, a SBDI-I, por unanimidade, conheceu dos embargos do reclamado, por divergência jurisprudencial, e, no mérito, por maioria, deu-lhes provimento para restabelecer o acórdão do Regional, que acolhera a preliminar de coisa julgada e declarara extinto o processo, sem resolução de mérito. Vencidos os Ministros José Roberto Freire Pimenta, Lelio

Bentes Corrêa e Alexandre Agra Belmonte. TST-E-RR-114400-29.2008.5.03.0037, SBDI-I, rel. Min. Márcio Eurico Vitral Amaro, 19.3.2015.

Informativo n. 100, TST — *Acordo. Quitação ampla ao extinto contrato de trabalho. Nova reclamação pleiteando diferenças de complementação de aposentadoria. Ofensa à coisa julgada. Não configuração.*

Não obstante celebrado acordo nos autos de reclamação trabalhista anterior, conferindo quitação ampla, geral e irrestrita das parcelas trabalhistas, não ofende a coisa julgada a concessão de diferenças de complementação de aposentadoria nos autos de demanda posterior, porquanto o benefício previdenciário postulado, embora decorrente do contrato de trabalho, tem natureza jurídica diversa. Assim, não há falar em identidade entre as ações, por falta de correspondência entre os pedidos e entre as causas de pedir, não podendo ter o acordo judicial entabulado a amplitude pretendida, quitando direitos alheios àqueles debatidos na primeira demanda, e que, ademais, são regidos pelo regulamento da entidade previdenciária e não pela legislação trabalhista. Assim, não vislumbrando contrariedade à Orientação Jurisprudencial n. 132 da SBDI-II, a SBDI-I, por maioria, não conheceu dos embargos dos reclamados. Vencidos os Ministros Dora Maria da Costa, relatora, João Oreste Dalazen, Brito Pereira e Lelio Bentes Corrêa. TST-E-RR-1221-35.2010.5.09.0020, SBDI-I, rel. Min. Dora Maria da Costa, red. p/ acórdão Min. Aloysio Corrêa da Veiga, 12.2.15.

2013

Informativo n. 41, TST — *Precatório. Revisão dos cálculos. Limitação da execução ao período anterior à implementação do regime jurídico único. Inexistência de manifestação expressa em sentido contrário. Ofensa à coisa julgada. Não configuração. Dedução dos pagamentos referentes a período posterior ao regime jurídico único. Impossibilidade.*

A revisão dos cálculos, em sede de precatório, para limitar os efeitos de condenação pecuniária ao período em que o exequente era regido pela legislação trabalhista, ou seja, até o advento da Lei Estadual n. 11.712/90, que instituiu o regime jurídico único dos servidores do Estado do Ceará, não ofende a coisa julgada se ausente, na decisão exequenda, expressa manifestação contrária à referida limitação, conforme exigido pela Orientação Jurisprudencial n. 6 do Tribunal Pleno. De outra sorte, havendo pagamentos efetuados por determinação judicial relativos a período em que já vigente o regime jurídico único, estes não poderão ser deduzidos de imediato dos valores a serem pagos, devendo ser objeto de ação de repetição de indébito, em razão da garantia do contraditório e da ampla defesa. Com esses fundamentos, o Órgão Especial, por maioria, conheceu do recurso ordinário e deu-lhe provimento para limitar os efeitos pecuniários da sentença condenatória ao período anterior ao advento da Lei n. 11.712/1990, do Estado do Ceará, vedada a dedução dos pagamentos referentes a período posterior à vigência do regime jurídico único. Vencidos os Ministros Luiz Philippe Vieira de Mello Filho e Brito Pereira, que negavam provimento ao recurso. TST-RO-10575-04.2010.5.07.0000, Órgão Especial, rel. Min. Márcio Eurico Vitral Amaro, 8.4.2013.

COMISSÃO DE CONCILIAÇÃO PRÉVIA

2012

Informativo n. 33, TST — *Comissão de Conciliação Prévia. Termo de quitação. Eficácia liberatória. Diferenças em complementação de aposentadoria. Não abrangência.*

A eficácia liberatória geral do termo de quitação referente a acordo firmado perante a Comissão de Conciliação Prévia (art. 625-E, parágrafo único, da CLT) possui abrangência limitada às verbas trabalhistas propriamente ditas, não alcançando eventuais diferenças de complementação de aposentadoria. Com esse entendimento, a SBDI-I, por unanimidade, conheceu dos embargos, por divergência jurisprudencial, e, no mérito, deu-lhes parcial provimento para, afastada a quitação do termo de conciliação quanto aos reflexos das horas extras e do desvio de função sobre a complementação de aposentadoria, determinar o retorno dos autos à Vara do Trabalho, para que prossiga no julgamento do feito como entender de direito. Ressaltou-se, no caso, que a complementação de aposentadoria, embora decorrente do contrato de trabalho, não possui natureza trabalhista. Ademais, não se pode estender os efeitos da transação firmada na CCP a entidade de previdência privada, por se tratar de terceiro que não participou do negócio jurídico. TST-E-RR-141300-03.2009.5.03.0138, SBDI, rel. Min. Renato de Lacerda Paiva, 6.12.2012.

Informativo n. 29, TST — *Comissão de Conciliação Prévia. Acordo firmado sem ressalvas. Eficácia liberatória geral. Parágrafo único do art. 625-E da CLT.*

Nos termos do parágrafo único do art. 625-E da CLT, o termo de conciliação, lavrado perante a Comissão de Conciliação Prévia regularmente constituída, possui eficácia liberatória geral, exceto quanto às parcelas ressalvadas expressamente. Em outras palavras, não há limitação dos efeitos liberatórios do acordo firmado sem ressalvas, pois o termo de conciliação constitui título executivo extrajudicial, com força de coisa julgada entre as partes, equivalendo a uma transação e abrangendo todas as parcelas oriundas do vínculo de emprego. Com esse posicionamento, a SBDI-I, em sua composição plena, por unanimidade, conheceu dos embargos, por divergência jurisprudencial, e, no mérito, pelo voto prevalente da Presidência, deu-lhes provimento para julgar extinto o processo sem resolução de mérito, na forma do art. 267, IV, do CPC. Vencidos os Ministros Horácio Raymundo de Senna Pires, Rosa Maria Weber, Lelio Bentes Corrêa, Luiz Philippe Vieira de Melo Filho, Augusto César Leite de Carvalho, José Roberto Freire Pimenta e Delaíde Miranda Arantes, por entenderem que a quitação passada perante a Comissão de Conciliação Prévia não pode abranger parcela não inserida no correlato recibo. TST-E-RR-17400-43.2006.5.01.0073, SBDI-I, rel. Min. Aloysio Corrêa da Veiga, 8.11.2012.

Informativo n. 22, TST — *Comissão de Conciliação Prévia. Acordo firmado sem ressalvas. Eficácia liberatória geral.*

Reafirmando posicionamento da Corte no sentido de possuir eficácia liberatória geral, quanto ao contrato de trabalho, o acordo firmado perante a comissão de conciliação prévia, quando inexistentes ressalvas, a SBDI-I, por maioria, negou provimento ao agravo e manteve a decisão que negou seguimento aos embargos. Vencidos os Ministros José Roberto Freire Pimenta e Delaíde Miranda Arantes, que davam provimento ao agravo para restabelecer a decisão do Regional, ao fundamento de que, na hipótese, o termo de conciliação firmado pelas partes diante da Comissão de Conciliação Prévia se deu em substituição ao procedimento homologatório regular, em desvio de finalidade, inviabilizando, portanto, a eficácia liberatória pretendida. TST-Ag-E-RR-131240-28.2008.5.03.0098, SBDI-1, rel. Min. Ives Gandra Martins Filho, 20.9.2012.

COMPETÊNCIA

2016

Informativo n. 149, TST — *Conflito negativo de competência. Competência territorial. Art. 651, caput e § 3º, da CLT. Pretensão deduzida por candidata aprovada em concurso público. Fase pré-contratual. Terceirização dos serviços no prazo de validade do concurso na região em que foi aprovada.*

Questões alusivas à competência territorial devem ser resolvidas com base nas regras inscritas no art. 651, *caput* e § 3º, da CLT, segundo as quais deve ser observado o foro da prestação de serviços ou o foro da contratação. No caso concreto, busca a reclamante ser admitida nos quadros do Banco do Brasil em virtude de ter logrado aprovação em concurso público, alegando ter havido preterição na ordem de convocação dos candidatos aprovados, em face da contratação de trabalhadores temporários e terceirizados em atividade fim do banco. Não obstante a discussão anteceda a própria constituição do vínculo laboral, a solução que se impõe é a de considerar competente, por extensão, o foro do local em que os serviços deveriam ser prestados ou, sucessivamente, do local em que iniciadas as medidas para a contratação, com a inscrição no concurso público, já que figura no polo passivo instituição financeira com atuação em âmbito nacional. De outra sorte, ainda que se afaste a incidência do art. 651 da CLT, permanece a competência do local da sede da agência em que a trabalhadora poderá vir a ser lotada, nos termos do art. 100, IV, "b", do CPC de 1973. Com esses fundamentos, a SBDI-II, por unanimidade, admitiu o conflito negativo de competência para declarar a competência da Vara do Trabalho de Votuporanga/SP, local sede da microrregião de habilitação da reclamante no certame. TST-CC-328-55.2016.5.10.0004, SBDI-II, rel. Min. Douglas Alencar Rodrigues, 8.11.2016.

Informativo n. 146, TST — *Conflito de competência. Competência territorial. Ajuizamento de reclamação trabalhista no foro do domicílio do reclamante. Local diverso da contratação e da prestação de serviços. Empresa de âmbito nacional. Possibilidade.*

Admite-se o ajuizamento da reclamação trabalhista no domicílio do reclamante quando a reclamada for empresa de grande porte e prestar serviços em âmbito nacional. Trata-se de interpretação ampliativa do art. 651, caput e § 3º da CLT, em observância ao princípio constitucional do amplo acesso à jurisdição e ao princípio protetivo do trabalhador. No caso, a ação fora ajuizada em Ipiaú/BA, domicílio do reclamante, embora a contratação e a prestação de serviços tenham ocorrido em Porto Velho/

RO. Sob esses fundamentos, a SBDI-II, por maioria, acolheu o conflito negativo de competência e declarou competente para processar e julgar a ação a Vara de Ipiaú/BA, domicílio do reclamante. Vencidos os Ministros Alberto Luiz Bresciani de Fontan Pereira, relator, Emmanoel Pereira e Ives Gandra da Silva Martins Filho. TST-CC-54-74.2016.5.14.0006, SBDI-II, rel. Min. Alberto Luiz Bresciani de Fontan Pereira, red. p/ acórdão Min. Luiz Philippe Vieira de Mello Filho, 27.9.2016.

Informativo n. 145, TST — *Mandado de segurança. Licença para o exercício de comércio ambulante em local público municipal administrado por concessionária de rodovia estadual. Incompetência absoluta da Justiça do Trabalho. Declaração de ofício.*

A controvérsia em torno do direito de uso do espaço público municipal localizado em rodovia estadual administrada por concessionária, para o exercício de comércio ambulante, foge à competência da Justiça do Trabalho, especialmente na hipótese em que a insurgência é dirigida contra atos do Município, que negou a licença para o comércio, e da concessionária, que teria colocado pedras do local onde a atividade vinha se desenvolvendo, e não contra o empregador ou o tomador dos serviços. Sob esses fundamentos, a SBDI-II, por unanimidade, negou provimento ao recurso ordinário e, de ofício, declarou a incompetência absoluta da Justiça do Trabalho para o exame da pretensão mandamental, determinando o retorno dos autos à Corte de origem, a fim de que seja providenciada a remessa do feito ao setor de distribuição das Varas do Tribunal de Justiça de São Paulo em Cubatão/SP, na forma do art. 12, § 2º, da Lei n. 11.419/2006 c/c art. 64, § 3º, do CPC de 2015. TST-RO-1000407-85.2015.5.02.0000, SBDI-II, rel. Min. Douglas Alencar Rodrigues, 20.9.2016.

Informativo n. 144, TST — *Conflito de competência. Competência em razão do lugar. Músico componente de banda. Prestação de serviços em diversas localidades, mas de forma transitória. Não enquadramento na exceção prevista no art. 651, § 3º, da CLT. Competência do local da contratação.*

A SBDI-II, por unanimidade, acolheu conflito de competência para declarar que compete a uma das Varas do Trabalho de São Paulo/SP, local da contratação, processar e julgar reclamação em que baixista pretende o reconhecimento de vínculo de emprego com conjunto musical que realizava turnê em várias regiões do país. Na espécie, restou consignado que embora o reclamante resida em Florianópolis/SC e a sede da banda seja em Juiz de Fora/MG (local do ajuizamento da ação), a reunião dos músicos para a formação da trupe ocorreu na cidade de São Paulo/SP, domicílio do reclamante à época. Ressalta-se, ademais, que embora o empregado tenha prestado serviço em diversas localidades, isso se deu de forma meramente transitória, não se equiparando à prestação regular e habitual de atividades a que se refere a exceção prevista no § 3º do art. 651 da CLT. TSTCC-10745-33.2016.5.03.0143, SBDI-II, rel. Min. Luiz Philippe Vieira de Mello Filho, 13.9.2016.

Informativo n. 143, TST — *Ação rescisória. Art. 485, II, do CPC de 1973. Competência da Justiça do Trabalho. Aprovação em concurso público. Preterição. Contratação de terceirizados. Fase pré-contratual. Art. 114, I, da CF.*

A pretensão de rescisão de julgados com fundamento no art. 485, II, do CPC de 1973 apenas se viabiliza quando a incompetência da Justiça do Trabalho é evidenciada de forma fácil e objetiva. Não é o que ocorre na hipótese em que a lide envolve a legalidade da preterição de advogados aprovados em concurso público e concomitante terceirização de serviços jurídicos por empresa pública. À luz do art. 114, I, da CF, a Justiça do Trabalho é competente para processar e julgar pleitos relacionados a fatos ocorridos antes do nascimento do vínculo, durante ou após a sua cessação, pois a competência se estabelece em razão de o pacto laboral ser causa próxima ou remota do dissenso instaurado. Assim, não afastam a natureza trabalhista da demanda o fato de a fase pré-contratual do certame ser antecedente à efetiva formalização da relação empregatícia e de o concurso público ter natureza administrativa. Sob esse entendimento, a SBDI-II, por unanimidade, conheceu e negou provimento ao recurso ordinário, mantendo, portanto, a decisão do Regional que julgou improcedente o pleito rescisório. TST-RO-206-59.2013.5.10.0000, SBDI-II, rel. Min. Douglas Alencar Rodrigues, 30.8.2016.

Informativo n. 143, TST — *Reclamação. Art. 988, II, do CPC de 2015. Incompetência do Órgão Especial. Prevenção quanto ao órgão jurisdicional e ao relator da causa principal. Art. 988, §§ 1º e 3º, do CPC de 2015. Remessa dos autos ao juízo competente.*

Embora não haja regra de competência específica para processar e julgar a reclamação no âmbito do TST e caiba ao Órgão Especial deliberar sobe as matérias jurisdicionais não incluídas na competência dos outros órgãos da Corte (art. 69, I, "h", do RITST), aplica-se a regra de prevenção prevista no art. 988, §§ 1º e 3º, do CPC de 2015, quanto ao órgão jurisdicional e ao relator da causa principal, aos casos em que a causa de pedir na reclamação visa à garantia da autoridade de decisão proferida por Turma. Sob esse entendimento, e na forma dos arts. 64, § 3º, e 988, §§ 1º e 3º, do CPC de 2015, o Órgão Especial, por unanimidade, deu provimento ao agravo regimental para, acolhendo a preliminar de incompetência para processar e julgar reclamação ajuizada com fulcro no art. 988, II, do CPC de 2015, determinar a remessa dos autos ao juízo competente, com redistribuição do feito, por prevenção, no âmbito da 7ª Turma, ao Ministro Luiz Philippe Vieira de Mello Filho, relator do acórdão indicado como descumprido na petição inicial. TST-AgR-Rcl-485286.2016.5.00.0000, Órgão Especial, rel. Min. Augusto César Leite de Carvalho, 5.9.2016.

Informativo n. 141, TST — *Competência da Justiça do Trabalho. Ação civil pública. Caminhoneiro. Ausência de relação de emprego ou de trabalho com a empresa que mantém terminais de carga e descarga. Questões de saúde, segurança e higiene do trabalho. Tutela de direitos trabalhistas coletivos.*

Em se tratando de controvérsia envolvendo questões de saúde, segurança e higiene do trabalho, subsiste a competência da Justiça do Trabalho e o interesse de atuação do Ministério Público do Trabalho, ainda que o pedido e a causa de pedir não decorram de contrato de emprego ou de trabalho, mas envolvam a tutela de direitos trabalhistas coletivos de motoristas autônomos (caminhoneiros) que prestam serviço junto a terminais de carga e descargas de grãos mantidos por empresa de logística. Sob esse fundamento, a SBDI-II, por unanimidade, conheceu do recurso ordinário e, no mérito, negou-lhe provimento, mantendo, portanto, a decisão do TRT que julgara improcedente a ação rescisória, fundada em violação do art. 114, I, VI e IX, da CF, por meio da qual se pretendia desconstituir acordão prolatado pela 2ª Vara do Trabalho de Rondonópolis/MT nos autos de ação civil pública. TST-RO-327-27.2013.5.23.0000, SBDI-II, rel. Min. Alberto Luiz Bresciani de Fontan Pereira, 2.8.2016.

Informativo n. 140, TST — *Incompetência da Justiça do Trabalho. Ação civil pública. Reajuste dos honorários repassados pelas operadoras de plano de saúde aos médicos credenciados. Relação de trabalho não configurada.*

A Justiça do Trabalho é incompetente para processar e julgar ação civil pública na qual se postula o reajuste dos honorários repassados pelas operadoras de plano de saúde aos médicos credenciados, pois a relação entre eles não possui natureza trabalhista. As operadoras de plano de saúde, ligadas à chamada autogestão, atuam como intermediadoras entre os interesses dos usuários e dos prestadores de serviço, ao passo que os médicos credenciados não prestam serviço diretamente às operadoras, mas aos beneficiários/usuários, não havendo falar, portanto, em relação de trabalho nos moldes do art. 114, I, da CF. Sob esses fundamentos, a SBDI-I, por unanimidade, não conheceu do recurso de embargos da Conab, mas conheceu dos recursos de embargos interpostos pela Cassi, Geap, Petrobras e Embratel, e, no mérito, deu-lhes provimento para restabelecer o acórdão do Regional que manteve a sentença que julgou extinto o processo, sem resolução de mérito, por incompetência da Justiça do Trabalho para apreciar o pedido de correção de honorários médicos de profissionais vinculados às gestoras de plano de saúde. TST-E-ED-RR-1485-76.2010.5.09.0012, SBDI-I, rel. Min. Guilherme Augusto Caputo Bastos, 30.6.2016.

Informativo n. 140, TST — *Conflito negativo de competência. Carta precatória. Oitiva de testemunhas. Degravação de depoimentos audiovisuais. Competência do juízo deprecado.*

É atribuição do juízo deprecado proceder à degravação dos depoimentos colhidos em audiência por meio audiovisual. Na hipótese, após a oitiva das testemunhas, o juízo deprecado determinou a devolução das cartas precatórias sem que houvesse realizado a degravação dos depoimentos, cujo conteúdo foi disponibilizado mediante mídia (CD). De acordo com o art. 417, § 1º, do CPC de 1973, o depoimento registrado por meio idôneo de documentação será passado para a versão datilográfica quando houver recurso da sentença ou quando o juiz o determinar, de ofício ou a requerimento da parte, razão pela qual não se pode atribuir ao reclamante ou ao reclamado a responsabilidade da degravação. De outra sorte, o registro audiovisual não fora determinado pelo juízo deprecante, mas decorrera de iniciativa do próprio juízo deprecado, razão pela qual se conclui que cabe a este o ônus da degravação. Sob esses fundamentos, e citando precedentes do STJ que afirmam ser a transcrição de depoimentos obrigação do juízo deprecado, como parte do cumprimento integral da carta precatória, a SBDI-II, por unanimidade, conheceu do conflito negativo de competência e declarou competente o Juízo da

9ª Vara do Trabalho de Curitiba (deprecado) para efetuar a degravação das declarações das testemunhas ali ouvidas mediante registro audiovisual. TST-CC-10634-88.2013.5.07.0031, SBDI-II, rel. Min. Antonio José de Barros Levenhagen, 28.6.2016.

Informativo n. 135, TST — *Incompetência da Justiça do Trabalho. Mandado de segurança. Ato do Superintendente Regional do Trabalho. Seguro-desemprego. Não concessão. Matéria de natureza administrativa.*

A Justiça do Trabalho é incompetente para processar e julgar mandado de segurança contra ato do Superintendente Regional do Trabalho que obstou a concessão de seguro-desemprego. No caso, a pretensão ao pagamento de parcelas do benefício em questão tem natureza administrativa, pois não decorre de vínculo de emprego com o Estado, nem se caracteriza como obrigação atribuída ao empregador. Assim, não se trata de matéria sujeita à jurisdição da Justiça do Trabalho, nos termos do art. 114, IV, da CF. Sob esse fundamento, a SBDI-I, por unanimidade, conheceu dos embargos, por divergência jurisprudencial, e, no mérito, deu-lhes provimento para declarar a incompetência absoluta da Justiça do Trabalho para apreciar o mandado de segurança, com fundamento no art. 64, § 4º, do CPC de 2015, anular todos os atos decisórios praticados até então e determinar a remessa dos autos a uma das Varas da Justiça Federal — Seção Judiciária de São Paulo. TST-E-RR-144740-36.2008.5.02.0084, SBDI-I, rel. Min. João Oreste Dalazen, 5.5.2016.

Informativo n. 132, TST — *Conflito de competência. Ação proposta no domicílio do advogado. Incompetência. Remessa ao juízo do local da prestação dos serviços. Prejuízo à defesa do autor. Competência da Vara do Trabalho que tem jurisdição sob o local da contratação.*

Para a fixação da competência territorial devem prevalecer os critérios objetivos estabelecidos no art. 651, *caput* e § 3º, da CLT, admitindo-se o ajuizamento da reclamação trabalhista no domicílio do reclamante apenas se este coincidir com o local da prestação dos serviços ou da contratação. Assim, na hipótese em que o autor foi contratado na cidade de Alvorada do Norte/GO, e posteriormente transferido para Porto Velho/RO, local da extinção do pacto laboral, não atende ao comando legal o ajuizamento da reclamação em Brasília/DF, domicílio do advogado que patrocina a reclamação. De outra sorte, o declínio da competência em favor de uma das varas do trabalho de Porto Velho/RO também não se mostra adequado, eis que impediria a defesa dos direitos do autor, domiciliado no Estado de Goiás. Sob esses fundamentos, a SBDI-II, por unanimidade, admitiu conflito negativo de competência instaurado entre a 6ª Vara do Trabalho de Porto Velho/RO (suscitante) e a 18ª Vara do Trabalho de Brasília/DF (suscitado) para declarar a competência do Juízo da Vara do Trabalho de Posse/GO, que tem jurisdição sob a cidade de Alvorada do Norte/GO, local da contratação e domicílio do reclamante. TST-CC-1-64.2014.5.14.0006, SBDI-II, rel. Min. Douglas Alencar Rodrigues, 12.4.2016.

Informativo n. 131, TST — *Incompetência da Justiça do Trabalho. Contrato de estágio. Entes da administração pública.*

As relações de trabalho decorrentes de estágio se inserem na competência da Justiça do Trabalho, exceto quando a contratação envolve entes da administração pública. Incidência, por analogia, do entendimento firmando na ADI n. 3395. Assim, compete à Justiça comum processar e julgar ação civil pública que tem como objeto denúncia contra o Centro de Ensino Integrado Empresa e Escola (CIEE), em face do descumprimento do art. 37 da CF, pois não vem observando os princípios da publicidade e da impessoalidade na execução dos contratos para preenchimento de vagas destinadas a estágio em instituições públicas. Com base nessas premissas, a SBDI-I, por unanimidade, conheceu do recurso de embargos interpostos pelo Ministério Público do Trabalho, por divergência jurisprudencial, e, no mérito, por maioria, negou-lhe provimento. Vencidos os Ministros Lelio Bentes Corrêa, José Roberto Freire Pimenta e Hugo Carlos Scheuermann. TST-E-RR-5500-47.2010.5.13.0022, SBDI-I, rel. Min. Aloysio Corrêa da Veiga, 31.3.2016.

Informativo n. 131, TST — *Incompetência da Justiça do Trabalho. Demanda envolvendo a administração pública e servidor. Admissão sem concurso público. Relação jurídico-administrativa. Competência da Justiça comum.*

A Justiça do Trabalho é incompetente para processar e julgar demanda na qual resultou caracterizada a admissão de servidor, após a Constituição da República de 1988, sem prévia submissão a concurso público. Com efeito, consoante decidido pelo STF, no julgamento do AgReg n. 7.217/MG, cabe à Justiça comum o prévio exame acerca da existência, da validade e da eficácia do vínculo jurídico-administrativo existente entre servidor e Administração Pública, eis que, para o reconhecimento do liame trabalhista, deverá o julgador, anteriormente, averiguar a presença, ou não, de eventual vício a macular a relação administrativa. Sob esse fundamento, a SBDI-I, por maioria, conheceu dos embargos interpostos pela reclamante, por divergência jurisprudencial, e, no mérito, negou-lhes provimento. Vencidos os Ministros João Oreste Dalazen, Brito Pereira, Márcio Eurico Vitral Amaro, Alexandre de Souza Agra Belmonte e Cláudio Mascarenhas Brandão, que davam provimento aos embargos para, reformulando a decisão recorrida, reconhecer a competência da Justiça do Trabalho para processar e julgar a lide. TST-E-ED-RR-629-39.2011.5.22.0102, SBDI-I, rel. Min. Renato de Lacerda Paiva, 31.3.2016.

Informativo n. 127, TST — *Complementação de aposentadoria. Diferenças. Ex-empregado da Rede Ferroviária Federal — RFFSA. Sucessão pela União. Incompetência da Justiça do Trabalho.*

A Justiça do Trabalho é incompetente para processar e julgar pleitos de diferenças de complementação de aposentadoria de ex-empregado da empresa Trens Urbanos de Porto Alegre S/A. — Trensurb, subsidiária da extinta Rede Ferroviária Federal — RFFSA, sucedida pela União. O Supremo Tribunal Federal definiu a competência da justiça comum para o julgamento da matéria, diante da eficácia vinculante no exame da ADI 3.395-MC/DF, que suspendeu toda e qualquer interpretação atribuída ao art. 114, I, da CF, que inclua na competência da Justiça do Trabalho a apreciação de causas instauradas entre o Poder Público e os servidores a ele vinculados por típica relação de caráter estatutário ou jurídico-administrativo. Sob esse fundamento, a SBDI-I, por unanimidade, conheceu dos embargos interpostos pela reclamante, por divergência jurisprudencial, e, no mérito, negou-lhes provimento, mantendo incólume a decisão turmária que concluiu pela incompetência da Justiça do Trabalho para julgar a demanda. TST-E-ED-RR-71-58.2013.5.04.0018, SBDI-I, rel. Min. Guilherme Augusto Caputo Bastos, 17.12.2015.

2015

Informativo n. 123, TST — *Acidente de trabalho. Falecimento do empregado. Ação movida por viúva e filhos menores. Pretensão deduzida em nome próprio. Competência territorial. Local do domicílio dos reclamantes. Ausência de disciplina legal específica na CLT. Aplicação analógica do disposto no art. 147, I, do ECA.*

Na hipótese de julgamento de dissídio individual movido por viúva e filhos menores de ex-empregado falecido em decorrência de acidente de trabalho, na defesa de direito próprio, admite-se excepcionalmente a fixação da competência territorial pelo foro do local do domicílio dos reclamantes. Aplicação analógica do disposto no art. 147, I, do Estatuto da Criança e do Adolescente (ECA), diante da ausência de disciplina legal específica na CLT. No caso, ressaltou-se que por se tratar de situação excepcional, a qual refoge à regra do *caput* do art. 651 e parágrafos, da CLT — em que a competência territorial define-se pelo local da prestação dos serviços do empregado, e, excepcionalmente, pela localidade da contratação —, cumpre ao órgão jurisdicional colmatar a lacuna mediante a aplicação de norma compatível com o princípio da acessibilidade. Sob esse entendimento, a SBDI-I, por unanimidade, conheceu dos embargos, por divergência jurisprudencial e, no mérito, por maioria, deu-lhes provimento para reconhecer a competência da Vara do Trabalho de Manaus, local do domicílio dos reclamantes. Vencidos os Ministros Aloysio Corrêa da Veiga, relator, Guilherme Augusto Caputo Bastos e Márcio Eurico Vitral Amaro. TST-E-RR-86700-15.2009.5.11.0007, SBDI-I, rel. Min. Aloysio Corrêa da Veiga, red. p/ acórdão Min. João Oreste Dalazen, 12.11.2015.

Informativo n. 121, TST — *Competência territorial. Dissídio individual típico. Critérios objetivos de fixação. Art. 651 da CLT. Domicílio do empregado.*

A Vara do Trabalho do domicílio do empregado, quando não coincidente com a localidade da celebração do contrato ou da prestação dos serviços, normalmente não é competente para o julgamento de dissídio individual típico resultante do contrato de emprego. A determinação da competência territorial, em regra, define-se pelo local da prestação dos serviços do empregado, seja ele reclamante ou reclamado (art. 651, *caput*, da CLT). Cuida-se de norma de cunho protecionista e ditada pela observância do princípio constitucional da acessibilidade (art. 5º, XXXV). Excepcionalmente, nos termos do art. 651, § 3º, da CLT, toma-se em conta o juízo da localidade da contratação do empregado. Sob esse entendimento, a SBDI-1, por unanimidade, conheceu dos embargos, por divergência jurisprudencial e, no mérito, pelo voto prevalente da Presidência, negou-lhes provimento. Vencidos, totalmente, os Ministros Walmir Oliveira da Costa e Hugo Carlos Scheuermann e, parcialmente, os Ministros Renato de Lacerda Paiva, Aloysio Corrêa da Veiga, Guilherme Augusto Caputo Bastos, Augusto César Leite de Carvalho e Cláudio Mascarenhas Brandão, que divergiam quanto à fundamentação. TST-E-RR 775-66.2013.5.07.0025, SBDI-I, rel. Min. João Oreste Dalazen, 29.10.2015.

Informativo n. 111, TST — *Competência da Justiça do Trabalho. Estado do Piauí. Empregada admitida antes da Constituição de 1988. Transposição automática do regime celetista para o estatutário. Impossibilidade. Ausência de concurso público.*

A Justiça do Trabalho é competente para examinar pedido de empregado público admitido antes da promulgação da Constituição de 1988, sob regime celetista, e sem concurso público, não obstante a superveniência de legislação estadual que institui regime jurídico único. Na hipótese, consoante entendimento já consagrado pelo Supremo Tribunal Federal no julgamento da ADI 1.150-2, entendeu-se que o fato de o Estado do Piauí instituir regime jurídico único, por meio da Lei Complementar Estadual n. 13, de 3.1.1994, não convola em vínculo estatutário, de forma automática, o contrato trabalhista anterior, sobretudo em decorrência da ausência de concurso público, na forma do art. 37, II, § 2º, da Constituição. Desse modo, tem-se que a reclamante permaneceu na condição de empregada, mesmo após a edição da norma estadual, porque embora estável, nos termos do art. 19 do ADCT, não se submeteu a concurso público. Sob esse fundamento, a SBDI-I, à unanimidade, conheceu dos embargos interpostos pelo reclamado, por divergência jurisprudencial, e, no mérito, por maioria, negou-lhes provimento, vencidos os Ministros Luiz Philippe Vieira de Mello Filho, Walmir Oliveira da Costa, José Roberto Freire Pimenta e Hugo Carlos Scheuermann. TST-E-RR-846-13.2010.5.22.0104, SBDI-I, rel. Min. Augusto César Leite e Carvalho, 18.6.2015.

Informativo n. 100, TST — *Exceção de incompetência em razão do lugar. Ajuizamento de reclamação trabalhista no foro do domicílio do empregado. Aplicação ampliativa do § 3º do art. 651 da CLT. Impossibilidade. Não demonstração de que a empresa demandada presta serviços em diferentes localidades do país.*

Em observância ao princípio constitucional do amplo acesso à jurisdição (art. 5º, XXXV, da CF), é possível o ajuizamento de demanda trabalhista no foro do domicílio do empregado, desde que seja mais favorável que a regra do art. 651 da CLT e que fique demonstrado que a empresa reclamada regularmente presta serviços em diversas localidades do território nacional. No caso, o reclamante foi contratado e prestou serviços na cidade de Brusque/SC, local diverso do seu atual domicílio, Pelotas/RS, onde ajuizou a reclamatória. Contudo, não há notícia nos autos de que a empresa demandada preste serviços em diferentes localidades do país, razão pela qual não há cogitar em aplicação ampliativa do § 3º do art. 651 da CLT, prevalecendo, portanto, a regra geral que estabelece a competência da vara do trabalho do local da prestação dos serviços. Com esse entendimento, a SBDI-I, por unanimidade, conheceu dos embargos interpostos pelo reclamante, por divergência jurisprudencial, e, no mérito, por maioria, negou-lhes provimento. Vencidos os Ministros José Roberto Freire Pimenta, Lelio Bentes Corrêa, Hugo Carlos Scheuermann e Cláudio Mascarenhas Brandão. TST-E-RR-420-37.2012.5.04.0102, SBDI-I, rel. Min. Renato de Lacerd Paiva, 19.2.2015.

2014

Informativo n. 84, TST — *Execução. Competência. Local dos bens passíveis de expropriação ou atual domicílio do executado. Parágrafo único do art. 475-P do CPC. Aplicação subsidiária ao Processo do Trabalho. Impossibilidade. Ausência de omissão na CLT.*

Existindo previsão expressa no art. 877 da CLT a respeito da competência para a execução das decisões judiciais trabalhistas, a aplicação subsidiária ao Processo do Trabalho do parágrafo único do art. 475-P do CPC, no sentido de se permitir ao exequente optar pelo cumprimento da sentença pelo Juízo do local onde se encontram bens sujeitos à expropriação ou do atual domicílio do executado, implica contrariedade aos princípios da legalidade e do devido processo legal e respectiva ofensa ao art. 5º, II e LIV, da CF. Com esse entendimento, a SBDI-II, por unanimidade, conheceu do conflito negativo de competência e, no mérito, por maioria, julgou-o procedente, declarando a 1ª Vara do Trabalho de Itabaiana/SE competente para prosseguir na execução que se processa nos autos da reclamação trabalhista. Vencidos os Ministros Cláudio Mascarenhas Brandão, Delaíde Miranda Arantes e Douglas Alencar Rodrigues. TST-CC-9941-32.2012.5.00.0000, SBDI-II, rel. Min. Alberto Luiz Bresciani de Fontan Pereira, 27.5.2014.

Informativo n. 79, TST — *Ação de ressarcimento por danos materiais cumulada com obrigação de fazer. Hipótese não prevista no art. 70, I, do RITST. Incompetência funcional da SDC.*

A SDC não tem competência funcional para o julgamento de ação de ressarcimento por danos materiais, cumulada com obrigação de fazer, ajuizada pelo Sindicato dos Trabalhadores no Combate às Endemias e Saúde Preventiva no Estado do Rio de Janeiro contra a Fundação Nacional de Saúde — Funasa, pois o que se pretende é o pagamento de verbas trabalhistas decorrentes do descumprimento de normas legais e constitucionais, e não o pronunciamento do Poder Judiciário acerca do estabelecimento de normas para regulamentar as condições de trabalho da categoria profissional. Assim, afastando-se o caso concreto de qualquer das hipóteses descritas no art. 70, I, do RITST, e não sendo possível a remessa dos autos ao juízo competente, em razão da aplicação analógica do item II da Orientação Jurisprudencial n. 130 da SBDI-II, a SDC, por unanimidade, extinguiu o processo, sem resolução de mérito, nos termos do art. 113 c/c 267, IV, do CPC. TST-RTOrd-553-37.2014.5.00.0000, SDC, rel. Min. Mauricio Godinho Delgado, 8.4.2014.

Informativo n. 78, TST — *Complementação de aposentadoria. Competência. STF-RE n. 586.453. Sentença prolatada antes de 20.02.2013 que decidiu pela incompetência da Justiça do Trabalho. Ausência de decisão de mérito. Competência da Justiça comum.*

O STF, nos autos do processo RE n. 586.453, decidiu que as demandas relativas à complementação de aposentadoria são da competência da Justiça comum, mas determinou que os efeitos dessa decisão, com repercussão geral, fossem modulados a fim de se manter a competência da Justiça do Trabalho nas situações em que já houvesse sido proferida decisão de mérito até a data daquele julgamento (20.2.2013). Assim, tendo em conta que a sentença, mantida pelo TRT, que declarou a incompetência da Justiça do Trabalho para o julgamento de reclamatória relativa a diferenças de complementação de aposentadoria não pode ser considerada decisão de mérito, a SBDI-I, por unanimidade, conheceu dos embargos interpostos pela reclamada, por divergência jurisprudencial, e, no mérito, por maioria, deu-lhes provimento para restabelecer a referida sentença e determinar a remessa dos autos à Justiça comum. Vencidos os Ministros João Oreste Dalazen, Luiz Philippe Vieira de Mello Filho, Delaíde Miranda Arantes e Brito Pereira, os quais negavam provimento aos embargos por entenderem que a decisão da Suprema Corte limitou a competência residual da Justiça do Trabalho aos casos em que houver sentença proferida até 20.2.2013, seja ela de mérito ou não. TST-E-ED-ED-ED-RR-1011-92.2011.5.03.0059, SBDI-I, rel. Min. Renato de Lacerda Paiva, 3.4.2014.

Informativo n. 71, TST — *Ação rescisória. Incompetência do Juízo da execução trabalhista para, de forma incidental, reconhecer a fraude contra credores. Necessidade de ajuizamento de ação própria. Violação dos arts. 114 da CF, 159 e 161 do CC.*

Nos termos do art. 161 do CC, o reconhecimento da fraude contra credores pressupõe o ajuizamento de ação revocatória, de modo que o Juízo da execução trabalhista não tem competência para, de forma incidental, declarar a nulidade do negócio jurídico que reduziu o devedor à insolvência. Com esses fundamentos, a SBDI-II, por unanimidade, conheceu do recurso ordinário e deu-lhe provimento para, reconhecendo a violação literal dos arts. 114 da CF, 159 e 161 do CC, julgar procedente o pedido de corte rescisório e, em juízo rescisório, negar provimento ao agravo de petição interposto pela exequente, mantendo a decisão que indeferira a penhora de bens transferidos antes do ajuizamento da reclamação trabalhista. TST-RO-322000.63.2010.5.03.0000, SBDI-II, rel. Min. Emmanoel Pereira, 4.2.2014.

2013

Informativo n. 54, TST — *Ação rescisória. Contrato de parceria rural. Produção avícola. Incompetência da Justiça do Trabalho. Rescindibilidade prevista no art. 485, II, do CPC.*

O contrato de parceria rural, no qual uma das partes fornece os animais e a outra os aloja e cria, com a final partilha dos resultados ou outra espécie de pagamento previamente ajustado, constitui relação de natureza civil que afasta de forma absoluta a competência da Justiça do Trabalho definida no art. 114, I, da CF e permite a rescisão do julgado nos termos do art. 485, II, do CPC. Com esse posicionamento, a SBDI-II, por unanimidade, invocando precedentes da Corte e do STJ, conheceu do recurso ordinário e, no mérito, deu-lhe provimento para julgar procedente a ação rescisória, a fim de desconstituir o acórdão do Regional proferido nos autos da ação ordinária em que se pleiteava indenização por lucros cessantes e dano moral em virtude da ruptura antecipada do contrato de parceria para produção avícola, e, em juízo rescisório, reconhecendo a incompetência da Justiça do Trabalho para processar e julgar a ação, declarar a nulidade de todos os atos decisórios do processo e encaminhá-lo à Justiça comum do Estado do Rio Grande do Sul, nos moldes do art. 113, § 2º, do CPC. TST-RO-7444-68.2011.5.04.0000, SBDI-II, rel. Min. Alberto Luiz Bresciani de Fontan Pereira, 6.8.2013.

Informativo n. 49, TST — *Processo administrativo disciplinar. Magistrado de primeiro grau. Ausência de quórum no Tribunal Regional do Trabalho. Elaboração do relatório que antecede a abertura do PAD. Competência do Corregedor-Geral da Justiça do Trabalho. Art. 14, § 2º da Resolução n. 135/2011 do CNJ.*

A ausência de quórum no Tribunal Regional para deliberar acerca da abertura de processo administrativo disciplinar envolvendo magistrado de primeiro grau desloca para o Tribunal Superior do Trabalho a competência acerca da instauração do referido processo, hipótese em que caberá ao Corregedor-Geral da Justiça do Trabalho a elaboração do relatório que antecede a abertura do PAD, em atendimento ao disposto no art. 14, §2º da Resolução n. 135/2011 do Conselho Nacional de Justiça. Com esse posicionamento, o Órgão Especial decidiu, por maioria, vencidos os Ministros João Oreste Dalazen, relator, Brito Pereira e Delaíde Miranda Arantes, acolher a questão de ordem suscitada pelo Ministro Presidente do TST e determinar a remessa dos autos ao Corregedor-Geral da Justiça do Trabalho. TST-PA-44700.48.2012.5.17.0000, Órgão Especial, rel. Min. João Oreste Dalazen, 3.6.2013.

Informativo n. 39, TST — *Ação declaratória. Inexigibilidade de cláusula de norma coletiva de trabalho. Discussão acerca da legitimidade de entidade sindical. Competência funcional da Vara do Trabalho.*

Na hipótese em que o interesse dos autores não diz respeito à declaração de nulidade de convenção coletiva de trabalho, mas à inaplicabilidade do instrumento coletivo em razão da ilegitimidade do Sindicato do Comércio Varejista de Gêneros Alimentícios da Cidade do Salvador para representar os supermercados e atacados de autosserviço no Estado da Bahia, em face de cisão operada na categoria econômica, compete à Vara do Trabalho, e não ao TRT, processar e julgar ação declaratória de inexigibilidade do cumprimento das obrigações contraídas em convenção coletiva de trabalho. Com esse entendimento, a SDC, por maioria, deu provimento ao recurso ordinário para, declarando a incompetência do TRT da 5ª Região, na forma do art. 795, § 2º, da CLT, decretar a nulidade dos atos processuais e determinar o retorno dos autos à Vara de Trabalho de origem, para que prossiga no exame da lide, como entender de direito. Vencida a Ministra Maria de Assis Calsing, relatora. TST-RO-997-71.2010.5.05.0000, SDC, rel. Ministra Maria de Assis Calsing, red. p/ acórdão Min. Walmir Oliveira da Costa, 11.3.2013.

2012

Informativo n. 28, TST — *Nulidade de cláusulas de norma coletiva reconhecida pelo Juízo de primeiro grau. Incompetência. Não configuração. Pedido mediato.*

A SBDI-II, por unanimidade, conheceu do recurso ordinário, e, no mérito, por maioria, negou-lhe provimento, mantendo a decisão do TRT, que denegou a segurança por entender incabível, em sede de mandado de segurança, a arguição de incompetência da autoridade coatora (Juiz da 5ª Vara do Trabalho de Niterói-RJ), que, nos autos da reclamação trabalhista, antecipou os efeitos da tutela para, reconhecendo a nulidade de cláusulas de norma coletiva, determinar o retorno dos trabalhadores à antiga jornada e o pagamento das horas extraordinárias, com os devidos reflexos. Prevaleceu o entendimento de que, no caso, a anulação das cláusulas do acordo coletivo é pedido mediato, incidental, não havendo falar, portanto, em competência do Tribunal Regional, pois o pleito imediato é o pagamento de horas extraordinárias e o retorno à jornada anterior, os quais estão afetos à cognição do juízo de primeiro grau. A competência seria do TRT apenas se a discussão em torno da legalidade, ou não, das cláusulas impugnadas fosse genérica, de efeitos abstratos, sem a concretude da pretensão de horas extraordinárias formulada em ação individual. Vencido o Ministro Guilherme Augusto Caputo Bastos, relator. TST-RO-566700-68.2008.5.01.0000, SBDI-II, rel. Min. Guilherme Augusto Caputo Bastos, red. p/ acórdão Min. Luiz Philippe Vieira de Mello Filho, 30.10.2012.

Informativo n. 27, TST — *AR. Servidor público municipal. Incompetência da Justiça do Trabalho. Lei instituidora de regime jurídico único. Publicação. Pedido rescisório calcado no art. 485, II, do CPC. Impossibilidade.*

Na hipótese em que a sentença rescindenda rejeitou a preliminar de incompetência absoluta da Justiça do Trabalho, porque a validade da lei instituidora de regime jurídico único dos servidores do Município de Grajaú era controvertida, em razão da ausência de comprovação de sua publicação oficial ou, ao menos, de sua publicidade por meio da afixação no mural da Câmara Municipal, não é possível o corte rescisório calcado no inciso II do art. 485 do CPC, na medida em que este somente se viabiliza nos casos em que a incompetência absoluta invocada revelar-se patente, ou seja, quando houver expressa previsão legal atribuindo a competência material a juízo distinto. Com esse entendimento, a SBDI-II, por unanimidade, negou provimento ao recurso ordinário. TST-ReeNec e RO-38300-79.2011.5.16.0000, SBDI-II, rel. Min. Alexandre Agra Belmonte, 23.10.2012.

Informativo n. 23, TST — *Recurso Administrativo. Competência originária do Tribunal Regional. Quórum insuficiente. Deslocamento da competência para o TST. Impossibilidade.*

No caso em que mais da metade dos membros do TRT da 7ª Região se declarou impedida para julgar recurso administrativo interposto contra decisão monocrática do Presidente do Regional que, seguindo orientação do TCU, determinou a sustação do pagamento do auxílio-alimentação a magistrados do Trabalho de 1º e 2º graus, o Órgão Especial, por maioria, vencidos os Ministros Ives Gandra Martins Filho e Carlos Alberto Reis de Paula, declarou a incompetência funcional do TST para julgar o apelo e determinou a remessa dos autos ao tribunal de origem, a fim de que, mediante convocação de juízes de primeiro grau, se necessário, julgue o aludido recurso como entender de direito. Na hipótese, ressaltou-se que, conforme entendimento do STF, o art. 102, I, alínea "n", da CF não se dirige a processos administrativos, porquanto pressupõe atividade que revela o exercício de jurisdição, razão pela qual não pode ser aplicado por analogia como fundamento para transferir a competência para o TST. Ademais, o próprio Regimento Interno desta Corte não traz previsão de deslocamento da competência originária do TRT para o TST na hipótese de recurso administrativo. TST-Rec. Adm-7296-10.2010.5.07.0000, Órgão Especial, rel. Min. Brito Pereira, 1º.10.2012.

Informativo n. 20, TST — *CC. Ação coletiva. Decisão com efeitos erga omnes. Execução individual. Art. 877 da CLT. Não incidência.*

O art. 877 da CLT — segundo o qual é competente para a execução das decisões o Juiz ou o Presidente do Tribunal que tiver conciliado ou julgado originariamente o dissídio — não é aplicável à execução individual das decisões proferidas em ação coletiva, porquanto possui procedimento específico e regulamentado na Lei de Ação Civil Pública, combinada com o Código de Defesa do Consumidor, ambos plenamente compatíveis com o Processo do Trabalho. Assim, na hipótese em que a exequente, domiciliada em Fortaleza/CE, aforou execução individualizada, dizendo-se beneficiada pelos efeitos *erga omnes* da coisa julgada produzida em ação coletiva que tramitou na Vara do Trabalho de Araucária/PR, a SBDI-II, por unanimidade, julgou procedente o conflito negativo de competência para declarar competente a Vara do Trabalho de Fortaleza/CE. Ressaltou o Ministro relator que entendimento em sentido contrário imporia aos beneficiários da ação coletiva um ônus processual desarrazoado, o que tornaria ineficaz o pleno, rápido e garantido acesso à jurisdição e violaria a garantia constitucional do Devido Processo Legal Substancial. TST-CC-1421-83.2012.5.00.0000, SBDI-II, rel. Min. Alexandre Agra Belmonte, 28.8.2012.

Informativo n. 20, TST — *Honorários advocatícios. Ação de cobrança. Natureza civil. Incompetência da Justiça do Trabalho.*

A Justiça do Trabalho não é competente para julgar ação de cobrança de honorários advocatícios, pois se refere a contrato de prestação de serviços, relação de índole eminentemente civil, não guardando nenhuma pertinência com a relação de trabalho de que trata o art. 114, I, da CF. Com esse entendimento, a SBDI-I, por unanimidade, conheceu dos embargos por divergência jurisprudencial e, no mérito, por maioria, deu-lhes provimento para restabelecer a decisão proferida pelo TRT, mediante a qual se acolhera a preliminar de incompetência material desta Justiça do Trabalho, e, anulando os atos decisórios praticados no processo, determinar a remessa dos autos à Justiça Comum Estadual, para que prossiga no feito como entender de direito. Na espécie, ressaltou o Ministro relator ser razoável "cometer a Justiça comum a tarefa de dirimir controvérsia relativa à prestação de serviços levada a cabo por profissional autônomo que, senhor dos meios e das condições da prestação contratada, coloca-se em patamar de igualdade (senão de vantagem) em relação àquele que o contrata. Tal seria o caso típico dos profissionais da engenharia, advocacia, arquitetura e medicina que exercem seus misteres de forma autônoma, mediante utilização de meios próprios e em seu próprio favor". Vencidos os Ministros Ives Gandra Martins Filho e Delaíde Miranda Arantes. TST-E-RR-48900-38.2008.5.15.0051, SBDI-I, rel. Min. Lelio Bentes Corrêa, 30.8.2012.

Informativo n. 15, TST — *AR. Incompetência da Justiça do Trabalho. Cancelamento de ato administrativo que constituiu crédito tributário.*

A SBDI-II, em face do disposto nos arts. 109 e 114 da Constituição Federal, concluiu pela incompetência da Justiça do Trabalho para determinar o cancelamento de ato administrativo que constitui crédito tributário. Registrou, ainda, ser o decurso do prazo para interposição do recurso cabível suficiente para a comprovação do trânsito em julgado, tendo em vista a peculiaridade da sentença rescindenda, que, por meio de decisão interlocutória, pôs fim à relação tributária afeta à União, terceira estranha à lide e autora da ação rescisória. Com esses fundamentos, a Subseção, por unanimidade, negou provimento ao recurso ordinário, mantendo o acórdão do Tribunal *a quo*, em que se julgou procedente a ação rescisória para desconstituir a decisão rescindenda no tocante à determinação do cancelamento de inscrição em dívida ativa da União. TST-RO-187-96.2010.5.05.0000, SBDI-II, rel. Min. Pedro Paulo Manus, 26.6.2012.

Informativo n. 11, TST — *Empregado de cartório extrajudicial admitido antes da edição da Lei n. 8.935/94. Relação laboral submetida às normas da CLT. Autoaplicabilidade do art. 236 da CF.*

A relação jurídica havida entre os serventuários e o cartório extrajudicial está sujeita ao regime jurídico da CLT, ainda que contratados em período anterior à vigência da Lei n. 8.935/94, pois o art. 236 da CF já previa o caráter privado dos serviços notariais e de registro, sendo norma constitucional autoaplicável. Nos termos do mencionado preceito constitucional, os serviços notariais e de registro são exercidos em caráter privado, por delegação do Poder Público, o que evidencia que os empregados contratados para prestar serviços em cartórios são submetidos ao regime jurídico celetista, na medida em que mantêm vínculo profissional com o titular do cartório e não com o Estado. Na hipótese dos autos, extraiu-se do acórdão do Regional que o reclamante era serventuário de cartório extrajudicial quando do advento da Constituição de 1988. Assim, concluindo pela má aplicação da Súmula n. 126 do TST pela Turma, a SBDI-I, à unanimidade, conheceu dos embargos interpostos antes da Lei n. 11.496/2007, por violação dos arts. 896 da CLT e 236 da CF, e, no mérito, deu-lhes provimento para reconhecer o vínculo de natureza trabalhista entre as partes a partir de 5.10.1988 e determinar o retorno dos autos à Vara do Trabalho de origem, a fim de que prossiga no exame da pretensão deduzida pelo espólio, como entender de direito. TST-E-RR-493331-32.1998.5.02.0078, SBDI-I, rel. Min. Lelio Bentes Corrêa, 31.5.2012.

Informativo n. 10, TST — *Competência da Justiça do Trabalho. Execução de ofício de contribuição previdenciária. Acordo firmado perante Comissão de Conciliação Prévia.*

A Justiça do Trabalho é competente para executar, de ofício, as contribuições previdenciárias referentes ao valor fixado em acordo firmado perante Comissão de Conciliação Prévia, nos termos do art. 114, IX, da CF c/c o art. 43, § 6º, da Lei n. 8.212/91 e os arts. 876 e 877-A da CLT. Com esse entendimento, a SBDI-I, em sua composição plena, vislumbrando divergência jurisprudencial específica, conheceu dos embargos, por maioria, e, no mérito, ainda por maioria, deu-lhes provimento para restabelecer a decisão do Regional. Vencidos, quanto ao conhecimento, os Ministros Lelio Bentes Corrêa e Dora Maria da Costa e, no mérito, a Ministra Maria Cristina Peduzzi. TST-E-RR-40600-80.2009.5.09.0096, SBDI-I, rel. Min. José Roberto Freire Pimenta, 24.5.2012.

Informativo n. 8, TST — *DC. Greve. Conflito de âmbito local. Competência funcional. Tribunal Regional do Trabalho.*

Dispõe o art. 677 da CLT que a competência dos Tribunais Regionais do Trabalho, no caso de dissídio coletivo, é determinada pelo local onde este ocorrer, ficando a competência funcional originária da seção especializada em dissídios coletivos do TST limitada às hipóteses em que o dissídio coletivo, de natureza econômica ou de greve, for de âmbito suprarregional ou nacional, extrapolando, portanto, a jurisdição dos TRTs (art. 2º, "a", da Lei n. 7.701/88). Com esse fundamento, e tendo em conta que, de acordo com a jurisprudência predominante no STF, é incabível o conflito de competência entre tribunais hierarquicamente organizados, a SDC, por unanimidade, conheceu do agravo regimental e, no mérito, negou-lhe provimento, mantendo decisão monocrática que declarou a competência funcional originária do TRT da 5ª Região para julgar dissídio coletivo de greve instaurado pela Prest Perfurações Ltda. em face do Sindicato dos Trabalhadores do Ramo Químico Petroleiro do Estado da Bahia. Ressaltou o Ministro relator que o sindicato suscitado tem base territorial estadual, a revelar, portanto, o âmbito local do conflito. Ademais, não procede a alegação de que o caráter suprarregional ou nacional da negociação coletiva tradicionalmente entabulada pela empregadora atrairia a competência do TST, pois é atividade que precede o exercício da jurisdição. TST-AIRO-1180-42.2010.5.05.0000, SDC, rel. Min. Walmir Oliveira da Costa, 15.5.2012.

Informativo n. 5, TST — *Servidor público. Relação de caráter estatutário. Pedidos relativos ao recolhimento do FGTS e à anotação da CTPS. Incompetência da Justiça do Trabalho.*

Não obstante os pedidos de recolhimento do FGTS e de anotação da CTPS sejam estranhos ao regime jurídico estatutário, é incompetente a Justiça do Trabalho para julgar demandas entre a Administração Pública e seus servidores, em razão da natureza administrativa do vínculo. Na espécie, respaldada em farta jurisprudência tanto do STF como do próprio TST, a SBDI-I, por unanimidade, conheceu dos embargos, e, no mérito, negou-lhes provimento, mantendo a decisão da Terceira Turma, que conhecera da revista por violação do art. 114 da CF e, no mérito, dera-lhe provimento para determinar a remessa dos autos à origem, a fim de providenciar seu envio à Justiça Comum. TST-E-RR-124000-42.2008.5.22.0103, SBDI-I, rel. Min. Brito Pereira, 19.4.2012.

Informativo n. 1, TST — *CC. Art. 475-P, parágrafo único, do CPC. Aplicação subsidiária ao processo do trabalho. Impossibilidade. Ausência de omissão na CLT.*

A existência de previsão expressa no art. 877 da CLT sobre a competência para a execução das decisões judiciais torna incabível a aplicação subsidiária, ao processo do trabalho, do parágrafo único do art. 475-P do CPC, que permite ao exequente optar pelo cumprimento da sentença pelo Juízo do local onde se encontram bens sujeitos à expropriação ou do atual domicílio do executado. Com esse entendimento, a SBDI-II, por maioria, vencido o Ministro Luiz Philippe Vieira de Mello Filho, conheceu do conflito negativo de competência e julgou-o procedente, declarando a competência da Vara do Trabalho de Indaial/SC para prosseguir na execução. Na espécie, a juíza titular da 7ª Vara do Trabalho de São Paulo/SP suscitou conflito de competência, em face do encaminhamento de reclamação trabalhista pelo juiz titular da Vara do Trabalho de Indaial/SC que acolhera requerimento formulado pelo exequente, nos termos do art. 475-P do CPC. TST-CC-3533-59.2011.5.00.0000, SBDI-II, rel. Min. Alberto Luiz Bresciani de Fontan Pereira, 6.3.2012.

COMUNICAÇÃO DOS ATOS PROCESSUAIS

2014

Informativo n. 89, TST — *Sentença. Ausência de intimação das partes. Carga dos autos. Ciência inequívoca dos termos da sentença. Início do prazo recursal. Deferimento do pedido de restituição do prazo pelo juízo de origem. Intempestividade do recurso.*

A ausência de intimação da publicação da sentença é suprida por ocasião da retirada dos autos em carga pelo advogado, momento em que passa a fluir o prazo recursal. No caso, o TRT registrou ter parte tomado ciência inequívoca dos termos da sentença ao fazer a carga dos autos para apresentar cálculos de liquidação, razão pela qual não caberia, vinte e dois dias após, expedir notificação deflagrando a reabertura do prazo para interposição do recurso ordinário. Com esse entendimento, a SBDI-I, por unanimidade, conheceu dos embargos do reclamante, por divergência jurisprudencial, e, no mérito, deu-lhes provimento para restabelecer o acórdão do Regional que considerou intempestivo o recurso ordinário da reclamada. TST-E-RR-192500-08.2009.5.03.0087, SBDI-I, rel.Min. Augusto César Leite de Carvalho, 11.9.2014.

2013

Informativo n. 61, TST — *Contribuição sindical rural. Notificação pessoal do sujeito passivo. Necessidade.*

A cobrança da contribuição sindical rural pressupõe regular lançamento da constituição do crédito tributário e a consequente notificação do sujeito passivo (art. 145 do CTN), de modo que apenas a publicação de editais, mesmo em jornais de grande circulação, não se revela suficiente em razão das dificuldades de acesso aos meios de comunicação do contribuinte que vive na área rural. Com esses fundamentos, a SBDI-I, por unanimidade, conheceu dos embargos da reclamada, por divergência jurisprudencial, e, no mérito, negou-lhes provimento, mantendo a extinção do processo sem resolução do mérito por carência de ação, pois a ausência de notificação pessoal do devedor torna o crédito tributário inexistente. TST-E-RR-913-57.2010.5.05.0651, SBDI-I, rel. Min. Brito Pereira, 3.10.2013.

Informativo n. 49, TST — *Suspensão de prazo recursal. Ato de Tribunal Regional. Retomada da contagem. Inclusão de feriados e fins de semana.*

Tratando-se de suspensão de prazo recursal preestabelecida, fundada em ato de Tribunal Regional, é desnecessária a intimação da parte para a retomada da contagem do prazo, a qual ocorre imediatamente, independentemente de recair em feriado ou final de semana, prorrogando-se somente o termo final para o primeiro dia útil subsequente. Com esse entendimento, o Órgão Especial, por maioria, não conheceu do recurso ordinário da União, por intempestivo. No caso dos autos, após as suspensões operadas pelo TRT, a contagem dos dois dias remanescentes do prazo foi reiniciada no dia 14/01/2012, sábado, findando-se no domingo, dia 15/01/2012, de modo que o termo final foi prorrogado para o primeiro dia útil seguinte, qual seja, 16/01/2012, segunda-feira. Todavia, o recurso foi protocolado somente no dia 17/01/2012, terça-feira, estando intempestivo, portanto. Vencidos os Ministros João Oreste Dalazen, Alexandre Agra Belmonte, Brito Pereira e Delaíde Miranda Arantes. TST-ReeNec e RO-29300-82.2005.5.01.0000, Órgão Especial, rel. Min. Hugo Carlos Scheuermann, 3.6.2013.

CONTRIBUIÇÕES PREVIDENCIÁRIAS
2015

Informativo n. 120, TST — *Contribuição previdenciária. Fato gerador. Créditos trabalhistas reconhecidos em juízo após as alterações no artigo 43 da Lei n. 8.212/91. Incidência de correção monetária, juros de mora e multa. Marco inicial. Responsabilidades.*

O fato gerador da contribuição previdenciária decorrente de créditos trabalhistas reconhecidos em juízo é a prestação do serviço, no que tange ao período posterior à alteração do artigo 43 da Lei n. 8.212/91, feita pela Medida Provisória n. 449/2008, convertida na Lei n. 11.941/2009 (04.03.2009). O fato gerador das contribuições previdenciárias não está previsto no artigo 195, I, "a", da Constituição Federal. Logo, a lei — no caso, o artigo 43, § 2º, da Lei n. 8.212/91 — pode perfeitamente dispor a respeito. Assim, a partir de 05.03.2009, aplica-se o regime de competência (em substituição ao regime de caixa), incidindo, pois, correção monetária e juros de mora a partir da prestação de serviços. Quanto à multa, ao contrário da atualização monetária para recomposição do valor da moeda e dos juros pela utilização do capital alheio, trata-se de uma penalidade destinada a compelir o devedor à satisfação da obrigação a partir do seu reconhecimento. Dessa forma, decidiu-se que não incide retroativamente à prestação de serviços, e sim a partir do exaurimento do prazo de citação para pagamento, uma vez apurados os créditos previdenciários, se descumprida a obrigação, observado o limite legal de 20%, nos termos dos §§ 1º e 2º, do art. 61, da Lei n. 9.430/96 c/c art. 43, § 3º, da Lei n. 8.212/91. Por fim, no que se refere às responsabilidades, definiu-se que respondem: a) pela atualização monetária, o trabalhador e a empresa, por serem ambos contribuintes do sistema; e b) pelos juros de mora e pela multa, apenas a empresa, não sendo cabível que por eles pague quem, até então, sequer tinha o reconhecimento do crédito sobre o qual incidiriam as contribuições previdenciárias e que não se utilizou desse capital. Sob esses fundamentos, o Tribunal Pleno decidiu, por unanimidade, conhecer do recurso de embargos, por divergência jurisprudencial, e, no mérito, pelo voto prevalente da Presidência, dar-lhe provimento parcial, para, na forma da lei, relativamente aos contratos de trabalho firmados a partir de 05.03.2009, determinar: a) a incidência dos juros de mora, a partir da prestação de serviços, sobre as contribuições previdenciárias; b) aplicação de multa a partir do exaurimento do prazo de citação para o pagamento, uma vez apurados os créditos previdenciários, se descumprida a obrigação, observado o limite legal de 20% (art. 61, § 2º, da Lei n. 9.430/96). Vencidos os Ministros Maria Cristina Irigoyen Peduzzi, Renato de Lacerda Paiva, Emmanoel Pereira, Aloysio Silva Corrêa da Veiga, Alberto Luiz Bresciani de Fontan Pereira, Dora Maria da Costa, Guilherme Augusto Caputo Bastos, Márcio Eurico Vitral Amaro, Walmir Oliveira da Costa, Mauricio Godinho Delgado, Kátia Magalhães Arruda e Augusto César Leite de Carvalho. TST-E-RR-1125-36.2010.5.06.0171, Tribunal Pleno, rel. Min. Alexandre Agra Belmonte, 20.10.2015.

2013

Informativo n. 60, TST — *Contribuição previdenciária. Execução provisória. Acordo firmado após a elaboração dos cálculos de liquidação e antes do trânsito em julgado da sentença. Inaplicabilidade da Orientação Jurisprudencial n. 376 da SBDI-I.*

Firmado acordo em sede de execução provisória, após a elaboração dos cálculos em liquidação, mas antes do trânsito em julgado da sentença, as contribuições previdenciárias devem incidir sobre a totalidade do valor acordado, não havendo falar em observância da proporcionalidade entre as parcelas de natureza salarial e aquelas de caráter indenizatório deferidas na decisão condenatória. A aplicabilidade da Orientação Jurisprudencial n. 376 da SBDI-I é restrita às hipóteses de homologação do acordo após o trânsito em julgado da sentença. Com esses fundamentos, a SBDI-I, em sua composição plena, por unanimidade, conheceu do recurso de embargos da União, por divergência jurisprudencial, e, no mérito, por maioria, negou-lhe provimento. Vencido o Ministro João Oreste Dalazen e ressalvado o entendimento do Ministro Brito Pereira. TST-E-RR-264300-36.2002.5.02.0066, SBDI-I, rel. Min. Delaíde Miranda Arantes, 26.9.2013.

2012

Informativo n. 18, TST — *Súmula Vinculante n. 8 do STF. Observância imediata e de ofício. Art. 103-A da CF.*

O comando do art. 103-A da CF deve ser observado, imediatamente e de ofício, quando a matéria envolver discussão sobre tema já pacificado por súmula vinculante, não se submetendo o recurso de embargos ao crivo do art. 894, II, da CLT. Nesse contexto, na hipótese em que o acórdão da Turma, em face do óbice da Súmula n. 297 do TST, manteve a aplicação da prescrição decenal prevista no art. 46 da Lei n. 8.212/91 para a cobrança dos créditos previdenciários devidos em virtude do reconhecimento de vínculo de emprego, a SBDI-I, por maioria, constatou a contrariedade à Súmula Vinculante n. 8 do STF, a qual declarou a inconstitucionalidade dos arts. 45 e 46 da Lei n. 8.212/91, vencidos, em parte, o Ministro Lelio Bentes Corrêa e, totalmente, os Ministros José Roberto Pimenta, Augusto César Leite de Carvalho e Delaíde Miranda Arantes; e, ainda por maioria, vencida a Min. Delaíde Miranda Arantes, deu provimento aos embargos para determinar que seja observado o prazo prescricional quinquenal no que tange ao recolhimento das contribuições previdenciárias. TST-E-ED-RR-74000-08.2006.5.09.0673, SBDI-I, rel. Min. Brito Pereira, 16.8.2012.

CUSTAS
2015

Informativo n. 118, TST — *Conselhos de Fiscalização Profissional. Natureza jurídica de autarquia especial. Aplicabilidade dos privilégios concedidos à Fazenda Pública pelo Decreto-Lei n. 779/1969.*

Os conselhos de fiscalização profissional, a partir do julgamento da ADI 1.717-6/DF pelo Supremo Tribunal Federal, passaram a ser considerados entidades autárquicas especiais e tiveram reconhecida a sua natureza paraestatal. Por conseguinte, foram beneficiados com as mesmas prerrogativas processuais concedidas à Fazenda Pública, como a dispensa de depósitos recursais e o pagamento de custas somente ao final do processo, nos termos do Decreto-Lei n. 779/69. Sob esse entendimento, a SBDI-1, à unanimidade, conheceu do recurso de embargos do reclamado, por divergência jurisprudencial, e, no mérito, deu-lhe provimento para determinar o retorno do feito à 6ª Turma desta Corte a fim de que, afastada a deserção do recurso de revista, prossiga no exame do agravo de instrumento, como entender de direito. TST- E-Ag-AIRR 244200-80.2007.5.02.0035, SBDI-1, relator Ministro Cláudio Mascarenhas Brandão, 17.09.2015.

Informativo n. 111, TST — *Agravo de instrumento. Recurso ordinário. Deserção. Conselho de fiscalização profissional. Privilégios da Fazenda Pública.*

Os conselhos de fiscalização profissional são autarquias em regime especial, sendo-lhes aplicáveis os privilégios da Fazenda Pública, previstos no Decreto-Lei n. 779/69. Assim, estão dispensados do recolhimento de custas processuais e de depósito recursal. Sob esse entendimento, a SBDI-II, por unanimidade, conheceu do agravo de instrumento e, no mérito, deu-lhe provimento para, afastada a deserção do apelo, submeter o recurso ordinário do autor a julgamento do colegiado na primeira sessão subsequente à publicação da certidão de provimento do agravo. TST-AIRO-11086-96.2012.5.01.0000, SBDI-II, rel. Min. Emmanoel Pereira, 23.6.2015.

Informativo n. 101, TST — *Fundação de Saúde Pública de Novo Hamburgo. Custas e depósito recursal. Isenção. Entidade sem fins lucrativos, de interesse público e financiada por verbas públicas. Deserção. Afastamento.*

As prerrogativas dos arts. 790-A da CLT e 1º, IV, do Decreto-Lei n. 779 aplicam-se às fundações que, embora instituídas como de direito privado, exercem atividades voltadas ao interesse público, sem finalidade lucrativa e financiadas exclusivamente por verbas públicas. Desse modo, a Fundação de Saúde Pública de Novo Hamburgo (FSNH), sucessora do Hospital Municipal de Novo Hamburgo, instituída pela Lei Municipal n. 1.980/2009 como entidade jurídica sem fins lucrativos, de interesse coletivo e de utilidade pública, que presta serviços de saúde em caráter integral, cumprindo contratos de gestão com o Município de Novo Hamburgo e atuando exclusivamente no âmbito do Sistema Único de Saúde (SUS), está isenta do pagamento de custas e do recolhimento do depósito recursal. Com esse entendimento, a SBDI-I, por unanimidade, conheceu dos embargos da Fundação, por divergência jurisprudencial, e, no mérito, deu-lhes provimento para, afastada a deserção, determinar o retorno dos autos ao TRT de origem, a fim de que prossiga no exame do recurso ordinário como entender de direito. TST-E-RR-869-11.2011.5.04.0302, SBDI-I, rel. Min. Alexandre Agra Belmonte, 5.3.2015.

2013

Informativo n. 60, TST — *Custas processuais fixadas ex vi legis. Ausência de recolhimento. Deserção configurada. Art. 789, II, da CLT.*

A ausência de especificação do valor das custas processuais, fixadas *ex vi legis*, em sede de mandado de segurança, não afasta a obrigação do recolhimento prévio do preparo quando da interposição do recurso ordinário. Com esse posicionamento, decidiu a SBDI-II, à unanimidade, negar provimento ao agravo de instrumento para manter a decisão agravada que reconheceu a deserção do recurso. Destacou-se, na hipótese, o caráter cogente do art. 789, II, da CLT, que estipula a incidência das custas à base de 2% sobre o valor da causa quando a ação for julgada improcedente, bem como o entendimento consubstanciado na Orientação Jurisprudencial n. 148 da SBDI-II, que confere à parte a responsabilidade pelo recolhimento das custas, sob pena de deserção. TST-AIRO-1144-47.2011.5.02.0000, SBDI-II, rel. Min. Hugo Carlos Scheuermann, 19.11.2013.

DISSÍDIO COLETIVO

2014

Informativo n. 85, TST — *Dissídio coletivo. Greve. Celebração de ajuste entre as partes. Ratificação do interesse na declaração de abusividade da greve. Extinção do processo sem resolução do mérito. Impossibilidade.*

A celebração de ajuste entre as partes no curso de processo de dissídio coletivo de greve, com o consequente encerramento desta, não importa, necessariamente, em extinção do feito sem resolução do mérito, por falta de interesse processual, uma vez que os abusos cometidos no exercício desse direito sujeitam os responsáveis às penas de lei, nos termos do § 2º do art. 9º da CF. Assim, havendo ratificação da pretensão de declaração de abusividade do movimento paredista, permanece o interesse processual da parte na obtenção do provimento declaratório, somente alcançável judicialmente, especialmente na hipótese em que houve supostos excessos na condução da greve e alegação de desrespeito a ordem judicial expedida para regular os efeitos da paralisação. Com esse entendimento, a SDC, por unanimidade, deu provimento ao recurso ordinário interposto pelo Sindicato da Indústria da Construção Civil do Ceará — Sinduscon/CE para afastar o decreto de extinção do processo sem resolução do mérito, por falta de interesse processual, e determinar o retorno dos autos ao Tribunal Regional de origem, a fim de que prossiga no julgamento do dissídio coletivo de greve como entender de direito. TST-RO-3675-34.2012.5.07.0000, SDC, rel. Min. Fernando Eizo Ono, 9.6.2014.

EXECUÇÃO

2014

Informativo n. 84, TST — *Execução. Competência. Local dos bens passíveis de expropriação ou atual domicílio do executado. Parágrafo único do art. 475-P do CPC. Aplicação subsidiária ao Processo do Trabalho. Impossibilidade. Ausência de omissão na CLT.*

Existindo previsão expressa no art. 877 da CLT a respeito da competência para a execução das decisões judiciais trabalhistas, a aplicação subsidiária ao Processo do Trabalho do parágrafo único do art. 475-P do CPC, no sentido de se permitir ao exequente optar pelo cumprimento da sentença pelo Juízo do local onde se encontram bens sujeitos à expropriação ou do atual domicílio do executado, implica contrariedade aos princípios da legalidade e do devido processo legal e respectiva ofensa ao art. 5º, II e LIV, da CF. Com esse entendimento, a SBDI-II, por unanimidade, conheceu do conflito negativo de competência e, no mérito, por maioria, julgou-o procedente, declarando a 1ª Vara do Trabalho de Itabaiana/SE competente para prosseguir na execução que se processa nos autos da reclamação trabalhista. Vencidos os Ministros Cláudio Mascarenhas Brandão, Delaíde Miranda Arantes e Douglas Alencar Rodrigues. TST-CC-9941-32.2012.5.00.0000, SBDIII, rel. Min. Alberto Luiz Bresciani de Fontan Pereira, 27.5.2014.

Informativo n. 83, TST — *Ação rescisória. Execução. Hasta pública. Arrematação judicial. Complementação do valor do sinal após o prazo de 24 horas. Violação do art. 888, § 4º, da CLT. Configuração.*

A CLT determina que o arrematante de bem levado à hasta pública deve garantir seu lance com sinal correspondente a 20% do valor da arrematação. Arrematado o bem, o valor deve ser complementado em 24 horas, sob pena de perda do valor do sinal em favor da execução, bem como do retorno do bem executado à praça ou leilão. Assim sendo, reputa-se violado o art. 888, § 4º, da CLT, na hipótese em que o pagamento dos 80% remanescentes ocorreu mais de um ano após a arrematação, em razão de prazo concedido pelo próprio leiloeiro. Com esse entendimento, a SBDI-II, por unanimidade, conheceu do recurso ordinário dos réus, e, no mérito, negou-lhes provimento, mantendo, portanto, a decisão do Regional que julgara procedente a ação rescisória para desconstituir o acórdão proferido em agravo de petição em que homologada a arrematação do bem levado a leilão, não obstante o pagamento tenha ocorrido fora do prazo de 24 horas previsto no art. 888, § 4º, da CLT. TST-RO-219900-37.2009.5.04.0000, SBDI-II, rel. Min. Alberto Luiz Bresciani de Fontan Pereira, 20.5.2014.

Informativo n. 71, TST — *Hospital Fêmina S.A. Grupo Hospitalar Conceição. Sociedade de economia mista prestadora de serviço público. Atividade sem fins lucrativos e em ambiente não concorrencial. Regime de execução por precatório. Aplicação.*

O STF, no julgamento do RE 580264, em que reconhecida a repercussão geral, entendeu que as empresas integrantes do Grupo Hospitalar Conceição gozam da imunidade tributária prevista no art. 150, VI, "a", da CF, sob os fundamentos de que a prestação de ações e serviços de saúde por sociedades de economia mista corresponde à própria atuação do Estado, desde que a empresa estatal não tenha por finalidade a obtenção de lucro e que seu capital social seja majoritariamente estatal. Assim, estando consignado na decisão recorrida que o Hospital Fêmina S.A. pertence quase que exclusivamente à União (que detém 99,99% do capital social do Grupo Hospitalar Conceição), que integra a estrutura organizacional do Ministério da Saúde e que presta serviços exclusivamente pelo Sistema Único de Saúde — SUS e não obtém lucro, constata-se que as atividades desenvolvidas pelo referido hospital equiparam-se à atuação direta do Estado, razão pela qual a ele deve ser aplicado o regime de execução por precatório, disposto no art. 100 da CF. Com esse entendimento, a SBDI-I, por unanimidade, conheceu dos embargos interpostos pelo reclamado, por divergência jurisprudencial, e, no mérito, deu-lhes provimento para, restabelecendo a decisão do Regional, determinar que a execução da decisão seja processada pelo regime de precatório. Ressalvou entendimento o Ministro João Oreste Dalazen. TST-E-RR-131900-90.2007.5.04.0013, SBDI-I, rel. Min. Brito Pereira, 6.2.2014.

Informativo n. 71, TST — *Ação rescisória. Incompetência do Juízo da execução trabalhista para, de forma incidental, reconhecer a fraude contra credores. Necessidade de ajuizamento de ação própria. Violação dos arts. 114 da CF, 159 e 161 do CC.*

Nos termos do art. 161 do CC, o reconhecimento da fraude contra credores pressupõe o ajuizamento de ação revocatória, de modo que o Juízo da execução trabalhista não tem competência para, de forma incidental, declarar a nulidade do negócio jurídico que reduziu o devedor à insolvência. Com esses fundamentos, a SBDI-II, por unanimidade, conheceu do recurso ordinário e deu-lhe provimento para, reconhecendo a violação literal dos arts. 114 da CF, 159 e 161 do CC, julgar procedente o pedido de corte rescisório e, em juízo rescisório, negar provimento ao agravo de petição interposto pela exequente, mantendo a decisão que indeferira a penhora de bens transferidos antes do ajuizamento da reclamação trabalhista. TST-RO-322000.63.2010.5.03.0000, SBDI-II, rel. Min. Emmanoel Pereira, 4.2.2014.

2013

Informativo n. 57, TST — *Execução. Prazo para interposição de embargos à execução pela Fazenda Pública. Art. 4º da MP 2.180-35/2001. Declaração incidental de inconstitucionalidade. Efeitos suspensos. ADC 11 pendente de julgamento.*

O Tribunal Pleno, por unanimidade, decidiu suspender os efeitos da declaração incidental de inconstitucionalidade formal do art. 4º da Medida Provisória n. 2.180-35/01, pronunciada nos autos do processo TST-RR-7000-66.1992.5.04.0011, julgado em 4.8.2005, até que o Supremo Tribunal Federal se manifeste em definitivo sobre a matéria nos autos da ADC 11. TST-E-RR-110200-18.2003.5.21.0921, Tribunal Pleno, rel. Min. Renato de Lacerda Paiva, 2.9.2013. (*Cf. Informativo TST n. 56.)

Informativo n. 56, TST — *Execução. Prazo para interposição de embargos à execução pela Fazenda Pública. Art. 4º da MP 2.180-35/2001. Matéria suspensa para apreciação do Tribunal Pleno.*

A SBDI-I decidiu, por maioria, vencido o Ministro João Oreste Dalazen, suspender a proclamação do resultado do julgamento do processo em que se discute o prazo para interposição de embargos à execução pela Fazenda Pública, para remeter os autos ao Tribunal Pleno a fim de que delibere sobre a suspensão, ou não, da declaração de inconstitucionalidade formal do art. 4º da Medida Provisória n. 2.180-35/01 (que introduziu o art. 1º-B à Lei n.

9.494/97), pronunciada em 4.8.2005, decorrente de arguição incidental suscitada nos autos do processo TST-RR-7000-66.1992.5.04.0011, até que o Supremo Tribunal Federal se manifeste em definitivo sobre a matéria. Na hipótese, a Subseção inclinou-se em decidir em desconformidade com a referida declaração, nos termos do voto do Ministro relator que preconizava o conhecimento dos embargos por ofensa aos arts. 896 da CLT e 5º, LIV e LV, da CF e, no mérito, dava-lhes provimento para, afastado o óbice da intempestividade dos embargos à execução opostos pela Universidade Federal do Rio Grande do Norte — UFRN, determinar o retorno dos autos à vara de origem, para que prossiga no exame do recurso como entender de direito. TST-E-RR-110200-18.2003.5.21.0921, SBDI-I, rel. Min. Renato de Lacerda Paiva, 22.8.2013. (Cf. Questão de Ordem na ADC 11, que prorrogou o prazo da liminar anteriormente deferida, mediante a qual foram suspensos todos os processos em que se discute a constitucionalidade do art. 1º-B da Lei n. 9.494/97.)

2012

Informativo n. 13, TST — *Execução. Prescrição intercorrente. Incidência. Afronta ao art. 5º, XXXVI, da CF. Configuração.*

A decisão que extingue a execução, com resolução de mérito, em virtude da incidência da prescrição intercorrente, afronta a literalidade do art. 5º, XXXVI, da CF, porquanto impede a produção dos efeitos materiais da coisa julgada, tornando sem efeito concreto o título judicial transitado em julgado. Com base nessa premissa, a SBDI-I, por unanimidade, conheceu do recurso de embargos, por divergência jurisprudencial, e, no mérito, deu-lhe provimento para, afastada a prescrição intercorrente decretada, não admitida pela Súmula n. 114 do TST, determinar o retorno dos autos à Vara do Trabalho de origem, a fim de que prossiga na execução do feito, como entender de direito. TST-E-RR-4900-08.1989.5.10.0002, SBDI-I, rel. Min. Lelio Bentes Corrêa, 14.6.2012.

Informativo n. 12, TST — *AC. Liminar concedida. Razoabilidade do direito invocado. Súmula n. 417, III, do TST. Cassação. Execução definitiva. Orientação Jurisprudencial n. 113 da SBDI-II. Incidência.*

Tendo em conta que a oposição de embargos de terceiros não tem o condão de retirar o caráter de definitividade da execução de título judicial transitado em julgado e que, nos termos da Orientação Jurisprudencial n. 113 da SBDI-II, é "incabível medida cautelar para imprimir efeito suspensivo a recurso contra decisão proferida em mandado de segurança, pois ambos visam, em última análise, à sustação do ato atacado (...)", a SBDI-II, por unanimidade, deu provimento aos agravos regimentais para cassar a liminar concedida e extinguir o feito, sem resolução de mérito, nos termos do art. 267, VI, do CPC. Na espécie, o Ministro Presidente do TST, afastando a incidência da Orientação Jurisprudencial n. 113 da SBDI-II, concedera liminar para suspender a eficácia do acórdão do Regional proferido em mandado de segurança, bem como a ordem de apreensão de numerário determinada nos autos de ação civil pública, porque constatada a razoabilidade do direito invocado, nos termos da Súmula n. 417, III, do TST. Todavia, em análise aprofundada da matéria, concluiu o Ministro relator que, embora esteja pendente de julgamento o agravo de instrumento em recurso de revista interposto em face da decisão que negou provimento a agravo de petição para manter a improcedência dos embargos de terceiros, a execução que se processa nos autos da ação civil pública é definitiva, visto que há muito houve o trânsito em julgado do título exequendo, não havendo que se falar em ilegalidade da ordem de depósito em dinheiro. Assim, não subsiste a razoabilidade do direito invocado, devendo prevalecer a parte final da Orientação Jurisprudencial n. 113 da SBDI-II, segundo a qual, ausente o interesse de agir, a extinção do processo sem resolução do mérito é medida que se impõe como forma de evitar que decisões judiciais conflitantes passem a reger idêntica situação jurídica. AgR-Cau-Iom--383-36.2012.5.00.0000, SBDI-II, rel. Min. Pedro Paulo Teixeira Manus, 5.6.2012.

Informativo n. 6, TST — *Execução fiscal. Inclusão em programa de parcelamento. Suspensão da execução trabalhista. Novação. Não configuração.*

O parcelamento de débito contraído com a Fazenda Nacional, de qualquer natureza, instituído pelas Leis ns. 10.522/02 e 10.684/03, implica tão somente a suspensão da exigibilidade do crédito tributário enquanto perdurar o período do parcelamento, não constituindo novação. Com esse entendimento, a SBDI-I, por unanimidade, conheceu do recurso de embargos interposto pela União (PGFN), por divergência jurisprudencial, e, no mérito, deu-lhe provimento para afastar a extinção da execução e determinar a suspensão do processo executivo no período do parcelamento, até a quitação do débito, retomando-se a execução caso não honradas as parcelas. TST--E-ED-RR-289-24.2010.5.03.0114, SBDI-I, rel. Min. Aloysio Corrêa da Veiga, 19.4.2012.

Informativo n. 3, TST — *Execução. Multa do art. 475-J do CPC. Incompatibilidade com o processo do trabalho. Conhecimento do recurso de revista por violação do art. 5º, LIV, da CF (desrespeito ao princípio do devido processo legal). Possibilidade.*

Tendo em conta que a multa prevista no art. 475-J do CPC é incompatível com o processo do trabalho, a SBDI-I, por unanimidade, conheceu dos embargos por divergência jurisprudencial e, no mérito, por maioria, negou-lhes provimento, mantendo a decisão da Turma que conheceu do recurso de revista em fase de execução, por ofensa frontal ao art. 5º, LIV, da CF (princípio do devido processo legal). Na espécie, destacou o relator que o procedimento de execução por quantia certa decorrente de título executivo judicial possui disciplina específica na legislação trabalhista, não havendo lacuna que justifique a incidência do direito processual civil na forma do comando estabelecido no art. 769 da CLT. Assim, a aplicação da multa atentaria contra o devido processo legal. Vencidos, no mérito, os Ministros Lelio Bentes Corrêa, José Roberto Freire Pimenta e Augusto César Leite de Carvalho. TST-E--RR-201-52.2010.5.24.0000, SBDI-I, rel. Min. Horácio Raymundo de Senna Pires. 22.3.2012.

HONORÁRIOS ADVOCATÍCIOS

2016

Informativo n. 148, TST — *Honorários advocatícios. Assistência sindical. Comprovação. Procuração firmada em papel timbrado do sindicato. Validade.*

A procuração firmada em papel timbrado do sindicato é suficiente para comprovar a assistência sindical, viabilizando, portanto, o deferimento de honorários advocatícios, na forma da Súmula n. 219 do TST. Sob esses fundamentos, a SBDI-I, por unanimidade, conheceu dos embargos por má aplicação da Súmula n. 219, I, do TST, e, no mérito, por maioria, deu-lhes provimento para condenar a reclamada ao pagamento de honorários de advogado, no importe de 15% do valor líquido da condenação, apurado na fase de liquidação de sentença, sem a dedução dos descontos fiscais e previdenciários nos termos da Orientação Jurisprudencial n. 348 da SBDI-I, e sem a inclusão das contribuições previdenciárias devidas pelo empregador. Vencidos os Ministros Brito Pereira, relator, João Oreste Dalazen e Emmanoel Pereira. TST-E-RR-60200-56.2009.5.17.0002, SBDI-I, rel. Min. Brito Pereira, red. p/ acórdão Min. Cláudio Mascarenhas Brandão, 20.10.2016.

Informativo n. 145, TST — *Honorários advocatícios. Contrato celebrado pelo trabalhador diretamente com os advogados do sindicato por indicação da própria entidade de classe. Indeferimento dos honorários assistenciais.*

Os honorários assistenciais não são devidos se a parte celebra contrato diretamente com os advogados do sindicato, ainda que por indicação da própria entidade de classe. A contratação particular de serviços de advocacia, com percentual de honorários sobre o eventual valor auferido, é incompatível com o instituto da assistência sindical, ainda que declarada a impossibilidade de a parte litigar sem prejuízo do próprio sustento. Trata-se, portanto, de situação distinta da hipótese prevista na Súmula n. 219 do TST, de modo que os únicos honorários devidos são os contratuais. Sob esse fundamento, a SBDI-I, por maioria, não conheceu do recurso de embargos da reclamante. Vencidos os Ministros Delaíde Miranda Arantes e José Roberto Freire Pimenta. TST--E-RR-21621.2010.5.24.0000, SBDI-I, rel. Min. Augusto César Leite de Carvalho, 22.9.2016.

2015

Informativo n. 125, TST — *Trabalhador portuário avulso. Honorários advocatícios devidos pela mera sucumbência. Impossibilidade. Equiparação a trabalhador com vínculo empregatício. Aplicação da Súmula n. 219, I, do TST.*

O trabalhador portuário avulso, apesar de manter com os tomadores de serviço relação de trabalho e não de emprego, é equiparado ao trabalhador com vínculo empregatício (art. 7º, XXXIV, da CF). Assim, não obstante tratar-se de ação de indenização por danos morais e materiais decorrentes de acidente de trabalho, ajuizada na Justiça do Trabalho após a Emenda Constitucional n. 45/2004, por trabalhador portuário avulso inscrito no Órgão Gestor de Mão de Obra (OGMO), não é possível afastar os requisitos exigidos na Súmula n. 219, I, do TST quanto à condenação ao pagamento de honorários advocatícios. Indevido, portanto, o pagamento da verba honorária por mera sucumbência, conforme disciplinado no art. 5º da Instrução Normativa n. 27/2005 do TST e na parte final do item III da Súmula n. 219 do TST. Sob esses fundamentos, a SBDI-I, pelo voto prevalente da Presidência, decidiu conhecer do recurso de embargos do reclamante, por divergência jurisprudencial, e, no mérito, negar-lhe provimento. Vencidos os Ministros Augusto César Leite de Carvalho, relator, João Oreste Dalazen, Walmir Oliveira da Costa, José Roberto Freire Pimenta, Hugo Carlos Scheuermann e Cláudio Mascarenhas Brandão. TST-E-RR-42200-42.2008.5.17.0002, SBDI-I, rel. Min. Augusto César Leite de Carvalho, red. p/ acórdão Min. Alexandre Agra Belmonte, 26.11.2015.

Informativo n. 121, TST — *Honorários advocatícios. Requisitos. Assistência sindical. Lei n. 5.584/1970. Sindicato com base territorial diversa do local de prestação de serviços. Validade da credencial sindical. Verba devida.*

O art. 14 da Lei n. 5.584/1970 prescreve que a assistência judiciária será prestada pelo sindicato da categoria profissional do trabalhador, sem qualquer referência, ainda que vaga, à base territorial. Essa mesma ilação foi seguida na diretriz da Súmula n. 219 do TST. Desse modo, se o autor está assistido por sindicato de sua categoria profissional, tem-se por preenchido o requisito da assistência sindical necessário à concessão de honorários advocatícios, sendo irrelevante o fato de ser de base territorial diversa. Sob esses fundamentos, a SBDI-1, por unanimidade, conheceu dos embargos interpostos pela reclamada, por divergência jurisprudencial, e, no mérito, negou-lhes provimento, mantendo a decisão turmária que julgara preenchidos os requisitos para o deferimento de honorários advocatícios. TST-E-RR-127600-85.2007.5.04.0401, SBDI-I, rel. Ministro Augusto César Leite de Carvalho, 29.10.2015.

Informativo n. 118, TST — *Honorários advocatícios contratuais. Substituição processual. Lide entre advogados originada após a expedição de alvarás aos substituídos. Retenção em nome do advogado contratado pelo sindicato. Incompetência da Justiça do Trabalho.*

A Justiça do Trabalho é incompetente para decidir sobre honorários advocatícios contratuais, decorrentes de contrato de prestação de serviços firmado entre sindicato de classe e advogado para a defesa de direitos da categoria, conforme a Súmula n. 363 do STJ. Assim, disputa por honorários advocatícios contratuais entre o advogado que conduziu o processo por 24 anos e novos advogados que ingressaram no feito após a expedição de alvarás em nome dos substituídos credores preferenciais refoge à competência da Justiça do Trabalho. Sob esses fundamentos, o Órgão Especial do Tribunal Superior do Trabalho, por unanimidade, conheceu do recurso ordinário, e no mérito, negou-lhe provimento. Divergência de fundamentação dos Ministros Ives Gandra Martins Filho e Delaíde Miranda Arantes. TST-RO-157800-13.1991.5.17.0001, OE, rel. Min. Hugo Carlos Scheuermann, 14.09.2015.

2014

Informativo n. 82, TST — *Ação de indenização ajuizada na Justiça comum antes da EC 45/04. Honorários advocatícios. Mera sucumbência. Violação do art. 20 do CPC. Aplicação da Súmula n. 83 do TST. Decisão rescindenda anterior à edição da Orientação Jurisprudencial n. 421 da SBDI-I.*

No caso em que a decisão rescindenda foi prolata em data anterior à edição da Orientação Jurisprudencial n. 421 da SBDI-I, segundo a qual são devidos honorários advocatícios por mera sucumbência na hipótese de a ação de indenização decorrente de acidente de trabalho ter sido ajuizada na Justiça comum antes da Emenda Constitucional n. 45/04, mostra-se inviável o exame da violação do *caput* do art. 20 do CPC, em razão do óbice contido na Súmula n. 83 do TST. Ressalte-se que o fato de à época da prolação da decisão que se pretende rescindir já estar em vigor a Instrução Normativa n. 27/05 não afasta a incidência da Súmula n. 83 do TST, pois esta, explicitamente, se refere à inclusão da matéria em verbete jurisprudencial e não em instrução normativa. Ademais, não obstante o exame da indenização por acidente de trabalho atrair a aplicação de normas previstas no Direito Civil, é inegável que, no caso concreto, a lide decorre de relação de emprego, sendo, portanto, inaplicável o princípio da mera sucumbência previsto no art. 5º da IN n. 27/05. Com esses fundamentos, a SBDI-II, por unanimidade, conheceu parcialmente o recurso ordinário, e, no mérito, por maioria, negou-lhe provimento. Vencidos os Ministros Hugo Carlos Scheuermann, relator, e Cláudio Mascarenhas Brandão. TST-RO-7381-97.2011.5.02.0000, SBDI-II, rel. Min. Hugo Carlos Scheuermann, red. p/ acórdão Min. Emmanoel Pereira, 13.5.2014.

Informativo n. 78, TST — *Créditos trabalhistas. Precatório. Retenção de honorários advocatícios. Ausência do contrato de honorários. Ilegalidade. Art. 22, § 4º, do Estatuto da OAB.*

À luz do art. 22, § 4º, do Estatuto da OAB, mostra-se ilegal a retenção de honorários advocatícios sobre créditos trabalhistas em precatório quando não houver comprovação inequívoca do contrato de honorários firmado entre as partes. No caso em tela, após a liberação dos créditos trabalhistas de todos os exequentes por alvarás, dois deles não foram localizados, razão pela qual os patronos devolveram ao juízo o valor do crédito, mas retiveram quantia correspondente aos honorários advocatícios e às despesas. O TRT considerou ilegítima a retenção, ao argumento de que o montante deduzido pelo causídico não faz parte do título exequendo, tendo sido alvo de suposto acordo verbal entre as partes, de modo que não pode o advogado, por si só, decidir o valor que lhe corresponde. Com esses fundamentos, o Órgão especial, por unanimidade, negou provimento ao recurso ordinário, mantendo a decisão que determinara a imediata devolução dos valores retidos, sob pena de penhora. TST-RO-226400-86.1991.5.17.0001, Órgão Especial, rel. Min. Hugo Carlos Scheuermann, 7.4.2014.

2013

Informativo n. 66, TST — *Honorários advocatícios. Deferimento. Empregado falecido. Demanda proposta pelos sucessores em nome próprio. Não aplicação dos requisitos da Lei n. 5.584/70. Incidência da parte final da IN n. 27/2005 do TST.*

Nos autos de ação em que a viúva e a filha de empregado falecido em acidente do trabalho postulam, em nome próprio, indenização por dano moral e material, o deferimento de honorários advocatícios não depende do preenchimento dos requisitos da Lei n. 5.584/70, sendo devidos pela mera sucumbência. No caso, não há relação de emprego entre os envolvidos, não se podendo exigir que os dependentes do "de cujus" venham a juízo assistidos por sindicato. Incide, na hipótese, o art. 5º da Instrução Normativa n. 27/2005 do TST. Com esses fundamentos, a SBDI-I, por unanimidade, conheceu dos embargos dos reclamantes, por divergência jurisprudencial, e, no mérito, deu-lhes provimento para restabelecer a decisão do Regional que deferira os honorários advocatícios. TST-E-RR-298-86.2010.5.04.0201, SBDI-I, rel. Min. Aloysio Corrêa da Veiga, 14.11.2013.

Informativo n. 65, TST — *Honorários advocatícios. Súmula n. 219 do TST. Verificação dos requisitos. Possibilidade. Não revolvimento de fatos e provas.*

Visando verificar a existência dos requisitos previstos na Súmula n. 219 do TST para o deferimento de honorários advocatícios, pode a Turma consultar os autos a fim de constatar se o reclamante está assistido por sindicato de sua categoria profissional e se houve declaração de miserabilidade na peça inaugural. Nesse caso, não há falar em incursão indevida no acervo probatório (vedada pela Súmula n. 126 do TST), mas sim em procedimento hábil à aferição do preenchimento dos pressupostos para a concessão da verba honorária. Com esse entendimento, e constatando a presença das exigências de que trata a Súmula n. 219 do TST, a SBDI-I, por maioria, conheceu dos embargos da reclamada, por contrariedade à Súmula n. 126 do TST, vencidos os Ministros Dora Maria da Costa, Brito Pereira e Aloysio Corrêa da Veiga, e, no mérito, ainda por maioria, julgando, desde logo, a matéria objeto do recurso de revista, nos termos do art. 303 do RITST, aplicado por analogia, negou-lhe provimento, vencido o Ministro João Oreste Dalazen. TST-E-RR-137340-70.2005.5.22.0002, SBDI-I, rel. Min. Delaíde Miranda Arantes, 7.11.2013.

Informativo n. 52, TST — *Honorários advocatícios. Deferimento. Empregado falecido. Demanda proposta pelos sucessores em nome próprio. Não aplicação dos requisitos da Lei n. 5.584/70. Incidência da parte final da IN n. 27/2005 do TST.*

Nos autos de ação em que a viúva e os filhos de empregado falecido em acidente do trabalho postulam, em nome próprio, indenização por dano moral e material, o deferimento de honorários advocatícios não depende do preenchimento dos requisitos da Lei n. 5.584/70, pois os dependentes do *de cujus* não são filiados a sindicato. Incide, na hipótese, o art. 5º da Instrução Normativa n. 27/2005 do TST. Assim, não vislumbrando contrariedade à Orientação Jurisprudencial n. 305 da SBDI-I e às Súmulas ns. 219 e 329 do TST, a SBDI-I, por maioria, não conheceu dos embargos da reclamada, vencidos os Ministros Dora Maria da Costa, Antônio José de Barros Levenhagen e Renato de Lacerda Paiva. TST-E-ED-RR-9955100-27.2006.5.09.0015, SBDI-I, rel. Min. Brito Pereira, 20.6.2013.

2012

Informativo n. 28, TST — *Honorários advocatícios. Condenação em sede de recurso ordinário. "Reformatio in pejus". Configuração.*

Configura "reformatio in pejus" a condenação da autora ao pagamento de honorários advocatícios, em sede de recurso ordinário, na hipótese em que, na instância de origem, não obstante a ação rescisória tenha sido julgada improcedente, não houve a referida condenação. Com esse entendimento, a SBDI-II, por maioria, deixou de condenar a autora ao pagamento de honorários advocatícios, vencidos os Ministros Antônio José de Barros Levenhagen e Carlos Alberto Reis de Paula, os quais entendiam possível a condenação em sede de recurso ordinário, independente de pedido ou de prévia condenação na instância inferior, uma vez que os honorários sucumbenciais constituem despesas processuais, que decorrem de preceito de lei, de imposição obrigatória. TST-RO-325000-62.2009.5.01.0000, SBDI-II, rel. Min. Pedro Paulo Teixeira Manus, 30.10.2012.

Informativo n. 27, TST — *Sindicato. Substituto processual. Honorários advocatícios. Deferimento pela mera sucumbência. Ausência de pedido expresso nas razões recursais. Primeiro provimento favorável no julgamento da revista.*

Os honorários advocatícios a que se refere o item III da Súmula n. 219 do TST são devidos pela mera sucumbência, restando desnecessária a formulação expressa de pedido nas razões recursais, mormente porque, no caso, a verba honorária foi postulada na inicial da reclamação trabalhista, e o Sindicato, atuando na condição de substituto processual, somente obteve o primeiro provimento favorável no julgamento do recurso de revista. Com esse entendimento, a SBDI-I, por unanimidade, conheceu dos embargos do Sindicato, por divergência jurisprudencial, e, no mérito, por maioria, vencidos os Ministros Ives Gandra Martins Filho e Brito Pereira, deu-lhes provimento para condenar a reclamada ao pagamento dos honorários advocatícios, no importe de 15% sobre o valor da condenação. TST-E-ED-ED-RR-27301-72.2005.5.05.0133, SBDI-I, rel. Min. Aloysio Corrêa da Veiga, 25.10.2012.

Informativo n. 27, TST — *Honorários advocatícios. Ação de indenização por danos morais e materiais decorrentes de acidente de trabalho. Ajuizamento da ação na Justiça comum antes da EC n. 45/2004. Desnecessidade de preenchimento dos requisitos da Lei n. 5.584/70.*

O deferimento dos honorários advocatícios pela Justiça do Trabalho, em ação ajuizada na Justiça comum, antes da vigência da EC n. 45/2004, em que se pleiteia indenização por danos morais e materiais em razão de acidente de trabalho, não se sujeita aos requisitos da Lei n. 5.584/70 e da Súmula n. 219 do TST. Com base nesse entendimento, a SBDI-I, pelo voto prevalente da Presidência, conheceu dos embargos, por contrariedade à Súmula n. 219 do TST, porque mal aplicada, e, no mérito, deu-lhes provimento para restabelecer o acórdão do Regional quanto ao deferimento de honorários advocatícios. No que tange ao conhecimento, o relator destacou que, apesar de a alegação relativa ao ajuizamento da ação na Justiça comum apenas ter sido articulada pela então recorrida nas razões dos embargos de declaração em recurso de revista, a questão foi prequestionada explicitamente, não havendo falar em negativa de prestação jurisdicional. Entendendo de forma diversa, o Ministro João Oreste Dalazen afirmou que houve prequestionamento implícito, pois a questão de direito foi suscitada na via integrativa, contudo, não foi apreciada pela Turma de origem. Vencidos os Ministros Brito Pereira, Maria Cristina Irigoyen Peduzzi, Renato de Lacerda Paiva, Luiz Philippe Vieira de Mello Filho, Dora Maria da Costa e José Roberto Freire Pimenta. TST-EE-DRR-99700-47.2005.5.04.0030, SBDI-I, rel. Min. Augusto César Leite de Carvalho, 25.10.2012.

Informativo n. 27, TST — *AR. Honorários advocatícios. Percentual. Fixação.*

Não obstante seja cabível a condenação em honorários advocatícios em ação rescisória na Justiça do Trabalho, consoante o disposto no item II da Súmula n. 219 do TST, a fixação do percentual devido a esse título deve levar em consideração os critérios estabelecidos no art. 20, §§ 3º e 4º, do CPC, e não na Lei n. 5.584/70. Assim, reiterando posicionamento anterior, a SBDI-II, por unanimidade, negou provimento ao recurso ordinário, mantendo a condenação em honorários advocatícios no percentual de 20% sobre o valor da causa. TST-RO-90100-15.2009.5.09.0000, SBDI-II, rel. Min. Pedro Paulo Teixeira Manus, 23.10.2012.

Informativo n. 3, TST — *Honorários advocatícios. Demanda proposta por herdeiros de empregado acidentado falecido. Deferimento condicionado à observância da Súmula n. 219 do TST e da Orientação Jurisprudencial n. 305 da SBDI-1.*

Na Justiça do Trabalho, o deferimento de honorários advocatícios condiciona-se à comprovação de insuficiência econômica e de assistência sindical, requisitos estabelecidos na Súmula n. 219 do TST e na Orientação Jurisprudencial n. 305 da SBDI-I, ainda que a ação de indenização por danos materiais e morais seja proposta por herdeiros de trabalhador falecido em decorrência de acidente de trabalho. Com esse entendimento, a SBDI-I, por unanimidade, conheceu de embargos por divergência jurisprudencial e, no mérito, por maioria, negou-lhes provimento. Vencidos os Ministros Horácio Raymundo de Senna Pires, relator, Ives Gandra Martins Filho e Delaíde Miranda Arantes, que conheciam e davam provimento ao recurso para, aplicando o entendimento consagrado na parte final do item III da Súmula n. 219 do TST, condenar a reclamada ao pagamento de honorários advocatícios pela mera sucumbência, por não se tratar de demanda de empregado. TST-E-ED-RR-25300-43.2008.5.03.0076, SBDI-I, rel. Min. Horácio Raymundo de Senna Pires, red. p/ acórdão Min. Renato de Lacerda Paiva, 22.3.2012.

JUROS DE MORA

2016

Informativo n. 132, TST — *Ação rescisória. Atualização de débito trabalhista. Incidência da taxa de juros do cheque especial em substituição à taxa de juros prevista no § 1º do art. 39 da Lei n. 8.177/91. Impossibilidade.*

Os juros de mora incidentes sobre os débitos trabalhistas estão expressamente previstos no art. 39, § 1º, da Lei n. 8.177/91, razão pela qual, ausente qualquer lacuna normativa, não se aplica, na Justiça do Trabalho, a taxa de juros do cheque especial ou a taxa SELIC (art. 406 do CC). Assim, a SBDI-II, por unanimidade, conheceu do recurso ordinário e, no mérito, negou-lhe provimento, mantendo a decisão do TRT que julgara procedente a pretensão rescisória para desconstituir acórdão proferido nos autos de reclamação trabalhista e, em juízo rescisório, determinar a observância da taxa de juros prevista na Lei n. 8.177/91. TST-RO-5218-45.2015.5.15.0000, SBDI-II, rel. Min Douglas Alencar Rodrigues, 12.4.2016.

2013

Informativo n. 62, TST — *Fazenda Pública. Condenação solidária. Juros de mora aplicáveis.*

Nos termos do art. 281 do CC, nos casos de solidariedade passiva, "o devedor demandado pode opor ao credor as exceções que lhe forem pessoais e as comuns a todos; não lhe aproveitando as exceções pessoais a outro codevedor". Assim, no presente caso, os juros de mora previstos no art. 1º-F da Lei 9.494/97, no montante de 6% ao ano, para as condenações impostas à Fazenda Pública, não beneficiam o codevedor, pessoa jurídica de direito privado, uma vez que se trata de privilégio exclusivo do ente público. Com esse entendimento, a SBDI-I decidiu, por unanimidade, conhecer do recurso de embargos do reclamante, por divergência jurisprudencial e, no mérito, por maioria, dar-lhe provimento parcial para manter a aplicação dos juros de mora previstos no art. 1º-F da Lei 9.494/97 apenas à Fazenda Pública, caso demandada diretamente, afastando a extensão do benefício à codevedora, Companhia Paulista de Trens Metropolitanos (CPTM). Vencidos os Ministros Ives Gandra da Silva Martins Filho, relator, Luiz Philippe Vieira de Mello Filho e Dora Maria da Costa que negavam provimento ao recurso ao argumento de que a determinação de incidência dos juros de mora de que trata o art. 1º-F da Lei n. 9.494/97 à condenação solidária imposta à Fazenda Pública de São Paulo e à CPTM encontra-se em harmonia com a Orientação Jurisprudencial n. 7 do Tribunal Pleno do TST. TST-E-ED-RR-285400-80.2005.5.02.0021, SBDI-I, rel. Min. Ives Gandra da Silva Martins Filho, red. p/ acórdão Min. Aloysio Corrêa da Veiga, 10.10.2013.

Informativo n. 59, TST — *Execução. Contribuições previdenciárias. Créditos trabalhistas reconhecidos por decisão judicial. Juros de mora e multa. Fato gerador. Momento anterior à Medida Provisória n. 449/09. Art. 195, I, "a", da CF.*

Os juros de mora e a multa incidentes sobre a contribuição previdenciária oriunda de créditos trabalhistas reconhecidos por decisão judicial são devidos a partir do dia dois do mês seguinte ao da liquidação da sentença, sobretudo na hipótese de relação de emprego ocorrida em momento anterior à Medida Provisória n. 449/09, convertida na Lei n. 11.941/09, que alterou o art. 43, § 2º, da Lei n. 8.212/91. Ademais, tendo em conta que o art. 195, I, "a", da CF fixou a competência tributária referente às contribuições previdenciárias devidas pela empresa, prevendo a instituição de contribuição incidente sobre os rendimentos do trabalho pagos ou creditados ao trabalhador, não se pode olvidar a supremacia do texto constitucional, de modo que a legislação infraconstitucional, ao definir o fato gerador e os demais elementos que constituem os tributos, deve observar os limites impostos pela Constituição. Desse modo, a decisão do Regional que estabelece a data da prestação de serviços como termo inicial para a incidência dos juros e da multa moratória dá ensejo ao conhecimento do recurso de revista por violação à literalidade do art. 195, I, "a", da CF, pois extrapola os limites nele estabelecidos. Com esses fundamentos, a SBDI-I, por unanimidade, conheceu do recurso de Embargos do reclamado, por divergência jurisprudencial, e, no mérito, por maioria, deu-lhe provimento para reconhecer a ofensa literal do art. 195, I, "a", da CF e determinar a incidência dos juros de mora e da multa apenas a partir do dia dois do mês seguinte ao da liquidação de sentença, nos termos do art. 276, *caput*, do Decreto n. 3.048/99. Vencidos, quanto à violação do art. 195, I, "a", da CF, os Ministros Lelio Bentes Corrêa, Antônio José de Barros Levenhagen, Luiz Philippe Vieira de Mello Filho, Augusto César de Carvalho, José Roberto Pimenta e Delaíde Miranda Arantes, e, quanto à fundamentação, os Ministros Aloysio Corrêa da Veiga e Dora Maria da Costa. TST--EEDRR-38000-88.2005.5.17.0101, SBDI-I, rel. Min. Aloysio Corrêa da Veiga, red. p/ acórdão Min. João Oreste Dalazen, 12.9.2013.

Informativo n. 52, TST — *Juros de mora. Marco inicial. Primeira reclamação trabalhista, ainda que extinta sem resolução de mérito.*

O marco inicial para o cômputo dos juros de mora é o ajuizamento da primeira reclamação trabalhista, mesmo que ajuizada pelo sindicato e julgada extinta sem resolução do mérito por ilegitimidade ativa *ad causam*. Nos termos das Súmulas ns. 268 e 359 do TST, a reclamação, mesmo arquivada, interrompe a prescrição e constitui o devedor em mora. De outra sorte, ainda que, no caso, a sentença exequenda não tenha esclarecido a partir do ajuizamento de qual demanda incidiriam os juros, não há falar em ofensa à coisa julgada (art. 5º, XXXVI, da CF), pois o TRT, ao haver determinado o pagamento dos juros de mora a partir da primeira ação, e não da segunda, apenas interpretou o título executivo judicial da forma que entendeu mais adequada. Com esses fundamentos, a SBDI-I, por maioria, conheceu do recurso de embargos do reclamado, por divergência jurisprudencial e, no mérito, negou-lhes provimento. Vencido o Ministro Brito Pereira. TST-E-RR-749200-84.2002.5.09.0002, SBDI-I, rel. Min. Alexandre de Souza Agra Belmonte, 20.6.2013.

JUSTIÇA GRATUITA
2013

Informativo n. 66, TST — *Sindicato. Justiça gratuita. Concessão. Necessidade de demonstração inequívoca de insuficiência econômica.*

Para a concessão do benefício da justiça gratuita ao sindicato que atua na condição de substituto processual faz-se necessária a demonstração inequívoca da fragilidade econômica do ente, não se admitindo a mera declaração de pobreza firmada em nome dos substituídos. Inaplicável, portanto, a Orientação Jurisprudencial n. 304 da SBDI-I. Com esse entendimento, a SBDI-I, por unanimidade, conheceu dos embargos do reclamado, por divergência jurisprudencial, e, no mérito, por maioria, deu-lhes provimento para restabelecer o acórdão do Regional. Vencida a Ministra Delaíde Miranda Arantes, relatora. Ressalvou entendimento o Ministro José Roberto Freire Pimenta. TST-E--ED-RR-175900-14.2009.5.09.0678, SBDI-I, rel. Min. Delaíde Miranda Arantes, red. p/ acórdão Min. Renato de Lacerda Paiva, 14.11.2013.

LEGITIMIDADE
2012

Informativo n. 14, TST — *Ministério Público do Trabalho. Ação civil coletiva. Legitimidade ativa. Supressão de pagamento ou dispensa com intuito punitivo e discriminatório. Direitos individuais homogêneos. Garantia de acesso ao Judiciário.*

O Ministério Público do Trabalho tem legitimidade para ajuizar ação civil coletiva em face de empregador que, com intuito punitivo e discriminatório, suprime o pagamento de adicionais e gratificações ou dispensa empregados que ajuizaram reclamação trabalhista e não aderiram a acordo judicial, ainda que a postulação envolva sanções de caráter pecuniário. Trata-se, com efeito, da tutela de direitos individuais homogêneos, sendo cabível a defesa coletiva para facilitar o acesso à Justiça, conferindo uniformidade e relevância às decisões judiciais nos conflitos de massa. Ademais, a pretensão ostenta interesse social relevante, não só para a categoria dos empregados atingidos, mas também para todos os trabalhadores, na medida em que visa assegurar a garantia fundamental de acesso ao Judiciário sem discriminações ou retaliações. Com base nessas premissas e citando precedentes da própria Corte e do STF, a SBDI-I, por unanimidade, conheceu dos embargos, por divergência jurisprudencial e, no mérito, deu-lhes provimento para, reformando o acórdão que extinguira o feito sem resolução de mérito, declarar a legitimidade ativa do *Parquet* e determinar o retorno dos autos à Turma de origem para julgar o recurso de revista da primeira reclamada como entender de direito. TST-E-ED-RR-197400-58.2003.5.19.0003, SBDI-I, Min. Augusto César Leite de Carvalho, 21.6.2012.

Informativo n. 7, TST — *Processo administrativo disciplinar contra magistrado. Legitimidade e interesse recursal da parte representante. Direito de petição. Aplicação dos arts. 9º, I e IV, e 58, I e IV, da Lei n. 9.784/99, à luz do art. 5º, XXIV, "a", da CF.*

Possui legitimidade e interesse para recorrer de decisão proferida em sede de processo administrativo disciplinar contra magistrado aquele que, ao exercer o direito de petição, levou ao conhecimento do órgão disciplinar os fatos que foram objeto de apuração, podendo ainda se manifestar sobre os atos processuais sempre que entender necessário, bem assim produzir provas que demonstrem as irregularidades apontadas. Aplicação dos arts. 9º, I e IV, e 58, I e IV, da Lei n. 9.784/99, à luz do art. 5º, XXIV, "a", da Constituição da República. Com esse entendimento, o Órgão Especial, por unanimidade, reformou decisão que denegava seguimento a recurso administrativo interposto pela autora de representação contra juiz do Trabalho, determinando seu prosseguimento. TST-Pet-7873-46.2011.5.00.0000, Órgão Especial, rel. Min. Dora Maria da Costa, 8.5.2012.

MANDADO DE SEGURANÇA
2016

Informativo n. 141, TST — *Mandado de segurança. Pedido de antecipação de tutela. Indeferimento pelo juízo de origem. Presença dos pressupostos autorizadores da tutela antecipada. Mitigação da Súmula n. 418 do TST.*

Há direito líquido e certo tutelável pela via do mandado de segurança na hipótese em que, embora presentes os pressupostos do art. 273 do CPC de 1973, a antecipação de tutela não foi concedida pelo juízo de origem. No caso, a autoridade coatora indeferiu a reintegração do impetrante ao emprego não obstante, na própria fundamentação do ato coator, tenha constado a existência de prova inequívoca da verossimilhança da alegação, qual seja, o ato oficial da Previdência Social concedendo ao trabalhador, no período de aviso-prévio, auxílio-doença acidentário. Ao menos em tese, portanto, a dispensa imotivada teria ofendido a estabilidade prevista no art. 118 da Lei n. 8.213/91, causando prejuízo desproporcional ao empregado despedido, revelando a plausibilidade do direito a ser resguardado. Assim, mitigando o entendimento consolidado na Súmula n. 418 do TST, a SBDI-II, por unanimidade, conheceu do recurso ordinário e, no mérito, negou-lhe provimento, mantendo a decisão proferida pelo Tribunal Regional que, concedendo a segurança pleiteada, determinou a reintegração imediata do trabalhador. TST-RO-578-75.2015.5.05.0000, SBDI-II, rel. Min. Alberto Luiz Bresciani de Fontan Pereira, 2.8.2016.

Informativo n. 139, TST — *Mandado de segurança. Antecipação de tutela. Dirigente sindical. Estabilidade provisória. Processo de registro sindical no Ministério do Trabalho e Emprego. Pendência. Reintegração.*

A pendência de registro de entidade sindical junto ao Ministério do Trabalho e Emprego não afasta a garantia da estabilidade provisória de dirigente sindical, consoante atual jurisprudência do STF. No caso concreto, não obstante o pedido de registro tenha sido indeferido pelo Ministério do Trabalho, a entidade sindical interpôs recurso administrativo, o qual está pendente de apreciação. Assim, à luz da interpretação conferida pelo Supremo Tribunal Federal ao art. 8º, VIII, da CF, o empregado eleito dirigente sindical somente não goza da estabilidade provisória a partir do momento em que a solicitação de registro seja definitivamente negada pelo órgão ministerial. Sob esse fundamento, a SBDI-II, por unanimidade, negou provimento ao recurso ordinário interposto pelo impetrante, mantendo incólume a decisão que, ao denegar a segurança, ratificou o deferimento do pedido de antecipação de tutela que determinou a reintegração do dirigente sindical. TST-RO-21386-31.2015.5.04.0000, SBDI-II, rel. Min. Douglas Alencar Rodrigues, 7.6.2016.

Informativo n. 130, TST — *Mandado de segurança. Ato coator que determina a dedução de honorários advocatícios do precatório expedido em favor dos substituídos. Violação de direito líquido e certo. Contrato firmado exclusivamente entre sindicato e advogado. Ausência de autorização expressa.*

Viola direito líquido e certo o ato coator que determina a liberação de honorários advocatícios contratuais deduzidos do precatório expedido em favor dos substituídos, sem que haja autorização destes. Apesar de a legitimação do sindicato para a defesa de interesses da categoria ser ampla, a retenção de honorários contratuais incidentes sobre o montante da condenação só é permitida se o contrato de honorários for celebrado com cada um dos substituídos (art. 22, § 4º da Lei n. 8.906/94) ou se houver autorização expressa de cada um deles. Desse modo, a pactuação exclusiva entre sindicato e advogado não vincula os substituídos, visto não haver relação jurídica contratual. Sob esse fundamento, a SBDI-II, por unanimidade, conheceu do recurso ordinário e, por maioria, deu-lhe provimento para conceder o mandado de segurança e cassar a decisão que determinara a dedução dos honorários advocatícios contratuais dos créditos dos substituídos, além de determinar a suspensão de qualquer ato que implique a liberação de valores atinentes a honorários advocatícios contratuais sem a expressa autorização de todos os substituídos na ação principal. Vencidos os Ministros Delaíde Miranda Arantes, Maria Helena Mallmann e Emmanoel Pereira. TST-RO-373-20.2011.5.11.0000, SBDI-II, rel. Min Luiz Philippe Vieira de Mello Filho, 23.2.2016.

2015

Informativo n. 125, TST — *Mandado de segurança. Concessão de tutela inibitória fundada na existência de ações que revelam a prática reiterada da empresa em retaliar os empregados que ajuízam reclamação trabalhista. Possibilidade.*

A existência de ações que retratam casos similares e revelam a prática reiterada da empresa em retaliar os empregados que ajuízam reclamação trabalhista é suficiente à concessão de tutela inibitória. Na espécie, o TRT denegou a segurança, mantendo a decisão do juiz de primeiro grau que, vislumbrando a verossimilhança da alegação e o perigo da demora (art. 461, § 3º, do CPC), deferiu a antecipação de tutela para determinar à reclamada que se abstenha de praticar atos retaliatórios contra o empregado que ajuizou reclamação trabalhista no curso do contrato de trabalho. Ressaltou-se que a prática de condutas retaliatórias é plenamente possível na vigência do pacto laboral e que a empresa já tinha ciência do ajuizamento da ação, pois havia sido notificada da audiência inicial. Ademais, o recente registro de caso similar envolvendo a mesma empregadora corroboraria a possibilidade do dano. Sob esses fundamentos, a SBDI-II, por unanimidade, conheceu de recurso ordinário interposto pela empresa, e, no mérito, por maioria, negou-lhe provimento. Vencido o Ministro Emmanoel Pereira. TST-RO-32-46.2012.5.15.0000, SBDI-II, rel. Min. Emmanoel Pereira, red. p/ acórdão Min. Luiz Philippe Vieira de Mello Filho, 1º.12.2015.

Informativo n. 116, TST — *Mandado de segurança. Ato coator que determinou o sobrestamento da reclamação trabalhista originária. Prazo legal extrapolado.*

A suspensão de reclamação trabalhista para além do prazo de um ano previsto no artigo 265, § 5º, do Código de Processo Civil fere direito líquido e certo da parte de ver entregue a prestação jurisdicional. Manutenção de suspensão de reclamação trabalhista que ultrapassa o prazo de um ano, para aguardar decisão a ser proferida em outro processo (art. 265, § 5º, do Código de Processo Civil) fere direito líquido e certo da parte de ver entregue a prestação jurisdicional pleiteada. No caso concreto, o ato impugnado determinou a suspensão da reclamação trabalhista originária até o trânsito em julgado de reclamação trabalhista que guardaria nexo de dependência. Porém, já ultrapassado o prazo de um ano sem que tivesse ocorrido o trânsito em julgado da ação. Sob esses fundamentos, a SBDI-II, por maioria, rejeitou as preliminares arguidas em contrarrazões, conheceu do recurso ordinário e, no mérito, deu-lhe provimento para conceder a segurança, a fim de determinar o regular prosseguimento da reclamação trabalhista originária, em trâmite perante a 10ª Vara do Trabalho de Vitória/ES. Vencido o Ministro Douglas Alencar Rodrigues. TST-RO-185-54.2014.5.17.0000, SBDI-II, rel. Min. Delaíde Miranda Arantes, 1.9.2015.

2014

Informativo n. 97, TST — *Recurso ordinário em mandado de segurança. Não conhecimento. Inexistência de capacidade postulatória da autoridade coatora. Atribuição de legitimidade recursal concorrente. Art. 14, § 2º, da Lei n. 12.016/2009. Vedação à adoção do jus postulandi. Irregularidade de representação.*

Com o advento da Lei n. 12.016/2009, e consoante o disposto no seu art. 14, § 2º, a autoridade coatora adquiriu legitimidade para recorrer das decisões concessivas de segurança. Todavia, o direito de recorrer a que alude tal dispositivo traduz o conceito de legitimação recursal concorrente, o que não se confunde com a capacidade postulatória atribuída notadamente a advogados. Assim, existindo a intenção de interpor recurso por parte da autoridade coatora, deve ela se servir da advocacia pública, especialmente porque não se admite a adoção do *jus postulandi* em sede de mandado de segurança, conforme se extrai da Súmula n. 425 do TST. Com esse entendimento, SBDI-II, por maioria, não conheceu do recurso ordinário, por irregularidade de representação. Vencido o Ministro Emmanoel Pereira, que entendia pela declaração de nulidade do processo por ausência de intimação da AGU. TST-RO-126400-41.2009.5.03.0000, SBDI-II, rel. Min. Alberto Luiz Bresciani de Fontan Pereira, 9.12.2014.

Informativo n. 91, TST — *Mandado de segurança. Concurso público. Nomeação. Transcurso do prazo legal para a posse. Responsabilidade do candidato pelo acompanhamento das comunicações relacionadas ao concurso. Direito líquido e certo à notificação por via postal. Ausência.*

A candidata aprovada em concurso público não tem direito líquido e certo à notificação por via postal ou outro meio que assegure a certeza da ciência do ato, quando não houver previsão expressa no edital. Na hipótese vertente, passados três anos e meio da homologação do concurso, foi publicada a nomeação da impetrante e, ante o seu não comparecimento, o ato foi tornado sem efeito. Constatou-se que, além das publicações da nomeação em Diário Oficial e pela internet, foi enviada mensagem eletrônica para o *e-mail* da candidata, sendo certo que, para se alcançar conclusão diversa acerca da efetiva notificação, seria necessária ampla dilação probatória, o que não se coaduna com o mandado de segurança, em face dos estritos limites de cognição dessa ação. Ressalte-se, ademais, que o edital estabeleceu a responsabilidade da candidata em manter atualizados os seus dados pessoais, bem como de acompanhar as publicações, editais, avisos e comunicados referentes ao concurso. Com esses fundamentos, o Órgão Especial, por maioria, conheceu e negou provimento ao recurso ordinário interposto pela impetrante, mantendo incólume a decisão do Regional que negara a segurança pretendida. Vencida a Ministra Delaíde Miranda Arantes. Ressalvaram a fundamentação os Ministros João Oreste Dalazen, Ives Gandra Martins Filho e Walmir Oliveira da Costa. TST-RO-51060-16.2012.5.02.0000, Órgão Especial, rel. Min. Mauricio Godinho Delgado, 6.10.2014. (*Cf. Informativo TST n. 88, em sentido contrário.)

Informativo n. 91, TST — *Mandado de segurança. Pedido administrativo de aposentadoria especial. Laudo técnico e decisão administrativa. Demora injustificada. Observância do prazo legal de trinta dias previsto no art. 49 da Lei n. 9.784/99. Direito líquido e certo do requerente.*

A apreciação de requerimento de aposentadoria especial, formulado com base em decisão do STF no MI 1309, na qual foi reconhecida a mora legislativa em dar concretude ao art. 40, § 4º, da CF, e concedida a ordem para que seja analisada a situação fática de oficiais de justiça avaliadores à luz do art. 57 da Lei 8.213/91, deve ser efetuada no prazo de trinta dias, conforme previsto no art. 49 da Lei n. 9.784/99, aplicável subsidiariamente. A demora injustificada da autoridade competente em providenciar laudos específicos e aptos a averiguar a submissão do impetrante a condições que prejudiquem a saúde ou a integridade física viola direito líquido e certo do requerente, além de afrontar os princípios da razoável duração do processo (art. 5º, LXXVIII, da CF), bem como da eficiência e moralidade administrativa (art. 37, *caput*, da CF e art. 2º da Lei n. 9.784/99). Com base nesses fundamentos, o Órgão Especial, por unanimidade, deu provimento ao recurso ordinário do impetrante para conceder a segurança, determinando que a autoridade coatora providencie a análise técnica e julgue o pedido de concessão de aposentadoria especial no prazo de trinta dias, prorrogáveis pelo mesmo período com expressa motivação. TST-RO-242-26.2013.5.02.0000, Órgão Especial, rel. Min. Augusto César Leite de Carvalho, 6.10.2014.

Informativo n. 88, TST — *Mandado de segurança. Concurso público. Nomeação. Longo lapso temporal. Notificação pessoal. Publicidade e razoabilidade.*

O candidato aprovado em concurso público, cuja nomeação tenha ocorrido após transcorrido considerável lapso temporal desde a homologação do resultado final, deve ser notificado pessoalmente, não sendo suficiente a convocação por meio do Diário Oficial, em razão dos princípios da publicidade e da razoabilidade. No caso vertente, restou assentado não ser plausível exigir o acompanhamento das publicações na imprensa oficial durante longo período de tempo (mais de três anos). Ademais, não obstante tenha a autoridade coatora informado que encaminhara mensagem eletrônica ao candidato, não fez prova do seu recebimento, de modo que, antes de presumir a falta de interesse, deveria, por prudência, ter se utilizado de outros meios disponíveis para a comunicação. Com esses fundamentos, a SBDI-II, por unanimidade, deu provimento ao recurso ordinário para conceder a segurança e determinar a convocação do recorrente para a apresentação de documentos e, cumpridos os requisitos exigidos, assegurar o direito à posse no cargo de Técnico Judiciário — Área Administrativa, do Quadro Permanente da Secretaria do TRT da 2ª Região. Ressalvou entendimento, quanto à competência da Subseção para o julgamento da matéria, o Ministro Emmanoel Pereira. TST-RO-7552-20.2012.5.02.0000, SBDI-II, rel. Min. Cláudio Mascarenhas Brandão, 2.9.2014.

Informativo n. 77, TST — *Mandado de segurança. Execução. Ato judicial que determina a transferência de saldo remanescente para a satisfação de execução pendente em outro juízo. Violação de direito líquido e certo. Excesso de penhora. Não configuração.*

É legal o ato judicial que determina a transferência de numerário excedente ao valor da condenação para satisfação de outra execução pendente em juízo diverso do executante. No caso, prevaleceu o entendimento de que é dever do magistrado velar pelo rápido andamento das causas e pela efetividade da decisão judicial (art. 125, II, do CPC), bem assim colaborar com as demais autoridades judiciárias a fim de viabilizar o atendimento do princípio constitucional da razoável duração do processo. Ademais, não há direito líquido e certo da impetrante em se eximir do cumprimento de obrigação imposta por sentença transitada em julgado, quando verificada a existência de quantia disponível à constrição. De outra sorte, não restou configurado excesso de penhora, visto que o saldo remanescente não fora retido pelo juiz executante, mas transferido para satisfazer execução pendente em outra unidade judiciária, não tendo a executada impugnado o valor da penhora em momento oportuno. Nesse contexto, a SBDI-II, à unanimidade, conheceu do recurso ordinário e, no mérito, por maioria, negou-lhe provimento. Vencidos os Ministros Emmanoel Pereira, relator, Hugo Carlos Scheuermann e Ives Gandra da Silva Martins Filho, que davam provimento ao recurso ordinário para conceder a segurança pretendida, determinando a devolução dos valores constritos em excesso de penhora pela autoridade coatora. TST-RO-23100-50.2010.5.13.0000, SBDI-II, rel. Min. Emmanoel Pereira, red. p/ acórdão Min. Cláudio Mascarenhas Brandão, 25.3.2013.

Informativo n. 76, TST — *Mandado de segurança. Pedido de antecipação de tutela. Reintegração com base em estabilidade acidentária. Indeferimento sem o exame da existência ou não dos requisitos previstos no art. 273 do CPC. Violação de direito líquido e certo. Não incidência da Súmula n. 418 do TST.*

O ato judicial que indefere antecipação de tutela para reintegração de empregado, requerida com base em estabilidade acidentária, sem examinar os requisitos previstos no art. 273 do CPC, mas ao fundamento de que não se aplica o instituto da tutela antecipada nas causas que envolvam doença ocupacional, por ser indispensável a realização de perícia médica, viola direito líquido e certo tutelável pela via de mandado de segurança, justificando-se a não incidência, nessa hipótese, da Súmula n. 418 do TST. No caso concreto, o Juízo de primeiro grau assentou que qualquer reclamação trabalhista envolvendo alegação de doença ocupacional demanda perícia médica e que, por isso, a análise de pedido de tutela antecipada só poderia ocorrer após a instrução. Assim, deixou de verificar se havia ou não a verossimilhança da alegação da reclamante acerca da existência de doença ocupacional, e se, de fato, houve concessão do auxílio-doença acidentário e se ele estava em curso no momento da cessação das atividades laborais, violando, portanto, o direito do impetrante de ter o pedido de antecipação de tutela deferido ou indeferido a partir da análise das provas apresentadas na reclamação trabalhista. Nesse contexto, a SBDI-II, à unanimidade, conheceu do recurso ordinário do litisconsorte passivo, e, no mérito, deu-lhe provimento parcial para conceder parcialmente a segurança, a fim de determinar à autoridade coatora que examine as provas até então produzidas na reclamação trabalhista e se pronuncie sobre a concessão ou não da tutela antecipada, fundamentando ostensivamente os fatos e as razões de direito que embasam seu livre convencimento motivado acerca da demonstração, ou não, pela reclamante, da verossimilhança da alegação. TST-RO-779-09-2011.5.05.0000, SBDI-II, rel. Min. Emmanoel Pereira, 18.3.2014.

Informativo n. 74, TST — *Mandado de segurança. Atos judiciais praticados em processos diferentes, com distinto teor e autoridades coatoras diversas. Incabível.*

Dada a natureza especial do mandado de segurança, que requer apreciação individualizada do ato coator, é incabível a impetração de um único *mandamus* para atacar atos judiciais praticados em processos diferentes, com distinto teor e autoridades coatoras diversas. No caso, a ação mandamental fora ajuizada por Guardiões Vigilância Ltda. e Linaldo Pereira contra decisões da 1ª, 2ª, 3ª, 5ª, 7ª, 9ª, 11ª, 12ª, 13ª, 14ª Varas do Trabalho do Recife/PE e da 1ª Vara do Trabalho de Ipojuca/PE, proferidas nos autos de diversas reclamações trabalhistas em que consta como parte a empresa Rio Forte Serviços Técnicos S.A., e que incluíram os impetrantes no cadastro do Banco Nacional de Devedores Trabalhistas — BNDT. Com esse entendimento, a SBDI-II, por unanimidade, de ofício, extinguiu o processo, sem resolução do mérito, com fundamento no inciso IV do art. 267 do CPC. TST-RO-395-82.2012.5.06.0000, SBDI-II, rel. Min. Hugo Carlos Scheuermann, 25.2.2014.

2013

Informativo n. 44, TST — *Mandado de segurança. Não cabimento. Ato praticado pelo Presidente do TRT da 8ª Região na condição de gestor do Fundo de Aposentadoria da Justiça do Trabalho da 8ª Região (Fundap). Entidade privada. Ato do poder público. Ausência.*

O ato do Presidente do TRT da 8ª Região que indeferiu o pedido de liberação de valores vinculados ao Fundo de Aposentadoria da Justiça do Trabalho da 8ª Região (Fundap) não é impugnável mediante a impetração de mandado de segurança, pois este, nos termos dos arts. 5º, LXIX, da CF e 1º da Lei n. 12.016/09, somente é cabível contra ato praticado por autoridade pública no desempenho das suas funções, ou por agente de pessoa jurídica no exercício de atribuições do poder público. No caso, embora constituído, regulamentado e dissolvido por meio de resoluções emitidas pelo já referido TRT, o Fundap era um fundo privado constituído por recursos provenientes de contribuições de magistrados e servidores, sem interferência ou apoio financeiro do Estado. Desse modo, o ato praticado pelo Presidente do Tribunal na qualidade de gestor do Fundo não pode ser considerado como ato do poder público, porquanto não praticado no exercício de sua função pública institucional. Com esse entendimento, o Órgão Especial, por unanimidade, julgou extinto o processo, sem resolução de mérito, nos termos do art. 267, IV, do CPC, e denegou a segurança pleiteada (art. 6º, § 5º, da Lei n. 12.016/09). TST-RO-136-33.2012.5.08.0000, Órgão Especial, rel. Min. Brito Pereira, 6.5.2013.

Informativo n. 41, TST — *Mandado de segurança. Execução de honorários contratuais fixados em sentença transitada em julgado. Homologação de acordo que indiretamente reduz o crédito atribuído ao patrono. Existência de recurso próprio. Extinção do processo sem resolução do mérito.*

Não cabe mandado de segurança para impugnar decisão que, ao homologar transação em que o empregado acordou receber valor inferior ao crédito apurado no processo de execução, reduziu, indiretamente, o valor referente aos honorários contratuais devidos ao impetrante. Havendo sentença transitada em julgado e estando o processo em fase de execução, passa o advogado a ser titular do crédito deferido na coisa julgada, qualificando-se, portanto, como parte legítima para interpor recurso próprio e específico, conforme dispõe o art. 499, *"caput"*, do CPC, e questionar a extensão dos efeitos da conciliação celebrada na fase de execução. Ainda que assim não fosse, a condição de terceiro prejudicado não retiraria a legitimidade para recorrer do impetrante, uma vez presente o nexo de interdependência entre o interesse de intervir e a relação jurídica em apreciação, exigido pelo § 1º do art. 499 do CPC. Assim, a SBDI-II, por maioria, julgou extinto o "mandamus" sem resolução do mérito, na forma do art. 267, VI, do CPC. Vencida a Ministra Maria Cristina Irigoyen Peduzzi. TST-RO-946-26.2011.5.05.0000, SBDI-II, rel. Min. Alexandre Agra Belmonte, 2.4.2013.

Informativo n. 38, TST — *MS. Ato da Vice-Presidente do TRT que determinou o desconto em folha em face do acórdão proferido pelo TCU. Legitimidade para figurar como autoridade coatora.*

A Vice-Presidente do TRT, no exercício da Presidência, detém legitimidade para figurar como autoridade coatora em mandado de segurança impetrado com o objetivo de impugnar o ato que, com fundamento em decisão proferida pelo Tribunal de Contas da União, determinou o desconto mensal de 10% dos vencimentos de cada impetrante, por terem auferido, indevidamente, valores a título de incorporação do índice de URP de fevereiro de 1989. Ressaltou-se que, no caso, não se discute o acerto ou desacerto da decisão do Tribunal de Contas da União, e sim o ato emanado da Presidência do Regional no exercício de sua competência administrativa para dar plena execução à decisão do TCU. Assim, o Órgão Especial, por maioria, negou provimento ao reexame necessário e ao recurso ordinário, vencido o Ministro Ives Gandra Martins Filho que, de ofício, reconhecia a incompetência da Justiça do Trabalho para julgar o mandado de segurança. TST-ReeNec e RO-876-57.2011.5.14.0000, Órgão Especial, rel. Min. Guilherme Augusto Caputo Bastos, 4.3.2013.

2012

Informativo n. 20, TST — *MS. Acórdão do TRT proferido em sede de incidente de uniformização de jurisprudência. Não cabimento. Ausência de interesse concreto a ser apreciado.*

Não cabe mandado de segurança contra acórdão do Tribunal Regional proferido em sede de incidente de uniformização de jurisprudência, gerador de edição de súmula, porque não há interesse concreto a ser apreciado. *In casu*, impetrou-se mandado de segurança coletivo, com pedido liminar, para suspender os efeitos da Súmula n. 18 do TRT da 18ª Região, cuja edição decorreu do julgamento do incidente de uniformização da jurisprudência suscitado durante a apreciação de recurso ordinário em ação civil pública. O Juízo *a quo* indeferiu liminarmente a petição inicial do writ e o TRT negou provimento ao agravo regimental interposto dessa decisão, por entender incabível a sua impetração na hipótese, ainda que não passível de recurso o acórdão proferido pelo Pleno. Entendeu que caberia recurso para o TST da decisão proferida no processo principal, a ação civil pública, cujo julgamento se encontra suspenso, em face da instauração do incidente de uniformização de jurisprudência. Assim, o Órgão Especial negou provimento ao recurso ordinário em agravo regimental por reputar incabível o mandado de segurança, mantendo o acórdão do Regional por seus fundamentos, vencidos os Ministros Renato de Lacerda Paiva, relator, João Oreste Dalazen e Maria Cristina Irigoyen Peduzzi. TST-RO-361-11.2011.5.18.0000, Órgão Especial, rel. Min. Renato de Lacerda Paiva, red. p/ acórdão Min. Luiz Philippe Vieira de Mello Filho, 3.9.2012.

Informativo n. 19, TST — *MS. Cabimento. Ordem de bloqueio. Sistema BacenJud. Descumprimento. Responsabilização solidária da instituição bancária.*

É cabível mandado de segurança na hipótese em que há a responsabilização solidária da instituição bancária por suposto descumprimento de ordem de bloqueio, via BacenJud, expedida em reclamação trabalhista da qual não é parte. Nessa hipótese, não prevalece o óbice da Orientação Jurisprudencial n. 92 da SBDI-II, porquanto o ato tido por abusivo e ilegal não poderia ser atacado por embargos de terceiro, visto não se enquadrar no disposto no art. 1.046 do CPC, nem por agravo de petição, uma vez que o banco impetrante não é parte na reclamação trabalhista. Com esse entendimento, a SBDI-II, por unanimidade, conheceu do recurso ordinário e, no mérito, deu-lhe provimento para determinar o retorno dos autos ao TRT da 6ª Região, para que prossiga no julgamento do *writ* como entender de direito. TST-RO-2575-42.2010.5.06.0000, SBDI-II, rel. Min. Emmanoel Pereira, 21.8.2012.

Informativo n. 16, TST — *MS impetrado por ente público. Segurança denegada. Reexame necessário. Cabimento. Existência de prejuízo ao erário.*

Não obstante o art. 13, parágrafo único, da Lei n. 1.533/51, o art. 14, § 1º, da Lei n. 12.016/09 e o item III da Súmula n. 303 do TST estabelecerem que a sentença obrigatoriamente sujeita ao duplo grau de jurisdição é aquela que concede a segurança, o Órgão Especial, por maioria, conheceu do reexame necessário na hipótese em que denegada a segurança em *mandamus* impetrado por ente público. Prevaleceu o entendimento de que toda decisão que cause prejuízo ao erário, seja a pessoa jurídica de direito público impetrante ou impetrado, somente tem eficácia depois de reexaminada pelo órgão superior. Vencidos os Ministros Renato de Lacerda Paiva, Maria Cristina Irigoyen Peduzzi, Alberto Luiz Bresciani de Fontan Pereira, Fernando Eizo Ono e Márcio Eurico Vitral Amaro. TST-ReeNec e RO 8275200-96.2009.5.02.0000, Órgão Especial, rel. Min. Alberto Luiz Bresciani de Fontan Pereira, 6.8.2012.

Informativo n. 11, TST — *MS. Decadência. Termo inicial. Data da ciência inequívoca do ato que determinou o bloqueio incidente sobre o salário de benefício e não a cada desconto procedido.*

O termo inicial da contagem do prazo decadencial para se impetrar mandado de segurança contra ato judicial que determina o bloqueio incidente sobre o salário de benefício do impetrante é a data em que teve ciência inequívoca do ato impugnado, e não a cada desconto procedido. Assim, afastando o entendimento quanto à renovação mês a mês do termo *a quo* do prazo decadencial, pela permanência dos efeitos da decisão jurisdicional a cada liquidação de proventos, a SBDI-II, à unanimidade, conheceu do recurso ordinário, e, no mérito, por maioria, negou-lhe provimento. Vencidos os Ministros Alberto Luiz Bresciani de Fontan Pereira, relator, Maria de Assis Calsing e Pedro Paulo Manus. TST-RO-10-38.2011.5.18.0000, SBDI-II, rel. Min. Alberto Luiz Bresciani de Fontan Pereira, red. p/ acórdão Min. Ives Gandra da Silva Martins Filho, 29.5.2012.

Informativo n. 11, TST — *MS. Decisão que indefere liberação dos honorários advocatícios enquanto não individualizado e quitado o crédito de cada um dos substituídos. Direito líquido e certo do advogado.*

Fere direito líquido e certo da advogada do sindicato a decisão proferida em sede de execução definitiva que indeferiu o pedido de expedição de guia para liberação dos honorários advocatícios enquanto não individualizado e quitado o crédito de cada um dos 2.200 substituídos. Entendeu o redator que os referidos honorários, por possuírem natureza alimentar, são parcelas autônomas que não precisam aguardar o pagamento de todos os substituídos para serem liberados. Com esse entendimento, a SBDI-II, por maioria, conheceu do recurso ordinário e, no mérito, deu-lhe provimento para conceder a segurança. Vencida a Juíza Convocada Maria Doralice Novaes, relatora, e a Ministra Maria Cristina Peduzzi. TST-RO-575-85.2010.5.09.0000, SBDI-II, rel. Juíza Convocada Maria Doralice Novaes, red. p/ acórdão Min. Luiz Philippe Vieira de Mello Filho, 29.5.2012.

Informativo n. 11, TST — *MS. Precatório. Sequestro. Doença grave. Análise do ato coator sob o prisma da norma vigente à época em que praticado.*

Ao entendimento de que o ato coator deve ser analisado sob o prisma da norma vigente à época em que praticado, a SBDI-II, no tópico, por maioria, deu provimento ao reexame necessário, a fim de cassar o ato da autoridade coatora que determinou a expedição de mandado de sequestro, junto à instituição financeira, para levantamento de créditos em favor de determinados reclamantes acometidos de doença grave, quando ainda não havia previsão de antecipação do pagamento dos créditos de natureza alimentícia, por motivo de doença grave, conforme passou a ser disciplinado no art. 100, § 2º, da CF, com a redação dada pela EC n. 62, de 9.12.2009. *In casu*, como o ato impugnado fora praticado em 6.8.2008, antes da mudança legislativa, entendeu a relatora que não se pode invocar legislação posterior para sustentar ordem de sequestro não contemplada na legislação vigente à época em que praticado, sendo, portanto, irrelevante perquirir acerca da gravidade da doença, critério adotado pelo juízo *a quo*. Vencidos os Ministros Luiz Philippe Vieira de Mello Filho, Alberto Luiz Bresciani de Fontan Pereira e Maria Cristina Irigoyen Peduzzi. TST-RO-40200-75.2008.5.17.0000, SBDI-II, rel. Min. Maria de Assis Calsing, 29.5.2012.

Informativo n. 6, TST — *MS. Execução fiscal para cobrança de multa administrativa imposta por infração à legislação trabalhista. Determinação de penhora de numerário via BacenJud. Legalidade do ato coator. Aplicação analógica da Súmula n. 417, I, do TST.*

Em sede de execução definitiva de título executivo extrajudicial, *In casu*, execução fiscal para cobrança de multa administrativa imposta por infração à legislação trabalhista, não viola direito líquido e certo o ato judicial que indefere a penhora de bens indicados e determina a constrição sobre dinheiro, via BacenJud, em contas bancárias da executada, porquanto atendida a gradação contida no art. 655 do CPC. Aplicação, por analogia, da Súmula n. 417, I, do TST. Com esse entendimento, a SBDI-II conheceu do reexame necessário e do recurso ordinário, e, no mérito, deu-lhes provimento para, reformando o acórdão recorrido, denegar a segurança. Na hipótese, registrou-se, ainda, que a impetrante não demonstrou que o referido bloqueio inviabilizaria suas atividades, sendo inaplicável, portanto, o teor da Orientação Jurisprudencial n. 93 da SBDI-I. TST-RXOF e ROMS-1353800-27.2007.5.02.0000, SBDI-II, rel. Min. Emmanoel Pereira, 17.4.2012.

Informativo n. 1, TST — *MS. Execução provisória. Liberação dos valores depositados em Juízo. Aplicabilidade do art. 475-O do CPC. Matéria controvertida. Ausência de direito líquido e certo.*

A discussão em torno da aplicação, no processo do trabalho, do art. 475-O do CPC, o qual autoriza a liberação de valores em fase de execução provisória, não pode ser travada em sede de mandado de segurança, pois se trata de matéria controvertida nos tribunais. Assim, não vislumbrando direito líquido e certo do impetrante, a SBDI-II, por unanimidade, deu provimento ao recurso ordinário para denegar a segurança pretendida. TST-RO-1110-25.2010.5.05.0000, SBDI-II, rel. Min. Luiz Philippe Vieira de Mello Filho, 28.2.2012.

MINISTÉRIO PÚBLICO DO TRABALHO

2013

Informativo n. 70, TST — *Ação rescisória. Legitimidade do Ministério Público do Trabalho. Contratação de trabalhadores brasileiros para prestar serviços no exterior em condições análogas a de escravo. Defesa de direitos individuais homogêneos. Matéria controvertida no Tribunal. Súmulas n. 83, item I, do TST e 343 do STF.*

A legitimidade do Ministério Público do Trabalho para propor ação coletiva na defesa de direitos individuais homogêneos, conquanto constitua pressuposto de validade da sentença rescindenda, revela-se como questão ainda controvertida no TST, incidindo o entendimento consolidado no item I da Súmula n. 83 do TST e na Súmula n. 343 do STF. No caso concreto, restou evidenciada a relevância social do bem jurídico tutelado, tendo em vista que a causa de pedir remota nas ações originárias é a contratação de trabalhadores brasileiros para prestação de serviços na Venezuela em condições análogas a de escravo, atraindo, assim, a legitimidade do Ministério Público do Trabalho. Com esses fundamentos, a SBDI-2, por unanimidade, negou provimento, no particular, ao recurso ordinário em ação rescisória. TST-ROAR-187300-31.2007.5.04.0000, SBDI-II, rel. Min. Emmanoel Pereira, 17.12.2013.

Informativo n. 48, TST — *Ação rescisória. Ministério Público do Trabalho. Defesa de interesse público secundário. Ilegitimidade ativa.*

Apesar de restar consolidado que o Ministério Público do Trabalho possui legitimidade ativa para ajuizar ação rescisória em outros casos além daqueles previstos nas alíneas "a" e "b" do art. 487, III do CPC (Súmula n. 407 do TST), a atuação do *Parquet* está restrita à defesa de interesses públicos primários. Assim, no caso em que a ação rescisória foi proposta sob a alegação de ausência de exame, na decisão rescindenda, da prejudicial de prescrição suscitada pela reclamada, não há legitimidade do MPT, pois a pretensão não se confunde com a defesa da completa prestação jurisdicional, mas com a defesa do patrimônio da empresa pública, configurando, portanto, interesse público secundário. Com esse entendimento, a SBDI-II, por unanimidade, conheceu do recurso ordinário e, no mérito, deu-lhe provimento para declarar a ilegitimidade ativa do Ministério Público, extinguindo o processo sem resolução no mérito, nos termos do art. 267, VI, do CPC. TST-ROAR-124000-95.2007.5.04.0000, SBDI-II, rel. Min. Emmanoel Pereira, 21.5.2013.

MULTAS

2015

Informativo n. 122, TST — *Multa do art. 477, §8º, da CLT. Incidência. Pagamento tardio da indenização compensatória de 40% sobre o FGTS.*

A multa prevista no artigo 477, § 8º, da CLT incide na hipótese de não pagamento, no prazo legal, da indenização compensatória de 40% sobre o FGTS, por se tratar de verba tipicamente rescisória. No caso, o autor foi dispensado em 5.4.2012, a quitação de parte das parcelas rescisórias ocorreu em 14.4.2012 e o pagamento da multa de 40% sobre os depósitos do FGTS se deu somente em 25.5.2012, quando já transcorridos 50 dias desde a dispensa. Desse modo, o adimplemento tardio da verba rescisória em foco caracterizou fato capaz de sujeitar o empregador à multa prevista no art. 477, § 8º da CLT, não se tratando de pagamento inexato do acerto rescisório, mas de desrespeito, pelo empregador, do cumprimento do prazo para a satisfação de direito vocacionado à proteção constitucional contra despedida arbitrária ou sem justa causa, na forma do artigo 7º, I, da Constituição Federal, c/c o art. 10, I, do ADCT. Sob esses fundamentos, a SBDI-I, por unanimidade, conheceu do recurso de embargos, por divergência jurisprudencial, e, no mérito, por maioria, deu-lhe provimento para restabelecer o acórdão do Tribunal Regional do Trabalho, no particular, vencidos os Ministros Aloysio Corrêa da Veiga, João Oreste Dalazen, Guilherme Augusto Caputo Bastos e Walmir Oliveira da Costa. TST-E-ED-ARR-643-82.2013.5.09.0015, SbDI-1, rel. Min. Alexandre de Souza Agra Belmonte, 5.11.2015.

2014

Informativo n. 91, TST — *Multa. Art. 477, § 8º, da CLT. Devida. Parcelamento de verbas rescisórias previsto em acordo coletivo. Invalidade. Direito indisponível.*

O pagamento de verbas rescisórias fora do prazo fixado no art. 477, § 6º, da CLT, em razão de parcelamento estabelecido em acordo coletivo, não afasta a aplicação da multa prevista no art. 477, § 8º, da CLT, tendo em vista a natureza cogente dessa norma, que se sobrepõe à vontade das partes. No caso concreto, consignou-se que o parcelamento das verbas rescisórias decorreu de acordo celebrado entre o sindicato profissional da reclamante e a reclamada, em razão de problemas financeiros enfrentados pela empregadora. Nesse contexto, a SBDI-I decidiu, à unanimidade, conhecer dos embargos no tópico, por divergência jurisprudencial, e, no mérito, por maioria, negar-lhes provimento. Vencidos os Ministros Alexandre Agra Belmonte, Ives Gandra Martins Filho e Renato de Lacerda Paiva. TST-E-ED-ED-RR-1285700-40.2008.5.09.0016, SBDI-I, rel. Min. Aloysio Corrêa da Veiga, 9.10.2014.

2012

Informativo n. 15, TST — *Ação anulatória. Astreintes. Redução do valor da multa. Inadequação da via eleita. Art. 486 do CPC.*

Em face do disposto no art. 486 do CPC, é incabível ação anulatória quando se pretende a redução do valor da multa (*astreintes*) fixada em acórdão prolatado em agravo de petição. Na espécie, a decisão que se pretendia anular não se enquadrava na hipótese de ato judicial que não dependa de sentença ou em que esta era meramente declaratória, mas hipótese em que o julgador formulou juízo de valor sobre a questão. Adotando esses fundamentos, a SBDI-II, por maioria, negou provimento ao recurso ordinário. Vencido o Ministro João Oreste Dalazen. TST-RO-41500-72.2008.5.17.0000, SBDI-II, rel. Min. Maria de Assis Calsing, 26.6.2012.

PENHORA

2015

Informativo n. 119, TST — *Estado estrangeiro. Imunidade de jurisdição. Caráter relativo. Penhora de imóvel. Prova de afetação à atividade diplomática ou consular não produzida. Impossibilidade de ultimação dos atos de expropriação.*

Ao entendimento de que a imunidade de jurisdição reconhecida aos Estados estrangeiros, em execução de sentença, possui caráter relativo, concluiu a SBDI-II que somente estarão imunes à constrição judicial os bens comprovadamente vinculados ao exercício das atividades de representação consular e diplomática. Sob esse entendimento, a Subseção, à unanimidade, conheceu do recurso ordinário e, no mérito, deu-lhe provimento para conceder parcialmente a segurança, determinando que os atos de expropriação do imóvel penhorado — em razão da presunção de não afetação à atividade de representação diplomática ou consular, extraída do silêncio do ente estrangeiro executado, regularmente intimado — sejam interrompidos, somente podendo prosseguir se demonstrado, efetivamente, que o bem não se encontra afetado à missão diplomática ou consular. TST-RO-188-04.2014.5.10.0000, SBDI-II, rel. Min. Douglas Alencar Rodrigues, 29.9.2015.

2013

Informativo n. 62, TST — *Plano de previdência privada. Penhora. Impossibilidade. Caráter alimentar. Art. 649 do CPC.*

Interpretando-se sistematicamente o art. 649 do CPC, aplicado subsidiariamente ao Processo do Trabalho, conclui-se que não é possível a penhora de plano de previdência privada. O capital ali constituído é destinado à geração de aposentadoria, possuindo, portanto, nítido caráter alimentar, não se equiparando a aplicações financeiras comuns, ainda que, eventualmente, possa ser objeto de resgate. Com esse entendimento, a SBDI-II, por unanimidade, conheceu do recurso ordinário do impetrante e, no mérito, por maioria, vislumbrando direito líquido e certo do devedor, deu-lhe provimento para conceder integralmente a segurança, determinando, inclusive, a devolução dos valores bloqueados. Vencido o Ministro Cláudio Mascarenhas Brandão. TST-RO-1300-98.2012.5.02.0000, SBDI-II, rel. Min. Alberto Luiz Bresciani de Fontan Pereira, 8.10.2013.

Informativo n. 42, TST — *Bem de família. Penhora incidente sobre imóvel hipotecado. Renúncia à garantia de impenhorabilidade. Impossibilidade. Lei n. 8.009/90.*

O fato de o bem de família ter sido dado em garantia hipotecária não afasta a impenhorabilidade de que trata a Lei n. 8.009/90, porquanto não se admite a renúncia ao direito social à moradia, elencado no art. 6º, "*caput*", da CF. Assim, apenas quando da cobrança da dívida constituída em favor da entidade familiar pode o imóvel dado em garantia real perder a condição de bem de família. Com esse entendimento, a SBDI-II, por unanimidade, deu provimento ao recurso ordinário para, julgando procedente o pleito rescisório, desconstituir o acórdão proferido em sede de agravo de petição, e, em juízo rescisório, julgar procedente o pedido deduzido pelo então embargante para afastar a penhora efetivada sobre o imóvel hipotecado. TST-RO-531-48.2011.5.12.0000, SBDI-II, rel. Min. Guilherme Augusto Caputo Bastos, 9.4.2013.

2012

Informativo n. 12, TST — *Bem de família. Impenhorabilidade. Lei n. 8.009/90. Existência de outros imóveis. Irrelevância.*

O bem residencial do executado é impenhorável, sendo irrelevante o fato de possuir outros imóveis, visto que a impenhorabilidade, nos termos do art. 5º da Lei n. 8.009/90, recairá, obrigatoriamente, apenas sobre a propriedade destinada à residência da família. Com esse entendimento, a SBDI-II, por unanimidade, negou provimento a recurso ordinário, mantendo decisão que julgara procedente a ação rescisória para desconstituir acórdão do TRT da 1ª Região e, em novo julgamento, negar provimento a agravo de petição da ré, mantendo a decisão de primeiro grau que declarou a impenhorabilidade do imóvel residencial do autor. TST-RO-122000-38.2009.5.01.0000, SBDI-II, rel. Min. Maria de Assis Calsing, 12.6.2012.

PRECATÓRIOS

2014

Informativo n. 93, TST — *Precatório. Juros da mora. Incidência no período compreendido entre os cálculos de liquidação e a expedição do precatório. Impossibilidade. Atraso no pagamento não caracterizado.*

Não incidem juros moratórios no período compreendido entre os cálculos de liquidação e a expedição do precatório ou requisição de pequeno valor. Considerando o entendimento já pacificado nesta Corte e no Supremo Tribunal Federal acerca da não incidência dos juros da mora entre a expedição do precatório e o seu efetivo pagamento, quando observado o prazo previsto no § 5º do art. 100 da CF, não há falar em juros de mora no período compreendido entre os cálculos de liquidação e a expedição do precatório, pois enquanto não decorrido o prazo constitucional não se evidencia o atraso no cumprimento da obrigação por parte da Fazenda Pública. Com esses fundamentos, o Órgão Especial, à unanimidade, deu provimento ao recurso ordinário interposto pelo INSS para determinar a não incidência de juros de mora no período compreendido entre os cálculos de liquidação e a expedição do precatório ou requisição de pequeno valor. Ressalvou entendimento o Ministro Ives Gandra da Silva Martins Filho. TST-RO-1837-57.2012.5.09.0014, Órgão Especial, rel. Min. Alexandre Agra Belmonte, 3.11.2014.

Informativo n. 81, TST — *Município. Precatório. Opção pelo regime especial de pagamento. Redução do percentual de comprometimento da receita líquida oriunda do Fundo de Participação dos Municípios. Impossibilidade. Critérios legais vinculantes.*

A estipulação do percentual de comprometimento da receita líquida oriunda do Fundo de Participação dos Municípios — FPM ofertada para pagamento de precatórios em razão da opção pelo regime especial (art. 97 do ADCT e Resolução n. 115/2010 do CNJ) segue critérios legais vinculantes. Assim sendo, não há margem para que a autoridade gestora da conta especial de precatórios trabalhistas defira requerimento de redução do percentual do FPM destinado ao regime especial de precatórios, ainda que o Município alegue dificuldades financeiras, prejuízo à coletividade e comprometimento dos serviços públicos. Com esse entendimento, o Órgão Especial, por maioria, conheceu do recurso ordinário interposto pelo Município de São Raimundo Nonato, e, no mérito, negou-lhe provimento, mantendo, consequentemente, a decisão monocrática do Presidente do TRT da 22ª Região que indeferira a redução do repasse de 7% do Fundo de Participação dos Municípios destinado ao pagamento das dívidas judiciais trabalhistas. Vencidos os Ministros Renato de Lacerda Paiva, Guilherme Augusto Caputo Bastos, Walmir Oliveira da Costa e Augusto César Leite de Carvalho, os quais não conheciam do recurso ordinário, por incabível, eis que não se trata de precatório em concreto, mas de um plano de disponibilização de recursos para viabilizar o montante dos precatórios processados pelo Tribunal Regional, hipótese não abarcada pelo art. 69 do RITST. TST-RO-46-69.2011.5.22.0000, Órgão Especial, rel. Min. Hugo Carlos Scheuermann, 5.5.2014.

2013

Informativo n. 66, TST — *Hospital Nossa Senhora da Conceição S.A. Execução por regime de precatório. Aplicabilidade do art. 100 da CF. Sociedade de economia mista. Ausência de fins concorrenciais. Precedentes do STF.*

Aplica-se o regime de execução por precatório, disposto no art. 100 da CF, ao Hospital Nossa Senhora da Conceição S.A., sociedade de economia mista prestadora de ações e serviços de saúde, sem fins concorrenciais, em sintonia com precedentes do STF e com o entendimento proferido no RE n. 580264, em que reconhecida a repercussão geral. Conforme o entendimento da Suprema Corte, o Hospital Nossa Senhora da Conceição desenvolve atividades que correspondem à própria atuação do Estado, que não tem finalidade lucrativa, gozando, portanto de imunidade tributária (art. 150, VI, "a" da CF). Ademais, é apenas formalmente uma sociedade de economia mista, pois se encontra vinculado ao Ministério da Saúde (Decreto n. 99.244/90 e Decreto n. 8.065/2013) e tem seu orçamento atrelado à União (que detém 99,99% de suas ações como resultado da desapropriação prevista nos Decretos ns. 75.403 e 75.457/75). Com esse posicionamento, a SBDI-I, por unanimidade, conheceu dos embargos, por divergência jurisprudencial e, no mérito, deu-lhes provimento para determinar que a execução se processe pelo regime de precatório. TST-E-ED-RR-115400-27.2008.5.04.0008, SBDI-I, rel. Min. Aloysio Corrêa da Veiga, 14.11.2013.

Informativo n. 37, TST — *Precatório. Individualização do crédito. Impossibilidade. Sindicato. Substituição processual.*

Tratando-se de reclamação trabalhista ajuizada por sindicato na qualidade de substituto processual, não é possível a individualização do crédito de cada um dos substituídos, devendo a execução ocorrer mediante precatório, nos moldes do art. 100 da CF. A individualização só se viabiliza quando se tratar de ação plúrima, conforme a Orientação Jurisprudencial n. 9 do Tribunal Pleno. Com esse entendimento, a SBDI-II, por maioria, conheceu da remessa necessária e do recurso ordinário e, no mérito, deu-lhes provimento para julgar procedente a ação rescisória, e, em juízo rescisório, determinar seja a execução, no caso, processada sob a forma de precatório. Vencidos os Ministros João Oreste Dalazen, Maria Cristina Irigoyen Peduzzi e Hugo Carlos Scheuermann, os quais negavam provimento aos recursos por entenderem, no caso de substituição processual, não haver falar em crédito único, cujo fracionamento, eventualmente, burlaria os limites impostos pelo § 8º do art. 100 da CF, mas em somatório de créditos pertencentes a distintos credores, podendo ser, cada qual, de pequeno valor. TST-ReeNec e RO-19300-03.2010.5.17.0000, SBDI-II, rel. Min. Alexandre Agra Belmonte, 19.2.2013.

2012

Informativo n. 20, TST — *Precatório. Pagamento com atraso. Juros de mora. Incidência desde a expedição. Súmula Vinculante 17 do STF.*

Os juros de mora não são devidos durante o chamado "período de graça", desde que o precatório seja pago no prazo constitucional. Efetuado o pagamento fora do prazo previsto no art. 100, § 1º, da CF, os juros moratórios devem ser computados desde a expedição do precatório, conforme inteligência da Súmula Vinculante 17 do STF. Com esse entendimento, o Órgão Especial, por maioria, conheceu do recurso ordinário e, no mérito, negou-lhe provimento. Vencidos os Ministros Luiz Philippe Vieira de Mello Filho, Guilherme Augusto Caputo Bastos e Dora Maria da Costa. TST-RO-2519-45.2011.5.07.0000, Órgão Especial, rel. Min. Fernando Eizo Ono, 3.9.2012.

Informativo n. 16, TST — *Precatório. Doença grave. Risco de morte ou de debilidade permanente. Sequestro de valores. Possibilidade. Limitação a três vezes o valor de requisição de pequeno valor. Credor falecido no curso do processo. Transferência da preferência aos sucessores.*

A pessoa acometida de doença grave, a qual acarrete risco de morte ou iminente perigo de debilidade permanente e irreversível, não se submete à tramitação preferencial dos precatórios de créditos junto à Fazenda Pública prevista no § 2º do art. 100 da CF, sendo possível o denominado "sequestro humanitário", limitado, todavia, a três vezes a quantia de requisição de pequeno valor a que se refere os §§ 2º e 3º do art. 100 da CF. Outrossim, o falecimento do credor no curso da ação em que se pleiteia a liberação dos valores não tem o condão de retornar o precatório à ordem cronológica original, transferindo aos sucessores a preferência adquirida em razão da doença. Com esse entendimento, o Órgão Especial, por maioria, não conheceu do recurso ordinário no tocante aos valores já liberados, em função da perda de objeto, e conheceu e deu provimento parcial, no que diz respeito aos valores ainda não liberados, para limitar o sequestro ao triplo da requisição de pequeno valor, nos termos do § 2º do art. 100 da CF. Vencidos os Ministros Ives Gandra Martins Filho, Antônio José de Barros Levenhagen, Fernando Eizo Ono e Guilherme Augusto Caputo Bastos, os quais davam provimento ao recurso para denegar a segurança e não admitir o sequestro, ao argumento de que o benefício é personalíssimo, não se transferindo ao espólio. TST-ReeNec e RO-8069000-57.2009.5.02.0000, Órgão Especial, Min. Dora Maria da Costa, 6.8.2012.

PRESCRIÇÃO

2015

Informativo n. 125, TST — *Ação rescisória. Decadência. Início do prazo. Terceiros que não participaram da relação processual. Súmula n. 100, VI, do TST. Aplicação analógica.*

O termo inicial para a contagem do prazo decadencial para ajuizamento de ação rescisória por terceiros juridicamente interessados é o momento em que eles efetivamente tomaram ciência da decisão que pretendem rescindir. Incidência, por analogia, do item VI da Súmula n. 100, do TST. Na espécie, alegaram os terceiros prejudicados que não foram intimados da decisão rescindenda e que têm domicílio fora dos limites de circulação do Diário da Justiça do Trabalho em que publicada a decisão, razão pela qual inaplicável o disposto no art. 495 do CPC. Sob esses fundamentos, e em sintonia com a decisão proferida na sessão do dia 7.4.2015, no julgamento do TST-RO-10353-74.2010.5.02.0000, de relatoria do Ministro Douglas Alencar Rodrigues, a SBDI-II, por maioria, deu provimento ao recurso ordinário para afastar a decadência e determinar o retorno dos autos ao Tribunal de origem para que profira nova decisão como entender de direito. Vencidos os Ministros Hugo Carlos Scheuermann, relator, Guilherme Augusto Caputo Bastos e Emmanoel Pereira. TST-RO-1011-21.2011.5.05.0000, SBDI-II, rel. Min. Hugo Carlos Scheuermann, red. p/ acórdão Min. Luiz Philippe Vieira de Mello Filho, 24.11.2015 (*CF. Informativo n. 103).

Informativo n. 104, TST — *Prescrição. Interrupção do prazo pelo ajuizamento de ação pretérita. Identidade formal dos pedidos. Má aplicação da Súmula n. 268 do TST. Singularidade das pretensões deduzidas em juízo. Ausência de identidade substancial.*

A ausência de identidade substancial dos pedidos — no sentido amplo da palavra, abrangida também a causa de pedir –, não tem o condão de interromper o curso dos prazos prescricionais à luz da Súmula n. 268 do TST. Não basta a mera identidade formal dos pedidos para interrupção da prescrição, devendo configurar-se a identidade substancial, de modo a alcançar a própria causa de pedir, verdadeira gênese da pretensão jurídica de direito material que se busca alcançar mediante o exercício do direito de ação. Por tais fundamentos, a SBDI-I, por unanimidade, conheceu dos embargos interpostos pela reclamada por contrariedade à Súmula n. 268 do TST (má aplicação), e, no mérito, deu-lhes provimento para restabelecer, por fundamento diverso, a prescrição total declarada no acórdão do Regional apenas quanto ao pleito de indenização por dano moral e material decorrente de doença profissional (LER/DORT) e, no tópico, julgar extinto o processo, com resolução do mérito, nos termos do art. 269, IV, do CPC. Na espécie, o reclamante ajuizou ação perante a Justiça comum, em 4.2.2005, na qual postulou a indenização por dano moral e pensão mensal em face do desenvolvimento de transtornos psíquicos (neurose das telefonistas e síndrome do pânico) no exercício da atividade de atendente de telecomunicações. Em uma segunda ação, proposta em 2.3.2006, perante a Justiça do Trabalho, pleiteou o pagamento de pensão mensal vitalícia e indenização por dano moral em razão do desenvolvimento de LER/DORT também decorrente da atividade de atendente de telecomunicações. Após fixada a competência material da Justiça do Trabalho para julgar causas relativas a acidente do trabalho, as duas ações foram reunidas, sendo pronunciada a prescrição total em ambas pelas instâncias ordinárias, com aplicação da regra prevista no art. 7º, XXIX, da CF. Em sede de recurso de revista, porém, a Segunda Turma deu provimento ao recurso para afastar a prescrição total e determinar o retorno dos autos à Corte Regional para apreciação dos pedidos de indenização, considerando, para tanto, ter havido a interrupção da prescrição com a proposição da primeira ação nos termos da Súmula n. 268 do TST. Reformando tal decisão, entendeu a SBDI-I que ainda que as ações derivem de uma origem comum, qual seja, o contrato de trabalho celebrado para o exercício da função de atendente de telecomunicações, os pedidos são distintos, com causas de pedir diversas. Se na primeira ação a indenização por dano moral e o pedido de pensão se originam do desenvolvimento de transtornos psíquicos, na segunda a indenização é decorrente do acometimento de LER/DORT, o que impede, portanto, a interrupção do prazo prescricional. Não obstante esse posicionamento, a Subseção manteve a prescrição pronunciada na segunda ação, pois a *actio nata*, data da concessão da aposentadoria por invalidez, ocorreu em 2002, ou seja, em data anterior a vigência da Emenda Constitucional n. 45/04, a atrair o prazo do Código Civil. Assim, decorridos menos de 10 anos entre a ciência inequívoca da lesão e a data de entrada em vigor do Código Civil de 2002, incide a regra de transição prevista no art. 2.028 do CC e, por conseguinte, a prescrição trienal (o inciso V do § 3º do art. 206 do CC), de modo que o reclamante dispunha até 11.1.2006 para ajuizar a segunda ação, o que, todavia, só ocorreu em 2.3.2006. TST-E-ED-RR-102600-22.2005.5.10.0002, SBDI-I, rel. Min. João Oreste Dalazen, 23.4.2015.

PREVENÇÃO

2013

Informativo n. 61, TST — *Prevenção. Caracterização. Existência de julgamento anterior por Turma diversa. Art. 98 e seguintes do RITST. Observância do princípio do juiz natural. Art. 5º, XXXVII e LIII da CF.*

Segundo inteligência dos arts. 98 e seguintes do RITST, a Turma do TST que conhecer do feito ou de algum incidente terá jurisdição preventa para o julgamento de todos os recursos posteriores interpostos no mesmo processo. Assim, a 8ª Turma, ao julgar o agravo de instrumento e, consequentemente, o recurso de revista do reclamado, deixou de observar a prevenção da 1ª Turma desta Corte — que já havia examinado o processo em duas oportunidades anteriores —, contrariando, portanto, a previsão do RITST e afrontando o princípio constitucional do juiz natural, inserto nos incisos XXXVII e LIII, do art. 5º, da CF. Com esse entendimento, a SBDI-I decidiu conhecer dos embargos do sindicato reclamante, por divergência jurisprudencial, e, no mérito, por maioria, dar-lhe provimento para, em face da incompetência da 8ª Turma do TST para julgar o agravo de instrumento e o recurso de revista do banco reclamado, anular a decisão proferida pelo referido órgão fracionário, determinando o encaminhamento dos autos à 1ª Turma desta Corte, preventa para o julgamento do feito, a fim de que aprecie o apelo interposto, como entender de direito. Vencidos os Ministros Brito Pereira, Aloysio Corrêa da Veiga, Dora Maria da Costa, Augusto César Leite de Carvalho e Alexandre de Souza Agra Belmonte. TST-E-ED-RR-11140-45.2005.04.0252, SBDI-I, rel. Min. Ives Gandra da Silva Martins Filho, 3.10.2013.

PROCESSO ADMINISTRATIVO

2015

Informativo n. 120, TST — *Processo administrativo disciplinar. Magistrado. Pena de censura. Prescrição. Ausência de previsão na LOMAN. Aplicação subsidiária da Lei n. 8.112/1990. Início da interrupção pelo prazo de 140 dias. Data de julgamento do último recurso protelatório.*

Diante da ausência de previsão na Lei Orgânica da Magistratura Nacional acerca do prazo prescricional para apuração de infração disciplinar imputada a magistrado, aplica-se, subsidiariamente, o art. 142, II, da Lei n. 8.112/1990, equiparando-se a pena de suspensão, nela disciplinada e com prazo de prescrição fixado em 2 anos, à pena de censura da LOMAN. O curso da prescrição inicia-se a partir do conhecimento do fato pelo órgão responsável pela punição e é interrompido com a instauração do respectivo processo administrativo disciplinar (PAD), voltando a correr por inteiro após 140 dias (art. 152 c/c art. 167 da Lei n. 8.112/1990). Constatada, no entanto, a utilização de meios procrastinatórios pelo magistrado-acusado, com o intuito de provocar a prescrição da pretensão punitiva, deve-se adotar como efetiva data de instauração do processo disciplinar o dia em que o Tribunal Regional do Trabalho julgou a última medida protelatória, porque, só a partir desse momento, a decisão de instauração do PAD tornou-se passível de pleno cumprimento. No caso, deixou-se de considerar o dia exato em que o Tribunal *a quo* instaurou o PAD (9.3.2009) para admitir, como marco inicial da interrupção por 140 dias do biênio prescricional, a data de 8.10.2012, ocasião em que foram julgados os últimos recursos protelatórios do acusado. Nesse contexto, o Órgão Especial, à unanimidade, conheceu do recurso administrativo e, no mérito, por maioria, negou-lhe provimento, vencidos os Ministros Hugo Carlos Scheuermann, relator, Mauricio Godinho Delgado, Kátia Magalhães Arruda, Augusto César Leite de Carvalho e Antonio José de Barros Levenhagen, que lhe davam provimento para pronunciar a prescrição da pretensão de aplicar a pena de censura ao recorrente. TST-RecAdm-16100-60.2009.5.12.0000, Órgão Especial, rel. Min. Hugo Carlos Scheuermann, red. p/acórdão Min. João Oreste Dalazen. 5.10.2015.

PROCESSO ELETRÔNICO

2015

Informativo n. 105, TST — *Recurso interposto na data da disponibilização do teor da decisão no DEJT. Lei n. 11.419/2006. Tempestividade. Má aplicação da Súmula n. 434, I, do TST.*

No caso de processo eletrônico, regido pela Lei n. 11.419/2006, é tempestivo o recurso interposto antes do início do prazo recursal, mas na data da disponibilização do teor da decisão no Diário Eletrônico da Justiça do Trabalho — DEJT, porquanto a íntegra do acórdão já é passível de conhecimento pela parte interessada. Na hipótese, não há falar em aplicação do entendimento consubstanciado no item I da Súmula n. 434 do TST, o qual se restringe à comunicação dos atos processuais não abrangidos pela referida lei. Sob esse entendimento, a SBDI-I, por maioria, vencido o Ministro Brito Pereira, relator, conheceu dos embargos por má aplicação da Súmula n. 434, I, do TST e, no mérito, deu-lhes provimento para, afastada a intempestividade, determinar o retorno dos autos à Turma a fim de que prossiga no julgamento do agravo de instrumento, como entender de direito. TST-E-AIRR-32500-89.2009.5.15.0090, SBDI-I, rel. Min. Brito Pereira, red. p/ acórdão Min. Lelio Bentes Corrêa, 30.4.2015.

Informativo n. 103, TST — *Sistema de peticionamento eletrônico e-DOC. Limitação do número de páginas. Inexistência de restrição expressa na legislação pertinente. Impossibilidade.*

Os Tribunais Regionais do Trabalho não podem estabelecer restrições, não previstas em lei, em relação à quantidade de páginas possíveis de serem encaminhadas pelo sistema de peticionamento eletrônico e-DOC. Assim, viola direito líquido e certo o ato coator que dá ciência à impetrante do teor de certidão a qual informa não ter havido a impressão de recurso encaminhado via e-DOC em razão do extrapolamento do número de páginas fixado na Instrução Normativa n. 3/2006 do TRT da 3ª Região. Com esse entendimento, a SBDI-II, por unanimidade, conheceu do recurso ordinário interposto pela impetrante e, no mérito, por maioria, deu-lhe provimento para, concedendo a segurança pleiteada, determinar que seja impressa a petição eletrônica dos embargos à execução opostos por meio do sistema e-DOC, devendo o juízo de primeiro grau prosseguir no exame de admissibilidade do recurso como entender de direito. Vencido o Ministro Ives Gandra Martins Filho. TST-RO-10704-15.2013.5.03.0000, SBDI-II, rel. Min. Douglas Alencar Rodrigues, 7.4.2015.

2014

Informativo n. 97, TST — *Embargos de declaração em recurso ordinário. Processo eletrônico. Interposição do recurso antes da publicação do acórdão impugnado. Tempestividade. Inaplicabilidade da Súmula n. 434, I, do TST. Lei n. 7.701/88. Concessão de efeito modificativo ao julgado.*

É inaplicável aos dissídios coletivos o entendimento contido na Súmula n. 434, I, do TST, segundo o qual é extemporâneo o recurso interposto antes de publicado o acórdão impugnado, visto que a Lei n. 7.701/88 estabelece rito especial para os processos coletivos, não havendo falar em flexibilização do referido verbete sumular. Com esse entendimento, a SDC, à unanimidade, conheceu dos embargos de declaração interpostos pelas embargantes para sanar vício no exame dos pressupostos extrínsecos do recurso ordinário e, conferindo efeito modificativo ao julgado, conheceu do recurso ordinário e deu-lhe provimento a fim de que seja excluída a cláusula que disciplinou a redução da jornada de trabalho dos motoristas e cobradores para 180 horas. Ressalvaram a fundamentação as Ministras Maria de Assis Calsing, relatora, e Dora Maria da Costa, as quais, não obstante entenderem que o item I da Súmula n. 434 do TST não se aplica aos dissídios coletivos, ressaltaram que a adoção do processo eletrônico, previsto na Lei n. 11.419/06, demanda novas reflexões acerca dos critérios de aferição da tempestividade dos atos processuais praticados, devendo haver a compatibilização entre a referida lei e o procedimento diferenciado estabelecido para os dissídios coletivos pela Lei n. 7.701/88. TST-E-D-RO-6088- 61.2013.5.15.0000, SDC, rel. Min. Maria de Assis Calsing, 15.12.2014.

Informativo n. 94, TST — *Depósito recursal. e-DOC. Arquivo corrompido. Deserção.*

Nos termos do art. 11, IV, da Instrução Normativa n. 30/2007, que regulamentou a Lei n. 11.419/06 no âmbito da Justiça do Trabalho, é de responsabilidade exclusiva dos usuários a edição da petição e anexos, em conformidade com as restrições impostas pelo serviço de peticionamento eletrônico, no que se refere à formatação e tamanho do arquivo enviado. Assim sendo, na hipótese em que o arquivo encaminhado pela reclamada junto ao recurso interposto via e-DOC foi considerado corrompido, impossibilitando, assim, a impressão da guia de comprovante do depósito recursal, resta inviável o seguimento do apelo, por falta de preenchimento de pressuposto extrínseco de admissibilidade recursal. Ressalte-se, ademais, que a juntada da cópia da guia do depósito recursal no momento da interposição do agravo não sana o vício detectado, em razão da preclusão consumativa. Com esses fundamentos, a SBDI-I, por unanimidade, conheceu do agravo e, no mérito, negou-lhe provimento, mantendo a decisão monocrática que não admitiu o recurso de embargos interpostos pela reclamada em razão da deserção. TST-A-G-E-ED-RR-105500- 79.2006.5.05.0002, SBDI-I, rel. Min. Lelio Bentes Corrêa, 6.11.2014.

Informativo n. 88, TST — *Embargos encaminhados via fac-símile e por meio do sistema e-DOC. Erro de formatação. Responsabilidade exclusiva do usuário. Instrução Normativa n. 30/TST.*

Não se admite a utilização de transmissão via fac-símile com a entrega dos originais pelo sistema e-DOC, por ausência de previsão legal. De outra sorte, falhas na formatação de petições enviadas por meio do referido sistema são de exclusiva responsabilidade do usuário, conforme a dicção do art. 11, IV, da Instrução Normativa n. 30/TST. Com esses fundamentos, a SBDI-I, por maioria, negou provimento ao agravo para confirmar o não conhecimento dos embargos por irregularidade do ato processual. Na hipótese, a reclamada primeiramente encaminhou seu recurso de embargos por meio de fac-símile, mas de forma incompleta. Em seguida, na mesma data, protocolou petição, por meio do sistema e-DOC, contendo falha de formatação nas razões do recurso, inviabilizando a análise dos fundamentos, inclusive do aresto transcrito para confronto de teses. Por fim, protocolou uma terceira petição para requerer a desconsideração da peça enviada por fac-símile e o acolhimento da petição protocolizada pelo sistema virtual. Ressalvou a fundamentação o Ministro Márcio Eurico Vitral Amaro. Vencidos os Ministros Alexandre de Souza Agra Belmonte, João Oreste Dalazen, Brito Pereira, Luiz Philippe Vieira de Mello Filho e Guilherme Augusto Caputo Bastos. TST-Ag-ERR-15500-45.2008.5.20.0002, SBDI-I, rel. Min. Delaíde Miranda Arantes, 28.8.2014.

Informativo n. 86, TST — *Mandado de segurança. Documentos digitalizados. E-DOC. Dispensa de autenticação. Lei n. 11.419/06. Ausência de assinatura e da data no ato impugnado original. Extinção sem resolução de mérito.*

A presunção de autenticidade de que gozam os documentos digitalizados, juntados por meio de e-DOC (Lei n. 11.419/06), não afasta o defeito presente originariamente no ato impugnado, acostado aos autos sem a assinatura da autoridade coatora e sem a data em que prolatado. Assim, ausente prova documental pré-constituída, conforme exige o mandado de segurança, a SBDI-II, à unanimidade, decidiu conhecer do recurso ordinário e extinguir o processo, sem resolução de mérito, nos moldes dos arts. 267, I, e 295, I, ambos do CPC. Ressalvou entendimento o Ministro Cláudio Mascarenhas Brandão. TST-RO-100-35.2011.5.22.0000, SBDI-II, rel. Min. Emmanoel Pereira, 12.8.2014.

Informativo n. 78, TST — *Peticionamento por meio eletrônico (E-DOC). Sistema indisponível na data do termo final do prazo recursal. Comprovação da indisponibilidade mediante prova documental superveniente. Possibilidade. Incidência do item III da Súmula n. 385 do TST.*

Deve a Turma examinar, sob pena de cerceio do direito de defesa da parte, a prova de indisponibilidade do sistema de peticionamento eletrônico (E-DOC), apresentada em momento processual subsequente àquele em que o sistema ficou inoperante. Na hipótese, ante a decretação da intempestividade dos embargos declaratórios opostos pelo sistema E-DOC um dia após o termo final do prazo, e também protocolados no âmbito do TST no primeiro dia útil seguinte, a parte opôs novos declaratórios com a informação e a juntada do boletim de indisponibilidade do sistema ocorrida no último dia do prazo recursal. Assim, não tendo o órgão do Judiciário certificado nos autos a inoperância do sistema, tal como se procede no caso de feriado forense, deve o julgador reanalisar os requisitos inerentes ao prazo recursal, em face da apresentação de prova documental superveniente em sede de embargos de declaração, conforme preconiza o item III da Súmula n. 385 do TST. Com esse entendimento, a SBDI-I, à unanimidade, conheceu do recurso de embargos interposto pelo reclamante, por divergência jurisprudencial, e, no mérito, deu-lhe provimento para determinar o retorno dos autos à Turma de origem, para que prossiga no exame dos primeiros embargos de declaração, afastada a intempestividade. TST-E-ED-ED-RR-1940-61.2010.5.06.0000, SBDI-I, rel. Min. Luiz Philippe Vieira de Mello Filho, 3.4.2014.

Informativo n. 74, TST — *Recurso interposto via e-DOC. Ausência das folhas que trazem a identificação e a assinatura do advogado. Regularidade. Assinatura digital.*

No peticionamento eletrônico (e-DOC) o próprio sistema atesta a assinatura digital, de modo que não pode ser tido por inexistente ou apócrifo o recurso em que ausentes as folhas que normalmente trazem a identificação e assinatura do advogado (folha de rosto e última lauda). Outrossim, a ausência dessas folhas não impede o conhecimento do recurso se da sua leitura for possível identificar os vícios que a parte indica. Por fim, não se consideram extemporâneos os embargos de declaração opostos fora do quinquídio legal se o objetivo da petição era apenas alertar o Tribunal da incompletude dos primeiros declaratórios. Com esse entendimento, a SBDI-I, por unanimidade, conheceu dos embargos interpostos pelo reclamante por divergência jurisprudencial, e, no mérito, deu-lhes provimento para afastar a irregularidade de representação, excluir da condenação a multa de 1% sobre o valor da causa e determinar o retorno dos autos à turma para que examine os embargos de declaração como entender de direito. TST-E-ED-RR-177500-51.2005.5.01.0058, SBDI-I, rel. Min. Alexandre de Souza Agra Belmonte, 27.2.2014.

2012

Informativo n. 5, TST — *Embargos. Interposição por meio do sistema e-DOC. Assinatura digital firmada por advogado diverso do subscritor do recurso. Existência de instrumento de mandato outorgado para ambos os causídicos. Irregularidade de representação. Não configuração.*

É regular a representação na hipótese em que o recurso interposto por meio do sistema e-DOC vem subscrito por advogado diverso daquele que procedeu à assinatura digital, desde que haja nos autos instrumento de mandato habilitando ambos os causídicos. Ademais, em atenção ao princípio da existência concreta, segundo o qual nas relações virtuais predomina aquilo que verdadeiramente ocorre e não aquilo que é estipulado, tem-se que, se aposto nome de advogado diverso daquele que assinou digitalmente o recurso, o efetivo subscritor do apelo é aquele cuja chave de assinatura foi registrada, responsabilizando-se pela petição entregue, desde que devidamente constituído nos autos. Com base nessa premissa, a SBDI-I, por unanimidade, examinando questão de ordem em relação à representação processual, conheceu dos embargos porque cumpridos os requisitos extrínsecos de admissibilidade. Na espécie, ressaltou-se que o STJ adota entendimento em outro sentido, em razão da existência de norma expressa a exigir identidade entre o titular do certificado digital usado para assinar o documento e o nome do advogado indicado como autor da petição (arts. 1º, § 2º, III, e 18 da Lei n. 11.419/06 c/c arts. 18, § 1º e 21, I, da Resolução n. 1, de 10/2/10, do STJ). TST-E-RR-236600-63.2009.5.15.0071, SBDI-I, rel. Min. Aloysio Corrêa da Veiga. 12.4.2012.

PROVAS

2013

Informativo n. 39, TST — *Doença ocupacional. Inversão do ônus da prova. Presunção de culpa do empregador. Indenização por danos morais. Devida.*
A SBDI-I, por unanimidade, conheceu de embargos, por divergência jurisprudencial e, no mérito, por maioria, negou-lhes provimento, mantendo, ainda que por fundamento diverso, a condenação de empresa do ramo de consultoria em tecnologia da informação ao pagamento de indenização por danos morais à digitadora que fora acometida de doença osteomuscular decorrente de posições forçadas e movimentos repetitivos durante a jornada de trabalho. Na hipótese, a Turma não conheceu do recurso de revista, mantendo decisão do TRT que, tipificando as atribuições da reclamante como atividade de risco, aplicou a teoria da responsabilidade objetiva. Prevaleceu, porém, o entendimento de que, tratando-se de doença ocupacional, há uma inversão do ônus da prova, presumindo-se, portanto, a culpa do empregador pelos danos causados à saúde da trabalhadora. Vencidos os Ministros Ives Gandra Martins Filho, relator, e Brito Pereira, que davam provimento ao recurso para julgar improcedente o pedido de indenização, uma vez que a função de digitadora não pode ser considerada de risco, e não houve demonstração de culpa apta a caracterizar a responsabilidade subjetiva do reclamado; e os Ministros João Oreste Dalazen e Dora Maria da Costa, que davam provimento aos embargos para fixar a premissa da responsabilidade subjetiva e determinar a baixa dos autos ao Tribunal de origem para que nova decisão fosse proferida. Ressalvaram fundamentação o Ministro Augusto César Leite de Carvalho, que negava provimento aos embargos por entender ser hipótese de aplicação da teoria da responsabilidade objetiva, visto que a NR-17 indica os serviços de entrada de dados como atividade de risco, amoldando-se, portanto, ao art. 927, parágrafo único, do Código Civil; e os Ministros Barros Levenhagen, Luiz Philippe Vieira de Mello Filho e Lelio Bentes Corrêa, que entendiam ser incontroversa a culpa da reclamada, pois, adquirida a doença profissional, resta patente a omissão da empresa ao não adotar medidas preventivas. TST-E-RR-80500-83.2007.5.04.0030, SBDI-I, rel. Min. Ives Gandra da Silva Martins Filho, red. p/ o acórdão Min. Renato de Lacerda Paiva, 7.3.2013.

2012

Informativo n. 19, TST — *Testemunha. Reclamação trabalhista contra o mesmo empregador. Suspeição. Não configuração.*
O simples fato de a testemunha ter arrolado o reclamante para depor em ação trabalhista por ela ajuizada contra o mesmo empregador não é suficiente para caracterizar troca de favores apta a tornar suspeita a testemunha, o que dependeria de expressa comprovação. Assim, reiterando entendimento já expendido em julgados anteriores, a SBDI-I, por maioria, conheceu dos embargos por contrariedade à Súmula n. 357 do TST, vencidos os Ministros Maria Cristina Irigoyen Peduzzi, Renato de Lacerda Paiva e Dora Maria da Costa, e, no mérito, deu-lhes provimento para determinar o retorno dos autos à Vara do Trabalho de origem, a fim de que, reaberta a instrução, seja ouvida a testemunha do autor, na forma legal, e prossiga com o exame do mérito, como entender de direito. No caso, a decisão turmária não conheceu do recurso de revista do reclamante, ao argumento de que, além de a testemunha ter ajuizado ação trabalhista contra a mesma empregadora, ele foi testemunha no processo da testemunha que o arrolou, restando, portanto, configurada a troca de favores. TST-E-ED-RR-197040-64.2002.5.02.0381, SBDI-I, rel. Min. José Roberto Freire Pimenta, 23.8.2012.

Informativo n. 14, TST — *Confissão real. Valoração. Existência de prova em contrário. Princípio do livre convencimento do juiz.*
O princípio do livre convencimento do juiz, consubstanciado no art. 131 do CPC, que estabelece a liberdade do julgador no exame das provas produzidas no curso da instrução processual, permite concluir que a confissão real não se sobrepõe, por si só, ao conjunto das demais provas constantes dos autos, cabendo ao juiz definir seu valor, à luz das circunstâncias de cada caso. Com esse entendimento, a SBDI-I, por unanimidade, conheceu dos embargos por divergência jurisprudencial e, no mérito, por maioria, negou-lhes provimento, mantendo decisão turmária que, na hipótese, reconheceu a possibilidade de se elidir os efeitos da confissão resultante de depoimento pessoal por meio de prova em contrário juntada aos autos e não impugnada. Vencidos os Ministros Milton de Moura França, Horácio Senna Pires, Renato de Lacerda Paiva, Aloysio Corrêa da Veiga, Augusto César de Carvalho e Delaíde Miranda Arantes. TST-E-ED-ED-ED-RR-112300-51.2000.5.02.0024, SBDI-I, rel. Min. Lelio Bentes Corrêa, 21.6.2012.

RECURSOS

2016

Informativo n. 130, TST — *Sucessão trabalhista. Eficácia do recurso interposto pelo sucedido excluído da lide.*
A sucessão processual implica a substituição de parte integrante do polo passivo sem prejuízo dos atos praticados pelo sucedido, que permanecem eficazes. Em outras palavras, altera-se a titularidade da ação, porém, aproveitam-se todos os atos válidos praticados pela parte substituída. No caso concreto, trata-se de sucessão trabalhista admitida pelos bancos reclamados no curso do processo, o que acarretou a sucessão processual e, consequentemente, a exclusão da lide dos bancos sucedidos. O banco sucessor assumiu, portanto, o polo passivo da demanda, recebendo o processo no estado em que se encontrava, não havendo falar em prejuízo dos atos praticados pelos sucedidos, que permanecem eficazes, alterada apenas a titularidade dos recursos interpostos anteriormente. Assim, entendendo que a decisão da Turma que reputou prejudicado o recurso de revista interposto pelo banco sucedido, em virtude de sua exclusão da lide decorrente da sucessão trabalhista, violou o art. 5º, LIV e LV, da CF, a SBDI-I, por maioria, conheceu dos embargos e, no mérito, deu-lhes provimento para restabelecer o primeiro acórdão turmário, proferido em sede de recurso de revista, embora mantida a retificação do polo passivo da demanda. Vencido o Ministro Lelio Bentes Corrêa. TST-E-ED-RR-790304-68.2001.5.01.0026, SBDI-I, rel. Min. Rosa Maria Weber, red. p/ acórdão Min. Guilherme Augusto Caputo Bastos, 10.3.2015.

Informativo n. 127, TST — *Prazo recursal. Termo inicial. Não comparecimento à audiência de julgamento. Juntada da sentença aos autos no dia seguinte. Súmula n. 197 do TST. Não incidência.*
Na hipótese em que as partes não compareceram à audiência de julgamento previamente designada para o dia 6.10.2010, e a sentença foi juntada aos autos em 7.10.2010, considera-se como marco inicial da contagem do prazo recursal o dia útil seguinte à divulgação no Diário Eletrônico da Justiça do Trabalho ou a partir da notificação das partes, já que elas não tiveram acesso ao conteúdo da decisão no momento em que proferida. Ao caso não se aplica o entendimento consolidado na Súmula n. 197 do TST, pois esta pressupõe a prolação da sentença na data designada para a audiência, e não no dia seguinte, como ocorrido. Sob esses fundamentos, a SBDI-I, por unanimidade, conheceu dos embargos interpostos pela reclamada, por divergência jurisprudencial e, no mérito, negou-lhes provimento, mantendo a decisão turmária que não conhecera do recurso de revista interposto pela reclamada quanto à alegação de intempestividade do recurso ordinário do reclamante. TST-E-ED-RR-382-05.2010.5.03.0108, SBDI-I, rel. Min. José Roberto Freire Pimenta, 17.12.2015.

Informativo n. 127, TST — *Recurso. Conhecimento. Impossibilidade. Inversão do ônus da sucumbência. Custas processuais não recolhidas. Deserção declarada.*
Reputa-se inviável o conhecimento de recurso que se encontra deserto por falta de pagamento de custas processuais, não se aplicando à hipótese o § 11 do art. 896 da CLT, inserido pela Lei n. 13.015/2014, o qual se refere a "defeito formal que não se repute grave". Na espécie, as custas ainda não haviam sido recolhidas em virtude da isenção assegurada à ré sucumbente nas instâncias ordinárias. Todavia, em sede de recurso de revista, houve a inversão do ônus da sucumbência, tendo a autora permanecido inerte quanto ao cumprimento do encargo a ela imposto. Sob esse fundamento, por unanimidade, a SBDI-I não conheceu dos embargos. TST-E-ED-RR-2285-53.2013.5.09.0092, SBDI-I, rel. Min. Márcio Eurico Vitral Amaro 17.12.2015.

2015

Informativo n. 119, TST — *Reajustes salariais fixados pelo Conselho de Reitores das Universidades do Estado de São Paulo (CRUESP). Extensão aos servidores da Faculdade de Medicina de Marília e da Fundação Municipal de Ensino Superior de Marília. Conhecimento do recurso de revista por violação ao artigo 37, X, da Constituição Federal. Impossibilidade. Interpretação de legislação estadual.*
O art. 896, "c", da CLT, dispõe que cabe recurso de revista ao Tribunal Superior do Trabalho das

decisões proferidas em grau de recurso ordinário, em dissídio individual, pelos Tribunais Regionais do Trabalho, quando proferidas com violação literal de disposição de lei federal ou afronta direta e literal à Constituição Federal. Nesse sentido, nas hipóteses em que a pretensão do reclamante depender da análise prévia da legislação estadual pertinente. Inviável a aferição de ofensa direta e literal a dispositivo da Constituição Federal, o que não se amolda às hipóteses de admissibilidade do recurso de revista previstas no art. 896, "c", da CLT. No caso, a Egrégia 3ª Turma do TST conheceu e deu provimento aos recursos de revista das reclamadas Faculdade de Medicina de Marília e Fundação Municipal de Ensino Superior de Marília para excluir da condenação o pagamento de diferenças salariais, integrações e incorporações dos pagamentos à folha de salários do autor, julgando improcedentes os pedidos iniciais por ofensa ao art. 37, X, da CF, que determina que a remuneração dos servidores públicos somente poderá ser fixada ou alterada por lei específica, a Lei Estadual n. 8.899/94. A SBDI-I, por unanimidade, conheceu do recurso de embargos por divergência jurisprudencial, e, no mérito, deu-lhe provimento para afastar o conhecimento do recurso de revista por afronta direta e literal à CF e, considerando que a divergência jurisprudencial apresentada pelo autor está superada pela iterativa e notória jurisprudência do TST e do STF, negou provimento aos embargos. TST-E--ARR-1663-91.2010.5.15.0033, SBDI-I, rel. Min. Cláudio Mascarenhas Brandão, 17.09.2015.

Informativo n. 116, TST — *Ação de cobrança de imposto sindical. Improcedência do pedido com condenação em honorários advocatícios. Inexigibilidade do depósito recursal no recurso ordinário.*

É inexigível o recolhimento do depósito recursal para a interposição de recursos, quando a demanda, versando sobre contribuição sindical, for julgada improcedente, e houver condenação tão somente em custas processuais e honorários advocatícios. Isso porque a verba referente aos honorários advocatícios não faz parte da condenação para fins de garantia do juízo, tampouco é destinada a satisfazer o credor em parcela da condenação. Nesse sentido é a Súmula n. 161 do TST. A parcela referente aos honorários advocatícios é crédito de natureza acessória ao valor principal e não se inclui na condenação para efeito de garantia do juízo. Além disso, é inexigível que o depósito seja realizado em favor do Sindicato, juridicamente impossibilitado de ser titular de conta de FGTS. Sob esses fundamentos, a SBDI-I, por unanimidade, ressalvado o entendimento do relator, conheceu do recurso de embargos quanto ao tema "Ação de Cobrança de Imposto Sindical — Improcedência do pedido com condenação em Honorários Advocatícios — Inexigibilidade de Depósito Recursal no Recurso Ordinário", por divergência jurisprudencial, e, no mérito, deu-lhe provimento para determinar o retorno dos autos ao Tribunal Regional do Trabalho de origem a fim de que, afastada a deserção declarada, prossiga no exame do recurso ordinário, como entender de direito. TST- E-RR-10900-11.2007.5.15.0113, SBDI-I, rel. Min. Cláudio Mascarenhas Brandão, 3.9.2015.

Informativo n. 111, TST — *Incidente de Recurso Repetitivo. Art. 896-C da CLT. Bancário. Horas extras. Divisor. Norma coletiva. Consideração, ou não, do sábado como dia de descanso semanal remunerado. Aplicação da Súmula 124, I, do TST.*

Acolhendo a proposta de Incidente de Recurso de Revista Repetitivo, aprovado pela 4ª Turma do Tribunal Superior do Trabalho, a SBDI-1 decidiu, por maioria, afetar a matéria "Bancário. Horas extras. Divisor. Bancos Privados" à SBDI-1 Pleno, vencidos os Ministros Antonio José Barros Levenhagen, Augusto César Leite de Carvalho, José Roberto Freire Pimenta, Hugo Carlos Scheuermann e Cláudio Mascarenhas Brandão, os quais entendiam que a matéria deveria ser afetada ao Tribunal Pleno. Também por unanimidade, determinou-se que no processo n. RR 144700-24.2013.5.13.3, cujo tema afetado é "Bancário. Horas extras. Divisor. Bancos Públicos", seja registrada esta mesma deliberação, com a finalidade de que as matérias de ambos os recursos sejam apreciadas em conjunto. Por fim, examinando questão de ordem referente à apreciação das matérias constantes de ambos os recursos de revista, decidiu-se, por maioria, que a apreciação deve ser em conjunto, vencidos os Ministros João Oreste Dalazen, Aloysio Corrêa da Veiga, Guilherme Augusto Caputo Bastos, Márcio Eurico Vitral Amaro e Walmir Oliveira da Costa, os quais entendiam que o exame deveria ser em separado. TST-RR-849-83.2013.5.03.0138 e TST-RR-144700-24.2013.5.13.0003, SBDI-I, em 18.6.2015.

Informativo n. 109, TST — *Recurso ordinário em agravo regimental. Inclusão da Companhia Estadual de Águas e Esgotos — CEDAE em plano especial de execuções. Determinação judicial de intimação da agravada para manifestação acerca de petições e documentos alusivos a onze agravos regimentais. Ausência de cumprimento pela secretaria. Direito ao contraditório violado.*

Apesar de o agravo regimental não necessariamente comportar contraditório, o fato de haver determinação judicial, não cumprida pela secretaria, de intimação da agravada para manifestação acerca de petições e documentos alusivos a diversos agravos regimentais, gera o direito ao contraditório, que, violado, implica nulidade. No caso, a presidência do Tribunal Regional da 1ª Região, por decisão monocrática, incluiu a CEDAE em plano especial de execuções. A essa decisão, interpuseram-se diversos agravos regimentais, os quais foram acolhidos pelo órgão colegiado competente do TRT fluminense. Ocorre que, anteriormente, por meio de despacho, a presidência do Tribunal *a quo* havia concedido à reclamada prazo de oito dias a fim de se manifestar sobre os agravos regimentais interpostos, contudo não houve intimação dessa concessão de prazo, por lapso da secretaria do aludido órgão judicante. Assim, entendeu o Órgão Especial do Tribunal Superior do Trabalho, que poderia a CEDAE, se ouvida antes da apreciação dos agravos regimentais, convencer o Regional de que era seu o direito de beneficiar-se no plano de execução coletiva instituído por aquela Corte. Com esses fundamentos, o Órgão Especial do Tribunal Superior do Trabalho decidiu: a) por unanimidade, indeferir os pedidos aviados nas petições protocoladas após 04/02/2015, deferindo o ingresso na lide dos litisconsortes relacionados às fls. 1.300/1.307; b) no mérito, quanto à preliminar de nulidade por cerceamento de defesa, por maioria, dar provimento ao recurso ordinário para declarar a nulidade do acórdão regional que apreciou os agravos regimentais e restabelecer a subsistência da decisão da Presidência da Corte Regional, até que se proceda a novo julgamento, determinando que retornem os autos ao Tribunal Regional do Trabalho da 1ª Região, a fim de que se processem os agravos regimentais com observância do contraditório e os julguem, como tal ou como recurso em matéria administrativa, segundo o que parecer de direito. Ficaram vencidos os Ministros Ives Gandra Martins Filho e João Batista Brito Pereira, que superavam a preliminar de nulidade, nos termos do art. 249, § 2º, do CPC, e davam provimento ao recurso ordinário para admitir a centralização da execução, e os Ministros João Oreste Dalazen, Maria Cristina Irigoyen Peduzzi, Renato de Lacerda Paiva e Delaíde Miranda Arantes que, igualmente, superavam a preliminar de nulidade, mas negavam provimento ao recurso ordinário. TST-RO-2315-95.2013.5.01.0000, OE, rel. Min. Augusto César Leite de Carvalho, 1.6.2015.

Informativo n. 101, TST — *Embargos interpostos sob a égide da Lei n. 11.496/2007. Recurso de revista não conhecido. Deserção. Depósito recursal efetuado no último dia do prazo recursal. Comprovação posterior. Greve dos bancários. Prorrogação do prazo para comprovação prevista no Ato n. 603/SEJUD.GP do TST. Inaplicabilidade. Súmula n. 245 do TST.*

Efetuado o depósito recursal referente ao recurso de revista no último dia do prazo recursal, a alegação de existência de greve dos bancários não é justificativa para a comprovação tardia do depósito, porquanto não mais dependente da atividade bancária. Ademais, tendo em vista a autonomia administrativa dos Tribunais Regionais, são inaplicáveis as disposições do ATO n. 603/SEJUD.GP do TST, que, no caso da deflagração do movimento paredista, estabelece expressamente a prorrogação do prazo para comprovação do depósito recursal apenas nos feitos em trâmite perante o Tribunal Superior do Trabalho, não alcançando, portanto, o preparo do recurso de revista, cuja comprovação deve ser feita perante o tribunal de origem no momento de sua interposição. Incidência do disposto na Súmula n. 245 do TST. Com esse entendimento, a SBDI-I, à unanimidade, conheceu dos embargos interpostos pela reclamada, por divergência jurisprudencial, e, no mérito, por maioria, negou-lhes provimento, mantendo incólume a decisão turmária mediante a qual não se conheceu do recurso de revista por deserção. Vencido o Ministro Cláudio Mascarenhas Brandão. TST-E-ED--RR-56200-94.2006.5.17.0009, SBDI-I, rel. Min. Hugo Carlos Scheuermann, 12.3.2015.

Informativo n. 100, TST — *Divergência jurisprudencial. Exigência de confronto analítico entre as decisões discordantes. Súmula n. 337, I, "b", do TST.*

Para a demonstração de divergência jurisprudencial justificadora do recurso, não é suficiente que o recorrente apenas transcreva a ementa de aresto potencialmente discordante do acórdão atacado, sendo indispensável que haja o confronto analítico de teses, conforme exigido pela Súmula n. 337, I, "b", do TST. No caso, ao interpor o recurso de revista, o recorrente limitou-se a reproduzir as ementas dos arestos paradigmas, com o registro da origem e fonte de publicação, sem, contudo, apresentar argumentação que comprovasse o conflito entre a tese neles fixada e a contida na decisão do TRT, tendo alegado que não haveria propriamente a exigência de cotejo analítico na apresentação dos arestos. Nesse contexto, a SBDI-I, por unanimidade, não conheceu dos embargos do reclamado, destacando que a indicação de contrariedade à Súmula n. 337 do TST, de caráter processual, só viabiliza o conhecimento do recurso de embargos quando a decisão embargada nega a existência da tese consagrada no enunciado da própria súmula, o que não se verificou na hipótese, e que os julgados colacionados eram inespecíficos, não atendendo, portanto, ao disposto no item I da Súmula n. 296 do TST. TST-E-ED-RR-33200-08.2004.5.04.0006, SBDI-I, rel. Min. Augusto César Leite de Carvalho, 26.2.2015.

Informativo n. 98, TST — *Agravo de instrumento. Intempestividade. Decisão da Turma que, de ofício, constatou que os embargos declaratórios opostos perante o juízo a quo eram intempestivos ante a ausência de comprovação de feriado local. Má aplicação da Súmula n. 385 do TST. Configuração.*

Não cabe ao TST, de ofício, a revisão da admissibilidade de recurso interposto e já julgado pelo Tribunal Regional, sob pena de afronta ao princípio do isolamento dos atos processuais que fundamenta a preclusão quanto ao preenchimento dos pressupostos de admissibilidade do apelo. Na hipótese, a Turma do TST, em atenção ao disposto na Súmula n. 385 do TST, declarou de ofício a intempestividade do agravo de instrumento do reclamante, após constatar a intempestividade dos embargos de declaração opostos perante o TRT, em razão da ausência de comprovação de feriado local, não obstante a Corte Regional tenha conhecido dos declaratórios. Assim, ficou constatada a invasão da competência do tribunal *a quo*, em afronta ao devido processo legal, pois a parte que tivera decisão de mérito foi surpreendida com a superveniente declaração de intempestividade dos embargos declaratórios. Com esses fundamentos, a SBDI-I, decidiu, por maioria, conhecer do recurso de embargos da reclamante, por má aplicação da Súmula n. 385 do TST, e, no mérito, deu-lhe provimento para afastar a intempestividade declarada e determinar o retorno dos autos à Turma, a fim de que prossiga no exame do agravo de instrumento como entender de direito. Vencidos os Ministros João Oreste Dalazen, Ives Gandra Martins Filho e José Roberto Freire Pimenta. TST-EAIRR- 109440-17.2003.5.01.0019, SBDI-I, rel. Min. Augusto César Leite de Carvalho. 18.12.2014.

2014

Informativo n. 95, TST — *Razões do recurso de revista apresentadas em via original. Petição com comprovante do pagamento do depósito recursal encaminhada via fac-símile no último dia do prazo. Juntada do original em cinco dias. Faculdade da parte. Deserção ultrapassada.*

A parte tem a faculdade de enviar, via fac-símile, petição escrita, tendo até cinco dias, do término do prazo recursal, para apresentar os originais, conforme preconizado pelos arts. 1º e 2º, da Lei n. 9.800/99. No caso, o reclamante interpôs petição com as razões do recurso de revista em via original e, mediante fax, apresentou outra petição com o comprovante do pagamento do depósito recursal no último dia do prazo, juntando o original em cinco dias. Na hipótese, afastou-se a limitação feita pela Turma, no sentido de que não poderia a parte fracionar o ato de interposição do recurso de revista, apresentando apenas o comprovante do depósito recursal via fac-símile. Prevaleceu o entendimento de que a Lei n. 9.800/99, ao permitir a utilização de sistema de transmissão de dados para a prática de atos processuais, teve como objetivo ampliar o acesso à justiça, sem impor nenhuma restrição. Assim, a SBDI-I, por maioria, ultrapassando a deserção do recurso de revista, decidiu conhecer dos embargos, por divergência jurisprudencial, e, no mérito, dar-lhes provimento para determinar o retorno dos autos à Turma de origem, a fim de que analise o agravo de instrumento interposto pelo reclamante, como entender de direito. Vencido o Ministro Brito Pereira. TST-E-ED-Ag-AIRR-3710361-72.2010.5.05.0000, SBDI-I, rel. Des. Conv. Sebastião Geraldo de Oliveira, 13.11.2014.

Informativo n. 93, TST — *Custas. Comprovante de recolhimento. Documento impresso em papel termossensível. Esmaecimento dos dados entre a interposição do recurso e seu respectivo julgamento. Imputação de responsabilidade à parte. Impossibilidade. Deserção afastada.*

A responsabilidade pelo esmaecimento dos dados do papel termossensível referente ao recolhimento das custas, em razão do tempo decorrido entre a interposição do recurso e seu respectivo julgamento, não pode ser imputada à parte. Ademais, no caso concreto, havia o carimbo aposto pelo serventuário da Justiça, a revelar a regularidade do aludido documento à época da interposição do recurso de revista. Com esse entendimento, a SBDI-I, por unanimidade, conheceu do recurso de embargos interposto pela reclamada, por divergência jurisprudencial, e, no mérito, deu-lhe provimento para, afastando a deserção declarada, determinar o retorno dos autos à Turma de origem, a fim de que prossiga no exame do recurso de revista da reclamada, como entender de direito. TST-E-RR-127600-85.2007.5.04.0401, SBDI-I, rel. Min. Augusto César Leite de Carvalho, 30.10.2014.

Informativo n. 90, TST — *Depósito recursal. Pagamento efetuado por apenas uma das empresas. Não aproveitamento pelos demais reclamados. Arguição de prescrição bienal. Extinção do processo com resolução de mérito. Equivalência à exclusão da lide. Ausência de condenação solidária ou subsidiária após fevereiro de 2007. Deserção dos recursos ordinários dos outros reclamados. Configuração. Súmula n. 128, III, do TST.*

No caso em que uma das empresas condenadas solidariamente é excluída da lide, torna-se possível o levantamento do depósito recursal por ela efetuado, razão pela qual o item III da Súmula n. 128 do TST excetua o aproveitamento do depósito pelas demais empresas que integram a relação processual. Na hipótese, constata-se que o OGMO/PR, único reclamado a efetuar o depósito recursal, embora não tenha pleiteado a sua exclusão da lide, arguiu o reconhecimento da prescrição bienal, o que resultaria em extinção do processo com resolução do mérito e, consequentemente, no levantamento do referido depósito, equivalendo, portanto, à sua exclusão. Ademais, no caso concreto, não houve condenação solidária nem subsidiária do OGMO/PR no período posterior a fevereiro de 2007, quando foi instituído o OGMO/A, de modo que não se afigura possível utilizar o depósito recursal recolhido pelo OGMO/PR para garantir a execução que só alcança os demais reclamados. Com esses fundamentos, a SBDI-I, por unanimidade, conheceu dos embargos interpostos pelo reclamante, por contrariedade à Súmula n. 128, III, do TST, e, no mérito, deu-lhes provimento para, reformando o acórdão recorrido, restabelecer a decisão do Regional na parte em que pronunciou a deserção dos recursos ordinários interpostos pelos reclamados Órgão Gestor de Mão de Obra do Trabalho Portuário Avulso do Porto Organizado de Antonina (OGMO/A), Terminais Portuários da Ponta do Félix, Fortesolo Serviços Integrados Ltda. e Aduquímica Adubos Químicos Ltda. TST-E-ED-RR-262000-94.2009.5.09.0411, SBDI-I, rel. Min. Augusto César Leite de Carvalho, 25.9.2014.

Informativo n. 88, TST — *Recurso. Conhecimento. Contrariedade a orientação jurisprudencial cancelada à época da interposição do apelo. Possibilidade. Aglutinação de verbetes ou conversão em súmula. Manutenção da posição jurisprudencial.*

A SBDI-I, por maioria, fixou a tese de que é possível o conhecimento de recurso em que se invoca contrariedade a orientação jurisprudencial já cancelada à época da interposição do apelo, desde que não tenha havido alteração da posição jurisprudencial, mas apenas aglutinação dos verbetes indicados ou conversão em súmula, preservando-se a mesma tese jurídica. Vencidos os Ministros Augusto César Leite de Carvalho, relator, Lelio Bentes Corrêa, Guilherme Augusto Caputo Bastos e Ives Gandra Martins Filho. Não obstante esse entendimento, a Subseção, por unanimidade, negou provimento ao agravo regimental, por não vislumbrar, no caso concreto, contrariedade às Orientações Jurisprudenciais ns. 307, 342, I, 354 e 380 da SBDI-I, as quais foram aglutinadas ou convertidas em itens da Súmula n. 437 do TST meses antes da interposição do agravo regimental dos embargos. TST-AgR-E-ED-ARR-190500-68.2009.5.09.0022, SBDI-I, rel. Min. Augusto César Leite de Carvalho, 4.9.2014.

Informativo n. 82, TST — *Prazo recursal. Marco inicial. Designação de nova audiência de prolação de sentença. Necessidade de intimação das partes. Inaplicabilidade da Súmula n. 197 do TST.*

Não se aplica a diretriz constante da Súmula n. 197 do TST à hipótese em que adiada a audiência anteriormente fixada para a prolação da sentença, e, designada outra data, não houve a intimação das partes da efetiva publicação, conforme determinação do juízo na ata de redesignação da audiência. Assim, conta-se o prazo recursal a partir da notificação da publicação da sentença, e não da própria publicação. *In casu*, ressaltou-se que as partes, não obstante estivessem cientificadas da primeira data para a prolação da sentença, não foram intimadas e tampouco comunicadas da designação da nova data fixada pelo juiz, que, inclusive, consciente da falha, conforme seu próprio relato, reconheceu a necessidade de intimação das partes quando da efetiva publicação da sentença. Com esse entendimento, a SBDI-I, por unanimidade, conheceu dos embargos interpostos pelo reclamante, por divergência jurisprudencial, e, no mérito, deu-lhes provimento para, afastada a intempestividade do recurso ordinário do empregado, determinar o retorno dos autos ao TRT de origem, para que prossiga no julgamento do apelo. TST-E-ED-

-RR-95900-90.2005.5.09.0670, SBDI-I, rel. Min. Luiz Philippe Vieira de Mello Filho, 15.5.2014.

Informativo n. 80, TST — *Embargos interpostos em face de acórdão proferido pela SBDI-II em julgamento de recurso ordinário em mandado de segurança. Erro grosseiro. Não cabimento.*

Configura-se erro grosseiro, inviabilizando a incidência do princípio da fungibilidade recursal, a interposição de embargos em face de acórdão proferido pela Subseção II Especializada em Dissídios Individuais em julgamento de recurso ordinário no mandado de segurança, porquanto não inserida dentre as hipóteses de cabimento elencadas no art. 894 da CLT. Com esses fundamentos, a SBDI-II, por unanimidade, não conheceu dos embargos. TST-RO-2418-83.2011.5.15.0000, SBDI-II, rel. Min. Emmanoel Pereira, 29.4.2014.

Informativo n. 79, TST — *Erro na indicação do nome da parte. Ausência de prejuízo à parte contrária. Existência de outros elementos de identificação. Erro material. Configuração.*

Não há falar em ilegitimidade recursal na hipótese em que o erro na indicação do nome da parte recorrente não causou prejuízo à parte adversa (art. 794, CLT), nem impediu a análise do recurso de revista, eis que o feito pode ser identificado por outros elementos constantes dos autos, corretamente nominados. Na hipótese, não obstante tenha constado na folha de rosto e nas razões do apelo o nome da empresa JBS S/A., as circunstâncias e os elementos dos autos (número do processo, nome do reclamante, comprovante de depósito recursal e guia GRU Judicial) permitiam apreender que o correto nome da recorrente era S/A. Fábrica de Produtos Alimentícios Vigor. Com esse entendimento, e vislumbrando a ocorrência, tão somente, de erro material, a SBDI-I, por unanimidade, conheceu dos embargos interpostos pelo reclamante, por divergência jurisprudencial, e, no mérito, por maioria, negou-lhes provimento. Vencidos os Ministros Lelio Bentes Corrêa, Aloysio Corrêa da Veiga e Antonio José de Barros Levenhagen, que davam provimento aos embargos para restabelecer a decisão do Regional, a qual denegara seguimento ao recurso de revista por ilegitimidade recursal da JBS S/A. TST-E--RR-652000-90.2009.5.09.0662, SBDI-I, rel. Min. Augusto César Leite de Carvalho, 10.4.2014.

Informativo n. 76, TST — *Recurso. Transmissão via fac-símile. Absoluta coincidência com os originais juntados aos autos. Desnecessidade. Trechos suprimidos irrelevantes à compreensão da controvérsia.*

É válida a interposição de recurso sem que haja absoluta coincidência entre a petição encaminhada por fac-símile e os originais juntados aos autos, desde que os defeitos de transmissão identificados no fax não se mostrem relevantes para a apreensão da controvérsia. No caso concreto, das dez laudas do recurso, cinco não contêm ora uma linha, ora duas linhas, e não constam, na penúltima página, três linhas correspondentes a uma transcrição de aresto do STJ, sem utilidade para o deslinde da questão. Na hipótese, prevaleceu o entendimento de que atribuir à parte os encargos decorrentes de problemas na transmissão, quando os pequenos trechos suprimidos não impedem a correta compreensão da forma, conduta incompatível com a atual sistemática processual. Assim, a SBDI-I, por maioria, conheceu dos embargos interpostos pelo reclamante antes da vigência da Lei n. 11.496/2007, por violação do art. 5º, LV, da CF, e, no mérito, deu-lhes provimento para, decretando a nulidade de atos decisórios, determinar o retorno dos autos à turma de origem, a fim de que proceda a novo julgamento do recurso de revista do empregado, publicando-se a intimação do reclamante para a respectiva sessão de julgamento. Vencidos os Ministros Brito Pereira, Ives Gandra Martins Filho, Renato de Lacerda Paiva, Aloysio Corrêa da Veiga e Dora Maria da Costa, que não conheciam do recurso. TST-E-RR-1141900-23.2002.5.02.0900, SBDI-I, rel. Min. Lelio Bentes Côrrea, 20.3.2014.

2013

Informativo n. 65, TST — *Embargos de declaração. Interposição prematura. Extemporaneidade. Recurso inexistente. Interposição de novo recurso no devido prazo legal. Possibilidade. Preclusão consumativa. Não configuração.*

O recurso interposto antes da publicação da decisão impugnada é considerado inexistente. Consequentemente, admite-se a interposição de novo recurso, se no devido prazo legal, não havendo falar em preclusão consumativa, nem em desrespeito ao princípio da unirrecorribilidade. No caso em apreço, o sindicato interpôs primeiros embargos de declaração antes da publicação do acórdão do recurso ordinário. No prazo recursal, interpôs segundos declaratórios, reconhecendo o equívoco na interposição prematura do primeiro recurso. No dia seguinte, interpôs terceiros embargos de declaração, idêntico ao segundo recurso, o qual, por sua vez, já reproduzia o teor dos primeiros declaratórios. Assim, a SDC, por maioria, vencidos os Ministros Fernando Eizo Ono, relator, Márcio Eurico Vitral Amaro e Walmir Oliveira da Costa, entendendo inexistentes os primeiros embargos de declaração, regulares os segundos e preclusos os terceiros, suspendeu o julgamento do feito a fim de que o Ministro relator aprecie os segundos declaratórios. TST-ED-RO-7724-30.2010.5.02.0000, SDC, rel. Min. Fernando Eizo Ono, 11.11.2013.

Informativo n. 64, TST — *Súmula n. 337, item IV, alínea "b", do TST. Comprovação do aresto divergente. Necessidade de indicação expressa do sítio de onde extraído o paradigma.*

Não atende ao disposto na alínea "b" do item IV da Súmula n. 337 do TST a indicação apenas da expressão "mídia eletrônica do TST" para comprovação da origem do aresto divergente, devendo-se declinar expressamente o sítio de onde extraído o paradigma. Com esse entendimento, a SBDI-I, por maioria, não conheceu dos embargos da reclamante. Vencidos os Ministros João Oreste Dalazen, Renato de Lacerda Paiva, Augusto César Leite de Carvalho e Alexandre Agra Belmonte, que conheciam do recurso, por divergência jurisprudencial, ao fundamento de que, não obstante a impropriedade do termo "mídia eletrônica do TST", a finalidade consagrada na Súmula n. 337 do TST foi atingida. TST-E-RR-51900-41.2005.5.09.0658, SBDI-I, rel. Min. Dora Maria da Costa, 24.10.2013.

Informativo n. 63, TST — *Negativa de prestação jurisdicional. Preliminar de nulidade do acórdão do Regional acolhida. Exame dos temas remanescentes do recurso de revista quando do retorno dos autos ao TST. Necessidade de ratificação pelo recorrente.*

Sob pena de denegação da Justiça, a Turma do TST, após acolher preliminar de nulidade de acórdão do Regional, por negativa de prestação jurisdicional, deve examinar, quando do retorno dos autos ao TST, os temas remanescentes do recurso de revista, ainda que julgados prejudicados, bastando, para tanto, que tenha havido a ratificação das razões recursais. No caso concreto, após acolher a preliminar de nulidade do acórdão do Regional, por negativa de prestação jurisdicional, a Turma julgou prejudicado o exame dos temas remanescentes do recurso de revista e recusou-se a apreciá-los quando do retorno dos autos ao TST. Não obstante o recorrente, no prazo alusivo ao recurso de revista, expressamente tenha peticionado nos autos, postulando a tramitação regular do seu apelo, entendeu a Turma que a não interposição de novo recurso em relação aos temas prejudicados teria gerado preclusão. Diante desses fatos, a SBDI-I, por maioria, vencidos os Ministros Dora Maria da Costa e Luiz Philippe Vieira de Mello Filho, conheceu dos embargos do reclamante quanto à preliminar de nulidade do acórdão turmário, por negativa de prestação jurisdicional, por divergência jurisprudencial, e, no mérito, por unanimidade, deu-lhes provimento para anular o acórdão e determinar o retorno dos autos à Turma, a fim de que prossiga no exame do recurso de revista do reclamante no tocante aos temas julgados prejudicados no acórdão, como entender de direito. TST-E-ED--RR-190200-55.2003.5.02.0073, SBDI-I, rel. Min. João Oreste Dalazen, 17.10.2013.

Informativo n. 58, TST — *Prescrição. Arguição em contrarrazões ao recurso ordinário. Não apreciação pelo Tribunal Regional. Renovação em contrarrazões ao recurso de revista. Momento oportuno.*

Na hipótese de prescrição quinquenal arguida pela reclamada originariamente em contrarrazões ao recurso ordinário, não apreciada pelo Regional, mas renovada em contrarrazões ao recurso de revista, cabia à Turma, ao dar provimento à revista da outra parte para condenar a reclamada pela primeira vez, examinar a prejudicial suscitada. Na espécie, não se poderia exigir que a reclamada trouxesse a matéria por meio de recurso, uma vez que lhe faltava interesse recursal ante a ausência de sucumbência nas instâncias ordinárias. Ademais, não há falar em necessidade interposição de recurso adesivo, pois este, nos termos do art. 500 do CPC, exige sucumbência recíproca. Com esse entendimento, a SBDI-I, por unanimidade, conheceu dos embargos da reclamada, por divergência jurisprudencial, e, no mérito, por maioria, deu-lhes provimento para declarar prescrita a pretensão no tocante às parcelas que antecederam ao quinquênio contado do ajuizamento da reclamação trabalhista. Vencidos os Ministros Brito Pereira, Dora Maria da Costa e Renato de Lacerda Paiva. TST-E-ED--RR-24400-26.2007.5.01.0343, SBDI-I, rel. Min. Luiz Philippe Vieira de Mello Filho, 5.9.2013.

Informativo n. 55, TST — *Recurso ordinário. Interposição antes da publicação da decisão proferida em embargos de declaração da própria parte. Ausência de extemporaneidade. Súmula n. 434, I, do TST. Inaplicabilidade.*

O entendimento consubstanciado no item I da Súmula n. 434 do TST é direcionado aos acórdãos proferidos pelos Tribunais Regionais, não tornando extemporâneos os recursos interpostos contra decisões prolatadas em primeiro grau, que possuem natureza jurídica distinta. Assim, não vislumbrando contrariedade à Súmula n. 434, I, do TST, a SBDI-I, à unanimidade, não conheceu dos embargos do reclamante, mantendo a decisão da Turma que afastou a intempestividade do recurso ordinário interposto prematuramente, pela própria parte recorrente, antes da publicação dos embargos de declaração opostos contra a sentença. TST-E-RR-71400-38.2009.5.03.0006, SBDI-I, rel. Min. Luiz Philippe Vieira de Mello Filho, 15.8.2013. (*CF. Informativo TST n. 4.)

Informativo n. 47, TST — *Embargos interpostos sob a égide da Lei n. 11.496/2007. Conhecimento. Contrariedade a súmula de conteúdo processual. Situação excepcional. Possibilidade.*

Na hipótese em que a própria decisão da Turma esboça manifestação contrária ao teor de verbete jurisprudencial de conteúdo processual, resta caracterizada situação excepcional capaz de viabilizar o conhecimento dos embargos interpostos sob a égide da Lei n. 11.496/2007 por má aplicação da súmula ou da orientação jurisprudencial invocada. Com esse posicionamento, a SBDI-I, por maioria, conheceu dos embargos por contrariedade à Súmula n. 126 do TST, após constatar que o apelo fora conhecido na Turma por violação ao art. 62, II, da CLT com base em premissa fática apresentada na sentença, não obstante a ausência de manifestação do TRT acerca do cargo exercido pelo reclamante. No mérito, a Subseção deu provimento aos embargos a fim de determinar o retorno dos autos à Turma de origem para que prossiga no julgamento do recurso de revista do reclamado, como entender de direito, atendo-se apenas ao quadro fático constante da decisão do Regional. Vencidos os Ministros Ives Gandra da Silva Martins Filho, Brito Pereira e Alexandre de Souza Agra Belmonte. TST-E-ED-RR-134600-03.2002.5.09.0651, SBDI-I, rel. Min. Augusto César Leite de Carvalho, 16.5.2013.

Informativo n. 44, TST — *Conselho de fiscalização do exercício profissional. Natureza jurídica. Autarquia. Privilégios do Decreto-Lei n. 779/69. Aplicação.*

Os conselhos de fiscalização do exercício profissional constituem autarquias especiais instituídas pelo Estado para a consecução de um fim de interesse público, qual seja, fiscalizar o exercício das profissões correspondentes. Sendo assim, a eles se aplicam os privilégios de que trata o Decreto-Lei n. 779/69, inclusive no que diz respeito à dispensa de recolhimento de custas processuais e de depósito recursal e à concessão de prazo em dobro para recorrer. Com esse entendimento, a SBDI-I, por unanimidade, conheceu dos embargos, por divergência jurisprudencial e, no mérito, por maioria, negou-lhes provimento. Vencidos os Ministros Renato de Lacerda Paiva, José Roberto Freire Pimenta e Alexandre de Souza Agra Belmonte. TST-E-RR-26500-89.2009.5.04.0022, SBDI-I, rel. Min. João Oreste Dalazen, 25.4.2013.

Informativo n. 44, TST — *Pedido de sustentação oral. Indeferimento. Ausência de inscrição na forma regimental. Cerceamento de defesa. Configuração.*

O indeferimento do pedido de sustentação oral do advogado não inscrito na forma regimental (art. 141 do RITST) implica cerceamento do direito de defesa. A ausência de inscrição prévia apenas elide a preferência na ordem dos julgamentos do dia, não impedindo, porém, o acesso do causídico à tribuna no momento em que o processo vier a ser apregoado. Com base nesse entendimento, a SBDI-I, por maioria, deu provimento ao agravo e, desde logo, conheceu e deu provimento aos embargos para, anulando o acórdão recorrido, determinar o retorno dos autos à Turma de origem a fim de que se proceda a novo julgamento, assegurando-se ao advogado o exercício do seu direito à sustentação oral. Vencido o Ministro Ives Gandra Martins Filho, relator. TST-Ag-ED-E-ED-RR-131000-35.2005.5.03.0004, SBDI-I, rel. Min. Ives Gandra da Silva Martins Filho, red. p/ acórdão Min. João Oreste Dalazen, 25.4.2013.

Informativo n. 39, TST — *Divergência jurisprudencial. Comprovação. Indicação do endereço URL. Recurso interposto na vigência da antiga redação da Súmula n. 337 do TST. Validade.*

Reputa-se válida a indicação do endereço denominado "Universal Resource Locator — URL" de aresto paradigma extraído da internet para o fim de comprovação da divergência justificadora do conhecimento dos embargos, na hipótese em que o recurso foi interposto na vigência da antiga redação do item IV da Súmula n. 337 do TST, alterada em 14/9/2012 pelo Tribunal Pleno para exigir a indicação do número do processo, o órgão prolator do acórdão e a data da respectiva publicação no DEJT, ao invés do URL. Diante desse posicionamento firmado pela SBDI-I, decidiu o Ministro Aloysio Corrêa da Veiga, relator, adiar o julgamento do feito. TST-E-RR-17200-11.2007.5.02.0061, SBDI-I, rel. Min. Aloysio Corrêa da Veiga, 7.3.2013.

Informativo n. 38, TST — *Depósito recursal. Agravo de instrumento interposto antes da vigência da Lei n. 12.275/10. Interposição de recurso de embargos na vigência da referida lei. Inexigibilidade de posterior pagamento do depósito previsto no art. 899, § 7º, da CLT.*

Interposto agravo de instrumento antes da vigência da Lei n. 12.275/10, fica a parte agravante dispensada de efetuar o depósito recursal previsto no § 7º do art. 899 da CLT quando da interposição dos recursos subsequentes, ainda que apresentados em momento posterior ao advento da referida lei. Na hipótese, ressaltou-se que a alteração legislativa é pertinente ao preparo do agravo de instrumento, restando inexigível o depósito recursal quando da interposição dos embargos, sob pena de se fazer retroagir a lei sobre ato processual já praticado e gerar insegurança jurídica. Com base nesse entendimento, a SBDI-I, por maioria, deu provimento ao agravo para, afastada a deserção, determinar o processamento do recurso de embargos. Vencido o Ministro Ives Gandra Martins Filho, relator. TST-Ag-E-ED-ED-AIRR-40140-31.2004.5.01.0019, SBDI-I, rel. Min. Ives Gandra Martins Filho, 28.2.2013.

Informativo n. 38, TST — *Feriado forense. Comprovação em sede de embargos. Interpretação da nova redação da Súmula n. 385 do TST.*

Não obstante o item III da Súmula n. 385 do TST estabelecer a possibilidade de reconsideração da análise da tempestividade do recurso, por meio de prova documental superveniente, em sede de agravo regimental, agravo de instrumento ou embargos de declaração, é possível à parte provar a ausência de expediente forense em embargos. Na hipótese, prevaleceu o entendimento de que o item III da Súmula n. 385 do TST não pode ser interpretado de forma dissociada de seu item II, de modo que, descumprida a obrigação de a autoridade judiciária certificar a ocorrência de feriado, a possibilidade de reforma da decisão que declarou a intempestividade do recurso de revista não se inviabiliza pelo simples fato de a parte não ter juntado a certidão em sede de embargos de declaração. Com esses fundamentos, a SBDI-I decidiu, por maioria, conhecer do recurso de embargos interposto antes da vigência da Lei n. 11.496/2007, por violação do art. 184, § 2º, do CPC, e, no mérito, por unanimidade, dar-lhe provimento para determinar o retorno dos autos à Turma de origem, a fim de que prossiga no exame do recurso de revista interposto pelo Município do Rio de Janeiro, como entender de direito, afastada a intempestividade do apelo. Vencidos os Ministros Renato de Lacerda Paiva e Augusto César Leite de Carvalho, que não conheciam dos embargos ao fundamento de que, ao não opor embargos de declaração com o objetivo de trazer a prova da ausência de expediente forense, a parte perdeu o momento processual oportuno para se manifestar. TST-E-RR-721145-82.2001.5.01.0018, SBDI-I, rel. Min. Lelio Bentes Corrêa, 28.2.2013.

Informativo n. 35, TST — *Embargos sujeitos à sistemática da Lei n. 11.496/2007. Processo submetido ao rito sumaríssimo. Arguição de contrariedade à Orientação Jurisprudencial n. 142 da SBDI-I. Conhecimento por divergência com os precedentes que originaram o referido verbete. Possibilidade.*

Nos termos da Orientação Jurisprudencial n. 405 da SBDI-I, o recurso de embargos sujeito à sistemática da Lei n. 11.496/2007, interposto em processo submetido ao rito sumaríssimo, somente pode ser conhecido quando demonstrada divergência jurisprudencial fundada em interpretação de mesmo dispositivo constitucional ou de matéria sumulada. Não obstante esse entendimento, e tendo em conta que o item I da Orientação Jurisprudencial n. 412 da SBDI-I contempla questão ligada ao art. 5º, LV, da CF, interpretando, portanto, disposição constitucional, a SBDI-I, por maioria, vencidos os Ministros Dora Maria da Costa, Brito Pereira, Maria Cristina Irigoyen Peduzzi e Alberto Luiz Bresciani de Fontan Pereira, conheceu dos embargos pela preliminar de nulidade arguida, por contrariedade aos precedentes que originaram a Orientação Jurisprudencial n. 142 da SBDI-I, e, no mérito, por unanimidade, deu-lhes provimento para anular a decisão proferida pela Turma e determinar a regular intimação pessoal da União, a fim de que, querendo, se manifeste sobre os embargos de declaração opostos pelo reclamante. TST-E-ED-RR-150500-91.2003.5.02.0002, SBDI-I, rel. Min. Delaíde Miranda Arantes, 7.2.2013.

Informativo n. 35, TST — *Embargos. Discussão acerca da irregularidade de representação do recurso anterior. Saneamento do vício no momento da interposição dos embargos. Não exigência.*

Na hipótese em que o objeto dos embargos é a irregularidade de representação, indicada como óbice ao conhecimento do recurso anteriormente interposto, não se exige da parte que sane previamente o vício apontado, como condição para a interposição do novo recurso, pois, no caso, o pressuposto recursal extrínseco se confunde com o próprio mérito dos embargos. Com esse entendimento, a SBDI-I, por maioria, não conheceu dos embargos por ausência de pressuposto intrínseco, vencidos os Ministros Augusto César de Carvalho, relator, Maria Cristina Peduzzi e Alberto Luiz Bresciani, que também não conheciam do recurso, mas por ausência de pressuposto recursal extrínseco relativo à regularidade de representação processual da recorrente. TST-EAIRR-2439-61.2010.5.09.0000, SBDI-I, rel. Min. Augusto César Leite de Carvalho, red. p/ acórdão Min. Ives Gandra Martins Filho, 7.2.2013.

2012

Informativo n. 27, TST — *Embargos. Contrariedade à Súmula n. 102, I, do TST. Possibilidade. Afirmação contrária ao teor do verbete.*

Excepcionalmente, admite-se o recurso de embargos, por contrariedade à Súmula n. 102, I, do TST, quando, na fundamentação do acórdão embargado, houver afirmação contrária ao teor do verbete. Assim, tendo a decisão do TRT revelado as reais atribuições da reclamante e, com base nelas, a enquadrado na exceção prevista no art. 224, § 2º da CLT, merece reforma a decisão turmária, que, não obstante a ausência de qualquer alegação que demandasse o revolvimento de matéria fática, não conheceu do recurso de revista, em razão do óbice da Súmula n. 102, I, do TST. Com esse entendimento, a SBDI-I, por maioria, conheceu dos embargos, por contrariedade à Súmula n. 102, I, do TST, e, no mérito, deu-lhes provimento para, verificando a ausência de fidúcia especial a justificar o enquadramento da reclamante na previsão do art. 224, § 2º da CLT, condenar a reclamada ao pagamento da 7ª e 8ª horas trabalhadas, como extras, restando autorizada a compensação da diferença da gratificação de função recebida, com as horas extraordinárias prestadas. Vencidos os Ministros Ives Gandra Martins Filho, Brito Pereira, Dora Maria da Costa e José Roberto Freire Pimenta. TST-E-RR-673-59.2011.5.03.0014, SBDI-I, rel. Min. Alberto Luiz Bresciani de Fontan Pereira, 25.10.2012.

Informativo n. 27, TST — *MS. Custas processuais. Valor não fixado. Ausência de recolhimento. Deserção. Não configuração. Aplicação analógica da Orientação Jurisprudencial n. 104 da SBDI-I.*

Em sede de mandado de segurança, o recolhimento das custas processuais para fins de preparo do recurso ordinário somente é exigível quando expressamente fixadas, e a parte devidamente intimada a recolhê-las, nos termos da Orientação Jurisprudencial n. 104 da SBDI-I, aplicada por analogia. Com esse entendimento, a SBDI-II conheceu do recurso ordinário, vencido o Ministro relator que dele não conhecia por ausência de preparo. Na espécie, ressaltou-se que a Presidência do TRT, ao exarar despacho de admissibilidade do recurso ordinário, concedeu à parte recorrente os benefícios da justiça gratuita, dispensando-a do preparo recursal. Ademais, não há falar em incidência da Orientação Jurisprudencial n. 148 da SBDI-II, porquanto pressupõe a fixação de custas pelo juiz. Em seguida, o julgamento foi suspenso para apreciação da matéria. TST-RO-451-48.2010.5.11.0000, SBDI-II, rel. Min. Guilherme Augusto Caputo Bastos 23.10.2012.

Informativo n. 26, TST — *Embargos interpostos anteriormente à Lei n. 11.496/07. Subscritores de recurso ordinário não inscritos nos quadros da OAB. Nulidade absoluta. Violação do art. 4º da Lei n. 8.906/94.*

A SBDI-I, por maioria, afastando a necessidade de indicação expressa de violação do art. 896 da CLT, conheceu dos embargos interpostos anteriormente à Lei n. 11.496/07, por violação do art. 4º da Lei n. 8.906/94, e deu-lhes provimento para anular os atos processuais praticados a partir do recurso ordinário interposto por subscritores não inscritos nos quadros da Ordem dos Advogados do Brasil — OAB. No caso, a Corregedoria do TRT da 15ª Região comunicou ao TST que os subscritores do recurso ordinário interposto pelo reclamante perante aquele Tribunal — e ao qual foi dado provimento — não possuíam inscrição na OAB. Essa questão não foi objeto do recurso de revista e dos embargos de declaração interpostos pela reclamada, que só tomou conhecimento dos fatos após o relator facultar-lhe manifestar-se sobre os documentos encaminhados por aquela Corte regional. Apresentada a manifestação, o Ministro relator, ao considerar exaurido o ofício jurisdicional com a prolação do acórdão em embargos de declaração — o qual manteve o não conhecimento da revista –, devolveu o prazo recursal à parte, que aditou os embargos anteriormente interpostos. Assim, tendo a Turma remetido o fato novo à cognição da SBDI-I, entendeu a Subseção que a ausência de indicação de violação do art. 896 da CLT não poderia ser invocada como obstáculo ao conhecimento do recurso, e que a violação do art. 4º da Lei n. 8.906/94, na hipótese, se dá diretamente, pois se trata de questão de ordem pública insanável. Vencido totalmente o Ministro Renato de Lacerda Paiva, relator, e, parcialmente, o Ministro Ives Gandra Martins Filho. TST-E-ED-RR-22100-64.2002.5.15.0121, SBDI-I, rel. Min. Renato de Lacerda Paiva, red. p/ acórdão Min. Luiz Philippe Vieira de Mello Filho, 18.10.2012.

Informativo n. 26, TST — *Fac-símile. Data e assinatura diferentes do original. Irregularidade formal. Não caracterização.*

Não enseja irregularidade formal a transmissão do recurso de embargos por meio de fac-símile com data e assinatura diferentes do original interposto em juízo. "In casu", o prazo final para interposição dos embargos foi no dia 6 de dezembro de 2010, data constante da primeira e da última folha da petição do recurso, transmitida nesta mesma data por fax. Em 7 de dezembro de 2010, foram protocolados os originais, com fidelidade de conteúdo das razões recursais, mas com data de 7 de dezembro de 2010, e assinatura distinta, apesar de indicado o nome do mesmo advogado subscritor do recurso. Entendeu o Ministro Lelio Bentes Corrêa não se tratar de irregularidade formal, na medida em que a Lei n. 9.800/99 exige identidade de conteúdo entre a petição transmitida via fac-símile e aquela recebida ulteriormente em juízo, sob pena de exacerbação do formalismo. Com esse entendimento, a SBDI-I, por maioria, afastada a mencionada irregularidade, conheceu dos embargos por divergência jurisprudencial, vencidos os Ministros Ives Gandra Martins Filho, relator, Brito Pereira, Maria Cristina Irigoyen Peduzzi e Renato de Lacerda Paiva. Quanto ao mérito, após proferido o voto do relator, no sentido de negar provimento ao embargos, o julgamento foi suspenso em virtude de pedido de vista regimental formulado pelo Ministro Lelio Bentes Corrêa. TST-E-RR-307800-59.2008.5.12.0036, SBDI-I, rel. Min. Ives Gandra Martins Filho, 18.10.2012.

Informativo n. 26, TST — *Recurso interposto antes da publicação da sentença no DEJT. Intempestividade não configurada. Súmula n. 434, I, do TST. Não incidência.*

A interposição de recurso ordinário antes de publicada a sentença no Diário Eletrônico da Justiça do Trabalho não atrai a incidência da Súmula n. 434, item I, do TST, porquanto a extemporaneidade a que alude o referido verbete dirige-se apenas a acórdãos, cuja publicação em órgão oficial é requisito de validade específico, e não a sentenças, as quais podem ser disponibilizadas às partes independentemente de publicação. Com esse entendimento, a SBDI-I, por maioria, vencido o Ministro Brito Pereira, relator, conheceu dos embargos, por divergência jurisprudencial, e, no mérito, ainda por maioria, negou-lhes provimento, vencidos os Ministros Brito Pereira, relator, e Ives Gandra Martins Filho. TST-EE-DRR-43600-77.2009.5.18.0051, SBDI-I, rel, Min. Brito Pereira, red. p/ acórdão Min. Renato de Lacerda Paiva, 18.10.2012.

Informativo n. 24, TST — *"Jus postulandi". Recurso de competência do Tribunal Superior do Trabalho. Impossibilidade. Aplicação da Súmula n. 425 do TST.*

Reiterando posicionamento da Corte, consubstanciado na Súmula n. 425, no sentido de que o "jus postulandi", estabelecido no art. 791 da CLT, se limita às Varas do Trabalho e aos Tribunais Regionais do Trabalho, não alcançando os recursos de competência do Tribunal Superior do Trabalho, a SBDI-I, à unanimidade, conheceu dos embargos por contrariedade à Súmula n. 425 do TST e, no mérito, deu-lhes provimento para anular o acórdão referente ao julgamento dos primeiros embargos de declaração em agravo de instrumento, subscritos pessoalmente pela reclamante. Consequentemente, decidiu-se anular os acórdãos seguintes e restabelecer a decisão da Turma, por meio da qual se negou provimento ao agravo de instrumento da trabalhadora, subscrito por advogado devidamente constituído, ante os termos da Súmula n. 214 do TST. Destacou o Ministro relator que à época em que julgados os primeiros embargos de declaração da reclamante, a matéria em debate já estava pacificada pelo Pleno do TST, não se admitindo o fundamento turmário de que a questão da inaplicabilidade do "jus postulandi" aos recursos de competência do TST seria controvertida e admissível. TST-E-ED-ED-RR-148341-64.1998.5.05.0004, SBDI-I, rel. Min. José Roberto Freire Pimenta, 4.10.2012.

Informativo n. 22, TST — *Recurso enviado por fac-símile. Transmissão incompleta. Petição original protocolizada no prazo legal. Preclusão consumativa. Não configuração.*

Não se aplica a preclusão consumativa ao caso em que, não obstante o recurso transmitido via fac-símile estivesse incompleto, a parte protocolou a petição original no prazo recursal. Na hipótese, o documento enviado por fax deve ser tido por inexistente, porque, ao não conferir com os originais apresentados, não se pode considerar ratificado, conforme exige a Lei n. 9.800/99. Com esse entendimento, a SBDI-I, por unanimidade, conheceu dos embargos por violação do art. 5º, LV, da CF, e, no mérito, deu-lhes provimento para, anulando os acórdãos de fls. 512/513 e 519/520, determinar o retorno dos autos à Turma de origem, a fim de que prossiga no julgamento dos primeiros embargos de declaração do sindicato reclamante como entender de direito, ficando prejudicado o exame dos demais temas do recurso de embargos. TST-E-ED-RR-91600-02.2002.5.03.0042, SBDI-I, rel. Min. Renato de Lacerda Paiva, 20.9.2012. (No mesmo sentido, TST-E-ED-AIRR-384240-64.2005.5.12.0016, SBDI-I, rel. Min. Ives Gandra Martins Filho, 20.9.2012.).

Informativo n. 17, TST — *Recurso interposto antes da publicação da decisão recorrida. Inexistência. Segundo recurso interposto no momento processual oportuno. Princípio da unirrecorribilidade. Não incidência.*

O recurso interposto antes da publicação da decisão recorrida é inexistente, não se podendo utilizar o princípio da unirrecorribilidade para impedir o conhecimento do recurso interposto no momento processual oportuno. Com esse entendimento, a SBDI-I, pelo voto prevalente da Presidência, conheceu dos embargos por divergência jurisprudencial e, no mérito, deu-lhes provimento para, reformando o acórdão embargado, determinar o retorno dos autos à Turma de origem a fim de que, afastada a intempestividade, prossiga no julgamento do recurso de revista. Vencidos os Ministros Augusto César Leite de Carvalho, relator, Ives Gandra Martins Filho, Brito Pereira, Renato de Lacerda Paiva, Alberto Luiz Bresciani de Fontan Pereira e Delaíde Miranda Arantes. Na hipótese, a Turma não conheceu da primeira revista, nos termos da Orientação Jurisprudencial n. 357 da SBDI-I, e deixou de analisar o segundo recurso ao fundamento de que a parte não interpôs agravo de instrumento da decisão do TRT que não admitiu o seu processamento. Ressaltou-se a ilegalidade do procedimento do juízo de admissibilidade do Regional que, desatendendo ao requerimento da parte para que o recurso inicialmente interposto fosse desconsiderado em face da sua prematuridade, admitiu o primeiro recurso e denegou o segundo, com fundamento no princípio da unirrecorribilidade, trazendo manifesto prejuízo à recorrente. TST-E-ED-RR-9951600-38.2005.5.09.0095, SBDI-I, rel. Min. Augusto César Leite de Carvalho, red. p/ acórdão Min. Lelio Bentes Corrêa, 9.8.2012.

Informativo n. 16, TST — *ED. Efeito modificativo. Não concessão de vista à parte contrária. Orientação Jurisprudencial n. 142, I, da SBDI-I. Não decretação de nulidade. Possibilidade. Ausência de prejuízo.*

A decisão que acolhe embargos declaratórios com efeito modificativo sem concessão de vista à parte contrária é nula apenas se configurado manifesto prejuízo. Inteligência do item I da Orientação Jurisprudencial n. 142 da SBDI-I c/c o art. 794 da CLT, que fala em ser a decisão "passível de nulidade", e não nula *ipso facto*. Com esse entendimento, a SBDI-I, por maioria, vencido o Ministro Brito Pereira, não conheceu dos embargos. Na espécie, a decisão embargada consignou que a única questão versada nos declaratórios da reclamante decorrera de fatos conhecidos por ambas as partes, trazidos aos autos pela própria reclamada, e sobre os quais já se havia manifestado exaustivamente. TST-E-ED-RR-5121500-44.2002.5.01.0900, SBDI-I, rel. Min. Ives Gandra da Silva Martins Filho, 2.8.2012.

Informativo n. 16, TST — *Recurso ordinário. Depósito recursal. Inclusão das contribuições previdenciárias. Ausência de previsão no ordenamento jurídico. Deserção. Não configuração.*

Não encontra previsão no ordenamento jurídico pátrio a exigência de recolhimento, a título de depósito recursal, do montante atribuído às contribuições previdenciárias em acréscimo ao valor da condenação. Nos termos da Instrução Normativa n. 3, item I, do TST e do art. 83 da Consolidação dos Provimentos da Corregedoria-Geral da Justiça do Trabalho, o pagamento da contribuição previdenciária somente é devido quando finda a execução, pois, no momento em que proferida a sentença, não há certeza acerca das parcelas objeto da condenação, uma vez que, em caso de provimento de eventuais recursos, os valores podem ser alterados. Assim, a SBDI-I, por maioria, afastando a deserção do recurso ordinário, conheceu dos embargos e, no mérito, deu-lhes provimento para determinar o retorno dos autos ao TRT de origem, a fim de que julgue o recurso ordinário da reclamada como entender de direito. Vencido o Ministro Ives Gandra Martins Filho. TST-E-RR-136600-30.2008.5.23.0051, SBDI-I, rel. Min. Luiz Philippe Vieira de Mello Filho, 2.8.2012.

Informativo n. 16, TST — *Matéria administrativa. Pedido de remoção de magistrado para outro TRT. Recurso para o TST. Incabível. Ausência de previsão regimental.*

Não cabe recurso administrativo para o TST interposto contra decisão do Pleno de Tribunal Regional do Trabalho que indefere pedido de remoção de juiz substituto para outro TRT, uma vez que o Regimento Interno do TST limita a competência do Órgão Especial, para apreciar recursos em face de decisões dos Regionais em matéria administrativa, às hipóteses disciplinares envolvendo magistrado e estritamente para controle da legalidade (RITST, art. 69, II, "q"). Com esse entendimento, o Órgão Especial, por unanimidade, não conheceu do recurso. TST-RecAdm-245-79.2012.5.14.0000, Órgão Especial, rel. Min. Dora Maria da Costa, 6.8.2012.

Informativo n. 14, TST — *Multa do art. 557, § 2º, do CPC. Análise prejudicada. Provimento do tema principal a que estava ligada.*

Ao concluir pela regularidade da representação e dar provimento aos embargos, reformando decisão turmária que entendera manifestamente infundado o agravo interposto contra o despacho que, no caso, fez incidir a diretriz da Orientação Jurisprudencial n. 349 da SBDI-I na exegese que lhe dava anteriormente a Subseção, esta decidiu, à unanimidade, como consequência lógica do provimento dos embargos, afastar a multa do art. 557, § 2º, do CPC aplicada na decisão que negou provimento ao agravo, entendendo prejudicada a sua análise diante do provimento do tema principal a que estava ligada. TST-E-A-AIRR-187040-23.2006.5.08.0114, SBDI-I, rel. Min. Maria de Assis Calsing, 21.6.2012.

Informativo n. 14, TST — *Despacho de admissibilidade do recurso de revista que afasta as violações de lei indicadas e aponta como óbice ao processamento a Súmula n. 126 do TST. Agravo de instrumento que impugna apenas o tema que se referia às violações afastadas. Decisão que não conhece do recurso por ausência de fundamentação. Súmula n. 422 do TST. Má aplicação.*

No caso em que o despacho de admissibilidade do recurso de revista proferido pelo TRT aponta a Súmula n. 126 do TST como óbice ao processamento do recurso e, ao mesmo tempo, afasta as violações de lei indicadas nas razões do apelo, cabe ao TST, na apreciação do agravo de instrumento, inferir em quais temas em análise realmente seria aplicável a vedação à reapreciação de fatos e provas e em que casos se estaria afastando as violações de lei. Assim, tendo em conta que, na espécie, o tema objeto do inconformismo do agravante referia-se apenas às violações afastadas e não ao óbice da Súmula n. 126 do TST, conclui-se que o agravo de instrumento que apenas renova as violações apontadas encontra-se devidamente fundamentado. Com esse entendimento, a SBDI-I, por unanimidade, conheceu dos embargos por má aplicação da Súmula n. 422 do TST e, no mérito, deu-lhes provimento para determinar o retorno dos autos à Turma de origem para que, afastado o óbice ao conhecimento do recurso, o aprecie como de direito. TST-E-AIRR-418-60.2010.5.06.0012, SBDI-1, rel. Luiz Philippe Vieira de Mello Filho, 21.6.2012.

Informativo n. 13, TST — *Prescrição suscitada em contestação e não analisada em sentença. Exame em sede de recurso ordinário do reclamante. Não arguição em contrarrazões. Possibilidade. Princípio da ampla devolutividade.*

Em face do princípio da ampla devolutividade, a prejudicial de prescrição arguida em contestação e não examinada em sentença que julgou improcedente a reclamação trabalhista é automaticamente devolvida ao exame do colegiado quando do julgamento do recurso ordinário do reclamante, mesmo que não suscitada em contrarrazões. Com esse posicionamento, a SBDI-I, à unanimidade, conheceu dos embargos, por divergência jurisprudencial, e, no mérito, por maioria, vencido o Ministro Ives Gandra Martins Filho, deu-lhes provimento para determinar o retorno dos autos ao Tribunal Regional de origem a fim de que, julgando novamente os embargos de declaração, aprecie o fundamento da defesa relativo à prescrição bienal, ficando excluída, por consequência lógica, a multa nele aplicada com base no art. 538, parágrafo único, do CPC. TST-E-RR-589200-82.2006.5.12.0036, SBDI-I, rel. Min. Renato de Lacerda Paiva, 14.6.12.

Informativo n. 13, TST — *Pressupostos de admissibilidade dos embargos de declaração. Análise pela Turma apenas ao enfrentar novos embargos de declaração opostos em relação aos declaratórios da parte contrária. Preclusão pro iudicato. Não configuração.*

No caso em que se discute a irregularidade de representação do subscritor dos embargos de declaração opostos pelo reclamante em recurso de revista, arguida pela reclamada apenas em embargos de declaração opostos da decisão nos declaratórios do empregado, não há falar em preclusão *pro iudicato*, porquanto a matéria concernente aos pressupostos de admissibilidade do recurso é de ordem pública e deve ser observada pelo julgador de ofício, independentemente de provocação das partes ou da inexistência de prejuízo. Firmada nessa premissa, a SBDI-I, afastando a preclusão declarada pela Turma, por unanimidade, conheceu dos embargos, por divergência jurisprudencial, e, no mérito, por maioria, deu-lhes provimento para não conhecer dos embargos de declaração do reclamante e restabelecer, em consequência, a decisão da Sétima Turma que dera provimento ao recurso de revista da reclamada. Vencidos os Ministros Augusto César Leite de Carvalho e Delaíde Miranda Arantes. TST-

E-ED-RR-133240-06.2001.5.04.0102, SBDI-I, rel. Min. José Roberto Freire Pimenta, 14.6.2012.

Informativo n. 11, TST — *Multa. Art. 557, § 2º, do CPC. Não aplicação. Matéria com repercussão geral reconhecida pelo STF.*

Não obstante desprovido o agravo, porque ausente demonstração de desacerto do despacho agravado, a SBDI-I, por unanimidade, deixou de aplicar a multa do art. 557, § 2º, do CPC na hipótese em que uma das matérias objeto do apelo, qual seja, competência da Justiça do Trabalho para apreciar controvérsia envolvendo complementação de aposentadoria decorrente do contrato de trabalho havido entre as partes, está com repercussão geral no STF, a autorizar, portanto, a interposição do apelo. TST-Ag-E-AIRR e RR-55400-24.2008.5.15.0083, SBDI-I, rel. Min. Ives Gandra da Silva Martins Filho, 31.5.2012.

Informativo n. 11, TST — *Multa. Art. 557, § 2º, do CPC. Aplicação. Recurso manifestamente infundado. Insurgência contra jurisprudência consolidada do TST.*

A interposição de recurso manifestamente infundado, por exprimir insurgência contra jurisprudência pacificada por súmula ou orientação jurisprudencial do TST, enseja a aplicação da multa prevista no art. 557, § 2º, do CPC, em prestígio ao princípio da duração razoável do processo, consubstanciado no art. 5º, LXXVIII, da CF. Na espécie, a parte interpôs agravo de decisão monocrática que negou provimento aos embargos em agravo em agravo de instrumento nos quais se buscava afastar a multa por embargos de declaração protelatórios imposta pelo TRT, hipótese que não se amolda a nenhuma das exceções previstas na Súmula n. 353 do TST para o cabimento do apelo, óbice sumular invocado pelo despacho ora agravado. Com esse entendimento, a SBDI-I, por unanimidade, negou provimento ao agravo e aplicou à reclamada, nos termos do art. 577, § 2º, do CPC, multa de 1% sobre o valor corrigido da causa. TST-Ag-E-AIRR-8713-63.2010.5.01.0000, SBDI-I, rel. Min. Ives Gandra da Silva Martins Filho, 31.5.2012.

Informativo n. 11, TST — *Embargos interpostos sob a égide da Lei n. 11.496/07. Alegação de contrariedade à súmula de índole processual. Impossibilidade.*

Diante da função exclusivamente uniformizadora atribuída à SBDI-I por meio da Lei n. 11.496/2007, que alterou a redação do art. 894 da CLT, afigura-se inviável o conhecimento de embargos por contrariedade a súmulas e orientações jurisprudenciais de índole processual, visto que equivaleria ao cotejo da decisão com o próprio dispositivo da lei processual. Com esse entendimento, a SBDI-I, por unanimidade, afastando a alegação de contrariedade à Súmula n. 126 do TST, decidiu não conhecer dos embargos. TST-E-RR-113500-64.2003.5.04.0402, SBDI-I, rel. Min. Lelio Bentes Corrêa, 31.5.2012.

Informativo n. 4, TST — *Recurso ordinário. Interposição antes da publicação da sentença em Diário Oficial. Intempestividade. Não configuração. Inaplicabilidade da Súmula n. 434, I, do TST.*

A Súmula n. 434, I, do TST (ex-OJ n. 357 da SBDI-I) não se aplica à hipótese de interposição de recurso ordinário antes da publicação da sentença em Diário Oficial, pois seu conteúdo pode ser disponibilizado às partes por outros meios (arts. 834 e 852 da CLT), não sendo a referida publicação imprescindível à produção de efeitos jurídicos. Com esse entendimento, a SBDI-I, à unanimidade, conheceu dos embargos por má aplicação da Orientação Jurisprudencial n. 357 da SBDI-I e deu-lhes provimento para restabelecer o acórdão que afastou a alegação de extemporaneidade do recurso ordinário do reclamante. TST-E-RR-176100-21.2009.5.09.0872, SBDI-I, rel. Min. Renato de Lacerda Paiva, 29.3.2012.

Informativo n. 2, TST — *Recurso ordinário. Deserção. Não configuração. Acolhimento da preliminar de cerceamento de defesa. Nova sentença. Interposição de segundo recurso ordinário. Realização de novo depósito recursal. Inexigibilidade.*

O depósito recursal deve ser efetuado uma vez a cada recurso, havendo necessidade de novo recolhimento apenas nas hipóteses em que haja alteração de instância. Assim, o reclamado que, no julgamento de seu primeiro recurso ordinário, teve a preliminar de cerceamento de defesa acolhida, para determinar o retorno dos autos à Vara do Trabalho a fim de que proferisse nova sentença, não necessita efetuar outro depósito recursal para interpor, pela segunda vez, recurso ordinário. Com esse entendimento, a SBDI-I, à unanimidade, conheceu do recurso de embargos, por divergência jurisprudencial e, no mérito, deu-lhe provimento para determinar o retorno dos autos ao TRT, a fim de que, superada a deserção do segundo recurso ordinário, prossiga no julgamento como entender de direito. No caso, ressaltou o relator que a parte completou o valor depositado de forma a atingir o limite legal em vigor à época da interposição, sendo inegável, portanto, a não ocorrência de deserção. TST-E-ED-RR-87200-72.1994.5.02.0261, SBDI-I, rel. Min. Renato de Lacerda Paiva, 15.3.2012.

Informativo n. 1, TST — *Depósito recursal. Guia GFIP. Indicação equivocada do número do processo e da vara na guia de recolhimento. Deserção. Configuração.*

O preenchimento incorreto da guia de depósito recursal constitui irregularidade que compromete a eficácia do ato processual praticado, visto que não atendida a sua finalidade de garantia do juízo. Na hipótese, a guia GFIP foi preenchida erroneamente quanto ao número do processo e da vara por onde tramitou o feito, em desacordo com a diretriz da Instrução Normativa n. 18/99 do TST. Com esse entendimento, a SBDI-I, por maioria, conheceu dos embargos e deu-lhes provimento para restabelecer o acórdão do Regional que julgou deserto o recurso ordinário da reclamada. Vencidos os Ministros Renato de Lacerda Paiva, relator, Maria Cristina Irigoyen Peduzzi, Antônio José de Barros Levenhagen, Brito Pereira, Aloysio Corrêa da Veiga e João Oreste Dalazen. TST-E-ED-RR-877540-47.2001.5.09.0013, SBDI-I, rel. Min. Renato de Lacerda Paiva, red. p/ acórdão Min. Lelio Bentes Corrêa, 8.3.2012.

RECURSOS EM ESPÉCIE

2016

Informativo n. 134, TST — *Acórdão do Regional publicado antes da vigência da Lei n. 13.015/2014. Embargos de declaração publicados na vigência da norma. Ausência de efeito modificativo. Requisitos do § 1º-A do art. 896 da CLT. Não aplicação. Julgamento do recurso de revista nos moldes anteriores à vigência da lei.*

Os requisitos previstos no § 1º-A do art. 896 da CLT, introduzidos pela Lei n. 13.015/2014, apenas se aplicam quando, não obstante a decisão que julgara o recurso ordinário tenha sido publicada antes da vigência da referida lei, haja embargos de declaração acolhidos com efeito modificativo, cujo acórdão tenha sido publicado após a vigência da norma. Inteligência do Ofício Circular TST.SEGJUD.GP n. 030/2015. Na espécie, a decisão que acolheu os embargos de declaração interpostos da decisão em sede de recurso ordinário foi publicada após a vigência da Lei n. 13.015/2014. Todavia, não concedeu efeito modificativo ao julgado, razão pela qual não subsiste a decisão turmária que negou provimento ao agravo interposto contra decisão que denegara seguimento ao recurso de revista, ante a ausência de indicação do trecho da decisão recorrida que consubstancia o prequestionamento da controvérsia, nos termos do art. 896, § 1º-A, da CLT. Sob esse fundamento, a SBDI-I, por maioria, conheceu dos embargos, por divergência jurisprudencial, vencido o Ministro Brito Pereira. No mérito, ainda por maioria, a Subseção deu provimento ao recurso para, afastando a aplicação da Lei n. 13.015/2014, determinar o retorno dos autos à Turma para julgamento do recurso de revista da reclamante nos moldes anteriores à vigência da norma. Vencido o Ministro Cláudio Mascarenhas Brandão. TST-E-ED-Ag-RR-36200-18.2014.5.13.0005, SBDI-I, rel. Min. Aloysio Corrêa da Veiga, 28.4.2016.

2015

Informativo n. 125, TST — *Embargos. Interposição sob a égide da Lei n. 11.496/2007. Conhecimento. Arguição de contrariedade a súmula ou a orientação jurisprudencial de conteúdo processual. Possibilidade.*

Em regra, é incabível recurso de embargos, interposto sob a égide da Lei n. 11.496/2007, alicerçado em denúncia de contrariedade ou má aplicação de súmula ou de orientação jurisprudencial de conteúdo processual, tendo em vista que, a partir da redação do art. 894 da CLT conferida pela mencionada lei, os embargos passaram a ter a finalidade precípua de uniformização da jurisprudência trabalhista. Apenas excepcionalmente se admite o conhecimento dos embargos na hipótese em que, a partir do acórdão embargado, constata-se afirmação contrária ao próprio teor da súmula ou da orientação jurisprudencial indicada como contrariada ou mal aplicada. No caso concreto, a Turma de origem deu provimento ao recurso de revista interposto pela União para determinar a incidência de contribuição previdenciária sobre o valor total de acordo homologado judicialmente, no percentual de 20%, a ser recolhido pelas reclamadas, e de 11% devido pelo reclamante (contribuinte individual). Observou-se, contudo, que, ao julgar os embargos de declaração do reclamante — acerca da responsabilidade exclusiva das reclamadas por eventual recolhimento de contribuição previdenciária, prevista em cláusula do acordo homologado –, a Turma não poderia ter exigido o prequestionamento da matéria, nem mesmo ficto, uma vez que, em sede ordinária, nenhuma verba previdenciária havia sido considerada devida, inexistindo, portanto, interesse processual do reclamante sobre o ponto. Nesse contexto, a SBDI-I, por maioria, conheceu do recurso de embargos por contrariedade (má aplicação) à Súmula 297, item II, do TST e à Orientação Jurisprudencial 119 da SBDI-I, vencidos os Ministros Brito Pereira, relator, e Walmir Oliveira da Costa. No mérito, à unanimidade, a Subseção deu provimento ao recurso para condenar as reclamadas ao recolhimento da quota-parte da contribuição previdenciária que caberia ao reclamante. TST--E-ED-RR-135200-66.2007.5.02.0029, SBDI-I, rel. Min. Brito Pereira, red. p/acórdão Min. Augusto César Leite de Carvalho, 26.11.2015.

Informativo n. 116, TST — *Recurso ordinário em mandado de segurança. Autos de infração. Suspensão da aplicação de penalidade administrativa. Indeferimento de pedido de antecipação dos efeitos da tutela. Ausência de direito líquido e certo. Súmula n. 418 do TST. Incidência.*

A Súmula n. 418 do TST consagra o entendimento segundo o qual "A concessão de liminar ou a homologação de acordo constituem faculdade do juiz, inexistindo direito líquido e certo tutelável pela via do mandado de segurança". Em voto divergente incorporado à fundamentação do relator, destacou-se que o instituto da tutela antecipada não deve ser compreendido como mera faculdade do juiz, um ato marcado pela absoluta discricionariedade, mas, sim, em conjunto com a cláusula constitucional do amplo acesso à justiça, da inafastabilidade da jurisdição, do contraditório e da ampla defesa, de modo que, presentes os requisitos previstos no art. 273 do CPC, a parte terá direito subjetivo à obtenção de uma decisão que antecipe os efeitos da tutela. No caso, a decisão impugnada indeferiu a tutela antecipatória deduzida nos autos da ação anulatória originária ajuizada pela impetrante, relativamente ao pedido de suspensão da aplicação de penalidade administrativa, sob o fundamento de que não restaram comprovados os fatos alegados e a verossimilhança nas alegações da autora da ação, merecendo, portanto, dilação probatória no curso da ação. Assim, por entender que o deslinde da controvérsia nos autos originários demandava dilação probatória, foi negada a pretensão de antecipação de tutela. Diante disso, resulta inviabilizada a caracterização de ofensa ao direito líquido e certo da impetrante, bem como a ilegalidade e o abuso de poder da autoridade, pressupostos essenciais para a concessão de segurança. Sob esse fundamento, a SBDI-II, por unanimidade, conheceu do recurso ordinário e, no mérito, negou-lhe provimento. TST-RO-439-13.2013.5.08.0000, SBDI-II, rel. Min. Luiz Philippe Vieira de Mello Filho, 1.9.2015.

Informativo n. 115, TST — *Recurso ordinário em mandado de segurança. Antecipação de tutela. Reintegração ao emprego. Trabalhadora dispensada logo após retornar de afastamento previdenciário. Ato da empresa tido como tratamento discriminatório. Exercício abusivo do direito. Inexistência de direito líquido e certo à cassação da decisão antecipatória.*

Recurso ordinário em mandado de segurança impetrado contra decisão interlocutória de antecipação dos efeitos da tutela, na qual determinada a reintegração de empregada dispensada sem justa causa vinte e um dias após retornar de licença para tratamento de saúde. O ato tido como coator foi exarado com fundamento na possível conduta discriminatória da empresa, que rompeu o vínculo empregatício tão logo a empregada recebeu alta do INSS, após recuperação de suposto acidente sofrido nas dependências da empresa. A ideia central da dignidade da pessoa humana, tal como referida no Texto Constitucional, não se compadece com tratamentos discriminatórios. O exercício abusivo do direito de rescisão do contrato de trabalho, porque ilícito, não pode produzir efeitos válidos. Ademais, não obstante a empresa tenha de suportar as despesas com o pagamento dos salários até o julgamento final da causa, é certo que se beneficiará da prestação de serviços da empregada durante o período. Ressalte-se que a ruptura do vínculo de emprego traduz dano de difícil reparação para a trabalhadora, na medida em que o prejuízo financeiro sofrido renova-se e é agravado mês a mês, atingindo a subsistência da empregada e de sua família. Não há falar, portanto, em ofensa a direito líquido e certo da empresa à cassação da decisão antecipatória. Sob esse entendimento, a SBDI-II decidiu, por maioria, vencido o Ministro Antonio José de Barros Levenhagen, conhecer do recurso ordinário e, no mérito, negar-lhe provimento. TST-RO-5588-92.2013.5.15.0000, SBDI-II, rel. Min. Douglas Alencar Rodrigues, 25.8.2015.

Informativo n. 112, TST — *Embargos interpostos sob a égide da Lei n. 11.496/2007. Bancário. Cargo de confiança. Arguição de contrariedade à súmula de conteúdo de direito processual. Impossibilidade.*

Em regra, são incabíveis embargos interpostos sob a égide da Lei n. 11.496/2007 em que se argui contrariedade ou má aplicação de súmula do Tribunal Superior do Trabalho de conteúdo de direito processual. Somente será possível o conhecimento dos embargos por divergência com a jurisprudência consagrada em verbete de direito processual, na hipótese em que a decisão da Turma fizer afirmação que divirja do teor do verbete em questão. No caso, entendeu-se que o acórdão prolatado pela Turma, por meio do qual se conheceu do recurso de revista do reclamado, por violação do artigo 224, § 2º, da CLT e, no mérito, deu-lhe provimento para excluir da condenação apenas as 7ª e 8ª horas, não divergiu do entendimento contido nas Súmulas de n. 102, I, e 126 desta Corte superior, porquanto não houve revisão dos fatos e provas concernentes às reais atribuições do empregado. A decisão turmária foi calcada exatamente nas atividades desenvolvidas pelo gerente, que era Gerente de Atendimento, e não Gerente-Geral de Agência. Sob esse fundamento, a SBDI-I, por maioria, pelo voto prevalente da Presidência, não conheceu dos embargos interpostos pelo reclamante, vencidos os Ministros Hugo Carlos Scheuermann, relator, João Oreste Dalazen, Augusto César Leite de Carvalho, Alexandre de Souza Agra Belmonte e Cláudio Mascarenhas Brandão. TST-E-ED-RR-293000-75.2007.5.12.0031, SBDI-I, red. Min. Ives Gandra Martins Filho, 25.6.2015.

Informativo n. 104, TST — *Embargos. Recurso interposto na vigência da Lei n. 11.496/2007. Art. 894, II, da CLT. Conhecimento. Caracterização de divergência jurisprudencial. Aresto oriundo do Órgão Especial do TST. Inservível.*

De acordo com a redação do art. 894, II, da CLT, dada pela Lei n. 11.496/2007, o conhecimento do recurso de embargos restringe-se à demonstração de divergência jurisprudencial entre decisões de Turmas do TST ou entre decisões de Turmas e da Seção de Dissídios Individuais, subdividida em SBDI-I e SBDI-II; ou, ainda, ao caso de decisões contrárias a súmula ou orientação jurisprudencial do TST ou súmula vinculante do STF. A divergência, portanto, não se configura por confronto com aresto oriundo do Órgão Especial do TST, visto que, além de não contemplado pelo referido dispositivo de lei, a decisão trazida a confronto foi proferida em matéria administrativa. Com esses fundamentos, a SBDI-I, por maioria, não conheceu do recurso de embargos do reclamante. Vencidos os Ministros Lelio Bentes Corrêa, João Oreste Dalazen e Alexandre de Souza Agra Belmonte. TST-E--ED-RR-114444-36.1989.5.17.0001, SBDI-I, rel. Min. José Roberto Freire Pimenta, 23.4.15.

2014

Informativo n. 88, TST — *Rito sumaríssimo. Decisão de Turma que conheceu do recurso de revista por contrariedade à Orientação Jurisprudencial n. 191 da SBDI-I. Conhecimento dos embargos por contrariedade à Orientação Jurisprudencial n. 352 da SBDI-I posteriormente convertida na Súmula n. 442 do TST. Possibilidade.*

Não obstante, em causas sujeitas ao procedimento sumaríssimo, o conhecimento de embargos esteja autorizado apenas quando em discussão matéria de cunho constitucional ou na hipótese de contrariedade a súmula do TST (Súmula n. 458 do TST, antiga Orientação Jurisprudencial n. 405 da SBDI-I), admite-se, excepcionalmente, o conhecimento do apelo por contrariedade a orientação jurisprudencial, desde que tenha havido a conversão do verbete em súmula. No presente caso, a Turma conheceu e deu provimento ao recurso de revista interposto pela reclamada para afastar a sua responsabilidade subsidiária, reconhecendo contrariedade à Orientação Jurisprudencial n. 191 da SBDI-I, a despeito da vedação disposta no art. 896, § 6º, da CLT. Nos embargos, mesmo diante da alegação de contrariedade à Orientação Jurisprudencial n. 352 da SBDI-I, entendeu-se autorizado o conhecimento do apelo tendo em vista a posterior conversão desse verbete na Súmula n. 442 do TST. Assim, a SBDI-I, por unanimidade, conheceu dos embargos interpostos pelo reclamante, por contrariedade à Orientação Jurisprudencial n. 352 da SBDI-I, posteriormente convertida na Súmula n. 442 do TST, e, no mérito, deu-lhe provimento para, afastada a possibilidade de conhecimento do recurso de revista pela Orientação Jurisprudencial n. 191 da SBDI-I, determinar o retorno dos autos à Turma de origem, a fim de que aprecie o tema da responsabilidade subsidiária sob o prisma da ofensa aos preceitos constitucionais invocados, bem como da alegada contrariedade à Súmula n. 331 do TST. TST-E-RR-132800-68.2009.5.15.0087, SBDI-I, rel. Min. Luiz Philippe Vieira de Mello Filho, 4.9.2014.

Informativo n. 81, TST — *Agravo de instrumento. Ausência de traslado da intimação pessoal da União. Presença de elementos que possibilitam inferir a tempestividade do recurso. Orientação Jurisprudencial Transitória n. 18 da SBDI-I, parte final.*

Embora a certidão de intimação pessoal da União constitua peça essencial para a regular formação do instrumento de agravo, sua ausência pode ser relevada quando presentes nos autos outros elementos que possibilitem inferir a tempestividade do apelo. No caso, constou do despacho de admissibilidade do recurso de revista a data da publicação da decisão recorrida (13.5.2010) e do protocolo do recurso (18.5.2010). Tais elementos permitiram concluir que, mesmo na hipótese de se considerar a data da intimação pessoal a mesma em que ocorreu a publicação do acórdão, o recurso estava tempestivo porque interposto no prazo de oito dias contado em dobro. Ressaltou-se, ademais, que ainda que a intimação pessoal tenha ocorrido antes da publicação do acórdão, não há falar em intempestividade porque a decisão colegiada só produz efeitos após a publicação e porque a referida intimação é um privilégio que não pode ser utilizado em prejuízo do ente público. Com esses fundamentos, a SBDI-I, por unanimidade, conheceu dos embargos interpostos pela União por contrariedade à Orientação Jurisprudencial Transitória n. 18 da SBDI-I, e, no mérito, deu-lhes provimento para determinar o retorno dos autos à Turma, a fim de que prossiga no exame do agravo de instrumento como entender de direito. TST-E--Ag-AIRR-1504-21.2010.5.09.0000, SBDI-I, rel. Min. Delaíde Miranda Arantes, 8.5.2014.

Informativo n. 77, TST — *Embargos de declaração. Desistência. Interrupção do prazo para interposição de outros recursos. Recontagem do prazo a partir da ciência da homologação da desistência.*

A oposição de embargos de declaração tempestivos e regulares interrompe o prazo para interposição de outro recurso, ainda que haja a posterior desistência dos declaratórios, devendo o prazo ser recontado a partir da ciência, pela parte contrária, da homologação da desistência. Com base nesse entendimento, a SBDI-I decidiu, por unanimidade, conhecer dos embargos interpostos pela reclamada, por divergência jurisprudencial e, no mérito, por maioria, dar-lhes provimento para, afastada a intempestividade, determinar o retorno dos autos ao TRT de origem a fim de que julgue o recurso ordinário, como entender de direito. Vencidos os Ministros Dora Maria da Costa, relatora, e Luiz Philippe Vieira de Mello Filho, os quais negavam provimento ao apelo ao fundamento de que os embargos de declaração deixam de existir quando a parte dele desiste, não podendo, portanto, produzir qualquer efeito jurídico, inclusive a interrupção do prazo para a interposição de outros recursos. TST-E-RR-223200-17.2009.5.12.0054, SBDI-I, rel. Min. Dora Maria da Costa, red. p/acórdão Min. Aloysio Corrêa da Veiga, 27.3.2014.

Informativo n. 77, TST — *Embargos. Conhecimento. Má aplicação de súmula ou orientação jurisprudencial cancelada ou com redação modificada, mas vigente à época da interposição do recurso. Possibilidade.*

É possível o conhecimento de embargos pela tese de contrariedade por má aplicação de súmula ou orientação jurisprudencial já cancelada ou com redação modificada, mas que se encontrava vigente à época da interposição do recurso. Assim, havendo demonstração de contrariedade à redação do verbete então vigente, considera-se configurada a divergência jurisprudencial. No caso concreto, entendeu-se contrariada a diretriz da Súmula n. 277 do TST porque consignado, pelo Tribunal Regional, que o direito vindicado estava previsto em regulamento interno da empresa e não em instrumento normativo, o que afasta a aplicação do referido verbete à hipótese. Com esse entendimento, a SBDI-I, por unanimidade, conheceu dos embargos interpostos pelo reclamante, por divergência jurisprudencial, diante da má aplicação da Súmula n. 277 do TST, consoante redação anterior do verbete, e, no mérito, deu-lhes provimento para determinar o retorno dos autos à Turma, a fim de que prossiga na apreciação das outras teses apresentadas no recurso de revista patronal, como entender de direito. Ressalvaram entendimento os Ministros Aloysio Corrêa da Veiga, José Roberto Freire Pimenta e Alexandre de Souza Agra Belmonte. TST--E-ED-RR-563100-38.2007.5.09.0069, SBDI-I, rel. Min. Augusto César Leite de Carvalho, 27.03.2014.

Informativo n. 74, TST — *Embargos. Art. 894, II, da CLT. Divergência jurisprudencial. Confronto com tese constante na ementa transcrita no corpo do acórdão trazido à cotejo. Impossibilidade.*

Na hipótese em que o aresto trazido à cotejo não preenche os requisitos da Súmula n. 337, itens I, "a" e IV, "c", do TST, não é possível conhecer dos embargos por divergência jurisprudencial com as ementas transcritas no corpo do precedente apresentado ao confronto que estejam de acordo com os preceitos da referida súmula. Entendeu-se, na hipótese, que o defeito formal do julgado indicado à comprovação da divergência jurisprudencial justificadora do apelo contamina todo o seu texto, inclusive os arestos constantes em seu interior. Com esse posicionamento, a SBDI-I, por maioria, não conheceu dos embargos do reclamante. Vencido o Ministro Augusto César Leite de Carvalho que, citando o precedente TST-E-E-D-RR-6575100-92.2002.5.01.0900, conhecia dos embargos por divergência jurisprudencial.TST--E-ED-RR-39400-88.2009.5.03.0004, SBDI-I, rel. Min. Brito Pereira, 27.2.2014.

2013

Informativo n. 64, TST — *Ação rescisória. Art. 485, VIII, do CPC. Advogado que firmou acordo adjudicando bens imóveis da empresa. Ausência de poderes para alienar patrimônio. Fundamento para invalidar a transação. Caracterização.*

O fato de o advogado ter firmado acordo adjudicando os bens imóveis da empresa sem que o instrumento de mandato a ele conferido autorizasse a alienação de patrimônio é fundamento suficiente para invalidar a transação, ensejando, portanto, o corte rescisório, nos termos do art. 485, VIII, do CPC. Com esses fundamentos, a SBDI-II, por unanimidade, conheceu dos recursos ordinários, no tópico, e, no mérito, negou-lhes provimento, mantendo a decisão do Regional que determinou a rescisão da sentença homologatória do acordo firmado em juízo. TST-RO-95200-51.2007.5.15.0000, SBDI-II, rel. Min. Alberto Luiz Bresciani de Fontan Pereira, 22.10.2013.

Informativo n. 59, TST — *Execução. Agravo de petição. Não conhecimento. Delimitação efetiva das matérias e dos valores impugnados. Art. 897, § 1º, da CLT. Afronta ao art. 5º, LV, da CF. Configuração.*

No caso em que há efetiva delimitação justificada das matérias e dos valores impugnados, conforme exigido pelo art. 897, § 1º, da CLT, afronta a literalidade do art. 5º, LV, da CF, a decisão do Tribunal Regional que não conhece do agravo de petição. Com esse fundamento, a SBDI-I, por unanimidade, conheceu do recurso de Embargos do reclamante, por divergência jurisprudencial, e, no mérito, por maioria, negou-lhe provimento, mantendo a decisão da Turma que, vislumbrando expressa delimitação dos valores impugnados, reconheceu a afronta direta ao art. 5º, LV, da CF e determinou o retorno dos autos ao TRT para que prossiga no exame do agravo de petição. Vencidos os Ministros Luiz Philippe Vieira de Mello Filho, Lelio Bentes Corrêa e Aloysio Corrêa da Veiga. TST-E-ED-RR-249400-03.1986.5.05.0009, SBDI-I, rel. Min. Augusto César Leite de Carvalho, 12.9.2013.

Informativo n. 55, TST — *Recurso de revista. Afronta direta e literal à Constituição Federal (art. 896, alínea "c", da CLT). Lei estadual. Interpretação necessária. Não conhecimento.*

Não se conhece de recurso de revista com supedâneo no art. 896, alínea "c", da CLT, se necessária a interpretação de normas estaduais para o exame de ofensa à literalidade da norma constitucional indicada (art. 37, X, da CF). Com esse entendimento, e citando precedentes do STF, a SBDI-I, por unanimidade, conheceu dos embargos do reclamante, por divergência jurisprudencial, e, no mérito, por maioria, deu-lhes provimento para afastar o conhecimento do recurso de revista, restabelecendo o acórdão do Regional. No caso, o Conselho de Reitores das Universidades do Estado de São Paulo (CRUESP) concedeu reajustes aos funcionários das Universidades Estaduais, deles não se beneficiando o reclamante, empregado da Faculdade de Medicina de São José do Rio Preto (FAMERP). O TRT, analisando a questão, deferiu os reajustes pleiteados com fundamento na Lei Estadual n. 8.899/94 e no estatuto da FAMERP, o qual, em seu art. 65, estabelece que a política salarial da FAMERP será a mesma adotada pelo CRUESP. A Turma, por sua vez, conheceu e proveu o recurso de revista interposto pela FAMERP ao entendimento de que a fixação de aumentos remuneratórios de servidores públicos autárquicos com base em resolução de Conselho Universitário, sem lei específica, configuraria ofensa literal ao art. 37, X, da CF. Vencidos os Ministros Renato de Lacerda Paiva, Dora Maria da Costa, Alexandre de Souza Agra Belmonte e Brito Pereira. TST--E-RR-1070-53.2010.5.15.0133, SBDI-I, rel. Min. Aloysio Corrêa da Veiga, 15.8.2013.

Informativo n. 52, TST — *Embargos de declaração. Não cabimento. Decisão proferida pelo Presidente de Turma que denegou seguimento ao recurso de embargos. Orientação Jurisprudencial n. 377 da SBDI-I. Aplicação analógica. Não interrupção do prazo recursal. Agravo regimental. Intempestividade.*

Nos termos do art. 235, X, do RITST, o recurso cabível da decisão do Presidente de Turma que, com base na Súmula n. 353 do TST, denega seguimento ao recurso de embargos é o agravo regimental. Assim, o manejo de embargos de declaração constitui erro grosseiro, insuscetível de correção pela aplicação do princípio da fungibilidade. Ademais, ao caso aplica-se, por analogia, o disposto na Orientação Jurisprudencial n. 377 da SBDI-I, segundo a qual "não cabem embargos de declaração interpostos contra decisão de admissibilidade do recurso de revista, não tendo o efeito de interromper qualquer prazo recursal". Com esses fundamentos, a SBDI-I, por unanimidade, em face da intempestividade do apelo, não conheceu do agravo regimental interposto da decisão do Presidente de Turma que entendeu incabíveis os embargos declaratórios. TST-AgR-E-ED--AIRR-29900-22.2010.5.23.0031, SBDI-I, rel. Min. Dora Maria Costa, 20.06.2013.

Informativo n. 50, TST — *Embargos de declaração. Acolhimento da omissão. Divergência jurisprudencial. Decisão recorrida baseada em fundamentos autônomos. Inexigibilidade de todos os fundamentos estarem contidos em um único aresto. Súmula n. 23 do TST.*

A Súmula n. 23 do TST, ao fixar a exigência de que a jurisprudência transcrita, para comprovação de divergência, abranja todos os fundamentos nos quais se baseou a decisão recorrida, não torna necessário que todos sejam atacados no mesmo aresto paradigma apresentado. Assim, não obstante a decisão da Turma contenha dois fundamentos, por serem estes autônomos, não se exige, para o conhecimento do recurso, que um só aresto cotejado contenha todos os fundamentos da decisão recorrida, sendo possível que se conheça do apelo quando os fundamentos forem enfrentados isoladamente em paradigmas diferentes. Com esse entendimento, a SBDI-I decidiu, à unanimidade, acolher os embargos de declaração para, atribuindo-lhes efeito modificativo, sanar a omissão denunciada e conhecer do recurso de embargos interposto pelo reclamante, por divergência jurisprudencial. TST-ED-E-ED-RR-73500-49.2006.5.22.0003, SBDI-I, rel. Min. Brito Pereira, 6.6.2013.

Informativo n. 46, TST — *Embargos de declaração. Efeito modificativo. Possibilidade. Omissão na análise da fonte de publicação do julgado que ensejou o conhecimento do recurso de revista por divergência jurisprudencial. Desatenção ao item III da Súmula n. 337 do TST.*

Na hipótese em que a Turma conheceu do recurso de revista, por divergência jurisprudencial com base no que desatendeu ao comando do item III da Súmula n. 337 do TST, impunha-se imprimir efeito modificativo aos embargos de declaração opostos com o fim de configurar omissão na análise do aspecto alusivo à fonte de publicação do julgado que ensejou o conhecimento da revista, e, consequentemente, dela não conhecer por divergência jurisprudencial. Nesse contexto, a SBDI-I, concluindo não haver controvérsias na matéria de mérito acerca da base de cálculo do adicional de insalubridade, e diante do princípio da celeridade processual (art. 5º, LXXVIII, da CF), decidiu, por maioria, conhecer do recurso de embargos, no tópico, mas deixar de remeter os autos para a Turma analisar novamente o recurso de revista, aplicando desde logo o direito à espécie. Assim, a Subseção negou provimento aos embargos, consignando que embora tenha ocorrido desacerto da Turma ao conhecer da revista por divergência jurisprudencial, o recurso lograva conhecimento por contrariedade à Súmula Vinculante n. 4 do STF e consequente provimento para julgar improcedente a reclamação trabalhista nos termos da conclusão do acórdão embargado. Vencido o Ministro João Oreste Dalazen. TST-E-ED-RR-52100-08.2008.5.22.0003, SBDI-I, rel. Min. Dora Maria da Costa, 9.5.2013.

Informativo n. 40, TST — *Agravo de instrumento que corre junto a recurso de revista. Ausência de cópia da certidão de publicação do acórdão do Regional. Peça que se encontra nos autos do processo principal. Deficiência de traslado. Configuração.*

O fato de o agravo de instrumento, interposto anteriormente à vigência da Resolução Administrativa n. 1.418/2010, correr junto com o processo principal não afasta a responsabilidade da parte trasladar todas as peças necessárias e essenciais à formação do instrumento, mesmo na hipótese em que a certidão de publicação do acórdão do Regional proferido em sede de recurso ordinário, apta a comprovar a tempestividade do recurso de revista, se encontrar no processo ao qual corre junto o agravo de instrumento. Cabe ao agravante zelar pela higidez da formação do instrumento, especialmente porque os processos que tramitam paralelamente são distintos e independentes, não havendo qualquer relação de subordinação entre eles que autorize o saneamento de vício referente à regularidade do traslado. Com esse entendimento, e aplicando por analogia a Orientação Jurisprudencial n. 110 da SBDI-I, a referida Subseção, por unanimidade, conheceu dos embargos por divergência jurisprudencial, e, no mérito, por maioria, negou-lhes provimento. Vencidos os Ministros João Oreste Dalazen, Lelio Bentes Corrêa e Delaíde Miranda Arantes. TST-E-ED-AIRR- 13204-32.2010.5.04.0000, SBDI-I, rel. Min. Dora Maria da Costa, 21.3.2013.

2012

Informativo n. 31, TST — *ED. Efeito modificativo para incidir nova redação de súmula. Impossibilidade.*

Não padecendo o acórdão embargado de omissão, é impossível conferir-lhe efeito modificativo com o propósito de adequá-lo à nova redação de súmula, que teve sua tese alterada. Com esse entendimento, a SBDI-I, por maioria, rejeitou os embargos declaratórios opostos contra acórdão que conheceu de embargos por contrariedade à Súmula n. 277 do TST (redação anterior), e deu-lhes parcial provimento para determinar o pagamento das verbas postuladas até a vigência da Lei n. 8.542/92. Vencidos os Ministros Augusto César Leite de Carvalho, relator, e Delaíde Miranda Arantes, que acolhiam os embargos declaratórios para, imprimindo efeito modificativo ao julgado, dar provimento ao recurso de embargos e condenar a reclamada ao pagamento das verbas requeridas até que as cláusulas impugnadas do acordo coletivo sejam modificadas ou suprimidas por norma coletiva posterior, nos termos da atual redação da Súmula n. 277 do TST. TST-ED-E-ARR-61600-91.1998.5.05.0013, SBDI-I, rel. Min. Augusto César Leite de Carvalho, 22.11.2012.

Informativo n. 31, TST — *ED. Intuito protelatório. Multa por litigância de má-fé. Não incidência.*

Na hipótese em que a decisão recorrida consignou que a aplicação da multa por litigância de má-fé decorreu da avaliação subjetiva do julgador, convencido de que os embargos declaratórios foram infundados e opostos com intuito protelatório, ao passo que o aresto trazido à colação estabeleceu a tese de que a aplicação da referida multa pressupõe o dolo da parte em atrasar o processo, de modo que a utilização dos instrumentos processuais pertinentes não caracterizaria, por si só, a litigância de má-fé, a SBDI-I, por maioria, conheceu dos embargos por entender configurada a divergência jurisprudencial, vencidos os Ministros José Roberto Freire Pimenta, relator, Ives Gandra Martins Filho, Luiz Philippe Vieira de Mello Filho, Alberto Luiz Bresciani de Fontan Pereira e Dora Maria da Costa. No mérito, por unanimidade, a Subseção deu provimento aos embargos para afastar da condenação a indenização por litigância de má-fé, uma vez que a simples utilização dos embargos de declaração, ainda que protelatórios, não enseja o pagamento da indenização de 20% prevista no art. 18, § 2º, do CPC, mas apenas a aplicação da multa de 1% de que trata o art. 538, parágrafo único, do CPC. TST-E-ED-RR-183240-09.2002.5.02.0012, SBDI-I, rel. Min. José Roberto Freire Pimenta, 22.11.2012.

Informativo n. 23, TST — *AR. Prazo decadencial. Marco inicial. Matérias não impugnadas no agravo de instrumento interposto da decisão que não admitiu o recurso de revista. Súmula n. 285 do TST. Inaplicável.*

Na hipótese em que a parte, diante da decisão do TRT que não admitiu o seu recurso de revista, interpõe agravo de instrumento impugnando apenas uma matéria, provido o recurso pelo TST, somente o tema expressamente atacado será analisado, não havendo falar em ampla devolutividade ou incidência da Súmula n. 285 desta Corte, porquanto dirigida apenas ao juízo de admissibilidade realizado pelo Tribunal Regional. Assim, no que diz respeito às matérias não impugnadas no agravo de instrumento, o prazo decadencial para a propositura da ação rescisória conta-se da publicação do despacho denegatório do recurso de revista, e não do trânsito em julgado do agravo de instrumento. Com esse entendimento, a SBDI-II, por maioria, negou provimento ao recurso ordinário, mantendo a decadência pronunciada pelo TRT. Vencidos os Ministros Alexandre Agra Belmonte, relator, e Emmanoel Pereira. TST-RO-3460-72.2010.5.09.0000, SBDI-II, rel. Min. Alexandre Agra Belmonte, red. p/ acórdão Min. Guilherme Augusto Caputo Bastos, 25.9.2012.

Informativo n. 22, TST — *Agravo de instrumento. Recurso de revista com traslado incompleto. Conhecimento do apelo apenas quanto aos temas cujas razões tenham sido trasladadas. Impossibilidade.*

O traslado obrigatório da petição do recurso de revista decorre da necessidade de possibilitar, caso provido o agravo de instrumento, o imediato julgamento do recurso denegado, conforme dispõe o art. 897, § 5º, da CLT e a Instrução Normativa n. 16/99. Trata-se de pressuposto extrínseco de admissibilidade, e somente quando superado possibilita a análise do mérito do apelo. Assim, deficiente o traslado, porque ausente a última folha do recurso de revista do reclamado, contendo os pedidos e as assinaturas, não é passível de conhecimento o agravo de instrumento, nem mesmo quanto aos temas cujas razões tenham sido totalmente trasladadas. Com esse entendimento, a SBDI-I, por maioria, conheceu dos embargos, por divergência jurisprudencial, vencidos os Ministros Lelio Bentes Corrêa, Aloysio Corrêa da Veiga e Luiz Philippe Vieira de Mello Filho e, no mérito, ainda por maioria, negou-lhes provimento, vencido o Ministro Ives Gandra Martins Filho, relator. TST-E-D-A-AIRR-1102240-92.2004.5.09.0015, SBDI-I, rel. Min. Ives Gandra da Silva Martins Filho, red. p/acórdão Min. Renato de Lacerda Paiva, 20.9.2012.

Informativo n. 15, TST — *Apelo em que não se impugnam os fundamentos fáticos da decisão recorrida. Contrariedade à Súmula n. 422 do TST. Não caracterização.*

É suficiente para elidir a incidência da Súmula n. 422 do TST a impugnação dos fundamentos de direito, não sendo necessária a insurgência contra os fundamentos de fato aludidos na decisão recorrida, no caso, a obtenção de novo emprego por parte do empregado acidentado que postulava sua estabilidade provisória. Com esse posicionamento, a SBDI-I, por maioria, conheceu dos embargos por má aplicação do referido verbete e, no mérito, deu-lhes provimento para determinar o retorno dos autos à Turma de origem a fim de que julgue o recurso de revista, como entender de direito. Vencidos os Ministros Ives Gandra Martins Filho, relator, e João Batista Brito Pereira. TST-E-ED-RR-879000-69.2008.5.12.0036, SBDI-I, rel. Min. Ives Gandra Martins Filho, red. p/ acórdão Min. Luiz Philippe Vieira de Mello Filho, 28.6.2012.

Informativo n. 11, TST — *Despacho denegatório do recurso de revista que afasta as violações e a divergência jurisprudencial apontadas com base no art. 896, "a" e "c" da CLT e nas Súmulas ns. 296 e 337 do TST. Decisão que não conhece de agravo de instrumento por ausência de fundamentação. Súmula n. 422 do TST. Não incidência. Desnecessidade de insurgência contra todos os fundamentos.*

Na hipótese em que o despacho denegatório do recurso de revista afasta as violações e a divergência jurisprudencial apontadas com base no art. 896, "a" e "c" da CLT e nas Súmulas ns. 296 e 337 do TST não se faz necessária a insurgência contra todos os fundamentos, admitindo-se, inclusive, a repetição das alegações trazidas nas razões da revista, na medida em que o reconhecimento de eventual violação ou divergência jurisprudencial seria suficiente para afastar os óbices apontados pelo TRT. Com esse entendimento, a SBDI-I, por maioria, conheceu dos embargos por divergência jurisprudencial e, no mérito, deu-lhes provimento para determinar o retorno dos autos à Sétima Turma a fim de que, afastado o óbice da Súmula n. 422 do TST, prossiga no julgamento do agravo de instrumento em recurso de revista como entender de direito. Vencido o Ministro Ives Gandra Martins Filho. TST-E-AIRR-44900-45.2009.5.04.0025, SBDI-I, rel. Min. Renato de Lacerda Paiva, 31.5.2012.

Informativo n. 3, TST — *MS. Interpretação e alcance de decisão transitada em julgado. Não cabimento. Existência de recurso próprio. Incidência da Orientação Jurisprudencial n. 92 da SBDI-II.*

O mandado de segurança, como ação autônoma que é, destinada a corrigir ato ilegal ou praticado com abuso de autoridade, não configura o meio adequado para dar real sentido e alcance à decisão transitada em julgado. Sob esse fundamento, e com amparo na Orientação Jurisprudencial n. 92 da SBDI-II, a referida Subseção, por maioria, negou provimento ao recurso ordinário em mandado de segurança do Sport Club Corinthians Alagoano, o qual se insurgiu contra ato praticado pelo Juiz da 2ª Vara do Trabalho de Maceió que, diante da reforma, pelo TST, da decisão que liberara o passe do jogador de futebol Elder Granja, limitou-se a expedir ofícios comunicando o resultado do julgamento, sem determinar que fosse dado pleno cumprimento ao contrato de trabalho outrora firmado, com rescisão de qualquer avença existente entre o atleta e outra agremiação. Na espécie, o suposto direito líquido e certo estaria atrelado à interpretação da decisão proferida pelo TST no que tange à restauração, ou não, do contrato de trabalho antes mantido entre o clube impetrante e o jogador. Assim, a Subseção entendeu que, conquanto não se tratasse de ato propriamente de execução, mas de negativa de sua instauração em face do indeferimento do pedido objeto da reclamação trabalhista, tal circunstância não desautorizaria o clube a interpor agravo de petição para elidir o arquivamento do feito determinado pela autoridade coatora e discutir qual seria o correto cumprimento do título judicial. Vencidos os Ministros João Oreste Dalazen, Maria Cristina Irigoyen Peduzzi e Emmanoel Pereira. TST-ROMS-13500-08.2008.5.19.0000, SBDI-II, rel. Min. Maria de Assis Calsing. 20.3.2012.

Informativo n. 1, TST — *Embargos interpostos sob a égide da Lei n. 11.496/2007. Conhecimento. Arguição de contrariedade à súmula de conteúdo processual. Possibilidade.*

O conhecimento de embargos regidos pela Lei n. 11.496/2007, por contrariedade à súmula ou orientação jurisprudencial de direito processual, viabiliza-se, excepcionalmente, na hipótese em que, do conteúdo da própria decisão da Turma, verifica-se afirmação ou manifestação que diverge do teor do verbete jurisprudencial indicado como contrariado pela parte. No caso, a Turma, para firmar seu convencimento, foi buscar na sentença fatos não reportados no acórdão do Regional, registrando-os. Assim, a SBDI-I, por maioria, conheceu do recurso de embargos por contrariedade à Súmula n. 126 do TST, e, no mérito, deu-lhe provimento para determinar o retorno dos autos à Turma para que prossiga no julgamento do recurso de revista da demandada, como entender de direito, atendo-se apenas à matéria fática registrada no acórdão do TRT. Vencidos os Ministros Maria Cristina Irigoyen Peduzzi, Antônio José de Barros Levenhagen, Ives Gandra, Brito Pereira, Renato de Lacerda Paiva e Dora Maria da Costa. TST-E-ED-RR-142200-62.2000.5.01.0071, SBDI-I, rel. Min. Augusto César Leite de Carvalho, 8.3.2012.

REPRESENTAÇÃO

2014

Informativo n. 85, TST — *Irregularidade de representação. Questão não impugnada na primeira oportunidade. Arguição apenas quando a parte a quem socorre a irregularidade se tornou sucumbente. Preclusão. Configuração. Art. 245 do CPC.*

As alegações relacionadas ao exame de pressupostos extrínsecos processuais, por serem matéria de ordem pública, não estão sujeitas à preclusão, devendo ser examinadas de ofício pelo julgador. Todavia, nos termos do art. 245 do CPC, se a parte a quem socorre a irregularidade deixa de indicá-la na primeira oportunidade que falar nos autos, entende-se que anuiu com seu conteúdo, não podendo argui-la apenas quando sucumbente em sua pretensão. Na hipótese, trata-se de vício decorrente da ausência de autenticação da procuração outorgada aos advogados das reclamadas juntada com a contestação, o qual não foi alegado pelo reclamante perante a Vara do Trabalho, as apenas em sede de embargos de declaração ao recurso ordinário, quando não mais possível à parte adversa sanar o vício, conforme disposto art. 13 do CPC. Com esse entendimento, a SBDI-I, por unanimidade, conheceu dos embargos interpostos pelo reclamante, por divergência jurisprudencial, e, no mérito, por maioria, negou-lhes provimento, mantendo a decisão da Turma por fundamento diverso. TST-E-ED-RR-98500-35.2005.5.01.0047, SBDI-I, rel. Min. Aloysio Corrêa da Veiga, 5.6.2014.

2013

Informativo n. 66, TST — *Irregularidade de representação processual. Configuração. Existência nos autos de mandato expresso regular e válido.*

Impossibilidade de caracterização de mandato tácito. Orientação Jurisprudencial n. 286 da SBDI-I. Não incidência.

O comparecimento do advogado subscritor do recurso de revista nas audiências inaugural e de instrução realizadas perante a Vara do Trabalho de origem não é suficiente para regularizar a representação processual quando há nos autos mandato expresso regular e válido. No caso, não há falar em incidência da Orientação Jurisprudencial n. 286 da SBDI-I, porquanto o verbete admite mandato tácito apenas quando ausente a procuração ou quando detectados vícios intrínsecos no mandato expresso. Na espécie, restou consignado que embora a advogada que tenha dado início à cadeia de substabelecimentos que transmitiu poderes aos subscritores do recurso de revista constasse como outorgada na procuração, o termo de substabelecimento por ela firmado tem data anterior ao mandato que a legitimou. Desse modo, embora um dos advogados subscritores da revista tenha comparecido às audiências realizadas na Vara do Trabalho de origem, não se pode falar em configuração de mandato tácito porque havia procuração regular e válida, com substabelecimento inválido. Assim, SBDI-I, pelo voto prevalente da Presidência, decidiu não conhecer do recurso de embargos do reclamado, vencidos os Ministros Aloysio Corrêa da Veiga, Brito Pereira, Dora Maria da Costa, José Roberto Freire Pimenta e Alexandre de Souza Agra Belmonte. TST-E-ED-RR-480000-81.2006.5.09.0018, SBDI-I, rel. Min. Augusto César Leite de Carvalho, 14.11.2013.

Informativo n. 64, TST — *Instrumento de mandato. Vedação ou limitação explícita ao poder de substabelecer. Irregularidade de representação. Não configuração. Súmula n. 395, III, do TST.*

O substabelecimento outorgado produz efeitos regulares ainda que haja vedação ou limitação explícita no instrumento de mandato em relação a esse poder. Assim, não há falar em irregularidade de representação na hipótese em que a advogada, individualmente, substabeleceu ao subscritor do recurso ordinário, não obstante a procuração estabelecesse que os outorgados deveriam atuar conjuntamente. Nos termos do art. 667 do CC, a irregularidade no substabelecimento é questão atinente ao contrato de mandato, gerando efeitos somente entre as partes contratantes. Noutro giro, o item III da Súmula n. 395 do TST, ao consignar que "são válidos os atos praticados pelo substabelecido, ainda que não haja, no mandato, poderes expressos para substabelecer", trata não apenas da hipótese em que não exista no instrumento outorgado a delegação de poderes para substabelecer, mas também daquela em que haja expressa proibição ou restrição desses poderes. Com esses fundamentos, a SBDI-I, por maioria, vencido em parte o Ministro Alexandre Agra Belmonte, conheceu dos embargos das empresas reclamadas, por contrariedade à Súmula n. 395, III, do TST, e, no mérito, por unanimidade, deu-lhes provimento para afastar a irregularidade de representação e, por conseguinte, determinar o retorno dos autos ao TRT de origem, a fim de que prossiga no julgamento do recurso ordinário dos reclamados como entender de direito. Ressalvou entendimento o Ministro João Oreste Dalazen. TST-E-ED-ARR-99100-36.2009.5.18.0211, SBDI-I, rel. Min. Dora Maria da Costa, 24.10.2013.

Informativo n. 37, TST — *Dissídio coletivo. Ajuizamento por sindicato de advogados. Representação da empresa por causídicos do seu próprio quadro. Conflito de interesses. Declaração de inexistência de relação processual. "Querela nullitatis". Cabimento.*

É cabível a "querela nullitatis insanabilis" na hipótese em que se alega vício insanável na relação processual estabelecida em dissídio coletivo ajuizado por sindicato de advogados em face de empresa cuja representação se deu por causídicos de seu próprio quadro, e que, posteriormente, ajuizaram ações de cumprimento ainda na condição de patronos da empregadora. No caso, houve conflito de interesse entre os advogados da empresa e a postulação formulada no dissídio coletivo, o que enseja vício na capacidade postulatória e falta de defesa da empresa no processo, aptos a autorizar o ajuizamento da ação declaratória de inexistência da relação jurídico-processual. Com esse entendimento, a SDC, por maioria, negou provimento ao recurso ordinário, no tópico, ressaltando que, embora o cabimento da "querela nullitatis" seja indiscutível somente no caso de defeito ou ausência de citação, se o processo correu à revelia, tem-se admitido a ação nos casos de ausência de pressupostos processuais de existência, a exemplo da capacidade postulatória, pois constituem requisitos mínimos para a própria constituição da relação jurídica processual. Vencido o Ministro João Oreste Dalazen, que considerava incabível a via eleita. TST-RO-65900-62.2006.5.12.0000, SDC, rel. Min. Márcio Eurico Vitral Amaro, 19.2.2013.

RESPONSABILIDADE SUBSIDIÁRIA
2012

Informativo n. 33, TST — *AR. Responsabilidade subsidiária. Ente público. Violação dos arts. 37, § 6º, da CF e 71 da Lei n. 8.666/93. Configuração. Ausência de culpa "in vigilando".*

A SBDI-II, por maioria, conheceu do recurso ordinário em ação rescisória do Município de Joinville, e, no mérito, deu-lhe provimento para, com base no art. 485, V, do CPC, desconstituir o acórdão proferido em reclamação trabalhista na parte em que atribuiu responsabilidade subsidiária ao Município; e, em juízo rescisório, julgar improcedente o pleito de responsabilização subsidiária, mantida a decisão originária nos seus demais termos. Na espécie, prevaleceu o entendimento de que a decisão rescindenda, ao atribuir responsabilidade objetiva ao Município para condená-lo subsidiariamente ao pagamento de verbas trabalhistas devidas por empresa prestadora de serviços, violou os arts. 37, § 6º, da CF e 71 da Lei n. 8.666/93, além de contrariar o disposto na Súmula n. 331, V, do TST e o entendimento firmado pelo STF no julgamento da ADC 16, no sentido de a condenação subsidiária de ente público, por descumprimento de obrigações trabalhistas, depender da caracterização, no caso concreto, da culpa "in vigilando", ou seja, da omissão injustificada no dever de fiscalização do contratado. Vencidos os Ministros Emmanoel Pereira, Hugo Carlos Scheuermann e João Oreste Dalazen, os quais negavam provimento ao apelo, sob o fundamento de que o acórdão rescindendo, embora não tenha declinado maiores detalhes sobre o caso, foi categórico ao afirmar a existência de culpa, não sendo possível, em sede de ação rescisória calcada em violação de preceito de lei, reexaminar fatos e provas, nos termos da Súmula n. 410 do TST. TST-ReeNec e RO-242-18.2011.5.12.0000, SBDI-II, rel. Min. Alexandre Agra Belmonte, 4.12.2012.

Informativo n. 1, TST — *Responsabilidade subsidiária. Ajuizamento de ação autônoma apenas contra o tomador de serviços. Impossibilidade. Existência de sentença condenatória definitiva prolatada em ação em que figurou como parte somente o prestador de serviços.*

Não é possível o ajuizamento de ação autônoma pleiteando a responsabilidade subsidiária do tomador de serviços quando há sentença condenatória definitiva prolatada em ação anteriormente proposta pelo mesmo reclamante, em que figurou como parte apenas o prestador de serviços. Tal procedimento afrontaria a coisa julgada produzida na primeira ação e o direito à ampla defesa e ao contraditório, resguardado o tomador de serviços. Assim, reiterando a jurisprudência da Corte, a SBDI-I, por unanimidade, conheceu dos embargos por divergência jurisprudencial e, no mérito, por maioria, negou-lhes provimento. Vencidos os Ministros Augusto César Leite de Carvalho, José Roberto Freire Pimenta e Delaíde Miranda Arantes. TST-E-RR-9100-62.2006.5.09.0011, SBDI-I, rel. Min. Horácio Raymundo de Senna Pires, 8.3.2012.

REVELIA
2016

Informativo n. 138, TST — *Revelia. Caracterização. Atraso de 37 minutos. Orientação Jurisprudencial n. 245 da SBDI-I. Incidência.*

Na hipótese em que a reclamada somente se fez presente, por meio de seu preposto, 37 minutos após o início da audiência, e em momento posterior à tomada do depoimento do reclamante, não é possível, ainda que excepcionalmente, afastar a incidência da Orientação Jurisprudencial n. 245 da SBDI-I. No caso concreto, o Juízo de 1º grau, no início da audiência, às 15 horas, registrou a ausência da primeira reclamada e declarou-a revel e confessa. Em seguida, no entanto, ficou registrado o comparecimento da patrona da primeira reclamada às 15h15, ainda na fase conciliatória, motivo pelo qual a juíza reconsiderou a declaração de sua revelia, sob os protestos do reclamante. Após recebidas as defesas das reclamadas e colhido o depoimento pessoal do autor, às 15h37, houve o registro do comparecimento do preposto da primeira reclamada, encerrando-se a instrução processual após a coleta de seu depoimento pessoal. Ressalte-se que o comparecimento da advogada da reclamada com quinze minutos de atraso não é suficiente para afastar a revelia, de modo que a empregadora somente cumpriu os requisitos para a regular representação processual no momento em que seu preposto se fez presente, ou seja, após 37 minutos do início da audiência. Ademais, o fato de o atraso dever-se à presença da reclamada em outra audiência trabalhista não é motivo justificador para a sua ausência no horário marcado, cabendo aos reclamados o cuidado de designar quantos prepostos forem necessários para o acompanhamento das audiências. Assim, a SBDI-I, por unanimidade, conheceu do recurso de embargos, por divergência jurisprudencial e, no mérito, por maioria, deu-lhe provimento para, anulando a sentença, declarar a revelia da primeira reclamada e os seus efeitos materiais e processuais inerentes, mormente quanto à sua confissão ficta sobre a matéria de fato, e determinar o retorno dos autos à Vara do Trabalho de origem para prolação de nova decisão de mérito, como entender de direito, sem reabertura de nova instrução processual, ante o que preconiza o item II da Súmula n. 74 do TST. Vencido o Ministro Márcio Eurico Vitral Amaro. TST-E-ED-RR-265500-36.2005.5.02.0046, SBDI-I, rel. Min. José Roberto Freire Pimenta, 2.6.2016.

SUBSTITUIÇÃO PROCESSUAL
2016

Informativo n. 139, TST — *Matéria remetida ao Tribunal Pleno. Art. 77, II, do RITST. Ação coletiva. Sindicato. Substituição processual. Execução contra a Fazenda Pública. Individualização do crédito de cada substituído. Possibilidade. Expedição de Requisição de Pequeno Valor (RPV).*

No caso de ação coletiva em que o sindicato atua como substituto processual na defesa de direitos individuais homogêneos, não configura quebra do valor da execução, vedada pelo art. 100, § 8º, da CF, o pagamento individualizado do crédito devido pela Fazenda Púbica aos substituídos. Entendimento consolidado pelo STF nos autos do processo STF-ARE 925754/PR, com repercussão geral reconhecida, que, não obstante se refira à hipótese de execução individual da sentença condenatória genérica, também se aplica à situação em apreço, em que a execução é coletiva. Em ambos os casos, a titularidade do crédito judicialmente concedido não pertence ao sindicato, mas aos empregados que ele substitui, de modo que é possível considerar o valor deferido a cada um deles, individualmente, para fins de expedição da Requisição de Pequeno Valor (RPV). Sob esses fundamentos, o Tribunal Pleno, por unanimidade, conheceu do recurso ordinário e da remessa necessária, e, no mérito, negou-lhes provimento, mantendo a decisão que denegara a segurança por entender que o Município de Salvador/BA não tem direito líquido e certo à execução do valor global do crédito constante do título judicial. TST-ReeNec e RO-118-88.2015.5.05.0000, Tribunal Pleno, rel. Min. Maria de Assis Calsing, 27.6.2016.

Informativo n. 133, TST — *Ação civil coletiva ajuizada por sindicato. Substituição processual. Execução. Individualização do crédito apurado. Requisição de Pequeno Valor (RPV). Possibilidade. Precedentes do STF. Orientação Jurisprudencial n. 9 do TP/OE.*

Na ação coletiva em que os interesses dos trabalhadores são defendidos pelo sindicato na condição de substituto processual, o enquadramento do débito como obrigação de pequeno valor, para fins de dispensa de expedição de precatório e aplicação do § 3º do art. 100 da CF, deve ser realizado levando-se em conta os créditos de cada trabalhador beneficiado. Nesse sentido, posicionou-se o STF, cujas decisões mais recentes apontam para a possibilidade de utilização da Requisição de Pequeno Valor (RPV) na execução individualizada da decisão proferida na ação coletiva (ARE 909556 AgR/PR, Min. Relator Marco Aurélio, 1ª T., DJe 17/3/2016, ARE 925754 RG/PR, Min. Relator Teori Zavascki, DJe 2.2.2016, ARE 916839 AgR/PR, Min. Relator Marco Aurélio, 1ª T., DJe 17.3.2016). Ademais, fazendo um paralelo entre a reclamação plúrima e a ação civil coletiva, conclui-se que em ambas as ações os titulares do crédito são os trabalhadores individualmente considerados, razão pela qual é possível incidir, no caso concreto, a diretriz da Orientação Jurisprudencial n. 9 do TP/OE. Sob esses fundamentos, a SBDI-II, por unanimidade, conheceu e negou provimento a recurso ordinário interposto pelo Município de Salvador/BA, mantendo acórdão do TRT da 5ª Região que concedeu parcialmente a segurança para cassar a decisão que determinara a expedição de RPV no montante global da execução, e para impedir a expedição de precatório no lugar de RPV, visto que a quantia total da execução é composta de diversos créditos individuais ainda não identificados para cada um dos titulares, fazendo-se necessário, primeiramente, individualizá-los na demanda de origem. TST-RO-50-41.2015.5.05.0000, SBDI-II, rel. Min. Douglas Alencar Rodrigues, 19.4.2016.

2015

Informativo n. 112, TST — *Sindicato. Substituição processual. Legitimidade ativa ad causam. Horas extras excedentes à sexta diária.*

O Supremo Tribunal Federal, em demandas originárias da Justiça do Trabalho, tem reiteradamente se manifestado no sentido da legitimidade ampla dos sindicatos, na substituição processual, seja para defesa de direitos coletivos, individuais homogêneos ou mesmo de direitos subjetivos específicos. Assim, reconhece-se a legitimidade ativa *ad causam* do sindicato da categoria profissional dos bancários para postular, na qualidade de substituto processual, o pagamento de horas extras excedentes à sexta diária, em virtude de suposta desobediência à norma do artigo 224, *caput* e § 2º da CLT. Sob esse entendimento, a SBDI-1, por unanimidade, conheceu do recurso de embargos da reclamada, por divergência jurisprudencial, e, no mérito, negou-lhe provimento. TST- ERR 1315-78.2012.5.03.0052, SBDI-I, rel. Min. João Oreste Dalazen, 25.6.2015.

Informativo n. 102, TST — *Sindicato. Legitimidade para atuar como substituto processual. Direito individual heterogêneo. Pedido de equiparação salarial em benefício de um único empregado. Possibilidade. Art. 8º, III, da CF.*

O art. 8º, III, da CF autoriza expressamente a atuação ampla dos entes sindicais na defesa dos direitos e interesses individuais e coletivos dos integrantes da categoria respectiva, de maneira irrestrita. Assim sendo, reconhece-se a legitimidade do sindicato profissional para pleitear, na qualidade de substituto processual, equiparação salarial em benefício de um único empregado, ainda que se trate de direito individual heterogêneo do substituído. Com esse entendimento, a SBDI-I, por unanimidade, conheceu do recurso de embargos da reclamada, por divergência jurisprudencial e, no mérito, por maioria, negou-lhe provimento. Vencido o Ministro Márcio Eurico Vitral Amaro. TSTE-RR-990-38.2010.5.03.0064, SBDI-I, rel. Min. Lelio Bentes Corrêa, 19.3.2015.

2014

Informativo n. 75, TST — *Sindicato. Substituição processual de um único empregado. Legitimidade ativa. Direitos individuais homogêneos.*

Na hipótese em que o objeto da ação diz respeito a direitos individuais homogêneos da categoria (intervalo intrajornada, horas in itinere e diferenças salariais), há de se reconhecer, nos termos do art. 8º, III, da CF, a ampla legitimidade do sindicato para atuar na condição de substituto processual, ainda que o substituído seja um único empregado. A ilegitimidade ativa do sindicato ocorrerá apenas no caso em que o julgador entender necessária a oitiva do empregado substituído, situação em que restaria configurado o interesse individual. Com esse entendimento, a SBDI-I, por unanimidade, conheceu dos embargos interpostos pela reclamada, por divergência jurisprudencial, e, no mérito, negou-lhes provimento. Ressalvaram entendimento os Ministros Renato de Lacerda Paiva e Augusto César Leite de Carvalho. TST-E-RR-1204-21.2010.5.03.0099, SBDI-I, rel. Min. Aloysio Corrêa da Veiga, 13.3.2014.

2013

Informativo n. 53, TST — *Protesto interruptivo da prescrição. Efeitos. Limitação ao rol dos substituídos apresentado pelo sindicato profissional.*

O protesto interruptivo da prescrição ajuizado pelo sindicato, na condição de substituto processual, não alcança toda a categoria na hipótese em que, ao manejar a ação, o sindicato apresentou rol de substituídos. Ao optar por apresentar o referido rol, o ente sindical restringe os limites subjetivos do provimento buscado aos empregados constantes na relação apresentada, de modo que, posteriormente, não pode requerer a ampliação dos legitimados, sob pena de afronta ao princípio do devido processo legal e à coisa julgada. Com esses fundamentos, e tendo em conta que o reclamante não comprovou integrar o rol dos substituídos apresentado pelo sindicato profissional quando do ajuizamento da ação de protesto, a SBDI-I, por unanimidade, conheceu dos embargos do reclamado, por divergência jurisprudencial, e, no mérito, por maioria, deu-lhes provimento para, declarando inaplicável ao caso o efeito interruptivo da prescrição, restabelecer o acórdão do Regional quanto ao tema e determinar o retorno dos autos à Turma de origem para que prossiga no exame do recurso de revista do reclamante e do agravo de instrumento do reclamado. TST-E-ARR-1519-09.2010.5.10.0017, SBDI-I, rel. Min. Brito Pereira, 27.6.2013.

Informativo n. 50, TST — *Sindicato e organização de cooperativas. Não vinculação a determinada atividade econômica. Legitimidade ad processum. Orientação Jurisprudencial n. 15 da SDC.*

Nos termos da Orientação Jurisprudencial n. 15 da SDC, a comprovação da legitimidade *ad processum* da entidade sindical se faz por seu registro no órgão competente do Ministério do Trabalho e Emprego e, sendo incontroverso que o Sindicato e Organização das Cooperativas do Estado do Rio Grande do Sul — OCERGS atende à referida diretriz, válida é a convenção coletiva firmada por ele com sindicato profissional. Ademais, as cooperativas, em virtude de sua natureza peculiar e, sobretudo, em razão da ausência de fins lucrativos, que as diferem de outros setores econômicos, envolvem interesses comuns que justificam associação específica, não havendo falar em ilegitimidade da OCERGS simplesmente pelo fato de englobar as cooperativas em geral, validamente existentes em sua base territorial, sem representação vinculada a uma atividade econômica específica. Com esses fundamentos, a SDC, por maioria, conheceu e negou provimento a recurso ordinário interposto por sindicato patronal que pedia o reconhecimento da ilegitimidade passiva *ad causam* da OCERGS, vencidos os Ministros Márcio Eurico Vitral Amaro, Mauricio Godinho Delgado e Kátia Magalhães Arruda. TST-RO-12542-68.2010.5.04.0000, SDC, rel. Min. Maria de Assis Calsing, 10.6.2013.

Informativo n. 48, TST — *Ação coletiva. Sindicato. Substituição processual. Relação dos substituídos apresentada na petição inicial. Execução. Extensão a membro da categoria que não figurou no rol dos substituídos. Impossibilidade. Violação da coisa julgada.*

O sindicato tem legitimidade para atuar na qualidade de substituto processual de toda a categoria nos casos em que se pretende discutir lesões de origem comum aos substituídos. Todavia, ao ingressar com ação coletiva acompanhada do rol de substituídos — o qual não é essencial à propositura da ação — o sindicato opta por restringir sua atuação aos trabalhadores enumerados na lista que ele próprio juntou aos autos. Nesse caso, não é possível, em sede de execução, estender os efeitos da decisão ao reclamante que não constou do rol apresentado com a inicial, sob pena de ampliar os limites subjetivos da lide e afrontar a intangibilidade da coisa julgada material. Com esse entendimento, a SBDI-I, em sua composição plena, conheceu dos embargos, por divergência jurisprudencial, e, no mérito, por maioria, deu-lhes provimento para restabelecer o acórdão do Regional, no particular. Vencidos os Ministros Luiz Philippe Vieira de Mello Filho, Lelio Bentes Corrêa, Augusto César Leite de Carvalho, José Roberto Freire Pimenta e Delaíde Miranda Arantes. TST-E--ED-RR-9849840-70.2006.5.09.0011, SBDI-I, rel. Min. Aloysio Corrêa da Veiga, 23.5.2013.

Informativo n. 47, TST — *Sindicato. Substituto processual. Requerimento de assistência judiciária gratuita. Ausência de comprovação de insuficiência de recursos. Não concessão.*

O ordenamento jurídico, ao tempo que determina ao sindicato a manutenção de serviço de assistência judiciária aos seus associados (art. 514, "b", da CLT, art. 14 da Lei n. 5.584/70 e art. 8º, III, da CF), oferece receitas para a consecução desse objetivo, oriundas da contribuição sindical obrigatória (art. 8º, IV, da CF e arts. 578 a 670 da CLT), das mensalidades dos associados e, eventualmente, das contribuições assistenciais. Desse modo, a concessão de assistência judiciária gratuita ao sindicato que atua na condição de substituto processual depende da demonstração de impossibilidade financeira de arcar com a responsabilidade legal, não sendo bastante a juntada de declaração de hipossuficiência dos substituídos. Com esse fundamento, a SBDI-I, por unanimidade, conheceu dos embargos, por divergência jurisprudencial, e, no mérito, por maioria, deu-lhes provimento para restabelecer a decisão do Regional que indeferiu o pedido de assistência judiciária gratuita ao sindicato. Vencidos os Ministros José Roberto Freire Pimenta, Lelio Bentes Corrêa, Augusto César Leite de Carvalho e Delaíde Miranda Arantes. TST-E--ED-RR-25100-77.2009.5.09.0094, SBDI-I, rel. Min. Alberto Luiz Bresciani de Fontan Pereira, 16.5.2013.

Informativo n. 37, TST — *Dissídio coletivo. Sindicato. Substituto processual. Pedido de adequação do quadro de carreira ao art. 461, §§ 2º e 3º, da CLT. Matéria afeta ao direito individual.*

A SDC, por unanimidade, deu provimento ao recurso ordinário para anular o acórdão prolatado pelo Regional e determinar o encaminhamento dos autos à Vara do Trabalho de origem, reconhecendo a reclamação trabalhista como via correta para o sindicato profissional, na qualidade de substituto processual, pleitear a correção do quadro de carreira da empresa, no que não contemplou o critério da antiguidade, adequando-o ao art. 461, §§ 2º e 3º, da CLT. Na hipótese, ressaltou-se que a demanda não está afeta ao direito coletivo, pois não se almeja a criação de normas genéricas e abstratas para reger a categoria, mas tão somente impedir lesão ou ameaça a direito já constituído. TST-RO-6460-41.2011.5.02.0000, SDC, rel. Min. Maria de Assis Calsing, 19.2.2013.

Informativo n. 36, TST — *Sindicato. Substituição processual. Legitimidade ativa. Equiparação salarial. Maquinistas. Direito individual homogêneo. Origem comum da pretensão.*

O Sindicato dos Trabalhadores em Empresas Ferroviárias de Belo Horizonte, na condição de substituto processual, possui legitimidade ativa para postular a equiparação salarial de trinta e cinco maquinistas, ainda que o pedido esteja ligado à subjetividade de cada um dos titulares do direito, a determinar consequências distintas para cada substituído. Trata-se de direito individual homogêneo, na medida em que a pretensão tem origem comum, conforme exigido no art. 81, III, do CDC (Lei n. 8.078/90). Com esse entendimento, a SBDI-I, por unanimidade, conheceu dos embargos, por divergência jurisprudencial e, no mérito, deu-lhes provimento para reconhecer a legitimidade ativa do sindicato autor e determinar o retorno dos autos à Vara do Trabalho de origem, a fim de que aprecie a pretensão exordial, como entender de direito. TST-E-ED-RR-256-45.2011.5.03.0002, SBDI-I, rel. Min. Aloysio Côrrea da Veiga, 14.2.2013.

2012

Informativo n. 30, TST — *DC. Motoristas de transporte interno de mercadorias e de pessoas na área dos portos. Sindicato representante de motoristas rodoviários. Ilegitimidade ativa "ad causam". Configuração.*

Não possui legitimidade para representar os motoristas de transporte interno de mercadorias e de pessoas na área dos portos o Sindicato dos Trabalhadores Rodoviários em Empresas de Transportes de Passageiros Municipais e Intermunicipais, Comércio e Trabalhadores em Empresas sem Representação de Santos, Baixada Santista e Litoral, uma vez que, diante da disposição contida no art. 57, § 3º, I, da Lei 8.630/93, a atividade dos referidos trabalhadores se classifica como de capatazia. Ademais, esses profissionais não atuam fundamentalmente em rodovias, nem enfrentam rotineiros congestionamentos e riscos de acidentes fatais, condições próprias dos motoristas rodoviários, que constituem categoria diferenciada. Inteligência da Orientação Jurisprudencial n. 315 da SBDI-I. Com esse entendimento, a SDC, por maioria, deu provimento ao recurso ordinário do Sindicato dos Operadores Portuários do Estado de São Paulo — SOPESP, a fim de acolher a arguição de ilegitimidade ativa do Sindicato suscitante, e, em consequência, decretou a extinção do processo sem resolução do mérito, nos termos do art. 267, VI, do CPC. Vencido o Ministro João Oreste Dalazen. TST-RO-2004500-21.2008.5.02.0000, SDC, rel. Min. Fernando Eizo Ono, 13.11.2012.

Informativo do TST

Execução

AÇÃO RESCISÓRIA

2016

Informativo n. 26 — EXECUÇÃO, TST — Ação rescisória. Citação. Nulidade. Não configuração. Carta entregue no endereço da parte e recebida por pessoa a ela vinculada. Art. 841 da CLT.

O art. 841 da CLT não exige que a citação ocorra na pessoal do reclamado, sendo suficiente que seja entregue no endereço da parte. No caso, embora o reclamado não negue que a carta de citação foi recebida por sua esposa, no endereço residencial do casal, alega que, à época, estava separado de fato, razão pela qual arguiu a nulidade da citação. Todavia, as provas produzidas nos autos não confirmaram que a parte residia em outro endereço, e os depoimentos colhidos ratificaram a informação de que a esposa do reclamado recebia as correspondências dele com habitualidade. Assim, ficou comprovado que tanto a citação quanto a intimação da sentença foram direcionadas para o endereço do reclamado e recebidas por pessoas a ele vinculadas, não havendo falar, portanto, em cerceio de defesa ou em ofensa ao princípio do contraditório. Sob esse entendimento, a SBDI-II, por unanimidade, conheceu do recurso ordinário e, no mérito, negou-lhe provimento, mantendo a decisão que negou o pleito rescisório dirigido contra acórdão proferido em agravo de petição que rejeitara a alegação de cerceamento do direito de defesa por nulidade de citação. TST-RO-1266-96.2012.5.03.0000, SBDI-II, rel. Min. Luiz Philippe Vieira de Mello Filho, 9.8.2016.

2015

Informativo n. 12 — EXECUÇÃO, TST — Ação rescisória. Arrematação. 40% do valor da avaliação. Preço vil. Ausência de definição legal. Violação do art. 694, § 1º, V do CPC. Não configuração.

A ausência de critérios na legislação pátria sobre o que vem a ser preço vil dificulta a caracterização de afronta a preceito de lei apta a ensejar o corte rescisório. Trata-se de matéria controvertida a atrair a incidência da Súmula n. 83 do TST. Assim, na hipótese em que o bem fora arrematado por 40% do valor correspondente à avaliação, sem que tenha havido registro de que o juiz da execução tenha desrespeitado os princípios da razoabilidade e da proporcionalidade no momento de avaliar o lance ofertado, não é possível concluir pela violação do art. 694, § 1º, V, do CPC. Com esses fundamentos, a SBDI-II, por maioria, conheceu do recurso ordinário e, no mérito, negou-lhe provimento. Vencida a Ministra Delaíde Miranda Arantes. TST-RO-19600-39.2011.5.13.0000, SBDI-II, rel. Min. Emmanoel Pereira, 17.3.2015.

2014

Informativo n. 9 — EXECUÇÃO, TST — Ação rescisória. Execução. Remição de bem imóvel pelo filho do sócio da empresa executada. Prevalência sobre a arrematação. Efeitos da praça sustados. Tempestividade da remição. Legitimidade do remitente.

Na espécie, o filho do sócio diretor da empresa proprietária de imóvel contra o qual foi dirigida a execução trabalhista matriz requereu a remição do bem que, em hasta pública, fora penhorado e arrematado. Deferida a remição, o arrematante interpôs agravo de petição, que foi provido para reconhecer a validade da arrematação. Em sede de recurso de revista, restabeleceu-se a sentença que deferiu o pedido de remição, tendo tal decisão sido reformada no julgamento de embargos à SBDII, conhecidos por divergência jurisprudencial, e que diante da má aplicação do art. 5º, LIV, da CF, conferiu prevalência à arrematação. Todavia, restou consignado no quadro fático delineado nos autos que em razão do ajuizamento de embargos de terceiro, a execução estava suspensa (art. 1.052 do CPC), de modo que os efeitos da praça estavam sustados no momento em que houve o pedido de remição do bem, o que confere tempestividade aos atos praticados pelo remitente. Ademais, nos termos do art. 788, I, do CPC, com redação vigente à época, o termo final para remir é a assinatura do auto de arrematação, o qual não foi sequer lavrado na hipótese, em razão do acolhimento do pedido de remição pelo juiz de primeiro grau. De outra sorte, em homenagem ao princípio da execução menos gravosa (art. 620 do CPC) resta patente a legitimidade do filho de sócio para remir bens em execução proposta contra a pessoa jurídica, pois assentado o caráter familiar da sociedade. Com esses fundamentos, a SBDI-II, por maioria, rejeitou a preliminar suscitada de ofício a respeito da incidência da Orientação Jurisprudencial n. 70 da SBDI-II, vencidos os Ministros Alberto Luiz Bresciani de Fontan Pereira, revisor, Cláudio Mascarenhas Brandão e Douglas Alencar Rodrigues. E, ainda por maioria, julgou procedente o pedido de corte rescisório, alicerçado no art. 485, V, do CPC, por violação literal dos arts. 5º, LIV, da CF e 620 e 788 do CPC (redação anterior à Lei n. 11.382/2006) para, em juízo rescindente, desconstituir acórdão proferido pela SBDI-I que julgou improcedente o pedido de remição e, em juízo rescisório, declarar a prevalência da remição sobre a arrematação. Vencido, no ponto, o Ministro Cláudio Mascarenhas Brandão. TST-AR-8773-29.2011.5.00.0000, SBDI-II, rel. Min. Emmanoel Pereira, 2.12.2014.

Informativo n. 7 — EXECUÇÃO, TST — Ação rescisória. Perda do interesse de agir. Parcelamento do débito da execução trabalhista. Substituição da sentença do processo de conhecimento pelo parcelamento acatado e homologado.

Conforme a jurisprudência firmada no âmbito da SBDI-II, a sentença homologatória de acordo na execução implica perda do interesse de agir na ação rescisória em que se pretendia a desconstituição de decisão proferida no processo de conhecimento da reclamação trabalhista, porque aquela substitui esta para todos os efeitos, inexistindo a coisa julgada outrora formada no processo de conhecimento. De igual modo, o pedido de parcelamento do débito da execução trabalhista implica o reconhecimento expresso da dívida, equivalendo à confissão do débito, o que provoca o afastamento do recurso na fase de execução, suspendendo os atos executórios e gerando uma substituição da sentença do processo de conhecimento pelo parcelamento acatado pelo credor e homologado em juízo. Com esse entendimento, a SBDI-II, por unanimidade, conheceu do agravo regimental e, no mérito, negou-lhe provimento. TST-AgR-ED-RO-12270-74.2010.5.04.0000, SBDI-II, rel. Min. Emmanoel Pereira, 21.10.2014.

Informativo n. 4 — EXECUÇÃO, TST — Ação rescisória. Acordo. Parcela recolhida a menor. Cláusula penal. Ausência de proporcionalidade entre valor inadimplido e a multa aplicada. Art. 413 do CC. Violação.

A dúvida razoável quanto ao valor de parcela devida não pode dar causa à incidência da cláusula penal em sua totalidade, porquanto a multa deve guardar proporcionalidade com o suposto dano sofrido, consoante o preconizado no art. 413 do CC. Com esse fundamento, a SBDI-II, por unanimidade, conheceu do recurso ordinário e, no mérito, negou-lhe provimento, mantendo a decisão do Regional que julgara procedente a pretensão desconstitutiva, por violação do art. 413 do CC, e, em juízo rescisório, limitara a cláusula penal da avença ao valor efetivamente inadimplido, observando-se a proporcionalidade entre o suposto dano e a multa imposta. No caso concreto, a decisão rescindenda é acórdão que deu provimento a agravo de petição do reclamante para aplicar a multa de 50% sobre o valor acordado pelas partes, em razão de inadimplemento parcial pela empresa executada. Na reclamação trabalhista matriz foi celebrado acordo no valor de R$ 90.000,00, a ser pago em doze vezes. Todavia, a partir da segunda parcela, houve um desconto equivocado de R$ 14,35, em razão do reajuste na tabela de encargos sociais. Após o pedido de execução da multa e da intimação do executado, houve o depósito da quantia correspondente à diferença a menor detectada nas parcelas, restando indeferido o pedido. Em sede de agravo de petição, porém, o TRT fez incidir a cláusula penal sobre o valor total do acordo, de modo que uma dívida computada em R$ 57,40, prontamente sanada pela parte devedora, gerou uma multa de R$

45.000,00, exorbitando, portanto, o razoável. TST-RO-221-48.2011.5.01.0000, SBDI-II, rel. Min. Emmanoel Pereira, 26.8.2014.

ARREMATAÇÃO

2015

Informativo n. 19 — *EXECUÇÃO, TST* — *Execução. Arrematação em hasta pública. Veículo com débito de IPVA. Sub-rogação no preço pago. Ausência de ônus para o adquirente.*

O adquirente do veículo em hasta pública não responde por qualquer ônus, inclusive tributo em atraso, que recaia sobre o bem arrematado, o qual deve ser entregue, livre e desembaraçado de qualquer encargo tributário, já que as dívidas anteriores sub-rogam-se no preço, nos termos do art. 130 do CTN, aplicado a bens móveis por analogia. Assim, a Fazenda Pública não tem direito líquido e certo à cassação da decisão que determinou a baixa das dívidas de IPVA que recaíam sobre o veículo arrematado, devendo exigir do antigo proprietário o pagamento do tributo. Sob esse fundamento, a SBDI-II, por unanimidade, conheceu do recurso ordinário e, no mérito, negou-lhe provimento, mantendo a decisão do Regional que julgara improcedente a pretensão mandamental. TST--RO-6626-42.2013.5.15.0000, SBDI-II, rel. Min. Douglas Alencar Rodrigues, 18.8.2015.

2014

Informativo n. 6 — *EXECUÇÃO, TST* — *Mandado de segurança. Execução. Decisão que mantém arrematação de bem após homologação de acordo entre as partes. Existência de outras despesas processuais. Art. 651 do CPC.*

Nos termos do art. 651 do CPC, é possível ao devedor, antes de arrematados ou adjudicados os bens, saldar a execução, desde que efetue o pagamento da importância da dívida, acrescida de juros, custas, honorários e demais despesas processuais. Assim, mostra-se correta a decisão de primeiro grau, proferida em sede de execução definitiva, que, a despeito da existência de acordo homologado posteriormente, manteve a arrematação do bem de propriedade do executado, uma vez constatada a existência de outras despesas processuais ainda pendentes de pagamento. Com esse entendimento, e não vislumbrando motivo para anular a arrematação efetuada, a SBDI-II, por unanimidade, conheceu do recurso ordinário e, no mérito, deu-lhe provimento para afastar a extinção do processo, sem resolução de mérito, declarada pelo TRT e, a teor do artigo 515, § 3º, do CPC, prosseguir no exame da ação mandamental, denegando a segurança pretendida. TST--RO-5476-26.2013.5.15.0000, SBDI-II, rel. Min. Emmanoel Pereira, 30.9.2014.

CAUTELAR DE ARRESTO

2014

Informativo n. 3 — *EXECUÇÃO, TST* — *Cautelar de arresto. Determinação retenção de crédito da executada junto a terceiro. Legalidade. Efetividade da execução. Art. 813 da CPC.*

Não se vislumbra ilegalidade ou arbitrariedade na decisão que, em sede de cautelar de arresto, e com o objetivo de garantir a efetividade da execução em curso na reclamação trabalhista matriz, ordena a transferência de crédito referente a faturas que a reclamada, prestadora de serviços, teria a receber junto a ente público, tomador de serviços. No caso dos autos, restou demonstrado que a executada encontra-se inadimplente, inclusive com credores trabalhistas, e enfrenta forte crise financeira, de modo que o juiz, ao determinar a retenção de crédito junto a terceiro, em cautelar de arresto, agiu de acordo com o disposto no art. 813 do CPC. Assim, a SBDI-II, por unanimidade, conheceu de recurso ordinário e, no mérito, negou-lhes provimento, mantendo decisão do TRT que concedera parcialmente a segurança requerida pela União para restringir a ordem judicial de retenção de créditos da empresa Matisse Comunicação de *Marketing* Ltda. junto à Secretaria de Comunicação Social da Presidência — Secom até o valor de R$ 100.000,00. TST-RO-375-80.2012.5.10.0000, SBDI-II, rel. Min. Alberto Luiz Bresciani de Fontan Pereira, 5.8.2014.

COMPETÊNCIA

2016

Informativo n. 22 — *EXECUÇÃO, TST* — *Conflito negativo de competência. Execução por carta precatória. Penhora do bem imóvel situado fora dos limites territoriais do juízo onde tramita a execução. Competência do juízo deprecado.*

Nas hipóteses em que existirem bens do executado em outro foro, os atos de penhora, avaliação e alienação deverão ser praticados perante o juízo deprecado (arts. 658 e 747 do CPC). No caso, o Juízo da 6ª Vara do Trabalho de Guarulhos/SP, deprecante, suscitou conflito negativo de competência em face da devolução da carta precatória executória pelo Juízo da Vara do Trabalho de Itanhaém/SP, o qual entendera que sua atuação se limitava à avaliação do imóvel, depois de penhorado pela origem, cabendo a esta os atos posteriores, inclusive a designação e a realização de hasta pública. Assim, a SBDI-II, por unanimidade, admitiu o conflito de competência para declarar a competência da Vara do Trabalho de Itanhaém/SP, deprecado, para onde serão remetidos os autos. TST-CC-167600-14.2008.5.02.0316, SBDI--II, rel. Min. Alberto Luiz Bresciani de Fontan Pereira, 16.2.2016.

2015

Informativo n. 20 — *EXECUÇÃO, TST* — *Conflito positivo de competência. Execução. Carta precatória. Requerimento de alienação judicial perante o Juízo deprecante. Impossibilidade. Competência do Juízo deprecado. Art. 658 do CPC.*

Na execução por carta precatória, os atos de penhora, avaliação e expropriação de bem imóvel submetido à jurisdição distinta do local da execução são de competência do Juízo deprecado, na forma preconizada pelo art. 658 do CPC. Na espécie, foi solicitada a devolução de carta precatória em razão da existência de requerimento de venda judicial do bem penhorado, com o qual havia concordado a empresa executada, mediante o pagamento da quantia de R$ 290.000,00 (duzentos e noventa mil reais). Ocorre que o imóvel penhorado fora avaliado em R$ 11.000.000,00 (onze milhões de reais) perante o Juízo deprecado, tendo este, inclusive, recusado uma proposta de arrematação apresentada em hasta pública no valor de R$ 6.000.000,00 (seis milhões de reais), para pagamento parcelado. Assim, não há razão para a devolução da carta precatória, cabendo ao Juízo deprecado apreciar o pedido de aquisição do bem penhorado. Sob esse entendimento, a SBDI-II, por unanimidade, admitiu o conflito positivo de competência para declarar a competência do Juízo deprecado. TST-CC-474-52.2013.5.08.0103, SBDI-II, rel. Min. Douglas Alencar Rodrigues, 24.11.2015.

Informativo n. 16 — *EXECUÇÃO, TST* — *Incompetência da Justiça do Trabalho. Execução de contribuição previdenciária. Salário pago "por fora".*

A competência da Justiça do Trabalho, no que diz respeito à execução de contribuições previdenciárias, limita-se às sentenças condenatórias em pecúnia que proferir e aos valores, objeto de acordo homologado, que integrem o salário de contribuição. Inteligência do item I da Súmula n. 368 do TST. Sob esse posicionamento, e não vislumbrando a incidência do mencionado verbete ao caso concreto, a SBDI-I, à unanimidade, conheceu dos embargos, por divergência jurisprudencial, e, no mérito, deu-lhes provimento para declarar a incompetência da Justiça do Trabalho para conhecer do debate acerca do recolhimento das contribuições previdenciárias relativas ao salário extrafolha recebido pelo trabalhador durante o vínculo de emprego, e que não foi objeto de condenação pecuniária na presente ação. TST-E-ED-RR-3039600-98.2009.5.09.0029, SBDI-I, rel. Min. Augusto César Leite de Carvalho, 7.5.2015.

Informativo n. 15 — *EXECUÇÃO, TST* — *Conflito positivo de competência. Admissibilidade. Execução por carta precatória. Embargos à execução. Sentença já prolatada pelo juízo deprecado. Ausência de trânsito em julgado.*

Configurado o dissenso entre órgãos jurisdicionais trabalhistas a respeito da competência para o julgamento de embargos à execução, é possível admitir o conflito positivo de competência, desde que não transitada em julgado a sentença prolatada por um dos juízos vinculados à questão (arts. 113 e 115 do CPC), devendo haver a suspensão do processo até a resolução do incidente (arts. 120 e 265, VI, do CPC). Na espécie, o juízo da 33ª Vara do Trabalho de Belo Horizonte/MG processou a execução em conformidade com a carta precatória para penhora e avaliação de bens. Penhorados um *notebook* e uma esteira, a executada opôs embargos à execução questionando a impenhorabilidade dos objetos constritos (Lei n. 8.009/90), tendo os referidos embargos sido julgados pelo próprio juízo deprecado. Ao tomar conhecimento desse julgamento, o juízo deprecante exarou decisão solicitando ao juízo deprecado que informasse se anularia a sentença proferida nos embargos à execução, pois caso prosseguisse processando o agravo de petição posteriormente interposto, suscitaria o conflito positivo de competência. Mantida a sentença, o juízo deprecado determinou a remessa dos autos ao TRT da 3ª Região que os encaminhou ao TST. Nesse contexto, a SBDI-II, por unanimidade, admitiu o conflito positivo de competência e, dirimindo o incidente, declarou a competência da 33ª Vara do Trabalho de Belo Horizonte/MG, ora suscitada, pois, nos termos do art. 747 do CPC c/c a Súmula n. 419 do TST, compete ao juízo deprecado processar e julgar os embargos à execução que versem, exclusivamente, sobre vícios ou irregularidades na penhora, avaliação ou alienação de bens por ele mesmo praticados. TST-CC-1318-76.2014.5.03.0112, SBDI-II, rel. Min. Douglas Alencar Rodrigues, 28.4.2015.

Informativo n. 13 — EXECUÇÃO, TST — *Ação rescisória. Execução fiscal. Multa por infração à legislação trabalhista. Contratação de servidores públicos temporários. Regime estatutário. Incompetência da Justiça do Trabalho.*

Não compete à Justiça do Trabalho processar e julgar lides em que se discute sanção aplicada por infração à legislação trabalhista a município que mantém vínculo de natureza estatutária com servidores admitidos em caráter temporário. O STF, em decisão proferida na ADI-MC 3.395/DF, definiu que as contratações temporárias realizadas sob a égide inciso IX do art. 37 da CF têm natureza jurídico-administrativa, o que afasta a competência da Justiça do Trabalho. Na espécie, a pretensão rescisória fora proposta pelo Município de Laguna/SC em face de acórdão proferido em sede execução fiscal promovida pela União para a cobrança de multa imposta pela Auditoria do Ministério do Trabalho e Emprego em decorrência do não recolhimento do FGTS dos servidores temporários contratados sob o regime estatutário, mas sem submissão a concurso público. No caso, ressaltou-se que embora as ações relativas às penalidades administrativas impostas pelos órgãos de fiscalização das relações de trabalho sejam da competência da Justiça do Trabalho (art. 114, VII, da CF), qualquer discussão em torno da legalidade das relações entre servidores temporários e o Município de Laguna deve ocorrer na Justiça comum. Com esses fundamentos, a SBDI-II, à unanimidade, conheceu do recurso ordinário interposto pelo Município e, no mérito, deu-lhe provimento para julgar procedente o pedido de rescisão do julgado e desconstituir a sentença, por incompetência da Justiça do Trabalho, declarando, consequentemente, nulos os atos decisórios praticados na ação primitiva, bem como determinar a remessa do feito originário à Vara da Fazenda Pública da Comarca de Laguna/SC. TST-RO-456-38.2013.5.12.0000, SBDI-II, rel. Min. Douglas Alencar Rodrigues, 7.4.2015.

2014

Informativo n. 8 — EXECUÇÃO, TST — *Conflito negativo de competência. Ação de execução fiscal. Foro competente. Domicílio fiscal da empresa. Art. 578, parágrafo único, do CPC.*

Nos termos do parágrafo único do art. 578 do CPC, o foro competente para processar e julgar ação de execução fiscal por meio da qual se busca a satisfação de créditos oriundos de multas administrativas aplicadas em razão do descumprimento da legislação trabalhista é o domicílio fiscal da empresa. Tal foro permanece inclusive diante do redirecionamento da execução ao sócio da empresa executada (art. 135, III, do CTN), que tem domicílio em localidade diversa, em razão do disposto no art. 87 do CPC. Com base nesses fundamentos, a SBDI-II, por unanimidade, conheceu do conflito negativo de competência e, no mérito, julgou-o procedente para declarar que a competência para apreciar e julgar a ação de execução fiscal é da Vara do Trabalho de Redenção/PA, local em que, à época do ajuizamento da ação, a empresa executada possuía endereço, conforme registrado no Cadastro Geral de Contribuintes. TST-CC-1044-78.2013.5.00.0000, SBDI-II, rel. Min. Delaíde Miranda Arantes, 11.11.2014.

Informativo n. 7 — EXECUÇÃO, TST — *Competência da Justiça do Trabalho. Contribuição previdenciária. Contribuição social do empregador ao SAT. Acordo extrajudicial firmado perante a Comissão de Conciliação Prévia.*

A Justiça do Trabalho é competente para executar, de ofício, tanto as contribuições previdenciárias quanto as contribuições sociais ao Seguro Acidente do Trabalho — SAT incidentes sobre valor fixado em acordo extrajudicial firmado perante Comissão de Conciliação Prévia — CCP. Com efeito, a competência da Justiça do Trabalho foi ampliada por meio da Emenda Constitucional n. 45, que inseriu o inciso IX ao art. 114 da CF, atribuindo competência para o julgamento de "outras controvérsias decorrentes da relação de trabalho, na forma da lei". Ademais, o art. 876 da CLT determina que os termos de conciliação firmados perante as CCP sejam executados na forma da execução trabalhista e o art. 877-A, também da CLT, estabelece que o juiz do processo de conhecimento é competente para executar o título executivo extrajudicial. De outra sorte, o art. 43, § 6º, da Lei n. 8.212/91, inserido pela Lei n. 11.941/09, em atenção ao disposto no art. 114, IX, da CF, é claro ao assegurar o recolhimento de contribuição previdenciária sobre valores pagos na Comissão de Conciliação Prévia, o que é atribuição inequívoca do Juiz do Trabalho. Por fim, ressalte-se que, sendo a Justiça especializada competente para executar o principal (crédito reconhecido em acordo perante CCP), logicamente decorre a competência para executar o acessório (contribuições incidentes sobre o crédito). Com base nesses fundamentos, a SBDI-I, por unanimidade, conheceu do recurso de embargos interpostos pela União, por divergência jurisprudencial, e, no mérito, deu-lhe provimento para restabelecer a decisão do Regional que reconheceu a competência da Justiça do Trabalho para executar, de ofício, as contribuições previdenciárias e a contribuição social referente ao SAT concernente ao valor fixado no termo de conciliação da Comissão de Conciliação Prévia, e determinar o retorno dos autos à Turma de origem para julgar os temas remanescentes julgados prejudicados. TST-E-RR-22200-18.2009.5.09.0096, SBDI-I, rel. Min. José Roberto Freire Pimenta, 16.10.2014.

Informativo n. 5 — EXECUÇÃO, TST — *Conflito negativo de competência. Execução individual movida por sindicato profissional. Foro competente. Art. 98, § 2º, I, do CDC.*

A execução individual movida por sindicato profissional, na condição de representante de um dos trabalhadores beneficiários da condenação obtida em sede de ação civil coletiva, pode ser processada no foro da liquidação de sentença (domicílio do empregado) ou da condenação. Por se tratar de jurisdição coletiva, não se aplicam as normas dos art. 651 e 877 da CLT, mas aquelas que regem o sistema normativo do processo civil coletivo brasileiro, em especial o disposto no art. 98, § 2º, I, do CDC, que confere ao trabalhador o direito de optar pelo foro de seu interesse. De outra sorte, no caso concreto, a sentença coletiva transitada em julgado não fez qualquer determinação a respeito do juízo competente para a execução em questão, devendo prevalecer, portanto, a vontade do exequente individual. Com esses fundamentos, a SBDI-II, por unanimidade, admitiu o conflito negativo de competência suscitado pelo Juiz Titular da 9ª Vara do Trabalho de Belo Horizonte/MG (domicílio do exequente)

para declarar competente o juízo da 2ª Vara do Trabalho de Macaé/RJ (prolator da sentença condenatória). TST-CC-856-40.2014.5.03.0009, SBDI-II, rel. Min. Douglas Alencar Rodrigues, 23.9.2014.

Informativo n. 1 — EXECUÇÃO, TST — *Competência da Justiça do Trabalho. Execução de contribuição previdenciária. Acordo firmado perante Comissão de Conciliação Prévia. Art. 114, IX, da CF c/c art. 43, § 6º, Lei n. 8.212/90.*

Nos termos do art. 114, IX, da CF c/c o art. 43, § 6º, da Lei n. 8.212/91, compete à Justiça do Trabalho executar de ofício as contribuições previdenciárias decorrentes do termo de conciliação firmado perante Comissão de Conciliação Prévia — CCP. Entendeu-se, na hipótese, que o dispositivo constitucional que assegura a competência desta Justiça Especializada para processar e julgar "outras controvérsias decorrentes da relação de trabalho" abarca o termo firmado perante a CCP, por se tratar de título executivo extrajudicial decorrente da relação de trabalho. Ademais, não há falar em incidência do item I da Súmula n. 368 do TST, editado em 2005, por não alcançar a controvérsia trazida nos autos, que remonta à regra vigente a partir de 2009, com a introdução do § 6º no art. 43 da Lei n. 8.212/91 pela Lei n. 11.491/2009. Com esse posicionamento, a SBDI-I, à unanimidade, conheceu dos embargos, por divergência jurisprudencial, e, no mérito, deu-lhes provimento para reformar o acórdão turmário que declarara a incompetência da Justiça do Trabalho para executar as contribuições previdenciárias advindas de termo conciliatório firmado perante a CCP. TST-E-RR-41300-56.2009.5.09.0096, SBDI-I, rel. Min. Luiz Philippe Vieira de Mello Filho, 8.5.2014.

CLÁUSULA PENAL

2014

Informativo n. 4 — EXECUÇÃO, TST — *Ação rescisória. Desconstituição de decisão proferida em embargos de terceiro. Possibilidade jurídica do pedido. Existência de coisa julgada material.*

A decisão proferida em sede de embargos de terceiro faz coisa julgada material em relação às matérias que lhe constituem o objeto cognoscível, sendo, portanto, suscetível de corte rescisório. Com efeito, os embargos de terceiro constituem ação nova, de natureza civil e autônoma, que está ao dispor daqueles que não integraram a lide na fase de conhecimento e que sofreram algum tipo de perturbação no exercício do direito de posse, o que permite ampla cognição do julgador e a prolação de decisão de mérito compatível com a formação de coisa julgada material. Com esse entendimento, a SBDI-II, decidiu, à unanimidade, negar provimento ao recurso ordinário do réu, admitindo, assim, a possibilidade jurídica do pedido de desconstituição da sentença de mérito proferida em embargos de terceiro por meio de ação rescisória. TST-RO-638-42.2012.5.09.0000, SBDI-II, rel. Min. Cláudio Mascarenhas Brandão, 19.8.2014.

COISA JULGADA

2016

Informativo n. 25 — EXECUÇÃO, TST — *Execução. Compensação de progressões. Norma* *coletiva. Ofensa à coisa julgada. Contrariedade à Orientação jurisprudencial n. 123 da SBDI-II. Não configuração.*

Para a constatação de ofensa à coisa julgada, não se admite a interpretação do título executivo judicial, mas apenas a verificação de dissonância patente entre o título e a decisão proferida em sede de execução. No caso, não contraria o entendimento contido na Orientação Jurisprudencial n. 123 da SBDI-II a decisão que, observando o teor da decisão exequenda, reconheceu a afronta à coisa julgada do acórdão prolatado pelo TRT e ordenou a compensação das progressões decorrentes das normas coletivas na apuração das diferenças salariais deferidas no título executivo, porquanto a sentença determinara expressamente o pagamento de diferenças salariais ao empregado que não recebeu "qualquer promoção". Sob esses fundamentos, a SBDI-I, por unanimidade, negou provimento ao agravo regimental interposto pelo exequente visando a reforma da decisão que denegara seguimento aos embargos por não vislumbrar divergência jurisprudencial específica nem contrariedade à Súmula n. 48 ou à Orientação Jurisprudencial n. 123 da SBDI-II, ambas do TST. TST-AgR-E-RR-2937-96.2011.5.09.0009, SBDI-I, rel. Min. João Oreste Dalazen, 30.6.2016.

Informativo n. 24 — *EXECUÇÃO, TST — Execução. Fazenda Pública. Juros de mora. Alteração do percentual fixado na decisão exequenda. Impossibilidade. Ofensa à coisa julgada.*

Não obstante a inobservância dos juros de mora de que trata o artigo 1º-F da Lei n. 9.494/97 viabilize, em tese, o conhecimento do recurso de revista por violação direta e literal do art. 5º, II, da CF, na fase de execução não é possível alterar o percentual de juros de mora instituído na decisão exequenda, por configurar evidente afronta à coisa julgada consagrada no art. 5º, XXXVI, da CF. No caso, a decisão transitada em julgado, ao invés de aplicar à condenação imposta à Fazenda Pública os juros de mora na forma do art. 1º-F da Lei n. 9.494/97, determinou "a adoção dos juros estampados na lei trabalhista". Sob esse entendimento, a SBDI-I, por unanimidade, conheceu dos embargos da executada, por divergência jurisprudencial, e, no mérito, negou-lhes provimento. TST-E-RR-187785-50.2007.5.12.0051, SBDI-I, rel. Min. João Oreste Dalazen, 2.6.2016.

2015

Informativo n. 17 — *EXECUÇÃO, TST — Execução. Coisa julgada. Correção monetária. Artigo 5º, XXXVI, da Constituição Federal.*

Se o título executivo judicial contém determinação expressa de incidência da correção monetária sobre parcela específica da condenação, a partir do quinto dia útil do mês subsequente ao trabalhado, evidencia patente vulneração à coisa julgada a ulterior modificação, em execução, do termo inicial da atualização monetária. No caso, ao julgar o agravo de petição interposto pela executada, o Tribunal Regional do Trabalho da 3ª Região alterou o termo inicial da correção monetária que fora estabelecido no título executivo, fixando-o na data da prolação do acórdão regional proferido em recurso ordinário. Depreende-se, portanto, que não se cuida de mera interpretação do sentido e alcance do título executivo, mas de total descompasso do acórdão regional em agravo de petição em relação ao comando emanado de decisão transitada em julgado. Sob esse fundamento, a SBDI-I, por unanimidade, não conheceu do recurso de embargos da executada. TST-E-RR-112200-77.1998.5.03.0044, SBDI-I, rel. Min. João Oreste Dalazen, 25.6.2015.

EXCESSO DE EXECUÇÃO

2016

Informativo n. 21 — *EXECUÇÃO, TST — Penhora de bem imóvel. Arrematação. Posterior constatação judicial de erro nos cálculos homologados. Nulidade de todos os atos executivos e expropriatórios fundados nos cálculos incorretos. Excesso de execução. Prejuízo ao executado. Título inexigível. Ausência de coisa julgada.*

A certeza, liquidez e exigibilidade do título executivo são pressupostos de validade da execução. Nesse sentido, erro de liquidação que aumenta sensivelmente o valor devido torna inexigível o título executivo judicial e a execução nele pautada é nula, nos termos da lei. Na hipótese, posteriormente à arrematação de bem imóvel em hasta pública, o juízo verificou a ocorrência de erro nos cálculos homologados, razão pela qual procedeu à nova liquidação que apurou valores sensivelmente menores do que o efetivamente exigível. Não obstante tal constatação, convalidou os atos expropriatórios já praticados, causando prejuízo ao executado, que não pode substituir o bem arrematado por outro compatível com o cálculo refeito. Ressalte-se, ademais, que o excesso de execução decorrente do cálculo equivocadamente homologado não estava acobertado pela coisa julgada que se formou na ação trabalhista, de modo que a parcela excedente apresentava-se como pedido sem título executivo, o que também torna nula a execução. Sob esses fundamentos, a SBDI-II, por unanimidade, conheceu do recurso ordinário, e, no mérito, deu-lhe provimento para conceder o mandado de segurança e determinar a anulação de todos os atos constritivos e executórios anteriores à decisão que fixou o novo *quantum debeatur*. TST-RO-10126-09.2013.5.01.0000, SBDI-II, rel. Luiz Philippe Vieira de Mello Filho, 15.12.2015.

EXECUÇÃO

2016

Informativo n. 27 — EXECUÇÃO, TST — *Execução. Embargos interpostos na vigência da Lei n. 13.015/2014. Fato gerador. Contribuições previdenciárias. Juros de mora e multa. Art. 195, I, "a", da CF. Inexistência de violação literal e direta à CF. Conhecimento por contrariedade à Súmula n. 266 do TST. Possibilidade. Não incidência da Súmula n. 433 do TST.*

Na vigência da Lei n. 13.015/2014, são cabíveis embargos, em execução, por contrariedade à Súmula n. 266 do TST, na hipótese em que a Turma conhece de recurso de revista, não obstante ausente afronta literal e direta a dispositivo da Constituição Federal. A Súmula n. 433 do TST, ao condicionar a admissibilidade dos embargos à demonstração de divergência jurisprudencial em relação à interpretação de dispositivo constitucional, não alcança os recursos regidos pela Lei n. 13.015/2014, em razão da nova redação do art. 894, II, da CLT. Assim, ao apreciar controvérsia relativa ao fato gerador das contribuições previdenciárias, para efeito de incidência de juros de mora e multa, a decisão turmária que conheceu do recurso de revista por violação do art. 195, I, "a", da CF, contrariou a Súmula n. 266 do TST, pois, em 20.10.2015, o Tribunal Pleno, no julgamento do processo n. TST-E-RR-1125-36.2010.5.06.0171, decidiu que o fato gerador das contribuições previdenciárias não está efetivamente disciplinado no dispositivo constitucional em questão, ostentando, portanto, natureza infraconstitucional. Sob esses fundamentos, a SBDI-I, por unanimidade, conheceu dos embargos por contrariedade à Súmula n. 266 do TST e, no mérito, deu-lhes provimento para restabelecer o acórdão do Regional, no que reputou indevida a incidência de juros de mora e de multa sobre as contribuições previdenciárias devidas em decorrência do crédito trabalhista reconhecido em juízo. TST-E-RR-994-79.2012.5.15.0126, SBDI-I, rel. Min. João Oreste Dalazen, 1º.9.2016.

2015

Informativo n. 25 — *EXECUÇÃO, TST — Execução. Determinação para que o advogado faça o depósito de valores destinado às execuções trabalhistas ou justifique a não realização do depósito, informando as contas correntes para as quais a quantia foi transferida. Quebra do sigilo profissional. Não configuração.*

A simples determinação judicial para que o advogado deposite os valores que recebera em nome de seu cliente, para a quitação de execuções trabalhistas, em razão de acordo homologado, ou justifique a não realização do depósito, informando para quais contas correntes a quantia foi transferida, não constitui quebra de sigilo profissional entre o advogado e seu cliente. Não se pode permitir que, a pretexto de sigilo profissional, a executada, sabidamente detentora de valor objeto de acordo judicial destinado à quitação de execução trabalhista, se exima de cumprir obrigação que lhe foi imposta, especialmente quando não houve solicitação de informações pessoais. Sob esse entendimento, a SBDI-II, por unanimidade, conheceu do recurso ordinário e, no mérito, por maioria, negou-lhe provimento, mantendo a decisão do Regional que denegara a segurança por entender que o ato impugnado não viola direito líquido e certo do advogado impetrante. Vencidas as Ministras Delaíde Miranda Arantes e Maria Helena Mallmann. TST-RO-1981-08.2012.5.15.0000, SBDI-II, rel. Min. Delaíde Miranda Arantes, 28.6.2016.

Informativo n. 20 — *EXECUÇÃO, TST — Sindicato. Substituição processual. Execução. Fracionamento. Expedição de Requisição de Pequeno Valor. Possibilidade.*

O título judicial emanado de sentença proferida em ação coletiva ajuizada por sindicato, na qualidade de substituto processual, pode ser objeto de execução individual, mediante a utilização da Requisição de Pequeno Valor (art. 87 do ADCT), sem que isso implique afronta ao art. 100, § 8º, da CF. O Estado é devedor de cada trabalhador, na exata proporção dos respectivos créditos, e não do sindicato propriamente dito, que atuou como legitimado extraordinário, defendendo direito alheio em nome próprio. Desse modo, o crédito decorrente da condenação em processo instaurado mediante substituição processual não é único. Trata-se de um somatório de créditos, pertencentes aos diversos substituídos, de maneira que, se analisados individualmente, podem, em tese, se inserir no conceito de "pequeno valor". Inteligência da Orientação Jurisprudencial n. 9 do Tribunal Pleno/Órgão Especial. Ademais, embora o STF tenha fixado a possibilidade de fracionamento da execução para expedição de Requisição de Pequeno Valor quando se tratar de litisconsórcio facultativo ativo (STF-RE-568645/SP, com repercussão geral reconhecida), o mesmo entendimento tem sido aplicado aos casos de ação coletiva. Sob esses fundamentos, a SBDI-I, por unanimidade, conheceu dos embargos interpostos pelo sindicato, por divergência jurisprudencial, e, no mérito, por maioria, deu-lhes provimento para restabelecer o acórdão do Regional no tocante à execução individualizada do título judicial, mediante requisições de pequeno valor, nos termos do art. 87 do ADCT. Vencidos os Ministros Lelio Bentes Corrêa, relator, Antonio José de Barros Levenhagen, Renato de Lacerda Paiva, Aloysio Corrêa da Veiga e Guilherme Augusto Caputo Bastos. TST-E-ED-RR-10247-58.2010.5.04.0000, SBDI-I, rel. Min. Lelio Bentes Corrêa, red. p/acórdão Min. João Oreste Dalazen, 26.11.2015. (*No mesmo sentido, TST-E-ED-ED-RR-9091200-66.1991.5.04.0016, SBDI-I, rel. Min. Márcio Eurico Vitral Amaro, 26.11.2015.)

Informativo n. 14 — *EXECUÇÃO, TST — Execução. Expropriação de bem dado em garantia. Transferência de valores remanescentes para execuções movidas contra empresa diversa. Necessidade de formação de grupo econômico ou existência de sucessão de empresas.*

Em atenção ao devido processo legal, ao contraditório e à ampla defesa (arts. 5º, LIV e LV, da CF), não se pode admitir a satisfação das dívidas de determinada empresa executada por meio da utilização de recursos financeiros advindos das sobras da expropriação de bem de terceiros, sem que tenha sido reconhecida, em cada execução trabalhista, a formação de grupo econômico ou a existência de sucessão de empresas. No caso concreto, o Juízo da vara do trabalho determinara que os valores remanescentes nos autos de execução em que figuravam como executadas somente as empresas Áurea Palace Hotel e Áurea Empreendimentos Turísticos S.A., fossem repassados para execuções movidas contra Terra Turismo Ltda., sem que houvesse o reconhecimento de que entre as empresas configurou-se grupo econômico ou ocorreu sucessão. Com esse entendimento, a SBDI-II, por unanimidade, conheceu da remessa necessária e, no mérito, negou-lhe provimento. TST-ReeNec- 26800-89.2009.5.23.0000, SBDI-II, rel. Min. Douglas Alencar Rodrigues, 14.4.2015.

Informativo n. 11 — *EXECUÇÃO, TST — APPA. Forma de execução de créditos trabalhistas. Matéria encaminhada ao Tribunal Pleno. Orientação Jurisprudencial n. 87 da SBDI-I. Manutenção ou revisão.*

A SBDI-I, por unanimidade, decidiu suspender o exame dos embargos e remeter ao Tribunal Pleno a questão relativa à forma de execução de créditos trabalhistas em face da Administração dos Portos de Paranaguá e Antonina — APPA, para deliberar sobre a manutenção ou a revisão da Orientação Jurisprudencial n. 87 da SBDI-I. TST-E-RR-148500-29.2004.5.09.0022, SBDI-I, rel. Min. Renato de Lacerda Paiva, 26.2.2015.

EXECUÇÃO FISCAL

2014

Informativo n. 5 — *EXECUÇÃO, TST — Execução fiscal. Parcelamento da dívida. Efeitos. Suspensão da execução. Art. 151, VI, do CTN.*

Nos termos do art. 151, VI, do CTN, o parcelamento do débito fiscal, seja tributário ou não, em razão da indisponibilidade de que se reveste, não implica extinção da dívida por novação, mas suspensão de sua exigibilidade. Ademais, o art. 8º da Lei n. 11.949/2009, que versa sobre o parcelamento ordinário de débitos tributários, dispõe expressamente que a inclusão de débitos nos parcelamentos não implica novação da dívida, não havendo falar, portanto, em extinção da execução fiscal. Com esse entendimento, a SBDI-I, por unanimidade, conheceu dos embargos interpostos pela executada, por divergência jurisprudencial, e, no mérito, negou-lhes provimento, mantendo incólume a decisão turmária, mediante a qual se declarara a suspensão do feito no período do parcelamento, até a quitação do débito fiscal. TST-E-RR-178500-49.2006.5.03.0138, SBDI-I, rel. Min. João Oreste Dalazen, 25.9.2014.

EXECUÇÃO PROVISÓRIA

2015

Informativo n. 14 — *EXECUÇÃO, TST — Execução provisória. Inaplicabilidade do art. 475-O do CPC. Incompatibilidade do levantamento do depósito recursal com o Processo do Trabalho. Existência de norma específica. Art. 899, caput, e § 1º, da CLT.*

A execução provisória de sentença trabalhista somente é permitida até a penhora, conforme o art. 899, *caput* e § 1º, da CLT, de modo que a autorização judicial para o levantamento dos valores depositados, nos termos do art. 475-O do CPC, é incompatível com o Processo do Trabalho. Havendo regramento específico, a aplicação subsidiária da norma de processo civil não é admitida. Com esse entendimento, a SBDI-II, por unanimidade, conheceu do recurso ordinário e, no mérito, deu-lhe provimento para conceder a segurança pleiteada e determinar que a execução provisória seja processada nos moldes do art. 899 da CLT. TST-RO-7284-66.2013.5.15.0000, SBDI-II, rel. Min. Douglas Alencar Rodrigues, 14.4.2015.

FRAUDE À EXECUÇÃO

2016

Informativo n. 22 — *EXECUÇÃO, TST — Ação rescisória. Penhora não inscrita no registro imobiliário ao tempo da alienação do imóvel. Terceiro de boa-fé. Fraude à execução. Não ocorrência.*

Para a caracterização da fraude à execução, quando inexistente penhora inscrita no registro imobiliário, não basta a mera constatação de que o negócio jurídico se operou quando corria processo em desfavor do alienante capaz de reduzi-lo à insolvência (requisito objetivo), sendo necessária a demonstração de má-fé do terceiro adquirente (requisito subjetivo). Na hipótese, o TRT, nos autos do processo matriz, negou provimento a agravo de petição ao fundamento de que o preenchimento do requisito objetivo (alienação no curso de processo pendente) cumulado com a ausência/dispensa de pesquisa quanto aos débitos capazes de conduzir o alienante à insolvência caracterizaram a fraude à execução, porque denotada a má-fé do adquirente. Todavia, documento constante dos autos revelou que em 23.1.2007, a penhora ocorrida em 28.1.2003 não estava registrada junto ao cartório de registro de imóveis. Assim, o Tribunal Regional, ao afastar a boa-fé do adquirente, mesmo diante da realização de pesquisa de eventual óbice à transação imobiliária, violou o art. 593, II, do CPC. Sob esses fundamentos, a SBDI-II, por unanimidade, conheceu do recurso ordinário em ação rescisória e, no mérito, deu-lhe provimento para desconstituir o acórdão do TRT prolatado nos autos de embargos de terceiro e, em juízo rescisório, dar provimento ao agravo de petição do embargante para desconstituir a penhora. TST-RO-239-94.2012.5.06.0000, SBDI-II, rel. Min. Alberto Luiz Bresciani de Fontan Pereira, 2.2.2016.

2015

Informativo n. 13 — *EXECUÇÃO, TST — Ação rescisória. Venda de imóvel de sócio da empresa anterior à desconsideração da personalidade jurídica da devedora. Terceiro de boa-fé. Fraude à execução. Não ocorrência.*

Não ocorre fraude à execução quando a alienação do imóvel do sócio da empresa é anterior à desconsideração da personalidade jurídica da devedora e não há provas da má-fé do terceiro adquirente. Na espécie, restou demonstrado que os terceiros não tinham conhecimento de qualquer embargo sobre o imóvel objeto da transação e que nenhuma certidão da Justiça do Trabalho os informaria da positivação do nome da proprietária do bem, pois, à época da alienação, o nome dela ainda não constava no polo passivo da execução. Assim, reputando válido e eficaz o negócio jurídico celebrado entre as partes, a SBDI-II, por unanimidade, conheceu do recurso ordinário e, no mérito, deu-lhe provimento para, reconhecendo violação do disposto nos arts. 593, II, do CPC e 5º, XXII e XXXVI, da CF, julgar procedente a ação rescisória para, em juízo rescindindo, rescindir o acórdão proferido nos autos de agravo de petição em embargos de terceiro e, em juízo rescisório, julgar procedentes os referidos embargos para desconstituir a penhora efetivada sobre o imóvel em questão. TST-RO-6370-96.2012.5.02.0000, SBDI-II, rel. Min. Luiz Philippe Vieira de Mello Filho, 7.4.2015.

Informativo n. 10 — *EXECUÇÃO, TST — Ação rescisória. Desconstituição da penhora efetivada sobre bem imóvel. Aquisição ocorrida em momento anterior ao redirecionamento da execução ao sócio da reclamada. Adquirente de boa-fé. Fraude à execução não configurada. Violação dos arts. 472 e 615-A do CPC.*

Para a caracterização da fraude à execução, quando inexistente penhora inscrita no registro imobiliário, não basta a constatação de que o negócio jurídico se operou no curso de processo distribuído em desfavor do devedor (requisito objetivo), mas também a demonstração de má-fé do terceiro adquirente (requisito subjetivo), sob pena de desrespeito ao princípio da segurança jurídica. No caso, a autora adquiriu o imóvel em 23.12.2005, antes do direcionamento da execução em desfavor do sócio da executada, em 24.4.2006, o que revela sua condição de adquirente de boa-fé. Com esse entendimento, a SBDI-II, à unanimidade, conheceu do recurso ordinário interposto pelo réu, e, no mérito, negou-lhe provimento, mantendo incólume a decisão rescindenda que, entendendo configurada a violação dos arts. 472 e 615-A, § 3º, do CPC, desconstituiu a penhora efetivada nos autos da reclamação trabalhista. TST-RO-5875-32.2011.5.04.0000, SBDI-II, rel. Min. Alberto Luiz Bresciani de Fontan Pereira, 16.12.2014.

2014

Informativo n. 2 — *EXECUÇÃO, TST — Execução. Embargos de terceiro. Bem imóvel alienado mediante alvará judicial e antes do reconhecimento do grupo econômico e inclusão das empresas na lide. Adquirente de boa-fé. Fraude à execução. Não caracterização.*

Age de boa-fé o terceiro adquirente de imóvel alienado judicialmente, mediante alvará regularmente expedido em processo de concordata, e em momento anterior ao reconhecimento judicial do grupo econômico e à inclusão de todas as empresas na lide. Assim, ausente o registro da prova da má-fé do adquirente, requisito imprescindível à caracterização da fraude à execução, conforme preconiza a Súmula n. 375 do STJ, não há falar em declaração de ineficácia do negócio jurídico celebrado entre as partes. Com esse entendimento, a SBDI-I, à unanimidade, conheceu dos embargos interpostos pela Anthares Técnicas Construtivas e Comércio Ltda., por divergência jurisprudencial, e, no mérito, deu-lhes provimento para julgar procedente o pedido deduzido na ação de embargos de terceiro, a fim de desconstituir a penhora realizada sobre o imóvel adquirido pela embargante. TSTE-ED-RR-155100-26.2004.5.15.0046, SBDI-I, rel. Min. Luiz Philippe Vieira de Mello Filho, 5.6.2014.

IMPENHORABILIDADE

2016

Informativo n. 23 — *EXECUÇÃO, TST — Ação rescisória. Imóvel destinado à moradia da família. Registro da condição de bem de família no cartório de imóveis. Desnecessidade. Impenhorabilidade do bem constrito. Desconstituição da sentença que julgou improcedente o pedido de nulidade da penhora.*

A SBDI-II, por unanimidade, conheceu de recurso ordinário e, no mérito, negou-lhe provimento, mantendo, portanto, a decisão recorrida que julgou procedente o pleito rescisório da sentença proferida nos autos de embargos de terceiros que julgara improcedente o pedido de nulidade da penhora que recaiu sobre bem de família. Na espécie, o acórdão rescindendo registrou não se tratar de bem de família porque demonstrado que o devedor possui mais de um imóvel e a embargante não apresentou nenhuma certidão dos cartórios de registro de imóveis para comprovar a condição de bem de família do bem penhorado. Todavia, a Lei n. 8.009/90 não exige que conste no registro do imóvel a condição de bem de família. Ao prever a situação do executado que possui vários imóveis e estabelecer que, neste caso, a impenhorabilidade recairá sobre o de menor valor, salvo se outro tiver sido registrado como bem de família, pretendeu o legislador apenas impedir que o devedor possa se valer do benefício da impenhorabilidade para resguardar mais de um imóvel. Ademais, no caso concreto, a própria embargante e autora da ação rescisória indicou outro bem à penhora e apresentou provas de que o imóvel constrito é utilizado para moradia familiar, fato não impugnado no recurso ordinário. TST-RO-232-31.2012.5.23.0000, SBDI-II, rel. Min. Luiz Philippe Vieira de Mello Filho, 17.5.2016.

2015

Informativo n. 11 — *EXECUÇÃO, TST — Mandado de segurança. Penhora em conta-poupança até o limite de quarenta salários mínimos. Art. 649, X, do CPC. Impossibilidade.*

Nos termos do art. 649, X, do CPC, é absolutamente impenhorável, até o limite de 40 salários mínimos, a quantia depositada em caderneta de poupança. Na espécie, houve determinação de penhora/bloqueio de valores depositados em contas-poupanças, via Bacenjud, sem a observância da diretriz consagrada no dispositivo de lei mencionado. Assim, tendo em conta que é possível conhecer de mandado de segurança impetrado contra ato judicial que, embora comporte recurso, provoque receio de dano irreparável ou de difícil reparação, como no caso concreto, a SBDI-II, por unanimidade, deu provimento ao recurso ordinário para conceder parcialmente a segurança, a fim de sustar a ordem de bloqueio de valores creditados nas contas-poupanças do impetrante, liberando-se eventuais valores já penhorados a esse título que não excedam o limite estabelecido no art. 649, X, do CPC, tomados em seu conjunto. TST-RO-179-34.2012.5.20.0000, SBDI-II, rel. Min. Delaíde Miranda Arantes, 24.2.2015.

Informativo n. 10 — *EXECUÇÃO, TST — Penhora. Percentual de pensão recebida pelo impetrante na condição de anistiado político. Ilegalidade. Art. 649, IV, do CPC. Orientação Jurisprudencial n. 153 da SBDI-II.*

É ilegal, independente do percentual arbitrado, o bloqueio de pensão mensal vitalícia recebida pelo impetrante em decorrência do reconhecimento da condição de anistiado político, pois o crédito penhorado, previsto no art. 8º, § 3º do ADCT e na Lei n. 10.559/2002, possui natureza alimentícia, inserindo-se no mesmo âmbito de proteção assegurada pelo art. 649, IV, do CPC e pela Orientação Jurisprudencial n. 153 da SBDI-II. Com esse entendimento, a SBDI-II, por unanimidade, conheceu do recurso ordinário e, no mérito, deu-lhe provimento para conceder a segurança pleiteada e determinar o cancelamento do bloqueio que recaiu sobre a pensão mensal recebida pelo impetrante, bem como a liberação das quantias já bloqueadas. TST-RO-10729-82.2013.5.01.0000, SBDI-II, rel. Min. Douglas Alencar Rodrigues, 3.2.2015.

2014

Informativo n. 9 — *EXECUÇÃO, TST — Ação rescisória. Imóvel desocupado em razão de mudança provisória decorrente de problemas de saúde. Único imóvel da executada. Bem de família. Impenhorabilidade.*

Constitui-se bem de família o único imóvel residencial pertencente à executada e afetado à subsistência da entidade familiar, ainda que esteja desocupado em razão de mudança provisória para outra cidade decorrente de problemas de saúde. Com esse fundamento, a SBDI-II, por maioria, deu provimento ao recurso ordinário da executada para julgar procedente a ação rescisória, com fundamento no art. 485, V, do CPC, e desconstituir o acórdão rescindendo; e, em juízo rescisório, reconhecer a condição de bem de família do imóvel penhorado e declarar a nulidade da constrição, julgando procedentes os embargos à execução. Vencido o Ministro Cláudio Mascarenhas Brandão, relator, que negava provimento ao recurso por não vislumbrar violação literal dos arts. 1º e 5º da Lei n. 8.009/90. TST-RO-1059-48.2012.5.12.0000, SBDI-II, rel. Min. Cláudio Mascarenhas Brandão, red. p/ acórdão Min. Maria Cristina Irigoyen Peduzzi, 16.12.2014.

Informativo n. 7 — *EXECUÇÃO, TST — Mandado de segurança. Execução. Penhora sobre parte dos salários ou de proventos de aposentadoria. Ilegalidade. Art. 649, IV, do CPC. Orientação Jurisprudencial n. 153 da SBDI-II.*

O art. 649, IV, do CPC e a Orientação Jurisprudencial n. 153 da SBDI-II estabelecem que são impenhoráveis salários ou proventos de aposentadoria, ofendendo direito líquido e certo do devedor a ordem de bloqueio de tais valores, ainda que limitado a determinado percentual. Na espécie, contrariando a diretriz perfilhada, o TRT denegou a segurança impetrada contra decisão proferida nos autos de reclamação trabalhista que determinou a penhora no percentual de 20% sobre os salários da impetrante e o depósito de valor em juízo. Em vista do exposto, e considerando plenamente cabível o *mandamus*, visto que o manejo de embargos à execução ou de agravo de petição não teriam a força de desconstituir a constrição indevida, a SBDI-II, por unanimidade, conheceu do recurso ordinário e, no mérito, deu-lhe provimento para conceder integralmente a segurança, inclusive com a devolução à impetrante dos valores cujo bloqueio foi mantido pelo TRT. TST-RO-107-82.2014.5.09.0000, SBDI-II, rel. Min. Alberto Luiz Bresciani de Fontan Pereira, 14.10.2014.

JUSTIÇA GRATUITA

2014

Informativo n. 7 — *EXECUÇÃO, TST — Mandado de segurança. Cabimento. Execução. Decisão interlocutória. Indeferimento do benefício da justiça gratuita. Impossibilidade. Direito líquido e certo à gratuidade de justiça.*

A assistência jurídica integral e gratuita é devida aos que comprovem insuficiência de recursos e constitui direito fundamental, nos termos do art. 5º, LXXIV, da CF. Assim, tem-se que os benefícios da justiça gratuita podem ser deferidos, inclusive de ofício, na fase de execução, especialmente quando o requerimento formulado pelo interessado não tem caráter retroativo, não é impugnado pela parte contrária, nem há indícios de que a declaração de miserabilidade prestada seja falsa. No caso concreto, em sede de reclamação trabalhista, o juiz desconsiderou a personalidade jurídica da empresa executada e deferiu a expedição de carta rogatória, determinando que a impetrante providenciasse a cópia dos documentos, com tradução oficial realizada por tradutor juramentado. A parte alegou ser beneficiária da justiça gratuita e requereu que a tradução fosse realizada sem custos, pedido que foi indeferido ao argumento de que a impetrante não é beneficiária da gratuidade de justiça. Na sequência, a parte requereu os benefícios da justiça gratuita, por não possuir condições de arcar com as despesas de tradução, tendo o juiz mantido a decisão anterior, alegando não haver nada a deferir. Nesse cenário, e não obstante a natureza interlocutória da decisão que recusou a examinar o requerimento do benefício da justiça gratuita formulado na fase de cumprimento de sentença, a SBDI-II, por unanimidade, entendeu cabível o mandado de segurança, pois o prosseguimento do feito nos autos originários depende da expedição de carta rogatória, de modo que o não exame do pedido formulado pela impetrante trava a marcha processual, inviabilizando o regular prosseguimento da execução. No mérito, também por unanimidade, a Subseção deu provimento ao recurso ordinário para afastar o óbice do art. 5º, II, da Lei 12.016/2009 e, com fulcro no art. 515, § 3º, do CPC, conceder a segurança e deferir à impetrante o benefício da justiça gratuita, determinando que a despesa com tradução dos documentos necessários à expedição da carta rogatória, nos autos originários, seja paga a partir da rubrica orçamentária indicada no § 1º do art. 1º da Resolução n. 66 do CSJT. TST-RO-6373-15.2011.5.01.0000, SBDI-II, rel. Min. Douglas Alencar Rodrigues, 14.10.2014.

LIQUIDAÇÃO

2015

Informativo n. 13 — *EXECUÇÃO, TST — Ação anulatória. Pretensão de desconstituição de sentença homologatória de cálculos de liquidação. Não cabimento. Art. 486 do CPC.*

A pretensão de desconstituição de sentença homologatória de cálculos de liquidação apresentados pelo perito é incompatível com a ação anulatória, a qual, consoante o art. 486 do CPC, é cabível apenas contra os atos dispositivos praticados pelas partes, que não dependam de sentença, ou contra os atos processuais objeto de decisão meramente homologatória. Assim, tendo em conta que os cálculos apresentados por perito contábil não se caracterizam como atos dispositivos em que há declaração de vontade destinada a dispor da tutela jurisdicional, e que a sentença homologatória de cálculos de liquidação não se destina a jurisdicionalizar ato processual das partes, mas tornar líquida a prestação reconhecida na sentença exequenda, integrando-a, não há falar em cabimento da ação anulatória. Com esses fundamentos, e não vislumbrando afronta aos arts. 896 da CLT e 486 do CPC, a SBDI-I, por unanimidade, não conheceu do recurso de embargos interpostos pelo reclamante antes da vigência da Lei n. 11.496/2007. Registrou ressalva de fundamentação o Ministro Lelio Bentes Corrêa. TST-E-ED-RR-156700-08.2000.5.17.0001, SBDI-I, rel. Min. Guilherme Augusto Caputo Bastos, 9.4.2015.

2014

Informativo n. 3 — *EXECUÇÃO, TST — Horas in itinere. Trajeto entre a portaria e o local efetivo de trabalho. Súmula n. 429 do TST. Tempo à disposição do empregador. Apuração em liquidação de sentença. Possibilidade. Art. 475-E do CPC.*

A fixação do tempo gasto no trajeto entre a portaria e o efetivo local de trabalho, para efeito de pagamento de horas extras *in itinere*, conforme critério previsto na Súmula n. 429 do TST, pode ser feita em liquidação de sentença porque, no caso concreto, o referido verbete jurisprudencial somente foi editado após o julgamento pelo Tribunal Regional, que consignara tempo superior a dez minutos diários, porém sem aferir a duração exata do período de deslocamento. Ademais, o art. 475-E do CPC, aplicado subsidiariamente, permite a liquidação por artigos quando, para determinar o valor da condenação, houver necessidade de se provar fato novo, o qual, na hipótese, é o próprio limite temporal fixado pela Súmula n. 429 do TST. Com base nesses fundamentos, a SBDI-I, por unanimidade, conheceu dos embargos da reclamada, por divergência jurisprudencial, e, no mérito, negou-lhes provimento. TST-E-E-D-ARR-116800-54.2007.5.02.0465, SBDI-I, rel. Min. José Roberto Freire Pimenta, 14.8.2014.

MANDADO DE SEGURANÇA

2016

Informativo n. 26 — *EXECUÇÃO, TST — Mandado de segurança. Execução definitiva. Descumprimento de ordem judicial. Penhora de dinheiro de instituição financeira. Impossibilidade.*

Na hipótese de eventual descumprimento de ordem de bloqueio judicial de conta do executado, a instituição financeira não pode ser responsabilizada pelo valor da execução trabalhista. Em atenção aos princípios constitucionais da legalidade, do devido processo legal e da ampla defesa, a instituição financeira, que é terceiro estranho à lide, não pode responder pela efetividade do título executivo judicial proveniente de relação jurídica da qual jamais foi parte. Sob esses fundamentos, a SBDI-II, por unanimidade, conheceu do recurso ordinário, e, no mérito, deu-lhe provimento para conceder integralmente a segurança, a fim de que seja afastada a constrição sobre o patrimônio do banco. TST-RO-417-61.2014.5.10.0000, SBDI-II, rel. Min. Alberto Luiz Bresciani de Fontan Pereira, 9.8.2016.

Informativo n. 23 — *EXECUÇÃO, TST — Mandado de segurança. Cabimento. Exceção de pré-executividade. Rejeição. Teratologia do ato coator.*

É cabível mandado de segurança contra decisão que rejeitou exceção de pré-executividade na hipótese de teratologia do ato coator ou quando evidenciada a excepcionalidade do caso. Na espécie, entendeu-se teratológica a decisão que negou à impetrante o direito de discutir, por meio de exceção de pré-executividade, a adequação dos cálculos elaborados pela perita e homologados na sentença de liquidação aos termos da coisa julgada produzida na sentença exequenda. Não se mostra razoável exigir do devedor o ajuizamento de embargos à execução, após prévia garantia de juízo, para demonstrar possível ofensa à coisa julgada, matéria cognoscível de ofício. Sob esse entendimento, a SBDI-II, afastando a incidência de sua Orientação Jurisprudencial n. 92, conheceu do recurso ordinário por unanimidade, e, por maioria, negou-lhe provimento, mantendo a decisão do Regional que concedera a segurança. Vencidos os Ministros Emmanoel Pereira e Delaíde Miranda Arantes. TST-RO-2368-09.2011.5.06.0000, SBDI-II, rel. Min. Emmanoel Pereira, red. p/ acórdão Min. Guilherme Augusto Caputo Bastos, 23.2.2016.

Informativo n. 21 — *EXECUÇÃO, TST — Mandado de segurança. Execução. Penhora do depósito recursal. Transferência para saldar execução em outro feito. Legalidade.*

Não se reveste de ilegalidade o ato judicial que, atendendo à solicitação de registro de penhora no rosto dos autos, determina a transferência do depósito recursal para prover execução em outro processo em que a ora recorrente figura como executada. No caso, o TRT denegou a segurança pleiteada por entender que o juízo originário se atentou para que a execução da dívida relativa ao outro processo observasse os princípios da execução menos gravosa e da economia e celeridade processuais, assegurando, portanto, efetividade à execução e à coisa julgada. Assim, não se configurando qualquer abuso de poder ou ilegalidade no ato judicial, e não havendo direito líquido e certo a ser tutelado pela via mandamental, a SBDI--II, por unanimidade, conheceu do recurso ordinário e, no mérito, negou-lhe provimento. TST-RO-1000989-22.2014.5.02.0000, SBDI-II, rel. Min. Alberto Luiz Bresciani de Fontan Pereira, 15.12.2015.

2015

Informativo n. 18 — *EXECUÇÃO, TST — Mandado de segurança. Impugnação de decisão que não homologa integralmente o acordo firmado pelas partes. Faculdade do juízo. Remição não concedida. Inexistência de direito líquido e certo. Súmula n. 418 do TST.*

A homologação de acordo firmado entre as partes constitui faculdade do Juízo, de modo que o fato de o Magistrado ter deixado de chancelar parte da avença não enseja a impetração de mandado de segurança, nos termos Súmula n. 418 do TST. Na hipótese, o Magistrado negou a remissão da dívida, pois o produto decorrente da arrematação beneficiaria vários exequentes com processos antigos em curso. Ademais, a petição de acordo foi protocolizada somente após a lavratura do auto de arrematação, o que, nos termos do art. 694 do CPC, impossibilita a remição da dívida. Sob esse entendimento, a SBDI-2, por unanimidade, conheceu do recurso ordinário em mandado de segurança, e, no mérito, negou-lhe provimento. TST-RO 1001108-80.2014.5.02.0000, SBDI-II, rel. Min. Maria Helena Mallmann, 25.8.2015.

Informativo n. 16 — *EXECUÇÃO, TST — MS. Cabimento. Execução fiscal. Ato judicial de indeferimento de pedido de devolução de prazo recursal. Existência de via processual própria. Exegese da OJ n. 92 da SBDI-II.*

Dispondo a parte de meio processual específico para impugnar o ato que entende ilegal e não tendo havido impedimento ao seu uso, afigura-se incabível a utilização do Mandado de Segurança. Aplicação da OJ n. 92 da SBDI-II combinada com o art. 5º, inciso II, da Lei n. 12.016/2009. Na espécie, o juízo da execução indeferiu pedido de devolução de prazo para interposição de recurso, hipótese na qual a parte poderia se utilizar dos embargos à execução para demonstrar e justificar a tempestividade do recurso ou até mesmo obter a reforma da decisão monocrática pelo juízo de retratação. Sob esses fundamentos, a SBDI-II, por unanimidade, conheceu do recurso ordinário e, no mérito, negou-lhe provimento. TST- RO-942-14.2012.5.10.0000, SBDI-II, rel. Min. Luiz Philippe Vieira de Mello Filho, 26.5.2015.

Informativo n. 15 — *EXECUÇÃO, TST — Mandado de segurança. Não cabimento. Decisão que determina a incidência de astreintes sem fixação de limite temporal ou quantitativo. Existência de* *recurso próprio. Orientação Jurisprudencial n. 92 da SBDI-II.*

Não cabe mandado de segurança em face de decisão que, em sede de execução de sentença, determina a incidência de "astreintes", em razão do descumprimento de decisão judicial, sem fixação de limite temporal ou quantitativo a ser observado. No caso, a medida processual idônea para corrigir eventuais ilegalidades são os embargos à execução, já manejados pelo impetrante, inclusive. Incidência da Orientação Jurisprudencial n. 92 da SBDI-II. Sob esse entendimento, a SBDI-II, por unanimidade, conheceu do recurso ordinário e negou-lhe provimento, mantendo a decisão do Regional que indeferiu a petição inicial e extinguiu o processo sem resolução do mérito, nos termos do art. 10 da Lei n. 12.016/2009 e do art. 267, I e IV, do CPC. TST-RO-10925-95.2013.5.03.0000, SBDI-II, rel. Min. Douglas Alencar Rodrigues, 28.4.2015.

Informativo n. 14 — *EXECUÇÃO, TST — Mandado de segurança. Exame do acervo probatório produzido. Cópia integral de autos. Ato coator não delineado. Súmula n. 415 do TST.*

Em sede de mandado de segurança, é dever da parte apresentar provas tendentes a demonstrar a certeza e a liquidez do direito invocado (Súmula n. 415 do TST) e elementos contundentes que comprovem a arbitrariedade denunciada, não bastando a simples juntada de cópia integral dos autos. Em outras palavras, a parte deve apresentar provas de forma ordenada e aptas a revelar seu direito, mostrando-se inadequada a juntada de documentação extensa, coligida sem seguir determinada lógica, irrelevante para a análise da questão deduzida ou vinculada a processos distintos. No caso concreto, a discussão está centrada na ausência de concessão de efeito suspensivo ao curso de execução trabalhista, em razão da oposição de embargos de terceiros, na forma do art. 1.052 do CPC. O TRT denegou a segurança ao fundamento de que a impetrante não comprovou que os embargos de terceiro foram recebidos sem efeito suspensivo, estando a pretensão recursal fundada em manifesto equívoco no exame do acervo probatório produzido, qual seja, cópia integral dos autos de embargos de terceiro. Todavia, o exame dos autos revelou que não houve equívoco por parte do Tribunal Regional, mas que a documentação produzida foi insuficiente, não tendo o ato coator sido delineado de forma nítida, a ponto de repercutir no direito líquido e certo da parte. Com base nesses fundamentos, a SBDI-II, por unanimidade, denegou a segurança, na forma do art. 6º, § 5º, da Lei n. 12.016/2009, c/c o art. 267, VI, do CPC. TST-RO-9068-75.2012.5.02.0000, SBDI-II, rel. Min. Douglas Alencar Rodrigues, 14.4.2015.

Informativo n. 12 — *EXECUÇÃO, TST — Mandado de segurança. Medida liminar em reclamação correcional. Desmembramento de execuções unificadas pelo Juízo. Prosseguimento das execuções individualmente. Ordem de bloqueio de valores. Possibilidade. Inexistência de ofensa a direito líquido e certo.*

A medida liminar concedida em sede de reclamação correcional, determinando o processamento autônomo das execuções indevidamente reunidas pela vara do trabalho, bem como o cancelamento de todos os atos constritivos decorrentes da unificação, não obsta o prosseguimento das execuções de forma individualizada perante o juízo competente, razão pela qual a ordem de bloqueio de valores da impetrante, visando à satisfação do crédito trabalhista, não se mostra conflitante com a liminar obtida. Na espécie, a impetrante alegou que a determinação de constrição de valores em conta corrente viola o direito de propriedade e a garantia da coisa julgada (art. 5º, caput, XXII, XXXVI, da CF), porquanto não viabiliza o cumprimento das obrigações de forma menos gravosa (art. 620, do CPC). Todavia, assegurada a possibilidade de defesa ampla, caso a caso, e não existindo na liminar concedida qualquer determinação de paralisação das execuções individuais, mas apenas a impossibilidade de tramitação unificada dos processos em curso, não há falar em afronta ao direito de propriedade ou à coisa julgada. De outra sorte, as alegações de que o bloqueio de verbas é medida mais gravosa, bem como as consequências advindas da constrição devem ser objeto de medida judicial própria, a atrair, portanto, o óbice da Orientação Jurisprudencial n. 92 da SBDI-II. Com esses fundamentos, a SBDI-II, por unanimidade, conheceu do recurso ordinário e, no mérito, negou-lhe provimento. Ressalvou a fundamentação o Ministro Luiz Philippe Vieira de Mello Filho. TST-RO-10190-96.2012.5.03.0000, SBDI-II, rel. Min. Douglas Alencar Rodrigues, 10.3.2015.

Informativo n. 12 — *EXECUÇÃO, TST — Mandado de segurança. Execução provisória. Indeferimento do prosseguimento até a penhora. Impossibilidade. Art. 899 da CLT.*

Havendo expressa previsão de lei acerca da possibilidade de se promover a execução provisória no processo do trabalho até a penhora (art. 899 da CLT), fere direito líquido e certo da exequente a decisão que indefere o prosseguimento da referida execução, mesmo na hipótese em que há recurso pendente de julgamento. Ademais, no caso concreto, restou consignado que o indeferimento da execução provisória causa prejuízo à impetrante, na medida em que a liquidação do julgado somente se iniciaria após o trânsito em julgado do processo matriz, impedindo a prévia apuração de valores impostos na condenação e, consequentemente, retardando a celeridade processual. Com esses fundamentos, a SBDI-II, por unanimidade, conheceu do recurso ordinário, e, no mérito, negou-lhe provimento, mantendo a decisão do TRT que concedera a segurança para cassar ato judicial mediante o qual se indeferiu o prosseguimento da execução provisória nos autos de reclamação trabalhista. TST-RO-6909-65.2013.5.15.0000, SBDI-II, rel. Min. Alberto Luiz Bresciani de Fontan Pereira, 3.3.2015.

2014

Informativo n. 9 — *EXECUÇÃO, TST — Mandado de segurança. Execução provisória. Decisão que determina a liberação dos depósitos recursais. Pedido de restituição. Inadequação da via eleita. Consumação do ato coator mediante o efetivo levantamento dos valores. Perda de objeto.*

O mandado de segurança não é a via adequada para se obter sentença condenatória que determine a restituição de valores recebidos pela reclamante litisconsorte em sede de execução provisória, pois não pode ser utilizado em substituição à ação de cobrança regressiva ou repetição de indébito trabalhista, no caso de o executado alcançar o provimento do agravo de instrumento em recurso de revista pendente nos autos principais da ação que gerou o ato coator, consistente da liberação dos depósitos recursais. De outra sorte, na hipótese vertente, verifica-se a total perda do objeto do *mandamus*, por ausência de interesse de agir do impetrante, pois houve consumação do ato coator ante o efetivo levantamento dos depósitos pela exequente. Com esses fundamentos, a SBDI-II, por unanimidade, decretou a extinção do processo, sem resolução do mérito, com fundamento no art. 267, VI, do CPC. TST-RO-50200-95.2012.5.17.0000, SBDI-II, rel. Min. Cláudio Mascarenhas Brandão, 28.10.2014.

Informativo n. 8 — *EXECUÇÃO, TST — Mandado de segurança. Decadência. Configuração. Penhora sobre 30% dos proventos de aposentadoria.*

O início da contagem do prazo decadencial para ajuizamento de mandado de segurança se dá a partir do efetivo ato coator, ou seja, do primeiro ato em que se firmou a tese hostilizada e não daquele que a ratificou (Orientação Jurisprudencial n. 127 da SBDI-II). Assim, no caso em que a ciência inequívoca do impetrante sobre o ato que determinou a penhora sobre 30% dos valores percebidos mensalmente se deu no mês de março de 2013, data do primeiro desconto em seus proventos de aposentadoria, e o mandado de segurança foi impetrado apenas em fevereiro de 2014, observa-se que o prazo previsto em lei para o manejo da ação mandamental foi notoriamente ultrapassado, restando configurada a decadência. Com este entendimento, a SBDI-II, por unanimidade, conheceu do recurso ordinário e, no mérito, negou-lhe provimento. TST-RO-130-39.2014.5.05.0000, SBDI-II, rel. Min. Emmanoel Pereira, 21.10.2014.

Informativo n. 6 — *EXECUÇÃO, TST — Mandado de segurança. Pedido de emissão de Certidão Positiva de Débitos Trabalhistas com Efeitos de Negativa. Execução integralmente garantida por reclamada que requer exclusão da lide. Ausência de decisão definitiva sobre a questão. Risco de ineficácia da prestação jurisdicional. Inexistência de direito líquido e certo.*

Embora o § 2º do art. 642-A da CLT permita a expedição de Certidão Positiva de Débitos Trabalhistas com Efeito de Negativa, desde que haja débitos trabalhistas com exigibilidade suspensa ou quando a execução estiver garantida por depósito ou penhora, no caso em que não há decisão definitiva acerca da exclusão da lide da empresa executada responsável pela garantia do juízo, não se afigura razoável que as demais reclamadas se beneficiem da suspensão da exigibilidade dos débitos trabalhistas, ante o risco de ineficácia da prestação jurisdicional. Incidência, por analogia, do item III da Súmula n. 128 do TST. Na espécie, o TRT indeferiu o pedido de expedição de Certidão Positiva de Débitos Trabalhistas com Efeitos de Negativa por entender que, embora garantida a execução trabalhista, a reclamada que ofertou a carta de fiança como garantia do débito exequendo requereu sua exclusão da lide, não havendo decisão definitiva sobre a questão. Assim sendo, a SBDI-II, por unanimidade, conheceu do recurso ordinário e, no mérito, negou-lhe provimento, uma vez que não demonstrada, de maneira inequívoca, a satisfação dos requisitos necessários para a expedição de Certidão Positiva de Débitos Trabalhistas com Efeito de Negativa, não vislumbrando, assim, direito líquido e certo a ser amparado pela via do mandado de segurança.

TST-RO-1000244-76.2013.5.02.0000, SBDI-II, rel. Min. Douglas Alencar Rodrigues, 7.10.2014.

Informativo n. 5 — *EXECUÇÃO, TST — Mandado de segurança. Execução provisória. Determinação judicial de transferência para a Caixa Econômica Federal do valor depositado como garantia do crédito exequendo em conta poupança aberta em agência do banco executado. Abusividade. Inteligência dos arts. 620 e 655 do CPC e da Súmula n. 417, III do TST.*

Garantida a execução mediante valor depositado em conta de poupança aberta em agência do banco executado em nome do exequente, à disposição do juízo, mostra-se abusiva a ordem de transferência do referido numerário para agência da Caixa Econômica Federal. Trata-se de execução provisória em que incidem o art. 620 do CPC e o item III da Súmula n. 417 do TST, segundo os quais o executado tem direito a que a execução se processe da forma que lhe seja menos gravosa. Ademais, restou demonstrada a observância da gradação do art. 655 do CPC, de modo que a autoridade coatora, ao considerar o depósito em conta-poupança ineficaz, violou o princípio da economicidade da execução. Com esses fundamentos, a SBDI-II, por unanimidade, conheceu do recurso ordinário interposto pelo banco impetrante, e, no mérito, deu-lhe provimento para conceder a segurança a fim de cassar o ato impugnado e convalidar a garantia da execução efetuada via depósito judicial. Ressalvou entendimento o Ministro Cláudio Mascarenhas Brandão. TST-RO- 6327-42.2011.5.04.0000, SBDI-II, rel. Min. Emmanoel Pereira, 23.9.2014.

Informativo n. 1 — *EXECUÇÃO, TST — Mandado de segurança. Cabimento. Ordem de bloqueio em conta salário via sistema BacenJud. Exceção de pré-executividade rejeitada. Decadência. Termo inicial. Orientação Jurisprudencial n. 127 da SBDI-II.*

Ausente recurso capaz de estancar de imediato os efeitos do ato impugnado, é cabível a impetração de mandado de segurança em face de decisão que rejeita exceção de pré-executividade manejada contra ordem judicial que determinou o bloqueio de valores em conta salário via sistema BacenJud, devendo o prazo decadencial de cento e vinte dias ser contado a partir da decisão que primeiro fixou a tese combatida, nos termos da Orientação Jurisprudencial n. 127 da SBDI-II. Assim, tendo em conta que, no caso concreto, a impetrante teve ciência do bloqueio antes do pronunciamento do juízo a respeito da exceção de pré-executividade, e que a rejeição desta apenas ratificou a ordem anterior de constrição, tem-se que o prazo decadencial da ação mandamental deve ser contado a partir da determinação judicial de bloqueio e não do julgamento do incidente. Com esses fundamentos, a SBDI-II, por unanimidade, conheceu do recurso ordinário da impetrante e, no mérito, por maioria, negou-lhes provimento, mantendo a decadência declarada na origem. Vencidos os Ministros Hugo Carlos Scheuermann, relator, e Antonio José de Barros Levenhagen, que davam provimento ao recurso para afastar a decadência ao fundamento de que apenas após o pronunciamento do juízo a respeito da exceção de pré-executividade firmou-se a tese ora hostilizada. TST-RO-3352-79.2011.5.10.0000, SBDI-II, rel. Min. Hugo Carlos Scheuermann, red. p/ acórdão Min. Cláudio Mascarenhas Brandão, 10.6.2014.

MULTAS

2016

Informativo n. 24 — *EXECUÇÃO, TST — Contribuição previdenciária. Fato gerador. Incidência de multa e juros de mora. Data da prestação dos serviços. Alteração do art. 43 da Lei n. 8.2012/1991 pela Medida Provisória n. 449/2008, convertida na Lei n. 11.941/2009.*

Na vigência do art. 276, *caput*, do Decreto n. 3.048/99, o fato gerador da contribuição previdenciária era o pagamento do crédito devido ao trabalhador e, no caso de decisão judicial trabalhista, somente seria cabível a incidência de multa e juros de mora após o dia dois do mês subsequente ao trânsito em julgado da decisão que pôs fim à discussão acerca dos cálculos de liquidação. Porém, desde a edição da Medida Provisória n. 449/2008, convertida na Lei n. 11.941/2009, que modificou o art. 43 da Lei n. 8.212/1991, as contribuições sociais apuradas em virtude de sentença judicial ou acordo homologado judicialmente passaram a ser devidas a partir da data de prestação do serviço, considerando-se como marco de incidência do novo dispositivo de lei o dia 5.3.2009, em atenção aos princípios da anterioridade tributária e nonagesimal (arts. 150, III, "a", e 195, § 6º, da CF). A multa, todavia, incide a partir do primeiro dia subsequente ao término do prazo de citação para pagamento das parcelas previdenciárias, observado o limite legal de 20% (art. 61, § 2º, da Lei n. 9.430/96). Entendimento consolidado pelo Tribunal Pleno no julgamento do processo TST-E-RR-1125-36.2010.5.06.0171, em 20.10.2015. Sob esses fundamentos, a SBDI-I, por unanimidade, conheceu do recurso de embargos, por divergência jurisprudencial, e, no mérito, deu-lhe provimento parcial para determinar a aplicação de multa a partir do exaurimento do prazo decorrente da citação para o pagamento dos créditos previdenciários apurados em juízo, observado o limite de 20%. TST-E-RR-293-78.2010.5.15.0065, SBDI-I, rel. Min. José Roberto Freire Pimenta, 16.6.2016.

2015

Informativo n. 20 — *EXECUÇÃO, TST — Contribuição previdenciária. Fato gerador. Incidência de multa e juros de mora. Data da prestação dos serviços. Alteração do art. 43 da Lei n. 8.2012/1991 pela Medida Provisória n. 449/2008, convertida na Lei n. 11.941/2009.*

Na vigência do art. 276, *caput*, do Decreto n. 3.048/99, o fato gerador da contribuição previdenciária era o pagamento do crédito devido ao trabalhador e, no caso de decisão judicial trabalhista, somente seria cabível a incidência de multa e juros de mora após o dia dois do mês subsequente ao trânsito em julgado da decisão que pôs fim à discussão acerca dos cálculos de liquidação. Porém, desde a edição da Medida Provisória n. 449/2008, convertida na Lei n. 11.941/2009, que modificou o art. 43 da Lei n. 8.212/1991, as contribuições sociais apuradas em virtude de sentença judicial ou acordo homologado judicialmente passaram a ser devidas a partir da data de prestação do serviço, considerando-se como marco de incidência do novo dispositivo de lei o dia 5.3.2009, em atenção aos princípios da anterioridade tributária e nonagesimal (arts. 150, III, "a", e 195, § 6º, da CF). Entendimento consolidado pelo Tribunal Pleno no julgamento do processo TST-E-RR-1125-36.2010.5.06.0171, em 20.10.2015. Sob esses fundamentos, e tendo em conta que, na espécie, a prestação de serviço objeto da reclamação trabalhista ocorreu no período de 21.3.2003 a 28.12.2011, a SBDI-I, por unanimidade, conheceu dos embargos, por divergência jurisprudencial, e, no mérito, deu-lhe provimento parcial para determinar que a partir de 5.3.2009 o fato gerador da obrigação previdenciária para fins de incidência dos juros moratórios é a data da efetiva prestação de serviço, mantendo-se o termo inicial do referido encargo no dia dois do mês seguinte ao do efetivo pagamento do débito em relação às prestações laborais ocorridas até o dia 4.3.2009. A multa incide a partir do primeiro dia subsequente ao término do prazo de citação para pagamento das parcelas previdenciárias, observado o limite legal de 20% (art. 61, § 2º, da Lei n. 9.430/96). TST-E-ED-RR-4484-80.2012.5.12.0001, SBDI-I, rel. Min. Renato de Lacerda Paiva, 19.11.2015.

Informativo n. 20 — *EXECUÇÃO, TST — Multa de 20% sobre o valor da condenação em razão do não pagamento ou de ausência de garantia da execução. Art. 832, § 1º, da CLT. Impossibilidade. Existência de regramento específico. Art. 880 da CLT.*

O art. 880 da CLT determina o pagamento ou a garantia da execução no prazo de 48 horas, sob pena de penhora. Assim, havendo regramento específico para o não cumprimento espontâneo da decisão judicial ou para a ausência de garantia do juízo, não subsiste a multa de 20% sobre o valor da condenação imposta à reclamada com fundamento no art. 832, § 1º, da CLT. No caso concreto, ressaltou-se que o referido dispositivo tem caráter genérico e deve ser interpretado em conjunto com a disciplina que a CLT confere à execução trabalhista. Sob esses fundamentos, a SBDI-I, por maioria, conheceu dos embargos, vencido o Ministro Aloysio Corrêa da Veiga. No mérito, também por maioria, a Subseção deu provimento ao recurso para, reformado o acórdão turmário, excluir da condenação o pagamento da multa de 20% para o caso de não pagamento ou de ausência de garantia da execução no prazo de 48 horas. Vencidos os Ministros Augusto César Leite de Carvalho, José Roberto Freire Pimenta e Alexandre Agra Belmonte. TST-E-E-D-RR-1228-29.2011.5.08.0114, SBDI-I, rel. Min. Guilherme Augusto Caputo Bastos, 26.11.2015.

Informativo n. 18 — *EXECUÇÃO, TST — Multa do artigo 475-J do CPC. Inaplicabilidade ao processo do trabalho. Matéria remetida à fase de execução. Ausência de interesse recursal.*

A aplicabilidade da multa a que alude o artigo 475-J do CPC pode ser analisada na fase de conhecimento quando a parte tiver a intenção de se precaver de eventual condenação na fase de execução. No entanto, no caso em que o julgador opta por remeter o exame da incidência da multa ao juízo da execução, não há interesse recursal, eis que não há condenação. O interesse para recorrer nasce do binômio necessidade *versus* utilidade do provimento jurisdicional. Não havendo sucumbência, inexiste interesse recursal. Sob esses fundamentos a SBDI-1, por maioria, conheceu dos embargos, por divergência jurisprudencial, e, no mérito, negou-lhes provimento, vencidos os Ministros João Oreste Dalazen e Augusto César Leite de Carvalho, que não conheciam do recurso. TST-E-ED-RR-727-89.2012.5.09.0671, SBDI-I, rel. Min. Aloysio Corrêa da Veiga, 17.9.2015.

2014

Informativo n. 5 — *EXECUÇÃO, TST — Execução. Multa prevista no art. 475-J do CPC. Aplicação ao processo do trabalho. Impossibilidade.*

Não se aplica a multa prevista no art. 475-J do CPC ao processo do trabalho, pois, no que diz respeito à execução trabalhista, não há omissão na CLT a autorizar a incidência subsidiária da norma processual civil. Ainda que assim não fosse, eventual lacuna seria preenchida pela aplicação da Lei n. 6.830/80, a qual tem prevalência sobre as regras do CPC, em sede de execução, conforme determinado no art. 889 da CLT. Com esses fundamentos, a SBDI-I, por unanimidade, conheceu dos embargos da reclamada, por divergência jurisprudencial, e, no mérito, deu-lhes provimento para afastar a aplicação da multa do art. 475-J do CPC. TST-E-RR-92900-15.2005.5.01.0053, SBDI-I, rel. Min. Hugo Carlos Scheuermann, 11.9.2014.

PENHORA

2016

Informativo n. 22 — *EXECUÇÃO, TST — Conta-poupança utilizada como conta corrente. Valores passíveis de penhora. Art. 649, X, do CPC. Não incidência.*

A impenhorabilidade de que trata o art. 649, X, do CPC não alcança valores depositados em conta-poupança quando esta é utilizada como conta corrente, sem o cunho de economia futura e segurança pessoal. No caso, registrou-se que os valores em depósito eram empregados em necessidades corriqueiras ou como suporte a transações financeiras efetuadas na conta corrente. Sob esse entendimento, a SBDI-II, por unanimidade, conheceu do recurso ordinário e, no mérito, negou-lhe provimento. TST-RO-20598-85.2013.5.04.0000, SBDI-II, rel. Min. Luiz Philippe Vieira de Mello Filho, 16.2.2016.

2014

Informativo n. 2 — *EXECUÇÃO, TST — Ação rescisória. Execução fiscal. Coproprietário de imóvel arrematado que não figura como parte no processo executório. Ausência de intimação. Aplicação dos art. 880 e 888 da CLT. Negativa de vigência da Lei n. 6.830/80. Violação do art. 5º, LV, da CF. Configuração.*

Viola o direito de propriedade, o devido processo legal e o contraditório, a decisão, proferida em sede de ação anulatória incidental à execução fiscal, que, negando vigência à Lei n. 6.830/80, considera válida a arrematação de imóvel penhorado sem a devida intimação de coproprietário que não figura como parte no processo executório. No caso concreto, a autora da ação anulatória era coproprietária do bem arrematado para o pagamento de dívida assumida pelo outro proprietário, réu no processo de execução fiscal. Todavia, as diversas tentativas de intimação de penhora se restringiram ao devedor e a única ciência do ato expropriatório dirigida à recorrente foi o edital de praça, publicado no Diário Oficial, tido como suficiente pela decisão rescindenda, pois em conformidade com os arts. 880 e 888 da CLT, equivocadamente aplicados à hipótese. Nesse contexto, a SBDI-II, à unanimidade, deu provimento ao recurso ordinário para, em juízo rescindendo e com apoio no art. 485, V, do CPC, reconhecer a ocorrência de violação literal ao art. 5º, LV, da CF, diante da negativa de aplicação, ao caso, da Lei n. 6.830/80 e, em juízo rescisório, julgar procedente a ação anulatória incidental e, em consequência, anular a arrematação, diante da ausência de intimação prévia da coproprietária. TST-RO-5800-07.2012.5.13.0000, SBDI-II, rel. Min. Cláudio Mascarenhas Brandão, 10.6.2014.

Informativo n. 2 — *EXECUÇÃO, TST — Mandado de segurança. Execução provisória. Bens indicados à penhora insuficientes à garantia do Juízo. Penhora on-line de depósitos bancários. Cabimento.*

Mesmo em sede de execução provisória, a penhora *on-line* de depósitos bancários, quando os bens indicados pelo executado não se mostram suficientes para garantia do Juízo, não fere direito líquido e certo do devedor, pois a nomeação tempestiva de bens suficientes à garantia da execução é pressuposto para a aplicação do item III da Súmula n. 417 do TST. Ademais, no caso concreto não houve prova de que a constrição determinada pelo Juízo trouxe prejuízos ao funcionamento da reclamada, nos termos da Orientação Jurisprudencial n. 93 da SBDI-II. De outra sorte, o art. 620 do CPC deve ser relativizado, em se tratando de execução trabalhista, pois o interesse jurídico preponderante está relacionado à proteção do exequente, titular de crédito de natureza alimentar, e pressupõe a possibilidade de o credor poder promover a execução por vários meios, o que não restou demonstrado na hipótese. Com esses fundamentos, a SBDI-II, por unanimidade, negou provimento a recurso ordinário, mantendo decisão do Regional que denegara a segurança. TST-RO-6587-76.2011.5.02.0000, SBDI-II, rel. Min. Cláudio Mascarenhas Brandão, 3.6.2014.

PRECATÓRIO

2016

Informativo n. 26 — *EXECUÇÃO, TST — Precatório sujeito ao regime especial. Art. 97 do ADCT. Período de graça. Juros de mora. Incidência.*

Ao modular os efeitos das decisões proferidas nas ADI 4357 e 4425, que declararam a inconstitucionalidade parcial do regime especial de pagamento de precatórios previsto no art. 97 do ADCT, com redação dada pela EC n. 62/2009, o Supremo Tribunal Federal decidiu pela continuidade do regime especial de pagamento para os precatórios expedidos ou pagos até 25.3.2015. Assim, para o precatório emitido em data anterior ao limite estabelecido, permanece a regra do *caput* do art. 97 do ADCT, no sentido de que o § 5º, art. 100, da CF é inaplicável ao regime especial de pagamento, o que afasta a incidência da Súmula Vinculante 17 e torna indevida a exclusão dos juros de mora no período de graça. Sob esses fundamentos, o Órgão Especial, por unanimidade, conheceu do recurso ordinário e, no mérito, por maioria, negou-lhe provimento. Vencidos os Ministros Walmir Oliveira da Costa e Guilherme Augusto Caputo Bastos. TST-RO-39000-57.1990.5.17.0002, Órgão Especial, rel. Min. Maria Cristina Irigoyen Peduzzi, 8.8.2016.

Informativo n. 21 — *EXECUÇÃO, TST — Fundação Padre Anchieta. Natureza pública. Execução pelo regime de precatórios. Possibilidade.*

A despeito de a Fundação Padre Anchieta ser constituída, formalmente, como pessoa jurídica de direito privado, ela exerce múnus público, pois possui como finalidade exclusiva a promoção de atividades educativas e culturais por meio de rádio, televisão e outras mídias, em atendimento ao comando do art. 23, V, da CF. Além disso, para sua criação e manutenção, percebeu e continua a perceber dotações, subvenções e contribuições do Estado de São Paulo (arts. 3º e 28, I e IV, de seu Estatuto). Assim, patente a natureza pública da Fundação, a ela se aplicam as prerrogativas processuais da Fazenda Pública no que tange à execução, devendo o pagamento de valores decorrentes de condenação judicial seguir o regime de precatórios, nos termos do art. 730 do CPC e do art. 100 da CF. Sob esses fundamentos, a SBDI-II, por unanimidade, conheceu do recurso ordinário interposto pela referida Fundação, e, no mérito, deu-lhe provimento para conceder a segurança, determinando que a execução se proceda mediante o rito dos precatórios, afastando, assim, a execução direta. TST-RO-1000552-78.2014.5.02.0000, SBDI-II, rel. Min. Emmanoel Pereira, 15.12.2015.

2014

Informativo n. 1 — *EXECUÇÃO, TST — Hospital Nossa Senhora da Conceição S.A. Grupo Hospitalar Conceição. Sociedade de economia mista prestadora de serviço público. Atividade sem fins lucrativos e em ambiente não concorrencial. Regime de execução por precatório. Aplicabilidade do art. 100 da CF.*

Aplica-se o regime de execução por precatório, disposto no art. 100 da CF, ao Hospital Nossa Senhora da Conceição S.A., integrante do Grupo Hospitalar Conceição, sociedade de economia mista prestadora de ações e serviços de saúde, sem fins concorrenciais. Conforme o entendimento da Suprema Corte exarado no RE n. 580264, em que reconhecida a repercussão geral, o Hospital Nossa Senhora da Conceição desenvolve atividades que correspondem à própria atuação do Estado, sem finalidade lucrativa, gozando, portanto de imunidade tributária (art. 150, VI, "a" da CF). Ademais, é apenas formalmente uma sociedade de economia mista, pois seu capital social é majoritariamente estatal e encontra-se vinculado ao Ministério da Saúde com prestação de serviços pelo Sistema Único de Saúde (SUS). Com esse entendimento, a SBDI-I, por unanimidade, conheceu dos embargos por divergência jurisprudencial e, no mérito, deu-lhes provimento para, reformando a decisão recorrida, restabelecer o acórdão do Tribunal Regional, o qual determinou que a execução seja processada pelo regime de precatório, na forma do art. 100 da CF. TST-E-RR-84500-98.2007.5.04.0007, SBDI-I, rel. Min. Augusto César Leite de Carvalho, 8.5.2014.

PRESCRIÇÃO INTERCORRENTE

2015

Informativo n. 11 — *EXECUÇÃO, TST — Ação rescisória. Execução trabalhista. Prescrição intercorrente. Não incidência. Violação do art. 5º, XXXVI, da CF. Configuração.*

Tratando-se de condenação ao pagamento de créditos oriundos da relação de trabalho, não se aplica a prescrição intercorrente, pois, nos termos do art. 878 da CLT, o processo do trabalho pode ser impulsionado de ofício. Ademais, a pronúncia da prescrição intercorrente nas execuções trabalhistas esvaziaria a eficácia da decisão judicial que serviu de base ao título executivo, devendo o direito reconhecido na sentença prevalecer sobre eventual demora para a satisfação do crédito. Inteligência da Súmula n. 114 do TST. De outra sorte, no caso concreto, ao declarar a incidência da prescrição intercorrente, a decisão rescindenda baseou-se nos princípios da boa-fé objetiva e da segurança jurídica, firmando a premissa genérica de ocorrência de inércia do exequente por mais de dois anos, sem registrar, todavia, se o ato que a parte teria deixado de praticar era de responsabilidade exclusiva dela, condição indispensável para a incidência da prescrição intercorrente, conforme entendimento do Ministro relator. Com esses fundamentos, a SBDI-II, por unanimidade, conheceu do recurso ordinário e deu-lhe provimento para julgar procedente o pedido de corte rescisório, por violação do art. 5º, XXXVI, da CF, e desconstituir a decisão rescindenda, e, em juízo rescisório, afastar a prescrição intercorrente pronunciada e determinar o prosseguimento da execução trabalhista. TST-RO-14-17.2014.5.02.0000, SBDI-II, rel. Min. Douglas Alencar Rodrigues, 24.2.2015.

RECUPERAÇÃO JUDICIAL
2016

Informativo n. 27 — *EXECUÇÃO, TST* — *Recuperação judicial. Decurso do prazo de 180 dias do art. 6º, § 4º, da Lei n. 11.101/2005. Manutenção da suspensão da execução trabalhista. Possibilidade.*

Deferido o processamento ou aprovado o plano de recuperação judicial, é imperiosa a manutenção da suspensão das execuções individuais trabalhistas, ainda que superado o prazo de cento e oitenta dias previsto no art. 6º, § 4º, da Lei n. 11.101/2005, não se admitindo o prosseguimento automático de tais execuções. Nessa situação, é vedado ao juízo trabalhista a alienação ou a disponibilização de ativos da empresa, salvo quando houver hasta designada, hipótese em que o produto será revertido para o juízo em recuperação. Sob esses fundamentos, a SBDI-II, por unanimidade, conheceu do recurso ordinário e, no mérito, deu-lhe provimento para conceder a segurança pleiteada, determinando a suspensão da execução e das medidas de constrição efetuadas nos autos de reclamação trabalhista. TST-RO-80169-95.2016.5.07.0000, SBDI-II, rel. Min. Alberto Luiz Bresciani de Fontan Pereira, 11.10.2016.

REMIÇÃO
2015

Informativo n. 19 — *EXECUÇÃO, TST* — *Remição da execução pelo devedor realizada antes da assinatura do auto de arrematação. Possibilidade. Interpretação conjunta dos arts. 651 e 694 do CPC.*

Consoante o art. 651 do CPC, interpretado conjuntamente com o art. 694 do mesmo diploma, o depósito, pelo próprio devedor, do valor integral da condenação antes da assinatura do auto de arrematação é válido e tem como consequência a extinção da execução, mostrando-se abusiva a retenção da penhora. Outrossim, ofende a garantia constitucional do devido processo legal a evocação dos arts. 787 a 790 do CPC, revogados pela Lei n. 11.382/2006, como óbice à remição da execução pelo devedor, pois tais preceitos disciplinavam a remição do bem por cônjuge, ascendente ou descendente do executado. Sob esses fundamentos, a SBDI-II, à unanimidade, conheceu do recurso ordinário e, no mérito, negou-lhe provimento. TST-RO-2003-75.2010.5.10.0000, SBDI-II, rel. Min. Alberto Luiz Bresciani de Fontan Pereira, 10.11.2015.

Enunciados

Aprovados na 1ª Jornada de Direito Material e Processual na Justiça do Trabalho

Direito Individual do Trabalho

ACIDENTE DE TRABALHO

Enunciado n. 22 — *ART. 384 DA CLT. NORMA DE ORDEM PÚBLICA. RECEPÇÃO PELA CF DE 1988.*

Constitui norma de ordem pública que prestigia a prevenção de acidentes de trabalho (CF, 7º, XXII) e foi recepcionada pela Constituição Federal, em interpretação conforme (artigo 5º, I, e 7º, XXX), para os trabalhadores de ambos os sexos.

Enunciado n. 42 — *ACIDENTE DO TRABALHO. NEXO TÉCNICO EPIDEMIOLÓGICO.*

Presume-se a ocorrência de acidente do trabalho, mesmo sem a emissão da CAT — Comunicação de Acidente de Trabalho, quando houver nexo técnico epidemiológico conforme art. 21-A da Lei n. 8.213/1991.

Enunciado n. 48 — *ACIDENTE DO TRABALHO. INDENIZAÇÃO. NÃO COMPENSAÇÃO DO BENEFÍCIO PREVIDENCIÁRIO.*

A indenização decorrente de acidente de trabalho ou doença ocupacional, fixada por pensionamento ou arbitrada para ser paga de uma só vez, não pode ser compensada com qualquer benefício pago pela Previdência Social.

ATIVIDADE INSALUBRE

Enunciado n. 49 — *ATIVIDADE INSALUBRE. PRORROGAÇÃO DE JORNADA. NEGOCIAÇÃO COLETIVA. INVALIDADE.*

O art. 60 da CLT não foi derrogado pelo art. 7º, XIII, da Constituição da República, pelo que é inválida cláusula de Convenção ou Acordo Coletivo que não observe as condições nele estabelecidas.

Enunciado n. 50 — *INSALUBRIDADE. EXPEDIÇÃO DE OFÍCIO À DRT.*

Constatada a insalubridade em ação trabalhista, o juiz deve oficiar à Delegacia Regional do Trabalho para que a autoridade administrativa faça cumprir o disposto no art. 191, parágrafo único, da CLT.

DANOS MORAIS

Enunciado n. 51 — *RESPONSABILIDADE CIVIL. DANOS MORAIS. CRITÉRIOS PARA ARBITRAMENTO.*

O valor da condenação por danos morais decorrentes da relação de trabalho será arbitrado pelo juiz de maneira equitativa, a fim de atender ao seu caráter compensatório, pedagógico e preventivo.

Enunciado n. 52 — *RESPONSABILIDADE CIVIL. DANOS MORAIS. CORREÇÃO MONETÁRIA. TERMO INICIAL.*

O termo inicial de incidência da correção monetária sobre o valor fixado a título de indenização por danos morais é o da prolação da decisão judicial que o quantifica.

DIREITOS DE IMAGEM

Enunciado n. 14 — *IMAGEM DO TRABALHADOR. UTILIZAÇÃO PELO EMPREGADOR. LIMITES.*

São vedadas ao empregador, sem autorização judicial, a conservação de gravação, a exibição e a divulgação, para seu uso privado, de imagens dos trabalhadores antes, no curso ou logo após a sua jornada de trabalho, por violação ao direito de imagem e à preservação das expressões da personalidade, garantidos pelo art. 5º, V, da Constituição. A formação do contrato de emprego, por si só, não importa em cessão do direito de imagem e da divulgação fora de seu objeto da expressão da personalidade do trabalhador, nem o só pagamento do salário e demais títulos trabalhistas os remunera.

DIREITOS FUNDAMENTAIS

Enunciado n. 1 — *DIREITOS FUNDAMENTAIS. INTERPRETAÇÃO E APLICAÇÃO.*

Os direitos fundamentais devem ser interpretados e aplicados de maneira a preservar a integridade sistêmica da Constituição, a estabilizar as relações sociais e, acima de tudo, a oferecer a devida tutela ao titular do direito fundamental. No Direito do Trabalho, deve prevalecer o princípio da dignidade da pessoa humana.

Enunciado n. 2 — *DIREITOS FUNDAMENTAIS — FORÇA NORMATIVA.*

I — ART. 7º, INC. I, DA CONSTITUIÇÃO DA REPÚBLICA. EFICÁCIA PLENA. FORÇA NORMATIVA DA CONSTITUIÇÃO. DIMENSÃO OBJETIVA DOS DIREITOS FUNDAMENTAIS E DEVER DE PROTEÇÃO. A omissão legislativa impõe a atuação do Poder Judiciário na efetivação da norma constitucional, garantindo aos trabalhadores a efetiva proteção contra a dispensa arbitrária.

II — DISPENSA ABUSIVA DO EMPREGADO. VEDAÇÃO CONSTITUCIONAL. NULIDADE. Ainda que o empregado não seja estável, deve ser declarada abusiva e, portanto, nula a sua dispensa quando implique a violação de algum direito fundamental, devendo ser assegurada prioritariamente a reintegração do trabalhador.

III — LESÃO A DIREITOS FUNDAMENTAIS. ÔNUS DA PROVA. Quando há alegação de que ato ou prática empresarial disfarça uma conduta lesiva a direitos fundamentais ou a princípios constitucionais, incumbe ao empregador o ônus de provar que agiu sob motivação lícita.

Enunciado n. 15 — *REVISTA DE EMPREGADO.*

I — REVISTA — ILICITUDE. Toda e qualquer revista, íntima ou não, promovida pelo empregador ou seus prepostos em seus empregados e/ou em seus pertences, é ilegal, por ofensa aos direitos fundamentais da dignidade e intimidade do trabalhador.

II — REVISTA ÍNTIMA — VEDAÇÃO A AMBOS OS SEXOS. A norma do art. 373-A, inc. VI, da CLT, que veda revistas íntimas nas empregadas, também se aplica aos homens em face da igualdade entre os sexos inscrita no art. 5º, inc. I, da Constituição da República.

DURAÇÃO DO TRABALHO

Enunciado n. 17 — *LIMITAÇÃO DA JORNADA. REPOUSO SEMANAL REMUNERADO. DIREITO CONSTITUCIONALMENTE ASSEGURADO A TODOS OS TRABALHADORES. INCONSTITUCIONALIDADE DO ART. 62 DA CLT.*

A proteção jurídica ao limite da jornada de trabalho, consagrada nos incisos XIII e XV do art. 7º da Constituição da República, confere, respectivamente, a todos os trabalhadores, indistintamente, os direitos ao repouso semanal remunerado e à limitação da jornada de trabalho, tendo-se por inconstitucional o art. 62 da CLT.

DUMPING SOCIAL

Enunciado n. 4 — *"DUMPING SOCIAL". DANO À SOCIEDADE. INDENIZAÇÃO SUPLEMENTAR.*

As agressões reincidentes e inescusáveis aos direitos trabalhistas geram um dano à sociedade, pois com tal prática desconsidera-se, propositalmente, a estrutura do Estado social e do próprio modelo capitalista com a obtenção de vantagem indevida perante a concorrência.

A prática, portanto, reflete o conhecido "dumping social", motivando a necessária reação do Judiciário trabalhista para corrigi-la. O dano à sociedade configura ato ilícito, por exercício abusivo do direito, já que extrapola limites econômicos e sociais, nos exatos termos dos arts. 186, 187 e 927 do Código Civil. Encontra-se no art. 404, parágrafo único do Código Civil, o fundamento de ordem positiva para impingir ao agressor contumaz uma indenização suplementar, como, aliás, já previam os artigos 652, "d", e 832, § 1º, da CLT.

ESTABILIDADE

Enunciado n. 43 — *ESTABILIDADE ACIDENTÁRIA. AUSÊNCIA DE EMISSÃO DA CAT.*

A ausência de emissão da CAT — Comunicação de Acidente do Trabalho pelo empregador não impede o direito à estabilidade do art. 118 da Lei n. 8.213/1991, desde que comprovado que o trabalhador deveria ter se afastado em razão do acidente por período superior a quinze dias.

FÉRIAS

Enunciado n. 21 — *FÉRIAS. APLICAÇÃO DA CONVENÇÃO 132 DA OIT.*

I — A época das férias será fixada pelo empregador após consulta ao empregado, salvo manifestação em contrário exteriorizada em acordo ou convenção coletiva.

II — As férias poderão ser fracionadas por negociação coletiva, desde que um dos períodos não seja inferior a duas semanas.

III — Qualquer que seja a causa de extinção do contrato de trabalho serão devidas férias proporcionais.

FISCALIZAÇÃO DO TRABALHO

Enunciado n. 56 — *AUDITOR FISCAL DO TRABALHO. RECONHECIMENTO DA RELAÇÃO DE EMPREGO. POSSIBILIDADE.*

Os auditores do trabalho têm por missão funcional a análise dos fatos apurados em diligências de fiscalização, o que não pode excluir o reconhecimento fático da relação de emprego, garantindo-se ao empregador o acesso às vias judicial e/ou administrativa, para fins de reversão da autuação ou multa imposta.

Enunciado n. 57 — *FISCALIZAÇÃO DO TRABALHO. RECONHECIMENTO DE VÍNCULO EMPREGATÍCIO. DESCONSIDERAÇÃO DA PESSOA JURÍDICA E DOS CONTRATOS CIVIS.*

Constatando a ocorrência de contratos civis com o objetivo de afastar ou impedir a aplicação da legislação trabalhista, o auditor fiscal do trabalho desconsidera o pacto nulo e reconhece a relação de emprego. Nesse caso, o auditor-fiscal não declara, com definitividade, a existência da relação, mas sim constata e aponta a irregularidade administrativa, tendo como consequência a autuação e posterior multa à empresa infringente.

FLEXIBILIZAÇÃO

Enunciado n. 9 — *FLEXIBILIZAÇÃO.*

I — FLEXIBILIZAÇÃO DOS DIREITOS SOCIAIS. Impossibilidade de desregulamentação dos direitos sociais fundamentais, por se tratar de normas contidas na cláusula de intangibilidade prevista no art. 60, § 4º, inc. IV, da Constituição da República.

II — DIREITO DO TRABALHO. PRINCÍPIOS. EFICÁCIA. A negociação coletiva que reduz garantias dos trabalhadores asseguradas em normas constitucionais e legais ofende princípios do Direito do Trabalho. A quebra da hierarquia das fontes é válida na hipótese de o instrumento inferior ser mais vantajoso para o trabalhador.

FONTES DO DIREITO DO TRABALHO

Enunciado n. 3 — *FONTES DO DIREITO — NORMAS INTERNACIONAIS.*

I — FONTES DO DIREITO DO TRABALHO. DIREITO COMPARADO. CONVENÇÕES DA OIT NÃO RATIFICADAS PELO BRASIL. O Direito Comparado, segundo o art. 8º da Consolidação das Leis do Trabalho, é fonte subsidiária do Direito do Trabalho. Assim, as Convenções da Organização Internacional do Trabalho não ratificadas pelo Brasil podem ser aplicadas como fontes do direito do trabalho, caso não haja norma de direito interno pátrio regulando a matéria.

II — FONTES DO DIREITO DO TRABALHO. DIREITO COMPARADO. CONVENÇÕES E RECOMENDAÇÕES DA OIT. O uso das normas internacionais, emanadas da Organização Internacional do Trabalho, constitui-se em importante ferramenta de efetivação do Direito Social e não se restringe à aplicação direta das Convenções ratificadas pelo país. As demais normas da OIT, como as Convenções não ratificadas e as Recomendações, assim como os relatórios dos seus peritos, devem servir como fonte de interpretação da lei nacional e como referência a reforçar decisões judiciais baseadas na legislação doméstica.

MEIO AMBIENTE DO TRABALHO

Enunciado n. 39 — *MEIO AMBIENTE DE TRABALHO. SAÚDE MENTAL. DEVER DO EMPREGADOR.*

É dever do empregador e do tomador dos serviços zelar por um ambiente de trabalho saudável também do ponto de vista da saúde mental, coibindo práticas tendentes ou aptas a gerar danos de natureza moral ou emocional aos seus trabalhadores, passíveis de indenização.

PRESCRIÇÃO

Enunciado n. 45 — *RESPONSABILIDADE CIVIL. ACIDENTE DO TRABALHO. PRESCRIÇÃO.*

A prescrição da indenização por danos materiais ou morais resultantes de acidente do trabalho é de 10 anos, nos termos do artigo 205, ou de 20 anos, observado o artigo 2.028 do Código Civil de 2002.

Enunciado n. 46 — ACIDENTE DO TRABALHO. PRESCRIÇÃO. TERMO INICIAL.

O termo inicial do prazo prescricional da indenização por danos decorrentes de acidente do trabalho é a data em que o trabalhador teve ciência inequívoca da incapacidade laboral ou do resultado gravoso para a saúde física e/ou mental.

Enunciado n. 47 — *ACIDENTE DO TRABALHO. PRESCRIÇÃO. SUSPENSÃO DO CONTRATO DE TRABALHO.*

Não corre prescrição nas ações indenizatórias nas hipóteses de suspensão e/ou interrupção do contrato de trabalho decorrentes de acidentes do trabalho.

Enunciado n. 61 — *PRESCRIÇÃO. MULTAS ADMINISTRATIVAS IMPOSTAS PELA DRT.*

Aplica-se às ações para cobrança das multas administrativas impostas pela Delegacia Regional do Trabalho, por analogia, o prazo prescricional quinquenal, previsto no art. 174 do CTN.

REMUNERAÇÃO

Enunciado n. 16 — *SALÁRIO.*

I — SALÁRIO. PRINCÍPIO DA ISONOMIA. Os estreitos limites das condições para a obtenção da igualdade salarial estipulados pelo art. 461 da CLT e Súmula n. 6 do Colendo TST não esgotam as hipóteses de correção das desigualdades salariais, devendo o intérprete proceder à sua aplicação na conformidade dos artigos 5º, *caput*, e 7º, inc. XXX, da Constituição da República e das Convenções 100 e 111 da OIT.

II — TERCEIRIZAÇÃO. SALÁRIO EQÜITATIVO. PRINCÍPIO DA NÃO DISCRIMINAÇÃO.

Os empregados da empresa prestadora de serviços, em caso de terceirização lícita ou ilícita, terão direito ao mesmo salário dos empregados vinculados à empresa tomadora que exercerem função similar.

RESPONSABILIDADE CIVIL

Enunciado n. 13 — *DONO DA OBRA. RESPONSABILIDADE.*

Considerando que a responsabilidade do dono da obra não decorre simplesmente da lei em sentido estrito (Código Civil, arts. 186 e 927) mas da própria ordem constitucional no sentido de se valorizar o trabalho (CF, art. 170), já que é fundamento da Constituição a valorização do trabalho (CF, art. 1º, IV), não se lhe faculta beneficiar-se da força humana despendida sem assumir responsabilidade nas relações jurídicas de que participa. Dessa forma, o contrato de empreitada entre o dono da obra e o empreiteiro enseja responsabilidade subsidiária nas obrigações trabalhistas contraídas pelo empreiteiro, salvo apenas a hipótese de utilização da prestação de serviços como instrumento de produção de mero valor de uso, na construção ou reforma residenciais.

Enunciado n. 37 — *RESPONSABILIDADE CIVIL OBJETIVA NO ACIDENTE DE TRABALHO. ATIVIDADE DE RISCO.*

Aplica-se o art. 927, parágrafo único, do Código Civil nos acidentes do trabalho. O art. 7º, XXVIII, da Constituição da República, não constitui óbice à aplicação desse dispositivo legal, visto que seu *caput* garante a inclusão de outros direitos que visem à melhoria da condição social dos trabalhadores.

Enunciado n. 38 — *RESPONSABILIDADE CIVIL. DOENÇAS OCUPACIONAIS DECORRENTES DOS DANOS AO MEIO AMBIENTE DO TRABALHO.*

Nas doenças ocupacionais decorrentes dos danos ao meio ambiente do trabalho, a responsabilidade do empregador é objetiva. Interpretação sistemática dos artigos 7º, XXVIII, 200, VIII, 225, § 3º, da Constituição Federal e do art. 14, §1º, da Lei 6.938/81.

Enunciado n. 40 — *RESPONSABILIDADE CIVIL. ACIDENTE DO TRABALHO. EMPREGADO PÚBLICO.*

A responsabilidade civil nos acidentes do trabalho envolvendo empregados de pessoas jurídicas de Direito Público interno é objetiva. Inteligência do artigo 37, § 6º da Constituição Federal e do artigo 43 do Código Civil.

Enunciado n. 44 — *RESPONSABILIDADE CIVIL. ACIDENTE DO TRABALHO. TERCEIRIZAÇÃO. SOLIDARIEDADE.*

Em caso de terceirização de serviços, o tomador e o prestador respondem solidariamente pelos danos causados à saúde dos trabalhadores. Inteligência dos artigos 932, III, 933 e 942, parágrafo único, do Código Civil e da Norma Regulamentadora 4 (Portaria 3.214/77 do Ministério do Trabalho e Emprego).

TERCEIRIZAÇÃO

Enunciado n. 10 — *TERCEIRIZAÇÃO. LIMITES. RESPONSABILIDADE SOLIDÁRIA.*

A terceirização somente será admitida na prestação de serviços especializados, de caráter transitório, desvinculados das necessidades permanentes da empresa, mantendo-se, de todo modo, a responsabilidade solidária entre as empresas.

Enunciado n. 11 — *TERCEIRIZAÇÃO. SERVIÇOS PÚBLICOS. RESPONSABILIDADE SOLIDÁRIA.*

A terceirização de serviços típicos da dinâmica permanente da Administração Pública, não se considerando como tal a prestação de serviço público à comunidade por meio de concessão, autorização e permissão, fere a Constituição da República, que estabeleceu a regra de que os serviços públicos são exercidos por servidores aprovados mediante concurso público. Quanto aos efeitos da terceirização ilegal, preservam-se os direitos trabalhistas integralmente, com responsabilidade solidária do ente público.

TRABALHO DO MENOR

Enunciado n. 18 — *PRINCÍPIO DA PROTEÇÃO INTEGRAL. TRABALHO DO ADOLESCENTE. ILEGALIDADE DA CONCESSÃO DE AUTORIZAÇÃO JUDICIAL.*

A Constituição Federal veda qualquer trabalho anterior à idade de dezesseis anos, salvo na condição de aprendiz, a partir dos quatorze anos (art. 7º, inciso XXXIII, CF, arts. 428 a 433 da CLT). Princípio da proteção integral que se impõe com prioridade absoluta (art. 227, *caput*), proibindo a emissão de autorização judicial para o trabalho antes dos dezesseis anos.

Enunciado n. 19 — *TRABALHO DO MENOR. DIREITOS ASSEGURADOS SEM PREJUÍZO DE INDENIZAÇÃO SUPLEMENTAR.*

A proibição de trabalho ao menor visa protegê-lo e não prejudicá-lo (exegese CF, art. 7º, *caput* e XXXIII e art. 227). De tal sorte, a Justiça do Trabalho, apreciando a prestação de labor pretérito, deve contemplá-lo com todos os direitos como se o contrato proibido não fosse, sem prejuízo de indenização suplementar que considere as peculiaridades do caso.

TRABALHO RURAL

Enunciado n. 20 — *RURÍCOLA. PAGAMENTO INTEGRAL DAS HORAS EXTRAS. NÃO INCIDÊNCIA DA SÚMULA 340 DO TST.*

É devida a remuneração integral das horas extras prestadas pelo trabalhador rurícola, inclusive com o adicional de, no mínimo, 50%, independentemente de ser convencionado regime de "remuneração por produção". Inteligência dos artigos 1º, incisos III e IV e 3º, 7º, XIII, XVI e XXIII, da CF/88. Não incidência da Súmula n. 340 do C. TST, uma vez que as condições de trabalho rural são bastante distintas das condições dos trabalhadores comissionados internos ou externos e a produção durante o labor extraordinário é manifestamente inferior àquela da jornada normal, base de cálculo de horas extras para qualquer tipo de trabalhador.

Enunciados

Aprovados na 1ª Jornada de Direito Material e Processual na Justiça do Trabalho

Direito Coletivo do Trabalho

CONDUTAS ANTISSINDICAIS

Enunciado n. 25 — *CONDUTA ANTI-SINDICAL. PARTICIPAÇÃO EM GREVE. DISPENSA DO TRABALHADOR.*

A dispensa de trabalhador motivada por sua participação lícita na atividade sindical, inclusive em greve, constitui ato de discriminação anti-sindical e desafia a aplicação do art. 4º da Lei n. 9.029/95, devendo ser determinada a "readmissão com ressarcimento integral de todo o período de afastamento, mediante pagamento das remunerações devidas" ou "a percepção, em dobro, da remuneração do período de afastamento" sempre corrigidas monetariamente e acrescida dos juros legais.

Enunciado n. 26 — *CONDUTA ANTI-SINDICAL. CRIAÇÃO DE CCP SEM O AVAL DO SINDICATO LABORAL.*

Na hipótese de o sindicato laboral simplesmente ignorar ou rejeitar de modo peremptório, na sua base, a criação de CCP, qualquer ato praticado com esse propósito não vingará, do ponto de vista jurídico. O referido juízo de conveniência política pertence tão somente aos legitimados pelos trabalhadores a procederem deste modo. Agindo ao arrepio do texto constitucional e da vontade do sindicato laboral, os empregadores e as suas representações, ao formarem Comissões de Conciliação Prévia sem o pressuposto da aquiescência sindical obreira, não apenas criam mecanismos desprovidos do poder único para o qual o legislador criou as Comissões de Conciliação Prévia, como também incidem na conduta anti-sindical a ser punida pelo Estado.

Enunciado n. 27 — *CONDUTA ANTI-SINDICAL. FINANCIAMENTO PELO EMPREGADOR. VEDAÇÃO.*

É vedada a estipulação em norma coletiva de cláusula pela qual o empregador financie a atividade sindical dos trabalhadores, mediante transferência de recursos aos sindicatos obreiros, sem os correspondentes descontos remuneratórios dos trabalhadores da categoria respectiva, sob pena de ferimento ao princípio da liberdade sindical e caracterização de conduta anti-sindical tipificada na Convenção n. 98 da OIT, ratificada pelo Brasil.

DISSÍDIO COLETIVO

Enunciado n. 34 — *DISSÍDIO COLETIVO – CLÁUSULAS PRÉ-EXISTENTES.*

O § 2º do art. 114 da CF impõe aos Tribunais do Trabalho que, no julgamento dos dissídios coletivos, respeitem as disposições convencionadas anteriormente. Idêntico entendimento deve ser aplicado às cláusulas pré-xistentes previstas em sentenças normativas.

Enunciado n. 35 — *DISSÍDIO COLETIVO. COMUM ACORDO. CONSTITUCIONALIDADE. AUSÊNCIA DE VULNERABILIDADE AO ART. 114, § 2º, DA CRFB.*

Dadas as características das quais se reveste a negociação coletiva, não fere o princípio do acesso à Justiça o pré-requisito do comum acordo (§ 2º, do art. 114, da CRFB) previsto como necessário para a instauração da instância em dissídio coletivo, tendo em vista que a exigência visa a fomentar o desenvolvimento da atividade sindical, possibilitando que os entes sindicais ou a empresa decidam sobre a melhor forma de solução dos conflitos.

ENTIDADES SINDICAIS

Enunciado n. 30 — *ENTIDADE SINDICAL. DENOMINAÇÃO. RESULTADO DE SUA REAL REPRESENTATIVIDADE. ART. 572 DA CONSOLIDAÇÃO DAS LEIS DO TRABALHO. EXPLICITAÇÃO DA CATEGORIA E BASE TERRITORIAL.*

Da inteligência do artigo 572 da CLT decorre a exigência de que as entidades sindicais, em sua denominação, explicitem a categoria e a base territorial que realmente representam, para assegurar o direito difuso de informação.

Enunciado n. 31 — *ENTIDADE SINDICAL CONSTITUÍDA POR CATEGORIAS SIMILARES OU CONEXAS. FORMAÇÃO DE NOVA ENTIDADE COM CATEGORIA MAIS ESPECÍFICA. POSSIBILIDADE. NÃO FERIMENTO DA UNICIDADE SINDICAL. INVOCAÇÃO AO PRINCÍPIO DA LIBERDADE SINDICAL.*

É possível a formação de entidade sindical mais específica, por desmembramento ou dissociação, através de ato volitivo da fração da categoria que pretende ser desmembrada, deliberada em Assembleia Geral amplamente divulgada com antecedência e previamente notificada a entidade sindical originária.

Enunciado n. 32 — *ENTIDADES SINDICAIS DE GRAU SUPERIOR. REQUISITOS PARA SUA CONSTITUIÇÃO. ARTS. 534 E 535 DA CLT. MANUTENÇÃO DESSES REQUISITOS PARA A PERMANÊNCIA DO REGISTRO JUNTO AO MINISTÉRIO DO TRABALHO E EMPREGO.*

A permanência do número mínimo de entidades filiadas consubstancia-se condição *sine qua non* para a existência das entidades de grau superior.

GREVE

Enunciado n. 6 — *GREVES ATÍPICAS REALIZADAS POR TRABALHADORES. CONSTITUCIONALIDADE DOS ATOS.*

Não há, no texto constitucional, previsão reducionista do direito de greve, de modo que todo e qualquer ato dela decorrente está garantido, salvo os abusos. A Constituição da República contempla a greve atípica, ao fazer referência à liberdade conferida aos trabalhadores para deliberarem acerca da oportunidade da manifestação e dos interesses a serem defendidos. A greve não se esgota com a paralisação das atividades, eis que envolve a organização do evento, os piquetes, bem como a defesa de bandeiras mais amplas ligadas à democracia e à justiça social.

NEGOCIAÇÃO COLETIVA

Enunciado n. 33 — *NEGOCIAÇÃO COLETIVA. SUPRESSÃO DE DIREITOS. NECESSIDADE DE CONTRAPARTIDA.*

A negociação coletiva não pode ser utilizada somente como um instrumento para a supressão de direitos, devendo sempre indicar a contrapartida concedida em troca do direito transacionado, cabendo ao magistrado a análise da adequação da negociação coletiva realizada quando o trabalhador pleiteia em ação individual a nulidade de cláusula convencional.

UNICIDADE SINDICAL

Enunciado n. 5 — *UNICIDADE SINDICAL. SENTIDO E ALCANCE. ART. 8º, II, DA CONSTITUIÇÃO DA REPÚBLICA.*

A compreensão do art. 8º, II, da CF, em conjunto com os princípios constitucionais da democracia, da pluralidade ideológica e da liberdade sindical, bem como com os diversos pactos de direitos humanos ratificados pelo Brasil, aponta para a adoção, entre nós, de critérios aptos a vincular a concessão da personalidade sindical à efetiva representatividade exercida pelo ente em relação à sua categoria, não podendo restringir-se aos critérios de precedência e especificidade. Desse modo, a exclusividade na representação de um determinado grupo profissional ou empresarial, nos termos exigidos pelo art. 8º, II, da Constituição da República, será conferida à associação que demonstrar maior representatividade e democracia interna segundo critérios objetivos, sendo vedada a discricionariedade da autoridade pública na escolha do ente detentor do monopólio.

Enunciado n. 29 — *PEDIDO DE REGISTRO SINDICAL. COOPERATIVA. IMPOSSIBILIDADE DIANTE DO PRINCÍPIO DA UNICIDADE SINDICAL. NÃO CONFIGURA CATEGORIA PARA FINS DE ORGANIZAÇÃO SINDICAL, NOS TERMOS DO ART. 511 DA CLT E ART 4º DA PORTARIA MTE N. 343/2000.*

Não é possível a formação de entidade sindical constituída por cooperativas, uma vez que afronta o princípio da unicidade sindical, bem como a organização sindical por categorias.

Enunciados

Aprovados na 1ª Jornada de Direito Material e Processual na Justiça do Trabalho

Direito Processsual do Trabalho

AÇÃO CIVIL PÚBLICA

Enunciado n. 12 — *AÇÕES CIVIS PÚBLICAS. TRABALHO ESCRAVO. REVERSÃO DA CONDENAÇÃO ÀS COMUNIDADES LESADAS.*

Ações civis públicas em que se discute o tema do trabalho escravo. Existência de espaço para que o magistrado reverta os montantes condenatórios às comunidades diretamente lesadas, por via de benfeitorias sociais tais como a construção de escolas, postos de saúde e áreas de lazer. Prática que não malfere o artigo 13 da Lei 7.347/85, que deve ser interpretado à luz dos princípios constitucionais fundamentais, de modo a viabilizar a promoção de políticas públicas de inclusão dos que estão à margem, que sejam capazes de romper o círculo vicioso de alienação e opressão que conduz o trabalhador brasileiro a conviver com a mácula do labor degradante. Possibilidade de edificação de uma Justiça do Trabalho ainda mais democrática e despida de dogmas, na qual a responsabilidade para com a construção da sociedade livre, justa e solidária delineada na Constituição seja um compromisso palpável e inarredável.

Enunciado n. 76 — *AÇÃO CIVIL PÚBLICA. REPARAÇÃO DE DANO MORAL COLETIVO. TRABALHO FORÇADO OU EM CONDIÇÕES DEGRADANTES. LEGITIMIDADE DO MINISTÉRIO PÚBLICO DO TRABALHO.*

I — Alegada a utilização de mão de obra obtida de forma ilegal e aviltante, sujeitando o trabalhador a condições degradantes de trabalho, a trabalho forçado ou a jornada exaustiva, cabe Ação Civil Pública de reparação por dano moral coletivo.

II — Legitimidade do Ministério Público do Trabalho para o ajuizamento da ação civil pública na tutela de interesses coletivos e difusos, uma vez que a referida prática põe em risco, coletivamente, trabalhadores indefinidamente considerados.

Enunciado n. 77 — *AÇÃO CIVIL PÚBLICA. INTERESSES INDIVIDUAIS HOMOGÊNEOS. LEGITIMAÇÃO DOS SINDICATOS. DESNECESSIDADE DE APRESENTAÇÃO DE ROL DOS SUBSTITUÍDOS.*

I — Os sindicatos, nos termos do art. 8º, III, da CF, possuem legitimidade extraordinária para a defesa dos direitos e interesses — individuais e metaindividuais — da categoria respectiva em sede de ação civil pública ou outra ação coletiva, sendo desnecessária a autorização e indicação nominal dos substituídos.

II — Cabe aos sindicatos a defesa dos interesses e direitos metaindividuais (difusos, coletivos e individuais homogêneos) da categoria, tanto judicialmente quanto extrajudicialmente.

COMPETÊNCIA

Enunciado n. 7 — *ACESSO À JUSTIÇA. CLT, ART. 651, § 3º. INTERPRETAÇÃO CONFORME A CONSTITUIÇÃO. ART. 5º, INC. XXXV, DA CONSTITUIÇÃO DA REPÚBLICA.*

Em se tratando de empregador que arregimente empregado domiciliado em outro município ou outro Estado da federação, poderá o trabalhador optar por ingressar com a reclamatória na Vara do Trabalho de seu domicílio, na do local da contratação ou na do local da prestação dos serviços.

Enunciado n. 8 — *COMPETÊNCIA DA JUSTIÇA DO TRABALHO. SUCESSÃO NA FALÊNCIA OU RECUPERAÇÃO JUDICIAL.*

Compete à Justiça do Trabalho — e não à Justiça Comum Estadual — dirimir controvérsia acerca da existência de sucessão entre o falido ou o recuperando e a entidade que adquira total ou parcialmente suas unidades de produção.

Enunciado n. 23 — *COMPETÊNCIA DA JUSTIÇA DO TRABALHO. AÇÃO DE COBRANÇA DE HONORÁRIOS ADVOCATÍCIOS. AUSÊNCIA DE RELAÇÃO DE CONSUMO.*

A Justiça do Trabalho é competente para julgar ações de cobrança de honorários advocatícios, desde que ajuizada por advogado na condição de pessoa natural, eis que o labor do advogado não é prestado em relação de consumo, em virtude de lei e de particularidades próprias, e ainda que o fosse, porque a relação consumerista não afasta, por si só, o conceito de trabalho abarcado pelo artigo 114 da CF.

Enunciado n. 24 — *COMPETÊNCIA DA JUSTIÇA DO TRABALHO. CONFLITOS INTER E INTRA-SINDICAIS.*

Os conflitos inter e intrassindicais, inclusive os que envolvam sindicatos de servidores públicos (estatutários e empregados públicos), são da competência da Justiça do Trabalho.

Enunciado n. 36 — *ACIDENTE DO TRABALHO. COMPETÊNCIA. AÇÃO AJUIZADA POR HERDEIRO, DEPENDENTE OU SUCESSOR.*

Compete à Justiça do Trabalho apreciar e julgar ação de indenização por acidente de trabalho, mesmo quando ajuizada pelo herdeiro, dependente ou sucessor, inclusive em relação aos danos em ricochete.

Enunciado n. 63 — *COMPETÊNCIA DA JUSTIÇA DO TRABALHO. PROCEDIMENTO DE JURISDIÇÃO VOLUNTÁRIA. LIBERAÇÃO DO FGTS E PAGAMENTO DO SEGURO-DESEMPREGO.*

Compete à Justiça do Trabalho, em procedimento de jurisdição voluntária, apreciar pedido de expedição de alvará para liberação do FGTS e de ordem judicial para pagamento do seguro-desemprego, ainda que figurem como interessados os dependentes de ex-empregado falecido.

Enunciado n. 64 — *COMPETÊNCIA DA JUSTIÇA DO TRABALHO. PRESTAÇÃO DE SERVIÇO POR PESSOA FÍSICA. RELAÇÃO DE CONSUMO SUBJACENTE. IRRELEVÂNCIA.*

Havendo prestação de serviços por pessoa física a outrem, seja a que título for, há relação de trabalho incidindo a competência da Justiça do Trabalho para os litígios dela oriundos (CF, art. 114, I), não importando qual o direito material que será utilizado na solução da lide (CLT, CDC, CC etc.).

Enunciado n. 65 — *AÇÕES DECORRENTES DA NOVA COMPETÊNCIA DA JUSTIÇA DO TRABALHO — PROCEDIMENTO DA CLT.*

I — Excetuadas as ações com procedimentos especiais, o procedimento a ser adotado nas ações que envolvam as matérias da nova competência da Justiça do Trabalho é o previsto na CLT, ainda que adaptado.

II — As ações com procedimentos especiais submetem-se ao sistema recursal do processo do trabalho.

Enunciado n. 74 — *CONTRIBUIÇÕES DEVIDAS A TERCEIROS. INCOMPETÊNCIA DA JUSTIÇA DO TRABALHO.*

A competência da Justiça do Trabalho para a execução de contribuições à Seguridade Social (CF, art. 114, § 3º) nas ações declaratórias, condenatórias ou homologatórias de acordo cinge-se às contribuições previstas no art. 195, inciso I, alínea "a" e inciso II, da Constituição, e seus acréscimos moratórios. Não se insere, pois, em tal competência, a cobrança de "contribuições para terceiros", como as destinadas ao "sistema S" e "salário-educação", por não se constituírem em contribuições vertidas para o sistema de Seguridade Social.

CONTRADITÓRIO E AMPLA DEFESA

Enunciado n. 59 — *DIREITO ADMINISTRATIVO SANCIONADOR (FISCALIZAÇÃO DO TRABALHO). CONTRADITÓRIO E AMPLA DEFESA. INTERPRETAÇÃO CONFORME DO ARTIGO 632 DA CLT.*

Aplicam-se ao Direito Administrativo sancionador brasileiro, em matéria laboral, os princípios do contraditório e da ampla defesa (artigo 5º, LV, da CRFB), com projeção concreta no art. 632 da CLT. Nesse caso, a prerrogativa administrativa de "julgar da necessidade das provas" deve ser motivada, desafiando a aplicação da teoria dos motivos determinantes, sob pena de nulidade do ato.

DEPÓSITO RECURSAL

Enunciado n. 62 — *DEPÓSITO RECURSAL ADMINISTRATIVO. RECEPÇÃO CONSTITUCIONAL.*

O depósito exigido pelo parágrafo 1º do artigo 636 consolidado não afronta qualquer dispositivo constitucional que assegure a ampla defesa administrativa, o direito de petição aos órgãos públicos e o direito aos recursos administrativos.

EXECUÇÃO

Enunciado n. 58 — *AÇÃO DE EXECUÇÃO FISCAL. PRESUNÇÃO DE CERTEZA E LIQUIDEZ DA EXISTÊNCIA DA DÍVIDA.*

Não é dado ao Juiz retirar a presunção de certeza e liquidez atribuída pela lei, nos termos do arts. 204 do CTN e 3º da Lei n. 6.830/80, à dívida ativa inscrita regularmente. Ajuizada a ação de execução fiscal – desde que presentes os requisitos da petição inicial previstos no art. 6º da Lei n. 6.830/80 –, a presunção de certeza e liquidez da Certidão de Dívida Ativa somente pode ser infirmada mediante produção de prova inequívoca, cujo ônus é do executado ou do terceiro, a quem aproveite.

Enunciado n. 69 — *EXECUÇÃO PROVISÓRIA. APLICABILIDADE DO ART. 475-O DO CPC NO PROCESSO DO TRABALHO.*

I — A expressão "... até a penhora..." constante da Consolidação das Leis do Trabalho, art. 899, é meramente referencial e não limita a execução provisória no âmbito do direito processual do trabalho, sendo plenamente aplicável o disposto no Código de Processo Civil, art. 475-O.

II — Na execução provisória trabalhista é admissível a penhora de dinheiro, mesmo que indicados outros bens. Adequação do postulado da execução menos gravosa ao executado aos princípios da razoável duração do processo e da efetividade.

III — É possível a liberação de valores em execução provisória, desde que verificada alguma das hipóteses do artigo 475-O, § 2º, do Código de Processo Civil, sempre que o recurso interposto esteja em contrariedade com Súmula ou Orientação Jurisprudencial, bem como na pendência de agravo de instrumento no TST.

Enunciado n. 71 — *ARTIGO 475-J DO CPC. APLICAÇÃO NO PROCESSO DO TRABALHO.*

A aplicação subsidiária do artigo 475-J do CPC atende às garantias constitucionais da razoável duração do processo, efetividade e celeridade, tendo, portanto, pleno cabimento na execução trabalhista.

Enunciado n. 72 — *EMBARGOS À EXECUÇÃO (IMPUGNAÇÃO). EFEITO SUSPENSIVO.*

Em razão da omissão da CLT, os embargos à execução (impugnação) não terão efeito suspensivo, salvo quando relevantes seus fundamentos e o prosseguimento da execução seja manifestamente suscetível de causar ao executado grave dano de difícil ou incerta reparação (art. 475-M do CPC).

Enunciado n. 73 — *EXECUÇÃO DE CONTRIBUIÇÕES PREVIDENCIÁRIAS. REVISÃO DA SÚMULA 368 DO TST.*

I — Com a edição da Lei 11.457/2007, que alterou o parágrafo único do art. 876 da CLT, impõe-se a revisão da Súmula n. 368 do TST: é competente a Justiça do Trabalho para a execução das contribuições à Seguridade Social devidas durante a relação de trabalho, mesmo não havendo condenação em créditos trabalhistas, obedecida a decadência.

II — Na hipótese, apurar-se-á o montante devido à época do período contratual, mês a mês, executando-se o tomador dos serviços, por força do art. 33, § 5º, da Lei n. 8.212/91, caracterizada a sonegação de contribuições previdenciárias, não devendo recair a cobrança de tais contribuições na pessoa do trabalhador.

HONORÁRIOS ADVOCATÍCIOS

Enunciado n. 53 — *REPARAÇÃO DE DANOS — HONORÁRIOS CONTRATUAIS DE ADVOGADO.*

Os artigos 389 e 404 do Código Civil autorizam o Juiz do Trabalho a condenar o vencido em honorários contratuais de advogado, a fim de assegurar ao vencedor a inteira reparação do dano.

Enunciado n. 79 — *HONORÁRIOS SUCUMBENCIAIS DEVIDOS NA JUSTIÇA DO TRABALHO.*

I — Honorários de sucumbência na Justiça do Trabalho. As partes, em reclamatória trabalhista e nas demais ações da competência da Justiça do Trabalho, na forma da lei, têm direito a demandar em juízo através de procurador de sua livre escolha, forte no princípio da isonomia (art. 5º, *caput*, da Constituição da República Federativa do Brasil) sendo, em tal caso, devidos os honorários de sucumbência, exceto quando a parte sucumbente estiver ao abrigo do benefício da justiça gratuita.

II — Os processos recebidos pela Justiça do Trabalho decorrentes da Emenda Constitucional 45, oriundos da Justiça Comum, que nesta esfera da Justiça tramitavam sob a égide da Lei n. 9.099/95, não se sujeitam na primeira instância aos honorários advocatícios, por força do art. 55 da Lei 9.099/95 a que estavam submetidas as partes quando da propositura da ação.

INTERVENÇÃO DE TERCEIROS

Enunciado n. 68 — *INTERVENÇÃO DE TERCEIROS.*

I — Admissibilidade da intervenção de terceiros nos processos submetidos à jurisdição da Justiça do Trabalho.

II — Nos processos que envolvem crédito de natureza privilegiada, a compatibilidade da intervenção de terceiros está subordinada ao interesse do autor, delimitado pela utilidade do provimento final.

III — Admitida a denunciação da lide, é possível à decisão judicial estabelecer a condenação do denunciado como corresponsável.

JUS POSTULANDI

Enunciado n. 67 — *JUS POSTULANDI. ART. 791 DA CLT. RELAÇÃO DE TRABALHO. POSSIBILIDADE.*

A faculdade de as partes reclamarem, pessoalmente, seus direitos perante a Justiça do Trabalho e de acompanharem suas reclamações até o final, contida no artigo 791 da CLT, deve ser aplicada às lides decorrentes da relação de trabalho.

LITISPENDÊNCIA

Enunciado n. 78 — *INEXISTÊNCIA DE LITISPENDÊNCIA ENTRE AÇÃO COLETIVA E AÇÃO INDIVIDUAL.*

Às ações coletivas ajuizadas pelos sindicatos e pelo Ministério Público na Justiça do Trabalho aplicam-se subsidiariamente as normas processuais do Título III do Código de Defesa do Consumidor. Assim, não haverá litispendência entre ação coletiva e ação individual, devendo o juiz adotar o procedimento indicado no art. 104 do CDC: a) o autor da ação individual, uma vez notificado da existência de ação coletiva, deverá se manifestar no prazo de trinta dias sobre o seu prosseguimento ou suspensão; b) optando o autor da ação individual por seu prosseguimento, não se beneficiará dos efeitos da coisa julgada da ação coletiva; c) o autor da ação individual suspensa poderá requerer o seu prosseguimento em caso de decisão desfavorável na ação coletiva.

MINISTÉRIO PÚBLICO DO TRABALHO

Enunciado n. 28 — *MINISTÉRIO PÚBLICO DO TRABALHO. CONFLITOS SINDICAIS. LEGITIMIDADE.*

O Ministério Público do Trabalho possui legitimidade para promover as ações pertinentes a tutela das liberdades sindicais individuais e coletivas, quando violados os princípios de liberdade sindical, nos conflitos inter e intrassindicais, por meio de práticas e condutas antissindicais nas relações entre sindicatos, sindicatos e empregadores, sindicatos e organizações de empregadores ou de trabalhadores, sindicatos e trabalhadores, empregadores e trabalhadores, órgãos públicos e privados e as entidades sindicais, empregadores ou trabalhadores.

Enunciado n. 60 — *INTERDIÇÃO DE ESTABELECIMENTO E AFINS. AÇÃO DIRETA NA JUSTIÇA DO TRABALHO. REPARTIÇÃO DINÂMICA DO ÔNUS DA PROVA.*

I — A interdição de estabelecimento, setor de serviço, máquina ou equipamento, assim como o embargo de obra (artigo 161 da CLT), podem ser requeridos na Justiça do Trabalho (artigo 114, I e VII, da CRFB), em sede principal ou cautelar, pelo Ministério Público do Trabalho, pelo sindicato profissional (artigo 8º, III, da

CRFB) ou por qualquer legitimado específico para a tutela judicial coletiva em matéria labor-ambiental (artigos 1º, I, 5º, e 21 da Lei n. 7.347/85), independentemente da instância administrativa.

II — Em tais hipóteses, a medida poderá ser deferida [a] *"inaudita altera parte"*, em havendo laudo técnico preliminar ou prova prévia igualmente convincente; [b] após audiência de justificação prévia (artigo 12, *caput*, da Lei 7.347/85), caso não haja laudo técnico preliminar, mas seja verossímil a alegação, invertendo-se o ônus da prova, à luz da teoria da repartição dinâmica, para incumbir à empresa a demonstração das boas condições de segurança e do controle de riscos.

Enunciado n 75 — *AÇÃO CIVIL PÚBLICA. INTERESSES INDIVIDUAIS HOMOGÊNEOS. LEGITIMAÇÃO DO MINISTÉRIO PÚBLICO.*

I — O Ministério Público do Trabalho detém legitimidade para defender direitos ou interesses individuais homogêneos, assim entendidos os decorrentes de origem comum, nos exatos termos do artigo 81, inciso III, do CDC.

II — Incidem na hipótese os artigos 127 e 129, inciso III, da Constituição Federal, pois a defesa de direitos individuais homogêneos quando coletivamente demandada se enquadra no campo dos interesses sociais previstos no artigo 127 da Magna Carta, constituindo os direitos individuais homogêneos em espécie de direitos coletivos *lato sensu*.

OMISSÕES

Enunciado n. 66 — *APLICAÇÃO SUBSIDIÁRIA DE NORMAS DO PROCESSO COMUM AO PROCESSO TRABALHISTA. OMISSÕES ONTOLÓGICA E AXIOLÓGICA. ADMISSIBILIDADE.*

Diante do atual estágio de desenvolvimento do processo comum e da necessidade de se conferir aplicabilidade à garantia constitucional da duração razoável do processo, os artigos 769 e 889 da CLT comportam interpretação conforme a Constituição Federal, permitindo a aplicação de normas processuais mais adequadas à efetivação do direito. Aplicação dos princípios da instrumentalidade, efetividade e não retrocesso social.

PENHORA

Enunciado n. 70 — *EXECUÇÃO. PENHORA DE RENDIMENTOS DO DEVEDOR. CRÉDITOS TRABALHISTAS DE NATUREZA ALIMENTAR E PENSÕES POR MORTE OU INVALIDEZ DECORRENTES DE ACIDENTE DO TRABALHO. PONDERAÇÃO DE PRINCÍPIOS CONSTITUCIONAIS. POSSIBILIDADE.*

Tendo em vista a natureza alimentar dos créditos trabalhistas e da pensão por morte ou invalidez decorrente de acidente do trabalho (CF, art. 100, § 1º-A), o disposto no art. 649, inciso IV, do CPC deve ser aplicado de forma relativizada, observados o princípio da proporcionalidade e as peculiaridades do caso concreto. Admite-se, assim, a penhora dos rendimentos do executado em percentual que não inviabilize o seu sustento.

PROVAS

Enunciado n. 41 — *RESPONSABILIDADE CIVIL. ACIDENTE DO TRABALHO. ÔNUS DA PROVA.*

Cabe a inversão do ônus da prova em favor da vítima nas ações indenizatórias por acidente do trabalho.

Enunciado n. 54 — *PROVA PERICIAL. POSSIBILIDADE DE DISPENSA.*

Aplica-se o art. 427 do Código de Processo Civil no processo do trabalho, de modo que o juiz pode dispensar a produção de prova pericial quando houver prova suficiente nos autos.

TERMO DE AJUSTE DE CONDUTA

Enunciado n. 55 — *TERMO DE AJUSTE DE CONDUTA — ALCANCE.*

A celebração de TAC não importa em remissão dos atos de infração anteriores, os quais têm justa sanção pecuniária como resposta às irregularidades trabalhistas constatadas pela DRT.

Enunciados

Aprovados na Jornada Nacional sobre Execução na Justiça do Trabalho

AÇÃO COLETIVA

Enunciado n. 8 — *AÇÕES COLETIVAS. LIQUIDAÇÃO DE SENTENÇA.*

Na liquidação de sentença nas ações coletivas para tutela de interesses individuais homogêneos (substituição processual), aplica-se o microssistema do processo coletivo brasileiro (Constituição Federal arts. 8º, 129, III, § 1º; Lei n. 7.347/1985 e Lei n. 8.078/1990).

AÇÃO RESCISÓRIA

Enunciado n. 43 — *AÇÃO RESCISÓRIA. SUSPENSÃO DA EXECUÇÃO.*

Não se suspende a execução em caso de interposição de ação rescisória, exceto se concedida liminar pelo respectivo relator.

AGRAVO DE PETIÇÃO

Enunciado n. 49 — *AGRAVO DE PETIÇÃO. DECISÃO HOMOLOGATÓRIA DE ACORDO.*

Cabe agravo de petição pela União, e não recurso ordinário, contra decisão homologatória de acordo no que diz respeito à natureza das parcelas discriminadas, uma vez que o processo já se encontra e fase de execução.

Enunciado n. 50 — *AGRAVO DE PETIÇÃO. ALÇADA.*

Não cabe agravo de petição nas execuções de até 2 (dois) salários mínimos, por aplicação do art. 2º, §§ 3º e 4º, da Lei n. 5.584/1970, recepcionados pela Constituição Federal.

Enunciado n. 51 — *AGRAVO DE PETIÇÃO. DELIMITAÇÃO DE MATÉRIAS E VALORES.*

Há exigência de nova delimitação de cálculos, em agravo de petição, quando acolhidos em parte os embargos à execução ou impugnação à sentença de liquidação, que implica alteração dos cálculos anteriormente elaborados; e o executado deixa de recorrer de algum dos pontos em que foi sucumbente.

Enunciado n. 52 — *AGRAVO DE PETIÇÃO. COMPLEMENTAÇÃO DE GARANTIA.*

Impõe-se a garantia integral do juízo para a admissibilidade do agravo de petição. Exigir-se-á complementação da garantia em caso de majoração da execução, inclusive em face de condenação por ato atentatório à dignidade da justiça ou por litigância de má-fé (Lei n. 8.542/92, art. 8º e Instrução Normativa 03/93, item IV, alínea "c", do Tribunal Superior do Trabalho).

Enunciado n. 53 — *AGRAVO DE PETIÇÃO. DECISÃO INTERLOCUTÓRIA.*

Não cabe agravo de petição de decisão interlocutória, ressalvadas as hipóteses em que estes atos se equiparam à decisão terminativa do feito, com óbice ao prosseguimento da execução, ou quando a pretensão recursal não possa ser manejada posteriormente.

ALIENAÇÃO

Enunciado n. 25 — *HASTA PÚBLICA ELETRÔNICA. APLICABILIDADE DO ART. 689-A DO CÓDIGO DO PROCESSO CIVIL (CPC) NO PROCESSO DO TRABALHO.*

No Processo do Trabalho, pode-se utilizar a hasta pública eletrônica, disciplinada pelo art. 689-A do CPC e pela Lei n. 11.419/2006.

Enunciado n. 31 — *DESISTÊNCIA DA ARREMATAÇÃO. APLICAÇÃO DO ART. 694, INCISO IV, DO CÓDIGO DE PROCESSO CIVIL (CPC). COMPATIBILIDADE. OPOSIÇÃO DE EMBARGOS PELO DEVEDOR. CIÊNCIA AO ARREMATANTE PARA MANIFESTAR A DESISTÊNCIA DO LANÇO, SOB PENA DE PRECLUSÃO.*

Opostos embargos à expropriação, o arrematante deverá ser intimado para manifestar eventual desistência da arrematação, sob pena de preclusão, conforme possibilitado pelo art. 694, inciso IV, do CPC, que guarda compatibilidade com o Processo do Trabalho.

Enunciado n. 32 — *ALIENAÇÃO. INAPLICABILIDADE DO ART. 694, § 2º DO CPC AO PROCESSO DO TRABALHO, POR INCOMPATIBILIDADE. CONCESSÃO DE EFEITO SUSPENSIVO AOS EMBARGOS À ALIENAÇÃO, FACULTADA A POSSE PRECÁRIA DO BEM LITIGIOSO AO LANÇADOR NA PENDÊNCIA DO JULGAMENTO.*

Diante dos princípios que regem a execução trabalhista, não é compatível a aplicação do disposto no art. 694, § 2º, do Código do Processo Civil (CPC), ao Processo do Trabalho. Os embargos à alienação devem ser recebidos com efeito suspensivo, facultando-se ao juiz imitir o arrematante na posse imediata do bem, na qualidade de fiel depositário.

Enunciado n. 33 — *VENDA ANTECIPADA DE BENS.*

No intuito de promover a efetividade da execução, a alienação antecipada de bens é um instrumento que o direito positivo oferece, evitando a depreciação econômica do bem penhorado, estimulando a solução da execução mediante conciliação entre as partes, e contribuindo para uma nova cultura de efetividade das decisões judiciais.

ASTREINTES

Enunciado n. 1 — *OBRIGAÇÃO MANDAMENTAL. COMINAÇÃO DE "ASTREINTES".*

É possível cominar "astreintes" a terceiros com o escopo de estimular o cumprimento de obrigação mandamental na execução trabalhista.

Enunciado n. 9 — *TERMO DE AJUSTE DE CONDUTA.*

Execução. Multa. Natureza jurídica de "astreintes". Não aplicação do limite estabelecido pelo art. 412 do Código Civil de 2002.

COMPETÊNCIA

Enunciado n. 6 — *CARTA PRECATÓRIA. DISPENSABILIDADE.*

No âmbito da competência territorial de cada Tribunal Regional do Trabalho, a carta precatória é dispensável quando a prática do ato processual não exigir decisão do magistrado que atua no âmbito territorial em que o ato deva ser cumprido. Nesses casos, o mandado deve ser expedido pelo próprio juiz da causa principal, para cumprimento por oficial de justiça da localidade da diligência.

CONTRIBUIÇÕES PREVIDENCIÁRIAS

Enunciado n. 26 — *EXECUÇÃO DA CONTRIBUIÇÃO PREVIDENCIÁRIA PATRONAL SOBRE OS HONORÁRIOS PERICIAIS. ILEGALIDADE DO ART. 57, § 14, DA INSTRUÇÃO NORMATIVA — SECRETARIA DA RECEITA FEDERAL (SRF) 971/2009.*

Não integram a base de cálculo da contribuição previdenciária patronal os honorários periciais pagos em razão de condenação judicial. O perito designado pelo juiz para atuar no processo o faz na condição de profissional liberal, razão pela qual é devida apenas a sua contribuição de 20% sobre o valor recebido, limitado ao teto máximo do salário de contribuição, nos termos dos arts. 21 e 28 da Lei n. 8.212/91. O art. 57 da Instrução Normativa SRF 971/2009 ao exigir a contribuição devida pela empresa quando do pagamento de honorários periciais em razão de condenação judicial impôs, ilegalmente, obrigação tributária principal não prevista em lei.

Enunciado n. 27 — *OBRIGAÇÃO PREVIDENCIÁRIA. RELAÇÕES DE TRABALHO ENTRE PESSOAS FÍSICAS.*

I — Nas relações de trabalho entre pessoas físicas, o tomador de serviços não é responsável tributário pela obrigação previdenciária devida pelo trabalhador (art. 4º, § 3º da Lei n. 10.666/2003).

II — Executa-se a contribuição de 20% sobre o valor pago ou creditado pelo tomador de serviços contribuinte individual equiparado à empresa ou produtor rural pessoa física (art. 15, § único, art. 22, inciso III e art. 25, *caput*, da Lei n. 8.212/91).

III — A contribuição do trabalhador será de 11% se prestar serviços para contribuinte individual equiparado à empresa ou ao produtor rural pessoa física. Será de 20% se trabalhar para qualquer outra pessoa física não equiparada à empresa. Em ambos os casos, a cota do trabalhador observará o teto máximo do salário de contribuição, e deverá ser recolhida por esse (art. 21 c/c art. 30, inciso XI, § 4º da Lei n. 8.212/91).

Enunciado n. 28 — *CONTRIBUIÇÕES SOCIAIS. ACORDO HOMOLOGADO EM JUÍZO. PRINCÍPIO DA LEGALIDADE.*

O acordo homologado em juízo não afasta a incidência das contribuições para a Previdência Social sobre as verbas remuneratórias deferidas em sentença.

DEPOSITÁRIO INFIEL

Enunciado Propositivo n. 2 — *PRISÃO POR "CONTEMPT OF COURT" NO PROCESSO DO TRABALHO. PRISÃO DO DEPOSITÁRIO JUDICIAL INFIEL ECONOMICAMENTE CAPAZ. POSSIBILIDADE JURÍDICA. NECESSIDADE DE REVISÃO PARCIAL DA SÚMULA VINCULANTE N. 25 DO SUPREMO TRIBUNAL FEDERAL (STF).*

A prisão civil do depositário judicial infiel economicamente capaz, por estar autorizada pela norma do art. 5º, LXVI, parte final, da Constituição Federal, não se resume à mera "prisão civil por dívidas". Tem natureza bifronte, consubstanciando também medida de defesa da autoridade pública e da dignidade do Poder Judiciário, à maneira de *"contempt of court"*, o que não está vedado pelo Pacto de San José da Costa Rica.

DEPÓSITO JUDICIAL

Enunciado n. 46 — *DEPÓSITO JUDICIAL. GARANTIA DA EXECUÇÃO PROVISÓRIA. ATUALIZAÇÃO MONETÁRIA E JUROS.*

O depósito judicial para garantia da execução trabalhista não inibe a incidência de juros e correção monetária até a data do efetivo pagamento.

DESCONSIDERAÇÃO DA PERSONALIDADE JURÍDICA

Enunciado n. 2 — *PODER GERAL DE CAUTELA. CONSTRIÇÃO CAUTELAR E DE OFÍCIO DE PATRIMÔNIO DO SÓCIO DA EMPRESA EXECUTADA, IMEDIATA À DESCONSIDERAÇÃO DA PERSONALIDADE JURÍDICA DESTA. CABIMENTO.*

Desconsiderada a personalidade jurídica da executada para atingir o patrimônio dos sócios, em se constatando a insuficiência de patrimônio da empresa, cabe a imediata constrição cautelar de ofício do patrimônio dos sócios, com fulcro no art. 798 do Código do Processo Civil (CPC), inclusive por meio dos convênios Bacen Jud e Renajud, antes do ato de citação do sócio a ser incluído no polo passivo, a fim de assegurar-se a efetividade do processo.

Enunciado n. 7 — *EXECUÇÃO. DEVEDOR SUBSIDIÁRIO. AUSÊNCIA DE BENS PENHORÁVEIS DO DEVEDOR PRINCIPAL. INSTAURAÇÃO DE OFÍCIO.*

A falta de indicação de bens penhoráveis do devedor principal e o esgotamento, sem êxito, das providências de ofício nesse sentido, autorizam a imediata instauração da execução contra o devedor subsidiariamente corresponsável, sem prejuízo da simultânea desconsideração da personalidade jurídica do devedor principal, prevalecendo entre as duas alternativas a que conferir maior efetividade à execução.

DESPACHO

Enunciado n. 38 — *DESPACHOS COM FORÇA DE ALVARÁ E OFÍCIO. CUMPRIMENTO DE IMEDIATO. MAIOR CELERIDADE NA EXECUÇÃO DOS ATOS PROCESSUAIS. CONSONÂNCIA COM OS PRINCÍPIOS DA RAZOÁVEL DURAÇÃO DO PROCESSO E DA CELERIDADE.*

É recomendável a prolação de despacho com força de alvará ou ofício, cuja cópia assinada será encaminhada ao destinatário.

EMBARGOS À ARREMATAÇÃO

Enunciado n. 41 — *EMBARGOS À ARREMATAÇÃO. PRAZO. MARCO INICIAL. INTIMAÇÃO DO EXECUTADO.*

O prazo para oposição de embargos à arrematação é de cinco dias contados da assinatura do respectivo auto, que deverá ocorrer no dia da arrematação. Ultrapassada essa data, sem que o auto tenha sido assinado, caberá intimação das partes, a partir do que passará a fluir o prazo para oposição dos embargos à arrematação.

EMBARGOS À EXECUÇÃO

Enunciado n. 39 — *RECONHECIMENTO DO CRÉDITO DO EXEQUENTE POR PARTE DO EXECUTADO. PARCELAMENTO DO ART. 745-A DO CÓDIGO DE PROCESSO CIVIL (CPC).*

É compatível com o Processo do Trabalho o parcelamento previsto na norma do art. 745-A do Código de Processo Civil.

Enunciado n. 54 — *EMBARGOS À EXECUÇÃO. EFEITOS SUSPENSIVOS. APLICAÇÃO DOS ARTS. 475-M E 739-A, § 1º, DO CÓDIGO DO PROCESSO CIVIL (CPC).*

O oferecimento de embargos à execução não importa a suspensão automática da execução trabalhista, aplicando-se, subsidiariamente, o disposto nos arts. 475-M e 739-A, § 1º, do CPC.

Enunciado n. 55 — *EMBARGOS À EXECUÇÃO. GARANTIA DO JUÍZO.*

A garantia integral do juízo é requisito essencial para a oposição dos embargos à execução. Entretanto, na hipótese de garantia parcial da execução e não havendo outros bens passíveis de constrição, deve o juiz prosseguir à execução até o final, inclusive com a liberação de valores, porém com a prévia intimação do devedor para os fins do art. 884 da Consolidação das Leis do Trabalho (CLT), independentemente da garantia integral do juízo.

EMBARGOS DE TERCEIRO

Enunciado n. 42 — *EMBARGOS DE TERCEIRO. PRAZO PARA AJUIZAMENTO.*

I — Os embargos de terceiro podem ser opostos a qualquer tempo, com termo final em 5 (cinco) dias contados da arrematação, adjudicação ou remição, desde que antes da assinatura da respectiva carta.

II — O conhecimento posterior da apreensão ou do ato expropriatório não enseja a oposição de embargos de terceiro, cabendo eventual ação anulatória, de competência da Justiça do Trabalho.

EMPREGADOR

Enunciado n. 3 — *EXECUÇÃO. GRUPO ECONÔMICO.*

Os integrantes do grupo econômico assumem a execução na fase em que se encontra.

Enunciado n. 4 — *SUCESSÃO TRABALHISTA.*

Aplicação subsidiária do Direito Comum ao Direito do Trabalho (Consolidação das Leis do Trabalho — CLT, art. 8º, parágrafo único). Responsabilidade solidária do sucedido e do sucessor pelos créditos trabalhistas constituídos antes do trespasse do estabelecimento (CLT, arts. 10 e 448, c/c Código Civil, art. 1.146).

EFETIVIDADE DA JURISDIÇÃO

Enunciado n. 30 — *PRINCÍPIO DA EFETIVIDADE DA JURISDIÇÃO COMO CONSECTÁRIO DA CLÁUSULA CONSTITUCIONAL DO DEVIDO PROCESSO LEGAL.*

Para maior efetividade da jurisdição é dado ao juiz do Trabalho, em sede de interpretação conforme a Constituição, adequar, de ofício, o procedimento executivo às necessidades do caso concreto.

EXECUÇÃO

Enunciado n. 5 — *SÓCIOS OCULTO E APARENTE. AMPLIAÇÃO DA EXECUÇÃO.*

Constatada durante a execução trabalhista, após a desconsideração da personalidade jurídica, que o executado é mero sócio aparente, deve-se ampliar a execução para alcançar o sócio oculto. Tal medida não viola a coisa julgada.

Enunciado n. 16 — *VALORES INCONTROVERSOS. LIBERAÇÃO IMEDIATA AO CREDOR.*

O valor incontroverso nos autos, mesmo que parcial, deverá ser liberado de imediato ao credor, independentemente do processamento de embargos à execução ou de impugnação.

Enunciado n. 24 — *CRÉDITOS TRABALHISTAS. IMPOSTO DE RENDA RETIDO NA FONTE (IRRF). REGIME DE COMPETÊNCIA. ART. 12-A DA LEI N. 7713/88, ACRESCENTADO PELA MEDIDA PROVISÓRIA 497/10.*

Nas execuções trabalhistas, aplica-se o regime de competência para os recolhimentos do IRRF, nos termos do art. 12-A da Lei n. 7713/88, acrescentado pela MP 497/10.

Enunciado n. 40 — *CORREIÇÃO PARCIAL. EXECUÇÃO. DESCABIMENTO.*

I. Não cabe correição parcial como substituta de recurso na execução.

II. A decisão proferida em correição parcial ou pedido de providências para sustar ou reformar atos praticados pelo juízo de execução, seja pela Corregedoria Regional ou Geral, viola frontalmente os princípios do devido processo legal, contraditório e da ampla defesa, subtraindo o julgamento do órgão constitucionalmente investido para tal.

Enunciado n. 44 — *EMBARGOS DO DEVEDOR À CONTA DE LIQUIDAÇÃO. INSURGÊNCIA GENÉRICA SEM INDICAÇÃO DO VALOR DEVIDO. INADMISSIBILIDADE. AUSÊNCIA DE PRESSUPOSTO E REJEIÇÃO LIMINAR DO QUESTIONAMENTO (CLT, ART. 879, § 2º, E ART. 884, §§ 3º E 4º).*

Utilizada ou não a faculdade da Consolidação das Leis do Trabalho (art. 879, § 2º), não se admitem insurgências ao valor devido sem a apresentação do montante da divergência e do importe exato do item impugnado. Os embargos que discutam o cálculo têm por pressuposto processual a indicação precisa dos itens e valores devidos. A ausência desse pressuposto motiva o indeferimento liminar da medida.

Enunciado n. 45 — *REUNIÃO DE EXECUÇÕES POR CONVENIÊNCIA DA UNIDADE DA GARANTIA DA EXECUÇÃO.*

A execução em vários processos contra o mesmo devedor deverá ser conjunta, mediante a juntada de certidões de crédito ao processo em que efetivada a primeira penhora.

EXCEÇÃO DE PRÉ-EXECUTIVIDADE

Enunciado n. 47 — *EXCEÇÃO DE PRÉ-EXECUTIVIDADE. AGRAVO DE PETIÇÃO. HIPÓTESE DE CABIMENTO.*

Cabe agravo de petição de decisão que acolhe exceção de pré-executividade (CLT, art. 897, "a"). Não cabe, porém, da decisão que a rejeita ou que não a admite, por possuir natureza interlocutória, que não comporta recurso imediato.

Enunciado n. 48 — *EXCEÇÃO DE PRÉ-EXECUTIVIDADE. MANDADO DE SEGURANÇA. INCABIMENTO.*

Incabível mandado de segurança da decisão que rejeita ou que não admite exceção de pré-executividade.

EXECUÇÃO PROVISÓRIA

Enunciado n. 15 — *EXECUÇÃO PROVISÓRIA. INSTAURAÇÃO DE OFÍCIO.*

A execução provisória poderá ser instaurada de ofício na pendência de agravo de instrumento interposto contra decisão denegatória de recurso de revista.

Enunciado n. 21 — *EXECUÇÃO PROVISÓRIA. PENHORA EM DINHEIRO. POSSIBILIDADE.*

É válida a penhora de dinheiro na execução provisória, inclusive por meio do Bacen Jud. A Súmula n. 417, item III, do Tribunal Superior do Trabalho (TST), está superada pelo art. 475-O do Código de Processo Civil (CPC).

Enunciado n. 22 — *1. EXECUÇÃO PROVISÓRIA. ARTIGO 475-O DO CÓDIGO DO PROCESSO CIVIL (CPC). APLICABILIDADE AO PROCESSO DO TRABALHO. FORMA DE MINIMIZAR O EFEITO DA INTERPOSIÇÃO DE RECURSOS MERAMENTE PROTELATÓRIOS E CONCEDER AO AUTOR PARTE DE SEU CRÉDITO, QUE POSSUI NATUREZA ALIMENTAR.*

A Consolidação das Leis do Trabalho (CLT) é omissa no tocante à possibilidade de liberação de créditos ao exeqüente em fase de execução provisória, sendo plenamente aplicável o art. 475-O do CPC, o qual torna aquela mais eficaz, atingindo a finalidade do processo social, diminuindo os efeitos negativos da interposição de recursos meramente protelatórios pela parte contrária, satisfazendo o crédito alimentar. 2. O art. 475-O do CPC aplica-se subsidiariamente ao Processo do Trabalho.

EXPROPRIAÇÃO

Enunciado n. 34 — *EXPROPRIAÇÃO. COMPATIBILIDADE DO PROCESSO CIVIL COM O TRABALHISTA.*

São aplicáveis ao Processo do Trabalho todas as formas de expropriação previstas pelo Código de Processo Civil (CPC), sem prejuízo da incidência do art. 888 da Consolidação das Leis do Trabalho (CLT) em caso de realização de hasta pública.

Enunciado n. 35 — *EXPROPRIAÇÃO JUDICIAL. PREFERÊNCIA DO CRÉDITO TRABALHISTA. INTERPRETAÇÃO EXTENSIVA DO ART. 130, PARÁGRAFO ÚNICO C/C ART. 186 DO CÓDIGO TRIBUTÁRIO NACIONAL (CTN).*

I — Na execução trabalhista, aplica-se o art. 130, parágrafo único, do Código Tributário Nacional, dando-se preferência ao crédito trabalhista (art. 186, *caput*, CTN) e, em seguida, à satisfação dos créditos tributários.

II — O adquirente receberá o bem livre e desembaraçado de ônus fiscais, condição que ficará expressa no edital.

III — Satisfeitos os créditos trabalhistas, em caso de remanescerem débitos tributários, persiste a responsabilidade do devedor originário.

Enunciado n. 36 — *EXPROPRIAÇÃO. LITÍGIO ENTRE ADQUIRENTE E POSSUIDOR. COMPETÊNCIA.*

É competente a Justiça do Trabalho para solver litígio entre adquirente e possuidor, ainda que este seja estranho à relação processual, se decorrente de imissão de posse ordenada pelo juízo da execução, em razão da expropriação no processo trabalhista.

FALÊNCIA E RECUPERAÇÃO JUDICIAL

Enunciado n. 18 — *RECUPERAÇÃO JUDICIAL. EXCLUSÃO DO CONCURSO UNIVERSAL. HIPÓTESE.*

Quando sobrevier recuperação judicial da empresa, após atos cautelares ou de execução que garantam o recebimento de valores por credores trabalhistas, vencido o prazo do § 4º do art. 6º da Lei n. 10.101/05, os bens ou valores arrestados ou penhorados ficam excluídos do concurso universal e serão expropriados pelo juiz do Trabalho.

Enunciado n. 19 — *DECRETAÇÃO DE FALÊNCIA. EXPROPRIAÇÃO DE BENS PELA JUSTIÇA DO TRABALHO. HIPÓTESE.*

As execuções iniciadas antes da decretação da falência do empregador terão prosseguimento no juízo trabalhista, se já houver data definitiva para a expropriação dos bens, hipótese em que o produto da alienação deve ser enviado ao juízo falimentar, a fim de permitir a habilitação do crédito trabalhista e sua inclusão no quadro geral de credores. Caso os bens já tenham sido alienados ao tempo da quebra, o credor trabalhista terá seu crédito satisfeito.

Enunciado n. 20 — *FALÊNCIA E RECUPERAÇÃO JUDICIAL. PROSSEGUIMENTO DA EXECUÇÃO TRABALHISTA CONTRA COOBRIGADOS, FIADORES, REGRESSIVAMENTE OBRIGADOS E SÓCIOS. POSSIBILIDADE.*

A falência e a recuperação judicial, sem prejuízo do direito de habilitação de crédito no juízo universal, não impedem o prosseguimento da execução contra os coobrigados, os fiadores e os obrigados de regresso, bem como os sócios, por força da desconsideração da personalidade jurídica.

FRAUDE À EXECUÇÃO

Enunciado n. 10 — *FRAUDE À EXECUÇÃO. DEMONSTRAÇÃO. PROCEDIMENTO.*

I — Na execução de créditos trabalhistas não é necessária a adoção de procedimento específico ou demonstração de fraude para desconsideração da personalidade jurídica da executada.

II — Acolhida a desconsideração da personalidade jurídica, faz-se necessária a citação dos sócios que serão integrados ao polo passivo.

III — A responsabilidade do sócio retirante alcança apenas as obrigações anteriores à sua saída.

Enunciado n. 11 — *FRAUDE À EXCECUÇÃO. UTILIZAÇÃO DO CCS.*

1. É instrumento eficaz, para identificar fraudes e tornar a execução mais efetiva, a utilização do Cadastro de Clientes no Sistema Financeiro Nacional (CCS), com o objetivo de busca de procurações outorgadas a administradores que não constam do contrato social das executadas.

Enunciado n. 37 — *ALIENAÇÃO FIDUCIÁRIA. FRAUDE À EXECUÇÃO.*

Os valores pagos a instituições financeiras em virtude de contratos de alienação fiduciária e assemelhados, quando já existente ação capaz de tornar o devedor insolvente, caracterizam fraude à execução. Diante da ineficácia dessa transferência de numerário, o respectivo valor é penhorável em benefício da execução.

FUNDO DE GARANTIA DAS EXECUÇÕES TRABALHISTAS

Enunciado Propositivo n. 1 — *FUNDO DE GARANTIA DAS EXECUÇÕES TRABALHISTAS.*

I. O Fundo de Garantia das Execuções Trabalhistas (Funget), aprovado no Conamat/2004, deve ser regulamentado por lei ordinária (art. 3º da Emenda Constitucional n. 45/2004), com urgência, porque constitui um importante mecanismo para tornar o processo trabalhista mais eficiente e célere.

II. A lei reguladora do Funget (art. 3º da EC 45/04) deverá inspirar-se nos institutos correlatos no direito comparado, onde se verifica sua natureza de seguro obrigatório contra o inadimplemento de créditos trabalhistas, em razão da insolvência da empresa devedora. Ademais, é fundamental que o legislador proceda a uma blindagem protetora do fundo; de um lado, limitando as espécies de parcelas a serem pagas e seus valores; de outro, cuidando para que não haja fraudes/simulações. O Funget deverá ser gerido pelo Conselho Superior da Justiça do Trabalho, fiscalizado pelo Ministério Público do Trabalho.

INTIMAÇÃO

Enunciado n. 12 — *CUMPRIMENTO DA SENTENÇA. INTIMAÇÃO DA PARTE PELO ADVOGADO.*

I — Tornada líquida a decisão, desnecessária a citação do executado, bastando a intimação para pagamento por meio de seu procurador.

II — Não havendo procurador, far-se-á a intimação ao devedor prioritariamente por via postal, com retorno do comprovante de entrega ou aviso de recebimento, e depois de transcorrido o prazo sem o cumprimento da decisão, deverá ser expedida ordem de bloqueio de crédito pelo sistema Bacen Jud.

PENHORA

Enunciado n. 13 — *PENHORA DE CRÉDITO DO EXECUTADO. CONSTATAÇÃO NAS AGÊNCIAS BANCÁRIAS, COOPERATIVAS DE CRÉDITO E ADMINISTRADORAS DE CARTÃO DE CRÉDITO.*

I — Um dos meios de localizar ativos financeiros do executado, obedecendo à gradação do art. 655 do Código do Processo Civil (CPC), mesmo diante do resultado negativo da pesquisa realizada por intermédio do sistema Bacen Jud, consiste na expedição de mandado de constatação nas agências de cooperativas de crédito e administradoras de cartão de crédito não vinculadas ao Bacen, determinando a retenção de créditos presentes e futuros do executado; .

II — A constatação da existência de procuração de terceiros ao executado, perante agências bancárias e cooperativas de crédito, com poderes para movimentar contas daqueles é outra forma de buscar ativos financeiros do devedor, diante da possibilidade de fraude.

Enunciado n. 23 — *EXECUÇÃO. PENHORA DE CADERNETA DE POUPANÇA. INCOMPATIBILIDADE DO ART. 649, INCISO X, DO CÓDIGO DE PROCESSO CIVIL (CPC) COM OS PRINCÍPIOS DO DIREITO E PROCESSO DO TRABALHO.*

I — A regra prevista no art. 649, X, do CPC, que declara impenhorável a quantia depositada em caderneta de poupança até o limite de 40 (quarenta) salários mínimos, é incompatível com o direito e o Processo do Trabalho.

II — A incompatibilidade com os princípios do direito e do Processo do Trabalho é manifesta, pois confere uma dupla e injustificável proteção ao devedor, em prejuízo ao credor, no caso e em regra, o trabalhador hipossuficiente. A proteção finda por blindar o salário e o seu excedente que não foi necessário para a subsistência e se transformou em poupança. Há, na hipótese, manifesta inobservância do privilégio legal conferido ao crédito trabalhista e da proteção do trabalhador hipossuficiente.

Enunciado n. 29 — *PENHORA DE SALÁRIO, PENSÃO E APOSENTADORIA. POSSIBILIDADE EM EXECUÇÃO TRABALHISTA. APLICAÇÃO ANALÓGICA DO ART. 1º, § 1º, DA LEI N. 10.820/2003; ART. 3º, INCISO I, DO DECRETO N. 4.840/2003; ART. 115, INCISO VI, DA LEI 8.213/91; E ART. 154, INCISO VI, DO DECRETO N. 3.048/99. SUPREMACIA DO CRÉDITO TRABALHISTA. ART. 100, § 1º-A, DA CONSTITUIÇÃO FEDERAL E ART. 186 DO CÓDIGO TRIBUTÁRIO NACIONAL (CTN).*

É lícita, excepcionalmente, a penhora de até 30% dos rendimentos decorrentes do trabalho, pensão e aposentadoria, discriminados no inciso IV do art. 649 do Código de Processo Civil (CPC), por expressa previsão no § 2º do art. 649 do CPC, desde que comprovado o esgotamento de todos os meios disponíveis de localização dos bens do devedor.

PROTESTO NOTARIAL

Enunciado n. 14 — *PROTESTO NOTARIAL.*

Frustrada a execução, poderá ser efetuado o protesto notarial do crédito exequendo, tanto em relação ao devedor principal quanto aos devedores corresponsáveis.

TÍTULOS EXECUTIVOS

Enunciado n. 17 — *TÍTULOS EXECUTIVOS EXTRAJUDICIAIS. CABIMENTO NA EXECUÇÃO TRABALHISTA.*

Os títulos enumerados no art. 585 do Código de Processo Civil (CPC) e os previstos em leis especiais podem ser executados na Justiça do Trabalho, respeitada a sua competência.

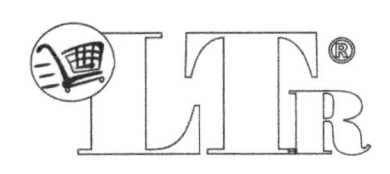

LOJA VIRTUAL
www.ltr.com.br

E-BOOKS
www.ltr.com.br

Produção Gráfica e Editoração Eletrônica: GRAPHIEN DIAGRAMAÇÃO E ARTE
Projeto de Capa: FABIO GIGLIO
Impressão: FORMA CERTA